BIOMECÂNICA DO ESPORTE E DO EXERCÍCIO

M145b McGinnis, Peter M.
　　　　　Biomecânica do esporte e do exercício / Peter M.
　　　　McGinnis ; tradução: Débora Cantergi ... [et al.] ; revisão
　　　　técnica: Jefferson Fagundes Loss. – 3. ed. – Porto Alegre :
　　　　Artmed, 2015.
　　　　　xvi, 432 p. : il. ; 28 cm.

　　　　　ISBN 978-85-8271-201-6

　　　　　1. Educação Física. 2. Biomecânica I. Título.

　　　　　　　　　　　　　　　　　　　　　　　　CDU 613.71

Catalogação na publicação: Poliana Sanchez de Araujo – CRB 10/2094

PETER M. McGINNIS
State University of New York, College at Cortland

BIOMECÂNICA DO ESPORTE E DO EXERCÍCIO

3ª EDIÇÃO

Tradução:
Débora Cantergi
Joelly Mahnic de Toledo
Lara Elena Gomes Morquardt
Mônica de Oliveira Melo

Revisão técnica desta edição:
Jefferson Fagundes Loss
Professor associado da Escola de Educação
Física da Universidade Federal do Rio Grande do Sul (UFRGS).
Doutor em Engenharia Mecânica com ênfase na
área de Biomecânica pela UFRGS.

artmed

2015

Obra originalmente publicada sob o título
Biomechanics of sport and exercise, 3rd Edition
ISBN 9780736079662

Copyright © 2013 by Peter M.McGinnis
All rights reserved. Published by Human Kinetics Inc.

Gerente editorial: *Letícia Bispo de Lima*

Colaboraram nesta edição:

Editora: *Dieimi Deitos*

Capa: *Márcio Monticelli*

Imagem da capa: ©*thinkstockphotos.com / Petr_Joura, Portrait of young gymnasts training in the stadium*

Preparação de originais: *Augusto Roza*

Leitura final: *Aline Branchi*

Editoração: *Techbooks*

Reservados todos os direitos de publicação, em língua portuguesa, à
ARTMED EDITORA LTDA., uma empresa do GRUPO A EDUCAÇÃO S.A.
Av. Jerônimo de Ornelas, 670 – Santana
90040-340 – Porto Alegre – RS
Fone: (51) 3027-7000   Fax: (51) 3027-7070

É proibida a duplicação ou reprodução deste volume, no todo ou em parte, sob quaisquer formas ou por quaisquer meios (eletrônico, mecânico, gravação, fotocópia, distribuição na Web e outros), sem permissão expressa da Editora.

Unidade São Paulo
Av. Embaixador Macedo Soares, 10.735 – Pavilhão 5 – Cond. Espace Center
Vila Anastácio – 05095-035 – São Paulo – SP
Fone: (11) 3665-1100   Fax: (11) 3667-1333

SAC 0800 703-3444 – www.grupoa.com.br

IMPRESSO NO BRASIL
PRINTED IN BRAZIL
Impresso sob demanda na Meta Brasil a pedido do Grupo A Educação.

Sobre o autor

Peter M. McGinnis é professor do Departamento de Cinesiologia da Universidade do Estado de Nova Iorque, em Cortland, onde leciona desde 1990. Também é treinador de atletas de salto com vara no Suny Cortland.

Anteriormente, foi professor assistente no Departamento de Cinesiologia da Universidade do Norte Colorado. Durante esse período, atuou como biomecânico do esporte na Divisão de Ciências do Esporte do Comitê Olímpico Americano em Colorado Springs, onde conduziu pesquisas sobre biomecânica do esporte, avaliou atletas, ensinou biomecânica a treinadores e desenvolveu materiais educativos para técnicos.

Dr. McGinnis também é biomecânico da equipe de atletismo de salto com vara nos Estados Unidos. Como membro da American Society of Testing Materials, foi presidente de um subcomitê para avaliar o implemento e os capacetes usados no evento de salto com vara. É autor de vários artigos e relatos técnicos sobre a biomecânica desse esporte e revisor das revistas Sports Biomechanics, Journal of Applied Biomechanics, Research Quarterly for Exercise and Sport e Journal of Sports Sciences.

É membro de várias organizações profissionais, incluindo o American College of Sports Medicine, American Society of Biomechanics e a International Society of Biomechanics in Sport. Concluiu seu doutorado em Educação Física, em 1984, na Universidade de Illinois, e recebeu o título de bacharel em engenharia pela Universidade de Swarthmore, em 1976.

Esta 3ª edição é dedicada à memória de duas mulheres fortes,
extrovertidas e corajosas, as quais elevaram os espíritos daqueles
que estavam a seu redor – minha mãe, Doris Joye McGinnis (1925-2009),
e minha amiga, colega e ex-aluna, Julianne Abendroth (1962-2011).

Agradecimentos

Um livro não é produzido por um indivíduo – um time de pessoas está envolvido. Agradeço aos membros deste time: a equipe da Human Kinetics, incluindo Amy Tocco, Kate Maurer e especialmente Loarn Robertson, cujas paciências eu testei. Steve McCaw, da Illinois State University, que foi responsável pelo Capítulo 15; meus alunos e colegas que forneceram sugestões para a melhora; e a minha família estendida, cujo apoio e incentivo são reconhecidos mais adiante pelo aparecimento dos seus nomes nos problemas e questões ao longo do livro. Agradecimentos especiais a minha esposa, Boodie, por seu amor e apoio.

Prefácio

Este livro foi escrito com o objetivo de introduzir os alunos da graduação ao campo da biomecânica do esporte e do exercício. A obra é primeiramente direcionada a estudantes de graduação que estejam estudando cinesiologia, ciência do exercício ou educação física, mas também é adequada para alunos de outros campos do movimento humano. A maioria dos exemplos e aplicações que aparecem no livro refere-se a esportes ou exercícios, mas exemplos clínicos e de atividades do movimento humano do dia a dia também foram incluídos. Não importa o campo do movimento humano em que os leitores estejam interessados, o conhecimento de mecânica lhes será valioso em seu trabalho. Muitos profissionais apenas recebem instruções formais sobre a mecânica do movimento humano ao longo de um único curso (disciplina) de graduação em cinesiologia ou biomecânica. Este livro foi desenvolvido com tal restrição em mente. Seu objetivo é apresentar a biomecânica do movimento humano de maneira clara, concisa e amigável.

Esta 3ª edição foi aprimorada de diversas formas. Fotos e figuras selecionadas foram atualizadas. Novos exemplos esportivos, novos exemplos de problemas e discussão de novas tecnologias utilizadas por pesquisadores na análise biomecânica quantitativa foram incluídos. Questões de revisão e problemas foram adicionados em vários capítulos, e muitos problemas foram melhorados com novos diagramas para ajudar o leitor a visualizar a mecânica de situações reais.

A organização do livro permanece inalterada. O capítulo introdutório apresenta a biomecânica, a qual inclui justificativas para o estudo da área. Além disso, inclui uma visão global da organização da mecânica e uma introdução aos sistemas de medida. O restante do livro está dividido em três partes.

A Parte I é dedicada à biomecânica externa, ou forças externas e seus efeitos sobre o corpo e seus movimentos. A mecânica dos corpos rígidos com aplicações ao movimento humano é o tópico básico desta parte. Este é um dos assuntos mais difíceis de entender para os estudantes da graduação do movimento humano, de modo que essa é a maior e mais importante parte do livro. A ordem de apresentação dos tópicos na Parte I difere da maioria dos outros livros sobre biomecânica. O Capítulo 1 apresenta os conceitos de força e equilíbrio estático. Usando forças como exemplo, esse capítulo também introduz a adição e decomposição de vetores. A trigonometria utilizada para somar e decompor as forças também é explicada. O Capítulo 2 discute o movimento linear e como descrevê-lo, incluindo equações que delineiam o movimento de um objeto submetido a uma aceleração constante, bem como suas aplicações para relatar o movimento de projétil. O Capítulo 3 apresenta as causas do movimento linear e introduz as três leis do movimento de Newton, bem como a conservação do princípio da quantidade de movimento. O Capítulo 4 discute o trabalho mecânico, os princípios de energia e o trabalho mecânico realizado pelos músculos. Torque, momento de força e centro de gravidade são introduzidos no Capítulo 5, que precede a discussão sobre cinemática angular do Capítulo 6. As causas do movimento angular são apresentadas no Capítulo 7, junto com os análogos angulares às três leis do movimento de Newton. A Parte I é concluída com uma discussão sobre mecânica dos fluidos no Capítulo 8.

A Parte II aborda a biomecânica interna, ou forças internas e seus efeitos sobre o corpo e seus movimentos. Esta parte começa com uma discussão sobre a mecânica dos materiais biológicos no Capítulo 9. Tensão e deformação são introduzidas neste capítulo, junto com vários conceitos de força material. Uma visão global dos sistemas esquelético e muscular, bem como o controle do sistema nervoso, é apresentada nos Capítulos 10, 11 e 12.

A Parte III trata da aplicação da biomecânica. Para tanto, métodos de senso comum na análise de habilidades do movimento humano ou do esporte são apresentados nos três primeiros capítulos dessa parte. O primeiro deles, o Capítulo 13, mostra procedimentos para completar uma análise biomecânica qualitativa para melhorar a técnica. O Capítulo 14 apresenta um método de análise biomecânica qualitativa para aprimorar o treinamento. Um procedimento qualitativo para identificar grupos musculares ativos em fases ou partes de movimentos é enfatizado nesse capítulo. Já o Capítulo 15 é um exame de como a análise biomecânica qualitativa pode ser utilizada para ajudar a entender as causas de lesão, tendo sido escrito por Steven McCaw. Por fim, o Capítulo 16 é a conclusão do livro, fornecendo uma visão global da tecnologia utilizada na condução de análises biomecânicas quantitativas.

Ao longo do livro, e especialmente na Parte I, buscou-se permitir aos estudantes descobrirem os princípios da mecânica para eles mesmos. Atividades comuns são observadas, e suas explicações são então desenvolvidas. As explanações resultantes revelam os conceitos mecânicos subjacentes. Esse processo de descoberta necessita de uma participação mais ativa do leitor, mas resulta em um melhor entendimento do assunto.

O que faz este livro único entre as demais obras sobre biomecânica é sua ordem de apresentação. Na maioria dos livros, a anatomia funcional é apresentada antes da mecânica. Ossos e ligamentos são os elementos estruturais que suportam o corpo humano. Músculos são os motores que movem essa estrutura. Entender como as forças exercidas pelos ossos e ligamentos suportam o corpo e como as forças e os torques produzidos pelos músculos trabalham para movimentar os membros do corpo requer um conhecimento sobre as forças e seus efeitos. Portanto, a mecânica deve preceder o estudo do sistema musculoesquelético.

Este livro também é único na sua ordem de apresentação dos tópicos mecânicos. A seção de mecânica da maioria dos livros começa com cinemática linear e depois trata da cinética linear, da cinemática angular e, por fim, da cinética angular. Esta obra introduz as forças antes de apresentar a cinemática linear. Como as forças são as causas das mudanças no movimento e estão em equilíbrio se nenhuma alteração ocorrer no deslocamento, faz sentido definir e entender as forças antes de discutir o movimento. Isso é especialmente verdadeiro se o movimento de projéteis e suas equações forem discutidos em cinemática linear. Uma vez que o movimento de projéteis é influenciado pela força da gravidade, um entendimento desta deve preceder a discussão de seus efeitos. Do mesmo modo, torques são introduzidos antes da discussão da cinemática angular.

Pelo fato de a mecânica utilizar equações para descrever relações ou definir quantidades, algum conhecimento de matemática (sobretudo álgebra) é necessário. Tenho procurado escrever o livro de uma maneira que mesmo aqueles estudantes com pouca habilidade em matemática possam ter sucesso em aprender biomecânica. Entretanto, o êxito no aprendizado virá mais facilmente para aqueles mais bem preparados em matemática.

O Apêndice A lista as principais unidades utilizadas para grandezas mecânicas no Sistema Internacional de Unidades, bem como os prefixos e as conversões para unidades habituais utilizadas nos Estados Unidos.

Todos os capítulos deste livro incluem elementos cuja finalidade é ajudar o leitor a aprender. Cada um deles começa com uma lista de objetivos e um cenário de abertura que leva a questões que os leitores podem responder após a leitura e o entendimento do material apresentado. Exemplos práticos de conceitos são integrados ao texto ao longo de cada capítulo. Exemplos de problemas são apresentados, e os procedimentos passo-a-passo para resolvê-los são ilustrados. Problemas e questões de revisão aparecem no final de cada capítulo para testar o entendimento do leitor sobre o conteúdo apresentado. Além disso, mais problemas e questões de revisão foram adicionados a esta edição, e suas respostas aparecem no Apêndice B.

Ao longo do texto, busco explicar e ilustrar os conceitos com a maior clareza possível e de maneira que você, leitor, esteja ativamente envolvido em descobri-los. Apesar disso, talvez ache parte do assunto difícil. Ocasionalmente, você pode se distrair ou ficar confuso durante a leitura. Não desista! Seu esforço valerá a pena.

Peter M. McGinnis

Sumário

Introdução	**Por que estudar biomecânica?**	**1**
	O que é biomecânica?	3
	Quais são as metas da biomecânica do esporte e do exercício?	3
	A história da biomecânica do esporte	10
	A organização da mecânica	12
	Dimensões básicas e unidades de medida usadas na mecânica	13
	Resumo	15
	Termos-chave	15
	Questões de revisão	16
	Problemas	16
Parte I	**Biomecânica externa**	**17**
	Forças externas e seus efeitos sobre o corpo e o seu movimento	
Capítulo 1	**Forças**	**19**
	Mantendo equilíbrio ou alterando movimento	
	O que são forças?	20
	Classificando forças	21
	Atrito	23
	Adição de forças: composição de força	26
	Decomposição de forças	33
	Equilíbrio estático	37
	Resumo	44
	Termos-chave	45
	Questões de revisão	45
	Problemas	46
Capítulo 2	**Cinemática linear**	**51**
	Descrevendo objetos em movimento linear	
	Movimento	52
	Cinemática linear	53
	Aceleração uniforme e movimento de projétil	68
	Resumo	79
	Termos-chave	79
	Questões de revisão	80
	Problemas	81
Capítulo 3	**Cinética linear**	**85**
	Explicando as causas do movimento linear	
	A primeira lei do movimento de Newton: Lei da Inércia	86
	Conservação da quantidade de movimento	88
	Segunda lei do movimento de Newton: Lei da aceleração	96
	Impulso e quantidade de movimento	100
	Terceira lei do movimento de Newton: Lei da ação e reação	105

	Lei de Newton da gravitação universal	106
	Resumo	106
	Termos-chave	107
	Questões de revisão	107
	Problemas	107

Capítulo 4 — Trabalho, potência e energia — 111
Explicando as causas do movimento sem Newton

Trabalho	112
Energia	115
A relação trabalho-energia	117
Potência	123
Resumo	125
Termos-chave	125
Questões de revisão	125
Problemas	126

Capítulo 5 — Torques e momentos de força — 129
Mantendo o equilíbrio ou mudando o movimento angular

O que são torques?	130
Forças e torques em equilíbrio	137
O que é o centro de gravidade?	141
Resumo	156
Termos-chave	156
Questões de revisão	157
Problemas	158

Capítulo 6 — Cinemática angular — 163
Descrevendo objetos em movimento angular

Posição angular e deslocamento	164
Deslocamento linear e angular	167
Velocidade angular	169
Velocidade angular e linear	169
Aplicando a relação entre velocidade linear e angular	171
Aceleração angular	172
Aceleração angular e linear	172
Sistema anatômico para descrição dos movimentos dos membros	174
Resumo	185
Termos-chave	185
Questões de revisão	186
Problemas	187

Capítulo 7 — Cinética angular — 191
Explicando as causas do movimento angular

Inércia angular	192
Quantidade de movimento angular	199
Interpretação angular da primeira lei do movimento de Newton	201
Interpretação angular da segunda lei do movimento de Newton	204
Impulso angular e quantidade de movimento angular	205
Interpretação angular da terceira lei do movimento de Newton	206
Resumo	207
Termos-chave	207
Questões de revisão	208
Problemas	210

Capítulo 8	**Mecânica dos fluidos** Os efeitos da água e do ar	**213**
	Força de empuxo: força devido à imersão	214
	Força dinâmica de um fluido: força devido ao movimento relativo	217
	Resumo	229
	Termos-chave	230
	Questões de revisão	230
	Problemas	231
Parte II	**Biomecânica interna** Forças internas e seus efeitos sobre o corpo e seu movimento	**233**
Capítulo 9	**Mecânica dos materias biológicos** Tensões e deformações no corpo	**235**
	Tensão	236
	Deformação	246
	Propriedades mecânicas dos materiais: a relação tensão-deformação	248
	Propriedades mecânicas do sistema musculoesquelético	252
	Resumo	257
	Termos-chave	257
	Questões de revisão	258
	Problemas	258
Capítulo 10	**O sistema esquelético** A estrutura rígida do corpo	**259**
	Ossos	261
	Articulações	263
	Resumo	270
	Termos-chave	270
	Questões de revisão	271
Capítulo 11	**O sistema muscular** Os motores do corpo humano	**273**
	A estrutura do sistema musculoesquelético	274
	Ação muscular	277
	Força de contração muscular	281
	Resumo	293
	Termos-chave	293
	Questões de revisão	294
Capítulo 12	**O sistema nervoso** Controle do sistema musculoesquelético	**295**
	O sistema nervoso e o neurônio	296
	Unidade motora	297
	Receptores e reflexos	300
	Resumo	303
	Termos-chave	304
	Questões de revisão	304

Parte III — Aplicando os princípios biomecânicos — 305

Capítulo 13 — Análise biomecânica qualitativa para melhorar a técnica — 307
- Tipos de análise biomecânica — 308
- Passos para uma análise biomecânica qualitativa — 309
- Exemplos de análises — 318
- Resumo — 332
- Termos-chave — 332
- Questões de revisão — 333

Capítulo 14 — Análise biomecânica qualitativa para melhorar o treinamento — 335
- Biomecânica e treinamento — 336
- Método de análise cinesiológica qualitativa — 337
- Exemplos de análises — 341
- Resumo — 353
- Termos-chave — 356
- Questões de revisão — 356

Capítulo 15 — Análise biomecânica qualitativa para entender o desenvolvimento de lesão — 357
- Tensão mecânica e lesão — 358
- Resposta tecidual à tensão — 360
- Mecanismo da lesão por uso excessivo — 363
- As diferenças individuais no limiar tecidual — 363
- Fatores intrínsecos e extrínsecos que afetam a lesão — 364
- Análise de exemplo: lesões por uso excessivo na corrida — 367
- Resumo — 376
- Termos-chave — 376
- Questões de revisão — 377
- Problemas — 377

Capítulo 16 — Tecnologia na biomecânica — 379
- Análise biomecânica quantitativa — 380
- Formas de medir — 380
- Ferramentas para medir as variáveis biomecânicas — 382
- Resumo — 388
- Termos-chave — 389
- Questões de revisão — 389

Referências e sugestões de leitura — 391
Apêndice A   Unidades de medida e conversões — 393
Apêndice B   Respostas para questões de revisão selecionadas e problemas — 397
Recursos da web — 411
Glossário — 413
Índice — 421

Introdução

Por que estudar biomecânica?

Objetivos

Ao terminar de ler esta introdução, você deverá ser capaz de:

- Definir biomecânica
- Definir biomecânica do esporte e do exercício
- Identificar as metas da biomecânica do esporte e do exercício
- Descrever as metodologias usadas para atingir as metas
- Ter certa familiaridade com a história e o desenvolvimento da biomecânica do esporte e do exercício
- Definir mecânica
- Descrever a organização da mecânica
- Definir comprimento e suas unidades de medida
- Definir tempo e suas unidades de medida
- Definir massa e suas unidades de medida

Você está assistindo aos Jogos Olímpicos na televisão quando vê um atleta do salto em altura saltar com sucesso sobre um sarrafo posicionado mais de 30 centímetros acima de sua cabeça. A técnica que ele usa parece muita estranha. Ele se aproxima do sarrafo pelo lado e, quando salta, vira suas costas para ele. Sua cabeça e seus braços ultrapassam o sarrafo primeiro; ele, então, arqueia suas costas e, por fim, lança suas pernas para fora e para cima, a fim de passá-las sobre o sarrafo. Ele pousa em um grande colchão em uma posição desajeitada: sobre seus ombros e costas, com as pernas estendidas no ar. Você pensa: "como ele pode saltar tão alto usando uma técnica tão estranha?" Certamente, deve haver outra técnica que seja mais efetiva e com uma aparência mais graciosa. A biomecânica pode dar diferentes perspectivas para responder a essa e outras questões que você possa ter sobre o movimento humano.

Qual é a sua motivação para estudar biomecânica? O que você pode ganhar aprendendo sobre esse assunto? Como o conhecimento prático de biomecânica o ajudará no futuro? Será que o tempo gasto aprendendo isso será válido? Você deve considerar essas questões antes de investir seu tempo no aprendizado da biomecânica.

Se for, é como a maioria dos leitores deste livro, você é, provavelmente, um estudante de graduação da área da cinesiologia, da educação física, da ciência do exercício ou de outra ciência do movimento humano. Caso afirmativo, sua resposta para a questão: "Por que estudar biomecânica?" pode ser o fato de estar matriculado em uma disciplina obrigatória de biomecânica, na qual este é o texto recomendado. Você está estudando o assunto para ganhar um crédito obrigatório para se formar. Se essa é a sua resposta, e para a maioria dos leitores isso pode ser verdade, é provável que você não consiga responder as outras questões por não ter conhecimento prévio suficiente sobre biomecânica para saber como ela pode lhe beneficiar. Então, deixe eu lhe dar algumas razões para estudar esse tema. Isso pode lhe dar alguma motivação intrínseca para iniciar a tarefa de aprender sobre o assunto.

Você está, provavelmente, planejando uma carreira como professor de educação física, treinador ou outro especialista da atividade física e, talvez, pratique um ou mais esportes ou atividades físicas. Suponha que um estudante ou um atleta lhe pergunte: "Por que devo fazer esta técnica desta forma?" ou "Por que esta técnica não é melhor?" (Fig. I.1). Talvez, você mesmo já tenha feito essas questões. O treinador ou o professor foi capaz de respondê-las? Já lhe perguntaram isso? Você saberia respondê-las? O ensino tradicional e os métodos de treinamento nos dizem quais técnicas ensinar ou treinar, enquanto a biomecânica nos diz porque essas técnicas são as melhores. Um bom conhecimento de biomecânica possibilitará a você avaliar técnicas usadas em habilidades esportivas pouco conhecidas, bem como considerar melhor novas técnicas naqueles esportes com os quais está familiarizado.

> Talvez o melhor resultado de estudar e aplicar a biomecânica seja a melhora do desempenho de seus atletas ou a aprendizagem acelerada de novas habilidades pelos seus alunos.

Estudantes de treinamento esportivo e de fisioterapia, assim como outros alunos de medicina esportiva, também se beneficiarão do estudo da biomecânica. Um bom conhecimento sobre o tema ajudará no diagnóstico das causas de uma lesão, bem como pode proporcionar a base mecânica para técnicas de bandagem, órtese e dispositivos ortopédicos. Um entendimento da biomecânica pode também guiar terapeutas nas suas prescrições para a reabilitação e indicar a especialistas do exercício quais práticas podem ser perigosas para certos indivíduos.

Figura I.1 Estudar biomecânica ajudará você a entender porque algumas técnicas esportivas funcionam e outras não.

O que é biomecânica?

O que é essa ciência que promete tanto? Antes de ir mais longe, devemos concordar com uma definição para a palavra *biomecânica*. O que é biomecânica? Como você escutou essa palavra usada por outros? Como você usou essa palavra? A sua resposta imediata pode ser que tem algo a ver com a determinação das melhores técnicas usadas por atletas em várias habilidades esportivas. De fato, alguns profissionais da área estão envolvidos com tal trabalho, e nós somente destacamos a avaliação da técnica como uma razão primária para estudar biomecânica. Contudo, ela engloba mais do que isso.

Vamos procurar na biblioteca por dicas para a definição. Diversas revistas têm a palavra "biomecânica" ou uma derivação dela nos seus títulos, como *Journal of Biomechanics*, *Journal of Biomechanical Engineering*, *Journal of Applied Biomechanics*, *Sports Biomechanics*, *Clinical Biomechanics*, *Applied Bionics and Biomechanics* e *Computer Methods in Biomechanics and Biomedical Engineering*. Olhando o índice de conteúdos dessas publicações, descobrimos que a *Journal of Applied Biomechanics* e a *Sports Biomechanics* contêm vários artigos sobre a biomecânica do esporte, como "Cinemática e coordenação do membro superior das técnicas de empunhadura curta e clássica no hóquei sobre grama", "Arrasto hidrodinâmico durante o deslize na natação", "Efeitos da empunhadura na cinemática da rebatida no beisebol", "A influência da mesa de salto no salto reversão partindo da parada de mão" e "Biomecânica do *skate*: cinética da manobra Ollie". Esses artigos apoiam a nossa definição de biomecânica associada ao esporte. Entretanto, uma olhada nas outras revistas revela uma maior gama de tópicos que, em um primeiro momento, podem aparecer não relacionados, como "Rigidez regional do folheto anterior da válvula mitral no batimento cardíaco de ovinos", "Modelo biomecânico da córnea humana baseado na microestrutura estromal", "Simulação do fluxo de ar pulmonar com uma condição limite específica do sujeito" e "Função deformação-energia e distribuição de tensão tridimensional na biomecânica do esôfago". Existe, ainda, um artigo intitulado "Biomecânica das frutas e dos vegetais". A partir desses títulos, podemos deduzir que biomecânica não se limita ao esporte nem às atividades humanas; na verdade, não é sequer limitada às atividades dos animais! A gama de títulos indica que a biomecânica poderia incluir não somente o estudo do movimento de um atleta, mas também a análise do fluxo de ar nos pulmões do sujeito e da força de seus tecidos.

Vamos retornar à palavra e examiná-la diretamente para obter dicas sobre a sua definição. O termo *biomecânica* pode ser dividido em duas partes: o prefixo *bio-* e a palavra raiz *mecânica*. O prefixo *bio-* indica relação com sistemas vivos ou biológicos. A palavra raiz *mecânica* indica que tem algo a ver com a análise das forças e seus efeitos. Então, parece que **biomecânica** é o estudo das forças e de seus efeitos nos sistemas vivos. Essa definição é muito próxima daquela apresentada por Herbert Hatze em 1974: "Biomecânica é o estudo da estrutura e da função dos sistemas biológicos por meio de métodos da mecânica" (p. 189). É um campo muito mais abrangente do que pode parecer a princípio. O estudo da estrutura e da função das plantas, assim como dos animais, é englobado na definição de biomecânica.

> Biomecânica é o estudo das forças e de seus efeitos nos sistemas vivos.

Quais são as metas da biomecânica do esporte e do exercício?

Agora, vamos focar no nosso tópico específico de interesse. A biomecânica inclui o estudo de todas as coisas vivas, plantas e animais; a biomecânica dos animais inclui somente animais como sujeitos de estudo; a de humanos, apenas humanos; e do esporte e do exercício, somente humanos envolvidos no exercício e no esporte. Nós poderíamos definir **biomecânica do esporte e do exercício** como o estudo das forças e de seus efeitos nos humanos envolvidos no exercício e no esporte.

Melhora no desempenho

A meta mais importante da biomecânica do esporte e do exercício é a melhora do desempenho na atividade em questão. Um objetivo secundário é a prevenção de lesão e a reabilitação. Essa segunda meta é fortemente relacionada à primeira e quase poderia ser considerada parte desta, visto que um atleta sem lesões apresentará melhor desempenho do que um praticante lesionado. Bem, como os biomecânicos trabalham para atingir essas metas?

> A meta mais importante da biomecânica do esporte e do exercício é a melhora do desempenho na atividade em questão.

Melhora da técnica

O método mais comum para a melhora do desempenho em muitos esportes é aperfeiçoar a técnica do atleta. Isso é destacado aqui como uma motivação para o estudo da biomecânica e, provavelmente, é o que você pensou quando questionado sobre como um biomecânico tenta melhorar o desempenho de um atleta.

A aplicação da biomecânica para aprimorar a técnica pode ocorrer de duas formas: professores e treinadores podem usar seus conhecimentos sobre mecânica para corrigir as ações de um estudante ou atleta com o intuito de melhorar a execução de uma habilidade ou um pesquisador da área pode descobrir uma técnica nova e mais efetiva para a realização de uma habilidade esportiva. No primeiro exemplo, professores e treinadores usam métodos qualitativos de análise biomecânica no ensino e no treinamento diário para efetuar mudanças na técnica. No segundo, um pesquisador usa métodos quantitativos de análise biomecânica para descobrir novas técnicas, as quais podem ser divulgadas para professores e treinadores, que as implementarão.

Vamos olhar um exemplo simples do primeiro caso. Como um treinador, suponha que você observe que sua ginasta está tendo dificuldade em completar um salto mortal duplo no exercício de solo. Você poderia sugerir três coisas para ajudá-la a completar com sucesso a acrobacia: (1) saltar mais alto, (2) ficar mais grupada e (3) balançar os braços mais vigorosamente antes de sair do chão. Todas essas sugestões podem resultar na melhora do desempenho e são baseadas em princípios biomecânicos. Saltar mais alto dará à ginasta mais tempo no ar para completar o salto mortal. Ficar mais grupada a fará rodar mais rápido devido à conservação da quantidade de movimento angular. Balançar os braços mais vigorosamente antes de sair do chão gerará maior quantidade de movimento angular, portanto, também fazendo a atleta rodar mais rápido. Em geral, esse é o tipo mais comum de situação na qual a biomecânica tem efeito no resultado de uma técnica. Treinadores e professores usam a biomecânica para determinar quais ações podem melhorar o desempenho.

> **Treinadores e professores usam a biomecânica para determinar quais ações podem melhorar o desempenho.**

A segunda situação citada, na qual a biomecânica contribui para a melhora do desempenho por meio do aperfeiçoamento da técnica, ocorre quando pesquisadores da área desenvolvem técnicas novas e mais efetivas. Apesar da crença comum de que técnicas novas e revolucionárias são desenvolvidas por biomecânicos, com regularidade, tais desenvolvimentos são raros. Talvez, a razão para isso seja o fato de que a biomecânica como disciplina é uma ciência relativamente nova. O resultado mais comum das pesquisas biomecânicas é a descoberta de pequenos refinamentos técnicos. Um exemplo de uma pesquisa que afetou muito a técnica e o desempenho em um esporte ocorreu, na natação, no fim da década de 1960 e início da década de 1970. Um estudo realizado por Ronald Brown e James "Doc" Counsilman (1971) indicou que as forças de sustentação ativas na mão, à medida que esta se move na água, são muito mais importantes na propulsão de um nadador do que previamente pensado. Essa pesquisa afirma que, em vez de empurrar a mão em uma linha reta para trás, a fim de produzir força de arrasto propulsivo, o nadador deveria mover a mão para trás, realizando movimentos sinuosos, em uma ação de varredura, para produzir tanto forças propulsivas de sustentação como força de arrasto propulsivo (Fig. I.2). Essa técnica é agora ensinada por professores e treinadores de natação por todo o mundo.

Outros exemplos de esportes nos quais mudanças drásticas na técnica produziram melhoras significativas no desempenho incluem o lançamento de dardo, o salto em altura e o esqui *cross-country*. Em 1956, antes dos Jogos Olímpicos de Verão em Melbourne, Felix Erasquin, um ex-lançador de disco da região Basca da Espanha, de 48 anos, experimentou uma forma não convencional de lançar o dardo. Erasquin tinha experiência na barra basca, um esporte tradicional espanhol que envolve o lançamento de uma barra de ferro chamada *palanka*. Um giro era usado para lançá-la, o qual foi incorporado por Erasquin, originando uma técnica inovadora no lançamento de dardo. Em vez de lançar usando a técnica convencional – sobre o ombro, com uma mão, a partir de uma corrida – Erasquin segurou o dardo com a sua mão direita um pouco atrás da pega. A parte dianteira do dardo foi apontada para baixo no seu lado direito, e a ponta traseira foi posicionada atrás das suas costas e apontando para cima. Durante a corrida de aproximação, Erasquin girou como um lançador de disco e arremessou o dardo a partir da sua mão direita, a qual guiou o implemento. Com o intuito de reduzir as forças de atrito ativas no dardo, à medida que ele desliza pela mão, ele foi encharcado com água e sabão para torná-lo escorregadio. Os excelentes resultados de Erasquin e outros que utilizavam essa técnica atraíram atenção internacional. Diversos lançadores, usando essa técnica "revolucionária", atingiram marcas que ultrapassavam em 10 metros o recorde de lançamento de dardo existente. Os diretores da Associação Internacional das Federações de Atletismo (IAAF), o corpo diretivo do atletismo, ficaram tão alarmados que alteraram as regras para o evento, e essa técnica não convencional tornou-se ilegal (Fig. I.3). Nenhum dos recordes com a técnica espanhola foi reconhecido como oficial.

Em 1968, a maioria dos atletas de elite do salto em altura usava a técnica de rolamento ventral (Fig. I.4*a*). Porém, nas Olimpíadas da Cidade do México, o medalhista de ouro no salto em altura usou uma técnica que poucos já tinham visto. Dick Fosbury, um norte-americano da Universidade do Estado de Oregon, usou uma técnica de salto de costas para saltar 2,24 m, a qual ficou conhecida como *Fosbury Flop* (Fig. I.4*b*). Suas vantagens sobre a técnica de rolamento ventral eram a sua corrida de aproximação mais rápida e sua fácil aprendizagem. Nenhuma pesquisa da biomecânica a tinha desenvolvido.

Figura I.2 As técnicas da natação foram influenciadas pela biomecânica.

Figura I.3 As regras atuais da IAAF obrigam os atletas a lançarem o dardo sobre o ombro e com uma mão.

Fosbury obteve sucesso com ela no ensino médio e a continuou usando e saltando mais alto desse jeito, apesar das marcantes diferenças da técnica convencional de rolamento ventral. Seu sucesso fez outros a adotarem, e agora todos os atletas de elite do salto em altura usam a técnica *Fosbury Flop*.

No final da década de 1970, Bill Koch, um atleta norte-americano de esqui *cross-country*, começou a experimentar uma nova técnica de patinação que tinha observado por meio de esquiadores de maratona na Europa. Era muito diferente da técnica tradicional da passada diagonal, na qual os esquiadores de *cross-country* moviam seus

Figura I.4 Antes de 1968, a maioria dos atletas de salto em altura usava a técnica de rolamento ventral (a); mas após 1968, muitos mudaram para a técnica *Fosbury Flop* (b), que é usada por quase todos os atletas de elite de salto em altura hoje.

esquis paralelos, um ao outro, dentro das áreas demarcadas. Nos Jogos Olímpicos de 1976, em Innsbruck, Áustria, Koch surpreendeu o mundo ganhando a medalha de prata no evento de esqui *cross-country* 30K. Mais surpreendentes foram seus desempenhos na temporada de 1982 a 1983, quando se tornou o primeiro norte-americano a ganhar a Copa do Mundo de Esqui. Koch usou a técnica de patinação quando conquistou esse título, a qual, em meados da década de 1980, já era usada por quase todos os esquiadores nórdicos de elite. A partir dos Jogos Olímpicos de Inverno de 1992, passaram a ocorrer competições separadas para o esqui *cross-country* tradicional (passada diagonal) e para o estilo livre (patinação).

Com exceção do exemplo da natação, esses casos de novas e diferentes técnicas que levaram a melhoras no desempenho aconteceram sem uma ajuda aparente da biomecânica. Talvez isso seja evidência das habilidades dos professores, treinadores e atletas. Por meio de observação repetida, tentativa e erro e alguma aplicação possível dos princípios mecânicos, eles desenvolveram com sucesso técnicas excelentes para a realização de habilidades na maioria dos esportes, sem auxílio de pesquisas da biomecânica. Contudo, talvez esses aprimoramentos teriam sido desenvolvidos com mais rapidez se mais professores e treinadores tivessem conhecimentos práticos da biomecânica.

Melhora de equipamentos

De que outra forma a biomecânica pode contribuir para a melhora do desempenho? Que tal no *design* dos equipamentos usados nos vários esportes? Calçados e roupas constituem o equipamento usado em quase todos os esportes, o qual pode ter efeito no desempenho, seja diretamente, seja por meio da prevenção de lesão. Você consegue pensar em esportes nos quais melhoras na roupa ou nos calçados alteraram o desempenho? Que tal a natação, o salto de esqui e a patinação de velocidade?

Vamos olhar a natação para ver como os trajes mudaram o desempenho nesse esporte. Há cem anos, nadadores competiam usando lã, e os trajes das mulheres tinham saias. A lã foi substituída por seda e, após, por fibras sintéticas; a saia desapareceu à medida que os fabricantes produziam roupas de banho impermeáveis e mais hidrodinâmicas. Talvez o avanço mais drástico no *design* dos trajes tenha ocorrido em fevereiro de 2008, quando a Speedo lançou o LZR Racer. Esse traje foi projetado por cientistas e engenheiros da Speedo com o intuito de minimizar a vibração muscular e reduzir o arrasto com painéis compressores, deixando a forma do corpo do nadador mais hidrodinâmica. Os trajes LZR tinham painéis de poliuretano e não apresentavam costuras. Após seis semanas de seu lançamento, 13 recordes mundiais foram estabelecidos por nadadores usando o LZR Racer da Speedo. Nos Jogos Olímpicos de Pequim de 2008, atletas usando esse traje estabeleceram 23 recordes mundiais e ganharam mais de 90% de todas as medalhas de ouro na natação (Fig. I.5).

Além de calçados e roupas, muitos esportes também requerem o uso de algum tipo de implemento. Pense nesses esportes: como mudanças em implementos alteraram o desempenho neles? Que tal ciclismo, esqui, tênis, golfe, salto com vara, lançamento de dardo? Implementos mais leves e mais bem projetados não contribuíram para melhorar apenas o desempenho de atletas de elite desses esportes, mas também para melhorar o de participantes recreacionais.

Vamos examinar o lançamento de dardo como exemplo de um esporte no qual uma aplicação básica da mecânica no *design* do equipamento alterou o evento drasticamente. Em 1952, Frank "Bud" Held fez parte da equipe olímpica norte-americana de lançamento de dardo. Nas Olimpíadas em Helsinque de 1952, ele ficou em nono lugar, atrás de seus colegas de equipe, os quais ganharam as medalhas de ouro e prata. Logo após retornar para os Estados Unidos, Bud encontrou com seu irmão, Dick Held, que tinha algum conhecimento de engenharia, e, juntos, projetaram e construíram um dardo mais aerodinâmico. O aumento da área de superfície do equipamento deu-lhe mais sustentação, fazendo-o "voar" mais longe. Em 1953, Bud Held usou um de seus dardos para quebrar o recorde mundial. Os irmãos Held não eram biomecânicos, mas seus conhecimentos de mecânica possibilitaram melhorar o *design* do dardo. Os recordes continuaram a ser quebrados à medida que outros começaram a usar o dardo Held. Em 1955, a IAAF implementou regras que limitavam o tamanho do dispositivo, de modo que aumentos adicionais nas áreas de superfície do dardo e sustentação fossem restringidos. Antes de 1953, o recorde mundial na prova de lançamento de dardo era 78,70 metros o qual foi definido em 1938. Com o uso dos modernos dardos aerodinâmicos baseados no *design* Held, o recorde progrediu para 104,80 metros em 1984. Em 1986, a IAAF efetivamente reduziu a distância do lançamento de dardo para os homens, alterando mais uma vez as regras que regem a construção do dardo. As novas especificações preveniam o dardo de "voar" tão longe. Apesar dessa tentativa de limitar os desempenhos, por volta de 1990, o recorde mundial, com as novas regras do dardo, era de 91,44 metros e, na virada do século, de 98,48 metros. Em 1999, a IAAF realizou alterações similares nas regras que regem a construção do dardo usado por mulheres. Esses são exemplos de aplicação da mecânica para *limitar* o desempenho em um esporte.

Em muitos esportes, como golfe, tênis, ciclismo e beisebol, existem normas que regulam o *design* do equipamento usado, a fim de manter os esportes desafiadores. Apesar desses esforços, inovações recentes nessa área tiveram grandes impactos no livro de recordes nos recentes Jogos Olímpicos. Muitos recordes mundiais foram estabelecidos na patinação de velocidade nos Jogos Olímpicos de Inverno de 1998, no Japão, quando os patins *klap* fizeram sua primeira aparição. Durante esse ano, recordes mundiais foram definidos em 9 dos 10 eventos de patinação de velocidade de pista longa (masculino e feminino). O traje da Speedo LZR teve efeito similar nas provas de natação nos Jogos Olímpicos de 2008, em Pequim, conforme já descrito; contudo, a FINA (Fédération Internationale de Natation), o corpo internacional que rege a natação, revisou as regras sobre os trajes em 2009 e, novamente, em 2010, e o LZR Racer da Speedo não pôde ser mais usado em eventos sancionados pela FINA.

Melhora no treinamento

De que outra forma a biomecânica pode contribuir para melhorar o desempenho nos esportes e nas atividades físicas? Que tal o treinamento? A biomecânica tem potencial para conduzir modificações no treinamento e, consequentemente, melhoras no desempenho. Essa aplicação da biomecânica pode ocorrer em diversas formas. Uma análise das deficiências técnicas de um atleta pode ajudar o treinador ou professor a identificar o tipo de treinamento que ele requer para melhorar. O atleta pode estar limitado pela força ou pela resistência de certos grupos musculares, pela velocidade do movimento ou por um aspecto específico da sua técnica. Algumas vezes, a limitação é óbvia. Por exemplo, para que um ginasta realize o crucifixo, é necessária uma enorme força dos músculos adutores do ombro (Fig. I.6). Uma análise mecânica do movimento revelaria isso, mas já é óbvio para os treinadores de ginástica e espectadores. Em outras modalidades esportivas, as exigências de força podem não ser tão evidentes.

> Uma análise das deficiências técnicas de um atleta pode ajudar o treinador ou professor a identificar o tipo de treinamento que ele requer para melhorar.

Figura I.5 O uso do traje da Speedo LZR Racer contribuiu para vários recordes mundiais estabelecidos por nadadores nos Jogos Olímpicos de Verão de 2008.

Figura I.6 A habilidade de um ginasta para realizar o crucifixo pode ser limitada pela força de seus músculos adutores do ombro.

Considere o esporte de salto com vara. Estudantes do ensino médio, quando aprendem esse evento, com frequência atingem um platô em seus desempenhos. Uma deficiência de técnica comum entre iniciantes dessa modalidade envolve o movimento do atleta sobre a vara. O saltador não consegue elevar seus quadris acima da cabeça ou das suas mãos durante os últimos estágios do salto. Isso impede que o atleta atinja uma posição invertida, e a altura do salto é modesta. Essa falha é facilmente identificada pelo treinador ou professor, mas, apesar das instruções repetidas para elevar seus quadris, o saltador não consegue corrigir essa falha na técnica. Por quê? Muitos atletas jovens não têm a força requerida dos extensores do ombro para se impulsionar de cabeça para baixo para uma posição invertida. Uma análise biomecânica dessa falha na técnica do salto revelaria que uma maior força dos extensores do ombro é necessária. O treinador ou professor poderia, então, elaborar um programa de treinamento que fortificasse esses músculos o suficiente para que o saltador complete esse aspecto do salto com sucesso.

A patinação artística compreende outro exemplo de como a análise biomecânica pode conduzir mudanças no treinamento e, por fim, na melhora do desempenho. Locais de treinamento para patinadores juniores do Centro de Treinamento dos Estados Unidos, em Colorado Springs, em meados da década de 1980, incluíam análises das tentativas de saltos duplos e de alguns saltos triplos dos atletas. Muitos que tentaram fazer o salto triplo *twist* foram malsucedidos. Uma análise inicial revelou que alguns fracassaram na acrobacia porque não levavam seus braços junto ao corpo com firmeza suficiente para fazê-los girar mais rápido enquanto estavam no ar (Fig. I.7). Uma análise biomecânica adicional revelou que a incapacidade de levar seus braços junto ao corpo com firmeza ou rapidez suficientes se devia à força inadequada da musculatura do braço e do ombro. Após seus programas de treinamento serem modificados para incluir treinamento de força dos membros superiores a fim de aumentar a força do braço e do ombro, diversos patinadores foram capazes de completar o salto triplo com sucesso nos treinamentos subsequentes.

Um último exemplo de uma análise biomecânica simples que revelou deficiências no treinamento ocorreu no esqui *cross-country* no final da década de 1970. A análise de uma competição internacional incluiu a cronometragem dos esquiadores ao longo de partes específicas do percurso. Os resultados desse estudo indicaram que os atletas norte-americanos eram tão bons quanto os líderes da corrida nas partes planas e nas descidas do percurso, mas estavam perdendo nas subidas. Esse resultado encorajou os treinadores a dedicar mais tempo do treinamento dos esquiadores às subidas e colocar mais ênfase no aperfeiçoamento das técnicas de esqui em aclives.

Figura I.7 Saltos triplos completados com sucesso na patinação artística requerem braços e ombros fortes.

Prevenção de lesão e reabilitação

Alguns acreditam que a prevenção de lesão e a reabilitação devam ser a meta primária da biomecânica do esporte e do exercício. A biomecânica é útil para profissionais da medicina do esporte na identificação das forças que podem ter causado determinada lesão, de como prevenir que uma contusão se repita (ou ocorra pela primeira vez) e de quais exercícios podem auxiliar na reabilitação da lesão. A biomecânica pode ser usada para fundamentar alterações da técnica, do equipamento ou do treinamento a fim de prevenir ou reabilitar lesões.

> Alguns acreditam que a prevenção de lesão e a reabilitação devam ser a meta primária da biomecânica do esporte e do exercício.

Técnicas para reduzir lesão

A ginástica é um exemplo de como a biomecânica pode auxiliar na redução de lesões. Uma pesquisa financiada em parte pelo Comitê Olímpico dos Estados Unidos e pela Associação de Ginástica dos Estados Unidos está interessada nas forças de impacto que os ginastas sofrem quando pousam depois de uma acrobacia e nas estratégias que eles podem usar para reduzir essas forças (McNitt-Gray, 1991; McNitt-Gray, Yokoi, e Millward 1993; McNitt-Gray, Yokoi, e Millward 1994). Os árbitros dão mais pontos para aqueles ginastas que "cravam" suas aterrissagens, mas estas podem envolver forças de impacto maiores e mais perigosas, as quais são as causas das lesões por *overuse* em muitos desses atletas. Uma aterrissagem na qual o ginasta flexiona seus joelhos, quadris e tornozelos pode reduzir as forças de impacto, mas também implica uma menor nota. Um dos resultados dessa pesquisa foi a alteração da regra, permitindo o uso de estratégias de aterrissagem que reduziam essas forças de impacto sem penalizar a nota do ginasta.

Os cotovelo de tenista (epicondilite lateral) é um tipo de lesão por *overuse* que aflige muitos tenistas inexperientes. Pesquisas de biomecânica revelam que uma das causas desse problema é a hiperextensão do músculo extensor radial curto do carpo (Morris, Jobe e Perry, 1989). Vários biomecânicos (Blackwell e Cole, 1994; Riek, Chap-man, e Milner, 1999) apontaram a falha técnica durante o *backhand* como uma possível razão para a hiperextensão. Os tenistas que conseguem manter a posição do punho neutra no impacto da bola durante o *backhand* são menos suscetíveis a desenvolver cotovelo de tenista do que aqueles que realizam flexão do punho.

Design de equipamentos para reduzir lesão

Um exemplo de como a biomecânica afeta o *design* de equipamentos esportivos para reduzir o número de lesões compreende a indústria de calçados de corrida. Após a medalha de ouro do atleta Frank Shorter na maratona das Olimpíadas de 1972, os Estados Unidos tiveram um acentuado incremento na corrida. Infelizmente, esse aumento na participação foi acompanhado por um acréscimo na quantidade de lesões relacionadas a essa prática, o qual fez os corredores se tornarem mais sofisticados nas escolhas de calçados. Dessa forma, houve um rápido crescimento no número de pesquisas biomecânicas sobre corrida e calçados de corrida a partir da década de 1970. Um *ranking* anual de calçados publicado pela revista *Runner's World* incluiu resultados de testes conduzidos no laboratório de biomecânica de uma universidade norte-americana. Algumas das companhias de calçados contrataram biomecânicos como consultores, e algumas financiaram pesquisas em outros laboratórios de biomecânica de universidades. Em 1980, a Nike fundou o seu Laboratório de Pesquisa do Esporte para favorecer o desenvolvimento do atletismo e de calçados para esse esporte por meio de estudos da biomecânica, da fisiologia do exercício e da anatomia funcional.

Os calçados de corrida disponíveis no início da década de 1970 eram duros demais para muitos corredores inexperientes, e lesões por impacto, como canelite e fraturas por estresse, tornaram-se comuns. A indústria calçadista respondeu a isso produzindo calçados mais macios. Contudo, estes não forneciam tanta estabilidade ou controle como um calçado mais duro, de modo que lesões de tornozelo, joelho e quadril aumentaram entre os corredores. As pesquisas de biomecânica patrocinadas por várias companhias calçadistas proporcionaram muitas das características apresentadas nos calçados de corrida modernos, os quais conferem tanto estabilidade como amortecimento. Essas melhoras resultaram em menos lesões de corrida.

A biomecânica do esporte e do exercício pode proporcionar a melhora no desempenho e auxiliar na prevenção de lesão e na reabilitação por meio do aperfeiçoamento na técnica, no *design* de equipamentos e no treinamento. A maior parte dos exemplos nas seções anteriores ilustra como a biomecânica pode ter um papel na melhora do desempenho. Alguns deles, como as mudanças na técnica do lançamento de dardo, do salto em altura e do esqui *cross-country*, demostram que técnicas radicalmente diferentes e melhores ocorrem no esporte sem uma ajuda aparente das pesquisas biomecânicas. Na verdade, existem muito poucos exemplos da contribuição da biomecânica no desenvolvimento de novas técnicas ou equipamentos que melhorem o desempenho. Por quê? A resposta pode ser que as pessoas que mais podem afetar as técnicas esportivas – os professores, treinadores e atletas –, na maioria das vezes, não são conhecedoras da biomecânica; mas suas constantes motivações de tentativa e erro permitem-lhes tropeçar nas técnicas melhoradas. À medida que mais professores, treinadores e atletas se expõem à biomecânica, melhoras na técnica podem ocorrer com mais rapidez. Todavia, a biomecânica do esporte e do exercício ainda é um campo relativamente jovem. A população de biomecânicos do esporte é pequena demais para ocasionar mudanças em muitas modalidades. Quando as alterações na técnica descritas anteriormente para o dardo e para o salto em altura ocorreram, o número de pessoas com conhecimento sobre biomecânica era muito pequeno. Na verdade, antes de 1960, a palavra *biomecânica* era usada apenas por uma meia dúzia de pessoas. Uma breve revisão da história dessa ciência do esporte pode nos dar mais ideias de por que essa ciência não tem tido o impacto do qual parece ser capaz.

A história da biomecânica do esporte

A história da biomecânica do esporte é, em parte, a história da **cinesiologia**. A palavra *cinesiologia* foi usada pela primeira vez no final do século XIX e tornou-se popular durante o século XX, enquanto o termo *biomecânica* não se tornou popular até a década de 1960. As raízes da palavra *cinesiologia* a definem como o estudo do movimento, mas, em seu uso atual, ela se refere ao estudo do movimento humano.

Uma disciplina específica de cinesiologia era parte obrigatória do currículo dos estudantes de Educação Física em muitas escolas norte-americanas por quase todo o século XX. A maior parte do conteúdo dessa disciplina costumava ser anatomia aplicada, com alguns conhecimentos de mecânica e, possivelmente, fisiologia. Em geral, essa era a única disciplina em que o futuro treinador ou professor de Educação Física recebia qualquer orientação sobre mecânica. Em muitos casos, com a ênfase na anatomia aplicada, o conteúdo sobre mecânica não era suficiente para servir de muito uso prático para o futuro profissional.

Pesquisadores interessados na biomecânica do movimento humano estiveram ativos ao longo do século XX, embora a mecânica do movimento humano e animal tenha intrigado cientistas, pelo menos, desde o tempo de Aristóteles (veja *De motu animalium* [em Smith e Ross, 1912]). Nas últimas décadas do século XIX, Etienne Jules Marey escreveu *Le Mouvement* ([1895] 1972), no qual descreveu o uso de uma variedade de dispositivos, incluindo câmeras e instrumentos sensíveis à pressão, para medir e gravar forças e movimentos produzidos pelo homem (e por animais) em uma variedade de atividades. O seu laboratório de "biomecânica" bem equipado, foi o precursor dos laboratórios modernos de biomecânica e de fisiologia do exercício.

> A mecânica do movimento humano e animal tem intrigado cientistas, pelo menos, desde o tempo de Aristóteles.

Um dos primeiros exemplos de pesquisa da biomecânica do esporte e do exercício apareceu na revista *The Baseball Magazine,* em 1912. Os editores encomendaram um estudo para determinar a velocidade de uma bola de beisebol lançada por Walter Johnson. Naquele tempo, Johnson era o "rei dos lançadores rápidos". Embora a biomecânica, hoje, seja pensada como um campo de estudo relativamente novo, o prelúdio do artigo na revista *The Baseball Magazine* afirmava: *"The Baseball Magazine faz uma incursão em um campo absolutamente novo da investigação científica no seu estudo do Jogo Nacional"* (Lane, 1912, p. 25).

Archibald V. Hill conduziu estudos sobre mecânica e energética da corrida de velocidade na década de 1920 (Braun, 1941), trabalho que foi continuado por Wallace Fenn nos anos de 1930 (Cureton, 1939). Embora tenha sido mais conhecido como um fisiologista do exercício, Thomas Cureton também escreveu sobre a mecânica da natação (1930) e sobre várias habilidades do atletismo na década de 1930 (Cureton, 1939), bem como descreveu técnicas para analisar movimentos no esporte usando câmeras de cinema (Cureton, 1939). Nesse tempo, Arthur Steindler redigiu um dos primeiros livros didáticos de "biomecânica" (1935). A década de 1940 foi marcada pela Segunda Guerra Mundial, e a pesquisa na biomecânica do esporte não foi uma prioridade. Em 1955, o livro *Scientific Principles of Coaching,* de John Bunn, foi publicado. Esse foi um dos primeiros textos a enfatizar a mecânica em vez de os aspectos anatômicos do movimento humano nos esportes.

Na década de 1960, o uso do termo *biomecânica* tornou-se popular, e mais pessoas estavam envolvidas em pesquisas da biomecânica do esporte e do exercício. Em 1967, o Primeiro Seminário Internacional em Biomecânica foi realizado em Zurique, Suíça, e a maior parte dos artigos apresentados nessa conferência tratava da mecânica do movimento humano. Esse seminário foi um sucesso, e conferências internacionais sobre o assunto têm sido realizadas a cada dois anos depois disso. Em 1968, a revista *Journal of Biomechanics* foi publicada pela primeira vez. Vários artigos nesse primeiro volume falavam sobre biomecânica do esporte. Durante a década de 1960, diversos programas de pós-graduação na área foram estabelecidos em departamentos da Educação Física, e alguns deles ofereciam doutorado.

Em 1973, a Sociedade Internacional de Biomecânica foi formada, seguida pela formação da Sociedade Americana de Biomecânica, em 1977. Biomecânicos do esporte e do exercício estavam envolvidos na formação de cada uma dessas organizações, embora os membros das sociedades incluíssem cientistas de diversos interesses. No início da década de 1980, a Sociedade Internacional de Biomecânica do Esporte foi formada para representar os interesses dos biomecânicos do esporte. Em 1985, a revista *International Journal of Sports Biomechanics* começou a ser publicada e, em 1992, seu nome passou a ser *Journal of Applied Biomechanics*. A revista mais recente que apresenta exclusivamente artigos de biomecânica do esporte é a *Sport Biomechanics*, que teve sua primeira edição em 2002.

A quantidade de pesquisas sobre biomecânica do esporte e do exercício aumentou gradualmente ao longo das últimas décadas do século XX e no século XXI. O número de pessoas envolvidas na biomecânica do esporte e do exercício também cresceu muito durante esse tempo. Uma razão para esse aumento foi o advento do computador, que facilita a coleta e análise de dados a partir de filmadoras ou câmeras de vídeo de alta velocidade e plataformas eletrônicas de medição de força usadas em pesquisas na área. Sem um computador, o tempo requerido para calcular com precisão medições a partir de dados de filmes e fazer uma pesquisa quantitativa era extremamente grande, o que explica a escassez de pesquisas sobre biomecânica do esporte e do exercício antes da década de 1960. Já as pesquisas da anatomia não eram tão difíceis, e, assim, as disciplinas de cinesiologia eram mais direcionadas para a anatomia aplicada. Com o aumento das pesquisas sobre biomecânica do esporte e do exercício nas últimas três décadas, o conteúdo de muitas disciplinas de cinesiologia tem sido reexaminado, e a mecânica é incluída agora de modo mais profundo. Muitas disciplinas de cinesiologia foram renomeadas como matérias de biomecânica.

Começamos esta seção sobre a história da biomecânica do esporte perguntando por que essa ciência não tem tido o impacto no esporte do qual ela parece ser capaz. A resposta parece mais clara agora. A biomecânica e seu ensino ainda não têm uma existência longa o suficiente para ter um grande impacto. Contudo, quanto mais profissionais do esporte e do exercício (incluindo você) aprenderem e entenderem biomecânica, mais seu impacto será perceptível. Antes de aprender mais sobre esse assunto, você deve familiarizar-se com a mecânica e os sistemas de medida usados na biomecânica.

A organização da mecânica

Nosso estudo da biomecânica do esporte e do exercício necessita de um conhecimento de mecânica. Em nossa definição de biomecânica, consideramos resumidamente **mecânica** como a análise das forças e de seus efeitos. Uma definição mais completa pode ser que mecânica é a ciência que se interessa pelos efeitos das forças ativas nos objetos. Os objetos pelos quais estamos interessados em nossa área de estudo são os humanos e os implementos que eles podem manipular no esporte e no exercício.

> Mecânica é a ciência que se interessa pelo efeitos das forças ativas nos objetos.

A mecânica pode ser dividida em vários ramos (Fig. I.8): mecânica dos corpos rígidos, mecânica dos corpos deformáveis, mecânica dos fluidos, mecânica relativista e mecânica quântica. Na primeira, os objetos são assumidos como perfeitamente rígidos. Isso simplifica a análise. Na segunda, a deformação dos objetos é considerada. Essas deformações complicam a análise. A terceira está relacionada com a mecânica de líquidos e gases. Já a quarta está envolvida com a teoria de Einstein da relatividade, e a última diz respeito à teoria quântica. Cada um desses ramos é mais adequado para descrever e explicar características específicas do nosso mundo físico. A **mecânica dos corpos rígidos** é mais adequada para descrever e explicar os movimentos amplos dos humanos e dos implementos no esporte e no exercício: então, os conceitos desse ramo serão importantes em nosso estudo da biomecânica do esporte e do exercício. Como alguns esportes e exercícios físicos ocorrem em ambientes fluidos, também vamos aprender alguns conceitos da mecânica dos fluidos. A maioria da Parte I deste livro (Caps. 1 ao 8) trata dos conceitos da mecânica dos corpos rígidos, com o Capítulo 8 dando uma breve visão da mecânica dos fluidos.

Na mecânica dos corpos rígidos, os objetos investigados são considerados perfeitamente rígidos; ou seja, eles não se deformam por flexão, alongamento ou compressão. Na descrição e na explicação dos movimentos amplos do corpo humano e de quaisquer implementos no esporte e no exercício, vamos considerar os segmentos do organismo humano como corpos rígidos que estão ligados por articulações. Na realidade, os segmentos do organismo deformam-se sob as ações de forças. Essas deformações costumam ser pequenas e não afetam de modo perceptível os movimentos amplos dos membros ou do próprio corpo, de forma que podemos ter êxito considerando nossa estrutura física como um sistema de corpos rígidos ligados. Contudo, pequenas deformações repetidas podem levar a lesões por *overuse*, portanto, discutiremos as deformações

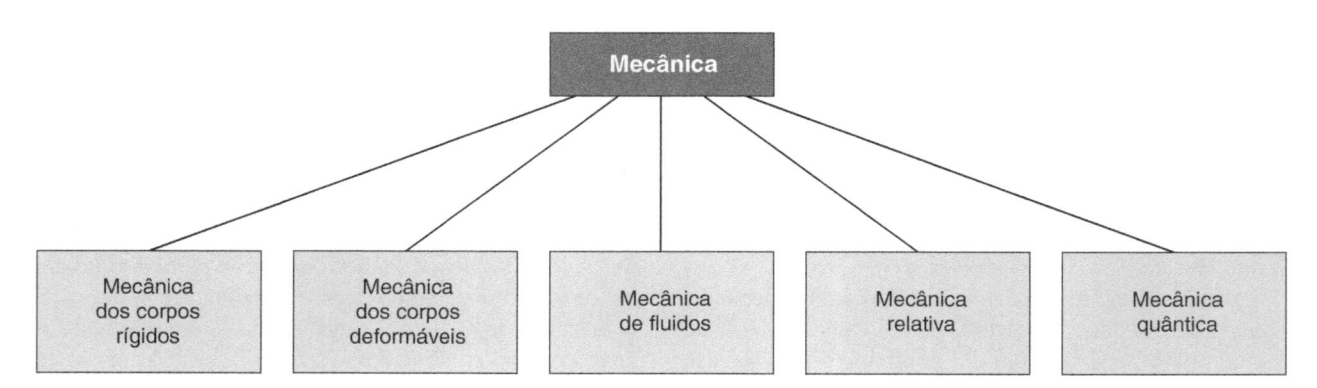

Figura I.8 Os ramos da mecânica.

dos tecidos do corpo humano no Capítulo 9, o qual aborda uma parte da mecânica dos corpos deformáveis, a mecânica dos materiais biológicos.

A mecânica dos corpos rígidos se divide em **estática**, ou a mecânica dos objetos em repouso ou que se movem a uma velocidade constante, e **dinâmica**, ou a mecânica dos objetos em movimento acelerado (Fig. I.9). A dinâmica é subdividida em **cinemática** e **cinética**. A primeira trata da descrição do movimento, enquanto a segunda aborda as forças que causam ou tendem a causar mudanças no movimento. Nossa primeira exploração no mundo da biomecânica está relacionada com a estática, e muitos dos princípios desta são abordados na discussão sobre forças no próximo capítulo. Antes que possamos proceder, contudo, você deve entender alguns conceitos fundamentais de mecânica.

Dimensões básicas e unidades de medida usadas na mecânica

A mecânica é uma ciência quantitativa, portanto, a biomecânica também é. Nós queremos descrever o movimento humano e suas causas de uma maneira quantitativa. Se algo é quantificável, certos aspectos seus são mensuráveis e podem ser expressos em números. Para medir algo, devemos ter algumas unidades de medida comuns. Mas, primeiro, vamos pensar sobre o que queremos medir na biomecânica.

Suponha que estamos observando um jogador de futebol americano correndo após ter pegado a bola. Que termos poderíamos usar para descrever sua corrida? Nós podemos falar sobre sua posição no campo – onde ele pegou a bola e onde foi derrubado? O quão longe ele correu? Quanto tempo levou para percorrer aquela distância? O quão rápido foi? Em quais direções correu? Se você fosse um jogador adversário, poderia também estar interessado em quão grande ele é e o que sentirá quando o derrubar. Alguns dos termos mecânicos que poderíamos usar em nossa descrição são velocidade escalar,* inércia, potência, quantidade de movimento, força, massa, peso, distância, velocidade vetorial e aceleração. (Você pode não estar familiarizado com alguns desses termos. Se não sabe o que eles significam, não se preocupe com isso agora; eles serão mais bem definidos neste ou nos próximos capítulos.) Agora, vamos pôr em ordem nossas descrições e tentar descobrir quais dimensões básicas são necessárias para descrever os parâmetros que listamos.

Comprimento

Uma dimensão básica que podemos querer medir é o comprimento. Nós precisamos de algumas medidas de comprimento para descrever a posição do jogador no campo e o quão rápido ele corre. Desse modo, essa dimensão é usada para descrever o espaço no qual o movimento ocorre. O comprimento é também importante em muitos outros esportes. É a dimensão mais importante em esportes como arremesso de peso ou salto em altura, em que o quão longe ou o quão alto são a própria medida do desempenho. Em outros esportes, o comprimento pode não ser a medida de desempenho, mas ainda assim ser um componente crítico. O quão longe um jogador de golfe pode arremessar a bola do local de saída é uma forma de determinar o sucesso nesse esporte. O quão longe um atleta pode rebater a bola é um fator determinante no beisebol.

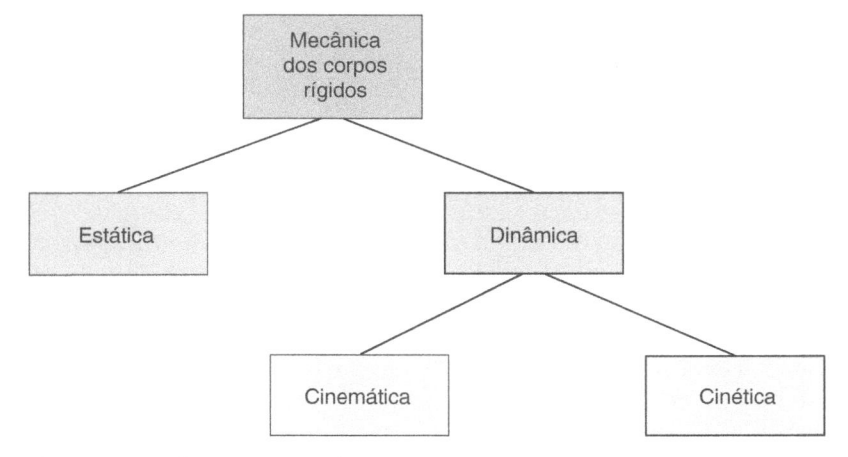

Figura I.9 Os ramos da mecânica dos corpos rígidos.

---

* N. de T.: Em inglês, são utilizados os termos *speed* e *velocity* que, embora remetam à ideia de "velocidade", possuem diferentes entendimentos no contexto da biomecânica. Algumas obras em português utilizam os termos "rapidez" e "velocidade", mas, aqui, optamos por "velocidade escalar" e "velocidade vetorial". Veja Capítulo 2 para maiores informações.

O comprimento de passada na corrida é um componente que determina a velocidade do corredor.

O comprimento também é uma dimensão importante quando consideramos a antropometria dos atletas. A estatura do indivíduo pode ser um determinante do sucesso em esportes como o basquetebol ou o salto em altura. Similarmente, o comprimento dos implementos usados pode afetar o desempenho em esportes como golfe, beisebol, lacrosse e salto com vara. Por fim, o comprimento pode ser uma dimensão do esporte especificado pelas regras da atividade, como o tamanho de um campo de futebol ou de uma quadra de jogo, a altura da cesta ou a distância de uma corrida.

O comprimento é uma dimensão importante, mas como nós o medimos? Se você fosse um estudante nos Estados Unidos, estaria mais familiarizado com medidas de comprimento de polegadas, pés, jardas ou milhas. Como cientistas, devemos usar o Système International d'Unités (Sistema Internacional de Medidas [SI]) ou unidades do SI. Existem muitos sistemas de medida, mas o Sistema Internacional é o mais usado e é internacionalmente reconhecido. Ele é baseado no sistema métrico. A unidade de medida do SI para comprimento é o metro, abreviado como m, que equivale a mais ou menos 3,28 pés ou 39 polegadas. Um pé é quase 0,3048 metro. Outras unidades para comprimento são centímetros (cm) e polegadas (in). Existem 2,54 centímetro em uma polegada e 100 centímetro em 1 metro. Para maiores distâncias, os comprimentos costumam ser medidos em quilômetros (km) ou milhas. Existem mil metros em 1 quilômetro, e 1,609 quilômetro em 1 milha.

Tempo

O tempo é outra dimensão básica que podemos usar para descrever aspectos da corrida do jogador no nosso exemplo do futebol americano. Essa é uma dimensão importante do desempenho em quase todos os esportes. Naqueles que envolvem corridas, é uma medida de desempenho: o atleta com menor tempo da saída até a chegada ganha a prova. Em outros esportes, o tempo é um determinante importante do sucesso. O tempo de reação do goleiro e dos movimentos determinam em grande parte seu sucesso no hóquei, no lacrosse, no handebol e no polo aquático. Situações similares existem para atletas no tênis, raquetebol, squash e handebol quando eles estão tentando devolver a bola. O tempo pode ser uma dimensão especificada por regras da atividade, como a duração da partida, o tempo para iniciar uma jogada no futebol americano, os intervalos no basquetebol, a duração da suspensão no hóquei e o tempo para iniciar um lançamento ou um salto no atletismo.

O tempo pode ser medido em segundos, minutos, horas, dias, meses, anos e assim sucessivamente. Todas essas unidades são baseadas no segundo, que é uma unidade de medida do SI para tempo. Portanto, usamos o segundo para medir essa dimensão, e o abreviaremos como s.

Agora nós temos as dimensões básicas necessárias para o movimento ocorrer: espaço e tempo – espaço para se mover e tempo durante o qual se move. Com medições de tempo e comprimento, podemos descrever completamente o movimento. Se considerarmos alguns dos descritores que usamos para caracterizar o movimento do atleta no exemplo do futebol americano, muitos deles envolviam alguma medida de tempo e de comprimento. Velocidade escalar e velocidade vetorial, por exemplo, são derivadas a partir do comprimento e do tempo e expressas como uma unidade de comprimento por unidade de tempo. A aceleração também é derivada a partir das medidas dessas dimensões. É expressa como uma unidade de comprimento por unidade de tempo multiplicado por ele mesmo, ou ao quadrado. (Se você não sabe a definição de velocidade escalar, velocidade vetorial ou aceleração, não se preocupe; esses termos serão claramente definidos no Cap. 2.)

Alguns dos descritores usados em nosso exemplo não são de fato descritores do movimento do atleta, mas de alguns aspectos do próprio jogador. Estes incluem os termos *quantidade de movimento*, *potência*, *força*, *inércia*, *massa* e *peso*. Quais são as dimensões básicas usadas nesses descritores?

Massa e inércia

Qual qualidade do atacante torna difícil para ele começar a correr e difícil para o defensor detê-lo? Algo relacionado ao tamanho desse jogador de futebol americano influencia a dificuldade para iniciar ou parar seu movimento. Na mecânica, chamamos essa propriedade de um objeto de resistir a mudanças no seu movimento de **inércia**. Você pode ter escutado essa palavra antes ou talvez já a tenha até mesmo usado. Pense sobre como a usou. É provável que a tenha usado para indicar que algo tinha certa resistência ou relutância em mudar o que estava fazendo. Isso se aproxima da definição mecânica de inércia, mas devemos especificar que a mudança que está sendo resistida é uma mudança no movimento.

Como a inércia é medida? Vamos olhar outro exemplo. Quem tem mais dificuldade de começar ou parar de se mover, um arremessador de peso olímpico ou um ginasta olímpico? É óbvio que o primeiro. Esse atleta tem mais inércia. Assim, aparentemente, um objeto maior tem mais inércia que um menor. Mas o que queremos dizer com maior? Bem, talvez seja o peso do corpo que determine sua inércia. Não exatamente – é verdade que objetos mais pesados têm mais inércia, mas o peso não é a medida de inércia. A **massa** é a medida de inércia, enquanto o **peso** é a medida da força da gravidade ativa sobre um objeto. Na lua, o arremessador de peso olímpico pesaria menos que na Terra, mas ele ainda teria a mesma dificuldade para iniciar ou parar de se mover horizontalmente, já que sua massa permaneceria a mesma.

> A massa é a medida de inércia, enquanto o peso é a medida da força da gravidade ativa sobre um objeto.

O quão importante é a massa para o esporte e para o exercício? Vamos pensar sobre esportes nos quais o atleta pode ter de mudar o movimento de alguma coisa. Ele pode ter de alterar o movimento de um implemento, como uma bola ou uma raquete; o deslocamento de outro atleta, como no futebol americano ou no judô; ou o movimento do seu próprio corpo ou de partes do corpo. Desse modo, a massa do implemento do atleta ou de parte do seu corpo tem um grande efeito no desempenho, porque a massa do objeto a ser movido ou parado determina a quantidade de esforço necessária para movê-lo ou pará-lo.

O quilograma é a unidade do SI de medida para massa. Você pode ter usado essa unidade como medida para o peso também. Do ponto de vista mecânico, dizer que algo pesa certa quantidade de quilogramas é incorreto. No sistema SI, o quilograma é uma unidade de medida para massa, não peso. Como o peso é a força da gravidade atuando sobre um objeto, sua unidade de medida é aquela usada para a força. A força e suas unidades de medida são mais bem descritas e definidas no próximo capítulo, mas estas últimas podem ser derivadas a partir das dimensões de comprimento, tempo e massa. O quilograma é a unidade de medida do SI para massa e é abreviado como kg. Um quilograma é igual a 2,2 libras e equivale a mil gramas.

Agora, definimos as três dimensões básicas usadas no sistema de medida do SI como comprimento, tempo e massa. Suas três unidades básicas correspondentes são, respectivamente, metro, segundo e quilograma. Todas as outras quantidades mecânicas e todas as outras unidades do SI usadas na mecânica podem ser derivadas a partir dessas três dimensões e suas unidades de medidas. Tabelas mostrando as dimensões básicas e suas unidades de medida, assim como seus prefixos usados no sistema SI, estão incluídas no Apêndice A. Nos Estados Unidos, as três dimensões básicas comumente usadas são comprimento, tempo e força (em vez de massa), e suas unidades de medida são pé, segundo e libra. Conversões entre as unidades de medida do SI e outras, incluindo aquelas que costumam ser utilizadas nos Estados Unidos, são apresentadas no Apêndice A.

Resumo

A *biomecânica* é o estudo das forças e de seus efeitos nos sistemas vivos, enquanto a biomecânica do esporte e do exercício estuda as forças e seus efeitos em humanos envolvidos no exercício e no esporte. Essa área do conhecimento pode ser uma ferramenta vantajosa para professores de educação física, preparadores físicos, cientistas do exercício, treinadores, fisioterapeutas e para outros envolvidos com o movimento humano. Sua aplicação pode conduzir a melhora no desempenho ou redução e reabilitação de lesão por meio do aprimoramento de técnicas, equipamentos ou treinamento.

A biomecânica é um termo relativamente novo, que se tornou popular apenas na década de 1960. Estudos biomecânicos foram reportados ao longo do século XX. No final da década de 1960 e início da de 1970, sociedades de profissionais dedicados à área começaram a se encontrar, e revistas dedicadas ao assunto apareceram. O advento e o uso muito difundido de computadores tornaram as pesquisas da biomecânica mais viáveis ao longo das décadas de 1970 e de 1980.

A biomecânica do esporte e do exercício envolve-se primeiramente com o ramo da mecânica, chamado de *mecânica dos corpos rígidos*, a qual pode ser dividida em estática e dinâmica. Cinemática e cinética são as subdivisões adicionais da dinâmica.

As dimensões fundamentais usadas na mecânica são o comprimento, o tempo e a massa. As unidades de medida do SI para essas dimensões são, respectivamente, o metro (m), o segundo (s) e o quilograma (kg). Todas as outras dimensões que usaremos na biomecânica são derivadas dessas três unidades fundamentais. Temos, agora, o conhecimento das dimensões básicas usadas na análise mecânica do movimento humano. Contudo, realizar tal análise pode ser difícil neste momento. Nos capítulos que seguem, você aprenderá técnicas que facilitarão as análises dos movimentos humanos. Antes de poder fazer isso, entretanto, você precisa ter um melhor conhecimento sobre forças – o tópico do próximo capítulo.

TERMOS-CHAVE

Biomecânica (p. 3)
Biomecânica do esporte e do exercício (p. 3)
Cinemática (p. 13)
Cinesiologia (p. 10)

Cinética (p. 13)
Dinâmica (p. 13)
Estática (p. 13)
Inércia (p. 14)
Massa (p. 14)

Mecânica (p. 12)
Mecânica dos corpos rígidos (p. 12)
Peso (p. 14)

QUESTÕES DE REVISÃO

1. Explique a diferença entre biomecânica e cinesiologia.
2. De que forma a biomecânica pode ser vantajosa para você na sua carreira?
3. Dê um exemplo de como um professor de educação física poderia aplicar a biomecânica.
4. Dê um exemplo de como um treinador poderia aplicar a biomecânica.
5. Dê um exemplo de como um preparador físico poderia aplicar a biomecânica.
6. Dê um exemplo de como um fisioterapeuta poderia aplicar a biomecânica.
7. Dê um exemplo de como um *personal trainer* poderia aplicar a biomecânica.
8. Quais são as metas da biomecânica do esporte e do exercício?
9. Quais são os métodos para atingir as metas da biomecânica do esporte e do exercício?
10. Quais sociedades profissionais são especificamente envolvidas com biomecânica?
11. Qual tecnologia contribuiu para o crescimento da biomecânica na década de 1970?
12. Quais são as três dimensões básicas da mecânica?
13. Quais são as unidades do SI para as três dimensões básicas usadas na mecânica?

PROBLEMAS

1. Qual a sua estatura em metros?
2. Qual a sua massa em quilogramas?
3. O atleta mais pesado dos Jogos Olímpicos de Londres de 2012 foi o judoca Ricardo Blas Jr., da ilha de Guam. Ele pesava 480,5 libras. Qual era a sua massa em quilogramas?
4. No *curling*, esporte olímpico de inverno, a massa da pedra é de 18 kg. Qual é o peso da pedra em libras?
5. Se você correr 1 milha, quantos metros terá percorrido?
6. Quantas jardas existem em uma pista de 400 metros?
7. Qual a diferença de tamanho entre uma piscina de 25 metros e uma de 25 jardas?
8. Em 1993, o cubano Javier Sotomayor quebrou o recorde mundial de salto em altura, atingindo uma altura de 2,45 m. Qual será o equivalente dessa medida em pés e em polegadas?
9. Quanto um objeto de massa de 100 kg pesa em libras?
10. A distância de uma maratona é de 26 milhas e 385 jardas. Isso equivale a quantos quilômetros?
11. Há quantas milhas em 100 km?
12. Há quantos centímetros em 1 jarda?
13. A distância entre as linhas do gol em um campo de futebol americano é de 100 jardas. Isso equivale a quantos metros?
14. A massa de uma bola de basquete para mulheres é de 567. Quanto ela pesa em libras?
15. A bola de futebol tamanho 5 aprovada pela FIFA deve ter uma circunferência de 68,5 a 69,5 cm e uma massa de 420 a 445.
    a) Qual é a circunferência em polegadas dessa bola?
    b) Quanto pesa essa bola em libras?

Ver respostas (em inglês) no *site* www.grupoa.com.br no *link* do livro.

Parte I

Biomecânica externa
Forças externas e seus efeitos no corpo e no seu movimento

Os movimentos do corpo, como um todo, são determinados pelas forças externas que atuam sobre ele. A Parte I deste livro se refere a essas forças e a seus efeitos tanto no corpo como no seu movimento. Quase toda esta parte do livro é dedicada à mecânica de corpos rígidos e a suas aplicações no movimento humano, sendo composta de oito capítulos. Os quatro primeiros tratam da cinemática e da cinética lineares, e os Capítulos 5 a 7 se ocupam da cinemática e da cinética angulares. A Parte I é concluída com uma discussão sobre mecânica dos fluidos, no Capítulo 8. ■

Capítulo 1

Forças
Mantendo equilíbrio ou alterando movimento

Objetivos

Ao terminar de ler este capítulo, você deverá ser capaz de:

- Definir força
- Classificar os diferentes tipos de forças
- Definir força de atrito
- Definir peso
- Determinar a resultante de duas ou mais forças
- Decompor uma força em forças componentes com ângulo reto entre uma e outra
- Determinar se um objeto está em equilíbrio estático quando as forças que atuam sobre ele são conhecidas
- Determinar uma força desconhecida atuando sobre um objeto quando todas as demais forças são conhecidas e o corpo está em equilíbrio estático

Uma ginasta mantém uma posição insegura sobre um pé durante uma rotina na trave de equilíbrio. Um alpinista se agarra pela ponta dos dedos à face de um penhasco. Uma ciclista permanece imóvel sobre sua bicicleta no início de uma corrida. Um atleta de saltos ornamentais sustenta-se somente pelos dedos dos pés na ponta de um trampolim antes de executar um salto de costas. Quais são as forças que atuam em cada um desses atletas? Como eles as manipulam para manterem-se equilibrados? As informações apresentadas neste capítulo fornecem o conhecimento necessário para responder tais questões.

A todo instante, nossos corpos estão sujeitos a forças. Forças são importantes para o movimento, porque com elas podemos começar e parar de se mover, bem como mudar direções. Elas também são importantes mesmo quando não estamos nos movendo. Nós manipulamos as forças que agem sobre nós para manter nosso equilíbrio em posições paradas. Para uma análise biomecânica completa do movimento humano, precisamos conhecer os fundamentos desse assunto: como somar forças para produzir uma força resultante; como decompô-las em componentes de força; e como elas devem atuar para manter o equilíbrio.

O que são forças?

De forma simples, uma **força** é um empurrão ou um puxão. As forças são exercidas por corpos sobre outros corpos. Elas vêm em pares: a força exercida por um objeto sobre outro é correspondida por outra igual em magnitude, mas no sentido oposto, que é exercida pelo segundo objeto sobre o primeiro – ação e reação. Uma força é algo que acelera ou deforma um objeto. Na mecânica de corpos rígidos, ignoramos as deformações e assumimos que o corpo que analisamos não muda de forma. Assim, na mecânica de corpos rígidos, as forças não deformam os objetos, mas os aceleram se não encontram oposição. Mecanicamente, algo acelera quando sai ou volta para o repouso: aumenta ou diminui de velocidade; ou muda de direção. Assim, uma força é algo que pode fazer um objeto sair ou voltar ao repouso; aumentar ou diminuir de velocidade; ou mudar de direção.

> De forma simples, uma força é um empurrão ou um puxão.

No Sistema Internacional (SI), a magnitude da força é expressa em newtons, em homenagem ao cientista e matemático britânico Isaac Newton (aprenderemos mais sobre ele no Cap. 3). O símbolo para newton é N. Um newton de força é definido como a força necessária para acelerar 1 kg de massa a 1 m/s² ou, algebricamente, como segue:

$$1{,}0 \text{ N} = (1{,}0 \text{ kg})(1{,}0 \text{ m/s}^2) \quad (1.1)$$

Um newton de força equivale a 0,255 libras de força, ou 1 libra equivale a 4,448 N. Você talvez se lembre da história de que Isaac Newton descobriu a gravidade quando uma maçã caiu em sua cabeça. A anedota provavelmente não é verdadeira, mas é uma boa forma de lembrar a medida de um newton. Uma maçã madura pesa cerca de 1 N.

Pense em como descrever uma força. Por exemplo, suponha que você queira descrever a força que um arremessador de peso realiza no instante representado pela Figura 1.1. Descrever a magnitude da força fornece informação suficiente sobre ela para predizer seu efeito? O que mais podemos querer saber sobre ela? Algumas outras características importantes da força são seu ponto de aplicação, sua direção (linha de ação) e seu sentido (se ela puxa ou empurra ao longo da linha). Uma força compõe aquilo que é conhecido como quantidade vetorial. Um **vetor** é uma representação matemática de qualquer coisa que é definida por seu tamanho ou magnitude (um número) e sua direção (sua orientação). Para descrever totalmente uma força, você deve descrever sua intensidade e direção.

Se quisermos representar graficamente uma força (ou qualquer outro vetor), usamos uma seta. Seu comprimento total indica a magnitude da força, o traço reto aponta a linha de ação ou direção, a ponta principal indica o sentido e a extremidade (a outra ponta) indica o ponto de aplicação. Esse é um bom momento para enfatizar que o ponto de aplicação também define sobre qual objeto a força está atuando (e, portanto, qual dos pares de forças – ação e reação – estamos examinando).

Neste e nos três capítulos seguintes, vamos simplificar a mecânica de corpos rígidos ainda mais ao assumir que os objetos em análise são massas pontuais ou partículas. Na verdade, eles não são realmente assim, pois possuem um tamanho e ocupam um espaço, mas, analisando-os dessa forma, assumimos que todas as forças em ação têm o mesmo ponto de aplicação. Dadas essas premissas, as dimensões e o formato dos objetos não mudam o efeito das forças atuantes.

Classificando forças

Agora, vamos considerar os diferentes tipos de forças e as suas classificações. As forças podem ser categorizadas em internas e externas.

Forças internas

As **forças internas** são aquelas que atuam dentro do objeto, ou sistema, cujo movimento é investigado. Lembre-se que as forças vêm em pares – ação e reação. Entre as internas, ação e reação atuam em partes diferentes do sistema (ou corpo). Cada uma delas pode afetar a parte do corpo sobre a qual atua, mas as duas não afetam o movimento do corpo como um todo porque atuam em oposição.

> As forças internas são aquelas que atuam dentro do objeto, ou sistema, cujo movimento é investigado.

Na biomecânica do esporte, os objetos cujos movimentos nos interessam são o corpo do atleta e o implemento manipulado por ele. O corpo humano é um sistema de estruturas – órgãos, ossos, músculos, tendões, ligamentos, cartilagens e outros tecidos. Essas estruturas exercem força umas sobre as outras. Os músculos puxam tendões, que puxam ossos. Nas articulações, ossos empurram cartilagens, que empurram outras cartilagens e ossos. Se as forças puxam a extremidade de uma estrutura interna, elas são chamadas de **forças de tração**, e dizemos que a estrutura está sendo **tracionada**. Se elas empurram, são chamadas de **forças de compressão**, e diz-se que a estrutura está sendo **comprimida**. As forças internas mantêm as coisas juntas quando a estrutura está sendo tracionada ou comprimida. Às vezes, as forças de tração e compressão são maiores que as forças internas suportadas pela estrutura. Quando isso acontece, a estrutura falha e quebra. A falha estrutural no corpo ocorre quando músculos distendem, tendões e ligamentos rompem, e ossos quebram.

Em geral, imaginamos os músculos como as estruturas que produzem as forças que causam nossa mudança de movimento. Na verdade, uma vez que só podem gerar forças internas, eles são incapazes de promover mudanças no movimento do centro de massa do corpo. É verdade que forças musculares podem produzir movimentos nos segmentos do corpo, mas esse movimento não implicará qualquer mudança no deslocamento do centro de massa do corpo a menos que forças externas estejam atuando no sistema. O corpo só pode alterar seu movimento se puder puxar ou empurrar algum objeto externo. Imagine uma jogadora de basquete saltando para bloquear um lançamento da outra equipe (Fig. 1.2). Se ela for enganada pela lançadora e saltar muito cedo, não poderá parar no ar para esperar o arremesso. A única força externa que atua sobre ela, nesse caso, é a gravidade. Ela precisa tocar em alguma coisa para criar outra força externa que contrarie ou neutralize a ação gravitacional. Assim, ela precisa apoiar os pés no chão para poder empurrar o chão novamente e criar uma força de reação externa para saltar outra vez. O solo fornece a força externa que causa a mudança de movimento na jogadora de basquete.

As forças internas podem ser importantes no estudo da biomecânica do esporte e exercício quando nos preocupamos acerca da natureza e causa de lesões, mas não podem produzir qualquer mudança no movimento do centro de massa do corpo. As forças externas são as únicas responsáveis por isso.

Forças externas

As **forças externas** são aquelas que atuam em um objeto como resultado de sua interação com o ambiente. Podemos classificá-las como forças de contato e de não contato. A maior parte das forças em que pensamos são de contato. Elas ocorrem quando objetos tocam um no outro. Já as forças de não contato são aquelas que ocorrem mesmo que os objetos não toquem um no outro. A atração

Figura 1.1 As forças que atuam sobre um arremessador de peso e um peso no instante anterior ao lançamento.

Figura 1.2 Uma jogadora de basquete não pode mudar seu movimento quando estiver iniciado o salto.

gravitacional da Terra é um exemplo desse tipo de força, assim como as forças magnéticas e elétricas.

> As forças externas são aquelas que atuam em um objeto como resultado de sua interação com o ambiente.

No esporte e no exercício, a única força de não contato com que nos preocupamos é a da gravidade, a qual, quando atua sobre um objeto, é definida como o peso do objeto. Lembre-se que definimos 1 N como a força que acelera 1 kg de massa a 1 m/s². Se a única força que atua sobre um objeto é a da gravidade, então esta vai acelerá-lo. Isso é o que ocorre quando deixamos algo cair (se a força de resistência do ar puder ser ignorada). Cientistas mediram precisamente essa aceleração para diversas massas em diferentes locais do planeta e encontraram cerca de 9.81 m/s² para baixo, não importando se o objeto era grande ou pequeno. Essa aceleração é chamada de **aceleração gravitacional** ou **aceleração devido à gravidade** e é designada pela letra *g*.

> O peso é a força da gravidade atuando sobre o objeto.

Agora, vamos ver se conseguimos descobrir o peso de um objeto quando sabemos a sua massa. Se uma força de 1 N acelera 1 kg de massa a 1 m/s², então qual o tamanho da força necessária para acelerar uma massa de 1 kg a 9,81 m/s²? Posto de outra forma: quanto 1 kg pesa?

$$? N = (1 \text{ kg})(9{,}81 \text{ m/s}^2) = \text{peso de 1 kg} = \text{força da gravidade atuando em 1 kg}$$

Resolvendo essa equação, encontramos que 1 kg pesa 9,81 N. Na Terra, massa (mensurada em kg) e peso (medido em newtons) são proporcionais um ao outro por um fator de 9,81. O peso de um objeto (em newtons) é sua massa (em quilogramas) multiplicada pela aceleração devido à gravidade (9,81 m/s²), ou:

> $$P = mg \qquad (1.2)$$

onde:

P = peso (mensurado em newtons),
m = massa (mensurado em quilogramas) e
g = aceleração devido à gravidade = 9,81 m/s²

Pode ser difícil multiplicar de cabeça a massa de algo por 9,81 m/s² a fim de estimar seu peso. Para aproximações rápidas, vamos arredondar 9,81 m/s² para 10 m/s² e usar esse valor como nossa estimativa para a aceleração devido à gravidade. Isso vai tornar as coisas mais fáceis, e nossa aproximação não estará muito longe da realidade, já que nossa estimativa de g está errada em apenas 2%. Se maior acurácia for necessária, o valor mais preciso de 9,81 m/s² deve ser usado.

As **forças de contato** são aquelas que ocorrem entre objetos em contato um com o outro, os quais podem ser sólidos ou fluidos. A resistência do ar e a da água são exemplos de forças de contato fluidas, que serão discutidas com mais profundidade no Capítulo 8. As forças de contato mais importantes em esportes ocorrem entre objetos sólidos, como o atleta e algum outro objeto. Para um arremessador de peso realizar o lançamento, ele deve aplicar uma força no objeto, e a única forma de fazer isso é tocando nele. Para saltar, você deve estar em contato com o chão e empurrá-lo para baixo. A força de reação do solo empurra você para cima e o acelera. Para acelerar-se para frente e para cima durante uma passada de corrida, você deve estar em contato com o solo e empurrá-lo para trás e para baixo. A força de reação o empurra para frente e para cima acelerando-o nessas direções.

As forças de contato podem ser decompostas em pares ou componentes – uma que atua perpendicular às superfícies dos objetos em contato e outra que age paralelamente às superfícies em contato. Chamamos a primeira de força de contato normal (ou força de reação normal), em que normal se refere ao fato de que a linha de ação dessa força é perpendicular às superfícies em contato. Durante um passo de corrida, quando o corredor empurra o chão para trás e para baixo, a força de contato normal é a componente que atua para cima no corredor e para baixo no solo. A segunda componente da força de contato é chamada de **atrito**. A linha de ação do atrito é paralela às duas superfícies em contato e se opõe ao movimento ou deslizamento que ocorre entre as superfícies. Assim, quando o corredor empurra o solo para baixo e para trás durante a passada, a força de atrito é a componente da força que atua para frente no corredor e para trás no solo (Fig. 1.3). O atrito é a componente da força de contato responsável por mudanças no movimento horizontal do corredor, sendo o principal responsável pela locomoção humana; assim, é importante compreender como essa força age.

Atrito

A força de atrito descrita anteriormente refere-se ao atrito em meio seco, também conhecido como atrito de Coulomb. Outro tipo, o atrito em meio fluido, se desenvolve entre duas camadas de fluido e ocorre quando superfícies secas são lubrificadas. O comportamento do atrito em meio fluido é complicado e, uma vez que acontece com menos frequência no esporte, vamos limitar nossa discussão ao atrito em meio seco. Este, também chamado apenas de "atrito seco", atua entre as superfícies não lubrificadas de objetos sólidos ou corpos rígidos em contato, agindo em paralelo às superfícies de contato. Ele surge como o resultado de interações entre as moléculas das superfícies adjacentes. Quando essa força atua entre duas superfícies que não apresentam em movimento relativo entre si, ele é conhecido como **atrito estático**, sendo também chamado de **atrito limite** quando se descreve a máxima quantidade de atrito desenvolvida no momento anterior às duas superfícies começarem a deslizar. Quando o atrito seco ocorre entre duas superfícies que apresentam em movimento relativo entre si, é chamado de **atrito dinâmico**, também conhecido como *atrito de deslizamento* ou *cinemático*.

Atrito e força de contato normal

Tente o Autoexperimento 1.1 para ver como o atrito é afetado pela força de contato normal.

Autoexperimento 1.1

Vamos fazer um experimento para aprender mais sobre atrito. Coloque um livro sobre uma superfície horizontal plana, como uma mesa. Agora, empurre-o pela lateral e perceba quanta força pode realizar antes dele começar a se mover. Qual força resiste àquela que você imprime no livro e evita que ele deslize? Essa resistência é o atrito estático, que é realizado no livro pela mesa. Se o volume não desliza, então a força de atrito estático atuando sobre ele é igual àquela que você exerce sobre o livro, mas em sentido oposto. Assim, os efeitos dessas forças são cancelados, e a força líquida atuando no objeto é zero. Coloque outro volume sobre o primeiro e empurre de novo (Fig. 1.4). Você consegue empurrar com mais força antes deles começarem a se mover? Acrescente um terceiro e empurre novamente. Pode empurrar com ainda mais força? À medida que adiciona livros à pilha, a magnitude (tamanho) da força que você exerce antes deles começarem a deslizar fica maior, e o mesmo acontece com a força de atrito estático.

Como adicionar livros à pilha faz à força de atrito estático aumentar? Nós aumentamos a inércia da pilha aumentando sua massa. Entretanto, isso não deveria afetar a força de atrito estático, já que não parece haver uma maneira de que um aumento na massa afete as interações moleculares das superfícies de contato. São essas interações as responsáveis pelo atrito. Nós também aumentamos o peso da pilha à medida que acrescentamos livros. Isso poderia afetar a força de atrito estático? Bem, aumentar o peso vai intensificar a força de contato normal atuando entre as duas superfícies, o que aumenta a interação entre as moléculas nas superfícies de contato, porque elas são empurradas mais fortemente. Então, não foi o peso dos livros que intensificou a força de

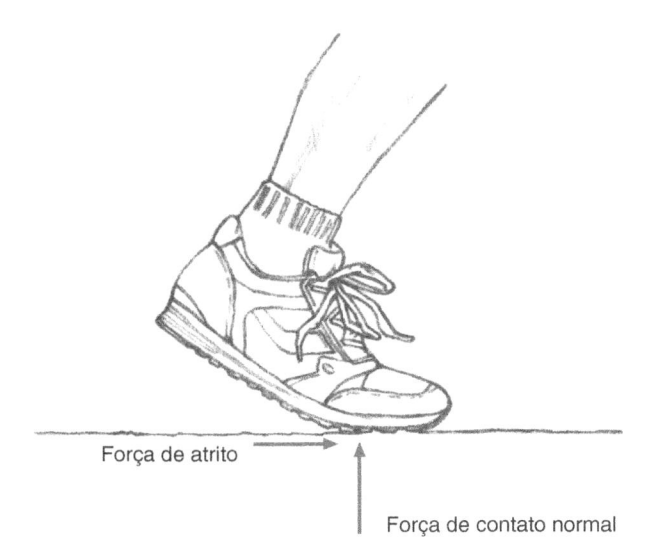

Figura 1.3 Força de contato normal e força de atrito atuando no pé de um corredor durante o impulso.

Figura 1.4 Adicionar livros à pilha aumenta o atrito estático entre o livro que está mais embaixo e a mesa.

atrito estático, mas o aumento da força de contato normal. Se medirmos essa força de contato normal e a de atrito, descobriremos que esta é proporcional àquela. Isso é verdade tanto para o atrito estático como para o dinâmico.

No Autoexperimento 1.1, a força de atrito era horizontal, e a de contato normal era uma força vertical influenciada pelo peso dos livros. A força de atrito é somente horizontal? A força de contato normal é sempre vertical e relacionada ao peso do objeto no qual o atrito atua? Tente o Autoexperimento 1.2 para responder essas questões.

Autoexperimento 1.2

Tente segurar o livro contra uma superfície vertical, como uma parede (Fig. 1.5). Você consegue fazer isso se empurrar apenas com uma força horizontal? Com quanta intensidade você deve empurrar para evitar que o volume deslize pela parede? Qual força se opõe ao peso dele e evita que ele caia? A força da sua mão pressionando contra o livro está atuando horizontalmente, então não pode opor-se à força vertical da gravidade que o puxa para baixo. A força que atua no livro para cima é o atrito entre este e a parede (e possivelmente entre ele e sua mão). A força que você exerce contra o volume afeta o atrito já que ele deslizará e cairá se você não empurrá-lo com força suficiente. Mais uma vez, vemos que o atrito é afetado pela força de contato normal – aquele que atua perpendicular à força de atrito e às superfícies de contato.

➲ **A força de atrito é proporcional à de contato normal e atua perpendicular a ela.**

Atrito e área de superfície

O que mais afeta o atrito? A área de superfície? Vamos tentar outro experimento, Autoexperimento 1.3, para ver

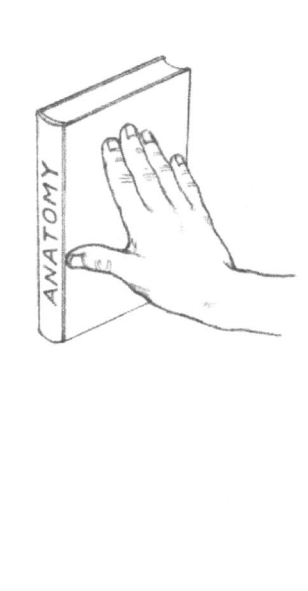

Figura 1.5 A força de atrito entre o livro e a parede e entre ele e a mão é suficiente para segurá-lo.

se aumentar ou diminuir a área da superfície de contato afeta a força de atrito.

Autoexperimento 1.3

A área da superfície de contato afeta o atrito? Pegue um livro de capa dura e o apoie sobre uma mesa. (É importante que ele seja de capa dura.) Empurre-o de um lado para outro e perceba o tamanho das forças de atrito estática e dinâmica. Tente usar somente forças horizontais no livro. Agora, tente fazer a mesma coisa com o livro em pé (Fig. 1.6). Use um atilho para mantê-lo fechado, mas não deixe o atilho tocar a mesa enquanto o volume está deslizando. Você percebe alguma diferença entre as forças de atrito com o livro nas diferentes orientações? Experimente com outro livro de capa dura.

Nas diferentes orientações sugeridas no Autoexperimento 1.3, as áreas das superfícies em contato entre o livro e a mesa variam bastante, mas o atrito não muda de forma perceptível. De fato, o atrito seco, tanto estático como dinâmico, não é afetado pelo tamanho da superfície de contato. Essa afirmação provavelmente não está de acordo com sua intuição sobre atrito, mas você acabou de demonstrá-la no experimento. Se não foi o suficiente para te convencer de que o atrito seco não é afetado pela área de superfície, vamos tentar explicar.

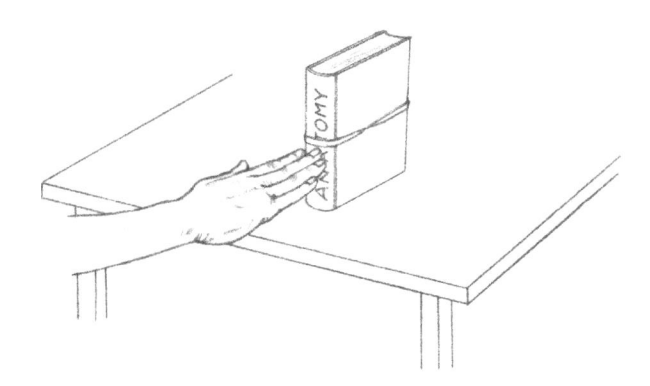

Figura 1.6 Um livro de pé tem uma área de contato menor com a mesa. A redução dessa área afeta a força de atrito entre o livro e a mesa?

O atrito seco ocorre devido à interação das moléculas nas áreas das superfícies em contato. Nós vimos que, se pressionamos essas superfícies com maior força, a interação entre as moléculas vai ser maior, e o atrito aumentará. Faz sentido dizer que, se aumentarmos a área das superfícies em contato, também aumentaremos o número de moléculas que podem interagir entre si e assim criamos mais atrito. Mas se a força que empurra as superfícies permanece a mesma, uma área de superfície em contato maior a fará ser distribuída sobre um espaço maior, e a pressão entre as superfícies diminuiria (pressão é força dividido por área). Portanto, se a força individual que empurra cada uma das moléculas na superfície de contato for menor, diminui a interação entre as moléculas e também o atrito. Isso parece uma troca. O incremento na área de superfície aumenta o número de interações de moléculas, mas a redução da pressão diminui a magnitude dessas interações. Assim, o efeito líquido do aumento da área de superfície é zero, e o atrito não muda.

> O atrito seco não é afetado pelo tamanho da área de superfície em contato.

Atrito e materiais em contato

O atrito é afetado pelo tamanho da força de contato normal, mas não pela área em contato. E quanto à natureza dos materiais em contato? A força de atrito de sapatos com sola de borracha é diferente daquela de calçados com sola de couro? Vamos tentar mais um experimento, o Autoexperimento 1.4, para investigar como a natureza dos materiais em contato afeta a força de atrito entre eles.

Autoexperimento 1.4

Vamos observar a diferença entre o atrito de um livro e de um sapato sobre uma mesa. Coloque o livro na mesa e um tênis sobre ela. Empurre o primeiro de um lado para o outro e perceba o tamanho das forças de atrito estático e dinâmico. Agora, coloque o calçado sobre a mesa, com a sola para baixo, e ponha o livro sobre ele. Empurre-o de um lado para outro e perceba o tamanho das forças de atrito. Quem produziu mais atrito com a mesa, o livro ou o tênis? O que mudou entre as duas condições? Em ambas, o peso e a massa dos objetos permaneceu a mesma. A área da superfície de contato mudou, mas nós já determinamos que o atrito não é influenciado por isso. A variável que deve ser responsável pelas mudanças observadas na força de atrito é a diferença no tipo de material que estava em contato com a mesa. Ocorreu maior atrito entre a mesa e a sola mais macia e áspera do tênis do que entre ela e a capa mais lisa e dura do livro.

Mais uma observação sobre atrito deve ser feita. Ao mover o livro de um lado para outro da mesa nos Autoexperimentos, foi mais fácil iniciar ou manter o movimento? Em outras palavras, o atrito estático foi maior ou menor do que o dinâmico? Foi mais fácil manter o objeto em movimento do que iniciar o deslocamento, de modo que o atrito estático é maior que o dinâmico.

Vamos resumir o que sabemos até agora sobre o atrito seco. Trata-se da força de contato que atua entre e em paralelo a duas superfícies em contato. Ele se opõe ao movimento relativo (ou movimento relativo iminente) entre as superfícies e é proporcional à força de contato normal aproximando as duas superfícies. Isso significa que, conforme a força de contato normal se intensifica, a força de atrito também aumenta. Se a força de contato normal dobrar, o mesmo ocorrerá com a força de atrito. O atrito é afetado pelas características das superfícies em contato. Maiores atritos podem ser desenvolvidos entre superfícies macias e ásperas do que superfícies duras e lisas. Por fim, o atrito estático é maior do que o dinâmico. Matematicamente, podemos expressar atrito estático e dinâmico como:

> $F_E = \mu_E N$ (1.3)

> $F_D = \mu_D N$ (1.4)

onde:

F_E = força de atrito estático
F_D = força de atrito dinâmico
μ_E = coeficiente de atrito estático
μ_D = coeficiente de atrito dinâmico e
N = força de contato normal

O coeficiente de atrito é um número que representa os diferentes efeitos que materiais têm sobre o atrito. Matematicamente, esse coeficiente, simbolizado pela letra grega *mu*, é apenas a razão entre as forças de atrito e de contato normal.

◯ Matematicamente, o coeficiente de atrito é a razão entre as forças de atrito e de contato normal.

Atrito no esporte e o movimento humano

O atrito é uma força importante em todos os esportes e movimentos humanos. A locomoção exige forças de atrito, de modo que nossos sapatos são desenvolvidos para gerar as mais apropriadas entre nosso pé e a superfície de contato. A maior parte dos calçados atléticos se destinam a atividades que necessitam de altas forças de atrito, portanto os materiais utilizados em suas solas têm altos coeficientes de atrito. Na dança e no boliche, para citar apenas alguns exemplos, deslizar é desejável, assim as solas dos calçados usados nessas atividades têm coeficientes de atrito menores. No esqui na neve, também queremos menos resistência, por isso enceramos a parte inferior dos esquis, a fim de diminuir o coeficiente de atrito. Em esportes de raquete e outros esportes envolvendo implementos, altas forças de atrito são desejadas para que não percamos o contato com o implemento. Os cabos são feitos de materiais como couro ou borracha, que têm altos coeficiente de atrito. Podemos até alterar o cabo para aumentar seu coeficiente de atrito envolvendo-o com fita atlética, pulverizando-o com substâncias pegajosas ou usando giz nas mãos. Pense na variedade de esportes com que você já esteve envolvido e como o atrito afetou seu desempenho. Em atividades diárias, a função entre calçado e piso é importante para prevenir deslizamentos e quedas.

Agora, conhecemos diversas forças externas que podem agir sobre nós em atividades esportivas, sendo a gravidade, o atrito e as forças de contatos as principais. Na maioria das situações de esportes e exercícios, o indivíduo está exposto a mais de uma delas. Como somamos essas forças para determinar seu efeito em uma pessoa? O que é uma força líquida ou resultante?

Adição de forças: composição de força

A força líquida é a soma de todas as forças externas que atuam sobre um objeto. Essa soma não é algébrica, ou seja, nós não podemos simplesmente somar os números que representam os tamanhos das forças. A força líquida é a soma vetorial de todas as forças externas. Lembre-se de que definimos uma força como um puxão ou empurrão, e que forças são quantidades vetoriais. Isso significa que a descrição completa de uma força inclui sua magnitude (qual o tamanho dela?) e sua direção (para que lado ela atua?). Visualmente, podemos pensar nelas como setas, em que o comprimento representa a magnitude, a orientação representa a linha de aplicação e a ponta indica o sentido da ação ao longo da linha. Quando somamos vetores como forças, não podemos apenas somar os números representando seus tamanhos. Também devemos considerar suas direções. As forças são somadas usando o procedimento da adição de vetores. O resultado da soma vetorial de duas ou mais forças é chamado de **força resultante**. A soma vetorial de todas as forças externas que atuam sobre um objeto é a **força líquida**, também conhecida como força resultante, porque é o resultado da adição de todas as forças externas. Agora, vamos aprender como realizar a adição vetorial de forças.

◯ A soma vetorial de todas as forças externas que atuam sobre um objeto é a força líquida.

Forças colineares

Para começar nossa discussão sobre adição de vetores, vejamos um caso simples envolvendo forças colineares. Se você analisar o termo *colinear*, perceberá que a palavra *linear* aparece nela. **Forças colineares** são aquelas que têm a mesma linha de ação. Elas podem atuar no mesmo sentido ou em sentidos opostos ao longo da linha. Agora, eis a situação. Você está em um time de cabo-de-guerra com outras duas pessoas. Você puxa a corda com uma força de 100 N, e seus companheiros de equipe puxam com forças de 200 N e 400 N. Vocês estão puxando na mesma linha – a linha da corda. Para encontrar a resultante dessas três forças, primeiro representamos graficamente cada uma delas como uma seta, cujo comprimento representa em escala o tamanho da força. Primeiro, desenhe a força de 100 N que você exerce na corda. Se estiver puxando para a direita, a força que você exerce sobre a corda pode ser representada assim:

100 N
→

Agora, desenhe uma seta representando a força de 200 N. Coloque a origem dela na extremidade da seta da força de 100 N. Se a escala estiver correta, essa seta deve ser duas vezes mais longa do que aquela que representa a força de 100 N.

100 N   200 N
————→

Agora desenhe a seta que representa a força de 400 N. Coloque a origem dessa força na ponta da seta anterior. Ela deve ser quatro vezes mais longa que a seta que representa a força de 100 N e ter duas vezes o comprimento daquela que representa a de 200 N. Seu desenho deve ser mais ou menos parecido com este:

100 N   200 N   400 N
————————→

Uma seta que vai da origem da força de 100 N até a ponta* da de 400 N representa a força resultante, ou a soma vetorial das forças de 100 N, 200 N e 400 N, se colocarmos a ponta da seta junto à extremidade da força de 400 N.

700 N
———————————→

Se medirmos o comprimento dessa seta, verificamos que ela é sete vezes mais longa que a de 100 N. A força resultante deve ser uma de 700 N atuando para a direita. Mas isso é o que teríamos encontrado se somássemos algebricamente as magnitudes das três forças:

100 N + 200 N + 400 N = 700 N

Isso significa que soma vetorial e algébrica são a mesma coisa? Não! Isso é verdade apenas quando todas as forças atuam ao longo da mesma linha e no mesmo sentido.

↪ **Quando forças atuam ao longo da mesma linha e no mesmo sentido, elas podem ser somadas usando adição algébrica regular.**

Agora, vamos considerar as forças que o time oposto exerce sobre a corda. A equipe adversária também é formada por três membros. Eles exercem na corda forças para a esquerda de 200 N, 200 N e 200 N, respectivamente. Qual é a resultante?

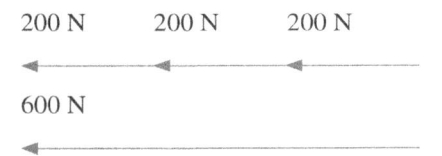

200 N   200 N   200 N
←—————— ←—————— ←——————

600 N
←——————————————

Nós podemos determinar a resultante representando graficamente as três forças como setas e conectando a ponta da primeira com a extremidade da última, como fizemos antes. Também poderíamos somar as magnitudes das forças algebricamente, porque todas elas atuam ao longo da mesma linha no mesmo sentido.

200 N + 200 N + 200 N = 600 N

Mas qual é o resultado das forças opostas atuando sobre a corda? Neste caso, temos as três forças do seu time puxando para a direita:

100 N   200 N   400 N
——→   ————→   —————————→

e as três forças do time adversário puxando para a esquerda:

---
* N. de T.: Lembre-se: Chamamos de "ponta" a extremidade que aponta o sentido da seta e de "extremidade" o lado oposto da ponta, o início do traço.

200 N   200 N   200 N
←—————— ←—————— ←——————

Essas forças ainda são colineares porque elas atuam ao longo da mesma linha – nesse caso, a linha da corda. Seguindo o procedimento que usamos antes, somamos as forças graficamente alinhando os vetores um atrás do outro. Nós fizemos isso para as três forças do seu time. A extremidade da força de 200 N está alinhada com a ponta da de 100 N, e a extremidade da força de 400 N está alinhada com a ponta da de 200 N. Também fizemos isso para as forças do time oposto. Agora, para somar todas essas forças, nós alinhamos a extremidade da força de 200 N da equipe adversária com a ponta da força de 400 N do seu time (também poderíamos ter alinhado a extremidade da sua força de 100 N com a ponta da de 200 N do time oposto):

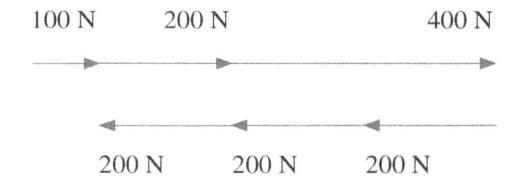

100 N   200 N   400 N
——→   ————→   —————————→

200 N   200 N   200 N
←—————— ←—————— ←——————

Nós encontramos a força resultante desenhando uma seta que vai da extremidade da força de 100 N até a ponta da última força de 200 N, com a ponta desta alinhada com a ponta da força de 200 N e a outra extremidade alinhada com a outra extremidade da força de 100 N:

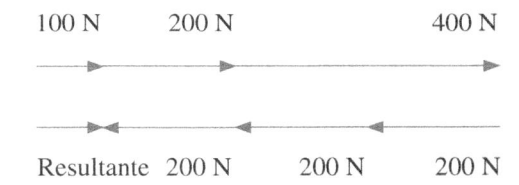

100 N   200 N   400 N
——→   ————→   —————————→

Resultante   200 N   200 N   200 N
←—   ←—————— ←—————— ←——————

Se medirmos o comprimento desse vetor resultante, veremos que ele tem o mesmo comprimento da força de 100 N. A força resultante é de 100 N para a direita.

Nós poderíamos ter chegado à mesma resultante se tivéssemos substituído as forças exercidas por seu tipo pela força resultante de 700 N para a direita e as forças exercidas pelo time oposto por sua força resultante de 600 N para a esquerda.

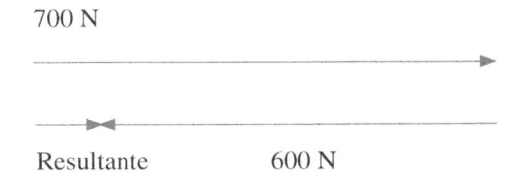

700 N
———————————————————→

Resultante   600 N
←—   ←——————————————

Uma vez que todas as forças atuam ao longo da mesma linha, a força resultante também poderia ser encontrada por meios algébricos. Agora, em vez de apenas somar as forças como fizemos para cada time, devemos considerar também os sentidos em que elas agem. Vamos dizer arbitrariamente que as forças atuando para a direita são positivas. Assim, aquelas voltadas para a esquerda devem ser consideradas negativas. Desse modo, a força resultante sobre a corda pode agora ser determinada algebricamente pela soma das forças positivas de seu time e das negativas do time oposto.

100 N + 200 N + 400 N +
(–200 N) + (–200 N) + (–200 N) = +100 N

Adicionar um número negativo é como subtraí-lo, assim também podemos escrever isso como:

100 N + 200 N + 400 N –
200 N – 200 N – 200 N = +100 N

O sinal positivo associado com nossa resposta de 100 N indica que a força resultante atua no sentido positivo. Nós determinamos nosso sentido positivo para a direita, então a resultante é uma força de 100 N para a direita.

Se as forças são colineares, podemos somá-las usando soma vetorial por meio da representação gráfica de cada força como uma seta e organizando-as da extremidade à ponta. Nós determinamos a força resultante desenhando uma seta da extremidade da primeira força até a ponta da última. Essa seta tem sua ponta na ponta da última força e representa a força resultante. Também podemos adicionar forças colineares algebricamente se considerarmos o sentido das forças ao longo da linha em que atuam por meio da atribuição de sinais positivos e negativos às suas magnitudes. As forças positivas agem em um sentido ao longo da linha, e as negativas atuam no sentido oposto.

Forças concorrentes

Se as forças atuam sobre um mesmo ponto, mas não ao longo da mesma linha, temos **forças concorrentes**. Contanto que os objetos sejam tidos como pontos de massa, as forças atuando sobre eles serão consideradas colineares se atuarem ao longo da mesma linha e concorrentes se não o fizerem.

Somente a partir do Capítulo 5, quando começaremos a modelar objetos como corpos rígidos verdadeiros, e não pontos de massa, consideraremos as forças não concorrentes.

Agora, vamos imaginar uma situação na qual as forças externas não são colineares, mas são concorrentes. Um ginasta está a ponto de iniciar sua rotina na barra fixa. Ele salta verticalmente e agarra a barra, e seu técnico para o seu balanço exercendo forças na frente e nas costas do tronco do ginasta. As forças externas sobre o atleta são: a força da gravidade, que age sobre a massa do ginasta; uma força horizontal de 20 N exercida pelo técnico que o empurra para frente; uma força horizontal de 30 N exercida pelo técnico que o empurra para frente; e uma força de reação vertical para cima de 550 N exercida pela barra sobre as mãos do ginasta. A massa do atleta é de 50 kg. Qual é a força externa líquida atuando sobre ele?

Primeiro, qual o tamanho da força de gravidade que atua no ginasta? Se você lembra, no início deste capítulo, falamos que a força da gravidade sobre um objeto é o peso do objeto. Qual é o peso do ginasta? O peso é definido pela equação 1.2.

$P = mg$

onde P representa o peso em newtons, m representa massa em quilogramas e g representa a aceleração devida à gravidade, ou 9,81 m/s^2. Para uma boa aproximação, podemos arredondar 9,81 m/s^2 para 10 m/s^2 e tornar nossos cálculos mais fáceis. Se quisermos ser mais acurados, devemos usar 9,81 m/s^2. Assim, arredondando o valor de g, o ginasta pesa:

$P = mg = (50 \text{ kg})(10 \text{ m/s}^2) = 500 \text{ kg m/s}^2 = 500 \text{ N}.$

Esse peso é uma força para baixo de 500 N. Agora, temos todas as forças externas que atuam sobre o atleta. Um desenho dele e de todas as forças externas em ação no exemplo é mostrado na Figura 1.7.

Agora, podemos começar o processo para determinar a resultante dessas forças. Assim como fizemos com as

Problema ilustrativo 1.1

Um instrutor auxilia um levantador de peso que está tentando erguer uma barra de 1.000 N. O técnico exerce sobre a barra uma força de 80 N para cima, enquanto o atleta exerce sobre ela uma de 980 N para cima. Qual é a força líquida vertical exercida sobre o implemento?

Solução

Assuma como positivo o sentido ascendente. As forças de 80 N e 980 N são positivas, e o peso de 1.000 N da barra é negativo. Somando essas forças, temos o seguinte:

$\Sigma F = (+80 \text{ N}) + (+980 \text{ N}) + (-1.000 \text{ N}) = 80 \text{ N} + 980 \text{ N} - 1.000 \text{ N} = +60 \text{ N}$

O símbolo Σ, que aparece antes do F na equação, é a letra grega *sigma*. Em matemática, ela simboliza a adição. Significa somar ou adicionar todos os itens indicados pela variável seguindo o Σ. Nesse caso, ΣF significa a soma de todas as forças.

A força líquida vertical atuando sobre a barra é de 60 N para cima.

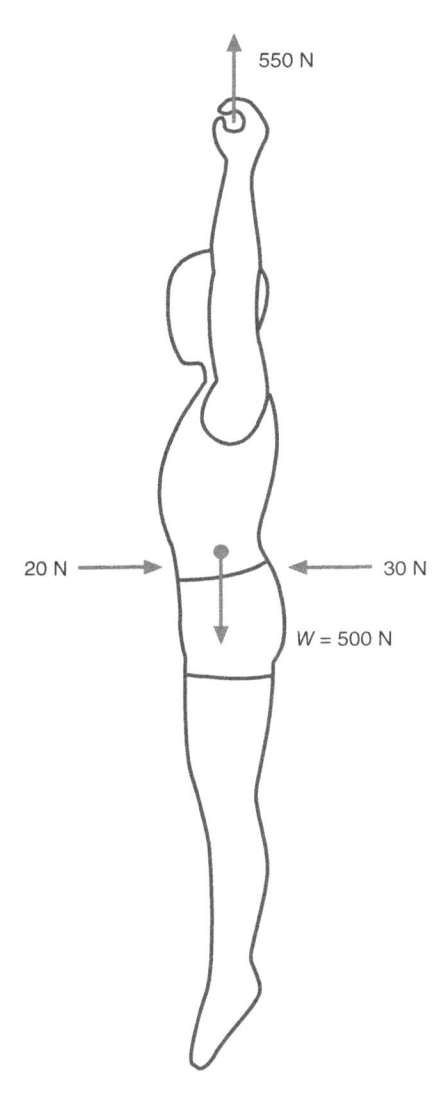

Figura 1.7 Diagrama de corpo livre mostrando as forças externas que atuam em um ginasta pendurado na barra horizontal.

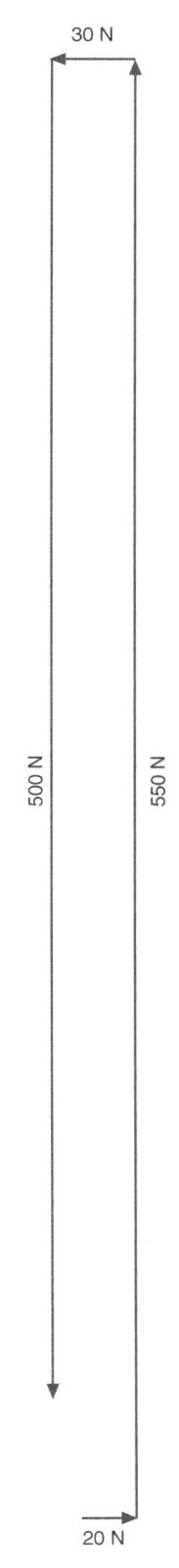

Figura 1.8 Representação gráfica de todas as forças que atuam no ginasta.

forças colineares, podemos representar cada força graficamente com uma seta, escalando o comprimento da seta para representar sua magnitude, orientando-a para mostrar sua linha de aplicação e usando a ponta dela para mostrar seu sentido ou direção. Como foi feito com as forças colineares, se alinharmos as forças da extremidade à ponta, podemos encontrar a resultante. Vamos fazer isso. Primeiro, desenhe a força horizontal de 20 N atuando para a direita. Agora, desenhe a força ascendente de 550 N de forma que a extremidade comece na ponta da força de 20 N. Coloque a força horizontal para esquerda de 30 N saindo da ponta da de 550 N. Desenhe a força gravitacional de 500 N para baixo de modo que sua extremidade comece na ponta da força de 30 N. Você deve terminar com um desenho parecido com o da Figura 1.8.

A ponta da força descendente de 500 N e a extremidade da horizontal de 20 N não estão conectadas. A resultante das quatro forças pode ser representada por uma seta conectando a extremidade da força horizontal de 20 N (a primeira força no seu desenho) à ponta da descendente de 500 N (a última força em seu desenho). A Figura 1.9 mostra a construção da força resultante, que vai da extremidade da força horizontal de 20 N até a ponta da força descendente de 500 N. A resultante é, portanto, direcionada para cima e levemente para a esquerda. Sua magnitude é indicada pelo comprimento de sua seta. Usando a mesma escala usada para construir as outras forças na Figura 1.9, podemos estimar que a magnitude da força resultante é cerca de 51 N.

Descrever a direção da força resultante como "para cima e levemente para a esquerda" não é muito preciso. Essa direção pode ser descrita com mais acurácia? Nós podemos descrever o ângulo que a força faz com a linha vertical ou com a linha horizontal. Mensurando no sentido anti-horário a partir da linha vertical, a força cria um ângulo de cerca de 11°. Essa descrição é muito mais precisa que a anteriores.

Se forças verticais e horizontais atuam sobre um corpo, podemos somá-las graficamente, como fizemos para determinar a força resultante. Há alguma outra maneira para determinar essa força sem usar meios gráficos? Existe uma técnica matemática que podemos usar? Vamos considerar as quatro forças atuando sobre o ginasta. Horizontalmente, há duas forças em ação: uma de 20 N para a direita e uma de 30 N para a esquerda. Verticalmente, também há duas forças: uma descendente de 500 N e uma ascendente de 550 N. Podemos apenas somar todas essas forças algebricamente? Fazendo isso, temos:

20 N + 30 N + 500 N + 550 N = 1.100 N

Esse resultado é muito diferente daquele que obtivemos graficamente. Talvez tenhamos de considerar as forças para baixo e para a esquerda como negativas. Usando esse método, temos:

20 N + (−30 N) + (−500 N) + 550 N =
20 N − 30 N − 500 N + 550 N = 40 N

Isso é muito mais próximo do resultado gráfico, mas ainda não está correto. Além disso, também não sabemos em qual direção a resultante atua. Vamos tentar mais um método. Considere as forças horizontais e verticais separadamente e determine a força resultante para cada uma delas. Agora, o problema é similar ao das forças colineares que resolvemos antes.

No plano horizontalmente, temos uma força de 20 N atuando para a direita e uma de 30 N para a esquerda. Antes, decidimos arbitrariamente que as forças para a direita eram positivas e atribuímos um valor negativo para aque-

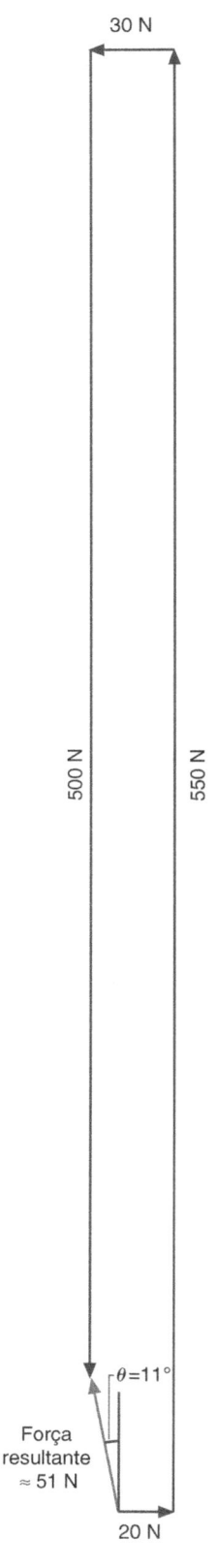

Figura 1.9 Determinação gráfica da força resultante sobre o ginasta.

las que atuavam para a esquerda, assim a força horizontal resultante é:

20 N + (−30 N) = 20 N − 30 N = −10 N

O sinal negativo indica que essa força atua para a esquerda. A força horizontal resultante é de 10 N para a esquerda.

No plano vertical, temos uma força descendente de 500 N e uma ascendente de 550 N. Vamos considerar a ascendente como nossa direção positiva e atribuir valores negativos às forças descendentes. A força vertical resultante é:

(−500 N) + 550 N = +50 N

O sinal positivo indica que essa força atua para cima. A força vertical resultante é de 50 N para cima.

Usando esse método, a força resultante pode ser expressa como uma força horizontal de 10 N para a esquerda e uma vertical de 50 N para cima. Isso equivale à força resultante de 51 N para cima e levemente para a esquerda com inclinação de 11° da vertical? Como pode uma força de 51 N ser equivalente a uma de 50 N e uma de 10 N? Some graficamente as forças resultantes horizontal de 10 N e vertical de 50 N para determinar sua força líquida. Desenhe as forças da extremidade à ponta, como mostrado na Figura 1.10.

Agora, desenhe a resultante conectando a ponta da força horizontal de 10 N à extremidade da força vertical de 50 N. Se compararmos essa força à resultante apresentada na Figura 1.9, ambas parecem idênticas. Meça a resultante na Figura 1.10 e o ângulo que ela forma com a vertical. A força resultante é de cerca de 51 N e faz um ângulo de 11° com a vertical. Esse valor é idêntico ao resultado apresentado na Figura 1.9. Aparentemente, outra de 50 N e uma força de 10 N podem ser equivalentes a uma de 51 N.

Técnica de trigonometria

Olhe novamente o formato criado pelas três forças na Figura 1.10. É um triângulo. Na verdade, é um triângulo retângulo – um de seus ângulos internos mede 90°. O ângulo de 90° é formado pelos lados do triângulo que representam as forças resultantes horizontal e vertical, os chamados catetos. Há relações especiais entre os lados de um triângulo retângulo. Uma delas relaciona o comprimento dos dois catetos que formam o ângulo de 90° ao comprimento do lado oposto a ele (a hipotenusa). Se A e B representam os dois catetos e C representa a hipotenusa, então:

$$A^2 + B^2 = C^2 \qquad (1.5)$$

Essa relação é chamada de teorema de Pitágoras. Para nosso triângulo de força, podemos substituir A por 10 N e B por 50 N e, assim, encontrar o valor de C, que representa a força resultante.

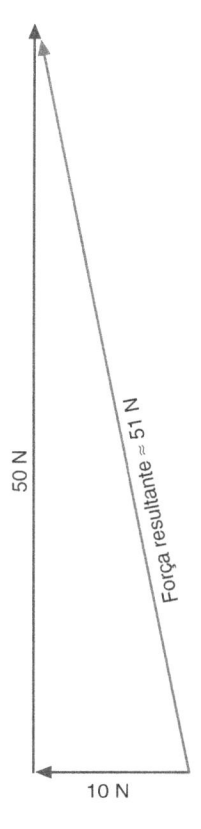

Figura 1.10 Soma vetorial das forças líquidas horizontal e vertical que atuam no ginasta.

$$(10\ N)^2 + (50\ N)^2 = C^2$$

$$100\ N^2 + 2.500\ N^2 = C^2$$

$$2.600\ N^2 = C^2$$

$$C = 51\ N$$

Isso nos dá uma resposta idêntica à que obtivemos medindo a representação gráfica da força.

Vamos olhar mais uma vez o triângulo retângulo que obtivemos na Figura 1.10. Além do teorema de Pitágoras, há outras relações entre os lados e os ângulos do triângulo retângulo. Se soubermos os comprimentos de quaisquer dos dois lados de um triângulo desse tipo, podemos determinar o comprimento do lado restante e também o ângulo entre eles. Além disso, se soubermos o comprimento de um lado do triângulo retângulo e a medida de um dos ângulos que não o de 90°, podemos determinar o comprimento dos demais lados e a medida do terceiro ângulo usando trigonometria. A trigonometria não é um pré-requisito para a leitura deste livro, e o objetivo desta obra não é ensinar esse assunto, mas conhecer algumas das ferramentas da trigonometria que vai auxiliá-lo no estudo da biomecânica.

Basicamente, o que a trigonometria ensina é que existe uma razão entre os comprimentos dos lados de triângulos retângulos que têm ângulos similares. Olhe os triângulos apresentados na Figura 1.11. Todos têm tamanhos diferentes, mas os ângulos são todos iguais, e os lados mudam de forma proporcional. Se você aumentar o comprimento de um dos lados de qualquer um desses triângulos, também terá de aumentar os outros para manter os ângulos inalterados. Assim, existem relações entre os comprimentos dos lados de um triângulo retângulo e seus ângulos internos.

Essas relações podem ser expressas como razões de um lado para outro para cada ângulo que pode existir entre dois lados de um triângulo retângulo. Estas são as relações que podem ser úteis:

$$\operatorname{sen} \theta = \frac{\text{cateto oposto}}{\text{hipotenusa}} \tag{1.6}$$

$$\cos \theta = \frac{\text{cateto adjacente}}{\text{hipotenusa}} \tag{1.7}$$

$$\tan \theta = \frac{\text{cateto oposto}}{\text{adjacente}} \tag{1.8}$$

Nessas equações, θ, a letra grega *theta*, representa o ângulo; o cateto oposto é o lado do triângulo oposto ao ângulo θ; o cateto adjacente é o lado adjacente a esse ângulo; e a hipotenusa é o comprimento do lado do triângulo oposto ao ângulo reto. O termo *sen* corresponde à palavra *seno*; *cos* corresponde a *cosseno*; e *tan* corresponde a *tangente*. Qualquer calculadora científica moderna inclui funções para seno, cosseno e tangente. O triangulo retângulo apresentado na Figura 1.12 indica esses três lados.

Uma técnica fácil para lembrar essas relações trigonométricas é a seguinte frase:

Some Of His $\quad\quad \operatorname{sen} \theta = \dfrac{\text{cateto oposto}}{\text{hipotenusa}}$

Children Are Having $\quad\quad \cos \theta = \dfrac{\text{cateto adjacente}}{\text{hipotenusa}}$

Trouble Over Algebra $\quad\quad \tan \theta = \dfrac{\text{cateto oposto}}{\text{adjacente}}$

A primeira letra de cada uma dessas palavras corresponde à primeira letra de cada variável trigonométrica listada nas equações. Você pode saber de outros dispositivos mnemônicos para decorar essas relações.

As equações 1.6, 1.7 e 1.8 podem ser usadas para determinar o comprimento desconhecido de um lado de um triângulo retângulo se o tamanho de outro lado e um dos dois ângulos que não o de 90° forem conhecidos. Se o ângulo e a hipotenusa são conhecidos, o cateto oposto pode ser determinado pela equação 1.6, e o cateto adjacente pela pela equação 1.7.

Se os lados do triângulo retângulo são conhecidos, então o inverso da função trigonométrica é utilizado para calcular os ângulos:

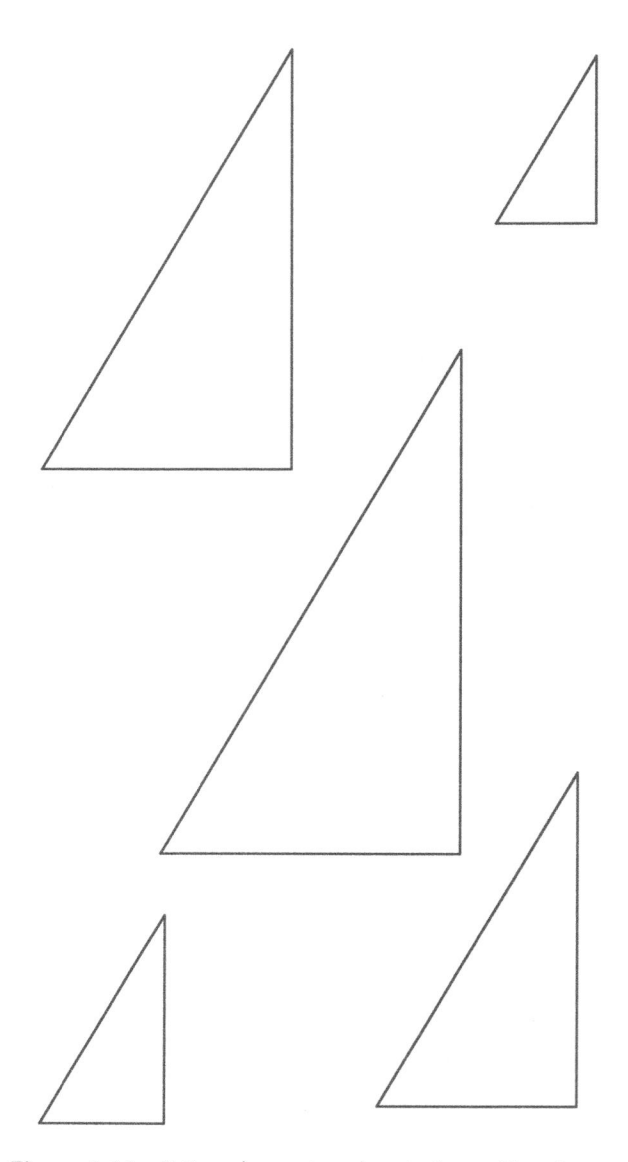

Figura 1.11 Triângulos retângulos similares. Eles têm tamanhos diferentes, mas seus ângulos internos são iguais.

$$\theta = \text{arco seno} \left(\frac{\text{cateto oposto}}{\text{hipotenusa}} \right) \tag{1.9}$$

$$\theta = \text{arco cosseno} \left(\frac{\text{cateto adjacente}}{\text{hipotenusa}} \right) \tag{1.10}$$

$$\theta = \text{arco tangente} \left(\frac{\text{cateto oposto}}{\text{cateto adjacente}} \right) \tag{1.11}$$

As funções arco seno, arco cosseno e arco tangente são usadas para calcular um dos ângulos do triângulo reto se forem conhecidos os comprimentos de dois lados quaisquer.

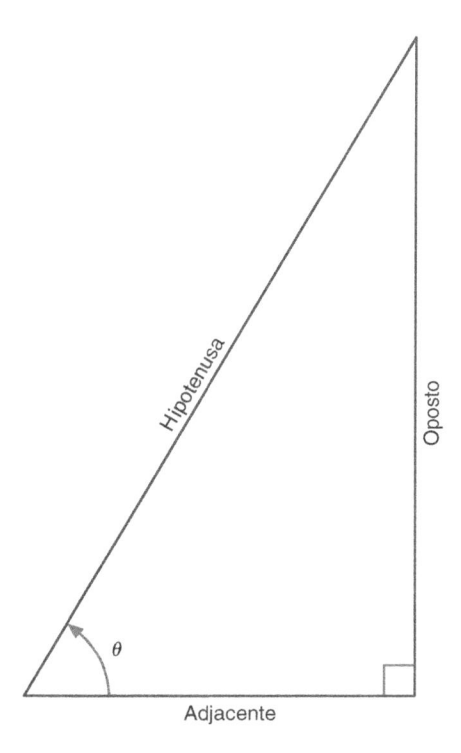

Figura 1.12 As partes de um triângulo retângulo.

Agora, vamos voltar às forças resultantes que atuam no ginasta na Figura 1.10. Nós usamos o teorema de Pitágoras para calcular o tamanho da força resultante: 51 N. Mas em qual direção ela atua? Vamos determinar o ângulo entre essa força de 51 N (a hipotenusa do triângulo) e a força horizontal de 10 N (o cateto adjacente). A força vertical de 50 N é o lado oposto ao ângulo. Usando a equação 1.11, temos o seguinte:

$$\theta = \text{arco tangente}\left(\frac{\text{cateto oposto}}{\text{cateto adjacente}}\right)$$

$$\theta = \text{arco tangente}\left(\frac{50\,\text{N}}{10\,\text{N}}\right) = \text{arco tangente}\,(5)$$

Para determinar o ângulo θ, usamos o inverso da função tangente ou o arco tangente. Na maior parte das calculadoras científicas, a função arco tangente é a segunda função da tecla da tangente e costuma ser representada como $\tan^{-1}$ ou atan. Usando uma calculadora (assegure-se de que sua medida de ângulo está programada para graus, e não para radianos), encontramos que:

$$\theta = \text{arco tangente}\,(5) = 78{,}7°$$

Os ângulos inteiros em um triângulo somam 180°. Em um triângulo retângulo, um dos ângulos é de 90°, então a soma dos outros dois é 90°. Portanto, o terceiro ângulo, nesse caso, é 11,3° (i.e., 90° − 78,7°). Isso é bem próximo do valor que encontramos utilizando o método gráfico quando medimos o ângulo diretamente com um transferidor.

Se as forças são concorrentes, mas não colineares, podemos somá-las para determinar sua resultante representando-as graficamente como setas organizadas de origem até extremidade. A força resultante vai ser representada por um seta desenhada da origem da primeira força até a extremidade da última. De forma alternativa, se as forças têm direção apenas horizontal ou vertical, podemos somar algebricamente todas as horizontais, determinando a força horizontal resultante, depois somar todas as verticais, a fim de determinar a força vertical resultante. O tamanho da resultante dessas duas forças pode ser determinado usando o teorema de Pitágoras, e sua direção pode ser obtida por meio da trigonometria.

Decomposição de forças

E se as forças externas sobre o objeto não forem colineares e não atuarem nas direções vertical e horizontal? Veja a Figura 1.1 e considere as forças agindo no peso durante um arremesso. Imagine que, no instante mostrado, o atleta exerce uma força de 100 N sobre o implemento em um ângulo de 60° com relação à horizontal. A massa do peso é 4 kg. Qual é a força líquida atuando no arremesso? Primeiro, precisamos determinar o peso do implemento. Usando a aproximação de g, temos que o implemento pesa:

$$P = mg = (4\,\text{kg})(10\,\text{m/s}^2) = 40\,\text{N}$$

Agora, podemos determinar a força externa líquida adicionando graficamente os 40 N do peso à força de 100 N exercida pelo atleta. Tente fazer isso. Sua solução gráfica deve ser similar à Figura 1.13. Se medirmos a força resultante, ela parece ser cerca de 68 N. Ela atua para cima e para a direita em um ângulo um pouco menor que 45°.

Há outro método que poderíamos usar para determinar esse resultado, como fizemos com o problema anterior do ginasta? Lembre-se de que as forças externas naquele caso eram todas horizontais ou verticais. Nós precisávamos apenas somar algebricamente as forças horizontais e verticais para encontrar suas forças resultantes. Já nesse problema do arremesso, temos uma força vertical, o peso do implemento, mas a força do atleta está atuando tanto na horizontal quanto na vertical, empurrando o objeto para cima e para frente. Como a força de 100 N empurra o peso tanto na horizontal como na vertical, talvez ela possa ser representada por duas forças diferentes: uma horizontal e outra vertical.

Técnica gráfica

Vamos começar olhando o problema graficamente. Nós queremos representar a força de 100 N que atua para frente e para cima em um ângulo de 60° como um par de forças. Essas duas forças que estamos procurando são

Problema ilustrativo 1.2

A força vertical de reação do solo (força de contato normal) sob o pé de um corredor é de 2.000 N, enquanto a força de atrito é de 600 N para frente. Qual é a resultante dessas duas forças?

Solução:

Passo 1: Desenhe as forças.

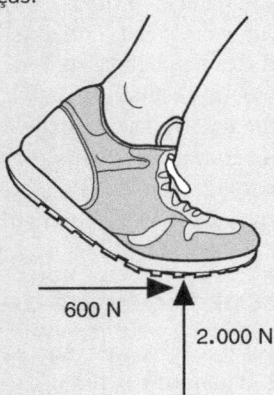

Passo 2: Desenhe a resultante. As duas forças conhecidas representam dois lados de uma caixa. Desenhe os outros dois. A resultante é a diagonal dessa caixa, com uma extremidade no ponto de aplicação das outras duas forças.

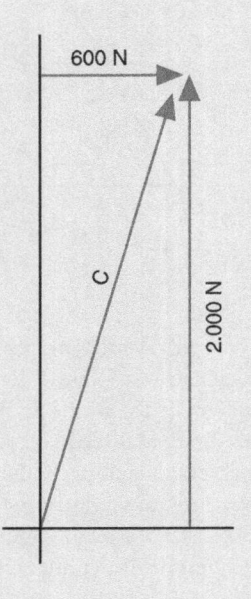

Passo 3: Use o teorema de Pitágoras (equação 1.5) para calcular o tamanho da força resultante:

$A^2 + B^2 = C^2$

$(2.000 \text{ N})^2 + (600 \text{ N})^2 = C^2$

$4.000.000 \text{ N}^2 + 360.000 \text{ N}^2 = C^2$

$4.360.000 \text{ N}^2 = C^2$

$2.088 \text{ N} = C$

Passo 4: Use a função arco tangente (equação 1.11) para determinar o ângulo da força resultante com a horizontal:

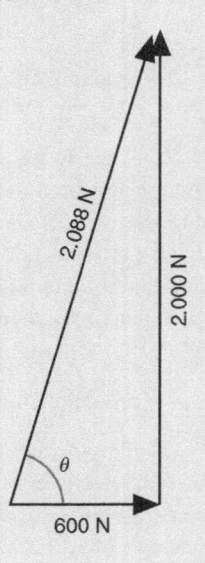

$\theta = \text{arco tangente} \left(\dfrac{\text{cateto oposto}}{\text{cateto adjacente}} \right)$

$\theta = \text{arco tangente} \left(\dfrac{2.000 \text{ N}}{600 \text{ N}} \right)$

$\theta = 73,3°$

chamadas de componentes horizontal e vertical da força de 100 N. Você deve estar familiarizado com a palavra *componente*. Componentes são as partes que formam um sistema. No caso em questão, são as partes que formam ou têm o mesmo efeito que a força de 100 N. Podemos pensar na força de 100 N como a resultante da adição de suas componentes horizontal e vertical. Vamos desenhá-la como um vetor, como mostrado na Figura 1.14a.

Pense em como determinamos graficamente a resultante de duas forças – nós alinhamos as setas que representam extremidade com extremidade e, depois, desenhamos uma que vai da extremidade da seta da primeira força até a ponta da seta da última força na sequência. Esta última é a resultante. Agora, queremos trabalhar no processo inverso. Nós conhecemos a força resultante, mas queremos saber quais são as forças horizontal e vertical que, somadas, a produziriam.

Desenhe uma caixa em volta da força de 100 N, de modo que seus lados estejam alinhados vertical ou horizontalmente e que essa força forme uma diagonal que vai de canto a canto (Fig. 1.14b). Note que a caixa é, na realidade, igual a dois triângulos que têm a força de 100 N com um lado em comum. Em cada um deles, os outros dois lados representam as componentes vertical e horizontal dessa força N. No triângulo superior, a força resultante de 100 N é o que obtemos quando começamos com uma força vertical e adicionamos uma horizontal. A origem da força vertical é o ponto de aplicação das forças, e nós somamos a força horizontal alinhando sua origem com a extremidade da força vertical. No triângulo inferior, a força de 100 N é o que obtemos quando começamos com uma força horizontal e lhe adicionamos uma vertical. A origem da força horizontal é o ponto de aplicação das forças, e nós somamos a força vertical alinhando sua origem à extremidade da for-

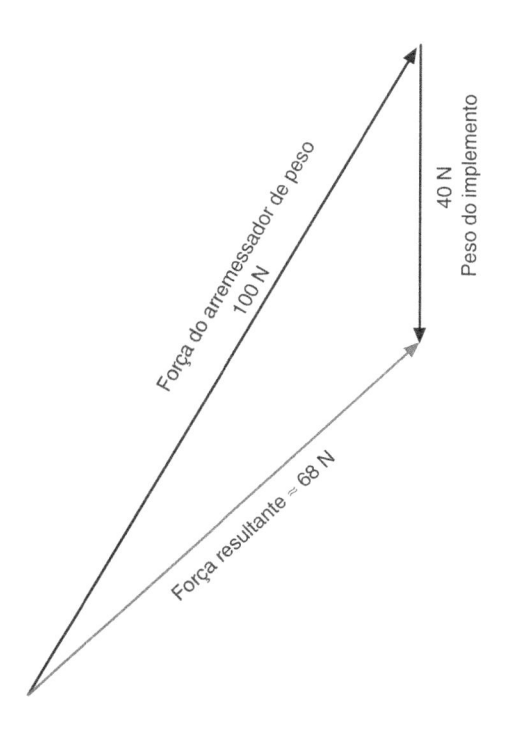

Figura 1.13 Determinação gráfica da força resultante agindo no arremesso.

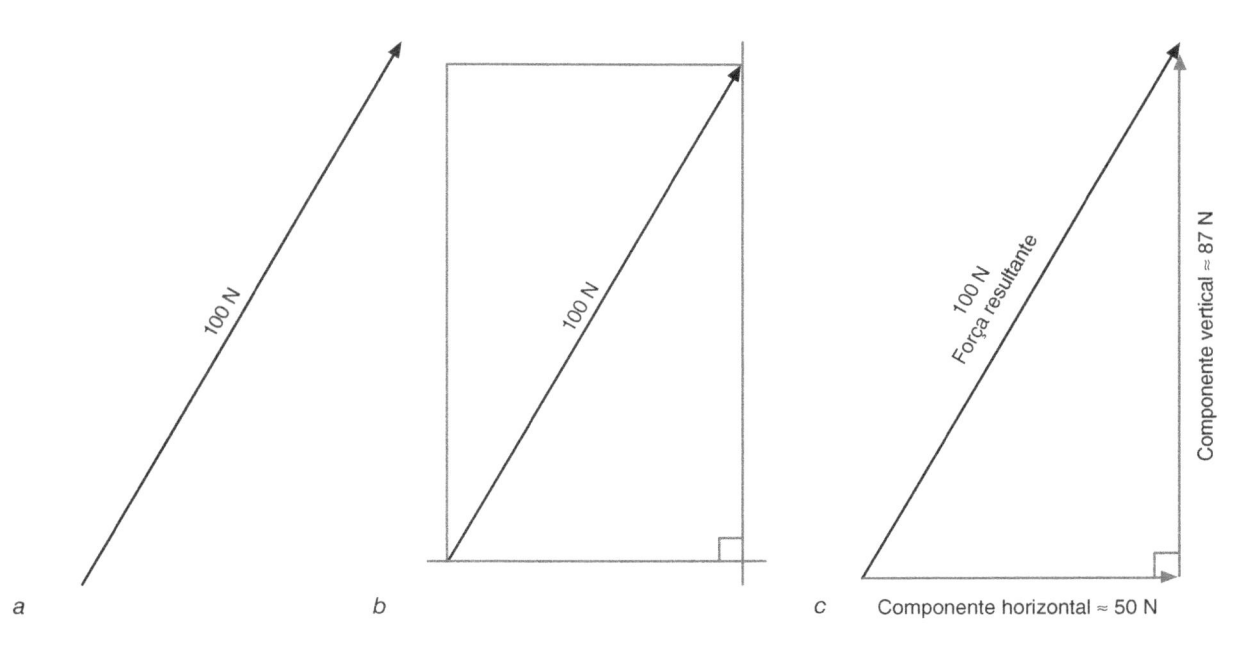

Figura 1.14 Decomposição da força exercida pelo arremessador de peso. *(a)* Força resultante. *(b)* Construção do triângulo de força. *(c)* Decomposição em componentes de força.

ça horizontal. Os triângulos são idênticos, então podemos usar qualquer um deles. Vamos escolher o triângulo inferior. Transforme componentes de força horizontal e vertical desse triângulo em setas (Fig. 1.14c). Agora, meça o comprimento desses vetores. A força componente horizontal é de cerca de 50 N, e a vertical, cerca de 87 N.

Uma vez que estamos trabalhando com um triângulo retângulo, o teorema de Pitágoras (equação 1.5) deve ser aplicável.

$$A^2 + B^2 = C^2$$

Para nosso triângulo de força, então, podemos substituir A por 50 N, B por 87 N, e C por 100 N. Vamos verificar se isso funciona.

$$(50 \text{ N})^2 + (87 \text{ N})^2 = (100 \text{ N})^2$$
$$2.500 \text{ N}^2 + 7.569 \text{ N}^2 = 10.000 \text{ N}^2$$
$$10.069 \text{ N}^2 \approx 1.000 \text{ N}^2$$

Apesar de 10.069 não ser exatamente igual a 10.000, a diferença é inferior a 1%. Isso é bastante próximo, especialmente considerando nossa acurácia ao mensurar o comprimento das setas de força. Se a precisão dessa medida for aumentada, a diferença entre os dois números diminuirá.

Para completar o problema original, incluímos o peso de 40 N do implemento como uma força para baixo. Esse peso é subtraído algebricamente da componente de força para cima de 87 N exercida pelo atleta. A força vertical resultante sobre o implemento é:

$$(-40 \text{ N}) + 87 \text{ N} = +47 \text{ N}$$

Uma força de 47 N empurra o implemento para cima. Nós ainda temos a componente de força horizontal de 50 N exercida pelo atleta. Se somarmos isso aos 47 N de força vertical usando o teorema de Pitágoras (equação 1.5), temos:

$$A^2 + B^2 = C^2$$
$$(50 \text{ N})^2 + (47 \text{ N})^2 = C^2$$
$$2.500 \text{ N}^2 + 2.209 \text{ N}^2 = C^2$$
$$4.709 \text{ N}^2 = C^2$$
$$C = 68,6 \text{ N}$$

Esse resultado é bastante próximo do que obtivemos usando a técnica gráfica na Figura 1.13. Nesse problema, nós de fato decompomos uma força em suas componentes, somamos essas partes a outras forças ao longo das mesmas linhas e, depois, somamos as forças componentes resultantes outra vez para encontrar a força líquida.

O processo de determinação de quais são as duas componentes de força que, somadas, fazem uma força resultante é chamado de decomposição de forças. Nós decompomos uma força em suas componentes. Tínhamos uma força resultante e resolvemos o problema de trás para frente, a fim de determinar as forças que, somadas, geram essa resultante. Porém, tudo foi feito graficamente, e nós queremos uma técnica não gráfica para fazer isso.

Técnica trigonométrica

O triângulo de força que obtivemos na Figura 1.14c é do tipo retângulo. Além do teorema de Pitágoras, há outras relações entre os lados e os ângulos de um triângulo reto, algumas que podem ser descritas pelas funções seno, cosseno e tangente, definidas pelas equações 1.6, 1.7 e 1.8. Vamos tentar usar alguma dessas relações para decompor a força de 100 N que o arremessador exerce sobre o peso em suas componentes horizontal e vertical.

Primeiro, desenhe a força de 100 N como uma seta para cima e para a direita, formando um ângulo de 60° com a horizontal, como fizemos na Figura 1.14a. Agora, assim como fizemos na Figura 1.14b, desenhe uma caixa ao redor dessa força de forma que seus lados sejam horizontais e verticais e que a força de 100 N a atravesse diagonalmente de canto a canto. Dos dois triângulos formados (Fig. 1.15), vamos considerar o inferior. A força de 100 N é a hipotenusa do triângulo retângulo, e o lado horizontal do triângulo é o cateto adjacente ao ângulo de 60°. O comprimento desse lado pode ser encontrado usando a função cosseno, definida pela equação 1.7.

$$\cos \theta = \frac{\text{cateto adjacente}}{\text{hipotenusa}}$$

$$\cos 60° = \frac{\text{cateto adjacente}}{100 \text{ N}}$$

$$(100 \text{ N}) \cos 60° = \text{cateto adjacente}$$
$$= \text{componente horizontal da força}$$

Usando uma calculadora científica (certifique-se de que sua medida de ângulo está programada para graus, e não para radianos), encontramos que o cosseno de 60° é 0,500. Substitua o cosseno de 60° na equação anterior por esse número:

$$(100 \text{ N}) \cos 60° = (100 \text{ N})(0,500)$$
$$= \text{lado adjacente} = 50 \text{ N}$$

A componente horizontal da força de 100 N é 50 N. Agora, encontre sua componente vertical. O lado oposto ao ângulo de 60° representa essa componente. Nós podemos encontrar o comprimento desse lado usando a função seno, definida pela equação 1.6.

$$\text{sen } \theta = \frac{\text{cateto oposto}}{\text{hipotenusa}}$$

$$\text{sen } 60° = \frac{\text{cateto oposto}}{100 \text{ N}}$$

$$(100 \text{ N}) \text{ sen } 60° = \text{cateto oposto}$$
$$= \text{componente vertical da força}$$

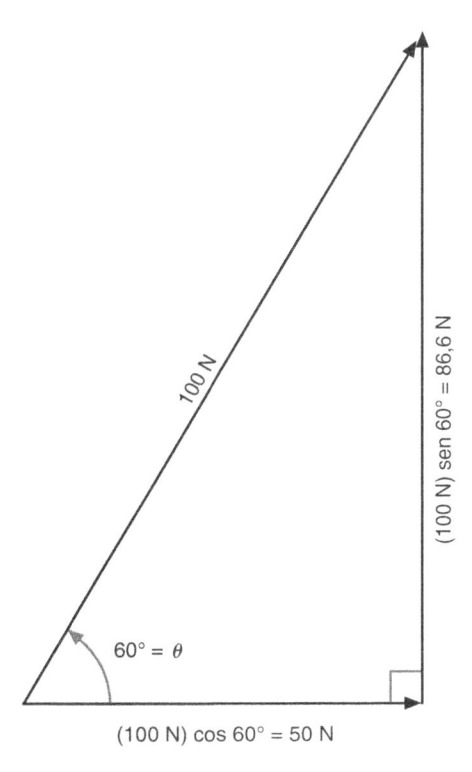

Figura 1.15 Decomposição trigonométrica da força em componentes horizontal e vertical.

Se calcularmos o seno de 60°, encontramos 0,866. Substitua o seno de 60° na última equação por esse número.

$$(100 \text{ N}) \text{ sen } 60° = (100 \text{ N})(0,866)$$
$$= \text{cateto oposto} = 86,6 \text{ N}$$

A componente vertical da força de 100 N é de 86,6 N.

Nós podemos determinar a força líquida sobre o peso somando todas as forças horizontais para obter a resultante horizontal e todas as verticais para obter a resultante vertical. A única força horizontal em ação durante o arremesso é a componente horizontal da força de 100 N. A resultante horizontal é, portanto, 50 N. Duas forças verticais atuam no implemento: o peso do implemento (40 N) e a componente vertical de 86,6 N da força de 100 N. Se somarmos ambas, obtemos uma força vertical resultante de 46,6 N para cima. Usando o teorema de Pitágoras, podemos encontrar a força líquida agindo sobre o implemento:

$$(50 \text{ N})^2 + (46,6 \text{ N})^2 = C^2$$
$$2.500 \text{ N}^2 + 2.172 \text{ N}^2 = C^2$$
$$4.672 \text{ N}^2 = C^2$$
$$C = 68,4 \text{ N}$$

A força externa líquida atuando sobre o implemento é de 68,4 N.

Para completar o problema, precisamos saber a direção dessa força externa líquida (68,4 N). Nós podemos usar a relação trigonométrica para determinar o ângulo que ela faz com a horizontal. O triângulo de força é construído com a força de 46,6 N para cima (lado oposto); a força de 50 N horizontal (lado adjacente); e a resultante dessas duas, a força líquida de 68,4 N (hipotenusa). O ângulo que estamos tentando determinar é aquele entre a força líquida e a horizontal. Vamos usar a função arco tangente (equação 1.11) para determiná-lo:

$$\theta = \text{arco tangente} \left(\frac{\text{cateto oposto}}{\text{cateto adjacente}} \right)$$

$$\theta = \text{arco tangente} \left(\frac{46,6 \text{ N}}{50 \text{ N}} \right) = (0,932)$$

$$\theta = 43°$$

A força externa líquida sobre o implemento é de 68,4 N para frente e para cima, formando um ângulo de 43° com a horizontal. Esse valor é quase idêntico ao que obtivemos usando a técnica gráfica.

Nós agora temos duas formas de decompor uma força em suas componentes: podemos fazer isso graficamente ou usando as relações trigonométricas. Decompor forças em componentes, torna a adição mais fácil, porque nós apenas somamos algebricamente as forças horizontais para determinar a resultante horizontal e as verticais para determinar a resultante vertical. Em alguns casos, podemos desejar expressar a força líquida como um par de forças: as resultantes horizontal e vertical. Assim, se estivermos interessados no movimento horizontal do objeto, atentaremos apenas para a componente horizontal da força líquida. Da mesma forma, se estivermos interessados no movimento vertical, atentaremos para sua componente vertical.

Equilíbrio estático

Você deve agora ter um entendimento do que é uma força externa líquida e de como determiná-la se todas as forças externas em ação forem conhecidas. As técnicas que você aprendeu serão úteis em nossas análises de objetos em repouso ou se movendo com velocidade constante (aceleração zero). Em cada um desses casos, as forças externas sobre o corpo estão em equilíbrio e resultam em uma força líquida igual a zero – do contrário, o objeto estaria acelerando. Se o corpo está em repouso, as forças estão em equilíbrio, e diz-se que o objeto encontra-se em estado de **equilíbrio estático**. O ramo da mecânica que lida com o estudo de objetos nessa condução é chamado de estática.

A estática nos permite analisar situações de dois tipos. Na primeira, podemos saber que um corpo, como uma

Problema ilustrativo 1.3

O bíceps exerce uma força de 800 N sobre o rádio do antebraço. Essa força atua no osso em um ângulo de 30° nas direções anterior e superior. Qual o tamanho da componente dessa força que puxa o rádio em direção à articulação do cotovelo e qual o tamanho da componente que puxa perpendicularmente ao osso?

Solução

Passo 1: Desenhe a força e mostre o ângulo que ela faz com o rádio.

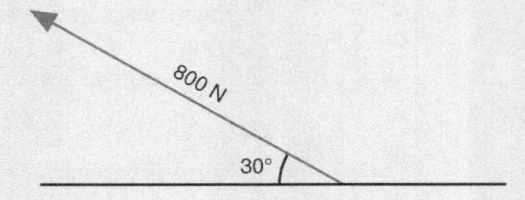

Passo 2: Desenhe ao redor da força uma caixa cujos lados sejam paralelos e perpendiculares ao rádio. A força de 800 N é a diagonal da caixa e a divide em dois triângulos. Escolha aquele com o lado ao longo do osso. Esse é o triângulo de força.

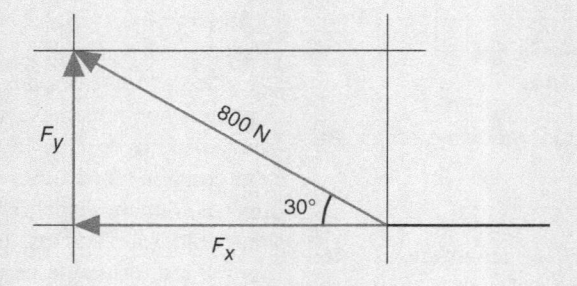

Passo 3: Use a função cosseno para calcular a componente de força que puxa em direção à articulação do cotovelo (o lado do triângulo paralelo ao rádio).

$$\cos \theta = \frac{\text{cateto adjacente}}{\text{hipotenusa}}$$

$$\cos 30° = \frac{F_x}{800 \text{ N}}$$

$$F_x = (800 \text{ N}) \cos 30°$$

$$F_x = 693 \text{ N}$$

Passo 4: Use a função seno para calcular a componente que puxa de modo perpendicular ao rádio (o lado do triângulo perpendicular ao osso).

$$\cos \theta = \frac{\text{cateto oposto}}{\text{hipotenusa}}$$

$$\cos 30° = \frac{F_y}{800 \text{ N}}$$

$$F_y = (800 \text{ N}) \text{ sem } 30°$$

$$F_y = 400 \text{ N}$$

pessoa, não está se movendo, mas queremos saber quais forças externas estão atuando. Um exemplo disso pode ser visto na ginástica. O técnico de um ginasta pode querer saber quão forte um atleta deve ser para manter determinada posição, como um crucifixo. Uma análise estática da posição daria ao técnico conhecimento das forças que devem ser suportadas para a manutenção da posição. Ele pode então testar o ginasta para descobrir se é forte o suficiente para reagir às forças externas cujas magnitudes foram determinadas pela análise estática. Na segunda situação, podemos saber quais forças agem sobre um atleta, mas queremos saber se elas resultarão em equilíbrio estático. Vamos usar o exemplo do ginasta novamente. O técnico pode conhecer a força do atleta e, assim, saber o tamanho das forças externas a que ele pode reagir. Uma análise estática da posição em questão poderia ser feita para determinar se o atleta é forte o suficiente para mantê-la.

Diagrama de corpo livre

Vamos começar com uma situação simples para testar nosso entendimento. Uma mulher usando patins está de pé sobre o gelo. Sua massa é de 50 kg. Quais forças externas atuam sobre ela? Talvez uma imagem da situação ajude a visualizar o problema (Fig. 1.16a).

Sabemos que uma dessas forças é a gravidade, que é o peso da patinadora. Vamos indicar isso no desenho com uma seta apontando para baixo a partir do centro de gravidade da mulher. Você deve ter alguma ideia sobre o que é centro de gravidade, que será definido mais especificamente no Capítulo 5. Por enquanto, digamos que se trata de um ponto imaginário no espaço sobre o qual a força da gravidade atua em determinado objeto.

O peso é a única força atuando nesse caso? Se fosse, então a mulher estaria acelerando para baixo a 9,8 m/s². Uma vez que isso não acontece, outra força deve estar atuando para cancelar o efeito do peso. Se você lembra de nossa discussão sobre os tipos de força no início deste capítulo, falamos que, quando dois objetos se tocam, eles exercem força um sobre o outro. Os patins da mulher estão tocando o gelo e exercendo uma força sobre ele. O gelo, por sua vez, está exercendo uma força sobre a mulher também. Trata-se da força de reação do gelo. Para representá-la, desenhamos uma seta para cima cuja extremidade está em contato com os patins. Mas essa seta representa uma força empurrando os patins ou puxando o gelo? Isso é confuso. Uma vez que só estamos preocupados com as forças atuando na patinadora, porque não a desenhamos sozinha, isolada do resto do ambiente? Qualquer ponto em que ela toque algo externo são lugares onde uma força externa pode estar agindo. Isso foi mostrado na Figura 1.6b. Nesse desenho, está claro que a força de reação do gelo age sobre a patinadora, e não sobre o gelo. Esse tipo de desenho é chamado de **diagrama de corpo livre**. É uma representação mecânica, nesse caso, da patinadora. O diagrama de corpo livre é uma ferramenta valiosa para fazer análises mecânicas, de modo que o usaremos com frequência.

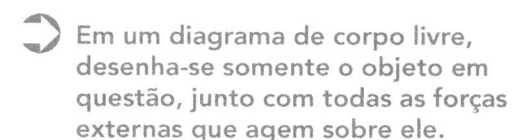

> Em um diagrama de corpo livre, desenha-se somente o objeto em questão, junto com todas as forças externas que agem sobre ele.

O diagrama de corpo livre da patinadora agora mostra as duas forças verticais que atuam sobre ela: seu peso e a força de reação do gelo. Há alguma força horizontal em ação? E o atrito? No gelo, a fricção é muito pequena; e como a mulher não está acelerando para frente ou para trás, a força de atrito sob seus patins deve ser zero. O diagrama de corpo livre, assim, mostra todas as forças externas que atuam na patinadora. Para desenhar um diagrama de corpo livre de qualquer situação, o sistema em questão (nesse caso, a mulher) é isolado do ambiente (nesse caso, qualquer coisa que não seja a patinadora), e as forças de reação são desenhadas como setas no ponto de contato do sistema com o ambiente. A força de não contato da gravidade também é desenhada como uma seta para baixo a partir do centro de gravidade do sistema.

Análise estática

Agora que mostramos todas as forças externas que agem sobre a patinadora, podemos terminar nossa análise. Se um objeto não está se movendo, ele está em equilíbrio estático, ou seja, sua aceleração é zero, e a soma de todas as forças atuando sobre ele também é zero. Matematicamente, a situação pode ser descrita com a equação:

$$\Sigma F = 0 \qquad (1.12)$$

Essa é a equação de equilíbrio estático. O termo ΣF representa a força externa líquida (a resultante das forças externas) ou a soma vetorial das forças externas. Se as únicas forças externas em ação são colineares, como no caso da patinadora, encontramos a soma vetorial das forças externas apenas somando-as algebricamente. Contudo, os sentidos das forças devem ser levados em consideração. Para forças verticais – que atuam para cima ou para baixo –, vamos atribuir sinais positivos para as ascendentes e negativos para as descendentes.

Voltando à análise, a força de reação ascendente que o gelo exerce sobre a patinadora tem um sinal positivo, mas nós ainda não sabemos seu tamanho. É isso que queremos descobrir. A força descendente da gravidade tem um sinal negativo porque é para baixo. Nós falamos que a massa da patinadora era 50 kg. Qual é o seu peso? Lembre-se que definimos peso (P) com a equação P = mg, onde *m* representa a massa em quilogramas e *g* representa a acele-

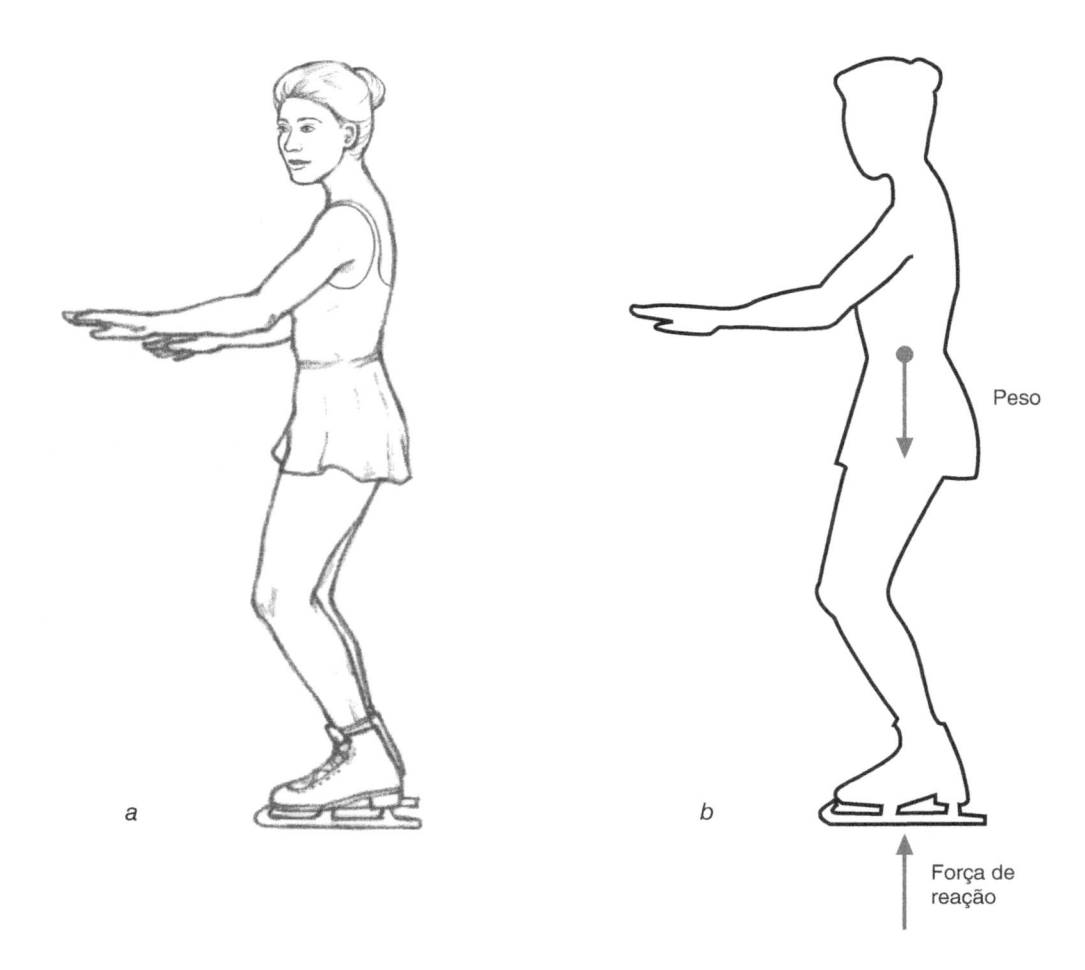

Figura 1.16 (a) Uma patinadora parada no gelo; (b) Diagrama de corpo livre da patinadora.

ração devido à gravidade, ou cerca de 10 m/s² para baixo. Assim, o peso da patinadora é:

$$P = mg = (50 \text{ kg})(-10 \text{ m/s}^2)$$
$$= -500 \text{ kg m/s}^2 = -500 \text{ N}$$

Nós podemos agora escrever a equação de equilíbrio para a patinadora:

$$\Sigma F = R + (-500 \text{ N}) = R - 500 \text{ N} = 0$$

onde R representa a força de reação do gelo. Resolvendo essa equação para R, encontramos o seguinte:

$$R - 500 \text{ N} = 0$$
$$R - 500 \text{ N} + 500 \text{ N} = 0 + 500 \text{ N}$$
$$R = +500 \text{ N}$$

A força de reação do gelo é de +500 N, exatamente igual ao peso da patinadora, mas atuando no sentido oposto. Isso é verdadeiro em todas as situações de equilíbrio es-tático nas quais apenas duas forças externas atuam: elas devem ser iguais em tamanho, mas ter direções opostas.

Vejamos outro exemplo. Um levantador de peso de 80 kg levantou 100 kg sobre sua cabeça e está parado, segurando a barra. Ele e a barra estão em equilíbrio estático. Qual a força de reação do solo que deve atuar nos pés do atleta? Primeiro, desenhe o diagrama de corpo livre. A barra deve ser incluída no sistema? Uma vez que o problema se refere à força de reação entre os pés do atleta e o solo, podemos considerar o sistema somente o levantador ou ele e a barra. Em ambos os casos, a força de reação ocorre no limite entre o ambiente e o sistema.

Primeiro, vamos tentar essa análise usando um diagrama de corpo livre do levantador de peso sozinho (Fig. 1.17). Três forças externas atuam sobre o atleta: (1) a força de reação do solo agindo para cima nos pés dele; (2) seu peso atuando para baixo pelo centro de gravidade; e (3) a força de reação da barra agindo para baixo em suas mãos. Com somente uma equação de equilíbrio, apenas uma for-

Biomecânica do Esporte e do Exercício   41

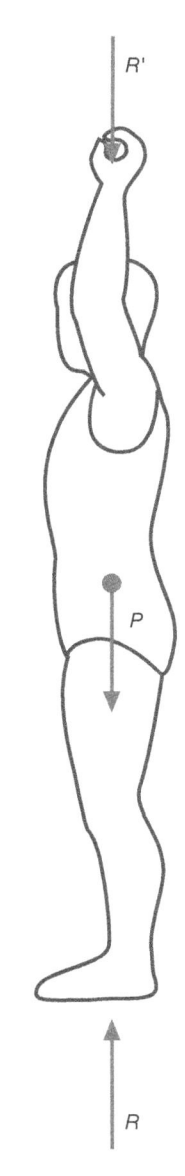

Figura 1.17 Diagrama de corpo livre de um levantador de peso.

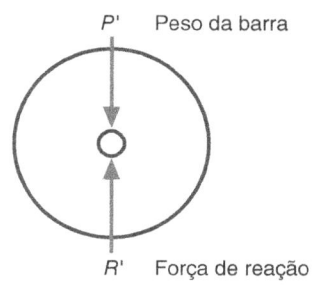

Figura 1.18 Diagrama de corpo livre da barra.

cima no implemento. O diagrama de corpo livre da barra é mostrado na Figura 1.18.

O peso da barra é:

$$P' = mg = (100 \text{ kg})(-10 \text{ m/s}^2) = -1.000 \text{ N}$$

Agora, use a equação de equilíbrio para determinar a força de reação exercida pelas mãos na barra:

$$\Sigma F = R' + (-1.000 \text{ N}) = R' - 1.000 \text{ N} = 0$$

$$R' - 1.000 \text{ N} + 1.000 \text{ N} = 0 + 1.000 \text{ N}$$

$$R' = +1.000 \text{ N}$$

A força de reação das mãos sobre a barra é de 1.000 N para cima. A força exercida pelas mãos na barra é igual a efetuada pela barra nas mãos, em magnitude, mas atua no sentido oposto. Uma vez que a primeira é de 1.000 N atuando para cima, a segunda deve ser de 1.000 N para baixo. Agora, podemos resolver a força de reação do solo. O peso do atleta é

$$P = mg = (80 \text{ kg})(-10 \text{ m/s}^2) = -800 \text{ N}$$

Use a equação de equilíbrio para determinar a força de reação do solo:

$$\Sigma F = R + (-1.000 \text{ N}) + (-800 \text{ N}) = R - 1.800 \text{ N} = 0$$

$$R - 1.800 \text{ N} + 1.800 \text{ N} = 0 + 1.800 \text{ N}$$

$$R = +1.800 \text{ N}$$

A força de reação do solo é de 1.800 N para cima atuando nos pés do levantador de peso.

Agora, vamos considerar o atleta e a barra como um sistema, isto é, incluiremos a barra no diagrama de corpo livre, como mostrado na Figura 1.19.

Quais forças externas são vistas nesse sistema no diagrama de corpo livre? A força de reação vertical do chão atuando para cima nos pés do atleta é uma delas. Essa é a força cuja magnitude queremos determinar. As demais são forças gravitacionais de não contato que atuam verticalmente para baixo pelos centros de gravidade do atleta e da

ça desconhecida pode ser determinada, e, nessa situação, temos duas forças desconhecidas: a de reação do solo e a de reação da barra. A magnitude do peso do atleta pode ser determinada porque conhecemos sua massa. O diagrama de corpo livre do levantador e sua equação de equilíbrio devem ser utilizados para determinar a força de reação do solo. Assim, precisamos de outra equação para determinar a segunda força desconhecida, a força de reação da barra.

Para tanto, um diagrama de corpo livre da barra seria útil. As forças externas atuando na barra são seu próprio peso e a força de reação das mãos do atleta, que atua para barra como um sistema no diagrama de corpo livre foi uma forma menos complicada de resolver o problema, porque a força de reação entre as mãos e o implemento não precisaram ser computados.

Vamos tentar mais um problema. Brian, um competidor de atletismo de força* de 200 kg, está participando do evento de puxar caminhões. Ele usa um arreio preso a um cabo, e este é conectado a um caminhão. Brian também usa suas mãos para puxar uma corda presa a um objeto imóvel a sua frente. Ele tenta arrastar o caminhão, que ainda não começou a se mover, assim como Brian. O atleta encontra-se em um estado de equilíbrio estático. Ele puxa um cabo para frente e levemente para cima, com uma força de 2.200 N atuando em um ângulo de 14° com relação à horizontal. Brian também puxa a corda com uma força horizontal de 650 N. Quanta força o solo exerce em seus pés?

Primeiro, desenhe um diagrama de corpo livre do atleta e mostre as forças externas atuando sobre ele (Fig. 1.20). Inclua a força da gravidade, ou o peso, atuando so-

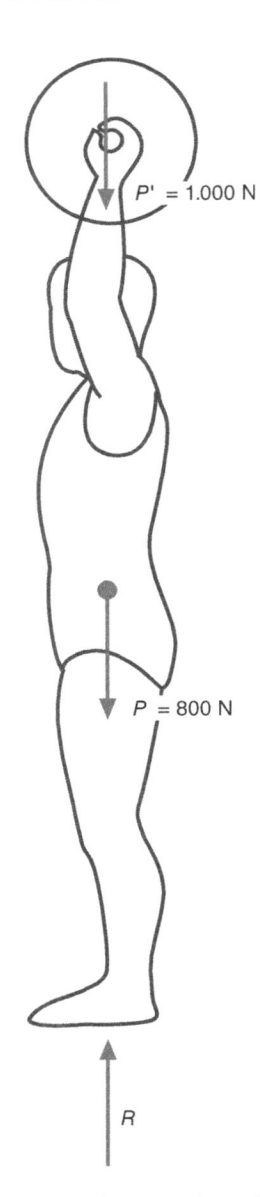

Figura 1.19 Diagrama de corpo livre do levantador de peso com a barra.

barra. Nós já as calculamos como o peso do levantador, 800 N, e o peso da barra, 1.000 N. Agora, podemos usar a equação de equilíbrio para determinar a força de reação do solo:

$$\Sigma F = R + (-800 \text{ N}) + (-1.000 \text{ N}) = R - 1.800 \text{ N} = 0$$

$$R - 1.800 \text{ N} + 1.800 \text{ N} = 0 + 1.800 \text{ N}$$

$$R = 1.800 \text{ N}$$

A força de reação do solo é de 1.800 N para cima sobre o levantador de peso, ou seja, exatamente igual ao peso combinado do atleta e da barra. Representar o atleta e a

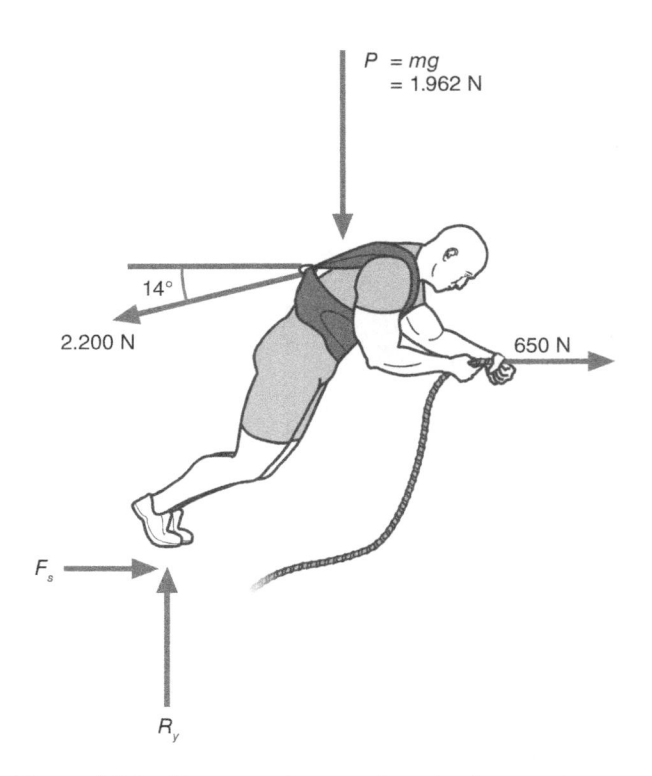

Figura 1.20 Diagrama de corpo livre das forças externas que atuam em um atleta que tenta puxar um caminhão.

---

* N. de T.: O "atletismo de força" refere-se à competição e internacionalmente reconhecida como *The World's Strongest Man*.

bre Brian. Qual o tamanho dessa força? Vamos ser mais precisos e usar 9,81m/s² como nosso valor para g.

$$P = mg = (200 \text{ kg})(-9{,}81 \text{ m/s}^2) = -1.962 \text{ N}$$

Agora, inclua a força que o cabo do caminhão exerce contra Brian. Nós sabemos que a força que o atleta exerce no cabo é de 2.200 N, mas qual a força exercida pelo cabo em Brian? Lembre-se que as forças vêm em pares, e elas são iguais em tamanho, mas têm direções opostas. A força que o cabo exerce contra Brian é de 2.200 N, mas ela puxa para trás e levemente para baixo em um ângulo de 14° abaixo da linha horizontal.

Agora, desenhe a força que a corda exerce contra o atleta. Nós sabemos que ele a puxa para trás com uma força de 650 N, mas qual é a força que ela exerce sobre o atleta? Novamente, lembre-se que forças vêm em pares, sendo iguais em tamanho, mas opostas em sentidos. A força que a corda exerce contra Brian também é de 650 N, mas ela o puxa para frente na direção horizontal.

Há outras forças em ação? E a força de reação do solo? Ela deve estar empurrando Brian para cima e para frente. Nós não sabemos sua direção exata, apenas sua direção geral. Em vez de desenhá-la como uma força no diagrama de corpo livre, vamos representá-la com suas componentes horizontal e vertical – força de atrito (F_x) e força de contato normal (F_y), respectivamente. Há outras forças externas atuando em Brian? Não. Nessa situação, as forças horizontais e verticais agem como a força do cabo, que não puxa na horizontal ou na vertical, mas com alguma angulação.

Um truque para simplificar problemas como esse é usar duas situações de equilíbrio: uma para representar a componente horizontal da força externa líquida e outra para sua componente vertical. Em outras palavras, se não há aceleração horizontal, isso significa que a soma de todas as forças horizontais deve ser zero; e se não há aceleração vertical, então todas as forças verticais devem somar zero. A equação de equilíbrio (equação 1.12):

$$\Sigma F = 0$$

torna-se duas equações de equilíbrio – uma para as forças horizontais:

$$\Sigma F_x = 0 \qquad (1.13)$$

e uma para as verticais:

$$\Sigma F_y = 0 \qquad (1.14)$$

onde:

ΣF_x = força horizontal líquida = componente horizontal da força externa líquida e

ΣF_y = força vertical líquida = componente vertical da força externa líquida

Porém, antes de podermos usar essas equações no nosso problema, precisamos garantir que todas as forças no diagrama de corpo livre foram decompostas horizontal e verticalmente. Todas aquelas representadas no diagrama da Figura 1.20 são horizontais ou verticais, com exceção da força de 2.200 N do cabo. Antes de irmos adiante, precisamos decompô-la em suas componentes vertical e horizontal. Faça isso desenhando ao redor da força de 2.200 N uma caixa cujos lados estejam na horizontal ou vertical. Dois triângulos são formados pela caixa e pela diagonal de 2.200 N. Escolha um deles e use a função seno ou cosseno para determinar as componentes horizontal (P_x) ou vertical (P_y) da força de 2.200 N. O subscrito x refere-se à horizontal ou à componente horizontal de uma variável, enquanto o subscrito y refere-se à vertical ou à componente vertical.

$$P_x = (2.200 \text{ N}) \cos 14°$$

$$P_x = 2.135 \text{ N}$$

$$P_y = (2.200 \text{ N}) \sin 14°$$

$$P_y = 532 \text{ N}$$

Agora, desenhe novamente o diagrama de corpo livre de Brian e substitua a força de 2.200 N da corda por suas componentes horizontal e vertical, P_x e P_y (Fig. 1.21). Agora, estamos prontos para usar as equações de equilíbrio e encontrar as forças de atrito (F_s) e de contato (R_y) normal atuando nos pés de Brian. As equações de equilíbrio ficam:

$$\Sigma F_x = F_s + 650 \text{ N} + (-2.135 \text{ N}) = 0$$

$$\Sigma F_x = F_s + 650 \text{ N} - 2.135 \text{ N} = 0$$

$$F_s = +1.485 \text{ N}$$

e:

$$\Sigma F_y = R_y + (-532 \text{ N}) + (-1.962 \text{ N}) = 0$$

$$\Sigma F_y = R_y - 532 \text{ N} - 1.962 \text{ N} = 0$$

$$R_y = +2.494 \text{ N}$$

onde F_s representa a força de atrito estático exercida pelo solo e R_y representa a força de contato normal. Na horizontal, um sinal positivo indica que a força é para a direita ou para frente, e um negativo, que ela é para a esquerda ou para trás. Na vertical, um sinal positivo indica que a força é para cima, e um negativo, que é para baixo.

Assim, a força de reação que o solo exerce em Brian pode ser representada por suas componentes de força de 1.485 N para frente e 2.494 N para cima. Para completar nossa análise, precisamos determinar a resultante dessas duas forças e sua direção. A magnitude da força resultante pode ser determinada usando o teorema de Pitágoras (equação 1.5):

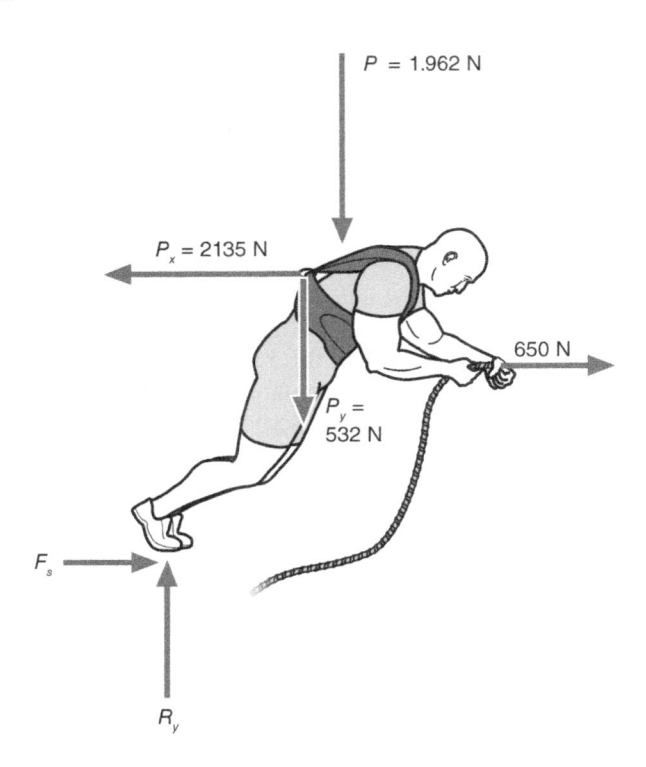

Figura 1.21 Diagrama de corpo livre do atleta com todas as forças decompostas em suas componentes horizontal e vertical.

$$A^2 + B^2 = C^2$$

$$(1.485\ N)^2 + (2.494\ N)^2 = C^2$$

$$2.205.225\ N^2 + 6.220.036\ N^2 = C^2$$

$$8.425,261\ N^2 = C^2$$

$$C = 2.903\ N$$

A força de reação resultante exercida pelo solo em Brian é de 2.903 N. Para descrevê-la totalmente, devemos indicar sua direção – o ângulo que ela faz com a horizontal. Quando decompomos uma força em suas componentes horizontal e vertical, sabemos o ângulo e usamos trigonometria para calculá-las. Agora, conhecemos as componentes e queremos achar o ângulo. Para determinar o ângulo θ, usamos o inverso da função tangente ou a arco tangente. Na maior parte das calculadoras científicas, essa é a segunda função para a tecla tangente e costuma ser abreviada como $\tan^{-1}$. Nós sabemos que

$$\tan \theta = \frac{\text{cateto oposto}}{\text{cateto adjacente}}$$

$$\tan \theta = \frac{2.494\ N}{1.485\ N}$$

$$\theta = \text{arco tangente}\left(\frac{2.494\ N}{1.485\ N}\right)$$

$$\theta = \text{arco tangente}\ (2,0162) = 59°$$

A força resultante exercida pelo solo em Brian é de 2.903 N para frente e para cima um ângulo de 59° com a horizontal.

Vamos resumir os passos envolvidos na determinação das forças de reação em uma situação estática. Primeiro, isole o sistema em questão do ambiente e desenhe um diagrama de corpo livre. Inclua todas as forças externas que atuam nele. Não esqueça a força gravitacional (peso). Se as forças externas em ação são todas colineares, apenas uma equação de equilíbrio precisa ser usada; de outro modo, use uma equação de equilíbrio para a direção horizontal e outra para a vertical. Decomponha qualquer força que não seja vertical ou horizontal em suas componentes horizontal e vertical. Os sinais positivos e negativos associados são determinados pelo sentido das forças. Resolva as equações de equilíbrio usando álgebra. Use o teorema de Pitágoras para calcular a soma vetorial das forças horizontal e vertical resultantes. Use a função arco tangente para determinar a direção dessa força (o ângulo que ela faz com a horizontal). De modo alternativo, as forças de reação podem ser solucionadas usando os métodos gráficos discutidos anteriormente no capítulo para demonstrar adição e decomposição de forças. Ambos os métodos são válidos e devem dar o mesmo resultado.

Resumo

Forças são puxões ou empurrões. Elas são somas vetoriais, sendo descritas por um tamanho e uma direção de ação. Use setas para representá-las graficamente. As forças internas mantêm as coisas juntas e não podem causar mudanças no movimento de um sistema. Já as forças externas podem gerar tais mudanças, sendo as forças da gravidade e de contato as mais comumente sentidas. O atrito e a força de reação normal são as duas componentes da força de contato. As forças são somadas usando adição de vetores, o que pode ser feito por meio de técnicas gráficas ou álgebra, caso as forças estejam decompostas nas componentes horizontal e vertical. Se a força externa líquida atuando sobre um objeto for zero, ele estará parado ou se movendo em uma linha reta com velocidade constante. Se estiver em repouso, encontra-se em estado de equilíbrio estático, situação em que as forças externas atuando sobre ele estão equilibradas e a soma de uma força líquida é zero. Se as forças externas não estão em equilíbrio (i.e., não somam zero), o objeto não está em equilíbrio e vai mudar seu estado de movimento. No próximo capítulo, você vai aprender sobre movimento e como descrevê-lo, sendo capaz de analisar objetos que não estão em equilíbrio.

TERMOS-CHAVE

Aceleração devido à gravidade (g) (p. 22)
Aceleração gravitacional (g) (p. 22)
Atrito (p. 23)
Atrito dinâmico (p. 23)
Atrito estático (p. 23)
Atrito limite (p. 23)

Diagrama de corpo livre (p. 39)
Equilíbrio estático (p. 37)
Força (p. 20)
Força líquida (p. 26)
Força resultante (p. 26)
Forças colineares (p. 26)
Forças concorrentes (p. 28)

Forças de compressão (p. 21)
Forças de contato (p. 22)
Forças de tração (p. 21)
Forças externas (p. 21)
Forças internas (p. 21)
Tração (tracionada) (p. 21)
Vetor (p. 20)

QUESTÕES DE REVISÃO

1. A unidade do sistema internacional para força é nomeada em homenagem a qual matemático e cientista britânico?
2. Qual é a diferença entre massa e peso?
3. Como o peso total de uma equipe afeta o resultado de uma disputa de cabo de guerra?
4. Uma técnica para iniciar uma curva em esqui alpino é flexionar os joelhos e o quadril de modo que o patinador "caia" em direção aos esquis. Explique como essa ação (conhecida em inglês como *unweighting*) afeta a força de atrito entre os esquis e a neve.
5. Descreva como a força de atrito aumenta ou diminuiu por meio dos modelos de implemento utilizados ou pelas ações de pessoas em três atividades diferentes.
6. Qual seria a técnica para deslizar um objeto pesado pelo chão: empurrá-lo para frente e para cima ou empurrá-lo para frente e para baixo? Por quê?

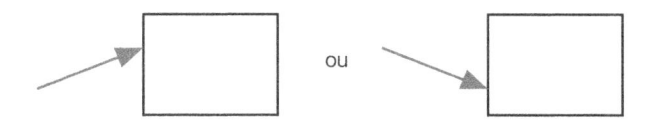

7. Nos carros sem freios ABS é possível causar o travamento das rodas. Isso causa a derrapagem dos pneus no pavimento. Se você quer parar um carro em movimento (sem freios ABS) na menor distância possível, qual seria a melhor técnica: pisar fundo no pedal e parar bruscamente, fazendo os pneus derraparem, ou pisar nele de modo intermitente, diminuindo a velocidade das rodas, mas sem derrapar? Por quê?
8. Uma forma simples de determinar o coeficiente de atrito entre dois materiais é colocar um objeto feito de um determinado material sobre uma superfície plana feita de outro material. Então, inclina-se a superfície lisa lentamente, até que o objeto comece a deslizar. O ângulo entre a superfície plana e a horizontal é mensurado no instante em que o deslizamento começa, e é, às vezes, chamado de ângulo de atrito. Usando técnicas de trigonometria, como pode-se descobrir se esse ângulo se relaciona algebricamente com o coeficiente de atrito?

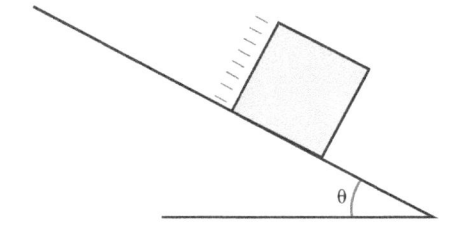

9. Uma soma vetorial (a resultante) de duas forças pode ser igual à soma algébrica delas? Explique.
10. Uma soma vetorial (a resultante) de duas forças pode ser maior do que a soma algébrica delas? Explique.

11. Desenhe um diagrama de corpo livre de um corredor no instante do toque do pé no chão.

12. Desenhe um diagrama de corpo livre de um receptor de beisebol no instante em que a bola atinge a luva.

PROBLEMAS

1. Quando Aaron Gibson se apresentou ao Buffalo Bills, em 2006, ele era o jogador mais pesado da NFL* até então, com uma massa de 186 kg. Qual era o peso de Aaron?

2. Nas Olimpíadas de Beijing, em 2008, o alemão Matthias Steiner ganhou a medalha de ouro no levantamento de peso na classe de peso ilimitado (> 105 kg). Ele levantou 203 kg no arranco e 258 Kg no arremesso, para um total de 461 kg. Quanto pesa 461 kg?

3. O instrutor de musculação Kim pesa 491 N. Qual é a sua massa?

4. Mairin é um ciclista de rua de 55 kg. Sua bicicleta pesa 100 N. Qual é o peso combinado dele e de sua bicicleta?

5. O coeficiente de atrito estático entre a mão de Jimmy e a sua raquete de tênis é de 0,45. Com quanta força ele deve apertar a raquete (qual é o R?) para exercer uma força total de 200 N ao longo do eixo longitudinal do implemento?

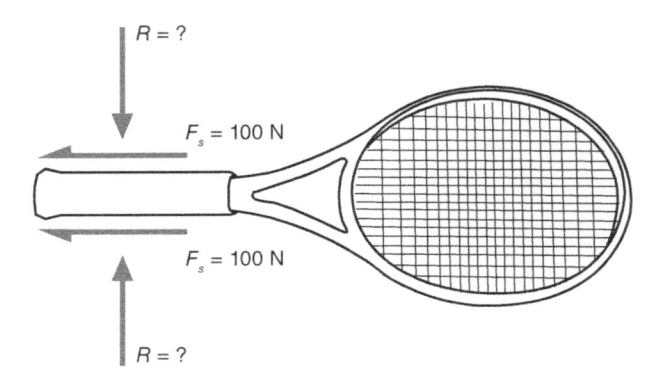

$R = ?$

$F_s = 100$ N

$F_s = 100$ N

$R = ?$

6. O coeficiente de atrito estático entre a sola do sapato de Ken e o chão da quadra de basquete é 0,67. Se o atleta exerce uma força de contato normal de 1.400 N quando empurra o solo para correr pela quadra, qual o tamanho da força de atrito exercida por seu sapato sobre o chão?

7. Emma está trabalhando em um laboratório de testes de calçados medindo o coeficiente de atrito de diversos tênis em uma variedade de superfícies. Os sapatos são empurrados contra a superfície com uma força de 400 N e, depois, o topo da superfície é puxado sob a sola por uma máquina. Essa máquina puxa com uma força de 300 N antes de o material começar a deslizar. Enquanto ele desliza, ela puxa com uma força de apenas 200 N para mantê-lo em movimento.

    a. Qual é o coeficiente de atrito estático entre o sapato e o material?
    b. Qual é o coeficiente de atrito dinâmico entre o sapato e o material?

---

* N. de T.: National Football League – Liga Nacional de Futebol Americano, que, no Brasil, seria o equivalente à CBF em relação ao futebol.

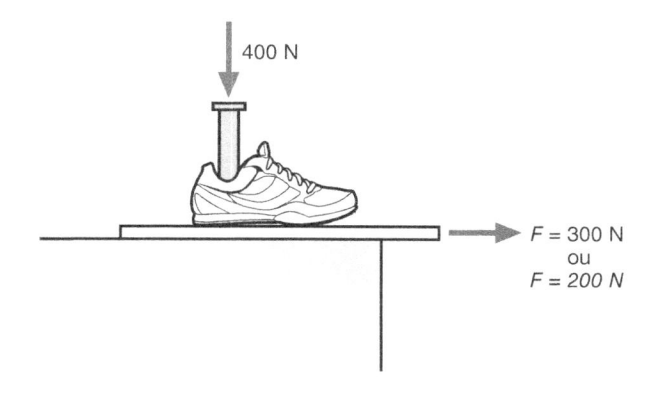

8. Billy tenta deslizar uma caixa de 80 kg pelo chão. O coeficiente de atrito estático entre a caixa e o solo é de 0,55. Se ele empurrá-la somente na horizontal, quanta força será necessária para iniciar o seu movimento?
9. Um corredor está iniciando a saída do bloco de partida e tem apenas um de seus pés tocando o bloco. Ele o empurra para trás (horizontalmente) com uma força de 800 N e para baixo (verticalmente) com uma força de 1.000 N.
   a. Qual o tamanho da resultante dessas forças?
   b. Qual a direção da força resultante?

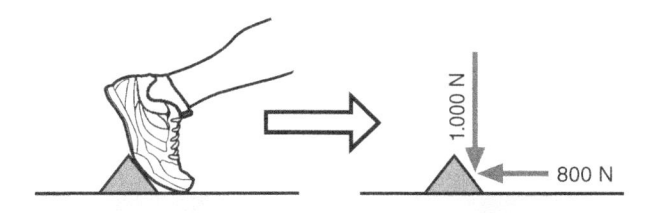

10. O corredor do problema 9 agora está fora do bloco e correndo. Se o coeficiente de atrito estático entre o calçado e a pista é de 0,80, e o atleta exerce uma força vertical de 2.000 N para baixo, qual é a força horizontal máxima que ele pode gerar sob seu sapato?
11. Katie exerce uma força de 400 N para cima em uma barra de 700 N apoiada no solo. A barra não se move. Qual o tamanho da força de contato normal exercida pelo chão na barra?
12. Daisy caminha sobre uma plataforma que registra as forças exercidas pelo seu pé durante uma passada. O pico da força de reação vertical é de 1.200 N (que atua para cima). No mesmo instante, a força de atrito é de 200 N (essa força atua para trás em Daisy).
    a. Qual a magnitude da resultante dessas forças?
    b. Qual a direção da força resultante?

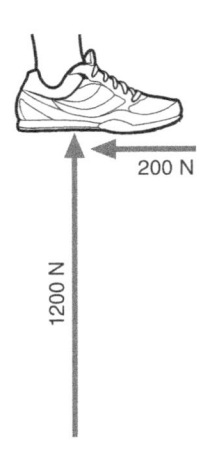

13. O quadríceps puxa a patela com uma força de 1.000 N, a mesma que o tendão patelar a puxa. O joelho está em flexão, e o ângulo entre essas forças é de 120°. Uma força compressiva do côndilo femoral é a outra força significante que atua na patela. Se a patela encontra-se em equilíbrio estático, qual o tamanho da força compressiva exercida pelo côndilo femoral sobre ela?

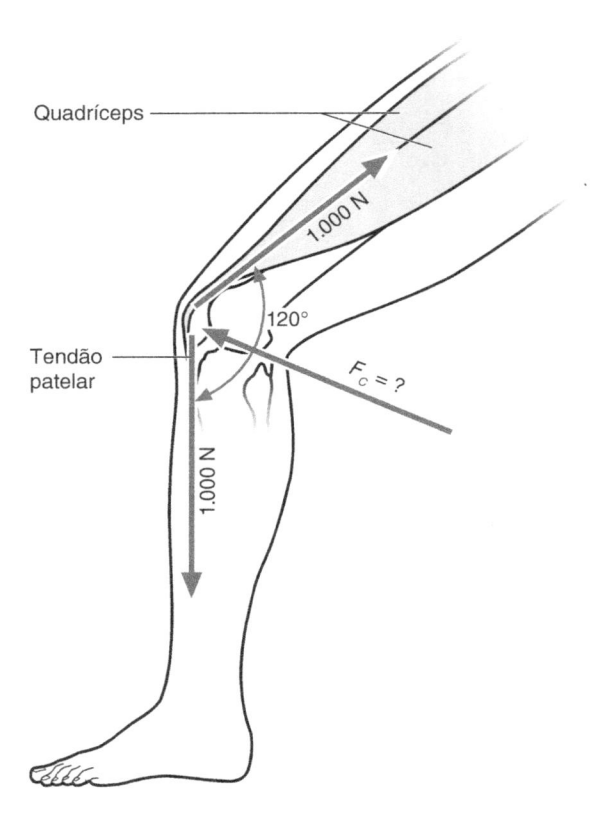

14. A força de reação do solo que atua sobre Carter durante seu salto em distância é de 4.500 N para frente e para cima, formando um ângulo de 78° com relação à horizontal. A massa de Carter é 70 kg. Além da força de gravidade, essa é a única força externa em ação.

    a. Qual a componente vertical da força de reação do solo?
    b. Qual a componente horizontal da força de reação do solo?

c. Qual o tamanho da força líquida, a soma de todas as forças externas, atuando sobre Carter?

15. Três atletas puxam uma argola: Martha puxa com uma força de 150 N na direção norte; Evelyn puxa com uma força de 100 N para o leste; Sara puxa com uma força de 200 N na direção sudeste (225° em sentido horário com relação ao norte).
    a. Qual a magnitude da resultante das três forças?
    b. Qual o sentido da força resultante?

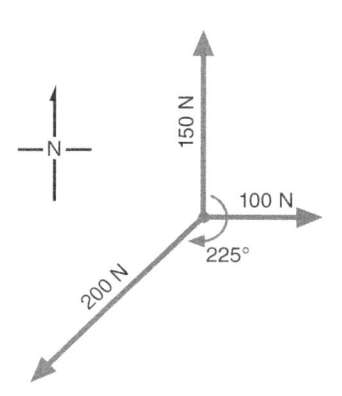

16. Brian tenta puxar Julie em um trenó por um campo liso com neve. Ele puxa uma corda presa ao trenó e sua força ao puxar é direcionada para frente e para cima, em um ângulo de 30° com a horizontal. A massa de Julie é 50 kg, e a do trenó, 8 kg. Se o coeficiente de atrito estático entre o trenó e a neve é de 0,10, quanta força Brian deve exercer na corda para o trenó começar a se mover?

17. Amy está esquiando em linha reta em um declive de 30°. A resistência do ar a empurra para trás com uma força de 10 N. O coeficiente de atrito dinâmico entre os esquis e a neve é de 0,08. A massa da esportista é de 60 kg. Qual a resultante das forças externas agindo sobre ela?

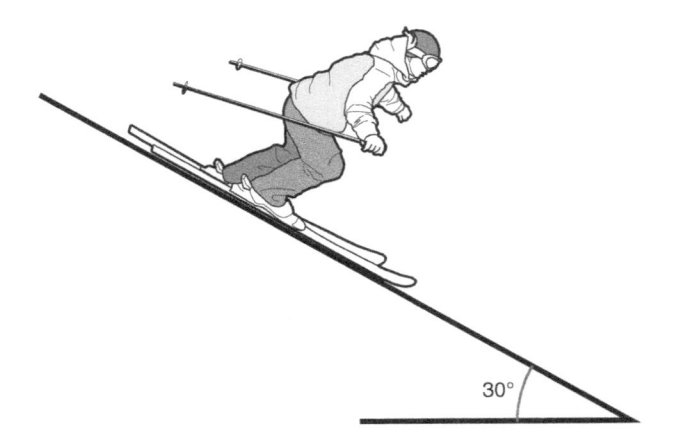

18. Um taco de golfe atinge uma bola de golfe de 0,045 kg durante o golpe inicial. O ângulo de abertura da face do taco (o ângulo entre a face do taco e a vertical) é de 10°. A força de contato normal exercida pelo implemento na bola é de 7.500 N para frente e para cima, formando um ângulo de 10° com a horizontal. A força de atrito exercida pelo taco na bola é de 700 N para frente e para baixo, formando um ângulo de -80° com relação à horizontal.

    a. Qual a magnitude da soma vetorial das duas forças da face do taco que atua na bola de golfe?
    b. Qual o sentido da força resultante?

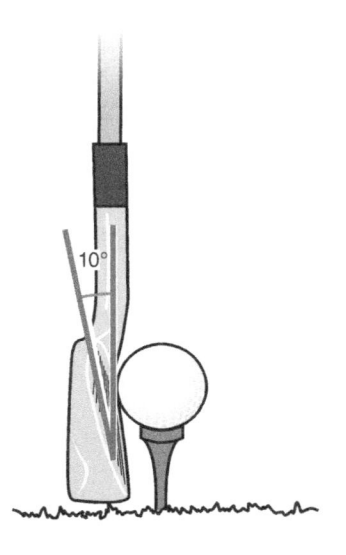

Ver respostas (em inglês) no *site* www.grupoa.com.br no *link* do livro.

Capítulo 2

Cinemática linear
Descrevendo objetos em movimento linear

Objetivos

Ao terminar de ler este capítulo, você deverá ser capaz de:

- Diferenciar movimento linear, angular e geral
- Definir e diferenciar distância percorrida e deslocamento
- Definir e diferenciar rapidez média e velocidade média
- Definir rapidez instantânea e velocidade instantânea
- Definir aceleração média
- Definir aceleração instantânea
- Nomear as unidades de medida para distância percorrida, deslocamento, rapidez, velocidade e aceleração
- Usar as equações de movimentos de projéteis para determinar a posição vertical ou horizontal de um projétil dados a velocidade e o tempo iniciais

As melhores velocistas do mundo estão alinhadas na largada para a final dos 100 m rasos dos Jogos Olímpicos. A vencedora ganhará o título de mulher mais rápida do mundo. É dado o tiro de partida, e Shelly-Ann Fraser-Pryce larga na frente. Aos 50 m, ela tem 1 m de vantagem em relação às outras corredoras. Porém, durante os últimos 40 m da corrida, Carmelita Jeter lentamente diminui a diferença. Na chegada, Shelly-Ann termina menos de 1 m à frente de Carmelita e vence. Shelly-Ann ganha o título de mulher mais rápida do mundo, mas sua velocidade máxima foi de fato superior à de Carmelita? Quem teve a maior aceleração? As duas atletas estavam acelerando durante toda a corrida? Alguma delas desacelerou? Quais parâmetros de desempenho poderiam ser usados para analisar os últimos 40 m da corrida? Essas questões dizem respeito às medidas cinemáticas de desempenho estudadas neste capítulo.

Este capítulo é sobre a subdivisão da mecânica chamada de cinemática. Dinâmica é a parte da mecânica de corpos rígidos relacionada à mecânica do movimento de objetos. Cinemática, o tópico deste texto, é a parte da dinâmica relacionada à descrição de movimento. Os resultados de muitos eventos esportivos são medidas cinemáticas, portanto compreender esse assunto é importante. Parte da terminologia da cinemática apresentada neste capítulo pode soar familiar (rapidez, velocidade, aceleração, entre outros). Você pode imaginar que já sabe tudo sobre esses termos, mas vamos usá-los de maneiras específicas. As definições precisas da mecânica podem não estar de acordo com os significados que você associa aos termos, e haverá mal-entendidos a menos que nossas definições concordem. Com isso em mente, vamos começar.

> Cinemática é a parte da dinâmica relacionada à descrição do movimento.

Movimento

O que é movimento? Você é capaz de defini-lo? Podemos definir movimento como a ação ou o processo de uma mudança de posição. É uma mudança na posição; envolve uma mudança na posição de um ponto para outro. Duas coisas são necessárias para um movimento ocorrer: espaço e tempo – espaço no qual se deslocar e tempo durante o qual se mover. Para deixar o estudo do movimento mais fácil, nós classificamos movimentos como lineares, angulares ou ambos (gerais).

Movimento linear

O **movimento linear** também é chamado de translação. Ocorre quando todos os pontos em um corpo ou objeto percorrem a mesma distância, na mesma direção e no mesmo tempo. Isso pode acontecer de duas maneiras: translação retilínea ou translação curvilínea.

A **translação retilínea** é aquele movimento que você provavelmente interpretaria como um movimento linear. Ela ocorre quando todos os pontos em um corpo ou objeto se movem em uma linha reta, de modo que a direção do movimento e a orientação do corpo não mudam, e todos os pontos do objeto percorrem a mesma distância.

A **translação curvilínea** é bastante similar à retilínea. Ela ocorre quando todos os pontos em um corpo ou objeto se movem de modo que sua orientação percorra a mesma distância. A diferença entre a translação retilínea e a curvilínea é que os trajetos percorridos pelos pontos nesta última são curvos, de maneira que a direção do movimento do objeto esteja constantemente mudando, mesmo que a orientação do corpo não mude.

Tente pensar em alguns exemplos de movimento linear em esportes ou na movimentação humana. Que tal uma patinadora deslizando sobre o gelo em uma posição estática? Seu movimento é retilíneo ou curvilíneo? Ou um windsurfista cortando o lago com uma brisa constante? É possível que seu movimento seja retilíneo? E quanto a um ciclista que não pedala na parte plana da estrada? (Em cada um desses exemplos, os atletas podem atingir movimento retilíneo.) Você pode pensar em quaisquer exemplos de movimento curvilíneo? Uma ginasta em um trampolim pode experimentar movimento linear? Como? E um atleta de salto ornamental? Um saltador de esqui? Um skatista deslizando sobre uma superfície plana de concreto? Um patinador? (O ginasta, o saltador e o esquiador podem atingir movimento curvilíneo; já o ginasta, o saltador, o skatista e o patinador, tanto o retilíneo como o curvilíneo. O saltador de esqui pode atingir o movimento retilíneo durante a descida para o salto e o curvilíneo na fase de voo do salto).

Para determinar se um movimento é linear, imagine dois pontos no objeto em questão e uma linha reta conectando-os. Enquanto o corpo se move, a linha mantém a mesma orientação; ou seja, ela aponta na mesma direção no decorrer do movimento? Ela mantém o mesmo comprimento ao longo do deslocamento? Se ambas as condições são satisfeitas, o movimento é linear. Se ambos os pontos na linha imaginária se movem em linhas retas paralelas durante o deslocamento, o movimento é retilíneo. Se ambos eles se movem em linhas paralelas que não são retas, é curvilíneo. Agora, tente pensar em mais exemplos de movimento linear no esporte. Você classificaria os movimentos em que pensou como retilíneos ou curvilíneos?

Movimento angular

O **movimento angular** também é conhecido como movimento rotatório ou rotação. Ele ocorre quando todos os pontos em um corpo ou objeto se movem em círculos (ou partes de círculos) ao redor da mesma linha central fixa ou eixo. Esse tipo de movimento pode acontecer em torno de um eixo dentro ou fora de um corpo. Uma criança em um balanço é um exemplo de movimento angular em torno de um eixo de rotação externo ao corpo. Um patinador no gelo realizando uma pirueta é um exemplo de movimento angular em torno de um eixo de rotação dentro do corpo. Para determinar se um movimento é ou não angular, imagine quaisquer dois pontos no objeto em questão. Enquanto este se move, o trajeto que cada um dos pontos percorre é circular? Esses dois trajetos circulares têm o mesmo centro ou eixo? Se você imaginar uma linha conectando ambos os pontos imaginários, ela mudaria sua orientação de modo contínuo enquanto o objeto se move? Ela mudaria continuamente a direção para a qual aponta? Se essas condições são satisfeitas, o corpo está em rotação.

Os exemplos de movimento angular em esportes e movimentações humanas são mais numerosos que os de movimento linear. Que tal um giro gigante na barra horizontal? Partes desse movimento são em rotação? E os movimentos individuais dos nossos segmentos? Quase todos os movimentos dos nossos segmentos (se isolados) são do tipo angular. Firme seu braço direito a seu lado. Mantendo a parte superior dele parada, flexione e estenda a articulação do cotovelo. Isso é um exemplo de movimento angular. Seu antebraço rotou em torno de um eixo fixo (sua articulação do cotovelo). Durante a flexão e a extensão, seu pulso se moveu em um trajeto circular ao redor da articulação do cotovelo. Todos os pontos em seu antebraço e pulso se moveram em um trajeto circular em torno dessa articulação. Considere cada um dos segmentos e os movimentos que podem fazer quando o movimento em torno de apenas uma articulação é envolvido. Esses movimentos são rotatórios, ou seja, todos os pontos no segmento se movem em trajetos circulares em torno da articulação?

Vamos considerar o deslocamento ao redor de mais de uma articulação. O movimento do segmento ainda é angular? Estenda seu joelho e seu quadril ao mesmo tempo. O deslocamento do seu pé foi angular? Ele se moveu em um trajeto circular? O movimento foi linear?

Movimento geral

A combinação dos movimentos angulares dos nossos segmentos pode produzir movimentações lineares de uma ou mais partes do corpo. Quando tanto a articulação do joelho como a do quadril estendem, você pode movimentar seu pé de modo linear. Da mesma forma, extensão do cotovelo e adução horizontal do ombro podem produzir um deslocamento linear da mão. O **movimento geral** é uma combinação dos movimentos linear e angular. Tente o Autoexperimento 2.1.

Autoexperimento 2.1

Segure um lápis deitado sobre uma mesa ou escrivaninha. Enquanto o mantém sobre a superfície, tente movê-lo em linha reta pela mesa. Você consegue? Você produziu esse deslocamento pela combinação do movimento angular da sua mão, antebraço e braço. O movimento total dos nossos segmentos é chamado de movimento geral ou misto.

O movimento geral é o tipo mais comum em esportes e movimento humano. Correr e caminhar são bons exemplos de movimentos gerais. Nessas atividades, com frequência o tronco se move de modo linear em decorrência dos movimentos angulares das pernas e braços. Pedalar é outro exemplo. Pense em diversos movimentos humanos nos esportes e imagine sobre como você os classificaria.

Classificar movimentos como lineares, angulares ou gerais torna suas análises mecânicas mais fáceis. Se um movimento pode ser dividido em componentes lineares e angulares, os primeiros podem ser analisados por meio das leis da mecânica que regulam o movimento linear. Da mesma forma, os segundos podem ser analisados pelas leis da mecânica que regulam o movimento angular. As análises linear e angular podem, então, ser combinadas para entender o movimento geral do objeto.

> Classificar movimentos como lineares, angulares ou gerais torna suas análises mecânicas mais fáceis.

Cinemática linear

Agora, vamos examinar o movimento linear de modo mais detalhado. Cinemática linear se relaciona com a descrição do movimento linear. Questões sobre rapidez, distância e direção dizem respeito à cinemática linear de um objeto.

Tente o Autoexperimento 2.2 para identificar algumas das características desse tipo de movimento.

Autoexperimento 2.2

Como você descreveria algo que está se movendo? Role uma bola pelo chão. Descreva seu movimento. Quais palavras usaria? Você pode descrever quão rápido ou devagar ela está indo, mencionar se sua velocidade está aumentando ou diminuindo e notar que ela está rolando e não deslizando. Também pode dizer algo sobre onde ela começou e onde deve parar, bem como descrever sua direção: "Ela está se movendo diagonalmente pela sala". Depois de a bola parar, você pode dizer o quanto ela andou e quanto tempo levou para chegar aí. Todos os termos utilizados para descrever o movimento da bola dizem respeito à cinemática do movimento linear.

Posição

A primeira característica cinemática de um objeto que podemos vir a descrever é sua **posição**. Nossa definição de movimento – a ação ou processo de mudança na posição – se refere à posição. Do ponto de vista mecânico, esta é definida como o lugar no espaço. Em que lugar do espaço o objeto se encontra no começo, no final ou durante seu movimento? Inicialmente, isso pode não parecer uma característica tão relevante, mas considere a importância das posições dos jogadores no campo ou na quadra em esportes como futebol americano, tênis, raquetebol, *squash*, futebol, hóquei sobre a grama, hóquei no gelo e rúgbi. As estratégias empregadas com frequência dependem de onde os jogadores de cada time estão posicionados.

Vamos começar com um exemplo simples. Considere uma corredora competindo nos 100 m rasos (Fig. 2.1). Como faria para descrever a posição da atleta durante a prova? Você poderia descrevê-la a partir da linha de partida: "Ela está a 40 m da largada". Ou poderia descrever em relação à linha de chegada: "Ela está a 60 m da linha de chegada." Em ambos os casos, você usou uma medida de distância para identificar a posição da corredora em relação a alguma referência fixa, sem movimento.* As referências foram as linhas de partida e chegada. Algum conceito de sentido também estava implícito na sua descrição e no evento propriamente dito. Quando você diz que a corredora está a 40 m da partida, isso costuma significar que a atleta está 40 m à frente da linha de partida, indo para a linha de chegada. Do ponto de vista mecânico, se usássemos a linha de partida como referência, diríamos que a corredora está a +40 m. Se ela estivesse atrás dessa linha, descreveríamos sua posição como -40 m. Nós usamos os sinais positivo e negativo para indicar de que lado da linha de partida a atleta se encontra.

Esse exemplo dos 100 m rasos é unidimensional. Nele, estávamos interessados em apenas uma dimensão – aquela que parte da linha de partida até a de chegada. Apenas um número foi necessário para identificar a posição da corredora na corrida. Agora, vamos considerar uma situação bidimensional. Imagine que você está assistindo a um jogo de futebol americano. Um atleta conseguiu escapar do campo de defesa e está correndo em direção à linha de pontuação. Ele está na linha de 20 jardas do time adversário. Para descrever sua posição, você diria que ele está a 20 jardas da linha de pontuação. Contudo, para uma descrição completa, também seria preciso dar informações sobre sua posição em relação às linhas laterais. Usando a linha lateral esquerda como referência, você poderia descrever a posição do jogador como a 20 jardas da linha de pontuação e a 15 jardas da linha lateral esquerda. Isso é mostrado na Figura 2.2a.

Nessa situação, pode ser útil determinar um **sistema de coordenadas cartesianas** para ajudar a identificar a localização do atleta. As coordenadas cartesianas são nomeadas em homenagem a René Descartes (1596-1650), filósofo e matemático francês tido como o inventor da geometria analítica. Você deve se lembrar desse tipo de sistema de coordenadas da matemática do ensino médio. Primeiro, precisaríamos localizar um ponto de referência fixo para nosso sistema de coordenadas. Esse ponto é chamado de origem, pois todas as nossas medidas de posição se originam dele. Vamos colocar a origem para esse sistema na intersecção da linha lateral esquerda com a linha de pontuação do corredor. Poderíamos colocar a origem em qualquer ponto fixo; escolhemos a referida intersecção porque era conveniente. Imagine o eixo x seguindo a linha de pontuação, com zero na origem e números positivos à direita no campo de jogo. Imagine o eixo y seguindo a linha lateral esquerda, com zero na origem e números positivos aumentando conforme se avança em direção à área de pontuação adversária. Com esse sistema, poderíamos identificar a posição do corredor com dois números correspondentes a suas coordenadas x e y em jardas da seguinte forma: (15, 80). Essa situação é apresentada na Figura 2.2b. A coordenada X de 15 indica que o atleta está a 15 jardas da linha lateral esquerda no campo, e a coordenada y de 80 indica que ele está a 80 jardas da sua linha de pontuação ou a 20 jardas de marcar, pois sabemos que as linhas de pontuação estão separadas por 100 jardas.

Em três dimensões, seriam necessários três números para descrever a posição do objeto no espaço. Por exemplo, como você descreveria a posição da bola durante um

---

* N. de T.: Essas referências são de fato fixas, sem movimento? Em relação à superfície da Terra, sim, mas o planeta está se movendo ao redor do Sol no Sistema Solar. E o Sistema Solar está se movendo na galáxia, e esta, no universo. Então, é difícil definir uma posição em relação a um referencial absolutamente imóvel. Para nossos propósitos, no entanto, vamos considerar qualquer coisa que não se mova em relação à superfície da Terra como uma referência fixa.

Figura 2.1 Como você descreveria a posição de um corredor nos 100 m rasos?

jogo de raquetebol? Nós poderíamos determinar um sistema de coordenadas cartesiano tridimensional com um eixo na direção vertical e dois eixos no plano horizontal. Se puséssemos o ponto de referência ou origem no canto esquerdo inferior frontal da quadra (onde as paredes da frente e da esquerda e o chão se encontram), o eixo x acompanharia a linha ao longo da intersecção entre a parede da frente e o chão. O eixo y seguiria a linha ao longo da intersecção entre a parede da frente e a parede da esquerda, e o eixo z acompanharia a linha ao longo da intersecção entre essa parede e o solo. Isso é mostrado na Figura 2.3. Se a bola estivesse 3 m à direita da parede da esquerda, 2 m acima do chão e 4 m distante da parede da frente, suas coordenadas x, y e z, em metros, seriam (3, 2, 4).

> Em três dimensões, são necessários três números para descrever a posição de um objeto no espaço.

Para descrever a posição de algo no espaço, precisamos identificar um ponto de referência fixo para servir como origem de nosso sistema de coordenadas. Para nosso propósito, qualquer ponto fixo em relação à Terra pode ser usado. A seguir, determinamos um sistema de coordenadas cartesiano. Para descrever a posição de objetos em apenas uma dimensão, um único eixo é necessário; para duas dimensões, dois eixos; e para três dimensões, três eixos. Os eixos desse sistema podem apontar em qualquer direção conveniente, desde que formem ângulos retos entre si, no caso de estarmos descrevendo a posição de algo em duas ou três dimensões. Em geral, um eixo estará orientado verticalmente (y), e o(s) outro(s) x, ou x e z horizontalmente. Cada um deles terá um sentido positivo e um negativo ao longo de si. A coordenada x de um objeto reflete sua distância do plano formado pelos eixos y e z. A coordenada y de um objeto é a distância do plano formado pelos eixos x e z, e a coordenada z aponta o quanto o objeto está afastado de um plano formado pelos eixos x e y. Unidades de comprimento são usadas para descrever a posição.

Distância percorrida e deslocamento

Agora, temos um método para descrever e localizar a posição de um objeto no espaço. Essa é nossa primeira tarefa na descrição do movimento. Se lembrarmos de como definimos movimento – a ação ou processo de mudança de posição –, nossa próxima missão será descobrir uma forma de descrever ou medir alterações no posicionamento. Como você faria isso?

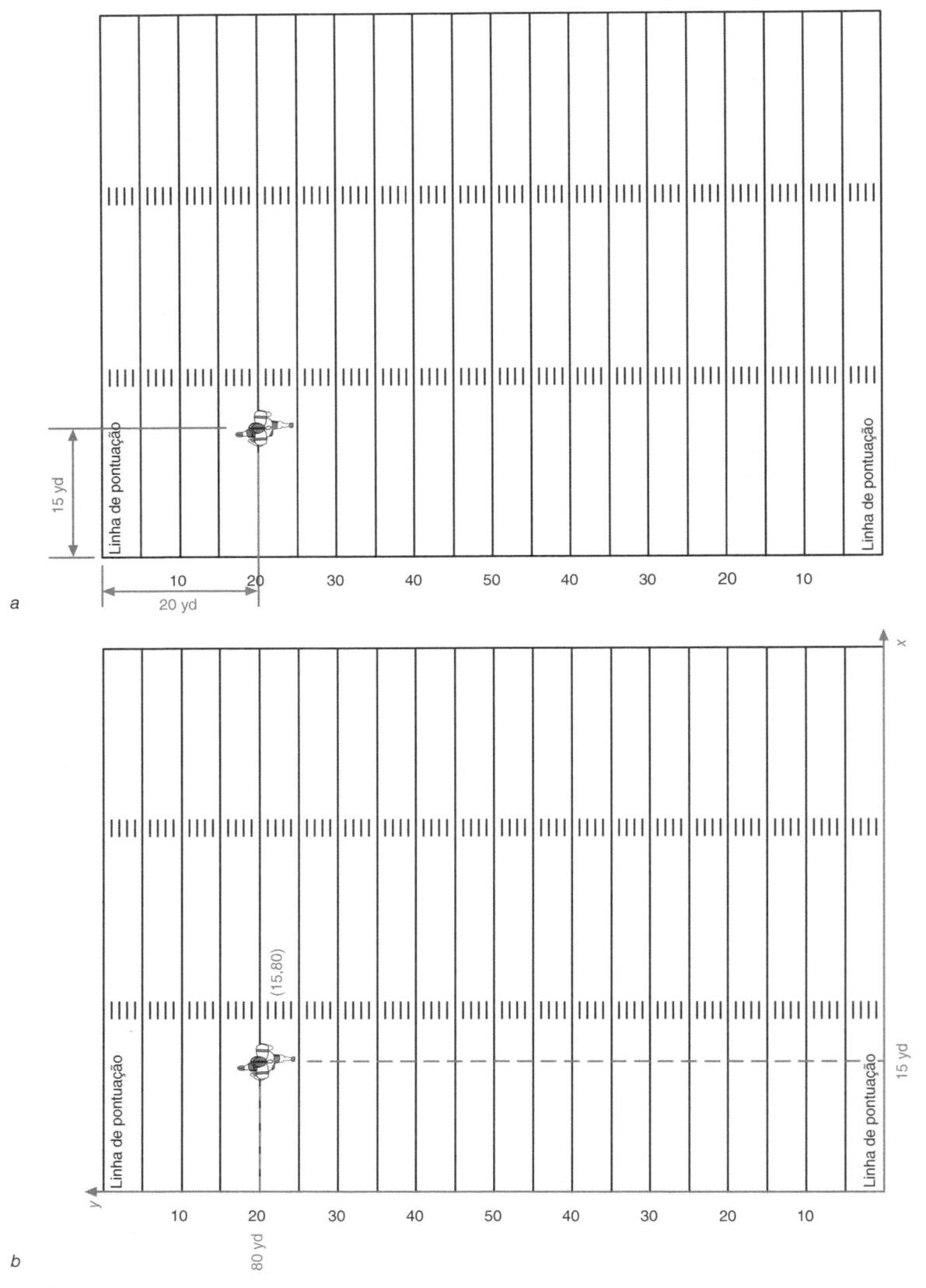

Figura 2.2 A posição de um corredor em um campo de futebol americano usando-se as linhas lateral e de pontuação do oponente como referências (a) ou um sistema de coordenadas cartesiano (b).

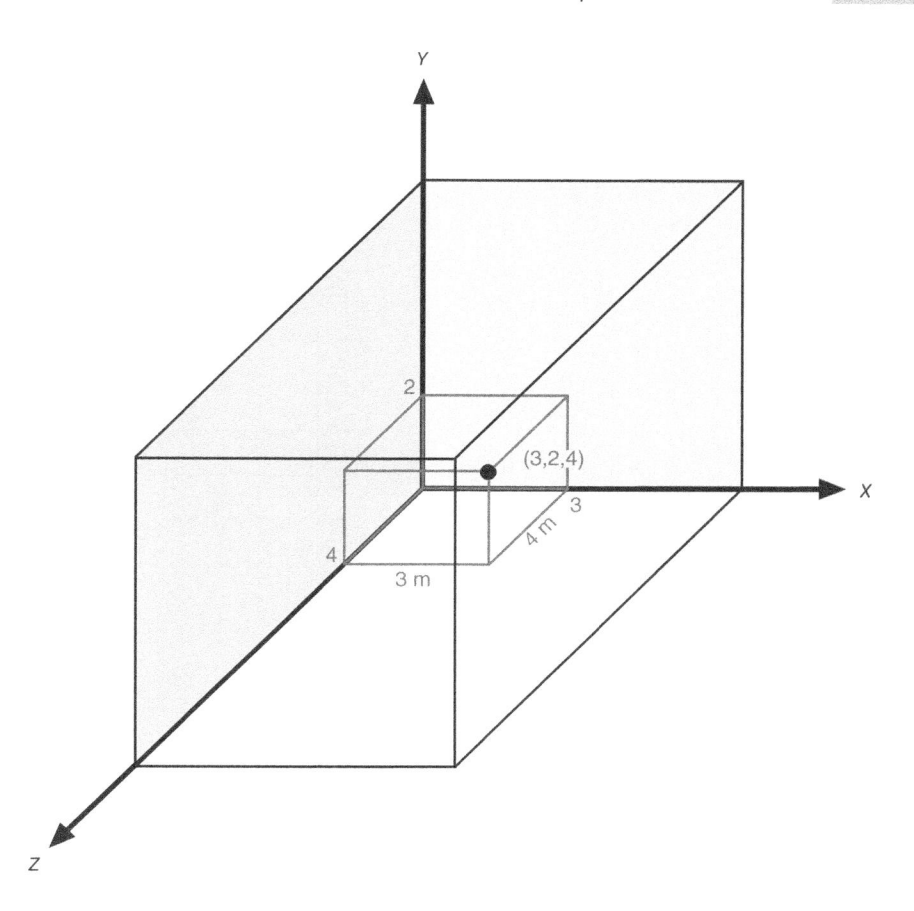

Figura 2.3 A posição de uma bola em uma quadra de raquetebol, usando-se coordenadas cartesianas.

Distância percorrida

Vamos usar um exemplo de futebol americano outra vez. Imagine que um jogador recebeu o chute inicial na própria linha de 5 jardas, a 15 jardas da linha lateral esquerda. Ao receber a bola, sua posição no campo (usando o sistema de coordenadas cartesiano que estabelecemos na seção anterior) é (15, 5). Ele corre com a bola seguindo o caminho apresentado na Figura 2.4a, até ser derrubado na sua própria linha de 35 jardas, a 5 jardas da linha lateral esquerda. Sua posição no campo ao final da jogada é (5, 35). Se medirmos a distância que ele cobriu em sua corrida com a bola, obtemos 48 jardas. Então, podemos descrever esse deslocamento como uma corrida de 48 jardas para um ganho de 30 jardas.

Outra opção é dizer que o deslocamento do corredor foi +30 jardas na direção y e -10 jardas na direção x, ou indicar que seu deslocamento resultante foi de 31,6 jardas em direção à linha lateral esquerda e ao gol. A distância percorrida pelo atleta foi de 48 jardas. Nós usamos dois termos diferentes para descrever seu progresso: **deslocamento** e **distância percorrida**. A distância percorrida pode ser definida com facilidade – é simplesmente a medida do comprimento do caminho percorrido pelo objeto cujo movimento está sendo descrito, de sua posição de partida (inicial) até sua posição de chegada (final). Contudo, a distância percorrida não significa muito em uma partida de futebol americano, pois o sentido do percurso não é levado em consideração. Já o deslocamento considera esse fator.

Deslocamento

Deslocamento é a distância em linha reta, em uma direção específica, da posição inicial (partida) à final (chegada). O **deslocamento resultante** é a distância medida em linha reta da posição inicial à posição final. Trata-se de uma grandeza vetorial. Se você recorda do Capítulo 1, dissemos que a força também era uma grandeza vetorial. Um vetor tem uma magnitude associada a si, bem como uma direção e um sentido. Ele pode ser representado graficamente como uma flecha, cujo comprimento representa sua magnitude e cuja orientação e ponta da seta representam seu sentido. A representação do deslocamento com uma flecha é apropriada e também informa o que deslocamento significa. A Figura 2.4b mostra o percurso de um jogador no exemplo do chute inicial. A flecha da posição inicial do atleta até o ponto em que foi parado representa o seu deslocamento.

> Deslocamento é a distância em linha reta, em um sentido específico, da posição inicial (partida) à final (chegada).

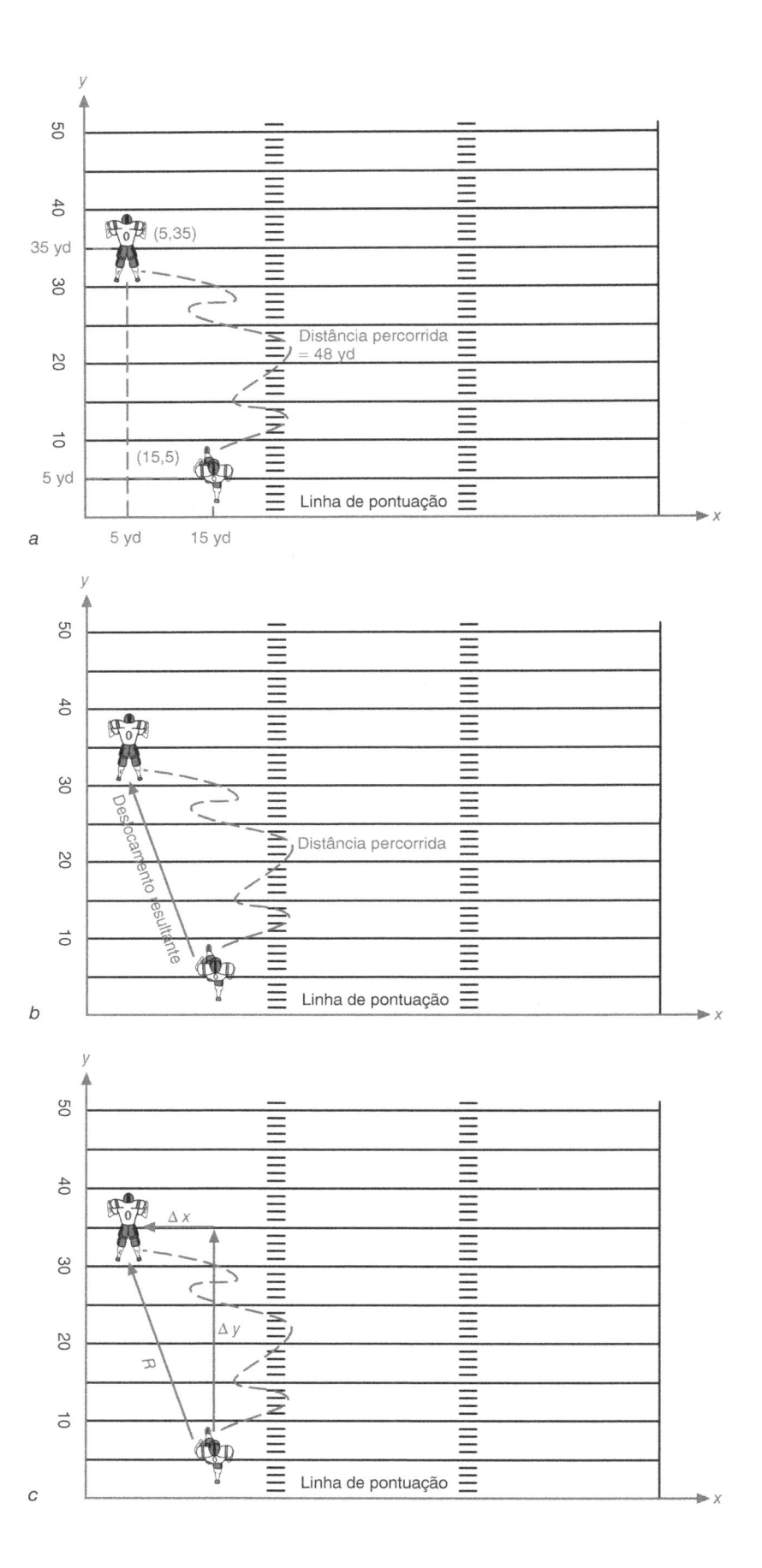

Figura 2.4 O jogador de futebol americano descrito com posições coordenadas inicial e final e distância percorrida (a); deslocamento resultante e distância percorrida (b); e deslocamento resultante e componentes do deslocamento (c).

Também vimos no Capítulo 1 que os vetores podem ser decompostos em componentes. No exemplo do futebol americano, o deslocamento resultante do corredor não indica diretamente quantas jardas ele ganhou. Contudo, se separarmos esse deslocamento resultante em componentes nas direções de x (largura do campo) e y (comprimento do campo), teremos uma medida de quão eficaz a corrida foi. Nesse caso, o deslocamento y do corredor é a medida relevante. Sua posição inicial y era 5 jardas, e sua posição final y, 35 jardas. Podemos encontrar seu deslocamento y subtraindo sua posição inicial de sua posição final.

$$d_y = \Delta y = y_f - y_i \tag{2.1}$$

onde:

d_y = deslocamento na direção y

Δ = variação, então Δ = variação na posição y

y_f = posição final y e

y_i = posição inicial y

Se inserirmos os valores inicial (5 jardas) e final (35 jardas) para a posição y, descobrimos o deslocamento y do corredor:

$$d_y = \Delta y = y_f - y_i = 35 \text{ yd} - 5 \text{ yd}$$

$$d_y = +30 \text{ yd}$$

O deslocamento y do atleta, ou seu deslocamento ao longo do campo, foi de +30 jardas. O sinal positivo indica que a mudança na posição se deu no sentido positivo da direção y ou no sentido de pontuação (um ganho na posição do campo, neste caso). Essa medida é provavelmente a mais importante medição para treinadores, jogadores e torcedores porque indica a eficácia do chute inicial.

Também podemos estar curiosos quanto ao deslocamento lateral do jogador no campo (na direção x). A mesma equação pode ser usada para determinar o deslocamento x:

$$d_x = \Delta x = x_f - x_i \tag{2.2}$$

onde:

d_x = deslocamento na direção x

Δx = variação, então Δ = variação na posição x

x_f = posição final x e

x_i = posição inicial x

Se inserirmos os valores inicial (15 jardas) e final (5 jardas) para a posição x, descobrimos o deslocamento x do corredor:

$$d_x = \Delta x = x_f - x_i = 5 \text{ yd} - 15 \text{ yd}$$

$$d_x = -10 \text{ yd}$$

O deslocamento x ou lateral do corredor no campo foi de −10 jardas. O sinal negativo indica que a mudança na posição se deu no sentido negativo de x ou no sentido da linha lateral esquerda.

Poderíamos encontrar o deslocamento resultante do corredor de maneira similar à que usamos para determinar a força resultante. Graficamente, poderíamos fazer isso desenhando as flechas para representar os componentes do deslocamento do atleta nos sentidos x e y. Olhe a Figura 2.4c. Coloque a origem do vetor do deslocamento x na ponta do vetor do deslocamento y e, depois, desenhe uma seta da extremidade do vetor do deslocamento y para a ponta do vetor do deslocamento x. Essa flecha representa o deslocamento resultante.

Outra opção seria começar com o vetor do deslocamento x e depois colocar a extremidade do vetor do deslocamento y em sua ponta. Nós determinaríamos a resultante desenhando uma seta da extremidade do vetor do deslocamento x para a ponta do vetor do deslocamento y. Devemos encontrar o mesmo deslocamento resultante usando o método demonstrado na Figura 2.4c.

Existe, ainda, outra forma de determinarmos esse deslocamento: usando relações trigonométricas. Os vetores de deslocamento, posicionados como mostrado na Figura 2.4c, formam um triângulo, mais especificamente, um triângulo retângulo, cuja hipotenusa representa o deslocamento resultante. Conforme explicado no Capítulo 1, o tamanho da hipotenusa pode ser determinado da seguinte maneira: se A e B representam os dois catetos que formam o ângulo reto e C representa a hipotenusa, então:

$$A^2 + B^2 = C^2 \tag{2.3}$$

$$(\Delta x)^2 + (\Delta y)^2 = R^2$$

Em nossos deslocamentos, portanto, podemos substituir Δx por −10 jardas e Δy por +30 jardas e, então, calcular o valor de R, que representa o deslocamento resultante.

$$(-10 \text{ yd})^2 + (30 \text{ yd})^2 = R^2$$

$$100 \text{ yd}^2 + 900 \text{ yd}^2 = R^2$$

$$1000 \text{ yd}^2 = R^2$$

$$R = \sqrt{1000 \text{ yd}^2} = 31,6 \text{ yd}$$

Para encontrar a direção desse deslocamento resultante, podemos usar a relação entre os dois lados do triângulo do deslocamento.

$$\tan\theta = \frac{\text{cateto oposto}}{\text{cateto adjacente}} \qquad (2.4)$$

$$\theta = \text{arco tangente}\left(\frac{\text{cateto oposto}}{\text{cateto adjacente}}\right)$$

$$\theta = \text{arco tangente}\left(\frac{\Delta x}{\Delta y}\right)$$

Nessas equações, θ, que é pronunciada "téta", representa o ângulo entre o vetor do deslocamento resultante e o vetor do deslocamento y. Para encontrar o valor de θ, substitua −10 jardas por Δx e +30 jardas por Δy.

$$\theta = \text{arco tangente}\left(\frac{-10 \text{ yd}}{30 \text{ yd}}\right)$$

Para determinar o ângulo θ, usamos o inverso da função tangente ou o arco tangente. Na maioria das calculadoras científicas, a função arco tangente é a segunda função da tecla tangente e costuma ser abreviada como $\tan^{-1}$.

$$\theta = \text{arco tangente}(-{,}333)$$

$$\theta = -18{,}4°$$

Agora, podemos descrever diversas qualidades do movimento – posições inicial e final, distância percorrida e deslocamento. Distância percorrida pode ser descrita por um número único, que representa o comprimento do percurso seguido pelo objeto durante o movimento. Deslocamento, no entanto, é um vetor quantidade, sendo expresso com uma medida de comprimento e um sentido. O deslocamento resultante é o comprimento de uma linha reta que vai da posição inicial à final no sentido do movimento da posição inicial para a final. Os componentes do deslocamento resultante também podem ser usados para descrever o deslocamento dos objetos em direções específicas. Em algumas situações (como nos nossos exemplos do futebol americano), um componente é mais importante do que o deslocamento resultante.

Vamos ver se entendemos o conceito de deslocamento. Imagine a competição entre duas esquiadoras, Tamara e Cindy. Elas começam na mesma posição inicial e terminam a corrida na mesma posição final. Tamara faz curvas mais abertas do que Cindy, então o comprimento de seu percurso é maior. Quem tem o maior deslocamento resultante do início ao fim? Pelo fato de começarem e terminarem no mesmo ponto, o deslocamento resultante de ambas é igual. Agora, considere uma corrida de natação de 100 m em uma piscina de 50 m. Qual medida (deslocamento ou distância percorrida) é mais significativa? Nessa competição, você precisa começar e terminar no mesmo ponto, então seu deslocamento é zero! A distância percorrida é a medida mais importante. E quanto a uma corrida de 400 m em um circuito oval de 400 m? Ou uma corrida de 100 m em uma parte reta da pista?

Rapidez e velocidade

Agora, podemos descrever a posição de um objeto e temos medidas (distância percorrida e deslocamento) para descrever sua mudança de posição, mas como descrevemos a rapidez com que alguma coisa muda de posição? Quando falamos de quão rápido ou devagar algo se move, estamos descrevendo sua rapidez ou velocidade. As duas palavras são usadas para se referir ao índice de movimento. Você provavelmente já usou ambos os termos, talvez como sinônimos.

Rapidez

Rapidez e velocidade são a mesma coisa? Do ponto de vista mecânico, são diferentes. **Rapidez*** é apenas a taxa de movimento. De modo mais específico, é a taxa de distância percorrida. É descrita por um único número. Já **velocidade** é a taxa de movimento em um sentido particular. Mais especificamente, é a taxa de deslocamento. Como o deslocamento é um vetor quantitativo, a velocidade também é. A velocidade tem uma magnitude (número) e um sentido associados a si.

> Rapidez é a taxa de movimento; velocidade é a taxa de movimento em um sentido específico.

A **rapidez média** de um objeto é a distância percorrida dividida pelo tempo gasto para percorrê-la. Matematicamente, isso pode ser expresso por:

$$\bar{s} = \frac{\ell}{\Delta t} \qquad (2.5)$$

onde:

$\bar{s}$ = rapidez média**

ℓ = distância percorrida e

Δt = tempo utilizado ou variação no tempo

Para descrever rapidez, utiliza-se uma unidade de comprimento dividida por uma de tempo. Sua unidade no SI é metros por segundo. Você provavelmente já usou outras. Se já dirigiu um carro, por exemplo, usou quilômetros por hora (os americanos estão mais acostumados a milhas por hora). Essas também são unidades de medida para rapidez.

---

* N. de T.: Em inglês, o autor utiliza as palavras *velocity* and *speed* para quantificar a velocidade calculada a partir do deslocamento e da distância percorrida, respectivamente. Tem sido usual, em diversas obras em português, utilizar os termos "velocidade" e "rapidez" para expressar essa diferença.

** N. de T.: Optou-se em utilizar a letra *s*, do inglês *speed*, para representar a rapidez, uma vez que a letra *r* costuma ser utilizada para representar o raio de um círculo.

A rapidez média é um importante descritor de desempenho em muitas atividades esportivas. Em algumas delas, ela é, de fato, a medida de sucesso. Pense em qualquer tipo de evento de competição de distância (natação, corrida, ciclismo e assim por diante). O vencedor é a pessoa que completa a distância determinada no menor tempo. A rapidez média do vencedor é a distância da corrida dividida pelo tempo e será sempre a maior entre todos os competidores em uma mesma distância.

Esse único número, rapidez média, não nos diz muito sobre o que aconteceu durante a corrida em si. Não informa quão rápido o atleta se move em um instante específico da corrida. Também não nos diz a rapidez máxima alcançada pelo corredor durante a prova, tampouco indica quando sua rapidez aumentava ou dimuía. A rapidez média para a corrida inteira é apenas um número que indica que, em média, o competidor estava se movendo com aquela rapidez. Para descobrir mais sobre a rapidez de um atleta em uma prova, o treinador ou outro profissional pode querer mensurar mais de uma rapidez média.

Vejamos um exemplo em uma corrida de 100 m rasos. Em 2009, na 12ª edição do Campeonato Mundial de Atletismo da IAAF, em Berlim, a prova de 100 m rasos para homens foi vencida por Usain Bolt, da Jamaica, com o impressionante tempo recorde mundial de 9,58s. O segundo colocado, Tyson Gay, dos Estados Unidos, terminou em 9,71s, o tempo mais rápido da história para um segundo colocado. Usando a equação 2.5 para comparar a rapidez média desses dois velocistas durante os 100 m, encontramos o seguinte:

Rapidez média = $\bar{s} = \dfrac{\ell}{\Delta t}$

Bolt:

$\bar{s} = \dfrac{100 \text{ m}}{9,58 \text{ s}}$

$\bar{s} = 10,44 \text{ m/s}$

Gay:

$\bar{s} = \dfrac{100 \text{ m}}{9,71 \text{ s}}$

$\bar{s} = 10,30 \text{ m/s}$

Para descobrir mais sobre o desempenho dos velocistas nessa corrida, poderíamos também ter cronometrado seus tempos para os primeiros 50 m de prova. Bolt percorreu a primeira metade da distância em 5,47s. O tempo de Gay para os primeiros 50 m foi 5,55s. A rapidez média deles para os primeiros 50 m da corrida foi:

Rapidez média = $\bar{s}_{0\text{-}50m} = \dfrac{\ell}{\Delta t}$

Bolt:

$\bar{s}_{0\text{-}50m} = \dfrac{50 \text{ m}}{5,47 \text{ s}}$

$\bar{s}_{0\text{-}50m} = 9,14 \text{ m/s}$

Gay:

$\bar{s}_{0\text{-}50m} = \dfrac{50 \text{ m}}{5,55 \text{ s}}$

$\bar{s}_{0\text{-}50m} = 9,01 \text{ m/s}$

A rapidez média deles na segunda metade da prova também poderia ser determinada:

Rapidez média = $\bar{s}_{50\text{-}100m} = \dfrac{\ell}{\Delta t} = \dfrac{100 \text{ m} - 50 \text{ m}}{\Delta t}$

Bolt:

$\bar{s}_{50\text{-}100m} = \dfrac{100 \text{ m} - 50 \text{ m}}{9,58 \text{ s} \quad 5,47 \text{ s}}$

$\bar{s}_{50\text{-}100m} = \dfrac{50 \text{ m}}{4,11 \text{ s}}$

$\bar{s}_{50\text{-}100m} = 12,17 \text{ m/s}$

Gay:

$\bar{s}_{50\text{-}100m} = \dfrac{100 \text{ m} - 50 \text{ m}}{9,71 \text{ s} - 5,55 \text{ s}}$

$\bar{s}_{50\text{-}100m} = \dfrac{50 \text{ m}}{4,16 \text{ s}}$

$\bar{s}_{50\text{-}100m} = 12,02 \text{ m/s}$

Com dois números para descrever a rapidez de cada um dos corredores durante a corrida, sabemos muito mais sobre o desempenho de cada atleta. Usain Bolt assumiu a liderança nos primeiros 50 m. Sua rapidez média foi 0,13m/s maior que a de Gay nessa porção da corrida. Ambos os velocistas foram ainda mais rápidos nos 50 m finais, mas a rapidez média de Bolt na segunda metade da prova foi 0,15 m/s maior que a de Gay.

Se quiséssemos saber qual atleta teve a rapidez máxima nos 100 m, teríamos que medir seus tempos parciais com intervalos mais frequentes. Isso nos daria ainda mais informação sobre o desempenho de cada velocista. Os cientistas esportivos na 12ª edição do Campeonato Mundial de Atletismo da IAAF mediram os tempos parciais nas marcas de 20, 40, 60 e 80 m para os finalistas nos 100 m rasos para homens (IAAF, 2009). Os valores encontrados foram usados para estimar os tempos parciais de 10 m para Usain Bolt e Tyson Gay mostrados na Tabela 2.1.

Esses tempos parciais podem ser usados para determinar a rapidez média de cada velocista a cada intervalo de 10 m. Para fazer isso, dividimos a distância percorrida em cada intervalo – neste caso, 10 m – pelo tempo utilizado para cruzá-la, o intervalo de tempo. A Tabela 2.2 mostra os valores da rapidez média de cada corredor a cada um dos intervalos de 10 m.

Agora, temos muito mais informação sobre o desempenho de cada um dos velocistas. Pela Tabela 2.2, podemos dizer que Bolt foi mais rápido do que Gay em todos os intervalos até o de 60 a 80 m. Dos 60 aos 70 m, os dois competidores alcançaram a rapidez máxima, e sua rapidez média durante esse intervalo foi a mesma. Depois dos 70 m, ambos reduziram a rapidez, sobretudo Gay, em especial nos últimos 20 m de corrida, dos 80 aos 100 m.

Ao considerar mais tempos parciais durante a corrida, podemos determinar a rapidez média dos corredores em um número maior de intervalos mais curtos. Esse procedimento nos dá, também, uma melhor ideia de qual era a rapidez de cada corredor em um instante específico da corrida. A rapidez de um objeto em um instante de tempo específico é sua **rapidez instantânea**. A taxa de movi-

Tabela 2.1 Tempo decorrido e intervalo de tempo a cada 10 m para Usain Bolt e Tyson Gay, na final masculina dos 100 m rasos, na 12ª edição do Campeonato Mundial de Atletismo da IAAF, em Berlim, 2009

	Usain Bolt		Tyson Gay	
Posição (m)	Tempo decorrido (s)	Intervalo de tempo (s)	Tempo decorrido (s)	Intervalo de tempo (s)
0	0		0	
10	1,89	1,89	1,91	1,91
20	2,88	0,99	2,92	1,01
30	3,78	0,90	3,83	0,91
40	4,64	0,86	4,70	0,87
50	5,47	0,83	5,55	0,85
60	6,29	0,82	6,39	0,84
70	7,10	0,81	7,20	0,81
80	7,92	0,82	8,02	0,82
90	8,75	0,83	8,86	0,84
100	9,58	0,83	9,71	0,85

Tabela 2.2 Intervalos de tempo e rapidez média para cada intervalo de 10 m para Usain Bolt e Tyson Gay na final masculina dos 100 m rasos, na 12ª edição do Campeonato Mundial de Atletismo da IAAF, em Berlim, 2009

	Usain Bolt		Tyson Gay	
intervalo (m)	Intervalo de tempo (s)	Rapidez média (m/s)	Intervalo de tempo (s)	Rapidez média (m/s)
0-10	1,89	5,29	1,91	5,24
10-20	0,99	10,10	1,01	9,90
20-30	0,90	11,11	0,91	10,99
30-40	0,86	11,63	0,87	11,49
40-50	0,83	12,05	0,85	11,76
50-60	0,82	12,20	0,84	11,90
60-70	0,81	12,35	0,81	12,35
70-80	0,82	12,20	0,82	12,20
80-90	0,83	12,05	0,84	11,90
90-100	0,83	12,05	0,85	11,76

mento de um objeto pode variar com o tempo, sobretudo em um evento como os 100 m rasos. A rapidez máxima que um corredor alcança durante uma corrida é um exemplo de rapidez instantânea. A rapidez média nos dá apenas uma estimativa de quão rápido alguma coisa estava se movendo durante um intervalo de tempo – não em um instante. Se nos dizem qual foi a rapidez média de um corredor para determinado intervalo de tempo, podemos concluir corretamente que sua rapidez instantânea foi maior do que a média em algumas partes daquele intervalo e menor em outras.

Pense no velocímetro do seu carro. Ele mede a rapidez média ou instantânea? Ele indica o quão rápido você estava indo na última hora? No último minuto? No último segundo? O velocímetro no seu carro mede a rapidez instantânea. Ele indica o quão rápido você está indo no instante de tempo em que você está olhando pra ele. Na prática, podemos pensar em rapidez instantânea como a distância percorrida dividida pelo tempo levado para cruzá-la, se o intervalo de tempo usado na medida é muito pequeno. Se a palavra *média* não segue a palavra *rapidez*, você deve concluir que é a rapidez instantânea que está em questão.

> Podemos pensar em rapidez instantânea como a distância percorrida dividida pelo tempo levado para cruzá-la, se o intervalo de tempo usado na medida é muito pequeno.

Velocidade

Agora, vamos focar nossa atenção na velocidade. **Velocidade média** é o deslocamento de um objeto dividido pelo tempo necessário para realizá-lo. Pelo fato de o deslocamento ser um vetor, descrito por um número (magnitude), uma direção e um sentido, a velocidade média também é um vetor, sendo descrita por um número (magnitude), uma direção e um sentido. Do ponto de vista matemático, isso pode ser expresso como:

$$\bar{v} = \frac{d}{\Delta t} \qquad (2.6)$$

onde:

$\bar{v}$ = velocidade média,

d = deslocamento e

Δt = tempo utilizado ou variação no tempo

As unidades que descrevem a velocidade são as mesmas que descrevem a rapidez: uma unidade de comprimento dividida por uma de tempo. Na SI, é descrita em metros por segundo. Para medir a velocidade média de um objeto, você precisa conhecer seu deslocamento e o tempo despendido nele.

Às vezes, estamos interessados nos componentes da velocidade. Assim como fomos capazes de decompor vetores de força e deslocamento em componentes, também podemos fazê-lo com vetores de velocidade. Para decompor uma velocidade média resultante em componentes, bastaria determinar os componentes do deslocamento resultante. Para o jogador de futebol americano retornando ao chute inicial no exemplo usado anteriormente, o deslocamento do atleta, do instante em que recebeu a bola até ser parado, foi de -10 jardas na direção x (largura do campo) e +30 jardas na direção y (comprimento do campo). Seu deslocamento resultante foi de 31,6 jardas frontal e lateralmente no campo (ou -71,6° através do campo). Se o evento durou 6 s, sua velocidade média resultante, usando a equação 2.6, foi:

$$\bar{v} = \frac{d}{\Delta t}$$

$$\bar{v} = \frac{31{,}6 \text{ yd}}{6 \text{ s}}$$

$$\bar{v} = 5{,}3 \text{ yd/s}$$

Essa velocidade média resultante ocorreu no mesmo sentido que o deslocamento resultante. Da mesma forma, a velocidade média do corredor lateralmente no campo (na direção x) seria o componente x do seu deslocamento dividido pelo tempo ou:

$$\bar{v}_x = \frac{\Delta x}{\Delta t} \quad (2.7)$$

$$\bar{v}_x = \frac{-10 \text{ yd}}{6 \text{ s}}$$

$$\bar{v}_x = -1{,}7 \text{ yd/s}$$

A velocidade média do corredor no comprimento do campo (na direção y), que é a mais importante de todas essas velocidades, seria o componente y do seu deslocamento dividido pelo tempo, ou:

$$\bar{v}_y = \frac{\Delta y}{\Delta t} \quad (2.8)$$

$$\bar{v}_y = \frac{30 \text{ yd}}{6 \text{ s}}$$

$$\bar{v}_y = 5{,}0 \text{ yd/s}$$

Assim como os deslocamentos, a velocidade média resultante é maior do que qualquer um de seus componentes. Do mesmo modo, o quadrado da velocidade média resultante deve igualar a soma dos quadrados dos seus componentes. Vejamos, começando com a equação 2.3.

$$A^2 + B^2 = C^2$$

$$(\bar{v}_x)^2 + (\bar{v}_y)^2 = \bar{v}^2$$

$$(-1{,}7 \text{ yd/s})^2 + (5{,}0 \text{ yd/s})^2 = \bar{v}^2$$

$$2{,}8 \text{ yd}^2/\text{s}^2 + 25{,}0 \text{ yd}^2/\text{s}^2 = \bar{v}^2$$

$$5{,}3 \text{ yd/s} = \sqrt{27{,}8 \text{ yd}^2/\text{s}^2} = \bar{v}$$

Isso de fato vai ao encontro da velocidade média resultante de 5,3 jardas/s que calculamos a partir do deslocamento resultante e do tempo decorrido.

Velocidade e rapidez médias seriam bons descritores para usarmos nos 100 m rasos, pois se trata de uma linha reta. A rapidez do corredor e a magnitude da velocidade em direção à linha de chegada seriam idênticas. Nesse caso, rapidez e velocidade podem ser usadas de forma intercambiável sem problemas. Em geral, se o movimento do objeto analisado é retilíneo e está em uma linha reta, sem mudança na direção, a rapidez e a velocidade médias serão idênticas em magnitude. Porém, se estamos falando de uma atividade em que a direção do movimento varia, a rapidez e a magnitude da velocidade não são sinônimos. Imagine uma corrida de natação de 100 m em uma piscina de 50 m. Se o primeiro colocado termina a corrida em 50 s, podemos usar a equação 2.5 para calcular sua rapidez média.

$$\bar{s} = \frac{\ell}{\Delta t}$$

$$\bar{s} = \frac{100 \text{ m}}{50 \text{ s}}$$

$$\bar{s} = 2{,}0 \text{ m/s}$$

Qual é a velocidade média do atleta? Se o nadador começa e termina no mesmo lugar, seu deslocamento é zero, portanto, sua velocidade média também teria que ser zero. Nesse caso, velocidade média e rapidez média não significam a mesma coisa, e a medida desta última é um melhor descritor.

> Se o movimento do objeto analisado é retilíneo e está em uma linha reta, sem mudança na direção, a rapidez e a velocidade médias serão idênticas em magnitude.

E quanto a rapidez e velocidade instantâneas? Nós ainda não discutimos esta última. Ela é similar ao conceito de rapidez instantânea, mas, dessa vez, a direção e o sentido são incluídos. Se medíssemos a velocidade média em intervalos de tempo cada vez menores, na prática, nós logo teríamos uma medida de **velocidade instantânea**. Esta é a velocidade de um objeto em um instante de tempo. Quando falamos da magnitude da velocidade resultante de um objeto, temos um número igual ao de sua rapidez instantânea.

A velocidade resultante instantânea também pode ser desmembrada em componentes nas direções de interesse. No exemplo do jogador de futebol americano, nós poderíamos descrever sua velocidade resultante instantânea, bem como sua velocidade instantânea na direção x (largura do campo) ou y (comprimento do campo). Se estivéssemos preocupados com o quão velozmente ele avançava jardas, sua velocidade instantânea no comprimento do campo seria importante. Da mesma forma, no exemplo das esquiadoras, não é a velocidade resultante instantânea que importa; é o componente dessa velocidade na direção da base da montanha que terá maior efeito no resultado da corrida. O Autoexperimento 2.3 ilustra a diferença entre rapidez e velocidade.

Autoexperimento 2.3

Imagine-se em uma sala com quatro paredes. Você está de frente para a parede norte. Vamos considerar o norte o sentido em que estamos interessados, sendo, portanto, o positivo. Para nós, só interessa o componente de velocidade nas direções norte-sul. Ao caminhar para frente, em direção à parede norte, sua velocidade norte é positiva; e o parar é zero. Quando caminha para trás, em direção à parede sul, sua velocidade norte é negativa (você está se movendo no sentido negativo). Se caminhar para a direita ou para a esquerda, diretamente para leste ou oeste, sua velocidade norte é zero, porque você não está se aproximando ou se distanciando da parede norte. Se caminhar para frente em direção à parede norte e começar a virar para a direita, sua velocidade norte é positiva e depois diminui à medida que você vira. Se está caminhando para o leste e começar a virar para a esquerda em direção ao norte, sua velocidade norte é, a princípio, zero, aumentando conforme você vira. Durante todas essas voltas, sua rapidez pode não ter variado; contudo, se a direção do movimento variar, então sua velocidade varia.

Importância da rapidez e da velocidade

Agora, vamos assegurar que percebemos a importância da rapidez e da velocidade em diferentes atividades esportivas. Já falamos que, em alguns eventos de corrida, rapidez e velocidade médias são indicadores diretos de desempenho. O atleta com a maior rapidez ou velocidade média será o vencedor. Em que outros esportes esses fatores são importantes? Que tal o beisebol? É difícil rebater um bom arremesso de bola rápida, que se move a uma velocidade entre 145 e 160km/h. Por quê? Quanto mais rápido é o arremesso de bola, menos tempo o rebatedor tem para reagir e decidir se vai ou não tentar a rebatida. Por exemplo, em 2010, Ardolis Chapman do Cincinnati Reds arremessou uma bola rápida a 105,1 milhas/h. Isso é o equivalente a 47 m/s. A distância entre a posição de arremesso e a posição do batedor é de 18,4 m. A bola é solta aproximadamente 0,7 m a frente da posição de arremesso, então a distância horizontal que ela deve percorrer para alcançar a posição de rebatida é apenas 17,7 m (18,4 m – 0,7 m). Outra maneira de dizer isso é de que seu deslocamento horizontal é de 17,7 m. Quanto tempo o rebatedor tem para reagir ao arremesso de 47 m/s? Se assumirmos que esta é a velocidade horizontal média da bola durante seu trajeto, usando a equação 2.6,

$$\bar{v} = \frac{d}{\Delta t}$$

$$154 \text{ ft/s} = \frac{58 \text{ ft}}{\Delta t}$$

$$\Delta t = \frac{58 \text{ ft}}{154 \text{ ft/s}}$$

$$\Delta t = 0{,}38 \text{ s}$$

Uau! Um rebatedor teria apenas 0,38 s para decidir se tenta ou não rebater e, caso opte por tentar, precisa fazê-lo no tempo que lhe resta. Isso explica por que é tão difícil rebater uma bola arremessada por um profissional da principal liga norte-americana. Quanto mais rápido o arremesso, menor é o tempo que o rebatedor tem para reagir e menor é a probabilidade de que consiga acertar a bola. Em 2003, o USA Today considerou a capacidade de rebater uma bola arremessada a mais de 90 milhas/h como a coisa mais difícil de se fazer em esportes. Rapidez e velocidade são muito importantes no beisebol.

Esses fatores são importantes no futebol, lacrosse, hóquei no gelo, hóquei na grama, handebol ou em qualquer outro esporte em que um gol seja protegido por um goleiro? A rapidez da bola (ou do disco) no momento em que é lançada em direção ao gol é muito importante para o goleiro. Quanto mais rápido o chute, menos tempo ele tem para reagir e bloquear.

Rapidez e velocidade são importantes em eventos de saltos e de atletismo? Sim! Saltadores em distância mais rápidos saltam mais longe. No salto com vara, quanto mais rápido, mais alto se sobe. Rapidez também é relacionada ao sucesso no salto em altura e no salto triplo.

Você consegue pensar em algum esporte em que rapidez e velocidade não são importantes? Não há muitos. Esses fatores ocupam um papel importante em quase todos os esportes. A Tabela 2.3 lista a maior rapidez registrada para bolas e implementos usados no esporte. A rapidez típica desses implementos é muito menor do que aquelas apresentadas na Tabela 2.3.

Aceleração

Agora, temos um grande repertório de descritores de movimento: posição, distância percorrida, deslocamento, rapidez e velocidade. Além disso, podemos usar componentes de deslocamentos ou velocidades para descrever um movimento de um objeto, pois se trata de quantidades vetoriais. Será que usaremos algum outro descritor no começo desta seção para descrever o movimento de uma bola rolando pelo chão? Vamos tentar deslocá-la de outro jeito. Jogue a bola para cima no ar e deixe-a cair de volta em sua mão. Como você descreveria esse movimento? Você poderia dizer que ela se move para cima com velocidade decrescente, depois começa a descer com velocidade crescente. Outra maneira de descrever o aumento ou a

Tabela 2.3 Maior rapidez registrada para bolas e implementos usados em diversos esportes

Bola ou implemento	Massa (g)	Maior rapidez (mi/h)	Maior rapidez (m/s)
Bola de golfe	≤45,93	204	91,2
Bola de pelota basca	125-140	188	84,0
Bola de squash	23-25	172	76,9
Cabeça de taco de golfe	–	163	72,9
Bola de tênis	56,0-59,4	156	69,7
Bola de beisebol (rebatida)	142-149	120	53,6
Disco de hóquei	160-170	110	49,2
Bola de beisebol (arremessada)	142-149	105	46,9
Bola de softball (12 polegadas)	178,0-198,4	104	46,5
Bola de lacrosse	140-149	100	44,7
Bola de cricket (arremessada)	156-163	100	44,7
Bola de vôlei	260-280	88	39,3
Bola de futebol	410-450	82	36,7
Bola de hóquei de campo	156-163	78	34,9
Dardo (masculino)	800	70	31,3
Bola de handebol (masculino)	425-475	63	28,2
Bola de polo aquático	400-450	60	26,8

Problema ilustrativo 2.1

A velocidade média horizontal de uma cobrança de pênalti no futebol é de 22 m/s. O deslocamento horizontal da bola a partir do pé do chutador até o gol é de 11 m. Quanto tempo demora para que ela chegue à meta depois de ter sido chutada?

Solução:

Passo 1: Liste as quantidades conhecidas.

$v_x = 22$ m/s

$d_x = 11$ m

Passo 2: Identifique a variável a ser resolvida.

$\Delta t = ?$

Passo 3: Revise equações e definições e identifique aquela que apresenta as quantidades conhecidas e a variável desconhecida.

$$\bar{v} = \frac{d}{\Delta t}$$

Passo 4: Substitua as grandezas conhecidas e solucione para a variável desconhecida. Preste atenção nas unidades quando fizer operações aritméticas.

$$22 \text{ m/s} = \frac{11 \text{ m}}{\Delta t}$$

$$\Delta t = \frac{11 \text{ m}}{22 \text{ m/s}}$$

$$\Delta t = 0,5 \text{ s}$$

Passo 5: Verifique sua resposta usando o senso comum.
Uma cobrança de pênalti é bastante rápida, durando definitivamente menos de um segundo. Meio segundo parece razoável.

diminuição da velocidade da bola seria dizer que ela desacelera no caminho para cima e acelera no caminho para baixo. Aceleração é um termo que você provavelmente já conhece, mas sua definição na mecânica pode ser diferente, então é melhor chegarmos a um acordo.

Do ponto de vista mecânico, **aceleração** é a taxa de variação na velocidade. Uma vez que a velocidade é uma grandeza vetorial, associada a um número, uma direção e um sentido, a aceleração também é, sendo igualmente associada a um número, uma direção e um sentido. Um objeto acelera se a magnitude ou a direção da sua velocidade varia.

> Quando um objeto aumenta ou diminui a velocidade, começa ou para de se movimentar, ou muda sua direção, ele está acelerando.

Aceleração média é definida como a variação na velocidade dividida pelo tempo que tal variação dura. Matematicamente, isso é:

$$\bar{a} = \frac{\Delta v}{\Delta t} \qquad (2.9)$$

$$\bar{a} = \frac{v_f - v_i}{\Delta t}$$

onde:

$\bar{a}$ = aceleração média,

Δv = variação na velocidade,

v_f = velocidade instantânea ao final de um intervalo, ou velocidade final,

v_i = velocidade instantânea no início de um intervalo, ou velocidade inicial, e

Δt = tempo decorrido ou variação no tempo

A partir dessa definição matemática, percebe-se que a aceleração pode ser positiva ou negativa. Se a velocidade final é menor do que a inicial, a variação na velocidade é um número negativo, assim como a aceleração média resultante. Isso acontece se a velocidade de um objeto diminui na direção positiva. Você pode ter pensado nisso como uma desaceleração, mas vamos chamá-la de aceleração negativa. Também teremos aceleração negativa média se as velocidades inicial e final forem ambas negativas e se a velocidade final for um número negativo maior do que a velocidade inicial. Isso ocorre se a velocidade de um objeto aumenta na direção negativa.

Para descrever a aceleração, divide-se uma unidade de comprimento dividida por uma de tempo dividida por uma unidade de tempo. No SI, usa-se metros por segundo por segundo ou metros por segundo ao quadrado. Você pode ter visto anúncios de carro que promovem suas capacidades de aceleração, informando, por exemplo, que o veículo pode ir de 0 a 100 km/h em 7s. Usando a equação 2.9, isso representaria uma aceleração média de:

$$\bar{a} = \frac{v_f - v_i}{\Delta t}$$

$$\bar{a} = \frac{60 \text{ mi/h} - 0 \text{ mi/h}}{7s}$$

$$= 8,6 \text{ mi/h/s}$$

Essa aceleração pode ser interpretada da seguinte forma: em 1s, a velocidade do carro aumenta (ele fica mais rápido) em 14,3 km/h. Se está acelerando a 14,3 km/h/s e se movendo a 50 km/h, 1s depois o carro estará viajando 14,3 km/h mais rápido, ou a 64,3 km/h. Dois segundos depois, estará viajando 14,3 km/h × 2 mais rápido (28,6 km/h), ou 78,6 km/h (= 50 km/h + 28,6 km/h), e assim por diante.

Se medíssemos a aceleração média em intervalos cada vez menores, logo teríamos, na prática, uma medida de aceleração instantânea. A **aceleração instantânea** é a aceleração de um objeto em um instante de tempo. Ela indica o índice de variação de velocidade naquele momento.

Pelo fato de a aceleração ser um vetor (assim como força, deslocamento e velocidade), ela pode também ser desmembrada em componentes. Isso é verdade tanto para a aceleração média, como para a instantânea. Mas como é que a direção de uma aceleração é determinada? Tente o Autoexperimento 2.4 para um melhor entendimento desse ponto. Uma das dificuldades para entender a aceleração é que ela não é observada de modo direto, como o deslocamento e a velocidade. A direção do movimento não é necessariamente a mesma direção da aceleração.

Autoexperimento 2.4

Vamos voltar ao exemplo de andar pela sala com quatro paredes. Você está de frente para o norte. Como antes, considere este o sentido em que estamos interessados, sendo, portanto, positivo. Estamos interessados em descrever o movimento apenas na direção norte-sul. Conforme você começa a caminhar para frente, indo para a parede norte, sua velocidade norte é positiva; e uma vez que fique mais rápido no sentido norte, sua aceleração norte é positiva (sua velocidade e aceleração são norte). Quando você diminui a velocidade e para, sua velocidade norte diminui até zero, e sua aceleração norte deve ser negativa, já que está diminuindo a velocidade na direção positiva. Isso também poderia ser descrito como uma aceleração no sentido sul. É aqui que você pode ficar confuso – você estava se movendo para o norte, mas sua aceleração era para o sul! No entanto, isso está correto, uma vez que a aceleração indica sua variação de movimento. Conforme começa a andar para trás e mais rápido rumo à parede sul, sua velocidade norte está aumentando (você está se movendo no sentido negativo) e é negativa, assim como sua aceleração (aceleração no sentido sul). Se andar para sua direita ou esquerda, diretamente para o leste ou oeste, sua velocidade norte é zero, pois você não está nem se aproximando nem se distanciando da parede norte. Sua aceleração também é zero, uma vez que sua velocidade em relação à parede norte não está nem aumentando nem diminuindo. Se andar para a frente indo para a parede norte e começar a virar à direita, para a parede leste, sua velocidade norte é positiva e decresce à medida que você gira, então sua aceleração norte é negativa conforme você vira. Se andar para o leste e virar à esquerda, em direção à parede norte, sua velocidade norte é zero e cresce à medida que você vira, então sua aceleração norte é positiva, aumentando conforme você vira. Durante todas essas viradas, sua rapidez pode não ter mudado, mas, se sua direção de movimento varia, sua velocidade muda e você está acelerando. A Figura 2.5 ilustra as direções de movimento e aceleração para diversos movimentos em uma dimensão (ao longo de uma linha).

↻ O sentido de movimento não indica o sentido da aceleração.

Vamos resumir algumas coisas sobre aceleração. Se sua velocidade está aumentando, sua aceleração é no sentido do movimento. Se está diminuindo, sua aceleração é no sentido oposto ao de seu deslocamento. Se designarmos sinais positivos e negativos aos sentidos ao longo de uma linha, então o sentido da aceleração dela é determinado da seguinte forma. Quando a velocidade de alguma coisa aumenta no sentido positivo, sua aceleração é positiva (acelera no sentido positivo). Pense nisso como um duplo positivo (+ +), que resulta em um positivo (+). Se sua velocidade diminui no sentido positivo, sua aceleração é negativa (acelera no sentido negativo). Você pode pensar nisso como um negativo positivo (- +), que resulta em um negativo (-). Se a velocidade aumenta no sentido negativo, sua aceleração é negativa (acelera no sentido negativo). Pense nisso como um positivo negativo (+ -), que resulta em um negativo (-). Se a velocidade diminui no sentido negativo, a aceleração é positiva (acelera no sentido positivo). Pense nisso como um duplo negativo (- -), que resulta em um positivo (+). Lembre-se, contudo, que os sinais algébricos + e – são somente símbolos que usamos para indicar direções no mundo real. Antes de analisar o problema, estabeleça qual sentido você identificará como +.

Direção (− +)		v Direção do movimento	Mudança no movimento (aumentando a rapidez +; diminuindo a rapidez −)	a Direção da aceleração
Aumentando a rapidez	→v →a	+	+	+
Não mudando	→v a = 0	+	0 Velocidade constante	0
Diminuindo a rapidez	→v ←a	+	−	−
Aumentando a rapidez	←a ←v	−	+	−
Não mudando	a = 0 ←v	−	0 Velocidade constante	0
Diminuindo a rapidez	→a ←v	−	−	+

Figura 2.5 Os sentidos do movimento e da aceleração são os mesmos quando a velocidade do objeto está aumentando, mas opostos quando ela está diminuindo.

Aceleração uniforme e movimento de projétil

Em certas situações, a aceleração de um objeto é constante – não varia. Esse é um exemplo de **aceleração uniforme**, que ocorre quando a força externa líquida agindo sobre um objeto é constante ou invariável. Se este é o caso, então a aceleração do corpo também é constante e invariável. Assim, o movimento desse corpo pode ser descrito por equações que relacionem tempo com velocidade, posição ou aceleração. Usando essas equações, podemos prever o futuro! Se um objeto está sujeito à aceleração uniforme, sua posição e velocidade em qualquer instante de tempo no futuro podem ser previstas. Uau! Você pode pensar em alguma situação em que a força externa resultante que age sobre um objeto seja constante e, portanto, a aceleração resultante seja uniforme? Tente o Autoexperimento 2.5 e veja se é um exemplo de aceleração uniforme.

Autoexperimento 2.5

Arremesse uma bola para cima e tente descrever seu movimento. Vamos usar os termos que aprendemos – deslocamento, velocidade e aceleração. Se determinarmos um sistema de coordenadas com o eixo x orientado horizontalmente no sentido do movimento horizontal da bola e o eixo y orientado verticalmente, como você descreveria o movimento vertical da bola? Vamos considerar que o sentido positivo ao longo do eixo y (vertical) seja para cima. No que a bola deixa sua mão, ela está se movendo para cima, então sua velocidade é positiva. A bola está ficando mais rápida ou mais devagar à medida que sobe? Ela está subindo cada vez mais devagar, então sua aceleração é negativa ou é no sentido para baixo. Quando a bola alcança o auge do seu voo, sua velocidade está variando de positiva para negativa (ou de cima para baixo), então ela ainda está acelerando para baixo. Depois de ter passado seu auge, ela cai, então sua velocidade é negativa (para baixo). Como a bola desce cada vez mais rápido, sua aceleração ainda é negativa (para baixo). Apesar das mudanças no sentido em que a bola estava se movendo, sua aceleração vertical foi sempre para baixo enquanto estava no ar. O sentido da sua aceleração foi constante. A magnitude da aceleração também foi constante? Quais forças agiram sobre a bola enquanto ela estava no ar? Se a resistência do ar pode ser ignorada, então a única força em ação foi a da gravidade ou o peso da bola. Como o peso não varia enquanto ela está no ar, a força externa resultante agindo sobre a bola é constante e igual ao peso dela, o que significa que sua aceleração também é constante.

Movimento vertical de um projétil

No Autoexperimento 2.5, a bola que você jogou para cima era um projétil. Um **projétil** é um objeto que foi projetado no ar ou derrubado e é influenciado apenas pelas forças da gravidade e de resistência do ar. Se essa resistência for muito pequena para medir e a única força atuando sobre o projétil for a força da gravidade terrestre, então esta vai acelerá-lo. No capítulo anterior, aprendemos que essa aceleração, a aceleração devido à gravidade ou g, é de 9,81m/s² para baixo. Trata-se de uma aceleração uniforme. Agora, vamos ver se podemos encontrar as equações que descrevem o movimento vertical de um projétil como a bola no Autoexperimento 2.5.

Como a aceleração vertical da bola é constante, já temos uma equação para descrever essa variável cinemática. Se definirmos o sentido ascendente como positivo, então:

$$a = g = -9{,}81 \text{ m/s}^2 \quad (2.10)$$

O sinal negativo indica que a aceleração devido à gravidade ocorre no sentido descendente.

Nós sabemos qual é a aceleração vertical da bola; talvez possamos usar esse conhecimento para determinar sua velocidade a partir da equação 2.9, que relaciona aceleração com velocidade.

$$\bar{a} = \frac{v_f - v_i}{\Delta t}$$

A aceleração na equação 2.9 é a média, mas, no nosso caso, sabemos a aceleração da bola a qualquer instante no tempo – 9,81m/s² para baixo. Por ser constante, 9,81m/s² também é a aceleração média. Então, nessa equação, podemos substituir g pela aceleração média, $\bar{a}$, e descobrir a velocidade final, v_f:

$$\bar{a} = \frac{v_f - v_i}{\Delta t} = g \quad (2.11)$$

$$v_f - v_i = g\Delta t$$

$$v_f = v_i + g\Delta t$$

A equação 2.9 nos permite determinar a velocidade vertical instantânea da bola (v_f) no final de um intervalo de tempo (Δt), desde que saibamos sua velocidade vertical inicial (v_i) e a duração do intervalo de tempo. Nós podemos prever o futuro! Olhe com mais atenção para essa equação. Se você se lembrar da álgebra do ensino médio, pode reconhecê-la como a equação para uma linha reta:

$$y = mx + b \quad (2.12)$$

onde:

    y = variável dependente (indicada no eixo vertical)

    x = variável independente (indicada no eixo horizontal)

    m = inclinação da linha = $\frac{\Delta y}{\Delta x}$ e

    b = coeficiente linear ou intercepto (valor em que a linha cruza o eixo vertical)

Na equação 2.11,

    $v_f = v_i + g\Delta t$,

    v_f é a variável dependente, y,

    Δt é a variável independente, x,

    g é a inclinação, m, e

    v_i é o intercepto, b

A velocidade vertical da bola varia de modo linear com mudanças no tempo – é diretamente proporcional ao tempo que a bola está no ar.

E a posição vertical da bola? Talvez possamos usar a definição de velocidade média da equação 2.8.

$$\bar{v}_y = \frac{\Delta y}{\Delta t}$$

$$\bar{v}_y = \frac{y_f - y_i}{\Delta t}$$

Uma vez que a velocidade é linearmente proporcional ao tempo (é definida por uma equação linear), a velocidade média durante um intervalo de tempo é igual a um meio-termo entre as velocidades inicial e final, ou seja, é a média destas:

$$\bar{v}_y = \frac{v_f + v_i}{2}$$

$$\bar{v}_y = \frac{v_f + v_i}{2} = \frac{y_f - y_i}{\Delta t} \quad (2.13)$$

Se usarmos a expressão da equação 2.11,

    $v_f = v_i + g\Delta t$,

e substituirmos ela por v_f na equação 2.13,

$$\frac{v_f + v_i}{2} = \frac{y_f - y_i}{\Delta t},$$

podemos encontrar y_f.

$$\frac{(v_i + g\Delta t) + v_i}{2} = \frac{y_f - y_i}{\Delta t}$$

$$\frac{(2v_i + g\Delta t)\Delta t}{2} = \frac{y_f - y_i}{\Delta t}$$

$$\frac{(2v_i + g\Delta t)\Delta t}{2} = y_f - y_i$$

$$\frac{2v_i \Delta t + g(\Delta t)^2}{2} = y_f - y_i$$

$$v_i \Delta t + \frac{1}{2}g(\Delta t)^2 = y_f - y_i$$

$$y_f = y_i + v_i \Delta t + \frac{1}{2}g(\Delta t)^2 \quad (2.14)$$

Se você não pôde acompanhar a derivação da equação 2.14, não se preocupe. O resultado é o que importa para nosso entendimento do movimento da bola. A equação 2.14 nos permite determinar a posição vertical da bola (y_f) ao final de um intervalo de tempo (Δt) desde que saibamos sua velocidade vertical inicial (v_i) e o intervalo de tempo.

Há mais uma equação que descreve a velocidade vertical da bola como uma função de seu deslocamento vertical e sua velocidade vertical inicial. A equação é apresentada aqui, mas teremos que esperar até o capítulo 4 (p. 127) para termos sua derivação.

$$v^2 = v_i^2 + 2g\Delta y \quad (2.15)$$

Usando as equações 2.11 e 2.14 (ou 2.15), podemos prever não apenas o quão veloz a bola estará se movendo verticalmente, mas também onde ela estará. Agora, temos quatro equações para descrever o movimento vertical de um projétil.

➡ Posição vertical de um projétil (equação 2.14):
$$y_f = y_i + v_i \Delta t + \frac{1}{2}g(\Delta t)^2$$

Velocidade vertical de um projétil (equação 2.11 e 2.15):

$$v_f = v_i + g\Delta t$$

$$v^2 = v_i^2 + 2g\Delta y$$

Aceleração vertical de um projétil (equação 2.10):

$$a = g = -9{,}81 \text{ m/s}^2$$

onde:

    y_i = posição vertical inicial,

y_f = posição vertical final,

$\Delta y = y_f - y_i$ = deslocamento vertical,

Δt = variação no tempo,

v_i = velocidade vertical inicial,

v_f = velocidade vertical final e

g = aceleração devido à gravidade

Se estamos analisando o movimento de algo que está em queda livre, as equações são simplificadas. Para um objeto em queda livre, $v_i = 0$. Se adotarmos um referencial de forma que tenhamos zero na posição de onde o objeto começou a cair, então $y_i = 0$ também. Para um corpo em queda livre, as equações se tornam as seguintes:

Posição vertical de objeto em queda:

$$y_f = \frac{1}{2} g (\Delta t)^2 \tag{2.16}$$

Velocidade vertical de objeto em queda:

$$v_f = g \Delta t \tag{2.17}$$

$$v^2 = 2g \Delta y \tag{2.18}$$

Imagine que você pudesse soltar uma bola do topo de um prédio alto, sem nenhum risco, e que a resistência do ar fosse insignificante. Quando solta a bola, sua velocidade vertical é zero. De acordo com a equação 2.17, depois de ter caído por 1 s, sua velocidade seria 9,81 m/s para baixo. De acordo com a equação 2.16, sua posição seria 4,91 m abaixo de você. Depois de 2 s, ela estaria outros 9,81 m/s mais rápida, ou -19,62 m/s, e sua posição seria 19,62 m abaixo de você. Depois de 3 s, sua velocidade seria outros 9,81 m/s mais rápida, ou -29,43 m/s, e sua posição seria 44,15 m abaixo de você. Note que a rapidez* da bola aumenta a mesma quantidade (9,81 m/s) a cada 1 s de intervalo de tempo, mas sua posição varia em intervalos cada vez maiores a cada segundo que passa (Fig. 2.6).

Algumas outras observações sobre o movimento vertical de projéteis podem simplificar as coisas ainda mais. Jogue uma bola para cima outra vez. Qual é a velocidade vertical da bola no instante da máxima altura? Imediatamente antes de alcançar a máxima altura, ela tinha uma pequena velocidade positiva (estava indo para cima devagar). Logo após atingir a máxima altura, tinha uma pequena velocidade negativa (estava indo para baixo devagar). Sua velocidade vertical foi de positiva para negativa. Que número está entre números positivos e negativos? Quão rápido ela está se movendo se não está

---

* N. de T.: Enquanto a "rapidez" aumenta, ou seja, a bola está cada vez mais rápida, a "velocidade" é cada vez mais negativa, ou seja, o "número" acompanhado do seu sinal é cada vez menor.

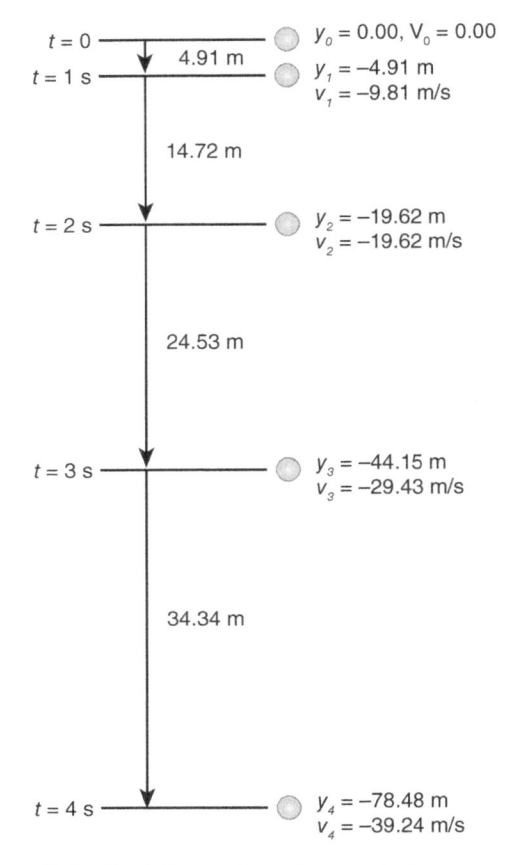

Figura 2.6 Posição vertical de uma bola em queda a cada intervalo de 1 s.

mais se movendo para cima e ainda não começou a ir para baixo? A velocidade vertical da bola no pico de seu voo é zero.

$$v_{pico} = 0 \tag{2.19}$$

Uma aplicação útil disso no esporte ocorre no tênis. Nessa modalidade, ao realizar um saque, você pretende lançar a bola para cima apenas o suficiente para que sua raquete a atinja quando ela estiver no pico do seu voo ou perto dele. Pequenos erros quanto ao instante do seu saque não vão afetar significativamente onde a bola bate na raquete, pois no pico de seu voo a velocidade da bola é zero, de modo que ficará mais ou menos nessa posição por mais tempo. Entretanto, se você jogá-la muito alto, o tempo durante o qual ela estará na área de alcance da raquete será reduzido, já que a bola está se movendo muito mais rápido ao passar por essa área enquanto cai.

A simetria do voo de um projétil é fonte de mais simplificação para nossa análise. Jogue uma bola para cima outra vez e tente determinar o que dura mais – o tempo que ela leva para atingir a máxima altura ou o tempo que leva para cair da máxima altura até sua altura inicial. Uau, estes intervalos de tempo são aproximadamente os mesmos! Na verdade, eles são iguais.

$\Delta t_{subida} = \Delta t_{descida}$ se as posições de y inicial e final são iguais (2.20)

ou:

$\Delta t_{voo} = 2\Delta t_{subida}$ se as posições de y inicial e final são iguais (2.21)

Da mesma forma, a rapidez de subida da bola à medida que ela passa por qualquer altura na subida é igual à de descida quando ela passa pelo mesmo ponto na descida. O tempo para que a rapidez da bola durante a subida diminua até zero é o mesmo que ela leva para aumentar de zero até a mesma quantidade inicial na descida. Se você joga uma bola para cima com uma velocidade vertical inicial de 5 m/s, ao pegá-la no caminho para baixo sua velocidade também vai ser de 5 m/s, mas para baixo.

Movimento horizontal de um projétil

Agora, podemos descrever o movimento vertical de um projétil – ao menos de um que se mova apenas para cima e para baixo. E o movimento horizontal de um projétil? Tente o Autoexperimento 2.6.

Problema ilustrativo 2.2

Um jogador de voleibol levanta a bola para o atacante de ponta. Quando ela deixa os dedos do levantador, está a 2 m do chão e tem uma velocidade vertical de 5 m/s para cima. Qual altura a bola vai atingir?

Solução:

Passo 1: Anote as grandezas conhecidas e quaisquer outras que possam ser inferidas a partir do problema.

$y_i = 2$ m

$v_i = 5$ m/s

$v_f = v_{pico} = 0$

Passo 2: Identifique a variável a ser resolvida.

$h = y_f = ?$

Passo 3: Revise as equações e definições e identifique aquela que apresente as variáveis conhecidas e a variável desconhecida (equação 2.15).

$v^2 = v^2 + 2g\Delta y$

Passo 4: Substitua as grandezas na equação e resolva para encontrar a variável desconhecida. Preste atenção às unidades quando fizer operações aritméticas.

$v^2 = v^2 + 2g\Delta y$

$0 = (5 \text{ m/s})^2 + 2(-9{,}81 \text{ m/s}^2)\Delta y$

$\Delta y = \dfrac{(5 \text{ m/s})^2}{2(9{,}81 \text{ m/s}^2)} = 1{,}27$ m

$\Delta y = y_f - y_i$

$1{,}27 \text{ m} = y_f - 2 \text{ m}$

$y_f = h = 2 \text{ m} + 1{,}27 \text{ m} = 3{,}27 \text{ m}$

Passo 5: Verifique sua resposta usando senso comum.
A resposta, 3,27 m, é pouco mais de 80 cm acima da altura da rede, o que parece razoável para um levantamento de bola no voleibol.

Autoexperimento 2.6

Jogue uma bola de uma mão para outra de modo que ela tenha tanto movimento vertical quanto horizontal. Que forças agem sobre ela? Se decompormos seu movimento em componentes horizontais (x) e verticais (y), sabemos que a gravidade é uma força externa que age na direção vertical e a puxa para baixo. E horizontalmente (para os lados)? Existe alguma força externa puxando ou empurrando a bola para os lados que mude seu movimento horizontal? A única coisa que poderia exercer uma força horizontal na bola é o ar através do qual ela se move. Essa força provavelmente será mínima na maioria dos casos, e seu efeito será muito pequeno para ser percebido. Se a resistência do ar é desprezível, a velocidade horizontal da bola não deve mudar o momento em que deixa sua mão até entrar em contato com a outra ou com outro objeto, já que nenhuma força horizontal age sobre ela. Tente observar apenas o movimento horizontal da bola. Ela continua se movendo na direção a que você a projetou. Não desvia para a direita ou para a esquerda. Sua velocidade horizontal é positiva. Ela acelera horizontalmente enquanto está no ar? Ela fica mais rápida ou lenta no sentido horizontal? Não. Ela muda sua direção horizontalmente? Não. Se nem fica mais rápida ou lenta nem muda sua direção, ela não está acelerando na direção horizontal.

Problema ilustrativo 2.3

Um jogador chuta uma bola de futebol americano. Ela deixa o pé do atleta com velocidade vertical de 20 m/s e horizontal de 15 m/s. Qual é o tempo de suspensão da bola no ar (por quanto tempo ela fica no ar)? (Considere que a resistência do ar não provoca nenhum efeito e que as alturas ao aterrissar e ao ser lançada são as mesmas.)

Solução:

Passo 1: Anote as quantidades conhecidas e quaisquer quantidades que podem ser inferidas do problema.

$y_i = y_f$

$v_i = 20$ m/s

$v_x = 15$ m/s

$v_{pico} = 0$

$\Delta t_{subida} = \Delta t_{descida}$

Passo 2: Identifique a variável a ser resolvida.

$\Delta t = ?$

Passo 3: Revise as equações e definições e identifique aquela que apresenta as grandezas conhecidas e a variável desconhecida (equação 2.11).

$\Delta t = \Delta t_{subida} + \Delta t_{descida} = 2\Delta t_{subida}$

$v_f = v_i + g\Delta t$

Passo 4: Substitua as grandezas na equação e solucione para encontrar a variável desconhecida. Preste atenção às unidades quando fizer operações aritméticas.

$v_f = v_i + g\Delta t$

$0 = 20$ m/s $+ (-9{,}81$ m/s$^2)(\Delta t_{subida})$

$\Delta t_{subida} = \dfrac{(-20 \text{ m/s})}{(-9{,}81 \text{ m/s})} = 2{,}04$ s

$\Delta t = 2\,\Delta t_{subida} = 2(2{,}04 \text{ s}) = 4{,}08$ s

Passo 5: Verifique sua resposta usando senso comum.
Quatro segundos parece razoável para o tempo de suspensão no ar para uma bola.

É difícil de examinar ou observar o movimento horizontal de um projétil separadamente de seu movimento vertical, porque, quando observamos um projétil, vemos ambos os movimentos ao mesmo tempo como um único. Como podemos ver um projétil, como a bola no Autoexperimento 2.6, de forma que isolemos apenas seu movimento horizontal? E se o observássemos de cima? Imagine que você está empoleirado na estrutura de um ginásio assistindo a um jogo de basquete. Ou melhor, imagine assistir a um jogo de futebol americano do dirigível da Goodyear. Como os movimentos das bolas de futebol americano ou de basquete lhe pareceriam desses pontos de vista? Se sua percepção de profundidade estivesse prejudicada (como se fechasse um olho), você poderia ver o movimento vertical da bola de futebol americano durante o chute inicial? Seria capaz de detectar o da bola de basquete durante um lance livre? A resposta, em ambos os casos, é não. Você só veria o movimento horizontal delas. A bola de basquete fica mais rápida, mais devagar, ou muda sua direção horizontalmente quando você a vê de cima? E a de futebol americano? Se tentássemos representar o movimento da bola de basquete como visto de cima, em uma única figura, ela pareceria, mais ou menos, como a Figura 2.7.

Para representar o movimento, mostramos a posição da bola de basquete em quatro instantes de tempo, cada um com 0,10 s de intervalo. Note que as imagens se alinham ao longo de uma linha reta, então o movimento da bola é retilíneo. Observe também que seu deslocamento em cada intervalo de tempo é o mesmo, então sua velocidade é constante. A velocidade horizontal de um projétil é constante, e seu movimento horizontal ocorre em linha reta.

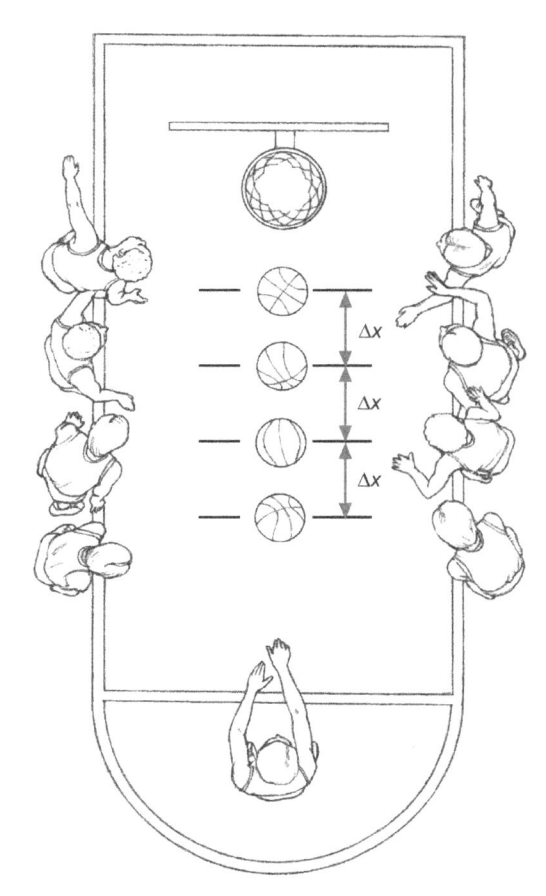

Figura 2.7 Visão de cima de um lance livre no basquete mostra que o deslocamento horizontal, x, é o mesmo para cada intervalo de tempo de 0,10 s.

↻ A velocidade horizontal de um projétil é constante, e seu movimento horizontal ocorre em linha reta.

Nós derivamos equações descrevendo a posição vertical, a velocidade e a aceleração de um projétil. Agora, podemos fazer o mesmo para sua posição horizontal, velocidade e aceleração. Nós começamos com o fato de que a velocidade horizontal de um projétil é constante.

$$v = v_f = v_i = \text{constante} \quad (2.22)$$

Ser constante não significa que inexista mudança na velocidade horizontal. Se esta não muda, então a aceleração horizontal deve ser zero, já que a aceleração foi definida como a taxa de variação na velocidade.

$$a = 0 \quad (2.23)$$

Além disso, se a velocidade horizontal é constante, então a velocidade horizontal média é igual à velocidade horizontal instantânea. Já que a velocidade média é o deslocamento dividido pelo tempo, o deslocamento é igual à velocidade multiplicada pelo tempo (equação 2.6).

$$\bar{v} = \frac{d}{\Delta t}$$

$$\bar{v} = \frac{\Delta x}{\Delta t}$$

$$\Delta x = v\Delta t \quad (2.24)$$

$$x_f - x_i = v\Delta t$$

$$x_f = x_i + v\Delta t \quad (2.25)$$

Se nosso sistema de medidas é estabelecido de modo que a posição horizontal inicial é zero, então a equação 2.25 pode ser simplificada para:

$$x = v\Delta t \quad (2.26)$$

Usando as equações 2.22 e 2.26 (ou 2.25), podemos prever não apenas quão veloz o projétil estará se movendo horizontalmente, mas também onde ele vai estar. Agora, temos as equações para descrever o movimento horizontal de um projétil.

- Posição horizontal de um projétil (equações 2.25 e 2.26)

    $x_f = x_i + v\Delta t$

    $x = v\Delta t$ \qquad se a posição inicial é zero

- Velocidade horizontal de um projétil (equação 2.22):

    $v = v_f = v_i =$ constante

- Aceleração horizontal de um projétil (equação 2.23):

    $a = 0$

onde:

x_i = posição inicial horizontal,

x_f = posição final horizontal,

Δt = variação no tempo,

v_i = velocidade horizontal inicial e

v_f = velocidade horizontal final

Movimentos horizontal e vertical combinados de um projétil

Agora, desenvolvemos equações que descrevem o movimento de um projétil por meio de suas componentes vertical e horizontal. O movimento vertical de um projétil afeta seu movimento horizontal e vice-versa? Tente o Autoexperimento 2.7.

Autoexperimento 2.7

Coloque uma moeda na borda de uma mesa. Coloque outra, igual à primeira, sobre a ponta de uma régua ou outro objeto longo e chato. Apoie a régua com a moeda em uma mesa, ao lado da segunda moeda, de modo que a ponta sobre a qual a primeira está fique pra fora. Bata na régua com a mão de maneira que ela derrube a moeda pra fora da mesa. Simultaneamente, o movimento da régua irá desalojar a moeda da ponta da régua. A Figura 2.8 mostra a configuração da demonstração.

Que moeda chegará primeiro ao chão? Tente diversas vezes para ver. As duas batem no chão ao mesmo tempo. A que é jogada pra fora da mesa tem velocidade horizontal quando começa a cair, enquanto aquela que cai da régua não tem. Ambas percorrem a mesma distância vertical, e nenhuma delas tem velocidade vertical quando começa a cair. Que força as puxa em direção à Terra? A força da gravidade as puxa para baixo e acelera ambas para baixo na mesma taxa de 9,81 m/s². O fato de que uma moeda tem velocidade horizontal afeta como a força da gravidade age naquela moeda, afetando, consequentemente, sua aceleração vertical? Não, a força da gravidade tem o mesmo efeito sobre as duas.

Os movimentos vertical e horizontal de um projétil são independentes um do outro. Em outras palavras, um projétil continua a acelerar para baixo a 9,81 m/s² com ou sem movimento horizontal, e sua velocidade horizontal permanece constante mesmo que ele esteja acelerando para baixo a 9,81 m/s². Apesar de seus movimentos serem independentes um do outro, uma equação pode ser derivada para descrever o caminho de um projétil em duas dimensões. Use a equação 2.26 e isole Δt.

$$\Delta t = \frac{x}{v_x}$$

Agora, na equação 2.14, substitua Δt por esta expressão:

$$y_f = y_i + v_i \Delta t + \frac{1}{2} g (\Delta t)^2$$

$$y_f = y_i + v_{y_i} \left(\frac{x}{v_x} \right) + \frac{1}{2} g \left(\frac{x}{v_x} \right)^2 \qquad (2.27)$$

A equação 2.27 refere-se a uma parábola. Ela descreve as coordenadas vertical (y) e horizontal (x) de um projétil durante seu voo com base apenas na posição vertical inicial e nas velocidades vertical e horizontal. A Figura 2.9 mostra o caminho parabólico percorrido por uma bola jogada para o ar com velocidade inicial vertical de 6,95 m/s e horizontal de 4,87 m/s. A bola foi fotografada a uma taxa de

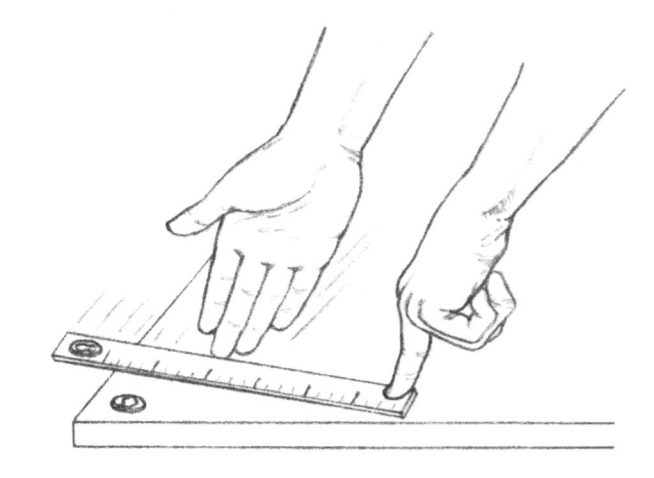

Figura 2.8 O experimento da moeda demonstra a independência dos componentes horizontal e vertical de um projétil em movimento.

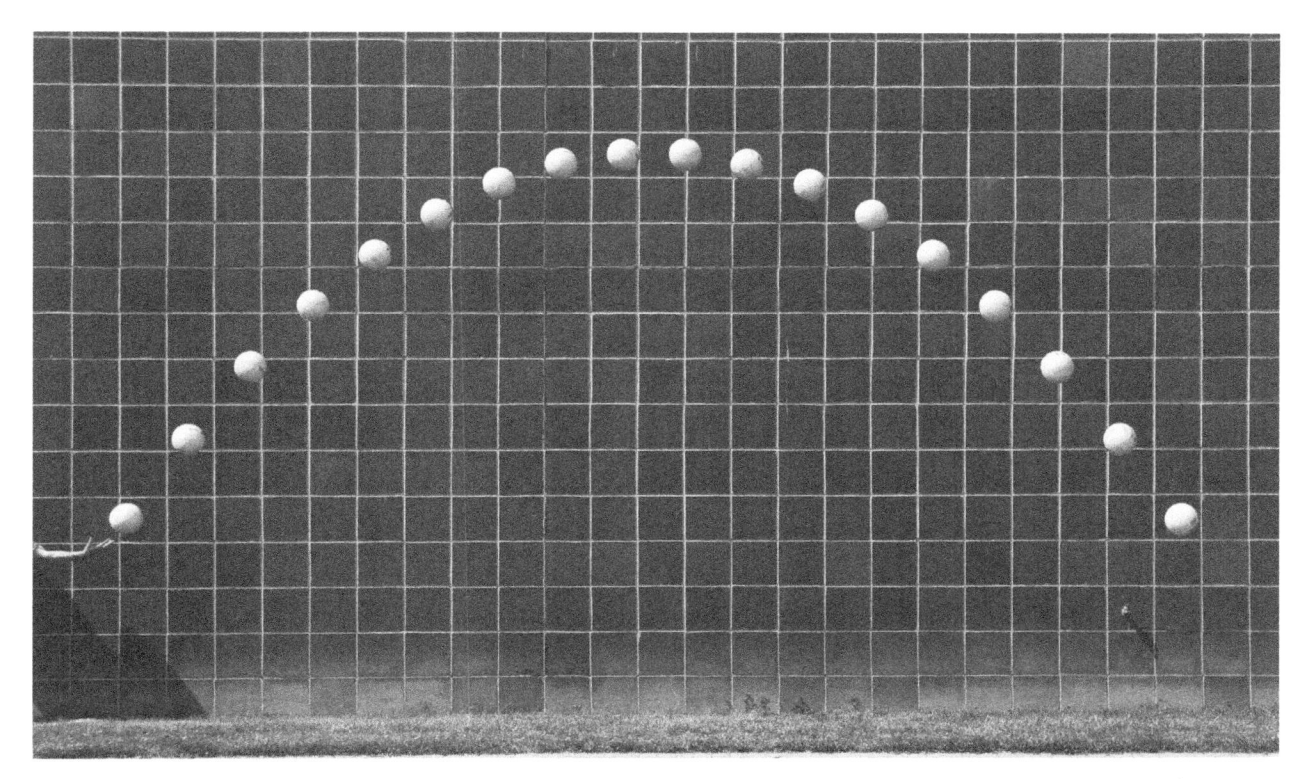

Figura 2.9 Fotos estroboscópicas de uma bola em voo tirada em intervalos de tempos igualmente espaçados. Note a trajetória parabólica.

12 quadros por segundo, de modo que sua posição a cada 0,0833 s é mostrada na figura. Note que os deslocamentos horizontais a cada intervalo de tempo são os mesmos e que o percurso é simétrico em ambos os lados do pico. O auge da altura ocorre de fato entre as imagens 9 e 10 da bola, contando a partir da esquerda.

Diversas equações que descrevem movimentos de projéteis podem ser escritas com apenas três variáveis. Essas equações (2.11, 2.15 e 2.24) são:

$v_f = v_i + g\Delta t$

$v^2 = v^2 + 2g\Delta y$

$\Delta x = v\Delta t$

A equação 2.14 tem quatro variáveis, mas pode ser modificada substituindo-se Δy por y_i e y_f, como mostrado para produzir a equação 2.28, que tem apenas três variáveis.

$y_f = y_i + v_i \Delta t + \frac{1}{2} g(\Delta t)^2$

$y_f - y_i = v_i \Delta t + \frac{1}{2} g(\Delta t)^2$

$\Delta y = v_i \Delta t + \frac{1}{2} g(\Delta t)^2$ \hfill (2.28)

Agora, temos quatro equações, cada uma com apenas três variáveis. Portanto, se duas das variáveis são conhecidas, a equação pode ser resolvida para a terceira variável. A Tabela 2.4 lista essas equações e suas variáveis. Você pode usar essa tabela para auxiliá-lo a resolver seus problemas com projéteis seguindo estes passos. Primeiro, identifique a variável desconhecida que queira determinar. Olhe na primeira coluna, denominada "variável desconhecida" na Tabela 2.4, para ver se ela está na tabela. Uma vez encontrada a linha que ela aparece, olhe para a direita e veja se sabe os valores das duas variáveis listadas na coluna "variáveis conhecidas". Se você souber esses valores, olhe para a direita, na coluna "equação", e os substitua, resolvendo a equação para descobrir a variável desconhecida. Lembre-se, você pode ter que resolver duas ou mais equações antes de chegar àquela que possui a variável desconhecida que lhe interessa.

Projéteis no esporte

São muitos os exemplos de projéteis no esporte e no movimento humano. Você poderia listar alguns? Eis alguns exemplos de projéteis: um peso no arremesso de peso, uma bola de basquete, um martelo no arremesso de martelo, uma bola de vôlei, uma bola de *squash*, uma bola de lacrosse, uma bola de futebol americano, uma bola de

Tabela 2.4 Guia de soluções para resolver problemas de projéteis se duas variáveis são conhecidas

Identifique a linha em que se encontra a variável desconhecida no grupo da primeira coluna. Encontre as duas variáveis conhecidas no grupo da segunda coluna. Para encontrar a variável desconhecida, use a equação na coluna da direita

	Variável desconhecida *Se você quer encontrar esta....*				Variáveis conhecidas *.... e você conhece estas*		Equação *.... use esta equação para encontrar a variável desconhecida*
y (vertical)	Δy	v_i		Δt	v_i Δt Δy	Δt Δy v_i	$\Delta y = v_i \Delta t + \dfrac{1}{2} g (\Delta t)^2$
		v_i	v_f	Δt	v_f v_i v_f	Δt Δt v_i	$v_f = v_i + g \Delta t$
	Δy	v_i	v_f		v_f v_f v_i	v_i Δy Δy	$v_f^2 = v_i^2 + 2g \Delta y$
x (horizontal)				Δx v_x Δt	v_x Δt Δx	Δt Δx v_x	$\Delta x = v_x \Delta t$

Definição das variáveis:

Δt = tempo
$\Delta y = y_f - y_i$ = deslocamento vertical
y_i = posição vertical inicial
y_f = posição vertical final
v_i = velocidade vertical inicial
v_f = velocidade vertical final
g = aceleração devido à gravidade = $-9,81$ m/s^2

$\Delta x = x_f - x_i$ = deslocamento horizontal
x_i = posição horizontal inicial
x_f = posição horizontal final
v_x = velocidade horizontal

rúgbi, entre outros. Praticamente qualquer bola usada no esporte se torna um projétil uma vez que é lançada, jogada ou rebatida, desde que a resistência do ar seja desprezível. Então, em esportes com bola, o caminho do implemento não pode variar enquanto viaja se a resistência do ar é desprezível. Esse caminho é determinado pela equação 2.27. Do ponto de vista vertical, a bola está constantemente acelerando para baixo, e, do horizontal, ela não vai ficar mais rápida ou mais lenta. Uma vez que a bola deixa nossas mãos e está viajando no ar, nossas ações e atitudes não podem mudar seu curso predeterminado ou sua velocidade.

Parece um tanto óbvio que as bolas usadas no esporte sejam projéteis, mas e se fôssemos nós os projéteis? O corpo humano pode ser um projétil? Existem situações em que a única força agindo sobre você seja a da gravidade? Sim, é claro que existem! Pense em alguns exemplos de esportes em que o corpo humano seja um projétil. Que tal corrida? Salto em altura? Salto em distância? Saltos ornamentais? Salto com vara? Vôlei? Basquete? Futebol? Futebol americano? Em cada um desses esportes, há situações em que o atleta está suspenso no ar e a única força agindo sobre ele é a gravidade. As equações de projéteis governam o movimento de um atleta nessas situações? Sim! Isso significa que, uma vez que o corpo de um atleta deixa o chão e se torna um projétil, ele não pode mais mudar seu curso. Depois que uma jogadora de vôlei pula para a esquerda para bloquear uma cortada, o caminho do movimento do seu corpo não pode ser mudado; em outras palavras, uma vez que pula para a esquerda, ela não pode mudar seu movimento e bloquear uma cortada para a direita. Do mesmo modo, a partir do momento que um atleta de salto com vara solta o implemento, ele não pode mudar seu movimento. Uma vez que o solta, ele não tem mais controle sobre onde cairá. Quando uma atleta de salto em distância deixa a tábua de salto e se torna um projétil, suas ações enquanto viaja no ar não afetarão a velocidade de seu corpo. Ela não pode aumentar sua velocidade horizontal para ganhar mais distância depois de deixar o chão, tampouco pode "desligar" a gravidade para se manter no ar por mais tempo.

Em atividades envolvendo projéteis, as condições iniciais (a posição inicial e a velocidade inicial) do projétil determinam seu movimento. No caso de esportes, o objetivo do atleta ao jogar, chutar, golpear, atirar ou rebater o projétil normalmente se relaciona a uma de três coisas: tempo de voo, altura máxima alcançada pelo projétil ou deslocamento horizontal.

O tempo de voo de um projétil depende de duas coisas: velocidade vertical inicial e posição vertical inicial. Nós podemos usar as equações para demonstrar isso matematicamente, ou podemos apenas fazer algumas observações simples. Solte uma bola ao chão primeiro da altura da sua cintura, depois da altura do seu ombro e, por fim, de cima da sua cabeça. Qual levou menos tempo para tocar o chão? Qual levou mais tempo? Quanto maior a altura inicial do projétil, mais tempo ele fica no ar. Quanto menor, menos tempo.

Agora, em vez de soltar a bola, jogue-a para cima. Repita, soltando-a da mesma altura, mas dessa vez com mais força. Agora, jogue-a para baixo e novamente tente soltá-la da mesma altura. O que você deve fazer se quiser que ela fique mais tempo no ar? Quanto maior a velocidade para cima inicial do projétil, mais tempo ele fica no ar. Quanto menor a velocidade para cima (ou quanto maior a velocidade para baixo), menos tempo.

Nos esportes, maximizar o tempo no ar é desejável em algumas situações, como o chute inicial do futebol americano ou o *lob* do tênis. Ginastas e saltadores ornamentais também precisam de tempo de voo suficiente para completar acrobacias. Nessas situações, a velocidade vertical inicial do projétil é relativamente alta (em comparação à velocidade horizontal), e o ângulo de projeção é maior do que 45°. O ângulo ótimo de projeção para alcançar altura e tempo de voo máximos é 90°, ou reto para cima.

Em algumas atividades esportivas, minimizar o tempo de voo do projétil é importante, por exemplo, na cortada no voleibol, no *smash* no tênis, nos arremessos no beisebol e nas cobranças de pênalti no futebol. Nessas situações, minimiza-se a velocidade para cima vertical inicial da bola ou aplica-se nela uma velocidade inicial para baixo. O ângulo de projeção é relativamente pequeno – menor que 45° – e, em alguns casos, é até menor que zero.

A altura máxima atingida por um projétil também depende de suas altura e velocidade vertical iniciais. Quanto mais alto ele estiver ao ser solto e quanto mais rápido ele se mover para cima, mais alto irá. Maximizar a altura máxima é importante em esportes como vôlei e basquete em que os próprios jogadores são os projéteis. Outro exemplo óbvio de um esporte em que a altura máxima é desejada é o salto em altura. Novamente, o atleta é o projétil. Nessas atividades, o ângulo de projeção é grande, acima de 45°.

Maximizar o deslocamento horizontal ou alcance de um projétil é o objetivo de diversos esportes de projeção. Exemplos destes incluem muitos dos eventos de campo no atletismo, entre eles o arremesso de peso, o arremesso de martelo, o lançamento de disco, o lançamento de dardo e o salto em distância. Nos lançamentos de disco e de dardo, os efeitos da resistência do ar são grandes o suficiente para prejudicar a precisão de nossas equações de projéteis ao descrever o voo do disco ou do dardo. Nos demais exemplos citados, a resistência do ar é muito pequena para afetar as coisas significativamente, de modo que nossas equações de projéteis continuam válidas. Nossa análise dessas situações pode requerer o uso de equações. Se quisermos maximizar o deslocamento horizontal, a equação 2.24 pode ser útil.

$$\Delta x = v \Delta t$$

Essa equação descreve o deslocamento horizontal (Δx) como uma função de velocidade horizontal (v) e do tempo (Δt). Contudo, nesse caso, o tempo seria o tempo total no ar, ou de voo, do projétil. Nós acabamos de ver que esse tempo é determinado pela altura inicial e pela velocidade vertical inicial do projétil. Seu deslocamento horizontal é, portanto, determinado por três coisas: velocidade horizontal inicial, velocidade vertical inicial e altura inicial. Se a altura inicial de lançamento é zero (igual à de aterrissagem), a velocidade resultante (a soma das velocidades vertical e horizontal) na projeção determina o deslocamento horizontal do projétil. Quanto mais rápido você conseguir lançar alguma coisa, mais longe ela irá. Mas em que direção você deve lançar – mais para cima (vertical) ou mais para baixo (horizontal)?

Se a velocidade inicial de uma bola é totalmente vertical (um ângulo de projeção de 90°), sua velocidade horizontal inicial (v na equação 2.24) e seu deslocamento horizontal serão zero. Se a velocidade inicial é totalmente horizontal (um ângulo de projeção de zero), seu tempo de voo (Δt na equação 2.24) e seu deslocamento horizontal também serão zero. Portanto, uma combinação de velocidades iniciais horizontal e vertical (e um ângulo de projeção em algum ponto entre 0° e 90°) seria melhor. Qual combinação funciona melhor? Se a velocidade resultante independe do ângulo de projeção, então o deslocamento horizontal máximo ocorrerá se os componentes horizontal e vertical da velocidade inicial forem iguais, ou quando o ângulo de projeção for 45°. Se olharmos a equação 2.24, isso faz sentido. O deslocamento horizontal é determinado pela velocidade horizontal inicial e pelo tempo no ar, mas este é determinado pela velocidade vertical inicial sozinha (se a altura de lançamento é zero). Faz sentido que essas duas variáveis – velocidades horizontal e vertical iniciais – tenham igual influência no deslocamento horizontal.

Vamos verificar para ver se essa explicação se confirma por meio de observações de ângulos de projeção no esporte de arremesso de peso. No Campeonato Mundial de Atletismo de 1995, o ângulo médio de lançamento para o melhor arremesso dos seis medalhistas (três homens e três mulheres) no arremesso de peso foi de 35° (Bartonietz e Borgtom, 1995). Isso é muito menor do que o ângulo ótimo de 45°. Mas, espere, um peso tem altura de lançamento? Sim, o peso é lançamento a mais de 2 m de altura. Olhe a Figura 2.10, que mostra um arremessador de peso perto do instante em que ele lança o implemento. O peso está bem acima do chão, e esta altura é sua altura inicial. A altura do lançamento dará ao implemento mais tempo no ar, de modo que este não precise ser criado pela velocidade vertical no lançamento. Se o atleta não precisa dar ao peso tanta velocidade vertical no arremesso, ele pode colocar mais esforço em gerar velocidade horizontal. O ângulo de projeção ótimo será, portanto, menor do que 45°. Quanto maior a altura de lançamento, menor o ângulo de projeção.

Existe alguma outra razão pela qual o ângulo ótimo de lançamento para o arremesso de peso deva ser inferior a 45° (além do fato de que os arremessos partam de uma altura de 2 m ou mais)? Talvez. Nossa conclusão de que 45° era um ângulo de projeção ótimo para maximizar o deslocamento horizontal de um projétil se baseava em duas condições – primeiro, que a altura de lançamento fosse zero; segundo, que a velocidade resultante do projétil fosse a mesma, independentemente do ângulo de projeção. Para o arremessador de peso, o primeiro pressuposto estava incorreto, então o ângulo de lançamento era menor do que 45°. E a segunda condição? Nesse esporte, a velocidade resultante do peso varia se você muda o ângulo de lançamento? Para responder essa questão, considere outra: é mais fácil mover alguma coisa rápido na horizontal ou verticalmente para cima? Se você tem acesso a um peso, determine se pode rolá-lo pelo chão (horizontalmente) mais rápido do que pode jogá-lo para cima. É mais difícil acelerar objetos para cima e produzir uma grande velocidade nessa direção do que acelerá-los horizontalmente e produzir grandes velocidades horizontais. No arremesso de peso (e na maioria dos outros eventos de lançamento), a velocidade resultante do peso aumenta à medida que o ângulo de projeção diminui abaixo de 45°.

Se examinarmos ângulos de projeção para o lançamento de disco ou de dardo, veremos que são ainda menores do que os do arremesso de peso – ainda que a altura de lançamento seja mais baixa para o disco e para o dardo. Por quê? Durante o voo do disco ou do dardo, o implemento é influenciado por outra força além da gravidade: a resistência do ar. Se esses implementos são jogados de modo correto, o atrito do ar vai exercer alguma força ascendente sobre eles durante seus voos. Essa força ascendente reduz a força líquida para baixo agindo sobre o implemento e, assim, diminui também sua aceleração descendente. O resultado é que o dardo ou disco fica no ar por mais tempo. Já que a força ascendente dá ao implemento mais tempo no ar, este não precisa ser criado pela velocidade vertical no lançamento. Mais uma vez, se o lançador não precisa dar ao dardo ou disco tanta velocidade vertical no arremesso, pode colocar mais esforço na geração de velocidade horizontal. Um exemplo extremo do efeito ascendente da resistência do ar fornecendo mais tempo no ar a um projétil seria o voo de um disco como um *frisbee*. O efeito para cima da resistência do ar é tão grande nesses projéteis que o ângulo ótimo de lançamento para maximizar a distância horizontal não supera muito a horizontal.

Vamos resumir o que já sabemos sobre projéteis em esportes.

Figura 2.10 O peso tem uma altura inicial no instante do lançamento.

1. Para maximizar o tempo de voo ou a altura alcançada por um projétil, o componente vertical da velocidade de lançamento deve ser maximizado e o ângulo de projeção deve ser maior do que 45°.
2. Para minimizar o tempo de voo de um projétil, o componente para cima da velocidade de lançamento deve ser minimizado (talvez tanto que a velocidade vertical de lançamento seja para baixo). O ângulo de projeção deve ser bastante inferior a 45° e, em algumas situações, até abaixo da horizontal.
3. Para maximizar o deslocamento horizontal de um projétil, a velocidade de lançamento deve ser maximizada, e uma altura de lançamento maior é mais indicada. O componente horizontal da velocidade de lançamento deve ser ligeiramente mais rápido do que o componente vertical, de modo que o ângulo de projeção seja um pouco inferior a 45°. Quanto maiores a altura de lançamento e o efeito de sustentação da resistência do ar sobre o projétil, mais abaixo de 45° o ângulo de projeção deve ser.

As equações que governam o movimento do projétil ditam o percurso que uma bola ou outro objeto arremessado seguirá após ser lançado. Uma vez que solte uma bola, você não mais tem controle sobre ela. Da mesma forma, caso você mesmo se torne um projétil, o percurso seguido pelo seu corpo no ar é predeterminado por sua velocidade e posição no instante em que deixa o chão. Uma vez no ar, se a única força agindo sobre seu corpo for a da gravidade, você não terá mais controle sobre a velocidade ou o percurso que seguirá.

Resumo

O movimento pode ser classificado como linear, angular ou geral (uma combinação dos dois). A maioria dos exemplos de movimento humano é do último tipo. Contudo, separar os componentes lineares e angulares do movimento torna mais fácil analisá-lo. O deslocamento linear é uma distância em linha reta do ponto de partida ao de chegada, enquanto a distância linear percorrida representa o comprimento do percurso seguido da partida à chegada. Velocidade é a taxa de variação de deslocamento, enquanto a rapidez é a taxa de variação da distância percorrida. Aceleração é a taxa de variação de velocidade. Deslocamento, velocidade e aceleração são vetores quantitativos, sendo descritos por grandeza, direção e sentido.

Os movimentos vertical e horizontal de um projétil podem ser descritos por um conjunto de equações simples se a única força agindo sobre o projétil for a força da gravidade. A velocidade horizontal de um projétil é constante, e sua velocidade vertical varia constantemente na taxa de 9,81 m/s². O percurso de um projétil e sua velocidade são determinados uma vez que ele é solto ou perde o contato com o chão.

Agora, temos os termos para descrever muitos aspectos do movimento linear de um objeto – distância percorrida, deslocamento, rapidez, velocidade e aceleração. Mas o que causa o movimento linear de objetos? Como afetamos nosso movimento e o movimento das coisas ao nosso redor? Nós tivemos algumas pistas neste capítulo e no anterior. No próximo, vamos explorar de modo mais profundo as causas do movimento linear.

TERMOS-CHAVE

Aceleração (p. 66)
Aceleração instantânea (p. 66)
Aceleração média (p. 66)
Aceleração uniforme (p. 68)
Deslocamento (p. 57)
Deslocamento resultante (p. 57)
Distância percorrida (p. 57)

Movimento angular (p. 53)
Movimento geral (p. 53)
Movimento linear (p. 52)
Posição (p. 54)
Projétil (p. 68)
Rapidez (p. 60)
Rapidez instantânea (p. 61)

Rapidez média (p. 60)
Sistema de coordenadas cartesianas (p. 54)
Translação curvilínea (p. 52)
Translação retilínea (p. 52)
Velocidade (p. 60)
Velocidade instantânea (p. 63)
Velocidade média (p. 62)

QUESTÕES DE REVISÃO

1. Cite um exemplo de movimento humano envolvendo o corpo inteiro que represente movimento curvilíneo. Não use os exemplos dados no começo do capítulo.
2. Cite um exemplo de movimento humano envolvendo o corpo inteiro que represente movimento retilíneo. Não use os exemplos dados no começo do capítulo.
3. Cite um exemplo de movimento humano envolvendo o corpo inteiro que represente movimento angular. Não use os exemplos dados no começo do capítulo.
4. Tyler e Jim correm um contra o outro montanha acima nas suas bicicletas. Tyler pedala uma bicicleta de rua nas subidas, descidas e curvas da estrada. Jim conduz uma bicicleta de montanha e segue uma linha reta, apesar de mais íngreme, morro acima. Eles começam na mesma hora e lugar na base da montanha e terminam ao mesmo tempo e lugar no topo. Da partida à chegada,
    a. Quem percorreu a maior distância?
    b. Quem teve o maior deslocamento?
    c. Qual ciclista teve a maior rapidez média?
    d. Qual ciclista teve a maior velocidade média?
    e. Quem ganhou a corrida?

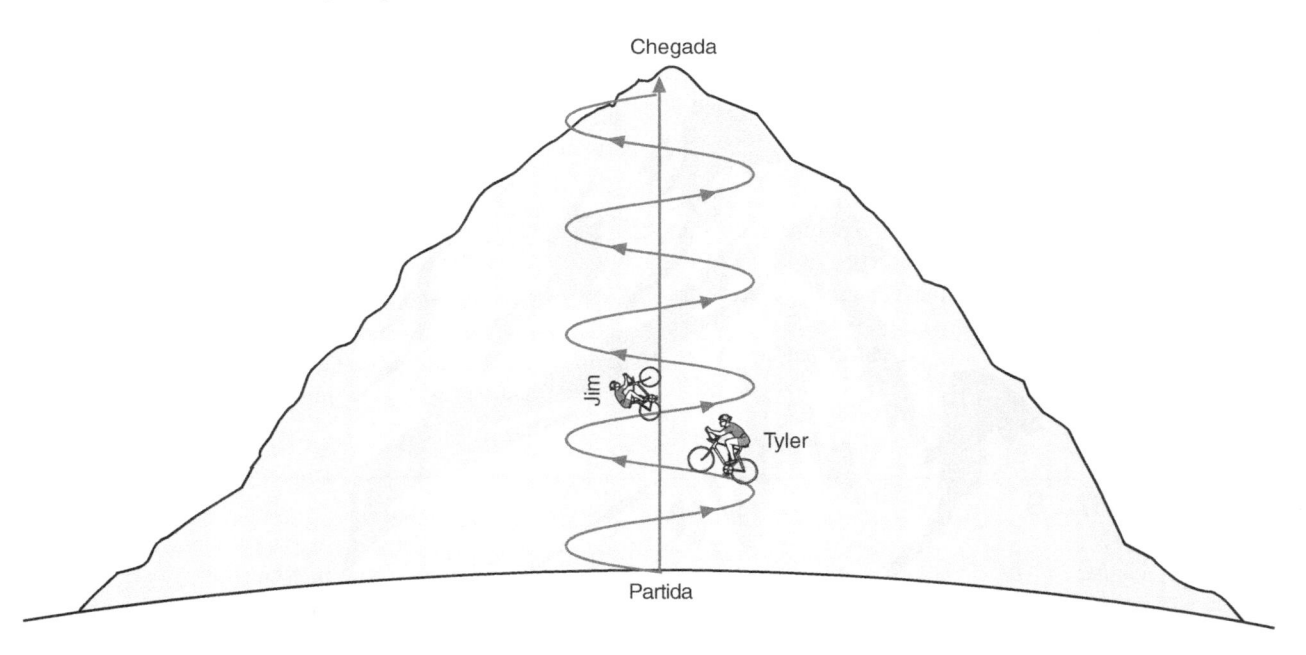

5. Os tamanhos das goleiras de hóquei no gelo, lacrosse, futebol, hóquei de grama e handebol estão relacionados com a rapidez das bolas (ou disco) usados nesses jogos? Se sim, explique a relação.
6. Os tamanhos das quadras de tênis, voleibol, basquetebol, *squash*, tênis de mesa e *badminton* têm relação com a rapidez das bolas (ou peteca) usadas nesses jogos? Se sim, explique.
7. Que fatores afetam a rapidez das bolas e dos implementos listados na Tabela 2.3?
8. Quando uma velocista de 100 m atinge sua rapidez máxima, sua velocidade média horizontal é maior durante a fase de suporte de um passo (quando seu pé está no chão) ou durante a fase de voo (quando ela não está em contato com o solo)? Explique.
9. Um corredor se movendo em uma curva com rapidez constante pode estar acelerando? Explique.

10. Se Jim corre em um círculo no sentido anti-horário, qual o sentido (relativo ao círculo) de sua aceleração? Explique.
11. Liste o maior número possível de esportes ou situações esportivas em que maximizar o tempo de um projétil no ar seja importante.
12. Liste o maior número possível de esportes ou situações esportivas em que minimizar o tempo de um projétil no ar seja importante.
13. Atletas de salto em distância de elite têm ângulos de decolagem aproximados de 20°. Por que seus ângulos de decolagem são tão abaixo de 45°, que, teoricamente, seria o ângulo de decolagem ótimo?

PROBLEMAS

1. Sam recebe um chute de futebol americano na linha de 3 jardas e avança para a meta antes de cortar para a direita na marca de 15 jardas. Ele, então, corre 9 jardas ao longo dessa linha, diretamente para a linha lateral direita, antes de ser derrubado.
   a. Qual foi a distância percorrida por Sam?
   b. Qual foi seu deslocamento resultante?
   c. Quantas jardas ele ganhou nessa jogada (o quanto a bola avançou em direção à linha de pontuação)?

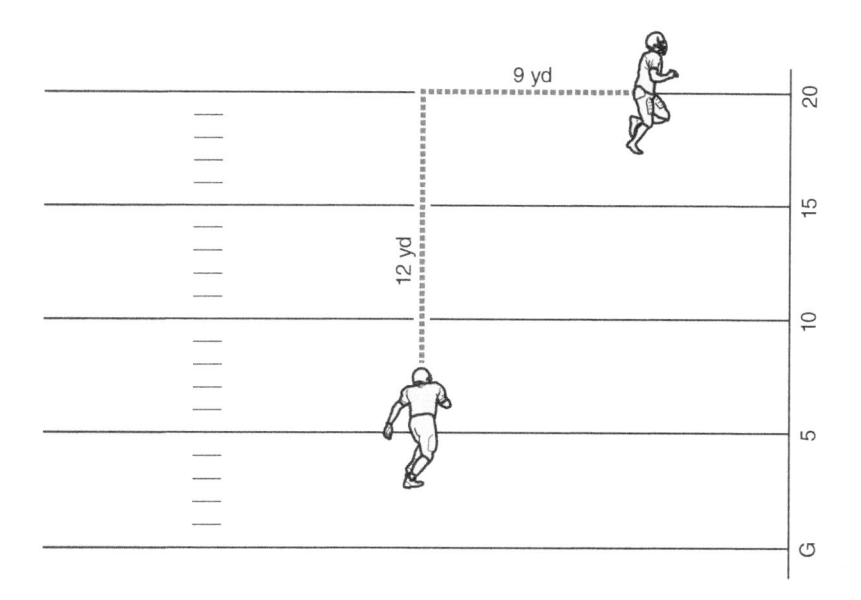

2. Durante um jogo de hóquei no gelo, Phil deu dois chutes a gol – um de 5 m de distância, a 10 m/s, e outro de 10 m, a 40 m/s. Qual dos chutes o goleiro tem mais chances de defender?
3. A velocidade horizontal do arremesso de bola rápida de Bruce, no beisebol, é de 40 m/s no instante em que ela deixa sua mão. Se a distância horizontal entre a mão de Bruce e a base é de 17,5 m no instante do lançamento, quanto tempo o rebatedor tem para reagir ao arremesso e rebater?
4. Os recordes mundiais para os 50, 100, 200 e 400 m rasos masculinos são 5,47 , 9,58, 19,19 e 43,18 s, respectivamente. Qual das corridas de recorde mundial apresentou a maior velocidade média?
5. Matt pratica *windsurf* e está indo para nordeste a uma velocidade de 10 m/s em relação à água. A correnteza do rio está movendo a água para o norte a uma velocidade de 3 m/s. Se o ângulo entre a velocidade relativa da prancha e a correnteza é de 30°, qual é a velocidade resultante ou verdadeira da prancha?

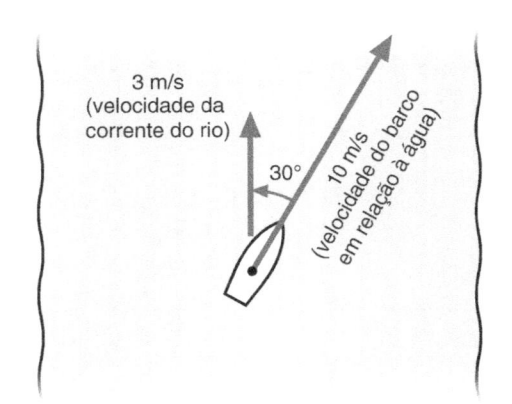

6. Sean está disputando uma corrida de 100 m rasos. Ao som do tiro de largada, ele deixa o bloco de partida e continua aumentado sua velocidade até 6 s de corrida, quando atinge sua velocidade máxima de 11 m/s. Ele mantém essa velocidade por 2 s, que depois cai para 10 m/s até o momento em que cruza a linha de chegada, 11 s depois de ter começado a prova.
   a. Qual foi a aceleração média de Sean durante os primeiros 6 s de corrida?
   b. Qual foi sua aceleração média de 6 a 8 s de corrida?
   c. Qual foi sua velocidade média para a corrida inteira?
   d. Qual foi sua aceleração média de 8 a 11 s de corrida?
7. São os segundos finais de um jogo de hóquei no gelo entre os Flyers e os Bruins. Os Bruins estão perdendo por um ponto. Restando 20 s de jogo, os Bruins tiram o goleiro e colocam um atacante em uma tentativa de empatar o jogo. Os Flyers se defendem com sucesso por 9 s. Com apenas 1,25 s restando no cronômetro, um jogador dos Flyers atira o disco no gelo, que passa pelos patins e tacos dos outros atletas e ruma para o gol dos Bruins. O implemento está a 37 m do gol quando deixa o taco com velocidade horizontal inicial de 30 m/s. O tiro é perfeitamente direcionado para o gol vazio, mas o gelo diminui a velocidade do disco com uma taxa constante de 0,50 m/s² à medida que ele desliza em direção à meta. Nenhum dos jogadores dos Bruins pode parar o disco antes de ele chegar ao gol.
   a. Onde estará o implemento quando o cronômetro chegar a zero e o apito soar para terminar a partida?
   b. Os Flyers vão vencer o jogo por um ou dois pontos?
8. Mike faz um salto com vara bem-sucedido. Ele solta o implemento antes de alcançar sua altura máxima e leva 1 s para cair de sua altura máxima ao colchão. O colchão tem 1 m de altura. Qual foi o mais alto que Mike chegou em relação ao chão?
9. Brian está tentando um salto em altura sobre uma barra a 2,44 m. No instante de decolagem (quando ele não tem mais contato com o chão), sua velocidade vertical é de 4,0 m/s e seu centro de gravidade está a 1,25 m de altura.
   a. Qual é a aceleração vertical de Brian no instante da decolagem?
   b. Quanto tempo após a decolagem Brian alcançará sua altura máxima?
   c. Qual é a altura máxima atingida pelo centro de gravidade do atleta?
10. Oliver chuta uma bola de futebol americano para o ar. Ela tem velocidade vertical inicial de 15m/s e velocidade horizontal inicial de 15m/s quando deixa o pé do jogador. A bola enfrenta uma aceleração vertical constante para baixo de 9,81 m/s² enquanto está no ar.
    a. Qual é a velocidade horizontal da bola 2 s depois de deixar o pé do chutador?
    b. Qual é a velocidade vertical da bola 2 s depois de deixar o pé do chutador?
    c. Qual é o deslocamento horizontal da bola 2 s depois de deixar o pé do chutador?
    d. Qual é o deslocamento vertical da bola 2 s depois de deixar o pé do chutador?

Biomecânica do Esporte e do Exercício

11. Gerri deixa a plataforma de salto em distância com uma velocidade vertical de 2,8 m/s e horizontal de 7,7 m/s.
    a. Qual é a velocidade resultante de Gerri na decolagem?
    b. Qual seu ângulo de decolagem – aquele entre sua velocidade resultante e a horizontal?
    c. Qual é a velocidade horizontal de Gerri logo antes de aterrissar?
    d. Se ela fica no ar por 0,71 s, qual é seu deslocamento horizontal durante esse período?
    e. Qual é a velocidade vertical de Gerri ao final de seu voo de 0,71 s?
    f. Se o centro de gravidade de Gerri estava a 1,0 m de altura no instante de decolagem, quão alto ela vai estar quando o salto atingir sua altura máxima?
    g. Quão alto estará o centro de gravidade de Gerri ao final do seu voo, logo que ela tocar o chão?
12. Louise dá uma cortada em uma bola de vôlei. No instante em que deixa sua mão, a altura da bola é de 2,6 m, e sua velocidade resultante é de 20 m/s para baixo e para frente, em um ângulo de 60° abaixo do horizontal.
    a. Quanto tempo vai demorar para que a bola bata no chão se o outro time não bloqueá-la?
    b. Que distância a bola percorrerá horizontalmente até bater no chão?

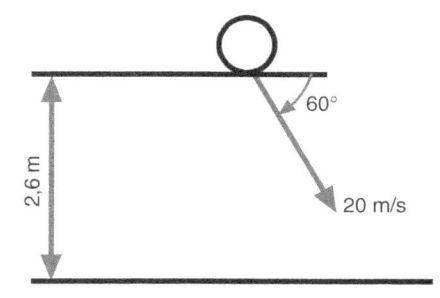

13. Chloe tem uma velocidade vertical de 3 m/s quando deixa o trampolim de 1 m. Nesse instante, seu centro de gravidade está 2,5 m acima da água.
    a. A que altura Chloe irá?
    b. Por quanto tempo ela ficará no ar antes de tocar a água? Considere que ela tocará a água assim que seu centro de gravidade estiver 1 m acima da superfície.
14. Sam recebe uma rebatida de uma bola de beisebol na parte esquerda do campo. Em seguida, ele a joga para a terceira base a fim de eliminar o corredor, Mike. Sam solta a bola 1,80 m acima do chão com velocidade vertical de 8 m/s e horizontal de 25 m/s. No instante em que Sam solta a bola, ele está a 41 m do homem da terceira base, Charlie, e Mike está a 13 m da terceira base e correndo a 8 m/s em direção a ela. Considere que a resistência do ar não afeta o voo da bola ao responder essas questões.
    a. A que altura a bola chegará?
    b. Quanto tempo ela demorará para chegar ao homem da terceira base?
    c. A que altura ela estará quando chegar ao homem da terceira base?
    d. Se Mike mantiver uma velocidade constante de 8 m/s em direção à terceira base, ele chegará a ela antes de a bola chegar ao homem da terceira base?
15. No estádio dos Dallas Cowboys, a altura mínima entre o campo e o gigantesco placar eletrônico pendurado sobre ele é de apenas 90 pés (27,43 m). No primeiro jogo disputado no Cowboys Stadium, em 21 de agosto de 2009, um chute inicial atingiu a tela do placar.
    a. Qual a velocidade vertical inicial mínima que uma bola de futebol americano precisaria ter para atingir a tela do placar se fosse chutada a partir de uma altura de 1 m sobre a superfície do campo? Considere que a resistência do ar não afeta o voo da bola.
    b. Se a tela do placar não estivesse no caminho, quanto tempo ficaria no ar uma bola que alcançou 27,43 m de altura? Novamente, considere que a resistência do ar não afeta o voo da bola e que esta está a 1 m de altura quando chutada.

Ver respostas (em inglês) no *site* www.grupoa.com.br no *link* do livro.

Capítulo 3

Cinética linear
Explicando as causas do movimento linear

Objetivos

Ao terminar de ler este capítulo, você deverá ser capaz de:

- Explicar as três leis do movimento de Newton
- Aplicar a segunda lei do movimento de Newton para determinar a aceleração de um objeto se as forças atuando sobre ele forem conhecidas
- Aplicar a segunda lei do movimento de Newton para determinar a força resultante atuando sobre um objeto se sua aceleração for conhecida
- Definir impulso
- Definir quantidade de movimento
- Explicar a relação entre impulso e quantidade de movimento
- Descrever a relação entre massa e peso

Você está assistindo à competição de levantamento de peso nas olimpíadas. A carga da barra é mais que o dobro do peso do levantador. O atleta se aproxima do implemento e o agarra firmemente com ambas as mãos. Com um grito, ele pega a barra do chão e a levanta sobre sua cabeça em um movimento suave. Quais forças o atleta precisou exercer sobre o implemento para criar o movimento que você viu? A segunda lei do movimento de Newton – proposta há mais de 300 anos – nos fornece a base para analisar situações como essa. Este capítulo introduz as leis do movimento de Newton e a aplicação dessas leis para analisar o movimento humano.

Isaac Newton foi um matemático britânico. Ele nasceu no dia de Natal no ano de 1642,* o mesmo ano em que Galileu faleceu e três meses após a morte de seu pai (Westfall, 1993, p. 7), e morreu em 20 de março de 1727. Newton estudou na Universidade de Cambridge, onde depois foi professor. Muitas de suas ideias sobre mecânica (e cálculo) foram concebidas durante um retiro de dois anos na propriedade de sua família em Lincolnshire, quando o matemático estava com pouco mais de 20 anos. Esse retiro foi incitado por uma epidemia da praga na Inglaterra, que causou o fechamento temporário da Universidade em Cambridge entre 1665 e 1667. Apesar da devastação causada, um benefício da praga foi ter permitido a Isaac Newton um período ininterrupto de tempo para estabelecer os fundamentos da sua versão da mecânica.

Mais de 20 anos passaram antes de Newton compartilhar seu trabalho em 1686, quando seu livro, *Philosophiae Naturalis Principia Mathematica* (*Princípios matemáticos da filosofia natural*), ou *Principia*, como é comumente referido, foi publicado. *Principia* foi escrito em latim, o idioma utilizado pelos cientistas naquela época. Na obra, Newton apresenta suas três leis do movimento e sua lei da gravitação, as quais formam a base da mecânica moderna. São elas que fornecem o fundamento para um ramo da mecânica chamado de cinética. Dinâmica é o ramo da mecânica preocupado com a mecânica de objetos em movimento: cinética é aquele que se ocupa das forças que causam o deslocamento. Este capítulo, especificamente, lida com cinética linear, ou as causas do movimento linear. Aqui, você vai aprender sobre as leis do movimento de Newton e como elas podem ser usadas para analisá-lo. O que você vai aprender neste capítulo vai lhe fornecer as ferramentas básicas para analisar e explicar as técnicas usadas em muitas habilidades esportivas.

---

* N. de T.: As datas de nascimento (25 de dezembro de 1642) e morte (20 de março de 1727) são do calendário Juliano, que era usado na Inglaterra na época. O calendário usado na maior parte da Europa naquele tempo era o Gregoriano, o mesmo utilizado na maior parte do mundo atualmente. Os calendários diferem em 11 dias. De acordo com o Gregoriano, Newton nasceu em 4 de janeiro de 1643 e morreu em 31 de março de 1727.

A primeira lei do movimento de Newton: Lei da Inércia

Corpus omne perseverare in statu suo quiescendi vel movendi uniformiter in directum, nisi quatenus a viribus impressis cogitur statum illum mutare. (Newton, 1686/1934, p. 644)

Essa é a primeira lei do movimento de Newton, em Latim, como foi originalmente apresentada no *Principia*. Ela costuma ser referida como a lei da inércia. Traduzindo,** essa lei afirma: "Todo corpo continua em seu estado de repouso ou de movimento uniforme em linha reta, a menos que seja compelido a mudá-lo por forças imprimidas sobre ele" (Newton, 1686/1934, p. 13). Essa lei explica o que acontece com um objeto se nenhuma força externa atuar sobre ele ou se a força externa resultante (o somatório de todas as forças externas em ação) for zero. De forma mais simples, a primeira lei de Newton diz que, se nenhuma força externa resultante atuar sobre um objeto, ele não vai se mover (vai permanecer em seu estado de repouso) se não estava em movimento no início, ou vai continuar em movimento com velocidade constante em linha reta (permanecer em seu estado de movimento retilíneo uniforme) se já estivera se movimentando.

> Se nenhuma força externa resultante atuar sobre um objeto, ele não vai se mover se não estava em movimento no início, ou vai continuar em movimento com velocidade constante em linha reta se já estivesse se movimentando.

Vejamos como a primeira lei do movimento de Newton é aplicada ao movimento humano no esporte. Você pode pensar em qualquer situação na qual nenhuma força externa atue sobre um objeto? Isso é difícil. A gravidade é uma força externa que atua em todos os objetos próximos da terra. Aparentemente, não há situações nos esportes ou no movi-

---

** N. de T.: Na versão em inglês, o autor afirma ter traduzido diretamente do latim. Para a educação em português, o enunciado da lei foi traduzido a partir da versão inglesa.

mento humano para as quais a primeira lei do movimento de Newton se aplique. Talvez possamos achar aplicações para essa lei no esporte se considerarmos somente movimentos de um objeto ou um corpo em uma direção específica.

Na verdade, nós já usamos a primeira lei do movimento de Newton diversas vezes nos capítulos anteriores. No Capítulo 2, analisamos o movimento de projéteis. Fizemos isso decompondo o deslocamento do projétil em componentes vertical e horizontal. Verticalmente, a velocidade de um projétil estava de modo constante, mudando, e ele acelerava para baixo a 9,81 m/s² devido à força da gravidade. Na direção vertical, a primeira lei do movimento de Newton não se aplica. Horizontalmente, porém, a velocidade do projétil era constante, e sua aceleração era zero, uma vez que nenhuma força horizontal atuava sobre ele. Este é um caso no qual a primeira lei do movimento de Newton se aplica! Se a resistência do ar for desprezível, a força horizontal atuando sobre um projétil é zero, então, a velocidade horizontal do projétil é constante e não muda. A primeira lei do movimento de Newton fornece a base para a equação que descreve o movimento horizontal de um projétil usada no capítulo anterior.

A primeira lei do movimento de Newton também é aplicável se forças externas atuarem em um objeto, desde que o somatório das forças seja zero. Assim, um objeto pode continuar seu movimento em uma linha reta ou permanecer em seu estado de repouso se a força externa resultante atuando sobre ele for zero. No Capítulo 1, aprendemos sobre equilíbrio estático – a soma de todas as forças externas atuando sobre um objeto é zero se ele está em equilíbrio estático. A primeira lei do movimento de Newton é a base para tal equilíbrio. Porém, essa lei também se estende para corpos em movimento. Se um objeto está se movendo com velocidade constante em uma linha reta, então a soma de todas as forças externas atuando sobre ele é zero. A primeira lei do movimento de Newton basicamente diz que se a força externa resultante atuando sobre um objeto for zero, então, não haverá mudanças no movimento dele. Se já está em movimento, vai continuar se movimentando (em linha reta e velocidade constante). Se está em repouso, vai permanecer assim (não se mover). A primeira lei de Newton pode ser expressa matematicamente como segue:

v = constante   se $\Sigma F = 0$ (3.1a)

ou:

$\Sigma F = 0$ se v = constante   (3.1b)

onde:

v = velocidade instantânea e

ΣF = força resultante

Como a primeira lei de Newton também se aplica a componentes do movimento, as equações 3.1a e 3.1b po-

dem ser representadas por equações para as três dimensões (vertical, horizontal – para frente e para trás; e horizontal – lado a lado):

v_x = constante   se $\Sigma F_x = 0$ (3.2a)

$\Sigma F_x = 0$ se v_x = constante   (3.2b)

v_y = constante   se $\Sigma F_y = 0$ (3.3a)

$\Sigma F_y = 0$ se v_y = constante   (3.3b)

v_z = constante   se $\Sigma F_z = 0$ (3.4a)

$\Sigma F_z = 0$ se v_z = constante   (3.4b)

Para manter as coisas simples nos problemas e exemplos deste livro, quase sempre nos limitaremos a análises em apenas duas dimensões – vertical (y) e horizontal (x).

Nós já fizemos análises baseadas na primeira lei do movimento de Newton nos Capítulos 1 e 2, apenas não sabíamos disso. Agora que conhecemos essa lei, vamos tentar outra análise. Imagine-se segurando um haltere de 4,5 kg em sua mão. Qual o tamanho da força que você deve realizar sobre implemento para mantê-lo parado? Quais forças externas atuam sobre ele? Verticalmente, a gravidade exerce uma força para baixo igual ao peso do haltere, 4,5 kg. Sua mão exerce uma **força de reação** para cima contra ele. De acordo com a primeira lei de Newton, um objeto vai permanecer em repouso somente se nenhuma força externa atuar sobre ele ou se a força externa resultante sobre ele for zero. Como o haltere está em repouso (não se movendo), a força externa resultante deve ser zero. A Figura 3.1 mostra um diagrama de corpo livre do haltere.

As duas forças externas atuando sobre o haltere são verticais: a da gravidade atuando para baixo e a de reação da sua mão atuando para cima. Já que o implemento

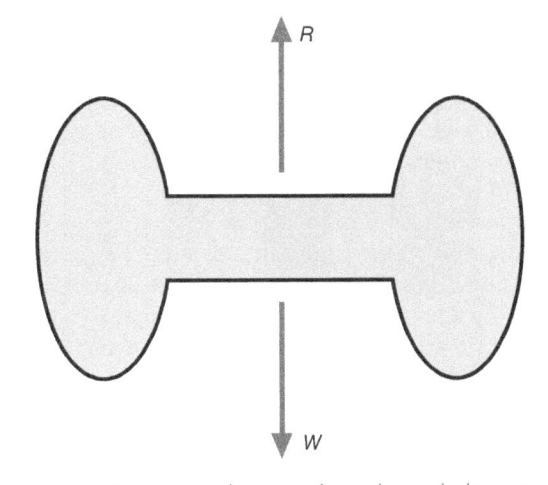

Figura 3.1 Diagrama de corpo livre de um halter quando mantido parado com uma mão. De acordo com a primeira lei de Newton, esse diagrama também é correto para um halter se movendo com velocidade constante em linha reta.

não está se movendo (v = constante = 0), podemos usar a equação 3.3b para resolver a **força de reação** da sua mão.

$$\Sigma F_y = 0$$

$$\Sigma F_y = R + (-W) = 0 \qquad (3.5)$$

$$R = W = 10 \text{ lb}$$

onde:

R = a força de reação da sua mão e

P = o peso do haltere = 4,5 kg

Ao segurar um haltere de 4,5 kg na sua mão, a força que deve exercer contra ele é de 4,5 kg para cima. O problema foi resolvido considerando para cima como o sentido positivo. Já que a resposta obtida foi um número positivo, ele representa uma força para cima.

Agora, vejamos o que acontece se o haltere estiver em movimento. É melhor se você sentir isso, então tente o Autoexperimento 3.1.

Autoexperimento 3.1

Pegue um haltere, se você tiver um – senão, use um livro ou qualquer outro objeto conveniente que pese mais de 2 kg e considere-o um halter. Vamos supor que ele pesa 4,5 kg. Segure-o parado em sua mão. Se você começar a levantá-lo e durante o levantamento ele se mover com velocidade constante para cima, qual o tamanho da força que você deve exercer sobre ele para mantê-lo se movendo para cima com velocidade constante? O que você percebe em comparação à força necessária para segurar o haltere parado? Lembre-se, estamos tentando descobrir a força que você realiza quando o implemento se move para cima com velocidade constante, não quando ele inicia o movimento. Quais forças externas atuam sobre ele? Verticalmente, a gravidade exerce uma força para baixo igual ao peso do haltere, 4,5 kg, e sua mão ainda realiza uma força de reação para cima contra ele. De acordo com a primeira lei de Newton, um objeto vai se mover em velocidade constante em linha reta apenas se não houver forças externas atuando sobre ele ou se a força externa resultante em ação for zero. Como o haltere se move com velocidade constante em linha reta, a força externa líquida atuando sobre ele deve ser zero. Volte ao diagrama de corpo livre do haltere na Figura 3.1. As duas forças externas em ação nesse experimento são exatamente iguais às que estavam presentes quando o haltere estava parado: a força da gravidade atuando para baixo e a força de reação da sua mão atuando para cima. Nós usaremos de novo a equação 3.5 para solucionar a força da sua mão. Como os valores são os mesmos, obtemos a mesma força de reação de 4,5 kg para cima.

Ao mover o haltere de 4,5 kg para cima com velocidade constante, a força que você deve exercer contra ele para manter o movimento ascendente com velocidade constante é de 4,5 kg para cima. Ao segurar o haltere parado, a força que você exerce sobre ele é de 4,5 kg para cima. Se movê-lo para baixo com velocidade constante, a força exercida sobre ele também será de 4,5 kg para cima.

A primeira lei do movimento de Newton pode ser interpretada de várias formas:

1. Se um objeto estiver em repouso e a força externa resultante atuando sobre ele for zero, ele permanecerá em repouso.
2. Se um objeto estiver em movimento e a força externa resultante atuando sobre ele for zero, ele permanecerá em movimento com velocidade constante em linha reta.
3. Se um objeto estiver em repouso, a força externa resultante atuando sobre ele deve ser zero.
4. Se um objeto estiver em movimento com velocidade constante em linha reta, a força externa resultante atuando sobre ele deve ser zero.

A primeira lei do movimento de Newton se aplica ao movimento resultante de um objeto e às componentes desse movimento resultante. Uma vez que forças e velocidades são vetores, a primeira lei de Newton pode ser aplicada em qualquer direção do movimento. Se nenhuma força externa atuar, ou se as componentes de uma força externa atuando na direção específica somam zero, não há nenhum movimento do objeto nessa direção ou a velocidade naquela direção é constante.

> A primeira lei do movimento de Newton se aplica ao movimento resultante de um objeto e às componentes desse movimento resultante.

Conservação da quantidade de movimento

A primeira lei do movimento de Newton fornece a base para o princípio de conservação da quantidade de movimento (se considerarmos apenas objetos com massa constante). Na realidade, o princípio de conservação da quantidade de movimento foi primeiramente introduzido por René Descartes e Christian Huygens (um matemático holandês) antes da publicação do *Principia* de Newton, mas essa é outra história. O que é quantidade de movimento? **Quantidade de movimento linear** é o produto entre a massa de um objeto e sua velocidade linear. Quanto mais rápido o objeto se mover, maior será sua quantidade de movimento. Ela também é proporcional à massa de um objeto em movimento. Assim, quantidade de movimento é uma forma de quantificar o movimento e a inércia de um objeto simultaneamente em uma medida. Do ponto de vista matemático, é definida pela equação 3.6.

$$L = mv \quad (3.6)$$

onde:

L = quantidade de movimento linear,

m = massa e

v = velocidade instantânea

A primeira lei do movimento de Newton basicamente afirma que a velocidade de um objeto será constante se a força resultante sobre ele for zero. Nos esportes e no movimento humano, a maior parte dos objetos com que lidamos tem massa constante (pelo menos na curta duração das atividades que podemos estar analisando). Se a velocidade de um objeto é constante, então sua quantidade de movimento também é já que a massa não muda. A quantidade de movimento será constante se a força externa resultante for zero. Isso pode ser expresso matematicamente como:

$$L = \text{constante} \quad \text{se } \Sigma F = 0 \quad (3.7)$$

onde:

L = quantidade de movimento linear e

ΣF = força externa líquida

Uma vez que velocidade é uma grandeza vetorial (com magnitude, direção e sentido), quantidade de movimento também é. A quantidade de movimento total de um objeto pode ser decomposta em componentes, ou se estas forem conhecidas, podem ser adicionadas (usando adição vetorial) para determinar a quantidade de movimento resultante. A conservação da quantidade de movimento se aplica às componentes da quantidade de movimento, assim a equação 3.7 pode ser representada pelas equações para as três dimensões (vertical, horizontal – para frente e para trás; e horizontal – lado a lado).

$$L_x = \text{constante} \quad \text{se } \Sigma F_x = 0 \quad (3.8)$$

$$L_y = \text{constante} \quad \text{se } \Sigma F_y = 0 \quad (3.9)$$

$$L_z = \text{constante} \quad \text{se } \Sigma F_z = 0 \quad (3.10)$$

Usar o princípio de conservação da quantidade de movimento para analisar um objeto isolado não vale a pena. Por que complicar as coisas com massa quando tudo com que precisamos nos preocupar na primeira lei de Newton é velocidade? A importância do princípio de conservação da quantidade de movimento é mais evidente quando nos preocupamos não com um único objeto, mas com um grupo deles.

A análise de um sistema de dois ou mais objetos é simplificado se todos eles forem considerados parte de uma coisa, o sistema. Se forem considerados juntos como um todo, então as forças que um objeto exerce sobre outro são consideradas forças internas e não afetam o movimento do sistema. Nós não precisamos saber quais são! Somente forças externas – aquelas exercidas pelos agentes externos – vão mudar o movimento do sistema. De acordo com o princípio de conservação da quantidade de movimento, a quantidade de movimento total de um sistema de objetos é constante se a força resultante atuando sobre ele for zero. Esse princípio é representado matematicamente pela equação 3.11. Para um sistema constituído por um número de objetos, a soma das quantidades de movimento de todos eles em algum tempo inicial é igual a de um momento posterior, ou final, se nenhuma força externa atuar sobre o sistema. Se o sistema for constituído por somente um objeto, isso é muito simples – velocidade e massa não mudam. Mas, se ele for constituído por dois ou mais, a velocidade inicial e final de um objeto dentro do sistema pode mudar. No caso de um sistema com muitos objetos, se a velocidade de um deles aumenta, a velocidade de outro tem de diminuir para manter a quantidade de movimento total do sistema constante.

$$L_i = \Sigma(mu) = m_1u_1 + m_2u_2 + m_3u_3 + \ldots = m_1v_1 + m_2v_2 + m_3v_3 + \ldots = \Sigma(mv) = L_f = \text{constante} \quad (3.11)$$

onde:

L_i = quantidade de movimento linear inicial,

L_f = quantidade de movimento linear final,

m = massa de parte do sistema,

u = velocidade inicial e

v = velocidade final

A quantidade de movimento total de um sistema de objetos é constante se a força externa resultante atuando sobre ele for zero.

O princípio de conservação da quantidade de movimento é especialmente útil para analisar colisões. Estas são comuns no esporte: bolas de beisebol colidem com bastões, as de tênis com raquetes, as de futebol com pés, as de jogadores de defensiva colidem com os atacantes no futebol americano e assim por diante. O resultado dessas colisões pode ser explicado com o princípio de conservação da quantidade de movimento.

Colisões elásticas

Quando dois objetos se chocam em uma colisão frontal, sua quantidade de movimento combinada é conservada. Para ver uma simples demonstração desse princípio, tente o Autoexperimento 3.2. Nós podemos usar esse princípio para predizer os movimentos dos objetos após a colisão em algumas situações, caso suas massas e suas velocidades antes da colisão sejam conhecidas.

Autoexperimento 3.2

Para este experimento, vamos usar duas moedas de mesmo peso, por exemplo, duas moedas de cinco centavos. Pegue as duas e coloque-as sobre uma mesa (ou outra superfície plana dura) separadas por cerca de 5 cm. Empurre uma delas (vamos chamá-la de moeda A) contra a outra (moeda B), de modo que atinja esta no centro e não em um lado ou outro. Tente isso algumas vezes. O que acontece? Logo após a colisão, a moeda A para e praticamente não se move, enquanto a moeda B agora se move na mesma direção com mais ou menos a mesma velocidade que a moeda A tinha antes da colisão. No momento imediatamente anterior à colisão, a quantidade de movimento total do sistema era a massa da moeda A vezes sua velocidade. Como a moeda B não estava em movimento, ela não contribuía para a quantidade de movimento total. Logo após a colisão, o momento total do sistema é a massa da moeda B vezes sua velocidade. A quantidade de movimento é conservada. Quando a moeda A atinge a moeda B, ela lhe transfere sua quantidade de movimento.

Vamos examinar a colisão das duas moedas do Autoexperimento 3.2. Para um sistema com apenas dois objetos, a equação 3.11 é simplificada para:

$$L_i = \Sigma(mu) = m_1 u_1 + m_2 u_2 = m_1 v_1 + m_2 v_2$$
$$= \Sigma(mv) = L_f \quad (3.12)$$

Essa equação nos dá algumas informações sobre o que acontece após a colisão, mas não o suficiente para resolver as velocidades após o choque, a menos que saibamos mais sobre o que acontece depois dele. É uma única equação, mas temos duas variáveis desconhecidas (u_1 e u_2). Para o exemplo da nossa moeda, essa equação fica:

$$m_A u_A + m_B u_B = m_A v_A + m_B v_B \quad (3.13)$$

Nesse exemplo, sabemos alguma coisa do que acontece após a colisão. Nós observamos que a velocidade da moeda A foi zero (ou próximo disso) depois do choque. A velocidade da moeda B antes da colisão foi zero ($u_B = 0$), e a velocidade da moeda B após o choque foi zero ($v_A = 0$). Assim,

$$m_A u_A = m_B v_B \quad (3.14)$$

As massas das moedas são iguais, $m_A = m_B$, então:

$$u_A = v_B$$

A velocidade da moeda A logo antes da colisão é igual à da moeda B logo depois dela. Para colisões de frente perfeitamente elásticas entre dois objetos com massa igual, a quantidade de movimento de cada objeto antes do choque é totalmente transferida para o outro após o impacto, ou, de forma mais simples, matematicamente,

$$u_1 = v_2 \quad (3.15)$$

e

$$u_2 = v_1 \quad (3.16)$$

E se as massas dos dois objetos colidindo não forem iguais? A quantidade de movimento vai se transferir por completo de um objeto para o outro em todas as colisões perfeitamente elásticas de frente?

Autoexperimento 3.3

Vamos repetir o Autoexperimento 3.2, mas dessa vez substitua a moeda A de cinco centavos por uma de 50 centavos. Empurre-a (moeda A) contra a de 5 centavos (moeda B). O que acontece quando a moeda A bate na B? Nesse caso, a moeda B se move rapidamente na mesma direção que a moeda A estava antes da colisão, mas esta última também continua se movendo nesse sentido, apesar de muito mais devagar. Se quantidade de movimento fosse transferida por completo da moeda A para a B e vice-versa, a moeda A não estaria se movendo após a colisão.

O Autoexperimento 3.3 mostra que, em uma colisão perfeitamente elástica com dois objetos de massa diferente, a quantidade de movimento de cada objeto não é transferida por completo para o outro objeto. Vamos tentar descobrir as velocidades das moedas de 50 centavos após a colisão no Autoexperimento 3.3. Nós sabemos da observação que, após a colisão, a velocidade da moeda A não é zero, assim, as equações 3.15 e 3.16 não funcionam. A equação 3.13 ainda é válida, mas uma única equação não é suficiente se quisermos resolver duas incógnitas – as velocidades das moedas A e B após a colisão. Duas equações são necessárias. Em uma colisão perfeitamente elástica, não apenas quantidade de movimento é conservada, mas a energia cinética também. Nós aprenderemos mais sobre energia cinética no próximo capítulo, mas a conservação da energia cinética nos dá a equação adicional de que precisamos para determinar as velocidades das moedas após a colisão ou quaisquer dois objetos em uma colisão perfeitamente elástica de frente. As equações que descrevem as velocidades após a colisão em uma colisão perfeitamente elástica de frente são:

$$v_1 = \frac{2m_2 u_2 + (m_1 - m_2)u_1}{m_1 + m_2} \quad (3.17)$$

e

$$v_2 = \frac{2m_1 u_1 + (m_2 - m_1)u_2}{m_1 + m_2} \quad (3.18)$$

Note que, se m_1 for igual a m_2, então as equações 3.17 e 3.18 são simplificadas nas equações 3.15 e 3.16, respectivamente.

Agora, vamos tentar determinar as velocidades após a colisão das duas moedas do Autoexperimento 3.3. Use o subscrito 5 para representar a moeda de 5 centavos e o subscrito 50 para representar a de 50 centavos. Assim, usando as equações 3.17 e 3.18, obtemos as velocidades após a colisão das duas moedas como:

$$v_N = \frac{2m_p u_p + (m_N - m_p)u_N}{m_N + m_p}$$

e

$$v_p = \frac{2m_N u_N + (m_p - m_N)u_p}{m_N + m_p}$$

A massa de uma moeda de 5 centavos de Real cunhada após 1998 é de aproximadamente 4,10 g; a de uma de 50 centavos cunhada após 2002 é cerca de 7,81 g. A massa da moeda de 50 centavos (m_{50}) é mais ou menos* o dobro da massa da de 5 centavos (m_5), ou $m_{50} = 2m_5$. Nós também sabemos que a velocidade pré-colisão da moeda de 5 centavos era zero. Substituindo m_{50} por $2m_5$ e u_5 por zero nas equações anteriores, temos:

$$v_N = \frac{2m_p(0) + (2m_p - m_p)u_N}{2m_p + m_p} = \frac{(m_p u_N)}{3m_p} = \frac{1}{3}u_N$$

e:

$$v_p = \frac{2(2m_p)u_N + (m_p - m_N)(0)}{2m_p + m_p} = \frac{4m_p u_N}{3m_p} = \frac{4}{3}u_N$$

Assim, a velocidade após a colisão da moeda de 50 centavos (v_{50}) é um terço da velocidade da moeda de 50 centavos antes da colisão, e a velocidade da moeda de 5 centavos é quatro terços a da moeda de 50 centavos antes do choque. Suponha que a velocidade da moeda de 50 centavos era 2 m/s antes da colisão. Imediatamente após o impacto, essa moeda teria velocidade de $2/3$ m/s, e a de 5 centavos teria velocidade de $4\,2/3$ m/s. O problema e a solução são apresentados graficamente na Figura 3.2.

As colisões das moedas nos Autoexperimentos 3.2 e 3.3 foram exemplos de colisões perfeitamente elásticas em duas dimensões entre um objeto em movimento e outro em repouso. Se os corpos colidindo têm massas iguais, como no Autoexperimento 3.2, as equações 3.15 e 3.16 se aplicam. Se suas massas são diferentes, como no Autoexperimento 3.3, as equações 3.17 e 3.18 se aplicam. O que acontece se ambos os objetos, em uma colisão perfeitamente elástica, estão em movimento ao longo da mesma linha, mas em sentidos opostos? Essas equações ainda serão aplicadas?

Se ambos os objetos em uma colisão perfeitamente elástica estão se movendo ao longo da mesma linha, mas em sentidos opostos, devemos lembrar que a quantidade de movimento é uma grandeza vetorial; assim, a quantidade de movimento de cada objeto é oposta à do outro objeto na colisão. Tente o Autoexperimento 3.2 outra vez, mas, agora, empurre duas moedas de 5 centavos, uma contra a outra, de modo que se batam de frente ao longo da mesma linha. O que acontece? Imediatamente após colidir, elas repelem uma à outra e se movem no sentido oposto ao da sua velocidade anterior à colisão. Se uma moeda (vamos chamar de moeda A) está mais rápida que a outra (moeda B) antes do impacto, esta última vai se mover naquela velocidade e sentido após a colisão, enquanto a moeda A vai se mover na velocidade mais lenta na direção oposta após o choque. Se a colisão das duas moedas é perfeitamente elástica, então a quantidade de movimento pré-colisão de cada uma é transferida para a outra após o impacto. Uma vez que o choque é perfeitamente elástico, a quantidade de movimento pré-colisão da moeda A é igual à quantidade de movimento pós-colisão da moeda B, enquanto a quantidade de movimento pré-colisão da B é igual à quantidade de movimento pós-colisão da A. As equações 3.15 e 3.16 se aplicam, e:

$$u_A = v_B$$

$$u_B = v_A$$

Pré-colisão   **Pós-colisão**

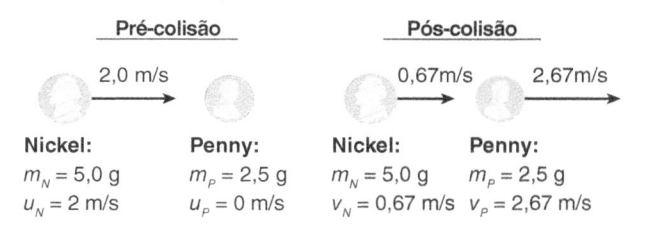

2,0 m/s   0,67m/s   2,67m/s

Nickel: Penny: Nickel: Penny:
$m_N = 5{,}0$ g $m_P = 2{,}5$ g $m_N = 5{,}0$ g $m_P = 2{,}5$ g
$u_N = 2$ m/s $u_P = 0$ m/s $v_N = 0{,}67$ m/s $v_P = 2{,}67$ m/s

$$m_P u_P + m_N u_N = m_P v_P + m_N v_N$$
(5 g)(2 m/s) + (2,5 g)(0 m/s) = (2,5 g)(2,67 m/s) + (5,0 g) 0,67 m/s
10 g·m/s = 10 g·m/s

Figura 3.2 Colisão perfeitamente elástica de uma moeda de R$ 0,50 se movendo e uma de R$ 0,05 parada.

Pré-colisão   **Pós-colisão**

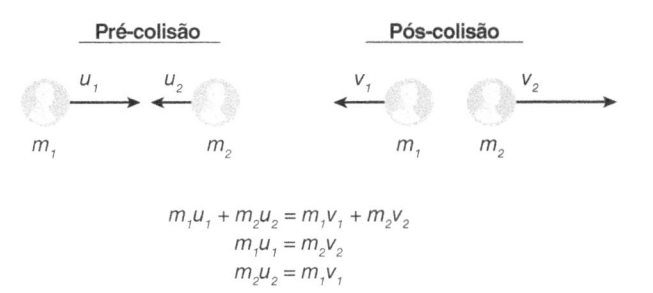

$u_1 \rightarrow$ $\leftarrow u_2$ $\leftarrow v_1$ $v_2 \rightarrow$

m_1 m_2 m_1 m_2

$$m_1 u_1 + m_2 u_2 = m_1 v_1 + m_2 v_2$$
$$m_1 u_1 = m_2 v_2$$
$$m_2 u_2 = m_1 v_1$$

Figura 3.3 Colisão elástica perfeita entre duas moedas de R$ 0,05 se movendo em sentidos opostos.

---

* N. de T.: Na versão original, o exemplo sugere a utilização de moedas estadunidenses com massas de 2,5 e 5,0 g. Para a versão em português, foram escolhidas moedas brasileiras que apresentassem aproximadamente a mesma proporção, ou seja, uma com o dobro da massa da outra.

Em nosso exemplo, se a moeda A estava se movendo para a direita com velocidade de 2 m/s, e a moeda B estava se movendo para a esquerda com velocidade de 1 m/s, então a quantidade de movimento total do sistema seria 4,0 g·m/s para a direita (a massa de uma moeda de 4,0 g). Se definirmos o sentido positivo para a direita, então:

$u_A = v_B = +2\text{m/s}$

e

$u_B = v_A = -1 \text{ m/s}$

A velocidade após a colisão da moeda A é de 1 m/s para a esquerda, e a da moeda B é de 2 m/s para a direita. A

Problema ilustrativo 3.1

Uma pequena bola de borracha (25 g) é empilhada no topo de uma grande bola de borracha (100 g), e ambas são largadas de uma altura de 2 m do chão. A maior quica no chão primeiro e rebate para cima para colidir com a menor, que está caindo. No instante da colisão, a maior tem velocidade de 4,4 m/s para cima, e a menor tem velocidade de 4,4 m/s para baixo. Se a colisão entre elas foi perfeitamente elástica, qual a velocidade de cada bola imediatamente após o impacto?

Solução:

Passo 1: Liste as grandezas conhecidas.

$m_{maior} = 100 \text{ g}$

$m_{menor} = 25 \text{ g}$

$u_{maior} = 4,4 \text{ m/s}$

$u_{menor} = -4,4 \text{ m/s}$

Passo 2: Identifique as incógnitas.

$v_{maior} = ?$

$v_{menor} = ?$

Passo 3: Procure as equações que apresentem as grandezas conhecidas e as incógnitas.

$$v_1 = \frac{2m_2 u_2 + (m_1 - m_2)u_1}{m_1 + m_2}$$

$$v_2 = \frac{2m_1 u_1 + (m_2 - m_1)u_2}{m_1 + m_2}$$

$$v_{maior} = \frac{2m_{menor} u_{menor} + (m_{maior} - m_{menor})u_{maior}}{m_{maior} + m_{menor}}$$

$$v_{menor} = \frac{2m_{maior} u_{maior} + (m_{menor} - m_{maior})u_{menor}}{m_{maior} + m_{menor}}$$

Passo 4: Agora, substitua os valores das variáveis conhecidas e encontre a velocidade após impacto de cada bola.

$$v_{maior} = \frac{2(25 \text{ g})(-4,4 \text{ m/s}) + (100 \text{ g} - 25 \text{ g})(4,4 \text{ m/s})}{(100 \text{ g} + 25 \text{ g})}$$

$$v_{maior} = \frac{(-220 \text{ g m/s}) + (330 \text{ g m/s})}{(125 \text{ g})}$$

$v_{maior} = 0,88 \text{ m/s}$

$$v_{menor} = \frac{2(100 \text{ g})(4,4 \text{ m/s}) + (25 \text{ g} - 100 \text{ g})(-4,4 \text{ m/s})}{(100 \text{ g} + 25 \text{ g})}$$

$$v_{menor} = \frac{(880 \text{ g m/s}) + (330 \text{ g m/s})}{(125 \text{ g})}$$

$v_{menor} = 9,68 \text{ m/s}$

Passo 5: Verificação de senso comum.
Puxa! A velocidade da bola maior após o impacto parece razoável. Ela deve se mover para cima se a quantidade de movimento da bola menor for completamente transferida para ela. Mas a velocidade de 9,68 m/s da bola menor após o impacto parece muito alta. Como ela pode se mover tão mais rápido que antes? Vamos conferir novamente usando a equação da conservação da quantidade de movimento original (equação 3.13).

$m_A u_A + m_B u_B = m_A v_A + m_B v_B$

$m_{maior} u_{maior} + m_{menor} u_{menor} = m_{maior} v_{maior} + m_{menor} v_{menor}$

$(100 \text{ g})(4,4 \text{ m/s}) + (25 \text{ g})(-4,4 \text{ m/s}) =$
$(100 \text{ g})(0,88 \text{ m/s}) + (25 \text{ g})(9,68 \text{ m/s})$

$440 \text{ g·m/s} + (-110 \text{ g·m/s}) = (88 \text{ g·m/s}) + 242 \text{ g·m/s}$

$330 \text{ g·m/s} = 330 \text{ g·m/s}$

Puxa, confere! Isso é um exemplo do "truque da superbola mortal". Se uma bola pequena é colocada no topo de outra muito maior e ambas são largadas juntas, a menor vai rebater na maior com uma velocidade muito rápida se a colisão for quase perfeitamente elástica. Atenção: isso é um problema ilustrativo, não um autoexperimento. Não tente esse truque em casa sem proteção nos olhos e proteção pessoal. É difícil largar as bolas de modo que a menor caia perfeitamente no topo central da maior. Batidas fora do centro vão lançar a bola menor, voando muito rápido, em uma direção inesperada!

ilustração geral dessa situação de impacto é apresentada na Figura 3.3.

Tente o Autoexperimento 3.3 de novo, mas dessa vez empurre ambas as moedas, de 50 e 5 centavos, uma em direção à outra de modo que se batam de frente ao longo da mesma linha. O que acontece? Imediatamente após a colisão, elas repelem uma a outra e se movem no sentido oposto da sua velocidade anterior à colisão. Se as velocidades pré-colisão das duas forem iguais, mas em sentidos opostos, então a velocidade pós-colisão da moeda de 5 centavos será maior que sua velocidade pré-colisão, enquanto, no caso da moeda de 50 centavos, será menor. Vamos supor que a moeda de 5 centavos estava se movendo para a direita com velocidade de 2 m/s, e a de 50 centavos para a esquerda com uma velocidade de 2 m/s. Lembre-se que a moeda de 50 centavos pesa o dobro da de 5 centavos, 8,0 g contra 4,0 g. Se determinarmos nosso sentido positivo para a direita, então a velocidade pós-colisão das duas moedas ainda é descrita pelas equações 3.17 e 3.18.

$$v_N = \frac{2m_p u_p + (m_N - m_p) u_N}{m_N + m_p}$$

$$= \frac{2(2,5 \text{ g})(2 \text{ m/s}) + (5 \text{ g} - 2,5 \text{ g})(-2 \text{ m/s})}{5 \text{ g} + 2,5 \text{ g}}$$

$$v_N = \frac{10 \text{ g m/s} - 5 \text{ g m/s}}{7,5 \text{ g}}$$

$$v_N = +0,67 \text{ m/s}$$

e:

$$v_p = \frac{2m_N u_N + (m_p - m_N) u_p}{m_N + m_p}$$

$$= \frac{2(5 \text{ g})(-2 \text{ m/s}) + (2,5 \text{ g} - 5 \text{ g})(2 \text{ m/s})}{5 \text{ g} + 2,5 \text{ g}}$$

$$v_p = \frac{-20 \text{ g m/s} - 5 \text{ g m/s}}{7,5 \text{ g}}$$

$$v_p = -3,33 \text{ g m/s}$$

A velocidade pós-colisão da moeda de 5 centavos é de 3,33 m/s para a esquerda, e a velocidade pós-colisão daquela de 50 centavos é de 0,67 m/s para a direita. Isso concorda com nossa observação que a moeda de 5 centavos rebate na de 50 centavos com velocidade maior se comparada à que tinha antes da colisão, enquanto esta rebate na moeda de 5 centavos com velocidade menor que a que tinha antes da colisão.

Nós descrevemos dois tipos de colisões perfeitamente elásticas lineares envolvendo dois objetos. No primeiro caso, um corpo em movimento colide com um em repouso. No segundo, dois objetos se movendo em direções opostas colidem de frente. Há um terceiro tipo de colisão perfeitamente elástica linear, em que os dois objetos estão se movendo no mesmo sentido, mas com velocidades diferentes. O objeto mais rápido alcança e colide com o mais lento. Se os dois têm a mesma massa, a quantidade de movimento do objeto mais rápido é transferida completamente para o mais lento, e as equações 3.15 e 3.16 se aplicam. Logo após a colisão, o objeto que era mais rápido passa a ter velocidade daquele que era mais lento, e o que era mais lento passa a ter a velocidade do que era mais rápido. Esse tipo de colisão e as equações que a descreve são mostradas na Figura 3.4 para duas moedas de 5 centavos. Se os objetos têm massas diferentes, então as equações 3.17 e 3.18 se aplicam.

Colisões inelásticas

As colisões que examinamos até aqui eram perfeitamente elásticas, mas nem todas as colisões são assim. O oposto de uma colisão desse tipo é a perfeitamente inelástica (também chamada de colisão perfeitamente plástica). Nesta, a quantidade de movimento também é conservada, mas, em vez de repelirem um ao outro, os objetos permanecem unidos após o impacto e se movem juntos com a mesma velocidade. Essa condição pós-colisão nos fornece a informação adicional que precisamos para determinar a velocidade pós-colisão dos objetos em um coque desse tipo. As equações a seguir descrevem o movimento de dois objetos envolvidos em uma colisão linear perfeitamente inelástica. Independentemente de a colisão ser elástica ou inelástica, começamos com a equação 3.12, que descreve a conservação da quantidade de movimento para a colisão de dois objetos.

$$L_i = \Sigma(mu) = m_1 u_1 + m_2 u_2 = m_1 v_1 + m_2 v_2$$
$$= \Sigma(mv) = L_f$$

$$m_1 u_1 + m_2 u_2 = m_1 v_1 + m_2 v_2$$

Em uma colisão perfeitamente inelástica,

$$v_1 = v_2 = v = \text{velocidade final}$$

Assim,

$$m_1 u_1 + m_2 u_2 = (m_1 + m_2) v \qquad (3.19)$$

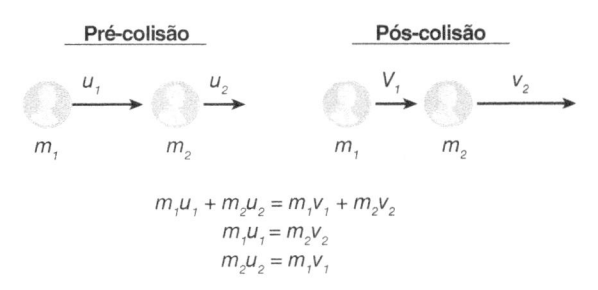

Figura 3.4 Colisão elástica perfeita de duas moedas de R$ 0,05 se movendo no mesmo sentido.

A maioria das colisões no futebol americano é do tipo inelástica. Jogadores ofensivos colidem com jogadores defensivos, receptores colidem com jogadores de cobertura e assim por diante. Na maior parte desses choques, os dois atletas se movem em conjunto após colidirem. O que acontece depois dessas colisões afeta muito o desfecho de cada jogada e, em última análise, o resultado do jogo. Um atacante mais leve e rápido pode igualar a quantidade de movimento de um jogador de defesa mais lento e pesado? O futebol americano valoriza a quantidade de momento – massa e velocidade têm a mesma importância. Jogadores rápidos e grandes são os mais bem-sucedidos. Vamos experimentar um problema para ilustrar a mecânica de uma colisão inelástica.

Suponha que um atacante de 80 kg colide no ar com um jogador de defesa de 120 kg na linha de pontuação durante uma tentativa de marcar o gol a uma curta distância. Logo antes do impacto, o atacante tem uma velocidade de 6 m/s no sentido da linha de pontuação, e o defensor tem velocidade de 5 m/s no sentido oposto. Se a colisão for perfeitamente inelástica, o atacante vai se mover para frente e marcar logo após o choque, ou o jogador de defesa vai prevalecer?

Para responder essa questão, vamos começar com a equação 3.19:

$$m_1 u_1 + m_2 u_2 = (m_1 + m_2)v$$

Vamos considerar positivo o sentido que aponta para a linha de pontuação. Substituindo os valores conhecidos das massas e velocidades pré-colisão, teremos:

$$(80 \text{ kg})(6 \text{ m/s}) + (120 \text{ kg})(-5 \text{ m/s})$$
$$= (80 \text{ kg} + 120 \text{ kg})v$$

Isolando v (a velocidade final dos dois jogadores), temos:

$$480 \text{ kg·m/s} - 600 \text{ kg·m/s} = (200 \text{ kg})v$$

$$-120 \text{ kg·m/s} = (200 \text{ kg})v$$

$$v = \frac{-120 \text{ kg·m/s}}{200 \text{ kg}} = -0,6 \text{ m/s}$$

O atacante não vai marcar. Ele e o jogador de defesa vão se afastar da linha de pontuação com uma velocidade de 0,6 m/s.

A maior parte das colisões em esportes não é nem perfeitamente elástica nem inelástica, mas algo entre elas. Há colisões elásticas, mas não *perfeitamente* elásticas. O coeficiente de restituição é uma forma de quantificar o quão elástica as colisões de um objeto são.

Coeficiente de restituição

O **coeficiente de restituição** é definido como um valor absoluto da razão da velocidade de separação com a velocidade de aproximação. A velocidade de separação é a diferença entre as velocidades dos dois objetos colidindo logo após o choque, ou seja, descreve a velocidade com que se afastam um do outro. O coeficiente de restituição costuma ser abreviado com a letra e. Matematicamente,

$$e = \left|\frac{v_1 - v_2}{u_1 - u_2}\right| = \left|\frac{v_2 - v_1}{u_1 - u_2}\right| \quad (3.20)$$

onde:

e = coeficiente de restituição,

v_1, v_2 = velocidades pós-impacto dos objetos um e dois e

u_1, u_2 = velocidade pré-impacto dos objetos um e dois

O coeficiente de restituição é adimensional. Para as perfeitamente elásticas, o coeficiente de restituição é 1,0, seu valor máximo. Para as perfeitamente inelásticas, é zero, seu valor mínimo. Se sabemos o coeficiente de restituição para dois objetos em uma colisão elástica, isso, junto com a equação da conservação da quantidade de movimento, nos dá as informações necessárias para determinar as velocidades pós-colisão dos objetos.

O coeficiente de restituição é afetado pela natureza dos dois corpos envolvidos na colisão. Para bolas espor-

$$\text{Coeficiente de restituição} = P = \sqrt{\frac{\text{altura da queda}}{\text{altura do quique}}}$$

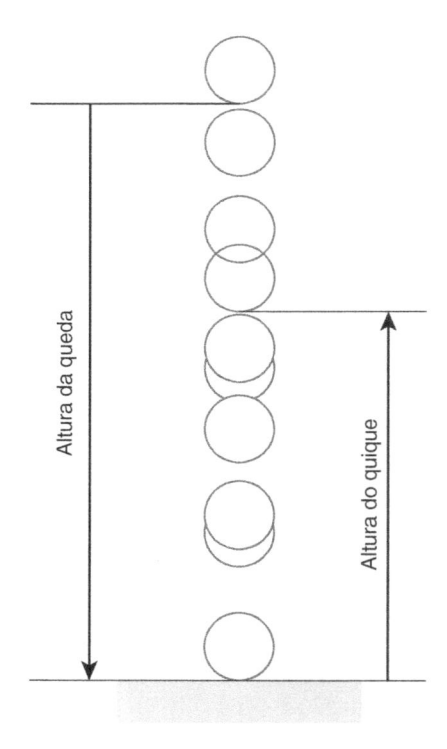

Figura 3.5 Determinação do coeficiente de restituição a partir das alturas de queda e do quique.

tivas, é facilmente mensurado se o objeto com que a bola colide é fixo e imóvel. Assim, somente suas velocidades pré e pós-impacto precisam ser medidas. Na verdade, se a bola é largada de uma altura específica em uma superfície de impacto fixa, então a altura máxima que ela alcança após o impacto com o solo (altura do quique) e a altura da queda fornecem informação suficiente para que calculemos o coeficiente de restituição (Fig. 3.5). (Você pode derivar essa equação a partir das equações 3.20 e 2.18?)

$$e = \sqrt{\frac{\text{altura do quique}}{\text{altura da queda}}} \qquad (3.21)$$

O coeficiente de restituição é uma medida crítica na maior parte dos esportes com bola, uma vez que o "ricochete" entre uma bola e o implemento ou superfície que bate afetará bastante o resultado de uma competição. Se bastões tivessem coeficientes de restituição maiores com bolas de beisebol, ocorreriam mais *home runs* (e mais arremessadores seriam lesionados pelas bolas rebatidas). Se tacos de golfe tivessem coeficientes de restituição maiores com bolas de golfe, batidas de 300 jardas poderiam ser comuns. Obviamente, os criadores das regras devem regular o coeficiente de restituição para os implementos e bolas envolvidos em seus esportes.

Problema ilustrativo 3.2

Uma bola de golfe é atingida por um taco. A massa da bola é 46 g, e a da cabeça do taco é 210 g. A velocidade da cabeça do taco logo antes do impacto é 50 m/s. Se o coeficiente de restituição entre a cabeça do taco e a bola é 0,80, qual a velocidade desta última imediatamente após o impacto?

Solução:

Passo 1: Liste as grandezas conhecidas.

$m_{bola} = 46$ g

$m_{taco} = 210$ g

$u_{bola} = 0$ m/s

$u_{taco} = 50$ m/s

$e = 0,80$

Passo 2: Identificar a variável que deve ser solucionada.

$v_{bola} = ?$

Passo 3: Busque por equações que apresentem as grandezas conhecidas e desconhecidas.

$m_1 u_1 + m_2 u_2 = m_1 v_1 + m_2 v_2$

$m_{bola} u_{bola} + m_{taco} u_{taco} = m_{bola} v_{bola} + m_{taco} v_{taco}$

$$e = \left| \frac{v_1 - v_2}{u_1 - u_2} \right| = \frac{v_2 - v_1}{u_1 - u_2} = \frac{v_{taco} - v_{bola}}{u_{bola} - u_{taco}}$$

Passo 4: Nós temos duas variáveis desconhecidas, v_{taco} e v_{bola}, que representam as velocidades pós-impacto do taco e da bola. Também temos duas equações para usar. Se o número de equações independentes é igual ao número de variáveis desconhecidas, estas podem ser calculadas. Nós precisamos resolver uma das equações de modo a obter uma das variáveis desconhecidas em termos da outra. Vamos usar a equação do coeficiente de restituição e resolver para a velocidade pós-impacto do taco. Nós queremos manipular a equação para que essa velocidade esteja em um lado da equação sozinha.

$$e = \frac{v_{taco} - v_{bola}}{u_{bola} - u_{taco}}$$

$e(u_{bola} - u_{taco}) = v_{taco} - v_{bola}$

$v_{taco} = e(u_{bola} - u_{taco}) + v_{bola}$

Passo 5: Agora, vamos substituir essa expressão para a velocidade pós-impacto do taco na equação da conservação da quantidade de movimento.

$m_{bola} u_{bola} + m_{taco} u_{taco} = m_{bola} v_{bola} + m_{taco} v_{taco}$

$m_{bola} u_{bola} + m_{taco} u_{taco} = m_{bola} v_{bola} + m_{taco}$
$(e(u_{bola} - u_{taco}) + v_{bola})$

Passo 6: Substitua os valores conhecidos e isole a velocidade pós-impacto da bola.

(46 g)(0) + (210 g)(50 m/s) = (46 g)v_{bola} + (210 g) × [0,80 (0 − 50 m/s) + v_{bola}]

(210 g)(50 m/s) = v_{bola}(46 g + 210 g) − (210 g)(0,8)(50 m/s)

(210 g)(50 m/s) + (210 g)(0,8)(50 m/s) = v_{bola} (256 g)

$$v_{bola} = \frac{(210 \text{ g})(90 \text{ m/s})}{256 \text{ g}}$$

$v_{bola} = 74$ m/s

Passo 7: Verificação de senso comum. Essa velocidade ultrapassa os 260 km/h, mas parece estar correto se você pensar o quão rápido uma bola de golfe dispara do suporte.

As maiores partes dos regulamentos de esportes com bola direta ou indiretamente especificam qual deve ser o coeficiente de restituição para bolas em superfícies de jogo ou implementos. As regras U.S. Golf Association (USGA) proíbem tacos com coeficiente de restituição com uma bola de golfe superior a 0,830. As regras de basquete National Collegiate Athletic exigem que a bola quique até uma altura entre 49 e 54 polegadas ou 1,24 a 1,37 metros (mensurados do topo da bola) quando largada a 6 pés (1,83 m) do chão (mensurados da base da bola). As regras de raquetebol afirmam que a bola deve quicar até uma altura de 68 a 72 polegadas (1,73 a 1,83 m) se largada de uma altura de 100 polegadas (2,54 m). Qual é a taxa de valores permitida para o coeficiente de restituição (equação 3.21) para o raquetebol de acordo com essa regra?

$$e = \sqrt{\frac{\text{altura do quique}}{\text{altura da queda}}}$$

Valor baixo:

$$e = \sqrt{\frac{68}{100}} = \sqrt{0{,}68} = 0{,}82$$

Valor alto:

$$e = \sqrt{\frac{72}{100}} = \sqrt{0{,}72} = 0{,}85$$

De acordo com as regras desse esporte, o coeficiente de restituição da bola deve ser entre 0,82 e 0,85. O coeficiente de restituição de uma bola de basebol com um taco de madeira é cerca de 0,55; o de uma bola de tênis na quadra é cerca de 0,73. A maneira como a bola rebate é determinada por seu coeficiente de restituição.

Nossa exploração da primeira lei do movimento de Newton nos levou ao princípio da conservação da quantidade de movimento e colisões. Na análise de colisões, consideramos os dois objetos como parte do mesmo sistema e, assim, ignoramos a força do impacto – por ser uma força interna. Se isolarmos somente um dos objetos envolvidos na colisão, então essa força de impacto se torna uma força externa, e a primeira lei de Newton já não se aplica. O que acontece quando as forças externas atuando sobre um objeto resultam em uma força externa líquida que não é igual a zero? Newton encontrou uma resposta para essa questão em sua segunda lei do movimento.

Segunda lei do movimento de Newton: Lei da aceleração

Mutationem motis proportionalem esse vi motrici impressae, et fieri secundum lineam rectam qua vis illa imprimitur. (Newton, 1686/1934, p. 644)

Essa é a segunda lei do movimento de Newton em latim como foi originalmente apresentada no *Principia*. Ela costuma ser referida como lei da aceleração. Traduzido, o texto afirma: "A mudança do movimento de um objeto é proporcional à força aplicada; e ocorre no sentido da linha reta na qual a força é exercida" (Newton, 1986/1934, p. 13). Essa lei explica o que acontece se uma força externa resultante atua sobre um objeto. De forma mais simples, a segunda lei de Newton afirma que, caso uma força externa resultante seja exercida sobre um objeto, este vai acelerar no sentido dela, e sua aceleração vai ser diretamente proporcional a força externa resultante e inversamente proporcional a sua massa. Isso pode ser escrito em linguagem matemática da seguinte forma:

$$\Sigma F = ma \qquad (3.22)$$

onde:

ΣF = força externa resultante,

m = massa do objeto e

a = aceleração instantânea do objeto

Essa é outra equação vetorial, já que força e aceleração são vetores. A segunda lei de Newton então é aplicável aos componentes de força e aceleração. A equação 3.22 pode ser representada por equações para as três dimensões (vertical, horizontal – anteroposterior – e horizontal – médio-lateral).

$$\Sigma F_x = ma_x \qquad (3.23)$$

$$\Sigma F_y = ma_y \qquad (3.24)$$

$$\Sigma F_z = ma_z \qquad (3.25)$$

A segunda lei de Newton expressa uma relação de causa e efeito. Forças causam aceleração. Aceleração é o efeito das forças. Se uma força externa resultante atua sobre um objeto, este acelera. Se ele acelera, uma força externa resultante deve estar atuando para causar a aceleração. A primeira lei do movimento de Newton é, de fato, apenas um caso especial da segunda lei do movimento de Newton – quando a força resultante atuando em um objeto é zero, sua aceleração também é zero.

> A qualquer instante que um objeto inicia ou interrompe o movimento, aumenta ou diminui a velocidade ou muda sua direção, ele está acelerando e uma força externa líquida está atuando para causar essa aceleração.

A segunda lei do movimento de Newton explica como a aceleração ocorre. Vamos ver se conseguimos aplicá-la. No Capítulo 2, examinamos o movimento de projéteis.

A aceleração vertical de um projétil é governada pela segunda lei do movimento de Newton. Se a única força em ação for a da gravidade para baixo, então a aceleração do projétil também será para baixo e proporcional a tal força. Como a força da gravidade é o peso do objeto (P), usando a equação 3.24, temos o seguinte resultado:

$\Sigma F_y = ma_y$

$W = ma_y$

$W = mg$

Isso não é novidade para nós, já que peso e aceleração devido à gravidade foram introduzidos no Capítulo 1 com a equação 1.2. Vamos considerar outras aplicações da segunda lei de Newton, as quais envolvam forças de contato além da força da gravidade. Tente o Autoexperimento 3.4.

Autoexperimento 3.4

Tente encontrar um elevador em sua escola ou local de trabalho, ou procure por um em um prédio alto de sua cidade. Entre nele e suba e desça várias vezes. O que acontece quando ele está subindo? O que você sente quando ele inicia a subida? Você se sente mais pesado ou mais leve? Quando o elevador está entre os andares, você se sente mais pesado ou mais leve? E quando ele para no último andar? Você se sente mais pesado ou mais leve conforme o elevador diminui a velocidade e para? Você provavelmente se sente mais pesado à medida que ele inicia a subida e mais leve conforme ele diminui a velocidade e para. Entre os andares, você provavelmente não se sente nem mais pesado nem mais leve. Por que isso acontece? Você ganhou peso e depois perdeu peso à medida que o elevador aumentava ou diminuía a velocidade?

Agora, vamos examinar o que acontece quando você anda no elevador, como no Autoexperimento 3.4, usando a segunda lei do movimento de Newton. Primeiro, vamos desenhar um diagrama de corpo livre e determinar quais forças externas atuam sobre você enquanto está no elevador. A Figura 3.6 mostra um diagrama de corpo livre de alguém em pé em um elevador. A gravidade o puxa para baixo com uma força equivalente ao seu peso. Há alguma outra força atuando sobre você? Que tal a força de reação sob seus pés? O chão do elevador exerce uma força de reação para cima em seus pés. Se você não está em contato nada além do chão, então as únicas forças em ação são a gravidade (seu peso) e a força de reação do solo. Estas são verticais, então, se quisermos saber qual é a sua aceleração ou seu sentido, podemos usar a equação 3.24:

$\Sigma F_y = ma_y$

$\Sigma F_y = R + (-W) = ma_y$

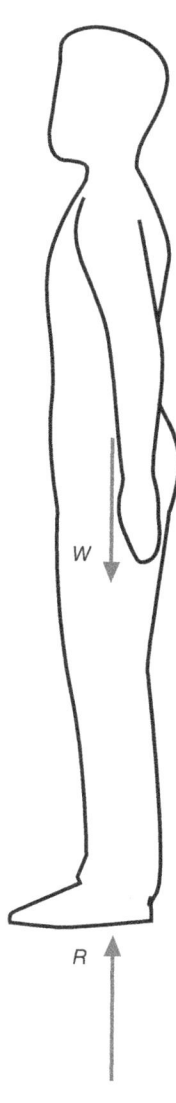

Figura 3.6 Diagrama de corpo livre de uma pessoa parada em um elevador.

onde:

ΣF_y = força externa resultante na direção vertical,

m = sua massa,

a_y = sua aceleração vertical,

P = seu peso e

R = a força de reação exercida em seus pés pelo elevador

Se a força de reação, R, é maior que seu peso, você se sente mais pesado, e a força resultante atua para cima, gerando uma aceleração para cima. Isso é exatamente o que acontece quando o elevador aumenta a velocidade no sentido ascendente; ele lhe acelera para cima, e você se sente mais pesado. Se a força de reação, R, é igual ao seu peso, você não se sente nem mais leve nem mais pesado, e a força resultante é zero, gerando uma aceleração zero. Se você e o elevador já estiverem se movendo para cima, você continuaria se movendo para cima com velocidade constante. Se a força de reação, R, é menor que seu peso, você se sente mais leve, e a força resultante atua para baixo, gerando uma aceleração para baixo. Isso é exatamente o que acontece quando o elevador diminui a velocidade; você desacelera para cima (diminui a velocidade no sentido ascendente e acelera para baixo) e se sente mais leve. Vamos confirmar nossa análise com algumas medidas grosseiras no Autoexperimento 3.5.

Autoexperimento 3.5

Você pode chegar grosseiramente aos valores da força de reação, R, exercida pelo chão do elevador em seus pés, se levar uma balança de banheiro consigo em seu passeio vertical. A balança indica a força que você exerce sobre ela, que é igual àquela que ela exerce sobre você – a força de reação, R. A balança aponta um valor superior ao seu peso quando o elevador começa a subir e você acelera para cima. Depois, ela volta a marcar o seu peso corporal enquanto o elevador e você continuam subindo com velocidade constante. A balança aponta um valor abaixo do seu peso quando o elevador diminui a velocidade e sua aceleração é para baixo.

Vamos ver o que acontece quando você desce com o elevador em vez de subir. O diagrama de corpo livre e as equações utilizadas para analisar a subida são as mesmas de antes. Quando o elevador iniciar a descida, ele aumenta a velocidade para baixo. Você se sente mais leve. A força de reação do solo (mostrada na balança) é inferior ao seu peso corporal, assim a força resultante é para baixo, bem como sua aceleração. À medida que o elevador continua descendo, ele para de aumentar a velocidade descendente. Você sente seu peso normal. A força de reação do solo (mostrada na balança) é igual ao seu peso corporal, assim a força resultante é zero e você se move com velocidade constante para baixo. Quando o elevador diminui a velocidade para parar no andar de baixo, ele diminui a velocidade no sentido para baixo, e você se sente mais pesado. A força de reação do solo (mostrada na balança) é maior que seu peso corporal, assim a força resultante é ascendente e você acelera para cima (a velocidade de seu movimento para baixo diminui).

O exemplo do elevador não parece ter muita relação com o movimento humano em esportes, mas considere a força que você deve exercer contra um halter de 4,5 kg (10 lb) para levantá-lo. As forças externas atuando sobre o implemento são a gravidade, para baixo, e a força de reação de sua mão, para cima. A força resultante é, portanto, a diferença entre essas duas forças, assim como no elevador.

Quando o levantamento parece mais difícil? Quando parece mais fácil? Para começá-lo, você deve acelerar o halter para cima, assim a força resultante atuando sobre ele deve ser ascendente. A força que você faz sobre o implemento deve ser maior que 4,5 kg. Isso é como o que ocorre no exemplo do elevador. Uma vez que você iniciou o movimento do halter para cima, continuá-lo exige apenas que uma força resultante zero atue, e ele vai se mover com velocidade constante. A força que você exerce no halter deve ser igual a 4,5 kg. Conforme você termina o levantamento, precisa diminuir a velocidade do movimento do halter para cima, assim a força resultante atuando sobre ele é para baixo. A força que você exerce deve ser menor que 4,5 kg. Quando o implemento para no final da trajetória de subida, não está mais em movimento, assim a força resultante atuando sobre ele é zero. A força que você exerce sobre o halter deve ser igual a 4,5 kg.

Agora, vamos considerar quanta força é necessária para iniciar o movimento horizontal de alguma coisa. Na próxima vez que você jogar boliche, tente isso. Pegue uma bola de 7,3 kg (16 lb) e coloque-a sobre o solo. Tente fazê-la rolar horizontalmente empurrando-o com apenas um dedo. Você conseguiu? Quanta força horizontal foi necessária para iniciar o movimento horizontal da bola? Você precisou fazer apenas uma pequena força. Isso é facilmente feito com um dedo. Vamos ver a equação 3.23 para explicar a razão disso.

$$\Sigma F_x = ma_x$$

Na direção horizontal, a única outra força horizontal atuando sobre a bola é uma pequena força de atrito horizontal exercida nela pelo chão, então:

$$\Sigma F_x = P_x + (-F_f) = ma_x$$

$$P_x - F_f = ma_x$$

onde:

P_x = empurrão do dedo e

F_f = força de atrito do solo

Para acelerar uma bola horizontalmente e iniciar seu movimento, a força do empurrão do dedo deve ser apenas um pouco maior que a pequena força de atrito exercida pelo chão. Nesse caso, a força que você exerce pode ser inferior a 4,5 N (1 lb), e a bola vai iniciar seu movimento.

Agora, tente levantar a bola com o mesmo dedo (use um dos buracos mesmo assim nela). Você consegue fazer isso? Se não, use toda sua mão e os três buracos. Quanta força é necessária para iniciar o movimento da bola para cima? É bastante difícil fazer isso usando a força de apenas um dedo. Por que é necessária tanta força a mais para acelerar um objeto para cima do que para os lados? Veja a equação 3.24 novamente.

Problema ilustrativo 3.3

Um corredor de 52 kg está correndo para frente a 5 m/s quando seu pé toca o chão. A força de reação vertical do solo atuando sob seu pé nesse instante é de 1.800 N. A força de atrito atuando sob seu pé é uma força de frenagem de 300 N. Essas são as únicas forças externas atuando sobre o atleta além da gravidade. Qual é a aceleração vertical do corredor como resultado dessas forças?

Solução:

Passo 1: Liste as gandezas conhecidas e as que podem ser derivadas facilmente.

$m = 52$ kg

$R_x = 300$ N

$R_y = 1.800$ N

$P = mg = (52$ kg$)(9,81$ m/s$) = 510$ N

Passo 2: Identificar a variável que deve ser solucionada.

$a_y = ?$

Passo 3: Desenhe o diagrama de corpo livre do corredor.

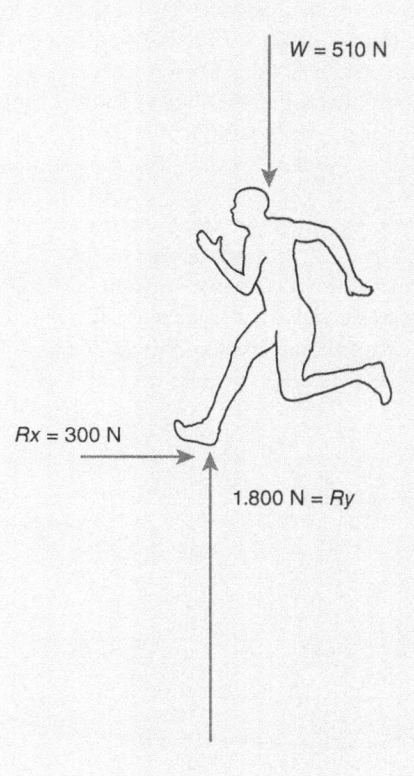

$W = 510$ N

$Rx = 300$ N

1.800 N $= Ry$

Passo 4: Procure equações com as variáveis conhecidas e não conhecidas – a segunda lei de Newton funciona aqui.

$\Sigma F_y = ma_y$

$\Sigma F_y = (R_y - W) = ma_y$

Passo 5: Substitua os valores e isole a variável desconhecida.

1.800 N $- 510$ N $= (52$ kg$) a_y$

$a_y = (1.290$ N$)/(52$ kg$) = 24,8$ m/s^2 para cima

Passo 6: Verificação de senso comum.
A resposta, 24,8 m/s², é cerca de duas vezes e meia a aceleração devido à gravidade (2,5 g). Isso é aproximadamente adequado para a fase de impacto de um passo de corrida. O número é positivo, então indica uma aceleração para cima. A velocidade para baixo do corredor é diminuída à medida que o pé atinge o solo.

$\Sigma F_y = ma_y$

Na direção vertical, a única outra força vertical exercida sobre a bola é a da gravidade,

$\Sigma F_y = P_y + (-W) = ma_y$

$P_y - W = ma_y$

onde:

R_y = força para puxar para cima do dedo (ou mão) e

P = peso

Para iniciar o movimento da bola para cima, você deve exercer sobre ela uma força para cima maior que seu peso – nesse caso, maior que 7,3 kg. Em geral, fazer algo iniciar o movimento horizontalmente requer bem menos força (e, assim, menos esforço) do que fazer algo iniciar o movimento para cima. A Figura 3.7 ilustra isso.

Agora, sabemos que uma força resultante é necessária para diminuir ou aumentar a velocidade de algo. Diminuir ou aumentar a velocidade são exemplos de aceleração. Uma força resultante é necessária para mudar direções? Sim, uma vez que a aceleração é causada por uma força resultante e mudança na direção é uma aceleração, uma força resultante é necessária para trocar direção. O que acontece quando você corre em uma curva? Você muda sua direção de movimento e, portanto, está acelerando. Uma força resultante atua na direção horizontal para causar essa aceleração. Da onde vem a força horizontal externa? Pense no que acontece quando você tenta correr em uma curva em um rinque de gelo. Isso não é possível, porque não há atrito suficiente. Atrito é a força externa horizontal que faz você mudar a direção à medida que corre em uma curva.

Impulso e quantidade de movimento

Matematicamente, a segunda lei de Newton é expressa pela equação 3.22:

$\Sigma F = ma$

Isso mostra o que acontece apenas em um instante de tempo. A aceleração causada pela força resultante é instantânea. Essa é a aceleração experimentada pelo corpo ou objeto no instante em que a força resultante atua e vai mudar se esta variar. Exceto pela gravidade, a maior parte das forças que contribuem para a força externa resultante mudam com o tempo. Assim, a aceleração de um objeto que está sujeito a essas forças também muda com o tempo.

Nos esportes e no movimento humano, com frequência estamos mais preocupados com o resultado final das forças externas atuando sobre um atleta ou objeto durante um determinado período de tempo do que com sua aceleração instantânea em algum instante da aplicação da força. Nós queremos saber o quão rápido a bola de beisebol estava indo depois que o lançador exerceu força durante o arremesso.

A segunda lei de Newton pode ser usada para determinar isso. Olhando a equação 3.22 levemente diferente, nós podemos considerar qual aceleração média é causada por uma força resultante média:

$\Sigma \bar{F} = m\bar{a}$ (3.26)

onde:

$\Sigma \bar{F}$ = força resultante média e

$\bar{a}$ = aceleração média

Uma vez que aceleração média é a mudança na velocidade pelo tempo (equação 2.9),

$\bar{a} = \dfrac{v_f - v_i}{\Delta t}$

$\bar{a} = \dfrac{\Delta v}{\Delta t}$

A equação 3.26 se torna:

$\Sigma \bar{F} = m\bar{a}$

$\Sigma \bar{F} = m\left(\dfrac{\Delta v}{\Delta t}\right)$ (3.27)

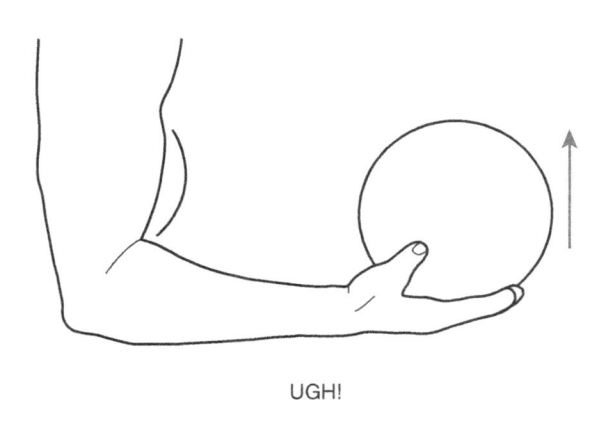

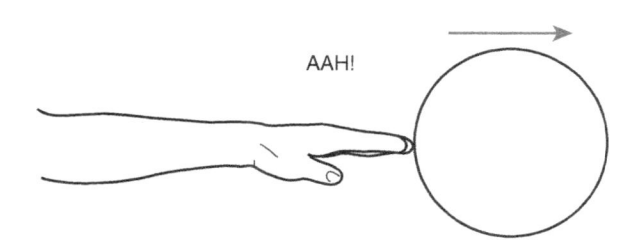

Figura 3.7 É muito mais fácil acelerar alguma coisa no sentido horizontal do que no vertical.

Multiplicando ambos os lados por Δt, teremos:

$$\Sigma \bar{F} \, \Delta t = m \, \Delta v \quad (3.28)$$

$$\Sigma \bar{F} \, \Delta t = m(v_f - v_i) \quad (3.29)$$

Essa é a relação impulso-quantidade de movimento. **Impulso** é o produto da força pelo tempo de durante o qual esta atua. Se a força não é constante, o impulso é a média dos tempos de força, a duração da força resultante média. O impulso produzido por uma força resultante atuando por um período de tempo causa uma mudança na quantidade de movimento de um objeto. Nós podemos interpretar essa alteração como uma mudança média na velocidade, porque a maior parte dos objetos tem massa constante. Se quisermos alterar a velocidade de um objeto, podemos produzir uma maior mudança na velocidade fazendo uma força resultante média maior atuar sobre ele ou aumentando o tempo durante o qual ela atua.

Quando Newton declarou sua segunda lei do movimento, ele realmente quis se referir ao movimento do impulso. A mudança no movimento de um objeto é proporcional à força aplicada.

A relação impulso-quantidade de movimento descrita matematicamente pela equação 3.29 é, na verdade, apenas uma outra maneira de interpretar a segunda lei de Newton. Essa interpretação pode ser mais útil para nós no estudo do movimento humano. A força resultante média agindo sobre um intervalo de tempo irá causar uma mudança na dinâmica do objeto. Podemos interpretar a mudança na quantidade de movimento a partir da mudança na velocidade, pois a maioria dos objetos tem massa constante. Se queremos mudar a quantidade de movimento do objeto, podemos produzir uma força resultante média atuando por algum intervalo de tempo.

> A força resultante média atuando por algum intervalo de tempo causará uma mudança na quantidade de movimento do objeto.

Usando impulso para aumentar quantidade de movimento

A tarefa em muitas habilidades esportivas é causar uma grande mudança na velocidade de alguma coisa. Em eventos de lançamento, a bola (ou peso, disco, martelo, *frisbee*, etc.) não tem velocidade no início do arremesso, e a tarefa é dar ao objeto uma alta velocidade no final do lançamento. Nós queremos aumentar sua quantidade de movimento. Do mesmo modo, em eventos de colisão, a raquete (ou bastão, punho, taco, vara, etc.) não tem velocidade no início do balanço (ou golpe ou soco), e a tarefa é dar-lhe a maior velocidade logo antes do impacto. Nossos corpos podem ser os objetos cuja quantidade de movimento queremos aumentar, como ocorre em eventos de saltos e outras atividades. Em todas essas práticas, as técnicas usadas podem ser explicadas em parte pela relação impulso-quantidade de movimento. Uma grande mudança na velocidade é produzida por uma grande força resultante média atuando por um longo intervalo de tempo. Como há limites nas forças que humanos são capazes de produzir, muitas técnicas esportivas envolvem aumentar a duração da aplicação de força. Tente o Autoexperimento 3.6 para ver como a duração da força afeta o desempenho.

Autoexperimento 3.6

Pegue uma bola na sua mão de lançamento e veja quão distante (ou com qual velocidade) você consegue lançá-la usando somente movimentos do punho. Mexa apenas sua mão e mantenha seu antebraço, seu braço e o resto do corpo parados. Essa não é uma técnica muito efetiva, é? Agora, tente lançá-la de novo, mas dessa vez use seu cotovelo e punho. Mova somente sua mão e antebraço, mantendo o braço e o resto do corpo imóveis. Essa técnica é melhor, mas ainda não é muito efetiva. Tente uma terceira vez usando punho, cotovelo e ombro. Mova apenas sua mão, seu antebraço e seu braço, mantendo o resto do seu corpo parado. Essa técnica é um avanço em relação à anterior, mas você ainda pode fazer melhor. Tente uma quarta vez lançando como você normalmente faria, sem restrições. Esse lançamento foi provavelmente o mais rápido. Em qual deles você conseguiu exercer força contra a bola pela maior quantidade de tempo? E pela menor quantidade de tempo?

Durante o Autoexperimento 3.6, você exerceu o maior impulso na bola quando usou sua técnica normal de lançamento. Como resultado, a quantidade de movimento dela mudou bastante, e ela deixou sua mão com a maior velocidade. O grande impulso foi o resultado de uma força resultante média relativamente alta sendo exercida sobre a bola por um tempo relativamente longo. Você exerceu o menor impulso quando usou apenas seu punho. A quantidade de movimento da bola não mudou muito, e a bola deixou sua mão com a menor velocidade. O impulso pequeno foi resultado de uma força resultante média relativamente pequena sendo exercida sobre bola por um curto tempo. A técnica de lançamento normal envolveu mais segmentos na ação do arremesso, e você foi capaz de aumentar o tempo durante o qual pôde exercer uma força sobre a bola (e provavelmente foi capaz de exercer uma força média maior). O resultado final foi um lançamento mais rápido. Em função do período mais longo de aplicação de força, a bola teve mais tempo para aumentar a velocidade e, assim, sua velocidade no lançamento foi maior.

Uma coisa importante para lembrar sobre a relação impulso-quantidade de movimento (equação 3.29),

$$\Sigma \bar{F} \, \Delta t = m(v_f - v_i),$$

é que a força resultante média, $\Sigma \bar{F}$, no termo do impulso é um vetor, assim como são as velocidades, v_f e v_i, no termo da quantidade de movimento. Um impulso vai causar uma mudança na quantidade de movimento e, assim, uma alteração na velocidade na direção da força. Se você quer mudar a velocidade de um objeto em uma direção específica, a força aplicada, ou algum de seus componentes, deve ocorrer nessa direção específica.

Qual é a maior limitação no impulso – a força ou o tempo? Tente o Autoexperimento 3.7 para ajudar a responder essa questão.

Autoexperimento 3.7

Veja quão distante (ou com qual velocidade) você consegue lançar um objeto muito leve (como uma bola de tênis de mesa) em comparação a outro muito pesado (como um peso de 7,3 kg). O que restringiu o desempenho do seu lançamento com o objeto mais leve? O fator limitante foi sua força (você precisa ser excepcionalmente forte para lançar uma bola de tênis de mesa rápido?) ou sua técnica (duração da aplicação da força)? O que limitou seu desempenho com o objeto mais pesado – força ou técnica (duração da aplicação da força)?

No Autoexperimento 3.7, o fator limitante para lançar o objeto muito leve foi sua técnica, não sua força. Mais especificamente, o período de tempo durante o qual você pôde exercer força sobre a bola foi limitado. Muito curto. A bola acelerou tão rapidamente que sua mão teve dificuldade de acompanhá-la e ainda exercer força.

Reciprocamente, nesse experimento, o fator limitante para lançar o objeto muito pesado foi sua força, não sua técnica. Quando você tentou arremessar (ou lançar) o peso de 7,3 kg, o fator limitante não foi a duração da aplicação da força, mas o tamanho dela. A força que você exerceu foi definitivamente maior que aquela exercida ao lançar a bola de tênis de mesa, mas a quantidade de força foi limitada pela sua capacidade de produção de força. Se sua capacidade fosse maior, a força que você poderia exercer no peso seria maior, e ele teria ido mais longe e mais rápido.

Quando você lançou a bola de tênis de mesa no Autoexperimento 3.7, a força resultante média, $\Sigma \bar{F}$, não foi o problema; o seu tempo de aplicação, Δt, foi. No arremesso de peso, o tempo de aplicação foi longo, mas a quantidade de força aplicada foi limitada. Nos dois exemplos, maximizar ambas as quantidades, $\Sigma \bar{F}$ e Δt, resultaria em lançamento ou arremesso mais rápido. Contudo, ao lançar um objeto mais leve, técnica (duração da aplicação da força) é mais importante para se obter êxito, enquanto, no caso de objetos pesados, é a força aplicada. Compare lançamentos do beisebol e arremessadores de martelo a atletas de lançamento de peso. Estes últimos são maiores e mais fortes. Seus treinamentos e seleções têm sido baseados em sua habilidade para produzir altas forças ($\Sigma \bar{F}$ no impulso). Lançadores do beisebol e atletas de arremesso de dardo não são tão fortes. Eles têm sucesso porque suas técnicas maximizam o período de aplicação de força (Δt no impulso).

Agora, vamos experimentar uma atividade na qual o elemento de força no impulso é limitado, de modo que sejamos forçados a enfatizar a duração da aplicação de força (Δt) na equação do impulso. Tente o Autoexperimento 3.8.

Autoexperimento 3.8

Encha vários balões com água até que fiquem mais ou menos do tamanho de uma bola de *softball*. Leve-os para um campo aberto ou estacionamento vazio. Agora, veja quão rápido consegue lançar um sem que ele estoure em sua mão. Se você exercer uma força muito alta contra o balão, ele vai estourar. Para lançá-lo longe, é preciso maximizar a duração do período de aplicação de força no lançamento enquanto limita a magnitude da força exercida contra ele para que não estoure. Não limite sua técnica ao que você considera estilos normais de lançamento. Lembre, a melhor técnica será aquela na qual você acelera o balão pelo maior tempo possível enquanto aplica a maior força contra o balão (mas que não o estoure).

Vamos resumir o que aprendemos sobre impulso e quantidade de movimento até agora. A relação é descrita matematicamente pela equação 3.29:

$$\Sigma \bar{F} \, \Delta t = m(v_f - v_i)$$

impulso = quantidade de movimento

onde:

$\Sigma \bar{F}$ = força resultante média atuando em um objeto,

Δt = intervalo de tempo durante o qual essa força atua,

m = massa do objeto sendo acelerado,

v_f = velocidade final do objeto no final do intervalo de tempo e

v_i = velocidade inicial do objeto no início do intervalo de tempo

Em muitas situações esportivas, a meta é conferir uma velocidade alta a um objeto. Sua velocidade inicial é zero, e a velocidade final alta, então queremos aumentar sua quantidade de movimento. Nós alcançamos isso exercendo uma força alta contra o objeto pelo maior tempo possível (exercendo um grande impulso). Técnicas em atividades esportivas como arremessos ou saltos são largamente baseadas no aumento do tempo de aplicação da força para obter um alto impulso.

> As técnicas de atividades esportivas como arremessos ou saltos são largamente baseadas no aumento do tempo de aplicação da força para obter um alto impulso.

Usando impulso para diminuir quantidade de movimento

Em algumas outras atividades, pode ser que um objeto tenha uma velocidade inicial alta e nós queiramos reduzi-la ou zerá-la. Nós queremos diminuir a quantidade de movimento. Você consegue pensar em situações assim? Que tal a aterrissagem de um salto? Agarrar uma bola? Receber um soco? A relação impulso-quantidade de movimento se aplica à análise dessas situações? Sim. Vamos tentar outra atividade. Tente o Autoexperimento 3.9 (é melhor fazer isso em um dia quente).

Autoexperimento 3.9

Encha mais balões com água e vá para a rua. Com um amigo, joguem um para o outro um balão d'água. Veja quão distantes vocês podem ficar um do outro e ainda agarrar o balão sem estourá-lo. Se você não conseguir um amigo disposto a participar da brincadeira, tente sozinho. Jogue um balão para cima e agarre-o sem que estoure. Tente jogá-los cada vez mais alto.

Como é sua técnica quando você tenta agarrar o balão d'água no Autoexperimento 3.9? Para que ele não estoure, seus braços devem "ceder" com o balão. Você começa com os braços estendidos e depois os move na direção do movimento do balão à medida que começa a agarrá-lo.

Essa ação de ceder aumenta o tempo de impacto, Δt, na equação impulso-quantidade de movimento, equação 3.29. Esse aumento no tempo de impacto diminui a força média do impacto, $\Sigma \bar{F}$, necessária para parar o balão. Essa força média de impacto menor diminui as chances de o balão estourar.

Por que fica mais difícil agarrar o balão conforme você e seu amigo se afastam ou conforme você o lança mais alto? À medida que se afasta ou joga o balão mais alto, o impulso que você exerce sobre ele deve ser maior para criar a grande mudança na quantidade de movimento necessária para pará-lo. Torna-se mais difícil criar um impulso alto o bastante para parar o balão sem permitir que a força de impacto exceda o ponto no qual o balão vai estourar. A técnica usada na aterrissagem de um salto é similar àquela usada para agarrar um balão d'água se você pensar no atleta como o balão. Tente o Autoexperimento 3.10 para ver.

Autoexperimento 3.10

Fique de pé em uma cadeira. Agora, salte da cadeira e caia de pé. Como você reduziu a força de impacto? Você flexionou seus joelhos, tornozelos e quadril. Isso aumentou o tempo de impacto – o tempo que levou para diminuir sua velocidade –, o que, por sua vez, aumentou do Δt na equação impulso-quantidade de movimento (equação 3.29), diminuindo, assim, a força média de impacto, $\Sigma \bar{F}$, já que a mudança na quantidade de movimento, $m(v_f - v_i)$, seria a mesma independentemente de você flexionar ou não suas pernas.

O que aconteceria se você aterrissasse com as pernas rígidas? **Não tente isso!** O tempo de impacto seria muito menor, e a força média de impacto seria muito maior, uma vez que a mudança na quantidade de movimento ainda seria a mesma. Essa força de impacto pode ser alta o bastante para causar uma lesão.

Vamos examinar a equação de impulso-quantidade de movimento (equação 3.29) novamente para ver por que isso é assim:

$$\Sigma \bar{F} \Delta t = m(v_f - v_i)$$

O lado direito da equação é o mesmo se você saltar da cadeira e aterrissar com pernas rígidas ou flexioná-las. Sua massa, m, não muda. Sua velocidade final, v_f, é a mesma em ambas as condições. Essa é sua velocidade no final da aterrissagem, que será zero. Sua velocidade inicial, v_i, também é a mesma nos dois casos e se você saltar da mesma altura. Essa é sua velocidade quando seus pés fazem o primeiro contato com o solo. Sua mudança de velocidade, $(v_f - v_i)$, é a mesma para ambas as condições. Assim sua mudança de quantidade de movimento, $m(v_f - v_i)$, o lado direito da equação 3.29, permanece o mesmo independentemente de você aterrissar com suas pernas rígidas ou flexioná-las. Mas como as forças médias de impacto podem mudar entre as condições?

A mudança na quantidade de movimento é a mesma para as duas técnicas de aterrissagem. Isso significa que o impulso, $\Sigma \bar{F} \Delta t$, o lado esquerdo da equação 3.29, também deve ser igual para as duas técnicas. Isso não quer dizer que a força média de impacto, $\Sigma \bar{F}$, deve ser a mesma para ambas as condições ou que o tempo de impacto, Δt, deve ser igual. Significa apenas que o produto dos dois, $\Sigma \bar{F}$ vezes Δt, deve ser o mesmo para as duas técnicas de aterrissagem. Se o tempo, Δt, for pequeno, a força média de impacto, $\Sigma \bar{F}$, deve ser grande; se for grande, Δt, a força média de impacto, $\Sigma \bar{F}$, deve ser pequena. Enquanto a mudança na quantidade de movimento, $m(v_f - v_i)$, for a mesma para ambas as atividades, mudanças no tempo de impacto, Δt, são acompanhadas por mudanças inversamente proporcionais na força média de impacto, $\Sigma \bar{F}$.

Em alguns esportes e atividades, atletas ou participantes podem não ser capazes de aterrissar sobre seus pés e flexionar as pernas para reduzir a força média de impacto. Como atletas de salto em altura e salto com vara aterrissam? Eles caem sobre suas costas – não no solo duro, mas em colchões de aterrissagem. Se eles realizassem a queda sobre as costas no chão duro, o tempo de impacto seria pequeno, e as altas forças de impacto definitivamente causariam lesão. Como os colchões de aterrissagem previnem que eles se lesionem? Esses colchões são feitos de material macio que reduz a velocidade do atleta por um tempo longo. Esse tempo de impacto mais longo significa que as forças médias de impacto são reduzidas proporcionalmente. Os colchões de aterrissagem do salto com vara são mais grossos que aqueles usados no salto em altura porque atletas de salto com vara caem de uma altura maior e têm velocidades mais altas no impacto, de modo que o tempo de impacto deve ser reduzido ainda mais para reduzir as forças médias de impacto a níveis seguros.

Os ginastas não costumam aterrissar sobre suas costas, mas sua aterrissagem na saída dos aparelhos ou nos exercícios da rotina do solo recebem mais pontos se eles flexionarem menos seus joelhos, tornozelos e quadril. Se essas aterrissagens ocorressem no solo duro, haveria muito mais lesões nesse esporte. Porém, esses atletas não aterrissam no solo duro; as saídas dos aparelhos ocorrem em superfície acolchoada. Da mesma forma, as aterrissagens nas acrobacias do exercício de solo se dão sobre o solo da ginástica, com molas, elevado e acolchoado. Esse tempo de impacto aumentado diminui a força média de impacto.

Problema ilustrativo 3.4

Um boxeador está socando um saco pesado. O tempo de impacto da luva é 0,10 s. A massa da luva e de sua mão é 3 kg. A velocidade da luva logo antes do impacto é 25 m/s. Qual é a força de impacto média exercida pela luva?

Solução:

Passo 1: Liste as grandezas conhecidas.

$\Delta t = 0,10$ s

$m = 3$ kg

$v_i = 25$ m/s

Assuma que a luva fique completamente parada no final do impacto, que o soco ocorre no plano horizontal e que nenhuma outra força horizontal significativa atue sobre luva ou a mão.

$v_f = 0$ m/s

Passo 2: Identifique a variável desconhecida que a questão pede.

$\bar{F} = ?$

Passo 3: Busque por equações que possuam as variáveis conhecidas e desconhecidas (equação 3.29).

$\Sigma \bar{F} \Delta t = m(v_f - v_i)$

Nesse caso, a força resultante média é a força exercida pelo saco na luva.

$\Sigma \bar{F} = \bar{F}$

Passo 4: Substitua as quantidades conhecidas na equação e isole a força desconhecida.

$\bar{F} \Delta t = m(v_f - v_i)$

$\bar{F} (0,10 \text{ s}) = (3 \text{ kg})(0 - 25 \text{ m/s})$

$\bar{F} = -750$ N

O sinal negativo indica que a força que o saco exerce sobre a luva ocorre na direção oposta à da velocidade inicial da luva.

Passo 5: Verificação de senso comum.
Não sabemos muito sobre forças de impacto no boxe, mas 750 N parecem razoáveis. É cerca de 75 kg.

Deve-se notar que esse aumento no tempo de impacto não é da mesma magnitude daquele experimentado por atletas de salto em altura e salto em distância, ainda que os ginastas possam saltar – e cair – de alturas similares. Assim, os praticantes de ginástica têm maior chance de sofrer lesões devido a quedas duras do que atletas de salto em altura.

Agora, pense em outros equipamentos usados para amortecer impactos por meio do aumento do tempo de impacto. Você pode ter pensado no equipamento de proteção usado pelos jogadores de futebol americano e hóquei, luvas de boxe, luvas de beisebol, o material usado entre a sola de sapatos de corrida, colchões de luta e assim por diante.

A relação impulso-quantidade de movimento oferece as bases para técnicas usadas em muitos esportes e habilidades do movimento humano. Em eventos de arremesso, um atleta aumenta a duração da aplicação da força para aumentar a mudança na quantidade de movimento do objeto sendo arremessado. Isso resulta em uma maior velocidade do objeto no lançamento. O mesmo princípio se aplica às atividades de salto, mas, nesse caso, o corpo sendo "lançado" é o atleta. Na recepção, na aterrissagem e em outras situações de impacto, o objetivo pode ser diminuir a magnitude da força de impacto. Aumentando a duração da aplicação dessa força (aumentando o tempo de impacto), o tamanho da força média de impacto é reduzido. Vejamos a terceira lei do movimento de Newton, que fornece mais informações sobre o que é uma força.

Terceira lei do movimento de Newton: Lei da ação e reação

Actioni contrariam semper et aequalem esse reactionem: sive corporum duorum actiones in se mutuo semper esse aequales et in partes contrarias dirigi. (Newton, 1686/1934, p. 644)

Essa é a terceira lei do movimento de Newton em latim como apresentada no *Principia*. É comumente referida como a lei da ação e reação. Traduzida, essa lei afirma: "para cada ação há sempre oposta uma reação igual: ou a ação mútua de dois corpos um contra o outro são sempre iguais e no sentido da parte contrária" (Newton, 1986/1934, p. 13). Newton usou as palavras *ação* e *reação* para significar força. O termo *força de reação* refere-se à força que um objeto exerce sobre outro. Essa lei explica a origem das forças externas necessárias para alterar o movimento. De forma mais simples, ela afirma que se um objeto (A) exerce uma força sobre outro (B), este último (B) exerce a mesma força sobre o primeiro (A), mas em sentido oposto. Assim, as forças existem em pares espelhados. Seus efeitos não são cancelados um pelo outro porque atuam em objetos diferentes. Outro ponto importante é que as forças são iguais, mas opostas, e não seus efeitos. Vamos tentar o Autoexperimento 3.11 para melhor entender essa lei.

> Se um objeto exerce uma força sobre outro, este último exerce a mesma força sobre o primeiro, mas em sentido oposto.

Autoexperimento 3.11

Vá até uma parede e empurre-a com força. O que acontece quando você faz isso? A parede empurra você de volta. A força que ela exerce sobre você é exatamente igual àquela que você exerceu contra ela, mas no sentido oposto. Pense no que você sente com suas mãos à medida que a empurra. Qual o sentido da força que sentiu? A força sentida é de fato a da parede empurrando você, não a sua força empurrando. Quando você empurrar ou puxar algo, o que você sente não é a sua força empurrando ou puxando; é a força de reação igual, mas em sentido oposto, que está empurrando ou puxando você.

Ao empurrar a parede no Autoexperimento 3.11, por que você não acelerou como resultado da força exercida pela parede? Primeiramente, você pode dizer que a força que ela exerceu sobre você foi cancelada pela que você exerceu sobre ela, assim a força resultante foi zero e nenhuma aceleração ocorreu. Essa seria uma explicação correta? Não. A força que você exerceu contra a parede não atua sobre você, então não pode cancelar o efeito da força que a parede exerce sobre você. Que outras forças atuam sobre você quando empurra a parede? A gravidade o puxa para baixo com uma força igual ao seu peso. O chão empurra para cima contra a sola dos seus sapatos ou seus pés. E uma força de atrito do chão também atua contra seus pés. Essa força de atrito se opõe à força da parede lhe empurrando e evita que você acelere.

E as forças que causam aceleração – elas também vêm em pares? Vamos tentar o Autoexperimento 3.12.

Autoexperimento 3.12

Segure uma bola na sua mão. O que acontece quando você a empurra no sentido horizontal (como faz quando vai arremessá-la)? A bola lhe empurra de volta no sentido oposto com uma força exatamente igual à que você exerce sobre ela. Nesse caso, porém, a bola acelera como resultando da força. Ela ainda exerce força sobre você enquanto acelera. Mais uma vez, pense no que você sente na mão quando realiza o lançamento. A bola empurra sua mão. Se você tentar lançá-lo mais forte, sentirá uma força maior contra sua mão. Em qual direção essa força atua? Ela atua na direção oposta à da aceleração da bola. Ela empurra contra sua mão. A força que sua mão exerce sobre a bola atua na direção da aceleração dela.

Vamos imaginar a seguinte situação. Você está alinhado de frente para um jogador ofensivo de uma equipe da National Football League. Ele pesa o dobro que você. Seu trabalho é empurrá-lo para fora do caminho. Quando você o empurra, ele lhe empurra de volta. Quem empurra mais forte? De acordo com a terceira lei do movimento de Newton, a força com que ele empurra você é exatamente igual à que você o empurra. E o efeito dessas forças? A segunda lei do movimento de Newton diz que o efeito de uma força sobre um corpo depende da massa desse corpo e das outras forças atuando sobre ele. Quanto maior a massa, menor o efeito. Quanto menor a massa, maior o efeito. Como a massa dele é bem maior, e a força de atrito sob seus pés provavelmente é grande também, o efeito da sua força ao empurrá-lo será pequeno. Como sua massa é pequena em relação à dele, e o atrito sob seus pés é provavelmente menor que o atrito sob os pés dele, o efeito da força dele empurrando você vai ser maior.

A terceira lei do movimento de Newton ajuda a explicar como as forças atuam e sobre o que elas atuam. A terceira lei nos fornece a base para desenhar diagramas de corpo livre. Porém, ela não explica qual será o efeito delas. Ela nos diz apenas que as forças vêm em pares, e que cada força sobre um par atua sobre um objeto separado.

Lei de Newton da gravitação universal

A lei de Newton da gravitação universal nos dá uma melhor explicação do peso. Essa lei foi supostamente inspirada pela queda de uma maçã na fazenda da família de Newton, em Lincolnshire, quando ele morava lá nos anos da praga (Fig. 3.8). Ele apresenta essa lei em duas partes. Primeiro, afirma que todos os objetos atraem uns aos outros com uma força gravitacional que é inversamente proporcional ao quadrado da distância entre eles. Segundo, afirma que essa força da gravidade é proporcional à massa de cada um dos dois corpos que se atraem. A lei universal da gravitação pode ser representada matematicamente como:

$$F = G\left(\frac{m_1 m_2}{r^2}\right), \tag{3.30}$$

onde F é a força da gravidade, G é a constante universal de gravitação, m_1 e m_2 são as massas dos dois objetos envolvidos e r é a distância entre os centros de massa dos dois objetos.

A lei de Newton da gravitação universal foi importante porque forneceu uma descrição das forças que atuam entre cada um dos objetos no universo. Essa lei, quando usada com as leis do movimento, prediz o movimento dos planetas e estrelas. As forças gravitacionais entre a maior parte dos objetos em esportes são muito pequenas – tão pequenas que podemos ignorá-las. Entretanto, existe um objeto com que devemos nos preocupar no esporte, o qual é grande o suficiente para produzir uma força gravitacional substancial sobre outros objetos. Esse objeto é a Terra. A força gravitacional do planeta atuando sobre um corpo é o peso dele. Para um objeto próximo da superfície da Terra, vários dos termos na equação 3.30 são constantes. Esses termos são G, a constante universal da gravidade; m_2, a massa da Terra, e r, a distância entre o centro da terra e sua superfície. Se introduzirmos uma nova constante,

$$g = G\left(\frac{m_2}{r^2}\right), \tag{3.31}$$

A equação 3.30 se torna:

$F = mg$

ou:

$W = mg$

onde P é a força da gravidade da Terra atuando sobre o objeto, ou seu peso; m é a massa do objeto; e g é a aceleração do objeto causada pela força de gravidade da Terra. Essa é a mesma equação para peso que vimos no Capítulo 1. Agora, nós sabemos a base para a equação.

Resumo

As bases da cinética linear, explicando as causas do movimento linear, estão nas leis do movimento de Newton. A primeira lei de Newton explica que objetos não se movem nem mudam seu movimento a menos que uma força exter-

Figura 3.8 A suposta inspiração para a lei de Newton da gravitação universal.

na resultante atue sobre eles. Uma extensão da primeira lei é o princípio da conservação do movimento. A segunda lei do movimento de Newton explica o que acontece se uma força externa resultante atua sobre um objeto. Ele vai acelerar na direção da força externa resultante, e sua aceleração será inversamente relacionada a sua massa. A relação impulso-quantidade de movimento apresenta a segunda lei de Newton em uma forma mais aplicável a esportes e movimento humano. As bases para as técnicas usadas em muitas habilidades esportivas estão nessa relação. Aumentar a duração da aplicação da força aumenta a mudança na quantidade de movimento. A terceira lei de Newton explica que as forças atuam em pares. Para cada força atuando sobre um objeto, há outra, igual, atuando no sentido oposto sobre outro objeto. Finalmente, a lei de Newton da gravitação universal nos dá as bases para a força da gravidade.

TERMOS-CHAVE

Coeficiente de restituição (p. 94)
Força de reação (p. 88)
Impulso (p. 101)
Quantidade de movimento linear (p. 88)

QUESTÕES DE REVISÃO

1. Um objeto pode estar em movimento se nenhuma força externa atua sobre ele?
2. Forças externas podem atuar sobre um objeto e não causar aceleração? Explique.
3. Quando você dobra uma esquina enquanto caminha, qual força causa a sua mudança de direção e onde ela atua sobre você?
4. Mostre como a primeira lei do movimento de Newton pode ser derivada da segunda lei do movimento de Newton.
5. A terceira lei do movimento de Newton afirma que para cada ação há uma reação igual, mas oposta. Quando está parado no chão, a força da gravidade puxa você para baixo. Qual é a força de reação igual, mas oposta, à força de gravidade?
6. Um objeto pode mudar sua direção de movimento se nenhuma força externa atuar sobre ele?
7. A equipe de Mike e a equipe de Pete estão em uma competição de cabo de guerra. O time de Mike puxou mais forte inicialmente, e agora ambas as equipes e a corda estão se movendo com velocidade constante na direção da força com que a equipe de Mike puxa. Qual dos times está puxando a corda com maior força nesse instante?
8. Quando você levanta um halter para cima, a carga parece "mais pesada" próximo do início do levantamento e "mais leve" próximo do final, especialmente se o movimento for mais rápido. Por quê?
9. O peso médio de um jogador de futebol americano da NFL aumentou 10% nos últimos 20 anos. Descreva as vantagens mecânicas que um atleta mais pesado tem sobre um mais leve.
10. Descreva um exemplo da primeira lei do movimento de Newton nos esportes ou movimento humano.
11. Descreva um exemplo da segunda lei do movimento de Newton nos esportes ou movimento humano.
12. Descreva um exemplo da conservação da quantidade de movimento nos esportes ou movimento humano.
13. Descreva um exemplo do princípio de impulso e quantidade de movimento nos esportes ou movimento humano.
14. Descreva um exemplo da terceira lei do movimento de Newton nos esportes ou movimento humano.

PROBLEMAS

1. Quentin está levantando um halter de 10 kg com uma força de 108,1 N. Qual é a aceleração do halter resultante dessa força?
2. Grant acelera horizontalmente uma bola de 1 kg a 5,0 m/s^2. A aceleração vertical da bola é zero. A força da gravidade é a única força externa atuando sobre a bola além da força exercida por Grant.
    a. Qual o tamanho da força horizontal que Grant exerce sobre a bola nesse instante para causar sua aceleração horizontal de 5,0 m/s^2?
    b. Qual o tamanho da força vertical que Grant exerce sobre a bola nesse instante?
3. Durante um lançamento rápido, a aceleração horizontal máxima da bola de beisebol de 146 g é 1.000 m/s^2. Qual força horizontal o lançador está exercendo sobre a bola nesse instante para causar tal aceleração?
4. Tonya se choca com Nancy enquanto treinam suas rotinas de patinação artística. A massa de Tonya é 60 kg, e a de Nancy, 50

kg. Logo antes da colisão ocorrer, a velocidade de Tonya é 5 m/s, e a de Nancy, 6 m/s na direção oposta. Durante a colisão, Tonya exerce uma força média de 1.000 N contra Nancy.

   a. Qual o tamanho da força média que Nancy exerce contra Tonya durante a colisão?
   b. Se essa colisão é a única força horizontal atuando sobre as patinadoras durante a colisão, qual aceleração horizontal média cada patinadora sofre no instante do choque?
   c. Se a colisão é perfeitamente inelástica, com qual velocidade e em qual direção Tonya e Nancy irão se mover logo após o impacto?

5. Doris está tentando levantar uma pilha de livros da mesa. A pilha tem massa de 15 kg. Qual é a força para cima mínima que Doris deve exercer sobre os livros para levantá-los da mesa?

6. Blanche, uma atleta de arremesso de peso, está arremessando um peso de 4 kg em um evento de atletismo. Logo antes de lançar o peso, ela está no ar (seus pés não tocam o chão). Nesse instante, a única força que ela exerce contra o peso é uma força horizontal de 800 N para frente.

   a. Qual é a aceleração horizontal de Blanche nesse instante?
   b. Qual é a aceleração vertical de Blanche nesse instante?
   c. Qual é a aceleração horizontal do peso nesse instante?
   d. Qual é a aceleração vertical do peso nesse instante?

7. Jay está deslizando no sentido norte com seus esquis *cross-country* em uma área lisa de neve a 7 m/s. Sua massa é de 100 kg. O coeficiente de atrito dinâmico entre os esquis e a neve é 0,10. O coeficiente de atrito estático entre os esquis e a neve é 0,12. A força de resistência do ar é 1,9 para trás (sentido sul) de Jay. Se o atrito entre esquis e neve e a resistência do ar são as únicas forças horizontais atuando sobre Jay, qual é sua aceleração horizontal?

8. Mary está tentando parar uma bola de boliche de 5 kg que rola em sua direção. A velocidade horizontal da bola é de 8 m/s quando Mary começa a pará-la. São necessários 2 s para parar a bola. Qual força média Mary exerceu sobre a bola durante esses 2 s?

9. Uma bola de futebol de 0,43 kg está parada no campo quando Darryl a chuta. Seu pé fica em contato com ela por 0,01 s. A velocidade horizontal da bola à medida que deixa o pé de Darryl é 25 m/s. Qual é a força média horizontal exercida pelo pé dele sobre a bola durante o 0,01s de contato (assuma que o atrito entre a bola e o campo é zero)?

10. Peter, um jogador de basquete de 100 kg, aterrissa sobre seus pés após completar uma enterrada e logo depois pula novamente para celebrar sua cesta. Quando seus pés tocam o solo após a enterrada, sua velocidade é 5 m/s para baixo; quando seus pés deixam o solo 0,5 s depois, no segundo salto, sua velocidade é 4 m/s para cima.

    a. Qual o impulso exercido sobre Peter durante esse 0,5 s?

    b. Qual a força resultante média exercida sobre Peter durante esse 0,5 s?

    c. Qual é a força média de reação para cima exercida pelo solo sobre Peter durante esse 0,5 s?

11. Scott está descendo um declive de 30° em seu *skate*. A massa total de Scott e seu *skate* é 75 kg. O atrito de rolagem entre as rodas e o concreto é de 9 N atuando para trás contra o *skate*. A força de arrasto devido à resistência do ar é 11 N atuando para trás contra Scott. Qual é a aceleração de Scott?

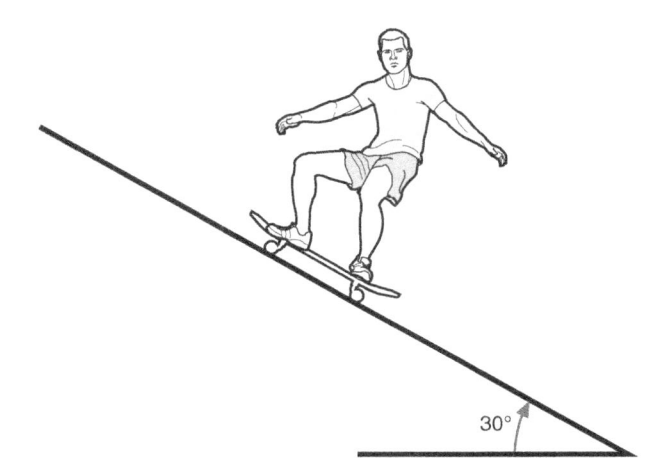

12. Para receber o selo de aprovação da FIFA, uma bola de futebol deve quicar, no mínimo, 135 cm de altura e não mais que 155 cm quando solta de de 200 cm em uma placa de metal.

    a. Qual é o coeficiente de restituição mínimo de uma bola de futebol aprovada pela FIFA?

    b. Qual é o coeficiente de restituição máximo de uma bola de futebol aprovada pela FIFA?

13. Um disco de hóquei aquecido tem coeficiente de restituição de 0,50, enquanto um congelado tem coeficiente de restituição de 0,35. Na NHL, os discos usados em jogos são mantidos congelados. Em um jogo, o árbitro pega um disco do refrigerador para reiniciar a partida, mas é informado pelo gerente de equipamentos que diversos discos aquecidos tinham acabado de ser colocados no refrigerador. Para verificar e certificar-se que ele tem um disco pronto para jogar, o árbitro derruba o implemento de lado de uma altura de 2 m. Qual altura ele deve rebater se for um disco congelado?

14. Uma bola de beisebol colide com um bastão de 1 kg. A bola tem uma velocidade de 40 m/s imediatamente antes da colisão. O centro de massa do bastão também tem velocidade de 40 m/s, mas no sentido oposto, logo antes da colisão. O coeficiente de restituição entre o bastão e a bola é 0,50. Estime com qual velocidade a bola de beisebol está se movendo logo após a colisão com o bastão.

15. Maddie está parada em pé quando seu parceiro de dança, Paul, começa a levantá-la e jogá-la para cima. A massa de Maddie é 40 kg. Paul exerce sobre ela uma força vertical média de 500 N por 1 s durante o movimento de levantar e jogar.

    a. Qual é a velocidade vertical de Maddie quando Paul a solta?

    b. Se o centro de gravidade de Maddie está 1,5 m acima do solo quando Paul a solta, qual altura máxima ela vai atingir?

Ver respostas (em inglês) no *site* www.grupoa.com.br no *link* do livro.

Capítulo 4

Trabalho, potência e energia
Explicando as causas do movimento sem Newton

Objetivos
Ao terminar de ler este capítulo, você deverá ser capaz de:
- Definir trabalho mecânico
- Distinguir as diferenças entre trabalho positivo e negativo
- Definir energia
- Definir energia cinética
- Definir energia potencial gravitacional
- Definir energia potencial elástica
- Explicar a relação entre trabalho mecânico e energia
- Definir potência

Um atleta do salto com vara corre pela pista, abaixando lentamente o implemento conforme se aproxima da saída. Ele se move tão rápido quanto um velocista até que, de repente, deixa cair a extremidade da vara na caixa de apoio e salta. A vara se curva à medida que o deslocamento do saltador para frente diminui e ele começa a subir. Por um momento, parece até que a vara vai quebrar, mas depois sua curvatura começa a se desfazer. A retificação do implemento parece arremessar o saltador para cima. O atleta então se suspende até uma parada de mão sobre a vara conforme ela se aproxima da posição vertical. Ele a empurra com uma mão e eleva-se por cima do sarrafo para terminar o salto. Uau! Como ele consegue converter a velocidade da sua corrida na altura necessária para passar sobre o sarrafo? A relação entre trabalho mecânico e energia fornece a resposta para essa questão. Este capítulo introduz esses conceitos e aborda seu uso na análise de movimento.

Este capítulo segue o estudo da cinética linear iniciado no capítulo anterior. As explicações para as causas do movimento apresentadas aqui não são baseadas nas leis do movimento de Newton, mas nas relações entre trabalho, energia e potência, que foram descobertas e desenvolvidas por diversos cientistas diferentes nos dois séculos seguintes às realizações de Newton. Teoricamente, tudo o que precisamos para analisar e explicar movimento linear são as leis de Newton. Contudo, algumas análises e explicações são mais fáceis se tomam por base a relação de trabalho e energia em vez da mecânica newtoniana. Assim, este capítulo oferece mais ferramentas para analisar e explicar habilidades esportivas.

Trabalho

O que é trabalho? Há muitas definições possíveis. O *Webster's New World Dictionary** usa quase uma coluna inteira (meia página) para listar todas. Em mecânica, entretanto, **trabalho** é o produto da força e da quantidade de deslocamento na direção daquela força (é o meio pelo qual energia é transferida de um objeto ou sistema para outro). Matematicamente, pode ser expresso como:

$$W = F(d) \qquad (4.1)$$

onde:

W = trabalho realizado em um objeto,**

F = força aplicada em um objeto e

---

* N. de T.: Lembre-se que o original deste livro foi feito em inglês. Mas se verificarmos a palavra *trabalho* no Dicionário Aurélio, por exemplo, também encontraremos uma vasta lista de definições.

** N. de T.: Para representar o trabalho, foi utilizada a letra *W*, do inglês *work*, pois a letra *T* é utilizada para representar o torque.

d = deslocamento de um objeto ao longo da linha de ação da força

Por tratar-se do produto de força e deslocamento, as unidades para trabalho são as de força multiplicadas pelas de distância. Esta pode ser Nm. No sistema de unidades internacional, o **joule** (abreviado pela letra J) é a unidade de medida de trabalho, em homenagem a James Prescott Joule (um cervejeiro britânico que estabeleceu as leis de conservação de energia através de experimentos práticos. Saberemos mais sobre isso depois). *Um joule equivale a 1 Nm.*

⟶ Trabalho é o produto entre força e deslocamento.

Como podemos descrever melhor uma força usada para criar deslocamento? Tente o Autoexperimento 4.1.

Autoexperimento 4.1

Se colocar este livro sobre uma mesa e empurrá-lo de lado a lado, você realizou trabalho nele. Teste isso. Para quantificar a quantidade de trabalho, você deveria saber quanta força fez no objeto e a distância que ele se moveu na direção da força (seu deslocamento). Medir o deslocamento é fácil, mas e quanto à força? Quando empurrou o livro, você o fez com a mesma quantidade de força ao longo do movimento ou ela mudou? Provavelmente, variou um pouco, então não foi constante. Se não foi constante, qual valor devemos usar para a força, F, na equação 4.1? Aquela no início do movimento? A no final do movimento? A força máxima? Que tal a força média? Isso faz sentido. O melhor valor para descrever uma força que tem muitos valores durante sua aplicação é a média desses valores – a força média, como na equação 4.2.

A equação 4.1, na verdade, descreve apenas o trabalho feito por uma força constante. O trabalho feito por uma força cuja magnitude varia é:

$$U = \bar{F}(d) \qquad (4.2)$$

onde:

W = trabalho feito em um objeto,

$\bar{F}$ = força média exercida no objeto e

d = deslocamento de um objeto ao longo da linha de ação da força média

Para determinar a quantidade de trabalho realizada por um objeto, precisamos saber três coisas:

1. A força média exercida no objeto.
2. A direção da força.
3. O deslocamento do objeto ao longo da linha de ação da força enquanto esta durar.

Vejamos um exemplo. Um lançador de disco exerce uma força média de 1.000 N no implemento enquanto este se desloca 0,6 m na direção da força (Fig. 4.1). Quanto trabalho o atleta realizou no disco?

$W = \bar{F}(d)$

$W = (1.000 \text{ N})(0,6 \text{ m})$

$W = 600 \text{ Nm} = 600 \text{ J}$

Esse problema foi fácil, porque a força média e o deslocamento foram dados. Vamos tentar algo mais difícil. Um levantador de pesos treina o exercício supino com uma barra de 1.000 N, como mostrado na Figura 4.2. Ele começa com seus braços estendidos e a barra 75 cm acima de seu peito, barrando-a até que esteja a 5 cm acima de seu tórax. Ele faz uma pausa nesse ponto e depois levanta-a de volta à posição inicial. A força média realizada no implemento pelo levantador de pesos é de 1.000 N por todo o exercício. Quanto trabalho ele realizou na barra do início até o final do levantamento?

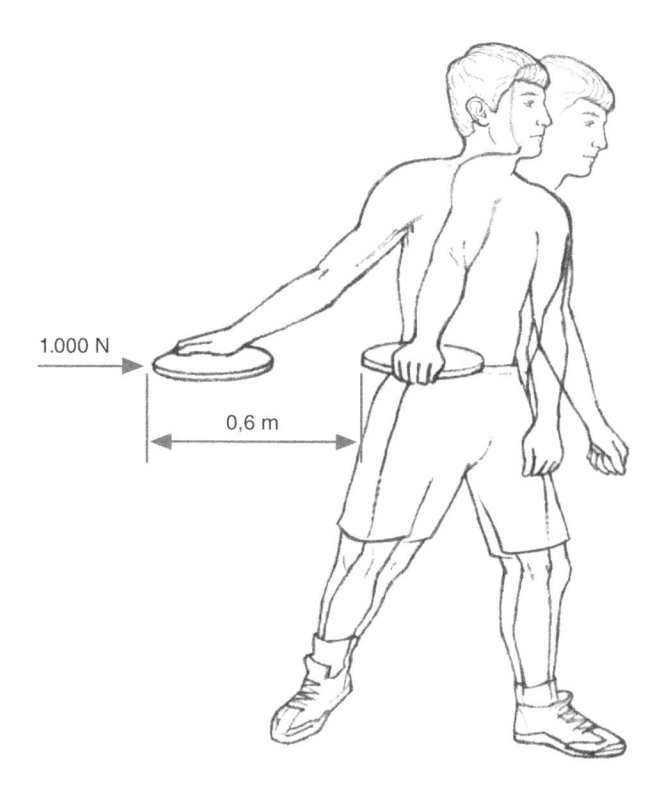

Figura 4.1 Um lançador de disco realiza trabalho em um implemento exercendo sobre ele uma força média de 1.000 N enquanto o desloca por 0,6 m.

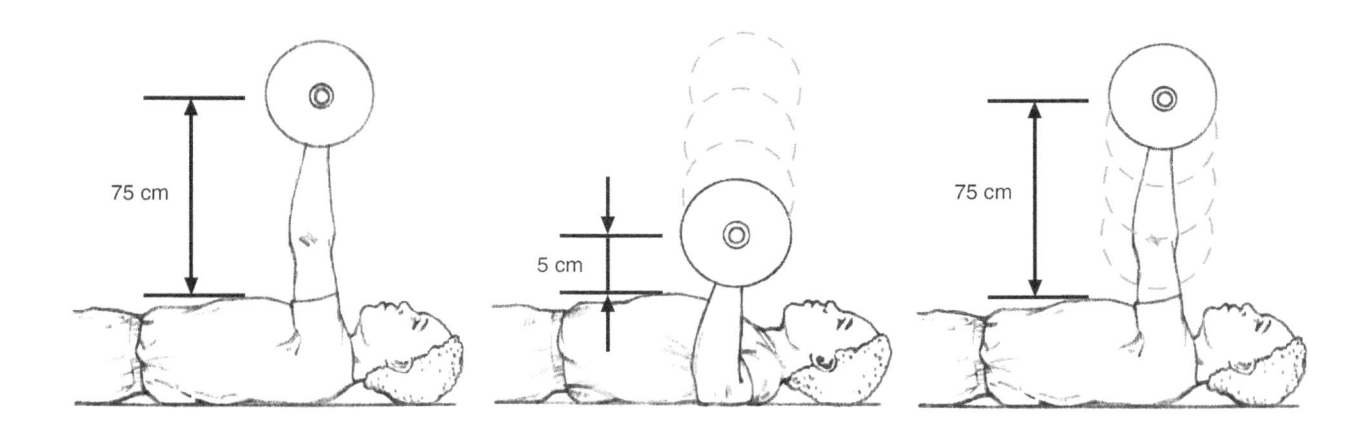

Figura 4.2 As fases de um supino.

$W = \bar{F}(d)$

$W = (1.000 \text{ N})(d)$

Qual foi o deslocamento da barra? A posição inicial e a posição final da barra foram iguais, então o deslocamento foi zero.

$W = (1.000 \text{ N})(0) = 0$

Se o deslocamento foi zero, o trabalho realizado também foi zero. Uau! Isso não parece correto! Certamente, o levantador pensa que ele realizou trabalho. Ele gastou algumas calorias fazendo o supino. É verdade que, do ponto de vista fisiológico, o levantador realizou trabalho, mas, do ponto de vista mecânico, nenhum trabalho foi realizado na barra porque ela estava na mesma posição no final e no começo do levantamento.

Algum trabalho foi realizado durante a subida da barra?

$W = \bar{F}(d)$

$W = (1.000 \text{ N})(d)$

O deslocamento do implemento durante a subida foi:

d = posição final – posição inicial = $y_f - y_i$ (4.3)

d = 75 cm – 5 cm = 70 cm para cima

Se convertermos 70 cm em metros, temos:

$$\frac{70 \text{ cm}}{100 \text{ cm/m}} = 0{,}70 \text{ m} = d$$

Assim, o trabalho realizado foi:

$W = (1.000 \text{ N})(0{,}70 \text{ m}) = 700 \text{ Nm} = 700 \text{ J}$

O levantador realizou trabalho na barra ao erguê-la (700 J). Então, como pode ser que o trabalho total realizado no implemento durante todo o levantamento foi zero? Vamos determinar o trabalho feito durante a descida da barra.

$W = \bar{F}(d)$

$W = (1.000 \text{ N})(d)$

Qual foi o deslocamento da barra durante a fase de descida? Sua posição inicial era 75 cm acima do peito, e sua posição final após a descida, 5 cm acima dele, então:

d = posição final – posição inicial = $y_f - y_i$

d = 5 cm – 75 cm = –70 cm

O deslocamento foi –0,7 m ou 0,7 m para baixo. Em qual direção a força foi exercida na barra? A força era para

---

Problema ilustrativo 4.1

Um fisioterapeuta está auxiliando um paciente com exercícios de alongamento. Ele empurra o pé do indivíduo com uma força média de 200 N. Este resiste à força e move o pé 20 cm na direção do profissional. Quanto trabalho o fisioterapeuta realizou no pé do paciente durante o exercício?

Solução:

Passo 1: Identifique as grandezas conhecidas.

$\bar{F}$ = 200 N

d = –20 cm

Como o deslocamento foi na direção oposta à da força, ele é negativo.

Passo 2: Identifique a variável de interesse.

Trabalho realizado = W = ?

Passo 3: Procure a equação que inclua as variáveis conhecidas e desconhecidas.

$W = \bar{F}(d)$

Passo 4: Substitua as grandezas conhecidas e solucione a equação.

$W = (d)$

$W = \bar{F}(200 \text{ N})(-20 \text{ cm}) = -4.000 \text{ N cm} = -40 \text{ Nm} = -40 \text{ J}$

cima, e o deslocamento para baixo, assim, usando a equação 4.2, o trabalho é:

$$W = \bar{F}(d)$$

$$W = (1.000 \text{ N})(-0,70 \text{ m}) = -700 \text{ Nm} = -700 \text{ J}$$

Durante a descida da barra, foi realizado um trabalho *negativo* de 700 J. Isso soa estranho; como pode ser negativo? O trabalho mecânico é negativo se a direção da força que atua sobre um objeto é oposta ao seu movimento (deslocamento).

Agora, está mais claro por que o trabalho realizado durante todo o levantamento foi zero. Realizou-se -700 J de trabalho durante a descida da barra e +700 J durante sua subida, então o trabalho total ao longo do levantamento é -700 J somado a 700 J, ou zero.

$$W_{levantamento\ total} = W_{descida} + W_{subida}$$

$$W_{levantamento\ total} = -700 \text{ J} + 700 \text{ J}$$

$$W_{levantamento\ total} = 0$$

O trabalho pode ser positivo ou negativo. O positivo é aquele realizado por uma força que faz o objeto se deslocar no mesmo sentido que ela. Um arremessador realiza trabalho positivo em uma bola de beisebol quando a lança; um levantador de peso, quando levanta a carga; um ginasta, quando puxa a si mesmo para cima nas barras assimétricas; um saltador em altura, quando salta do chão.

Já o trabalho negativo é realizado por uma força que atua no sentido oposto ao do deslocamento do objeto. Um jogador de primeira base realiza trabalho negativo quando recebe a bola; um levantador de peso, quando abaixa; um ginasta, quando aterrissa de uma saída. Do mesmo modo, o atrito realiza trabalho negativo sobre um esquiador que desce uma montanha.

> O trabalho pode ser positivo ou negativo. O positivo é aquele realizado por uma força que faz o objeto se deslocar no mesmo sentido que ela. Já o negativo é realizado por uma força que atua no sentido oposto ao do deslocamento do objeto.

Os músculos também podem fazer trabalho mecânico. Quando um músculo contrai, ele puxa suas extremidades. Um trabalho positivo é realizado quando um músculo contrai e seu ponto de inserção se move no mesmo sentido que a força muscular. A força (muscular) e o deslocamento (do ponto de inserção do músculo) ocorrem no mesmo sentido. O músculo encurta, e a contração muscular é concêntrica.

Em contrapartida, um trabalho negativo é realizado quando um músculo contrai e seu ponto de inserção se move no sentido oposto da força muscular. A força (muscular) e o deslocamento (do ponto de inserção do músculo) ocorrem em sentidos opostos. O músculo alonga, e a contração muscular é excêntrica.

Nem toda contração muscular produz trabalho mecânico. Um músculo pode contrair e fazer trabalho mecânico zero. Isso ocorre quando um músculo contrai e suas extremidades não se movem uma com relação à outra. O deslocamento do ponto de inserção do músculo é zero. O comprimento do tecido permanece inalterado, e a contração muscular é isométrica.

Energia

O que é **energia**? Como trabalho, trata-se de um termo com muitos significados. Na mecânica, é definida como a capacidade de realizar trabalho. Há muitas formas de energia: calor, luz, som, química, etc. Na mecânica, nos preocupamos principalmente com a energia mecânica, que se apresenta em duas formas: cinética e potencial. **Energia cinética** é aquela que se deve ao movimento, enquanto a **energia potencial** ocorre devido à posição.

> A energia mecânica se apresenta em duas formas: cinética, que é energia devido ao movimento, e potencial, que ocorre devido à posição.

Energia cinética

Um objeto em movimento tem a capacidade de realizar trabalho devido a seu deslocamento. Mas como a energia cinética é quantificada? Pelo que é afetada? Vamos tentar o Autoexperimento 4.2 para ver se conseguimos algumas ideias sobre energia cinética.

Autoexperimento 4.2

Feche o livro e deite-o sobre uma mesa. Agora, pegue outro volume e empurre-o de modo que deslize sobre a mesa e bata no primeiro. O que aconteceu? O livro que você fez deslizar pela mesa realizou trabalho no outro. Ele exerceu uma força sobre o primeiro livro, que foi deslocado por ela. O volume deslizando pela mesa tem a capacidade de realizar trabalho porque possui energia cinética – energia devido ao movimento.

Tente este experimento novamente, mas dessa vez empurre com mais força para que o livro deslize mais rápido. O trabalho realizado foi maior? Sim. Uma vez que o livro deslizou mais rápido, ele tinha mais energia cinética e, assim, maior capacidade de realizar trabalho. Tente o experimento de novo, mas agora faça deslizar um livro mais pesado (porém com a mesma velocidade). O trabalho realizado foi maior? De alguma forma, a maior massa do livro significou que ele teve mais energia cinética e, assim, maior capacidade de realizar trabalho. (E você também teve o prazer de fazer esse livro-texto cair no chão diversas vezes!)

A energia cinética de um objeto é afetada pela massa e velocidade do objeto. Se fizéssemos medidas mais precisas, descobriríamos que a energia cinética é proporcional ao quadrado da velocidade. Matematicamente, definimos energia cinética da seguinte maneira:
onde:

$$E_C = \frac{1}{2}mv^2 \tag{4.4}$$

onde:

E_C = energia cinética,

m = massa e

v = velocidade

As unidades para energia cinética são unidades de massa vezes velocidade ao quadrado, ou kg(m²/s²), mas isso é o mesmo que [kg(m/s²)]m, que equivale a Nm, ou um joule. A unidade de medida da energia cinética é a mesma do trabalho. Para determinar a energia cinética de um objeto, devemos saber sua massa e sua velocidade.

Quanta energia cinética tem uma bola de beisebol lançada a 35,8 m/s? A massa da bola é 145 g (0,145 kg). Para determinar a energia cinética, use a equação 4.4:

$$E_C = \frac{1}{2}mv^2$$

$$E_C = \frac{1}{2}(0{,}145 \text{ kg})(35{,}8 \text{ m/s})^2$$

$$E_C = 92{,}9 \text{ J}$$

Determinar a energia cinética de um objeto é mais fácil do que determinar o trabalho feito por uma força, já que podemos medir massa e velocidade com mais facilidade do que medimos força.

Energia potencial

Energia potencial é a energia (capacidade de realizar trabalho) que um objeto tem devido a sua posição. Ela pode ser dividida em dois tipos: energia potencial gravitacional, que ocorre devido à posição do objeto em relação à terra; e energia potencial elástica, que ocorre em função da deformação de um objeto.

Energia potencial gravitacional

Energia potencial gravitacional é aquela devido à posição de um objeto com relação à terra. Ela está relacionada com o peso do objeto e sua elevação ou altura acima do solo ou alguma referência. Vamos tentar o Autoexperimento 4.3 para ver uma demonstração da energia potencial gravitacional.

Autoexperimento 4.3

Pegue um martelo, pregos e um bloco de madeira. Segure um prego sobre o bloco. Se você levantar o martelo somente alguns centímetros e golpear, ele não vai empurrar o prego muito fundo. Ele realiza pouco trabalho porque tem pouca energia potencial. Porém, se você levantá-lo mais alto para desferir o golpe, ele empurra o prego bem mais fundo. O martelo realiza mais trabalho porque ele tem maior energia potencial (estava mais alto em relação ao prego). Suponha que você tenha um martelo mais pesado. Ele empurraria o prego mais fundo com um golpe da mesma altura?

Matematicamente, a energia potencial gravitacional é defina como:

$$E_G = Ph \tag{4.5}$$

ou:

$$E_G = mgh \tag{4.6}$$

onde:

E_G = energia potencial gravitacional,

P = peso,

m = massa,

g = aceleração devido à gravidade = 9,81 m/s² e

h = altura

As unidades para energia potencial são as de força múltiplas pelas de comprimento, ou Nm, que é equivalente a joules, a mesma unidade de medida da energia cinética e trabalho. Para determinar a energia potencial gravitacional de um objeto, devemos saber seu peso e sua altura com relação ao solo.

Quanta energia potencial gravitacional tem um saltador de esqui com 700 N ao iniciar um salto de 90 m? Nós podemos utilizar a equação 4.5 para determinar isso, mas o que devemos usar para a altura h? O salto de esqui de

90 m considera 90 m acima da base da pista, mas o ponto de partida desta está apenas 3 m acima do solo na lateral da montanha. Energia potencial é um termo relativo – porque altura é mensurada com relação a algum ponto que deve ser referido na descrição da energia potencial. Nesse caso, vamos usar a base da pista como nosso ponto de referência. A altura é, portanto, 90 m, e a equação 4.5 fica assim:

$E_G = (700 \text{ N})(90 \text{ m})$

$E_G = (700 \text{ N})(90 \text{ m}) = 63.000 \text{ Nm}$

$E_G = 63.000 \text{ J}$

Energia potencial elástica

Existe outro tipo de energia potencial que também é utilizado em esportes. A **energia potencial elástica** é aquela que se deve à deformação de um objeto. Quando uma vara de fibra de vidro do salto com vara se curva, energia potencial elástica é armazenada nela. Da mesma forma, quando um arqueiro tenciona a corda ou um mergulhador enverga um trampolim com seu peso, energia potencial elástica é retirada no arco ou trampolim. Quanto maior a deformação do objeto, maior a energia potencial elástica armazenada nele. Tente o Autoexperimento 4.4 para compreender melhor esse tipo de energia.

Autoexperimento 4.4

Pegue um elástico e estique-o. Ao fazer isso, você forneceu-lhe energia potencial elástica. Se esticá-lo mais, você aumentará ainda mais essa energia. Quanto mais rígido o objeto, maior a energia potencial elástica. Estique um elástico mais grosso ou dois elásticos paralelos um ao outro. A energia potencial elástica nesse caso é maior do que na situação anterior.

A energia potencial elástica de um objeto está relacionada com sua rigidez, suas propriedades de material e sua deformação. Matematicamente, a energia potencial elástica de um material com relação tensão-deformação linear é definida como:

$$E_E = \frac{1}{2} k \, \Delta x^2 \quad (4.7)$$

onde:

E_E = energia potencial elástica,

k = rigidez ou constante de deformação do material e

Δx = mudança do comprimento ou deformação do objeto a partir da sua posição sem deformação

Se a constante de deformação é expressa em N/m, então a energia potencial elástica é expressa em (N/m)m², ou Nm, que é equivalente a joules – a mesma unidade de medida utilizada para a energia potencial gravitacional, energia cinética e trabalho.

Quanta energia potencial elástica é armazenada em um tendão que está esticado 5 mm (0,005 m) e cuja rigidez é 10.000 N/m?

$E_E = \frac{1}{2} k \, \Delta x^2$

$E_E = \frac{1}{2} (10.000 \text{ N/m})(0,005)^2$

$E_E = 0,125 \text{ J}$

No movimento humano e nos esportes, atletas e objetos possuem energia devido a seu movimento (energia cinética), sua posição acima do solo (energia potencial gravitacional), e sua deformação (energia potencial elástica). Vamos nos preocupar sobretudo com os dois primeiros tipos de energia.

A relação trabalho-energia

As definições de trabalho e energia indicam que existe uma relação entre ambos. Vale lembrar que, energia foi definida anteriormente como a capacidade de realizar trabalho. Já a definição de trabalho inclui a seguinte afirmação: "é o meio pelo qual energia é transferida de um objeto ou sistema para outro." A unidade de medida de trabalho e energia é o joule – a mesma para cada quantidade, outra indicação de que trabalho e energia são relacionados.

Demonstrando a relação trabalho-energia

Como trabalho e energia se relacionam? Vamos observar um exemplo anterior para revelar algo a esse respeito. Considere o exemplo do levantador de peso fazendo o exercício com uma barra de 1.000 N. Durante a parte de subida do exercício, o implemento foi elevado 70 cm, e o trabalho realizado foi de 700 J. Quanta energia a mais a barra tem depois que foi elevada? Ela não teve nenhuma energia cinética adicionada, já que não estava se movendo antes do início do levantamento nem depois dele. Contudo, sua energia potencial mudou por causa da alteração de altura. Qual foi a mudança na energia potencial?

$\Delta E_G = E_G^{final} - E_G^{inicial}$

$\Delta E_G = W \, h_{final} - W h_{inicial}$

$\Delta E_G = W \, (h_{final} - W h_{inicial})$

$\Delta E_G = 10.000 \text{ N } (0,70 \text{ m})$

$\Delta E_G = 700 \text{ J}$

A mudança na energia potencial da barra foi 700 J, o mesmo que o trabalho realizado para levantar o implemento. Talvez o trabalho realizado cause uma alteração na energia potencial, ou, talvez, na energia mecânica total.

No exemplo do lançamento de disco visto no início deste capítulo (Fig. 4.1), o atleta exerceu uma força média de 1.000 N sobre o disco enquanto este se deslocava por 0,60 m no mesmo sentido da força. O trabalho realizado pelo indivíduo foi de 600 J. Vamos assumir que a força exercida por ele foi constante, o deslocamento foi horizontal e o disco não estava se movendo no início do lançamento. Se o trabalho causar uma mudança na energia mecânica total, o trabalho realizado pelo atleta no disco causaria uma alteração em sua energia. Uma vez que o deslocamento do implemento ocorreu na horizontal, não houve mudança na energia potencial, então o trabalho realizado pelo lançador alterou apenas a energia cinética. A massa de um disco é 2 kg. Sabendo que o trabalho realizado foi de 600 J e que a velocidade inicial do disco era zero, podemos determinar a velocidade do implemento no final do período de trabalho (v_f).

Trabalho realizado = $\Delta E_C + \Delta E_G + \Delta E_E = \Delta E_C + 0 + 0$

$600 \text{ J} = \Delta KE = KE_f - KE_i$

$600 \text{ J} = KE_f - 0$

$600 \text{ J} = \frac{1}{2} m v_f^2$

$(600 \text{ J}) = \frac{1}{2}(2 \text{ kg})v_f^2$

$\frac{2(600 \text{ J})}{2 \text{ kg}} = v_f^2$

$v_f = \sqrt{\frac{2(600 \text{ J})}{2 \text{ kg}}}$

$v_f = 24,5 \text{ m/s}$

De acordo com o princípio de trabalho-energia, a velocidade do disco é 24,5 m/s. Nós podemos confirmar isso usando mecânica newtoniana? A constante de 1.000 N da força horizontal atuando no disco é a força líquida horizontal agindo sobre ele. Ela aceleraria o implemento a 500 m/s².

$\Sigma F_x = m a_x$

$a_x = \frac{\Sigma F_x}{m} = \frac{1.000 \text{ N}}{2 \text{ kg}} = 500 \text{ m/s}^2$

A velocidade média do disco durante a ação de lançamento, $\bar{v}$, é o deslocamento do implemento durante o lançamento, d, dividido pelo tempo dessa ação, t. Com uma força constante atuando sobre o disco, sua velocidade iria aumentar linearmente. Sua velocidade média também poderia ser computada dividindo-se por 2 a diferença entre suas velocidades final (v_f) e inicial (v_i):

$\bar{v} = \frac{d}{\Delta t}$

$\bar{v} = \frac{v_f - v_i}{2}$

$\bar{v} = \frac{0,6 \text{ m}}{\Delta t} = \frac{v_f - 0}{2}$

Não sabemos o tempo ou a duração da ação de lançamento, mas seria o tempo necessário para acelerar o disco de 0 m/s até sua velocidade final. Nós sabemos que a aceleração foi de 500 m/s². Aceleração média é mudança na velocidade dividida pelo tempo, de modo que este pode ser calculado dividindo-se a alteração na velocidade pela aceleração:

$\bar{a} = \frac{v_f - v_i}{\Delta t} = \frac{v_f - 0}{\Delta t}$

$500 \text{ m/s}^2 = \frac{v_f}{\Delta t}$

$\Delta t = \frac{v_f}{500 \text{ m/s}^2}$

Se substituirmos essa representação do tempo na equação anterior, temos:

$\bar{v} = \frac{0,6 \text{ m}}{\Delta t} = \frac{0,6 \text{ m}}{\left(\dfrac{v_f}{500 \text{ m/s}^2}\right)} = \frac{v_f}{2}$

Resolvendo para a velocidade final, obtemos:

$\bar{v} = \frac{0,6 \text{ m}}{\left(\dfrac{v_f}{500 \text{ m/s}^2}\right)} = \frac{v_f}{2}$

$v_f = \frac{2(0,6 \text{ m})}{\left(\dfrac{v_f}{500 \text{ m/s}^2}\right)}$

$v_f^2 = 2(0,6 \text{ m})(500 \text{ m/s}^2)$

$v_f = 600 \text{ m}^2/\text{s}^2$

$v_f = \sqrt{600 \text{ m}^2/\text{s}^2}$

$v_f = 24,5 \text{ m/s}$

Ufa! Esse é o mesmo resultado que obtivemos usando o princípio de trabalho-energia, mas foi muito mais trabalhoso usar a lei de Newton. Os cálculos envolvidos quando usamos o princípio de trabalho-energia foram bem menos complicados!

Os exemplos do exercício supino e do lançamento de disco demonstram o princípio de trabalho-energia: o trabalho realizado pelas forças externas (outras que não a gravidade) que atuam sobre um objeto causa uma mudança em sua energia. Matematicamente, essa relação é mostrada na equação 4.8:

⤴ $W = \Delta E$ (4.8)

$W = \Delta E_C + \Delta E_G + \Delta E_E$

$W = (KE_f - KE_i) + (PE_f - PE_i) + (SE_f - SE_i)$ (4.9)

onde:

W = trabalho realizado em um objeto por forças que não a gravidade,

ΔE = mudança na energia mecânica total,

KE_f = energia cinética final,

KE_i = energia cinética inicial,

PE_f = energia potencial gravitacional final,

PE_i = energia potencial gravitacional inicial,

SE_f = energia potencial elástica final e

SE_i = energia potencial elástica inicial

⤴ O trabalho realizado pelas forças externas (outras que não a gravidade) que atuam sobre um objeto causa uma mudança em sua energia.

Realizando trabalho para aumentar a energia

Por que a relação entre trabalho e energia é tão importante? Em esportes e no movimento humano, nós, com frequência, nos preocupamos em mudar a velocidade de um objeto. Isso significa alterar sua energia cinética, e o princípio de trabalho-energia mostra como a energia cinética pode ser modificada ao realizar trabalho. Mais trabalho é realizado, e, assim, uma maior mudança na energia acontece, se a força média aplicada for alta ou o deslocamento em linha com essa força for longo. Isso soa bastante similar ao que descobrimos usando a relação impulso-quantidade de movimento no Capítulo 3. Você se lembra dessa relação?

$\Sigma \bar{F} \Delta t = m(v_f - v_i)$

Impulso = mudança na quantidade de movimento

Usando a relação impulso-quantidade de movimento como a base para uma análise técnica, a criação de uma grande mudança na velocidade requer que uma grande força seja aplicada por um longo tempo. O princípio de trabalho-energia indica que a produção de uma grande alteração na energia cinética (e, consequentemente, na velocidade) exige a aplicação de uma grande força por uma longa distância.

Pense no ato de arremessar uma bola. Se lançá-la somente com seu punho, você será capaz de exercer força sobre ela por um deslocamento pequeno. O trabalho realizado é pequeno, e, como resultado, a mudança na energia cinética da bola é discreta. A velocidade da bola quando deixa sua mão é pequena.

⤴ Uma grande mudança na energia cinética requer que uma grande força seja aplicada por uma longa distância.

Se o punho e o cotovelo estiverem envolvidos no movimento de lançamento, você será capaz de exercer força na bola por um deslocamento maior. Assim, o trabalho realizado nela é maior, e, como resultado, a mudança em sua velocidade cinética também é maior. Desse modo, a velocidade da bola quando deixa sua mão é maior.

Se envolver todo o seu braço, seu tronco e suas pernas no movimento de lançamento, você será capaz de aplicar força sobre a bola por um deslocamento muito maior. O trabalho realizado nela será igualmente maior, e, como resultado, a mudança em sua energia cinética também. A velocidade da bola quando deixa sua mão é muito maior (mais de 44,7 m/s para alguns lançadores da primeira liga de beisebol).

Algo similar a isso de fato ocorreu na evolução da técnica de lançamento de peso. As regras dessa modalidade estabelecem que o peso deve ser feito a partir de um círculo de 2,13 m de diâmetro. O atleta deve começar o lançamento de uma posição estática, sem que nenhuma parte de seu corpo toque o lado de fora do círculo. Ele deve completar o movimento sem tocar na parte externa da marcação até o árbitro indicar que o lançamento foi válido. Somente então o lançador é autorizado a pisar fora do círculo de lançamento, mas apenas pela metade posterior. O tamanho do círculo restringe a quantidade de trabalho que o atleta pode realizar no peso ao limitar a distância pela qual ele pode exercer força sobre o implemento.

No início do século XX, os atletas iniciavam o lançamento da parte de trás do círculo. A postura inicial era similar à mostrada na Figura 4.3.

Os ombros dos atletas formavam um ângulo de cerca de 45° com o sentido do lançamento, o que significa que um atleta destro ficava virado levemente para a direita. O lançador saltava cruzando o círculo com sua perna direita para efetuar o arremesso.

A técnica evoluiu de modo gradual, e os ombros dos atletas viraram mais e mais para trás do círculo na postura inicial. A maior rotação dos ombros colocava o lançador em condições de deslocar mais o peso antes de lançá-lo. Finalmente, nos anos 1950, Parry O'Brien começou a lançar o implemento de uma posição inicial no fundo do círculo, de costas para a direção do lançamento. A Figura 4.4 mostra um atleta usando essa técnica em sua posição inicial na parte de trás do círculo. Essa postura o deixa em uma posição que permite maximizar o deslocamento do peso na direção da aplicação da força. Ele também pode envolver grupos musculares mais fortes e aplicar uma força maior no peso durante o lançamento. Assim, o trabalho realizado no peso foi aumentado. Isso aumentou a mudança na energia (potencial gravitacional e cinética), o que resultou em maiores altura e velocidade do peso no momento do lançamento, o qual, consequentemente, tornou-se mais longo.

Realizando trabalho para diminuir (ou absorver) energia

O princípio de trabalho-energia também pode ser usado para explicar as técnicas utilizadas na transferência (ou absorção) de energia de um objeto. Quando você agarra uma bola, sua energia cinética é reduzida (ou absorvida) pelo trabalho negativo que você realiza nela. De modo similar, seus músculos realizam trabalho negativo nos seus segmentos e absorvem sua energia quando você aterrissa de um salto ou uma queda. A força média que você deve exercer para absorver energia ao pegar uma bola ou aterrissar de um salto ou queda depende de quanta energia deve ser absorvida e do tamanho da distância ao longo da qual você pode aplicar força. Se a força é muito grande, ela pode lhe lesionar. Você tenta diminuir essa força

Problema ilustrativo 4.2

Um lançador de beisebol exerce uma força horizontal média de 100 N em uma bola de 0,15 kg durante o arremesso. Sua mão e a bola se movem por um deslocamento horizontal de 1,5 m durante a aplicação dessa força. Se a velocidade inicial da bola no início do arremesso era zero, qual será sua velocidade quando o lançador a soltar?

Solução:

Passo 1: Identifique as grandezas conhecidas.

$M = 0{,}15$ kg

$\bar{F} = 1{,}50$ cm

$v_i = 0$

Passo 2: Identifique a variável de interesse.

$v_f = ?$

Passo 3: Procure a equação que inclua as variáveis conhecidas e desconhecidas.

$U = \Delta E$

$\bar{F}(d) = \Delta KE = KE_f - KE_i = \frac{1}{2}m(v_f^2 - v_i^2)$

Passo 4: Substitua as grandezas conhecidas e encontre a variável desconhecida.

$(100\ N)(1{,}5\ m) = (0{,}15\ kg)(v_f^2 - 0)/2$

$v_f^2 = 2\,(100\ N)(1{,}5\ m)/(0{,}15\ kg) = 2.000$ Nm/kg

$v_f = 44{,}7$ m/s

Passo 5: Confirme pelo senso comum.
Isso é muito rápido – a velocidade de uma bola rápida da primeira divisão do beisebol.

quando agarra a bola ou flexiona joelhos, tornozelos e quadril ao aterrissar de um salto ou uma queda. Lembre-se do experimento em que você agarrou balões d'água no capítulo anterior. Essas ações aumentam a distância pela qual a força atua, diminuindo assim o valor médio da força.

Os equipamentos de segurança utilizados em muitos esportes usam o princípio de trabalho-energia para reduzir potencialmente danos de forças de impacto. Os colchões de aterrissagem utilizados na ginástica, no salto em altura e no salto com vara aumentam o deslocamento do atleta durante os períodos de impacto enquanto sua energia cinética diminui (é absorvida). A força de impacto diminui porque o deslocamento no impacto aumenta. A areia no poço de um salto em distância faz a mesma coisa, assim como a água quando você mergulha em uma piscina, o material da entressola de seus sapatos de corrida quando você corre, o acolchoamento de uma luva de boxe quando você soca com ela, o *air bag* de carro quando você bate e assim por diante. Todos esses materiais podem ser referenciados como materiais que fazem "absorção de

Figura 4.4 Um atleta usando a técnica moderna do lançamento de peso inicia em uma posição de costas para a direção do lançamento.

Figura 4.3 Começando o lançamento de peso pela parte de trás do círculo no início do século XX.

choque", mas são, na verdade, materiais que absorvem energia.

Conservação da energia mecânica

A relação trabalho-energia também é útil quando examinamos situações nas quais não há nenhuma força externa atuando além da gravidade. Nesses casos, nenhum trabalho pode ser realizado porque nenhuma força externa atua. Se não pode ocorrer trabalho algum, a energia mecânica total do objeto em questão é conservada; ela não pode mudar, e a equação 4.8 se torna

$$W = \Delta E$$

$$W = 0 = \Delta E_C + \Delta E_G + \Delta E_A$$

$$0 = (KE_f - KE_i) + (PE_f - PE_i) + (SE_f - SE_i)$$

$$(KE_i + PE_i + SE_i) = (KE_f + PE_f + SE_f)$$

$$E_i = E_f \qquad (4.10)$$

A energia mecânica total de um objeto é constante se nenhuma força externa além da gravidade atua sobre ele. Esse princípio pode ser útil para examinar movimento de projéteis, sobre os quais a gravidade é a única força externa em ação. Se isso é verdade, a energia mecânica total de um projétil não muda durante seu voo. Vamos considerar largar uma bola de uma certa altura como

Problema ilustrativo 4.3

Uma amazona em um evento de equitação cai do cavalo e bate a cabeça no chão. Felizmente, ela estava usando capacete. No primeiro instante do impacto, a velocidade vertical do crânio da atleta é de 5,8 m/s. A massa de sua cabeça é 5 kg. O capacete é forrado com um material de 3 cm de espessura que absorve energia. A espessura da cobertura dura externa do capacete, assim como seu acolchoamento interior usado para ajuste e conforto, permite que a cabeça se desloque 1,5 cm durante o impacto enquanto comprime o material que absorve energia e o acolchoamento, assim como a terra que a cabeça da atleta atinge. Qual é a força média exercida pelo capacete da amazona durante o impacto da queda?

Solução:

Passo 1: Identifique as grandezas conhecidas.

$m = 5$ kg

$d = 1,50$ cm

$v_i = 5,8$ m/s

$vf = 0$

Passo 2: Identifique a variável de interesse.

$\bar{F} = ?$

Passo 3: Procure a equação que inclua as variáveis conhecidas e desconhecidas.

$W = \Delta E$

Essa equação inclui a mudança em todas as energias (potencial gravitacional, cinética e potencial elástica), mas as alterações nas energias potenciais gravitacional e elástica da cabeça são mínimas se comparadas às da energia cinética, assim vamos calcular somente a mudança na energia cinética.

$$\bar{F}(d) = \Delta KE = KE_f - KE_i = \frac{1}{2}m(v_f^2 - v_i^2)$$

Passo 4: Substitua as grandezas conhecidas e encontre a variável desconhecida.

$\bar{F} (0,015$ m$) = (5,0$ kg$)((5,8$ m/s$)^2 - 0))/2$

$\bar{F} (0,015$ m$) = 84,1$ J

$\bar{F} = \dfrac{84,1 \text{ J}}{5,0 \text{ kg}}$

$\bar{F} = 5.607$ N

Passo 5: Confirme pelo senso comum.
Essa é uma alta força de impacto. Uma vez que se trata de uma força de impacto média, seu pico é maior. Uma boa estimativa para uma força de impacto máxima é duas vezes a força de impacto média. Isso estima a força de impacto máxima em:

2×5.607 N $= 11.214$ N

Trata-se de uma força altíssima. O critério para uma lesão grave de cabeça é com frequência expresso em termos do pico de aceleração do crânio. Essa aceleração é expressa em termos da aceleração devido à gravidade, ou g. Um pico de aceleração acima de 300 g irá causar uma lesão grave de cabeça ou morte. Nesse exemplo, nós podemos determinar a aceleração da força de 11.214 N atuando em uma cabeça de 5 kg.

$F = ma$

11.214 N $= (5$ kg$)a$

$a = \dfrac{11.214 \text{ N}}{5 \text{ kg}}$

$a = 2.243$ m/s^2

Dividindo esse valor por $g = 9,81$ m/s^2, obtemos a aceleração em termos de g:

$a = \dfrac{2.243 \text{ m/s}^2}{9,81 \text{ m/s}^2}$

$a = 229$ g

A aceleração está abaixo de 300 g, mas ainda é alta o suficiente para causar uma lesão na cabeça, ainda que, provavelmente, não grave. O limiar da aceleração para uma concussão é estimado em 80 g. Assim, apesar de ser possível que o capacete tenha protegido a atleta de uma lesão de cabeça grave, ele com certeza não a protegeu de uma lesão de cabeça menos severa como uma concussão.

exemplo. Logo antes de soltar a bola, ela tem energia potencial, mas não cinética. Durante a queda, a energia potencial da bola decresce porque a altura diminui. Ao mesmo tempo, porém, sua energia cinética aumenta, pois ela é acelerada para baixo pela gravidade. Esse aumento na energia cinética é exatamente igual à diminuição da energia potencial, de modo que a energia mecânica total da bola permanece igual.

> A energia mecânica total de um objeto é constante se nenhuma força externa além da gravidade atua sobre ele.

Vamos tentar usar números nesse exemplo. Suponha que você deixe cair uma bola de uma altura de 4,91 m. Logo que você solta a bola, sua energia potencial (mensurada com relação ao chão) seria de:

$PE_i = Wh = mgh$

$PE_i = (1 \text{ kg})(9,81 \text{ m/s}^2)(4,91 \text{ m})$

Logo que você larga a bola, sua velocidade é zero, assim sua energia cinética também será zero. Um instante antes de a bola tocar o solo, sua altura com relação ao solo é nula, então sua energia potencial é zero. A energia cinética da bola nesse instante será:

$KE_f = \frac{1}{2}mv_f^2$

$KE_f = \frac{1}{2}(1 \text{ kg})v_f^2$

Se usarmos a equação 4.10, podemos determinar a velocidade da bola logo antes de tocar no chão:

$E_i = E_f$

$(KE_i + PE_i + SE_i) = (KE_f + PE_f + SE_f)$

$PE_i = KE_f$

$mgh = \frac{1}{2}mv_f^2$

$v_f^2 = \frac{2mgh}{m}$

$v_f^2 = 2gh$ (4.11)

$v_f^2 = 2(9,81 \text{ m/s}^2)(4,91\text{m})$

$v_f = \sqrt{2(9,81 \text{ m/s}^2)(4,91 \text{ m})}$

$v_f = 9,81 \text{ m/s}$

Logo antes de a bola tocar o chão, sua velocidade é 9,81 m/s para baixo. A bola caindo é um projétil. Nós poderíamos ter calculado sua velocidade final usando a equação de projéteis do Capítulo 2. Veja a equação 2.18, do Capítulo 2, que descreve a velocidade final de um objeto caindo:

$v_f^2 = 2g\Delta y$

Agora, compare-a à equação 4.11, que acabamos de derivar, usando o princípio de conservação de energia.

$v_f^2 = 2gh$

Elas são de fato a mesma equação e apenas uma extensão da equação 2.15, que descreve a velocidade vertical de um projétil se sua velocidade inicial vertical não for zero.

$v_f^2 = v_i^2 + 2g\Delta y$

O termo na equação 2.15 vem da energia cinética inicial que um projétil pode ter em função de sua velocidade inicial. Essa equação pode ser derivada do princípio de conservação de energia se começarmos com uma energia cinética inicial devido à velocidade vertical do projétil, assim como uma altura inicial.

O princípio de conservação de energia mecânica fornece outra ferramenta para analisar e compreender movimento de projétil, bem como nos permitir analisar outras situações nas quais nenhum trabalho é realizado. Por exemplo, no salto com vara, se o atleta não realiza trabalho durante o salto, sua energia mecânica no instante da partida deve equivaler à energia mecânica total na liberação da barra. Nesse caso, sua energia cinética na partida é transformada em energia potencial elástica conforme a vara se deforma, e essa energia potencial elástica é transformada em energia potencial gravitacional à medida que o atleta é elevado pelo retorno do implemento a sua forma original. A altura que ele pode atingir, assim, tem muita relação com a velocidade de sua corrida.

Potência

A capacidade de um atleta de aumentar o deslocamento de um objeto (ou parte do corpo) enquanto exerce força afeta seu desempenho em muitas habilidades. O êxito nessas habilidades, portanto, requer que o esportista exerça uma grande quantidade de trabalho em um objeto (ou parte do corpo). Em alguns esportes, a excelência exige não apenas a capacidade de realizar uma grande quantidade de trabalho, mas também a de realizá-lo em um curto período. *Potência* é o termo mecânico que descreve tal capacidade. Assim como *trabalho* e *energia*, *potência* é outra palavra com a qual você deve ter alguma familiaridade e que apresenta diversos significados. Em mecânica, **potência** é a taxa de realização do trabalho, ou a quantidade de trabalho realizado em um período específico de tempo. Matematicamente, é definida como:

$$P = \frac{U}{\Delta t} \quad (4.12)$$

onde:

P = potência,

W = trabalho realizado e

Δt = tempo utilizado para realizar o trabalho

Podemos pensar na potência como o quão rápida ou lenta é a realização do trabalho. A unidade no SI para potência é o **watt** (abreviado pela letra W), uma homenagem ao inventor escocês James Watt; 1 W equivale a 1 J/s. Talvez você esteja familiarizado com essa unidade porque lâmpadas elétricas, amplificadores e outros equipamentos elétricos a utilizam. Outra unidade de medida de potência é o cavalo de potência, mas o *watt* é a utilizada pelo Sistema Internacional de Unidades.

> Podemos pensar na potência como o quão rápida ou lenta é a realização do trabalho.

Se examinarmos a equação 4.12 de modo mais atento, podemos derivar outra forma de definir potência:

$$P = \frac{U}{\Delta t}$$

$$P = \frac{\bar{F}(d)}{\Delta t} = \bar{F}\left(\frac{d}{\Delta t}\right)$$

$$P = \bar{F}\bar{v} \quad (4.13)$$

Potência pode ser definida como a força média multiplicada pela velocidade média ao longo da linha de ação da força.

O conceito de potência é útil em biomecânica por diversas razões. A melhor forma de explicar seu uso é com um exemplo. Suponha que você tenha de mover uma pilha de livros de uma mesa para outra e queria terminar essa tarefa o mais rápido possível. Isso significa que você quer maximizar sua produção de energia. Existem diversas estratégias para isso desde mover um livro por vez até movê-los todos de uma vez. A quantidade de trabalho realizada nos livros vai ser a mesma, mas o tempo necessário (e, assim, a produção de potência) pode mudar. Carregar toda a pilha de livros de uma vez requer uma grande força, e o movimento será lento. Carregar apenas alguns e fazer em diversas viagens não requer tanta força, e cada viagem será mais rápida. No primeiro caso, você realiza grandes forças, mas se move com velocidade lenta. No segundo, realiza menos força, mas se move mais rápido. A combinação de força e velocidade determina a produção de potência. A grande força exigida no primeiro caso compensa a diminuição de velocidade, ou a maior velocidade na segunda situação compensa a diminuição da força? Qual é o equilíbrio entre força e velocidade?

Nós nos deparamos com questões similares a essas em alguns esportes e atividades. Como escolher a marcha ao pedalar uma bicicleta? Você usa uma marcha alta, que requer uma força maior no pedal e taxa de pedalada mais baixa, ou usa uma marcha menor, que requer menos força, mas uma taxa mais alta? Durante uma corrida, como você escolhe o comprimento e a taxa de sua passada? Você usa uma passada mais longa que exige maior força e uma taxa mais lenta, ou usa uma passada curta, que requer menos força e taxa mais rápida? É difícil responder essas questões por causa do número de variáveis envolvidas, assim você deve experimentar. Uma dica para respondê-las pode vir do estudo dos músculos.

Uma vez que a potência que produzimos nos movimentos, em última análise, se origina nos músculos, sua produção de potência característica pode oferecer alguma compreensão nas questões que levantamos. À medida que a velocidade de contração de um músculo aumenta, sua força máxima de contração diminui. Assim, um músculo que contrai lentamente pode produzir forças maiores do que se contraísse em uma taxa mais rápida. Se a velocidade de contração for multiplicada pela força máxima de contração para aquela velocidade, a produção de potência para cada velocidade pode ser determinada. A máxima produção de potência ocorre aproximadamente na metade da velocidade máxima de contração do músculo. Isso significa que a melhor marcha para usar no ciclismo pode não ser a maior ou a menor, mas uma intermediária. O melhor comprimento de passada pode não ser o mais longo ou o mais curto, mas um meio-termo. A melhor forma de mover uma pilha de livros pode não ser carregar apenas um ou todos de uma vez, mas alguns por vez. A melhor escolha da marcha da bicicleta, do comprimento de passada, etc. pode ser aquela em que seus músculos contraem em uma velocidade correspondente a sua velocidade de máxima produção de potência. A mecânica da contração muscular é discutida no Capítulo 11.

Outra razão pela qual a potência é um assunto importante no estudo do movimento humano é que se trata de um fator limitante no movimento humano. O que isso significa? Considere um levantador de peso olímpico realizando um arranco. As forças que ele exerce e o movimento rápido da barra indicam que sua produção de potência é bastante alta – mas somente por um curto intervalo de tempo. Se esse intervalo fosse mais longo, o levantador seria capaz de produzir tanta potência? A duração da atividade influencia a produção de potência que um indivíduo pode manter. Um corredor de velocidade (*sprinter*) pode manter uma alta produção de potência por apenas um curto período de tempo (0-60 s). A de um corredor de média distância é menor, mas pode ser mantida por um tempo mais longo (1-7 min). A de um corredor de maratona, por sua vez, é ainda menor, mas é mantida por um período muito mais longo (2-4 h). A Figura 4.5 mostra a relação teórica entre a produção de potência máxima e sua duração em humanos. Essa relação mostra o limite mecânico imposto por nossos sistemas geradores de potência (sistema metabólico).

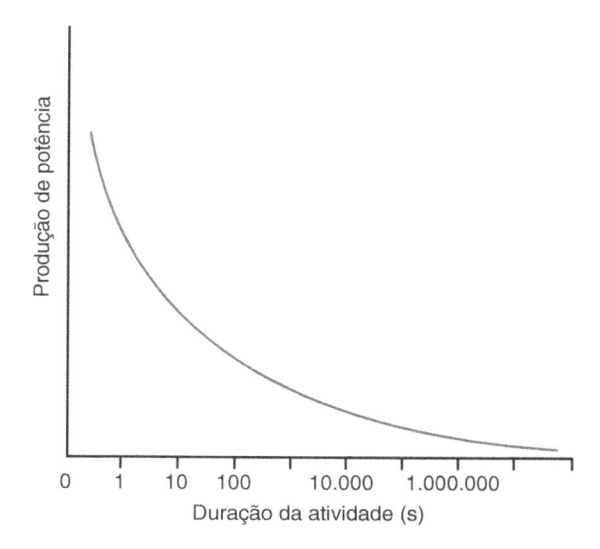

Figura 4.5 A produção de potência máxima diminui com o aumento da duração da atividade.

Resumo

Neste capítulo, aprendemos as definições mecânicas para trabalho, energia e potência. O trabalho realizado é o produto da força pelo deslocamento do objeto ao longo da linha de ação da força. Energia foi definida como a capacidade de realizar trabalho. Mecanicamente, a energia assume duas formas: potencial, que é a energia devido à posição ou deformação, e cinética, que é aquela devido ao movimento. A primeira pode ser devido à posição do objeto no campo gravitacional, sendo chamada de energia potencial gravitacional, ou a sua flexão, alongamento ou deformação, sendo denominada energia potencial elástica. O trabalho realizado por uma força (que não a gravidade) em um objeto causa uma mudança em sua energia. Se uma força realiza trabalho, o resultado é uma alteração na energia. Da mesma forma, se uma mudança na energia é observada, alguma força realizou trabalho para causá-la.

A potência pode ser definida como a taxa da realização de trabalho. Uma definição alternativa será a multiplicação da força média pela velocidade média. No movimento humano, a produção máxima de potência depende da duração da atividade envolvida. Isso tem relação com a capacidade metabólica do corpo humano.

TERMOS-CHAVE

Energia (p. 115)
Energia cinética (p. 115)
Energia potencial (p. 115)
Energia potencial elástica (p. 117)
Energia potencial gravitacional (p. 116)
Joule (p. 112)
Potência (p. 124)
Trabalho (p. 112)
Watt (p. 124)

QUESTÕES DE REVISÃO

1. A areia no poço do salto em distância tem dois propósitos. Primeiro, permite medir a distância do salto pela marca da aterrissagem do saltador. Segundo, amortece a aterrissagem do atleta. Explique como ela realiza essa segunda função.
2. Por que um balanço para trás é importante em atividades de lançamento ou combate?
3. Por que a continuação do movimento é importante em atividades de lançamento ou combate?
4. Os lançadores da primeira divisão de beisebol tendem a ser mais altos e ter braços e pernas mais longos do que os outros jogadores. Isso é uma vantagem em atividades de lançamento e combate? Explique.
5. Por que capacetes de segurança no ciclismo, lacrosse, futebol americano, hóquei no gelo, entre outros, devem ser tão espessos?

6. À medida que a velocidade aumenta, há um aumento proporcional da distância para parar – ou seja, se você dobra a velocidade, sua distância mínima para parar também dobra? Explique.

7. Se você soltar uma bola de basquete e uma de tênis, ao mesmo tempo, de modo que a primeira quique no solo e a segunda quique na primeira, o que vai acontecer? Explique.

8. Como o *air bag* protege o indivíduo em um acidente?

9. Por que é mais cansativo correr na areia solta do que na pista emborrachada?

10. Por que é mais apropriado que crianças pequenas brinquem com bolas e implementos mais leves e macios?

11. Quais vantagens um corredor pode ter usando pernas protéticas bem desenhadas (abaixo do joelho) em relação a um corredor com pernas? Assuma que a prótese foi otimizada para corrida.

12. Imagine-se em um quarto no segundo andar de um edifício em chamas. A única saída é por uma janela, que está 5 m acima do solo. Descreva quais atitudes você tomaria para minimizar suas chances de sofrer uma lesão se decidisse sair do prédio por essa janela. Explique as bases mecânicas para cada ação.

PROBLEMAS

1. Quanta energia cinética tem um disco de 2 kg se sua velocidade é 20 m/s?

2. Quais das bolas e implementos mostrados na Tabela 2.3 (p. 65) têm:
   a. A maior energia cinética?
   b. A menor energia cinética?

3. No topo de um giro gigante da ginástica artística, a velocidade de Candy é 1 m/s, e ela está a 3,5 m do chão. Se a massa da atleta é 50 kg, qual é a sua energia mecânica total nesse instante?

4. Você está lentamente forçando o punho de seu oponente contra a mesa em uma competição de braço de ferro.
   a. Você está realizando trabalho mecânico contra o seu adversário? Se sim, o trabalho é positivo ou negativo?
   b. Qual tipo de contração seu braço e seu ombro produzem?
   c. Seu oponente está realizando trabalho contra você? Se sim, este é positivo ou negativo?
   d. Que tipo de contração o braço e o ombro de seu adversário produzem?

5. Um arqueiro tenciona seu arco e atira uma flecha de 23 g que viaja a uma velocidade de 88 m/s. O curso de potência do arco é de 57 cm; ou seja, sua corda exerce força por um deslocamento de 57 cm. O pico de tração do arco é 312 N. (Essa é a força máxima que o arqueiro tem de exercer na corda do arco.)
   a. Quanta energia cinética a flecha tem ao ser disparada?
   b. Quanto trabalho a corda do arco realiza na flecha?
   c. Qual é a força média que a corda do arco exerce na flecha?

6. Durante o movimento de arremesso do beisebol, um lançador exerce uma força média de 60 N contra uma bola de 0,15 kg. Ele a desloca horizontalmente por 2 m antes de soltá-la.
   a. Quanto trabalho o lançador realizou na bola como resultado dessa força?
   b. O trabalho realizado foi positivo ou negativo?
   c. Se a velocidade da bola no início da ação de lançamento era zero, qual era sua velocidade no instante em que foi solta?

7. Uma bola de beisebol acerta a luva do receptor com uma velocidade horizontal de 40 m/s. Sua massa é 0,15 kg. O deslocamento da bola devido à deformação da luva e do movimento da mão do receptor foi de 8 cm do instante do primeiro contato até parar.
   a. Quanta energia cinética a bola apresenta logo antes do contato?
   b. Quanto trabalho o receptor realizou na bola durante a recepção?
   c. O trabalho realizado foi positivo ou negativo? Qual é a força de impacto média exercida pela luva na bola?

8. Qual bola de boliche tem mais energia, uma de 5 kg rolando a 4 m/s ou uma de 6 kg rolando a 3 m/s?

9. Para testar o desempenho de impacto de um colchão para ginástica de 10 cm, solta-se sobre ele uma massa cilíndrica de 20 kg de uma altura de 1 m. Durante o impacto, a velocidade vertical do cilindro chega a zero no instante em que o colchão foi comprimido para 4 cm.
   a. Quanta energia cinética o cilindro apresenta no instante anterior ao contato com o colchão?
   b. Quanto trabalho o colchão realiza para parar a queda do cilindro?
   c. Qual força vertical média o colchão exerce no cilindro durante o impacto do contato até a velocidade vertical do cilindro chegar a zero?

10. Um ginasta cai da barra fixa e aterrissa sobre um colchão de ginástica com 10 cm de espessura. Ele bate a parte de trás da cabeça quando chega ao solo. Ela está se movendo a 7 m/s quando atinge o colchão, e sua massa é 5 kg. O impacto termina quando a cabeça do ginasta para após comprimir o colchão 6,5 cm.
   a. Quanta energia cinética a cabeça do atleta apresenta no instante anterior ao contato com o colchão?
   b. Quanto trabalho o colchão realiza para parar o movimento?
   c. Qual a força de impacto média que o colchão exerce na cabeça do ginasta durante o impacto?
   d. Estime o pico de impacto exercido pelo colchão no crânio do atleta.
   e. Estime o pico de aceleração da cabeça do ginasta.
   f. Expresse o pico da aceleração em gás.

11. Jon levantou 100 kg. No arremesso, a barra é movida da posição parada no solo para uma posição parada sobre a cabeça do atleta. Somente 0,5 s se passam do primeiro movimento da barra até sua posição final, e ela é movida por um deslocamento vertical de 2 m. Qual foi a produção média de potência do atleta durante o levantamento?

12. Em um teste de saltar e alcançar vertical, Nellie, com 60 kg, alcançou 60 cm, enquanto Ginger, com 90 kg, saltou 45 cm. Assumindo que os dois saltos levaram o mesmo tempo, qual atleta foi mais potente?

13. Zoe é saltadora com vara. No final da sua corrida de aproximação, ela tem uma velocidade horizontal de 8 m/s, e seu centro de gravidade fica 1 m do chão. Se sua massa é 50 kg, estime qual altura ela deve ser capaz de saltar se suas energias cinética e potencial gravitacional forem convertidas em energia potencial gravitacional.

14. Mike é um saltador com vara de 70 kg. Ele cai de uma altura máxima de 5,90 m após saltar sobre a barra horizontal. Ele aterrissa sobre um colchão espesso. Quando faz um primeiro contato com o colchão, seu centro de gravidade está apenas a 1 m de altura. Durante o impacto, o colchão comprime. No ponto de máxima compressão, a velocidade vertical de Mike chega a zero, e seu centro de gravidade fica a apenas 0,5 m de altura. Qual a força média exercida pelo colchão no atleta durante o impacto?

Ver respostas (em inglês) no *site* www.grupoa.com.br no *link* do livro.

Capítulo 5

Torques e momentos de força
Mantendo o equilíbrio ou mudando o movimento angular

Objetivos

Ao terminar de ler este capítulo, você deverá ser capaz de:

- Definir torque (momento de força)
- Definir equilíbrio estático
- Listar as equações de movimento
- Determinar a resultante de dois ou mais torques
- Determinar se um objeto está em equilíbrio estático quando se conhecem as forças e os torques que agem sobre ele
- Determinar uma força desconhecida (ou torque) agindo sobre um objeto quando todas as forças e os torques forem conhecidos e ele estiver em equilíbrio estático
- Definir centro de gravidade
- Estimar a localização do centro de gravidade de um corpo ou objeto

Você está sentado na academia contemplando seu próximo exercício de puxada dorsal na máquina quando percebe que a pilha de pesos que está prestes a levantar não parece ter os 45 kg indicados na marca da carga. No entanto, quando você senta no banco e puxa a barra, ela parece correta. Como as polias, as alavancas e os cabos das máquinas transformam em 45 kg uma pilha relativamente pequena de metal? A resposta tem a ver com os torques criados pela pilha de pesos e pelas polias, alavancas e cabos. Este capítulo introduz os conceitos de torque e centro de gravidade, bem como complementa o de equilíbrio estático.

Este capítulo é sobre torque. Os torques causam alterações no movimento angular. Os movimentos de nossos membros nas articulações são controlados pelos torques produzidos pelos músculos. Estes criam torques nas articulações, os quais controlam e geram os movimentos dos membros e de todo o corpo. Os torques são importantes mesmo se você não se move. Equilíbrio e balanço são afetados não apenas pelas forças, mas também pelos torques. Neste capítulo, você aprenderá sobre torques, equilíbrio de forças e de torques, centro de gravidade e estabilidade. Todos esses conceitos estão relacionados ao torque de alguma forma.

O que são torques?

O efeito de giro produzido por uma força também é chamado de **torque** e de **momento de força**. Ocasionalmente, esse termo é simplificado e reduzido para *momento*. Uma maneira de pensar no torque é imaginá-lo como uma força angular ou rotatória. Para obter-se um maior entendimento de como uma força pode produzir torque, vamos tentar os Autoexperimentos 5.1.

Autoexperimento 5.1

a. Coloque um livro sobre uma mesa ou uma escrivaninha. Usando dois dedos (ou um lápis), empurre a lateral do volume para criar uma força dirigida por meio de seu centro de gravidade (Fig. 5.1a). (Se você pudesse equilibrar um objeto na ponta de um lápis, seu centro de gravidade ficaria verticalmente acima desse ponto de equilíbrio. A completa discussão do centro de gravidade será feita mais adiante neste capítulo. Por ora, considere-o como o seu centro geométrico). O que acontece como resultado da força exercida sobre o livro? Ele moveu-se linearmente. A força resultando agindo sobre ele (a força de empurrar que você aplica menos o atrito) foi dirigida por meio de seu centro de gravidade e causou sua aceleração linear. Pouco ou nenhum efeito de giro ocorreu. Evidentemente, esse tipo de força não produz um efeito de giro ou torque no livro.

b. Agora, tente o experimento de novo, mas desta vez empurre-o de forma que a força não seja dirigida por meio do centro de gravidade (Fig. 5.1b). O que ocorreu? O movimento linear do livro mudou (houve translação do centro de gravidade), mas ele também rodou. Nesse caso, a força resultante que atua sobre ele não foi direcionada por meio do seu centro de gravidade e causou tanto uma aceleração linear como uma rotação. Esse tipo de força criou um torque sobre o livro.

c. Repita o experimento uma terceira vez, mas use ambas as mãos ou dois lápis dessa vez. Empurre o lado superior esquerdo do livro com os dedos de sua mão esquerda e, ao mesmo tempo, o lado inferior direito com os da mão direita (Fig. 5.1c). Tente criar forças de mesma magnitude com cada mão, mas as atribua sentidos contrários. O que aconteceu? Nesse caso, o livro rodou, mas seu centro de gravidade quase não se moveu, se é que moveu. As forças agindo sobre ele causaram rotação, mas não translação. A combinação dessas forças criam um torque sobre o livro.

> O efeito de giro causado por uma força é chamado de torque.

Examinando os resultados desses Autoexperimentos, chegamos a algumas generalizações. No Autoexperimento 5.1a, a força resultante agindo sobre o livro foi direcionada por meio do seu centro de gravidade. Uma força externa direcionada por meio do centro de gravidade de um objeto é chamada de **força cêntrica**, cujo efeito é uma mudança no movimento linear do objeto, como estabelecido pela Segunda Lei de Newton e mostrado neste experimento.

Já no Autoexperimento 5.1b, a força resultante que atua sobre o livro não está dirigida por meio de seu centro de gravidade. Uma força externa que não está dirigida por meio do centro de gravidade de um objeto é chamada de **força excêntrica** (excêntrica, nesse caso, refere-se a um tipo de força, e não um tipo de contração muscular), cujo efeito é uma mudança nos movimentos linear e angular

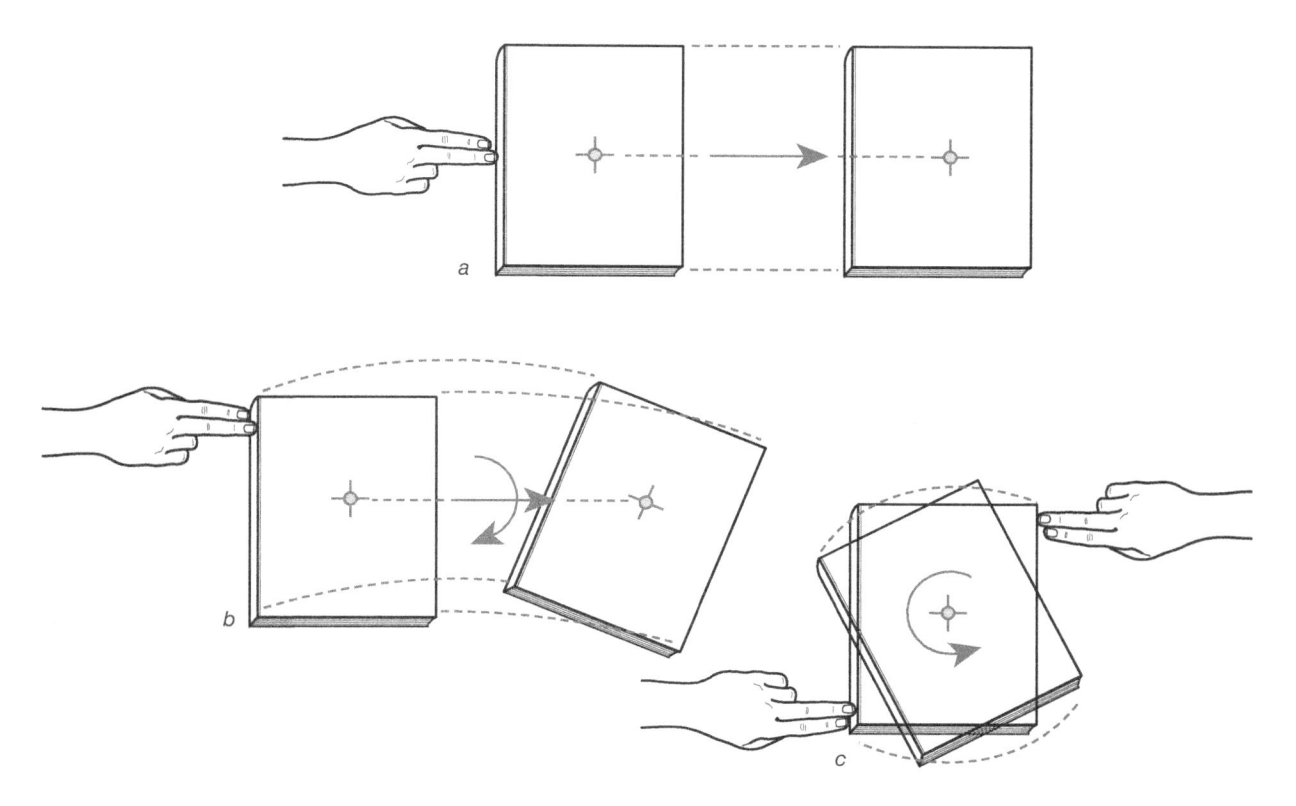

Figura 5.1 Deslize um livro sobre uma mesa de forma que ele realize (a) translação; (b) translação e rotação; e (c) rotação.

do objeto. Ambos os movimentos foram observados nesse segundo experimento. A mudança no movimento linear é explicada pela Segunda Lei de Newton. O torque produzido pela força excêntrica causou rotação do livro.

Por fim, no Autoexperimento 5.1c, um par de forças atuou sobre o livro. Ambas eram iguais em magnitude, mas tinham sentidos opostos e não colineares. Um par de forças assim é chamado de **binário de forças**, e seu efeito é uma mudança apenas no movimento angular do objeto. A resultante de duas forças em um binário de forças é zero, pois, de acordo com a primeira e a segunda leis de Newton, não ocorre mudança no movimento linear, e nenhuma delas foi observada no terceiro experimento. (Qualquer translação que o livro tenha sofrido foi pequena e devido ao fato de as forças exercidas sobre ele não terem sido exatamente iguais em magnitude ou opostas em sentidos). O torque produzido pelo binário de forças causou a rotação do livro.

Em geral, então, uma força cêntrica causará uma mudança no movimento linear de um objeto, uma força excêntrica nos movimentos linear e angular e um binário de forças apenas no movimento angular desse objeto. O efeito de rotação ou torque produzido pela força excêntrica, no segundo caso, e pelo binário de forças, no terceiro, será examinado mais adiante.

Definição matemática de torque

O que afeta a magnitude de um torque e como ele é quantificado? Intuitivamente, você poderia pensar que a intensidade da força que produz o efeito de rotação influencia a magnitude do torque. Para verificar isso, repita o Autoexperimento 5.1b várias vezes e, a cada tentativa, aumente a magnitude da força excêntrica que você exerce sobre o livro. Com isso, aumenta-se o efeito de rotação evidenciado pela maior quantidade de rotação. Faça o mesmo com o Autoexperimento 5.1c. Repita-o várias vezes, aumentando a magnitude do binário de forças a cada tentativa. De novo, o aumento na magnitude do binário de forças se refletiu na quantidade de rotação e em seu efeito. A intuição foi correta nesse caso, pois o torque está diretamente relacionado à magnitude da força que o cria.

O torque produzido por uma força não depende apenas dela. Se fosse assim, um efeito de rotação teria sido produzido pela força cêntrica que você exerceu sobre o livro no primeiro experimento. A única diferença entre o primeiro e o segundo experimento foi a linha de ação da força aplicada ao livro. O que mais, além da força, afeta o torque? O Autoexperimento 5.2 pode ajudar a responder essa questão.

Autoexperimento 5.2

Repita o Autoexperimento 5.1. Empurre o livro de tal forma que a força de seus dedos seja dirigida por meio de seu centro de gravidade. Faça isso de novo, mas agora dirija a força de modo que sua linha de ação seja logo ao lado do centro, tornando-se uma força excêntrica. Repita o experimento várias vezes e, a cada tentativa, toque o livro de forma que a linha de ação da força se afaste do centro de gravidade do volume. Tente manter a magnitude da força sempre constante. O que acontece? Ao empurrar o livro cada vez mais longe de seu centro de gravidade, o torque criado pela força se torna cada vez maior, causando mais e mais rotação.

Para reforçar esse conceito, tente o Autoexperimento 5.1c outra vez. Aplique um par de forças (binário de forças) ao livro em qualquer extremidade e em sentidos opostos. Repita-o de novo, mas agora mova suas mãos de forma que a distância entre elas e as forças que elas aplicam não sejam grandes. A cada repetição, aproxime as linhas de aplicação das forças até que, finalmente, sejam colineares. O que acontece? Conforme diminui a distância entre as linhas de ação de cada uma das forças, o torque produzido pelo binário de forças torna-se cada vez menor e desaparece por completo quando as forças se tornam colineares.

O torque é influenciado pela posição e orientação da linha de ação da força, bem como por sua magnitude. O torque é proporcional à magnitude da força, bem como à distância entre sua linha de ação e o ponto em torno do qual o objeto tende a rodar (eixo de rotação). No caso da força acoplada, o efeito de rotação é de novo diretamente proporcional à magnitude das forças e à distância entre suas linhas de ação. Um torque é o efeito de rotação produzido por uma força e é igual ao produto da magnitude desta pela distância entre sua linha de ação e o eixo de rotação do objeto (ou o eixo no qual ele tenderá a rodar). Essa distância entre a linha de ação da força e o eixo de rotação é a distância perpendicular entre essa linha e uma que seja paralela a ela e passe pelo eixo de rotação. Essa distância é algumas vezes chamada de distância perpendicular e costuma ser denominada **braço de momento** da força ou, ainda, braço de alavanca. A Figura 5.2 mostra a força e seu braço de momento para o segmento Autoexperimento 5.2 b.

Matematicamente, portanto, o torque é definido como:

$$T = F \times r \quad (5.1)$$

onde:

T = torque,

F = força e

r = distância perpendicular (ou braço de alavanca)

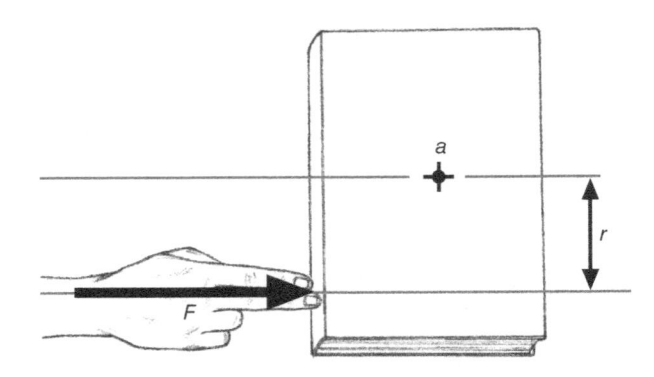

Figura 5.2 O braço de alavanca (r) de uma força é a distância perpendicular entre sua linha de ação e uma linha paralela que passe pelo eixo de rotação (a).

Para medir o torque, usam-se unidades de força (newtons no SI) multiplicadas pelas de comprimento (metros no SI): newton metros (Nm).

Para descrever completamente um torque, você deve indicar sua magnitude, o eixo no qual é criado o efeito de rotação e o sentido da rotação (horário ou anti-horário). O torque é uma quantidade vetorial, porque o efeito rotacional se dá ao redor de um eixo específico que segue uma direção específica. Como acontece com as forças, uma vez especificada a direção (ou eixo, no caso do torque), um sinal positivo (+) ou negativo (-) é usado para indicar o sentido da força ou torque ao longo ou ao redor daquela linha (ou eixo). A abordagem convencional é considerar torques anti-horários como positivos (+) e torque horários como negativos (-). Tal como as forças, os torques que atuam no mesmo eixo podem ser algebricamente somados ou subtraídos. Antes de avançar mais na matemática, veremos exemplos da utilização de torques.

Exemplos de utilização de torques

Primeiro, vamos considerar uma porta. Como você a abre ou fecha? Provavelmente, segura a maçaneta (ou puxador) e a empurra ou puxa. Essa força exercida sobre a porta cria um torque que atua no seu eixo de rotação, o qual passa verticalmente por meio de suas dobradiças. Esse torque faz a porta começar a abrir ou a fechar, como mostrado na Figura 5.3. Para experimentar o efeito do comprimento da distância perpendicular no exemplo da porta, tente o Autoexperimento 5.3.

Autoexperimento 5.3

Por que você acha que as maçanetas ou puxadores de portas estão posicionados no lado oposto ao das dobradiças? Essa localização torna a distância perpendicular (r da equação de torque) maior, de modo que seja necessária uma pequena força para criar um torque grande o suficiente para abrir a porta. Tente abrir ou fechar uma porta aplicando força perto das dobradiças. Ao aproximar cada vez mais sua mão das dobradiças, a força necessária para movê-las torna-se cada vez maior, porque a distância perpendicular da força está diminuindo.

Um torque de determinada magnitude pode ser criado tanto com uma força maior e uma menor distância perpendicular quanto com uma força pequena e uma grande distância perpendicular. Pelo fato de ser limitada a quantidade de força que os humanos podem exercer, usamos grandes distâncias perpendiculares quando queremos criar torques grandes. Como as ferramentas mostradas na Figura 5.4 aumentam o torque que somos capazes de produzir?

Todas essas ferramentas têm empunhaduras que aumentam o comprimento da distância perpendicular da força, aumentando, assim, o torque aplicado ao parafuso ou à porca, etc. No caso de uma chave de boca ou alicate, o manuseio mais próximo da ponta do cabo faz o torque aumentar de modo proporcional ao aumento da distância perpendicular. Outras situações do dia a dia em que aplicamos torque incluem direção do automóvel (por que caminhões maiores têm volantes com diâmetro maior se comparados aos carros?), guidom de bicicleta, tampa de um frasco, maçaneta e botões em aparelhos eletrodomésticos, pé-de-vela, interruptores de luz, prendedores de roupa, grampeadores, etc.

Como isso é usado no esporte? Ao remar, o torque é aplicado pelo atleta no remo para movê-lo. No golfe, no beisebol e no tênis, o torque é aplicado no taco ou na raquete para balançar tais implementos. Em qualquer esporte onde se vire, gire ou oscile algo (incluindo o próprio corpo), é preciso criar torque para iniciar essas viradas, giros ou oscilações. As pegadas usadas na luta livre olímpica são exemplos de torques usados para girar um oponente. Considere a situação mostrada na Figura 5.5.

Nessa pegada, seu oponente está em decúbito ventral e você tenta virá-lo para cima passando sua mão por baixo do ombro e por trás da cabeça dele. Então, empurrando a cabeça dele com a mão e usando seu braço para levantar por baixo o ombro de seu adversário, você produz um binário de forças que cria um torque no eixo longitudinal por meio do corpo dele. Esse torque cria um efeito de rotação que o faz virar. Para neutralizar essa técnica, seu oponente poderia criar um torque com o outro braço, abduzindo-o de tal forma que fique perpendicular a seu corpo. Empurrando o solo com o braço e a mão, ele cria um torque no mesmo eixo, mas no sentido oposto.

Torque muscular

Os exemplos dados até agora são de torques externos que atuam no corpo ou em outros objetos. E dentro do corpo? O que cria os efeitos de giro que fazem nossos membros rodarem em torno das articulações? Os músculos criam torques que movimentam nossos membros; eles geram, ao se contrair, uma força que traciona o sistema esquelético nos seus pontos de inserção. A linha de ação (ou tração) de uma força muscular está ao longo de uma reta que une suas inserções e costuma ser indicada pela direção de seus tendões. Os ossos em que os músculos se inserem estão dentro dos membros em ambos os lados da articulação, ou das articulações, em alguns casos. A força de contração dos músculos puxa esses membros. Pelo fato de a linha de ação da força muscular estar a alguma distância do eixo articular, existe uma distância perpendicular, de modo que são produzidos torques ao redor desse eixo pela força muscular de ambos os membros nos quais os músculos se inserem. O torque produzido pelos músculos no membro distal tenderá a fazer aquele membro girar em uma direção ao redor do eixo por meio da articulação, enquanto aquele produzido pela musculatura no membro proximal tenderá a rodar o membro no sentido oposto sobre o mesmo eixo. A Figura 5.6 mostra como a força produzida pelo bíceps braquial cria um torque que tende a rodar o antebraço e o braço ao redor da articulação do cotovelo.

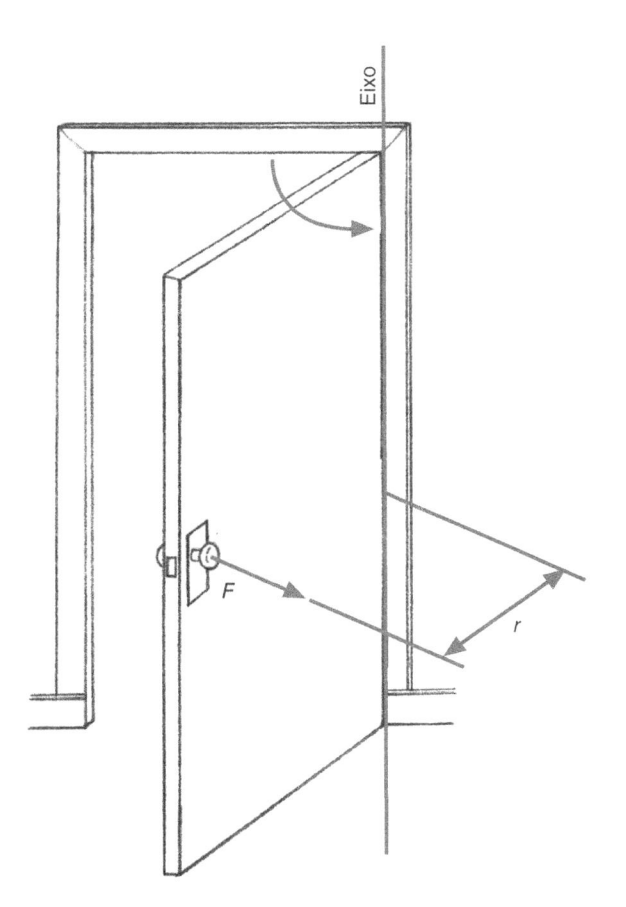

Figura 5.3 O torque criado pela força de tração da porta sobre a maçaneta faz a porta abrir.

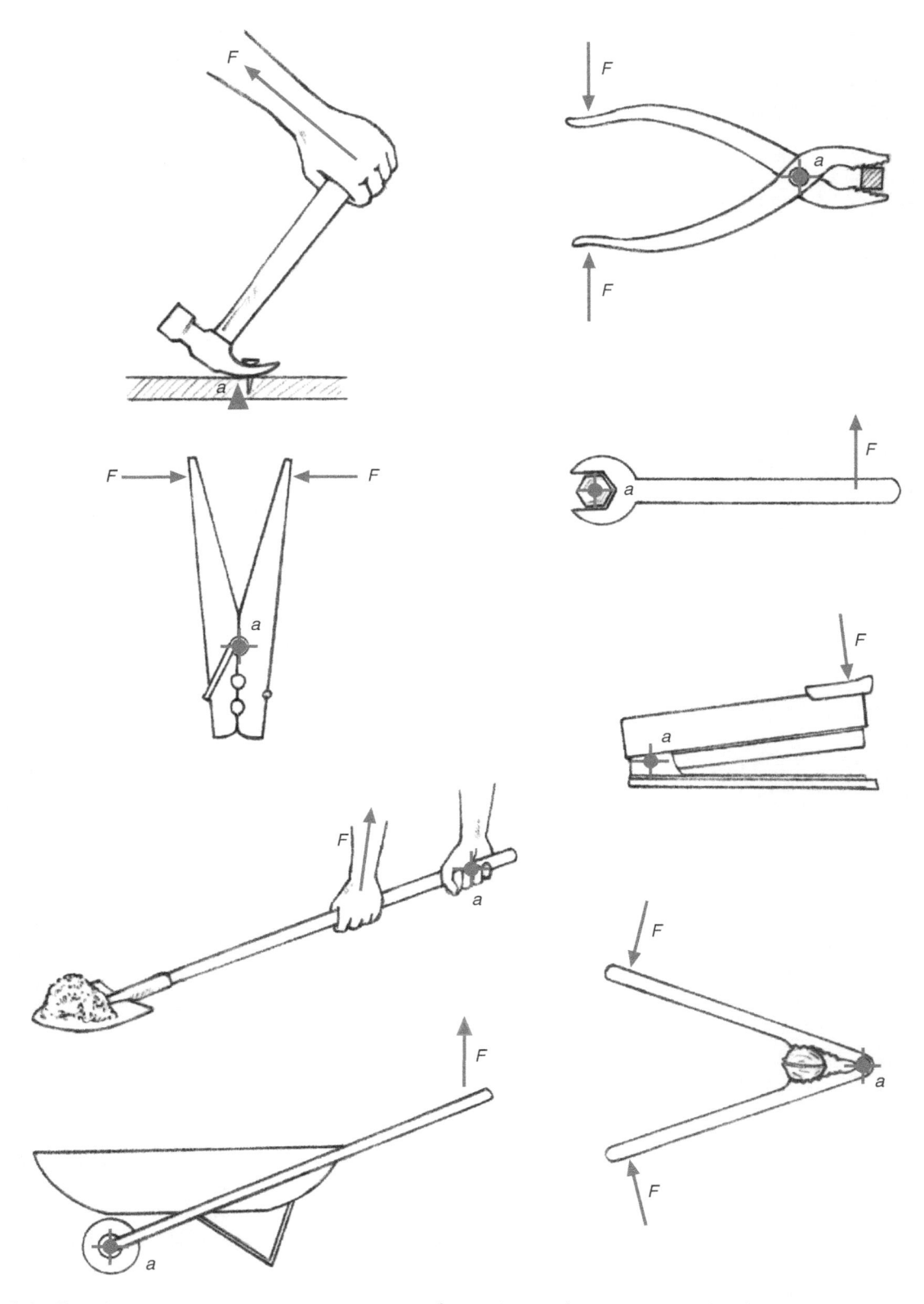

Figura 5.4 Ferramentas comuns nas quais você exerce força (F), criando torques ao redor dos eixos (a).

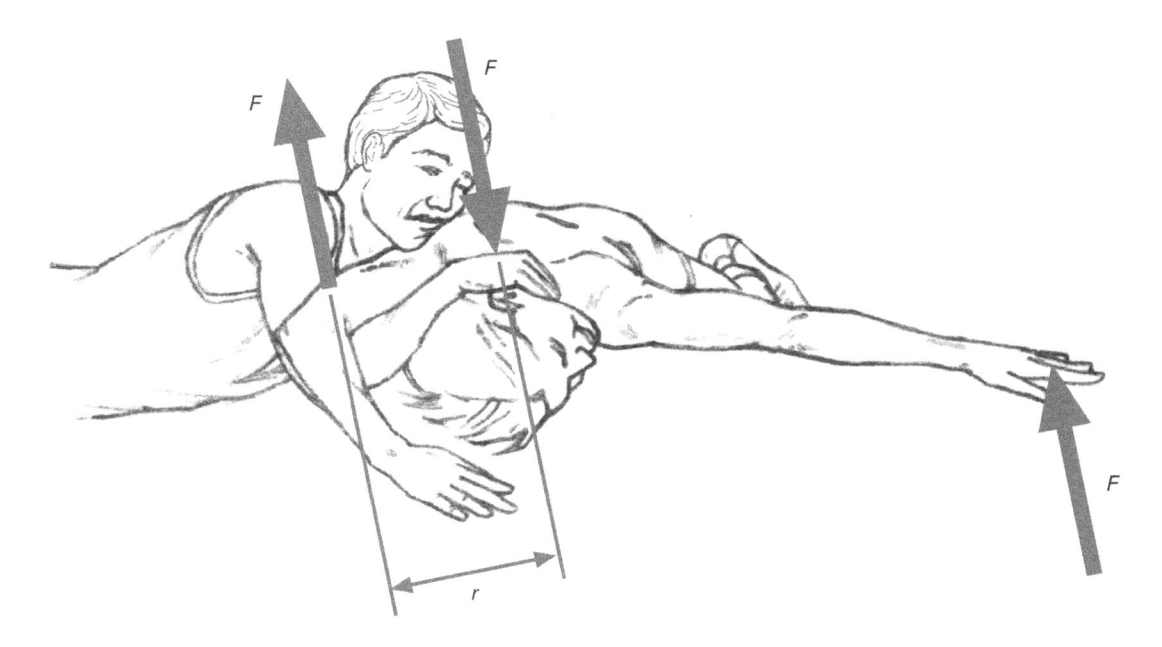

Figura 5.5 As forças exercidas por um lutador usando um golpe sobre seu oponente criam um torque que tende a virá-lo. O adversário pode neutralizar esse torque aplicando sobre o tatame uma força para baixo com o seu braço estendido.

O que acontece no torque do antebraço produzido pelo bíceps braquial quando esse segmento é movido da extensão completa para 90° de flexão de cotovelo? Os músculos podem criar o mesmo torque nessa amplitude de movimento? Se o músculo produzir a mesma força e a distância perpendicular permanecer igual em toda a amplitude de movimento, o torque produzido não mudará. Vamos tentar o Autoexperimento 5.4 para ver se a distância perpendicular do músculo permanece a mesma.

Autoexperimento 5.4

Segure um livro pesado na sua mão direita com o cotovelo estendido. A seguir, use o polegar e o indicador de sua mão esquerda para segurar seu cotovelo direito. Seu indicador deve ser capaz de sentir o tendão do seu bíceps braquial direito, e seu polegar deve sentir a parte de trás do cotovelo, o olecrano de sua ulna. Agora, flexione seu cotovelo direito. A distância entre o polegar e o indicador muda? Ela fica maior quando o grau de flexão da articulação aproxima-se de 90°. Essa distância é uma medida grosseira da distância perpendicular do bíceps braquial na articulação do cotovelo. O braço de momento do bíceps braquial é maior quando o cotovelo está em 90° e menor quando ele é flexionado ou estendido para longe dessa posição. A Figura 5.7 mostra como a distância perpendicular do músculo bíceps muda com a posição da articulação do cotovelo.

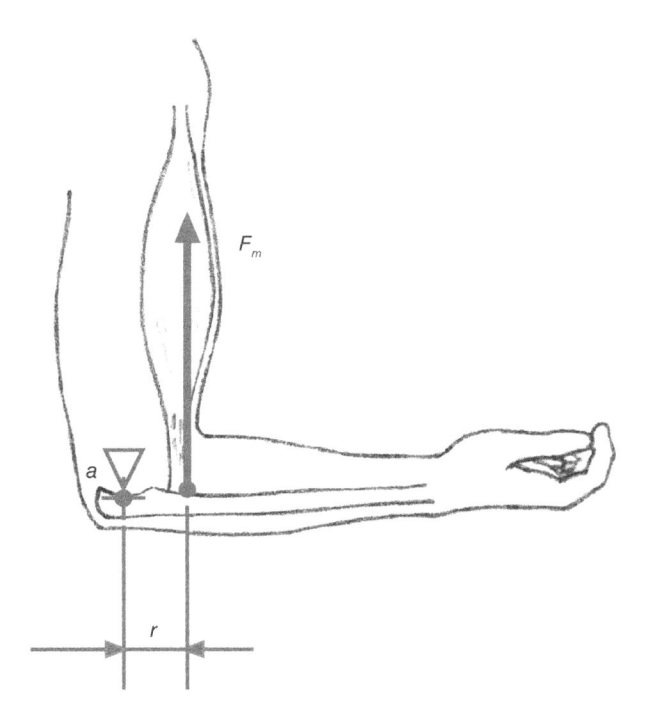

Figura 5.6 O bíceps exerce um torque ao redor do eixo da articulação do cotovelo, produzindo uma força (F_m) com uma distância perpendicular (r) ao redor da articulação.

Os resultados do Autoexperimento 5.4 mostraram que a capacidade do bíceps braquial de criar um torque na articulação do cotovelo depende da posição articular, porque a distância perpendicular do músculo muda conforme o cotovelo é flexionado ou estendido. Situação similar ocorre para maioria de nossos músculos e das articulações que eles cruzam. Ao modificar o ângulo articular, altera-se a distância perpendicular dos músculos que cruzam determinada articulação. Isso explica, em parte, porque nossos músculos parecem mais fortes em algumas posições articulares do que em outras.

Dispositivo de treinamento de força e torque

Os exercícios de treinamento de força com pesos livres ou em máquinas fornecem muitos exemplos de torques exercidos em nossos membros por forças musculares. Considere um exercício de flexão de cotovelo em que você segura um halter na sua mão e o levanta flexionando a referida articulação. Vimos que a contração do músculo bíceps braquial produz um torque ao redor da articulação do cotovelo. Ao levantar o halter, seu peso produz também torque em torno da articulação, mas ele tende a rodar o antebraço no sentido oposto, criando um torque que tenderia a estender a articulação do cotovelo.

Já vimos como o torque do bíceps braquial pode mudar conforme o braço se move em sua amplitude de movimento na articulação do cotovelo, porque sua distância perpendicular muda com a troca da posição articular. O que acontece ao torque produzido em torno da articulação do cotovelo pelo halter quando um exercício de flexão de braço é realizado? A carga não fica mais pesada, mas o torque aumenta quando o cotovelo é flexionado. Isso ocorre porque a linha de ação do peso do halter afasta-se da articulação do cotovelo quando o exercício é realizado, aumentando, assim, a distância perpendicular. Quando o braço estiver na horizontal e o cotovelo em 90°, o braço de momento do halter é máximo e o torque será maior. A flexão para além dessa posição resultará em menor distância perpendicular e, portanto, em torque menor; e o mesmo ocorre quando uma extensão de cotovelo é realizada para além dessa posição. Para a maioria dos exercícios que envolvem pesos livres, os torques produzidos pelas cargas variam conforme suas distâncias perpendiculares mudam durante o movimento.

As máquinas de levantamento de peso podem ou não ter essa característica. Para analisar os torques de uma máquina, deve-se primeiro identificar a força de resistência. Com frequência, cabos ou correntes são usados para redirecionar a linha de ação da força da gravidade que atua sobre a carga. A direção desse cabo (onde ele se liga ao segmento da máquina ou à polia que você move de fato) indica a linha de ação da força de resistência. O braço de momento é determinado medindo-se a distância perpendicular entre essa linha de ação e o eixo de rotação em torno do qual o segmento da máquina gira.

Vamos examinar uma máquina de extensão de joelho, que é comum em muitos ambientes de treinamento (Fig. 5.8). A força de resistência é fornecida por uma pilha de pesos, sendo transmitida ao segmento móvel da máquina por meio de um cabo preso no meio do segmento móvel. Com a execução do exercício, o cabo puxa o segmento móvel da máquina. Um torque é criado no eixo do segmento móvel da máquina porque o cabo puxa a alguma distância desse eixo. Com o exercício, a linha de ação da força do cabo é alterada, e a distância perpendicular diminui quando o joelho é estendido por completo. O torque de resistência produzido por essa máquina é maior na posição inicial, com o joelho em 90°, e fica menor com a extensão dessa articulação. Você poderia pensar em uma maneira de redesenhar essa máquina para que o torque permanecesse constante em todo o exercício? O objetivo do projeto de alguns aparelhos disponíveis é fornecer um torque de resistência constante em toda a amplitude de movimento do exercício. Outras máquinas são feitas para gerar um torque de resistência

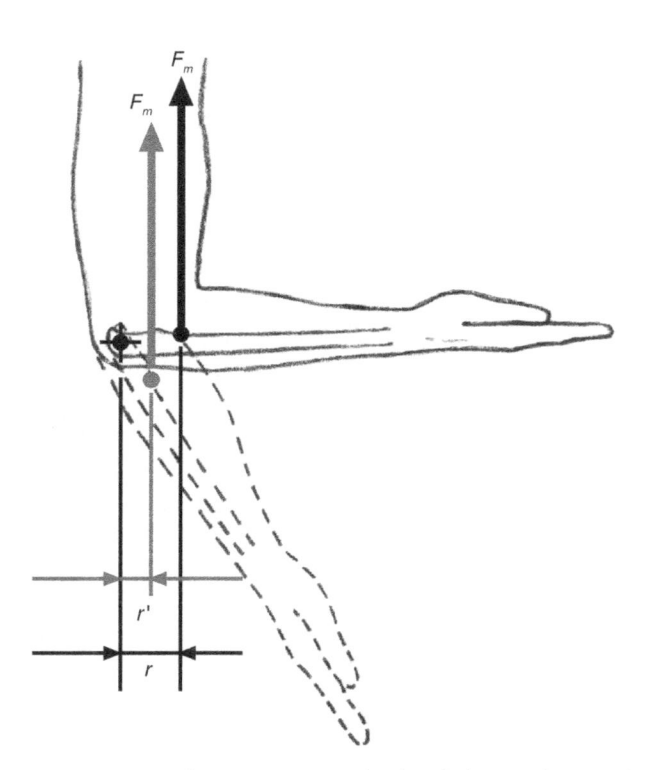

Figura 5.7 A distância perpendicular do bíceps braquial diminui de r para r' quando o cotovelo é estendido a partir de 90° de flexão.

que varia de modo proporcional às distâncias perpendiculares dos músculos sendo exercitados, conforme o exercício vai sendo realizado. Essa é a base do projeto de máquinas tipo Náutilus.

Por ora, você deve ter um entendimento do que seja torque e como quantificá-lo. O fato de que torques possam ser somados (e subtraídos) foi brevemente comentado, mas não discutimos os efeitos de múltiplos torques atuando em um mesmo objeto. Eles podem ser somados para formar um torque equivalente resultante? E se atuarem em sentidos opostos? Deve haver um equilíbrio de torques (como é o caso de forças) em um objeto para que ele permaneça em equilíbrio?

Forças e torques em equilíbrio

No Capítulo 1, o conceito de equilíbrio estático foi introduzido durante a discussão sobre forças. Se um objeto encontra-se em repouso, está em equilíbrio estático. Nesse caso, as forças externas que atuam sobre ele devem somar zero (a força externa resultante deve ser igual a zero). Nosso experimento citado anteriormente, com um binário de forças atuando sobre um livro, indicou que uma força resultante nula não é a única condição de equilíbrio estático. Uma força resultante nula garante que nenhuma mudança ocorrerá no movimento linear do objeto, mas não restringe seu movimento angular. O torque resultante sobre o corpo deve ser igual a zero para garantir que nenhuma mudança ocorra em seu movimento angular. Para que esteja em equilíbrio estático, as forças externas e os torques externos (em qualquer eixo) devem somar zero. Matematicamente, essas condições são expressas como:

$$\sum F = 0$$
$$\sum T = 0 \quad (5.2)$$

onde:

$\sum F$ = força externa resultante e

$\sum T$ = torque resultante

> Para que um objeto esteja em equilíbrio estático, as forças externas e os torques externos (em qualquer eixo) devem somar zero.

Torque resultante

No começo deste capítulo, quando apresentamos a definição matemática de torque, também dissemos que os torques que atuam ao redor de um mesmo eixo poderiam ser algebricamente somados ou subtraídos, tal como forças que atuam na mesma direção. Em uma situação planar, um torque é computado pela soma dos torques que atuam sobre um objeto. Para investigar torques resultantes, tente o Autoexperimento 5.5.

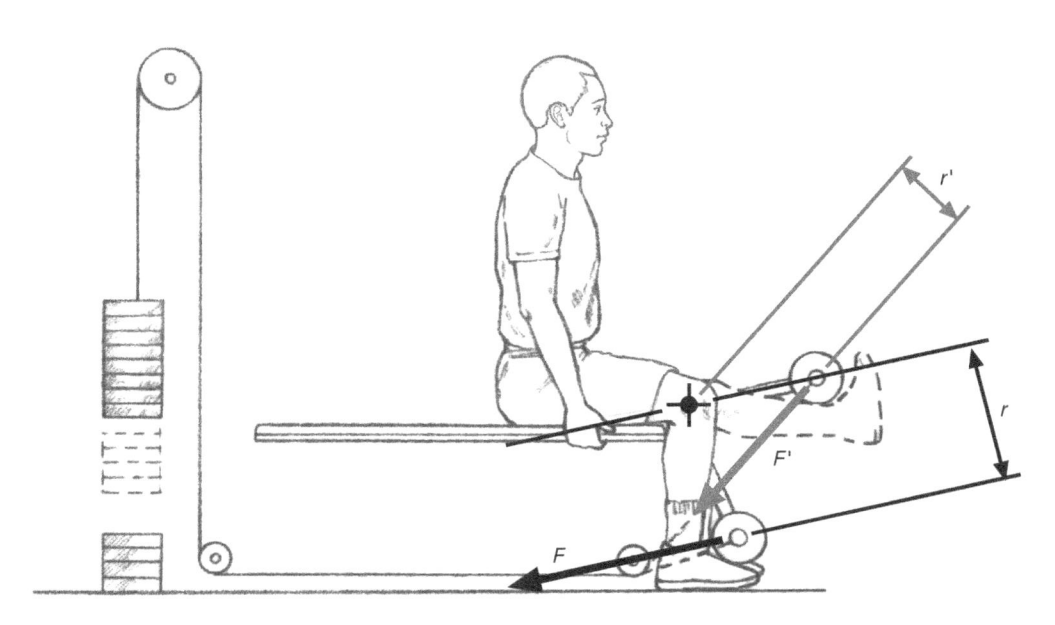

Figura 5.8 Uma mesa flexo-extensora. O torque varia com a posição pela mudança no comprimento da distância perpendicular (r).

Problema ilustrativo 5.1

Jeff está empurrando uma porta com uma força horizontal de 200 N. A distância horizontal dessa força em torno das dobradiças é de 60 cm. Ted, do outro lado, empurra a porta no sentido oposto. A distância perpendicular dessa força é de 40 cm. Quão grande é a força aplicada por Ted se a porta está em equilíbrio estático?

Solução:

Passo 1: Faça uma lista das grandezas conhecidas.

$F_j = 200$ N

$r_j = 60$ cm

$r_t = 40$ cm

Passo 2: Identifique as variáveis desconhecidas para resolvê-las.

$F_t = ?$

Passo 3 Desenhe o diagrama de corpo livre.

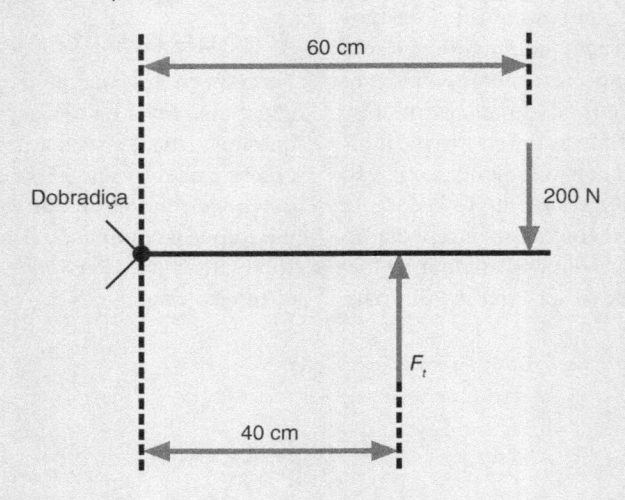

Passo 4: Procure equações com as variáveis conhecidas e desconhecidas.

$\sum T = 0$

Faça a medida do torque sobre a dobradiça.

$\sum T = 0 = (F_j)(r_j) + (F_t)(r_t) = 0$

Passo 5: Substitua as grandezas conhecidas e resolva a equação para encontrar as desconhecidas.

$\sum T = 0 = (200 \text{ N})(60 \text{ cm}) + (F_t)(40 \text{ cm}) = 0$

$F_t = -(200 \text{ N})(60 \text{ cm})/(40 \text{ cm}) = -300$ N

O sinal negativo indica que a força aplicada por Ted tem sentido oposto ao daquela aplicada pelo Jeff.

Passo 6: Verificação de senso comum.
A força que Ted exerce deve ser maior do que a aplicada por Jeff devido a sua menor distância perpendicular.

Autoexperimento 5.5

Para este experimento e para os seguintes, utilizaremos um sistema simples. Encontre uma régua, uma borracha e 10 moedas iguais. Equilibre a régua sobre a borracha. Na falta desta, encontre algo com uma superfície plana de aproximadamente 0,5 cm de largura em que possa equilibrar a régua. Caso a régua tenha 30 cm, ela deve ficar em equilíbrio com a borracha em 15 cm. Agora, coloque uma moeda a 13 cm à esquerda da borracha. A régua continua equilibrada? Fica em estado de equilíbrio estático? Não. Por quê?

A moeda, nesse Autoexperimento, criou um torque anti-horário sobre a borracha que fez a régua girar para a esquerda. A distância perpendicular da moeda era de 13 cm, e a força que criou era seu peso. O torque gerado pela borracha foi seu peso ("p") vezes 13 cm, ou 13 moedas centímetros de torque. Nesse caso, o torque resultante que atua sobre a régua no eixo por meio da borracha foi causado apenas pelo peso da moeda.

$\sum T = \sum (F \times r)$

$\sum T = (-1 \text{ moeda})(-13 \text{ cm})$

$\sum T = +13$ moedas centímetros (p·cm)

Esse torque é positivo porque tendeu a causar a rotação no sentido anti-horário.

Agora, coloque uma moeda cerca de 8 cm à direita da régua, a partir da borracha. Qual é o torque resultante sobre a régua em um eixo por meio da borracha nesse caso?
O torque resultante é:

$\sum T = \sum (F \times r)$

$\sum T = (-1 \text{ p})(-13 \text{ cm}) + (-1 \text{ p})(+8 \text{ cm})$

$\sum T = +13$ p·cm + (-8 p·cm)

$\sum T = +13$ p·cm - 8 p·cm

$\sum T = +5$ p·cm

O torque resultante continua anti-horário (+), mas foi reduzido em 8 p.cm pelo torque horário gerado pela moeda à direita da régua.

Coloque outra moeda à direita da régua, a 5 cm da borracha. O que aconteceu? Ela está em equilíbrio estático.

Isso parece estranho, pois há o dobro de moedas no lado direito da régua. Talvez uma análise do diagrama de corpo livre mostrado na Figura 5.9 ajude a explicar a situação.

Qual é o torque resultante que atua sobre a régua no eixo por meio da borracha? O torque resultante é:

$\sum T = \sum (F \times r)$

$\sum T = (-1 \text{ p})(-13 \text{ cm}) + (-1 \text{ p})(+8 \text{ cm}) + (-1 \text{ p})(+5 \text{ cm})$

$\sum T = +13$ p·cm + (-8 p·cm) + (-5 p·cm)

$\sum T = +13$ p·cm - 8 p·cm - 5 p·cm

$\sum T = 0$

A régua equilibra-se (está em equilíbrio estático) porque o torque resultante que atua sobre ela é zero.

Vamos tentar outro exemplo. Tire as moedas de cima da régua. Agora, empilhe quatro moedas cerca de 8 cm à direita da borracha. Qual o torque resultante criado por elas? Quatro moedas vezes 8 cm é 32 p·cm de torque na direção horária em um eixo por meio da borracha. Se você tivesse apenas duas moedas restantes para equilibrar a régua, onde as colocaria?

Agora que sabemos que o torque resultante precisa ser zero para que a régua esteja equilibrada (e em equilí-

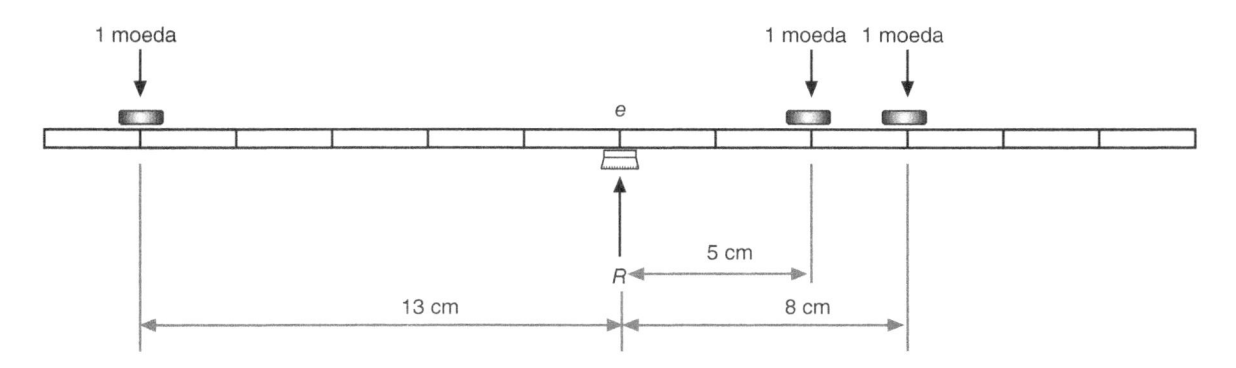

Figura 5.9 Diagrama de corpo livre de uma régua carregada de moedas em equilíbrio sobre uma borracha. R é a força de reação exercida pela sua sustentação, e "e" é o eixo. (O peso da régua é omitido neste diagrama.)

brio estático), podemos resolver esse problema, do ponto de vista matemático, da seguinte maneira:

$$\sum T = \sum (F \times r) = 0$$

$$0 = (-2\text{ p})(r) + (-4\text{ p})(+8\text{ cm})$$

$$(-2\text{ p})(r) = (4\text{ p})(+8\text{ cm})$$

$$r = \frac{(4\text{ p})(8\text{ cm})}{-2\text{ p}} = -16\text{ cm}$$

Duas moedas irão criar um torque anti-horário de 30 p·cm (para opor-se aos 30 p·cm do torque horário criado pelas quatro moedas) se você empilhá-las 16 cm à esquerda da borracha (o sinal negativo antes dos 16 cm indica que a distância perpendicular está à esquerda do eixo). Duas moedas vezes 16 cm é igual a 32 p·cm de torque no sentido anti-horário.

Estimativa de força muscular usando equações de equilíbrio

Vamos examinar como as condições para o equilíbrio estático nos permitem estimar as forças que nossos músculos produzem ao levantar ou segurar objetos. Suponha que você esteja segurando um halter de 10 kg e que seu cotovelo esteja flexionado em 90° de tal forma que seu antebraço esteja paralelo ao chão. Se a distância perpendicular desse halter estiver a 30 cm do eixo da articulação do cotovelo, qual é o torque criado pela carga sobre o eixo dessa articulação? Usando a equação 5.2, o torque é:

$$T = F \times r$$

$$T = (-10\text{ kg})(-30\text{ cm})$$

$$T = +300\text{ kg·cm}$$

O halter cria um torque anti-horário de 300 kg·cm no eixo da articulação do cotovelo. Para segurá-lo, seus músculos flexores do cotovelo devem criar um torque horário igual àquele criado pela carga (se os pesos do antebraço e da mão forem ignorados). Se a distância perpendicular desses músculos for de 2,5 cm, qual a força que eles exercem para manter o halter na posição descrita? Já que o antebraço deve estar em equilíbrio estático, o problema é resolvido como se segue (considere que F_m representa a força muscular):

$$\sum T = \sum (F \times r) = 0$$

$$\sum (F \times r) = (-10\text{ kg})(-30\text{ cm}) + F_m(-2,5\text{ cm}) = 0$$

$$F_m(-2,5\text{ cm}) = -(-10\text{ kg})(-30\text{ cm})$$

$$F_m = \frac{-(-10\text{ kg})(-30\text{ cm})}{-2,5\text{ cm}} = +120\text{ kg}$$

Nossa! Os músculos flexores do seu cotovelo devem criar uma força de 120 kg (ou 1.068 N) apenas para manter um halter de 10 kg! Isso parece uma força muito grande. Mas nossos músculos são organizados de forma que suas distâncias perpendiculares nas articulações sejam curtas. Isso significa que eles precisam criar forças relativamente grandes para produzir torques eficazes ao redor das articulações.

Mais exemplos de torque resultante

Agora, vejamos alguns exemplos de torques resultantes no esporte. Considere um atleta de salto com vara. Quais forças externas atuam sobre ele? A gravidade o puxa para baixo com uma força igual ao seu peso, e a vara exerce uma força em cada uma de suas mãos onde ele a segura. A Figura 5.10 mostra um diagrama de corpo livre do atleta com os valores estimados das forças externas.

Qual é o torque resultante atuando sobre ele ao redor do eixo que cruza seu centro da gravidade? Ele está em equilíbrio? A força de 500 N atuando sobre a sua mão esquerda tem uma distância perpendicular de 0,50 m de seu centro de gravidade e cria em torno deste um torque em sentido horário. A força de 1.500 N atuando sobre a mão direita tem uma distância perpendicular de 1,00 m em torno da gravidade, e o torque criado por ela em torno do centro de gravidade também é horário. O peso de 700 N do atleta atua por meio de seu centro de gravidade e, assim, a distância perpendicular do seu peso é zero, de tal forma

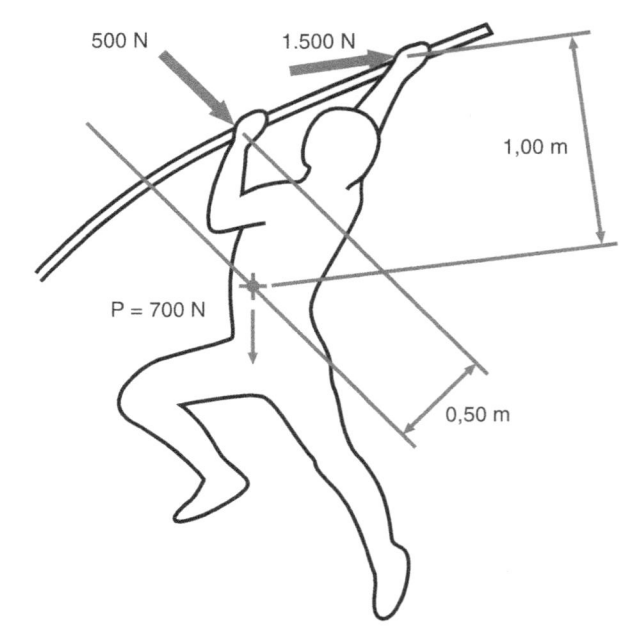

Figura 5.10 Diagrama de corpo livre de um atleta de salto com vara logo antes da decolagem. As forças de reação da vara criam torques horários sobre ele.

que não cria qualquer torque em torno de seu centro gravitacional. Matematicamente, o torque resultante em um eixo transverso por meio do centro de gravidade do atleta é:

$$\sum T = \sum (F \times r) = -(500\ N)(0{,}50\ m)$$
$$-(1.500\ N)(1{,}00\ m)$$

$$\sum T = -250\ N{\cdot}m - 1.500\ N{\cdot}m$$

$$\sum T = -1.750\ N{\cdot}m$$

O sinal negativo desse torque resultante de 1.750 N·m indica que seu sentido é horário, produzindo um efeito de giro que tende a rodar o atleta no sentido horário em torno de suas costas, como se estivesse executando um salto mortal de costas.

Agora, vamos considerar o que acontece com ele mais tarde, quando está na posição mostrada no diagrama de corpo livre da Figura 5.11.

Qual é o torque resultante atuando sobre o atleta nessa situação? A força de 300 N atuando sobre sua mão esquerda tem uma distância perpendicular de 0,50 m e ainda cria um torque horário (-) em seu centro de gravidade. A distância perpendicular da força de 500 N sobre sua mão direita também é de 0,50 m, mas, agora, cria um torque anti-horário (+) no seu centro de gravidade. O torque resultante é:

$$\sum T = \sum (F \times r) = -(300\ N)(0{,}50\ m)$$
$$+ (500\ N)(0{,}50\ m)$$

$$\sum T = -150\ Nm + 250\ N{\cdot}m$$

$$\sum T = +100\ N{\cdot}m$$

O sinal positivo indica que esse torque resultante atua no sentido anti-horário. O efeito de giro produzido pelas forças atuando sobre o atleta tendem a rodá-lo nesse sentido, como se estivesse fazendo um salto mortal para frente, ou a frear sua rotação no sentido horário. Este último caso é mais provável, uma vez que o saltador estava rodando no sentido horário em torno da vara. O torque anti-horário irá parar a rotação no sentido horário conforme o atleta alinha seu corpo com a vara em preparação para passar por cima do sarrafo. Isso irá, por fim, fazê-lo girar no sentido anti-horário. Essa rotação anti-horária ajuda o atleta a rodar sobre o sarrafo durante a passagem.

O que é o centro de gravidade?

Agora, você já deve compreender o que é um torque e como ele é criado por forças tanto externas como musculares; além disso, já deve saber como determinar um torque resultante e quais as condições de equilíbrio estático. A expressão centro de gravidade tem sido usada várias vezes ao longo deste capítulo. É provável que você já tenha ouvido essa expressão antes e faça alguma ideia sobre seu significado. Nesta seção, esse conceito será discutido e explicado.

Centro de gravidade é o ponto do corpo ou sistema ao redor do qual sua massa ou seu peso está uniformemente distribuído ou equilibrado e por meio do qual atua a força da gravidade. Centro de massa é o ponto no corpo ou sistema de corpos em que, para certos propósitos, sua massa inteira pode ser assumida como concentrada. Para corpos perto do solo, o centro de gravidade coincide com o centro de massa. Uma vez que todas as atividades do movimento humano irão ocorrer no chão ou perto dele, ambos os termos são equivalentes e podem ser usados de forma intercambiável. O centro de gravidade é um ponto imaginário no espaço. Não é uma entidade física; sua localização não está marcada em um objeto. É um conceito útil para análise do movimento humano, porque é o ponto no qual pode-se considerar que toda a massa ou peso do corpo esteja concentrado. Assim, a força da gravidade atua para baixo por meio desse ponto. Se uma força externa resultante atua em um corpo, a aceleração causada por ela é a do centro de gravidade. Se nenhuma força externa atua sobre um objeto, o centro de gravidade não acelera. Ao interpretar e aplicar as leis do movimento de Newton, são os movimentos do centro de gravidade do corpo que se submetem a elas. Por isso, é importante saber como localizar ou estimar o posicionamento desse ponto de um corpo ou objeto.

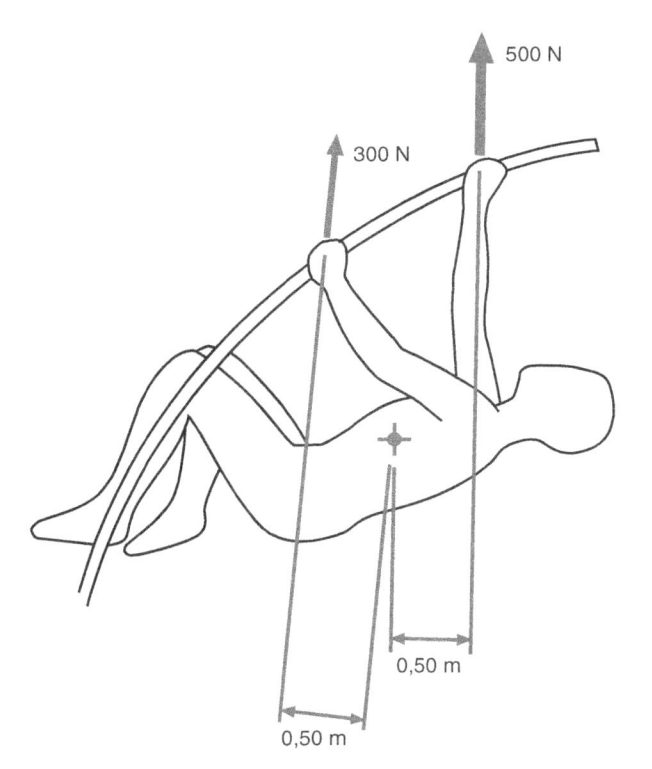

Figura 5.11 Diagrama de corpo livre de um atleta de salto com vara no meio da decolagem. As forças de reação da vara criam torques anti-horários sobre ele.

○ O centro de massa é o ponto no qual pode-se assumir que toda massa ou peso esteja concentrado.

Localizando o centro de gravidade em um objeto

A definição de centro de gravidade dá um indicativo de como encontrar sua localização: é o ponto no corpo ao redor do qual seu peso fica equilibrado. É, portanto, o ponto de equilíbrio. O que isso significa? Podemos considerar que os objetos são compostos de muitos elementos menores, os quais podem representar as partes que o constituem. No corpo humano, esses elementos podem ser os membros, o tronco e a cabeça (ou seja: duas mãos, dois antebraços, dois braços, dois pés, duas pernas, duas coxas, um tronco, um pescoço e uma cabeça formam o corpo humano). Em um nível mais elementar, essas partes fundamentais poderiam representar moléculas ou átomos. A força da gravidade puxa para baixo cada um desses elementos. A soma ou a resultante dessas forças é o peso total do objeto, que atua por meio de um ponto no qual os torques dos pesos de cada parte elementar (os torques criados por seus pesos) totalizam zero, sem importar a posição do objeto. O Autoexperimento 5.6 demonstra a variação do centro de gravidade usando a régua, a borracha e as moedas usadas antes neste capítulo.

Autoexperimento 5.6

Pegue de novo a régua, a borracha e as moedas. Primeiro, equilibre a régua na borda da borracha. Uma vez que definimos centro de gravidade como o "ponto de equilíbrio", o centro de gravidade da régua deve estar acima dos pontos de sustentação fornecidos pela borda da borracha. O torque anti-horário criado pelo peso da régua à esquerda da borracha equilibra o torque horário gerado pelo peso à direita. Agora, faça duas pilhas de quatro moedas cada. Coloque uma pilha 2,5 cm à esquerda da borracha e outra 2,5 cm à direita, de forma que a régua fique equilibrada. Os centros de gravidade das moedas e da régua ainda estão sobre a borracha.

Então, deslize a pilha direita de moedas 2,5 cm para a direita e mova a borracha de tal forma que a régua permaneça em equilíbrio. Para que lado foi necessário mover a borracha? Para que lado seu centro de gravidade se moveu? Para manter a régua em equilíbrio, foi necessário mover a borracha um pouco para a direita. Os centros de gravidade da régua e das moedas também se moveram para esse lado.

Agora, mova a pilha direita das moedas até a extremidade distal da régua e reposicione a borracha para que a régua permaneça equilibrada. Novamente, foi necessário mover a borracha para direita, de tal forma que o centro de gravidade do sistema (régua e moedas) moveu-se para a direita. Contudo, você não teve de mover a borracha tanto quanto as moedas. Se algumas das partes elementares de um objeto movem-se ou mudam de direção, o centro de gravidade do objeto move-se também, embora não tanto.

Tire três moedas da pilha esquerda e mova a borracha a modo a manter o sistema balanceado. Você teve de mover a borracha outra vez para a direita, portanto, o centro da gravidade moveu-se para a direita também. Se uma parte elementar de um objeto for removida, seu centro de gravidade afasta-se do ponto em que a remoção ocorreu.

Por fim, adicione três moedas à pilha da direita e mova a borracha de tal forma que a régua permaneça equilibrada. A borracha está, agora, mais à direita, e o centro de gravidade do sistema também se moveu para esse lado. Se for adicionada massa a um objeto, seu centro de gravidade se move em direção à localização da massa adicionada. Observe quantas moedas estão de cada lado do centro de gravidade do sistema agora. Os pesos em cada lado do centro de gravidade não têm de ser iguais; uma moeda não é o mesmo que sete moedas, mas os torques criados por esses pesos ao redor do centro de gravidade devem ser equivalentes.

Determinação matemática do centro de gravidade

Se os pesos e as localizações das partes elementares que formam um objeto forem conhecidos, a localização do centro de gravidade pode ser matematicamente calculada. A definição de centro de massa indica que é o ponto no qual pode-se considerar que toda massa (ou peso) do objeto esteja concentrada. De acordo com essa definição, uma régua com seis moedas distribuídas em intervalos de 5 cm é equivalente a uma régua com seis moedas empilhadas em um local, desde que este seja o centro de gravidade da primeira régua. Vejamos isso mais de perto. Suponha que a primeira régua tivesse moedas colocadas nas marcas de 2,5; 7,5; 12,5; 17,5; 22,5 e 27,5 cm. Essa régua e outra equivalente são mostradas na Figura 5.12.

Se você fechasse os olhos e pegasse qualquer uma dessas réguas pela extremidade, pereceriam idênticas. Você não seria capaz de dizer qual delas tem as moedas distribuídas nos intervalos de 5 cm e qual as tem empilhadas em um só local. Ambas pesariam o mesmo, e você teria que criar o mesmo torque na extremidade de cada uma delas para segurá-las com uma mão. Essa é a chave para determinar matematicamente a localização do centro de gravidade – ambas as réguas criam o mesmo torque na extremidade. A soma dos torques criados pelos pesos elementares – nesse caso, as moedas – é igual àquele criado pelo peso total empilhado na localização do centro de

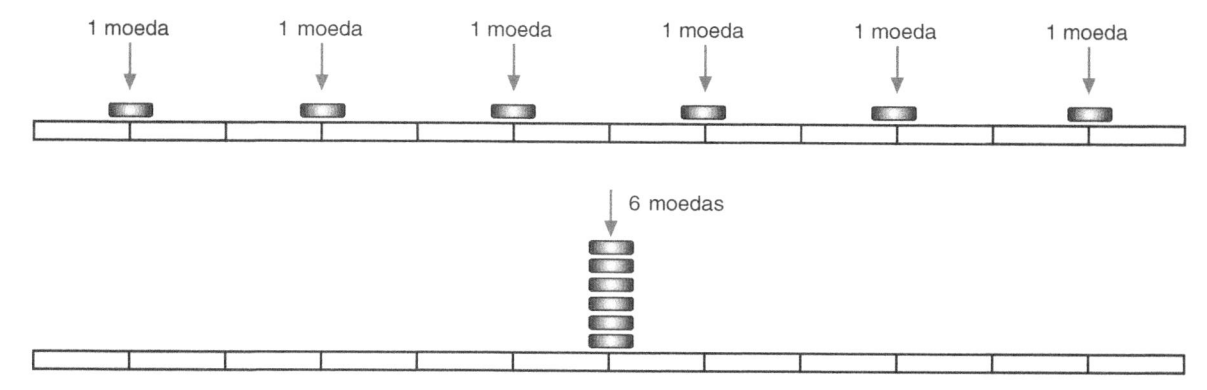

Figura 5.12 Uma régua com seis moedas sobre si, colocadas a cada 5 cm, equivale a uma com seis moedas empilhadas no seu centro.

gravidade. Em linguagem matemática, isso pode ser expresso como:

$$\sum T = \sum (P \times r) = (\sum P) \times r_{cg} \quad (5.3)$$

onde:

P = peso de um elemento,

r = distância perpendicular de um elemento individual,

$\sum P$ = peso total do objeto e

r_{cg} = distância perpendicular de todo o peso do objeto (a localização do seu centro de gravidade em relação ao eixo no qual os torques estão sendo medidos)

A equação 5.3 pode ser usada para resolver a localização do centro de gravidade, r_{cg}. Vamos usar a extremidade da primeira régua, mostrada na Figura 5.12, como o eixo sobre o qual serão medidos os torques (qualquer eixo pode ser usado neste cálculo, desde que use-se o mesmo em ambos os lados da equação).

$$\sum T = \sum (P \times r) = (\sum P) \times r_{cg}$$

$$\sum (P \times r) = (1\,p)(2{,}5\,cm) + (1\,p)(7{,}5\,cm) + (1\,p)(12{,}5\,cm)$$
$$+ (1\,p)(17{,}5\,cm) + (1\,p)(22{,}5\,cm)$$
$$+ (1\,p)(27{,}5\,cm)$$

$$\sum (P \times r) = 90\ p \cdot cm$$

$$(\sum P) \times r_{cg} = (1\,p + 1\,p + 1\,p + 1\,p + 1\,p + 1\,p) \times r_{cg}$$
$$= (6\,p) \times r_{cg}$$

$$\sum (P \times r) = 90\ p \cdot cm = (6\,p) \times r_{cg} = (\sum P) \times r_{cg}$$

$$\frac{90\ p \cdot cm}{6\ p} = r_{cg}$$

$$r_{cg} = 15\ cm$$

Assim, o centro da gravidade da régua é 15 cm a partir de sua extremidade. Se todas as seis moedas fossem empilhadas nesse ponto, em vez de distribuídas, a cada 5 cm ao longo da régua, esta seria percebida da mesma forma.

Para determinar matematicamente a localização do centro de gravidade, utilizamos a relação entre a soma dos torques criados pelos pesos elementares e o torque criado pela soma dos pesos elementares. De forma mais simples, a soma dos torques é igual ao torque da soma. Tente o Autoexperimento 5.7.

Autoexperimento 5.7

Vamos tentar outro exemplo. Coloque três moedas sobre a marca de 2,5 cm da régua e sete na marca de 20 cm. Sem levantar a régua, você pode determinar onde está localizado seu centro de gravidade?

Matematicamente, podemos resolver a localização do centro de gravidade como fizemos no exemplo anterior. Vamos medir os torques na extremidade da régua por conveniência (lembre-se, podemos medir esses torques em qualquer eixo, então vamos escolher um que seja conveniente).

$$\sum (P \times r) = (\sum P) \times r_{cg}$$

$$\sum (P \times r) = (3\,p)(2{,}5\,cm) + (7\,p)(20\,cm)$$

$$= (3\,p + 7\,p) \times r_{cg} = (\sum P) \times r_{cg}$$

$$7{,}5\ p \cdot cm + 140\ p \cdot cm = (10\,p) \times r_{cg}$$

$$59\ p \cdot cm = (10\,p) \times r_c$$

$$\frac{147{,}5\ p \cdot cm}{10\ p} = r_{cg}$$

$$r_{cg} = 14{,}75\ cm$$

Problema ilustrativo 5.2

Um levantador de peso colocou erroneamente uma anilha de 20 kg sobre uma das extremidades da barra e uma de 15 kg sobre a outra. A barra possui 2,2 m de comprimento e massa de 20 kg, sem as anilhas. A carga de 20 kg está localizada a 40 cm de distância da extremidade direita da barra, enquanto a de 15 kg está a 40 cm da extremidade esquerda. Onde está o centro de gravidade da barra com as anilhas?

Solução:

Passo 1: Desenhe o diagrama de corpo livre da barra e anilhas.

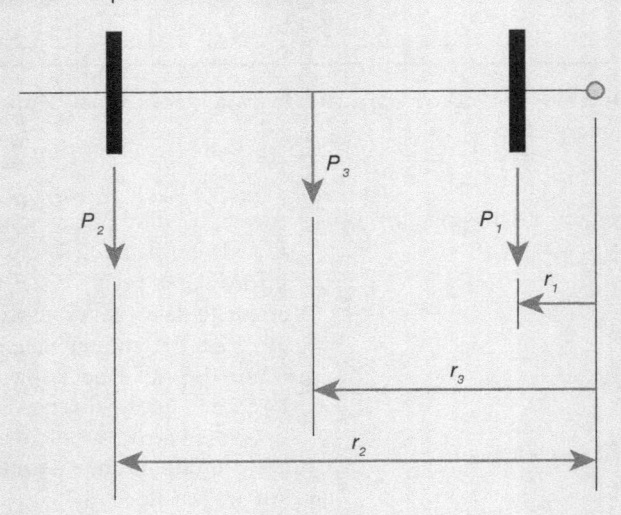

Passo 2: Some os torques dos pesos sobre a extremidade direita da barra.

$\sum T = P_1 r_1 + P_2 r_2 + P_3 r_3 = (m_1 g) r_1 + (m_2 g) r_2 + (m_2 g) r_3$

$\sum T = g\,(m_1 r_1 + m_2 r_2 + m_2 r_3) = g\,[(20\text{ kg})(0{,}4\text{ m}) + (15\text{ kg})(1{,}8\text{ m}) + (20\text{ kg})(1{,}1\text{ m})]$

$\sum T = g\,(57\text{ kg·m})$

Passo 3: Iguale isso ao torque do peso total sobre a extremidade direita da barra e resolva o c_{cg}.

$\sum T = P_{total}\, r_{cg} = (m_{total}\,g) r_{cg} = g\,(57\text{ kg·m})$

$g\,(55\text{ kg})\, r_{cg} = g\,(57\text{ kg·m})$

$r_{cg} = (57\text{ kg·m})/55\text{ kg}$

$r_{cg} = 1{,}04\text{ m}$

O centro de gravidade está a 1,04 m da extremidade direita da barra.

Passo 4: Verificação de senso comum.
O centro de gravidade está à direita do centro da barra (1,04 vs. 1,10 m). Isso faz sentido, porque a anilha é maior no lado direito.

O centro da gravidade da régua está a 14,75 cm da extremidade. Pegue-a nesse ponto e veja se fica equilibrada em seu dedo. Em caso positivo, você terá verificado que 14,75 cm é a localização de seu centro de gravidade.

Com as moedas e a régua, encontramos o centro de gravidade em uma única dimensão. Para objetos mais complexos, a localização do centro de gravidade é definida por três dimensões. Nesses casos, repete-se para cada dimensão o procedimento que usamos nos dois experimentos anteriores, assumindo-se que a gravidade esteja atuando em uma direção perpendicular à aquela dimensão.

Centro de gravidade do corpo humano

Agora, vamos considerar o corpo humano e a localização de seu centro de gravidade. Nosso corpo não é um objeto rígido, e a localização de seu centro de gravidade depende da posição de seus segmentos, assim como o centro de gravidade da régua e das moedas dependia da posição destas na régua. Vamos supor que você esteja em pé com seus braços pendendo ao lado do corpo, como mostrado na Figura 5.13.

Pelo fato de seus lados esquerdo e direito serem simétricos, seu centro de gravidade fica dentro do plano que divide seu corpo nas metades esquerda e direita (o plano sagital). Se você mover seu braço esquerdo para cima e para o lado, seu centro de gravidade se desloca para a esquerda. Embora as partes de trás e da frente de seu corpo não sejam simétricas, seu centro de gravidade fica dentro de um plano que divide seu organismo nas metades anterior e posterior (o plano frontal). Esse plano passa aproximadamente por meio das articulações do ombro e do quadril e um pouco à frente de suas articulações do tornozelo. Se você levantar seus braços para frente, seu cento de gravidade será deslocado nessa direção.

É fácil estimar a localização do centro de gravidade nessas duas dimensões, anteroposterior e médio-lateral, se você estiver na posição anatômica. Contudo, é mais difícil estimá-la na dimensão vertical. O centro de gravidade de cima para baixo fica em um plano que atravessa horizontalmente seu corpo 2,5 a 5 cm abaixo de seu umbigo, ou cerca de 15 cm acima de seu púbis. Esse plano é um pouco mais alto que a metade de sua estatura em pé, mais ou menos, 55 a 57% de sua altura. Se você levantar os dois braços acima da cabeça, seu centro de gravidade irá se deslocar levemente para cima (de 5 a 8 cm). Alguém com pernas longas e braços e tórax musculosos terá um centro de gravidade mais alto que uma pessoa com pernas mais curtas e grossas. Nas mulheres, esse ponto é levemente mais baixo que nos homens, porque elas têm cintura pélvica mais larga e ombros mais estreitos. O centro de gravidade nas mulheres fica a, mais ou menos, 55% de sua altura a partir do solo, nos homens fica a 57%. Os bebês e as crianças pequenas têm centros de gravidades mais altos em relação à altura por causa de suas cabeças relativamente maiores e pernas mais curtas.

No corpo humano, esse corpo sairá da posição descrita se suas partes mudarem de posicionamento. Se os membros, o tronco, a cabeça e o pescoço forem considerados as unidades elementares do corpo, então suas posições determinam a localização do centro de gravidade, que pode ser estimada para qualquer posição do corpo, usando-se o seguinte procedimento. Primeiro, imagine o corpo na posição em pé, mostrada na Figura 5.13, e localize o centro de gravidade para essa posição usando a informação descrita nos parágrafos anteriores. Então, considere o movimento que cada membro tem de fazer para ficar na posição em questão. Cada movimento de membro move levemente o centro de gravidade de todo o corpo em sua direção. O quanto ele se desloca depende do peso do membro em movimento e da distância que se moveu. Elevando uma perna para a frente você deslocará seu centro de gravidade mais para frente e para cima do que levantando apenas um braço. Pratique estimar a localização do seu centro de gravidade para cada uma das posições mostradas na Figura 5.14.

O centro de gravidade do atleta de salto em altura na posição arqueada sobre a barra (Fig. 5.14a) está fora de

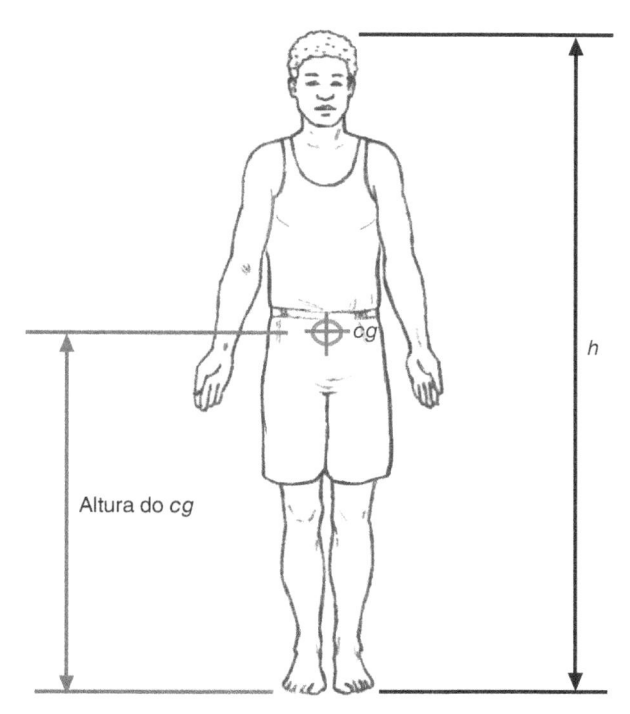

Figura 5.13 Na posição anatômica, a posição do seu centro de gravidade fica entre 55 e 57% da sua estatura.

Figura 5.14 Onde está localizado o centro de gravidade do atleta em cada uma dessas posições corporais?

seu corpo, como pode ser o caso da competidora de salto ornamental na posição mostrada na Figura 5.14b e do atleta de salto com vara na Figura 5.14c. A flexibilidade e a complexidade do corpo humano permitem que assumam posições em que seu centro de gravidade pode estar fora do corpo.

Centro de gravidade e desempenho

Agora, vamos considerar como os movimentos de seus membros podem de fato afetar o desempenho de uma habilidade por meio da alteração da posição de seu centro de gravidade. Em um teste de salto vertical e de alcance, o objetivo é pular e alcançar o ponto mais alto possível com uma das mãos. Para isso, tente as diferentes técnicas descritas nas situações do Autoexperimento 5.8.

Autoexperimento 5.8

Encontre uma sala com teto alto e espaço livre perto de uma parede. Talvez seja preciso sair para a rua para executar esse experimento. Primeiro, fique em pé e tente pular o mais alto possível, tocando a parede com a mão. Mantenha a outra mão para baixo. Veja o quão alto você consegue tocar a parede. Pode ser difícil fazer isso enquanto pula, então peça a um amigo que confira o seu alcance (ou use um pedaço de giz). Tente isso três vezes para ter uma boa ideia da altura que você alcança usando essa técnica.

A seguir, fique de pé e pule de novo, tentando alcançar o mais alto possível com uma mão, mas, desta vez, use também a outra. Tente essa técnica três vezes. Você atingiu a mesma altura?

Agora, repita o processo anterior, tentando alcançar o mais alto possível com as duas mãos, como antes, mas, desta vez, enquanto estiver no ar, levante seus joelhos e pernas de forma que seus calcanhares toquem as nádegas. Tente também essa técnica por três vezes. Você alcançou a mesma altura?

É provável que você tenha ido mais alto usando a primeira técnica. Com a segunda, seu alcance deve ter sido 2,5 a 5 cm abaixo e, com a terceira, 10 a 15 cm mais baixo. Por quê?

Com as três técnicas, seu centro de gravidade deve ter alcançado a mesma altura desde que tenha pulado com o mesmo esforço em cada tentativa. Mas espere um pouco: seu centro de gravidade não estaria mais alto quando levantou ambos os braços e ainda mais alto quando ergueu também as pernas? Bem, dissemos que seu centro de gravidade desloca-se para cima quando qualquer parte do seu corpo desloca-se para cima, mas deveríamos dizer que o movimento dele é relativo. Em outras palavras, a elevação dos braços acima de sua cabeça faz seu centro de gravidade se deslocar mais em relação a outras partes de seu corpo, como, por exemplo, sua cabeça. Quando levanta os braços acima da cabeça, seu centro de gravidade se desloca para mais perto dela. Em termos absolutos (movimento medido em relação a um ponto fixo na terra), isso poderia significar que (1) seu centro de gravidade realmente se deslocou para cima, ficando mais alto em relação ao solo; (2) ele permaneceu da mesma altura em relação ao solo, e sua cabeça e outras partes moveram-se para baixo ou se aproximaram do solo para compensar o movimento das partes que foram para cima; ou (3) alguma combinação de (1) ou (2).

A explicação para o que aconteceu nos testes de salto vem da nossa discussão sobre o conceito de centro de gravidade. A explicação e interpretação das leis de Newton ao movimento de um objeto complexo são simplificadas por esse conceito. São essas leis que governam o movimento do centro de gravidade. Nos testes de salto, a única força externa que atuou sobre você foi a da gravidade (seu peso). Essa força acelera seu centro de gravidade para baixo em uma taxa constante. Você se tornou um projétil assim que seus pés deixaram o solo. O movimento de seus membros, uma vez no ar, não poderia alterar o deslocamento de seu centro de gravidade, porque não estavam puxando ou empurrando algo externo a seu corpo. A força resultante em ação era apenas a força da gravidade. A trajetória que seu centro de gravidade seguiu não foi alterada pelas ações de seus membros, mas mudou o movimento de seus outros membros e tronco. Levantar seus braços fez algo se mover para baixo para que seu centro de gravidade continuasse a sua trajetória parabólica. Quando levantou seus braços e pernas, sua cabeça e seu tronco ficaram mais baixos para compensar esse movimento.

Aqui, existe outra forma de interpretar ou explicar o porquê de você pular mais alto com apenas uma das mãos acima da cabeça do que nas demais situações sugeridas. Primeiro, vamos supor que em todos os saltos o centro de gravidade atingiu o mesmo pico de altura. Se esse for o caso, então, para maximizar o alcance de sua mão (sua altura acima do solo), você quer maximizar a distância vertical entre o centro de gravidade e o braço estendido. Elevando apenas os braços ou os braços e as pernas, o centro de gravidade fica mais perto da cabeça e, assim, mais perto da mão levantada. Mantendo os demais membros e partes do corpo tão baixos quanto possível em relação ao centro de gravidade, maximiza-se a distância entre este e a mão erguida. A Figura 5.15 demonstra isso graficamente.

Um jogador de basquetebol saltando no bloqueio pode ir mais alto se levantar apenas uma das mãos e manter o outro braço e as pernas baixos em relação ao tronco. Isso também é verdadeiro para um jogador de voleibol que tenta bloquear uma cortada, embora ele possa ser mais eficaz erguendo ambas as mãos – elas não subirão tanto, mas bloquearão uma área maior. No basquetebol, a direção do arremesso é conhecida do defensor – é em direção à cesta –, de forma que apenas uma mão é necessária para bloqueá-lo. No voleibol, a direção da cortada não é conhecida, e as duas mãos são usadas para cobrir uma área maior.

Vamos considerar uma última atividade de salto. Como é que jogadores de basquetebol, dançarinos, patinadores no gelo e alguns ginastas parecem ficar "suspensos no ar"? Durante alguns de seus saltos, parece que seus corpos ficam parados no ar por um curto período, em vez de subir e descer em uma trajetória parabólica, como seria

Figura 5.15 Três técnicas diferentes de salto vertical resultam em três alturas diferentes, mas a distância do centro de gravidade (*cg*) com relação ao solo pode ser similar.

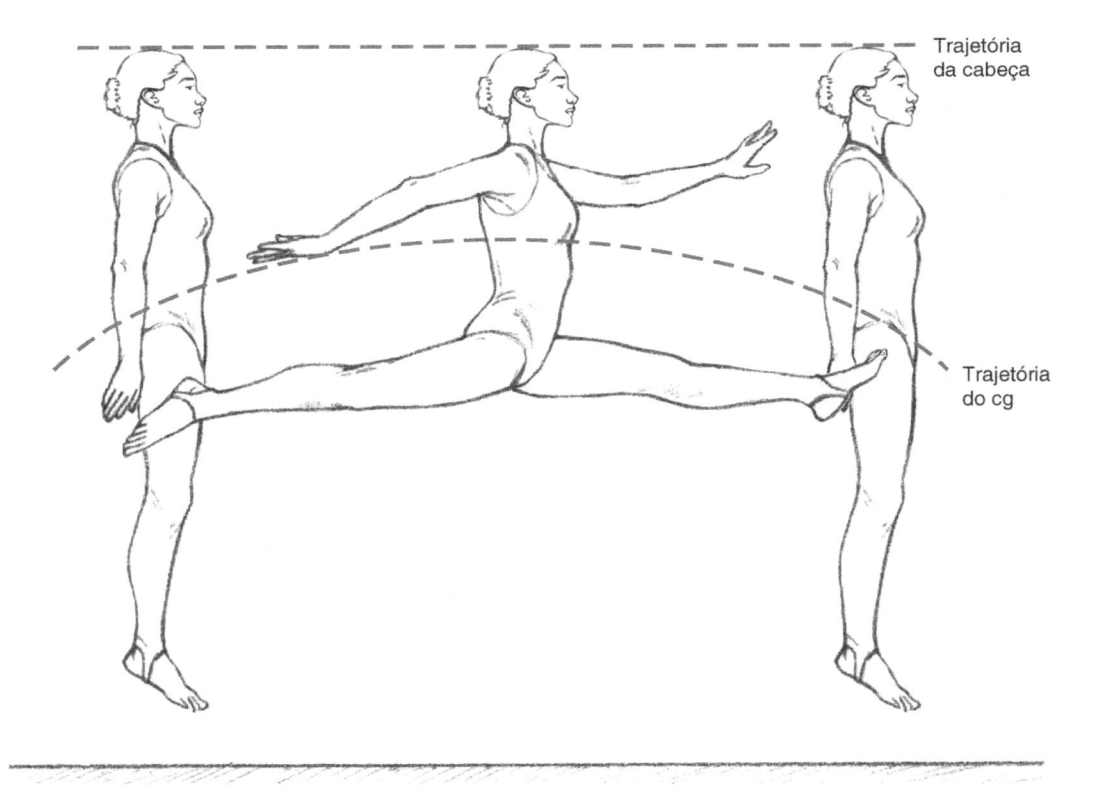

Figura 5.16 Durante um salto, a cabeça da pessoa fica no mesmo nível, mas o centro de gravidade segue uma trajetória parabólica.

esperado para um projétil. Você pode explicar como eles "desafiam a gravidade"? Talvez a Figura 5.16 possa ajudar.

Se acompanharmos a trajetória do centro de gravidade do saltador, notamos que ela, de fato, sobe e desce em uma trajetória parabólica. Contudo, a cabeça e o tronco do atleta parecem estar na mesma altura durante o estágio médio do salto. Nesse momento, suas pernas e seus braços sobem e, então, descem. Esses movimentos representam a subida e a descida do centro de gravidade, de modo que a cabeça e o tronco não sobem muito.

Centro de gravidade e estabilidade

Nosso último tópico com relação a centro de gravidade e desempenho em esportes e no movimento humano é a estabilidade. O que é estabilidade? Quando você diz que algo ou alguém está estável, de qual característica está falando? Estável pode ser definido como difícil de mover ou retirar do equilíbrio; firme: mantido. Essa acepção provavelmente é similar a sua própria definição da palavra *estável*. Esse termo também pode ser definido como a capacidade de retornar ao equilíbrio ou à posição original depois de se deslocar. Esta é a definição mecânica de estável. **Estabilidade** é, portanto, a capacidade de um objeto de retornar ao equilíbrio ou à posição original após ser deslocado.

> Estabilidade é a capacidade de um objeto de retornar ao equilíbrio ou à posição original após ser deslocado.

Em muitas atividades de esporte e movimento humano, os atletas ou praticantes não querem ser movidos de um determinado local ou posição. Eles querem estar em uma posição muito estável. Os lutadores, os jogadores de futebol americano e, até mesmo, os de basquete têm mais êxito em certas jogadas quando adotam posições estáveis. Em outros esportes, o sucesso pode ser determinado pela agilidade do atleta em mover-se a partir de uma posição. O recebimento de um saque no tênis ou *paddle*, um corredor, um nadador, um esquiador ou um centroavante no futebol terão mais êxito se seus movimentos forem menos estáveis.

Fatores que afetam a estabilidade

Quais os fatores que afetam a estabilidade? Como uma pessoa pode se tornar mais ou menos estável? Para ter uma ideia, tente equilibrar este livro na mesa. Em que posição ele fica em equilíbrio com mais facilidade (qual é a posição mais estável)? Quando está deitado sobre a superfície. Essa é a orientação que coloca o seu centro de gravidade na posição mais baixa. É também a posição que oferece a base de sustentação com a maior área. Se ele fosse mais pesado, seria mais ou menos estável? Um livro mais pesado seria mais estável. Aparentemente, a estabilidade de um objeto é afetada pela altura do seu centro de gravidade, pelo tamanho de sua base de sustentação e pelo seu peso. A **base de sustentação** é a área contida nas linhas que conectam o perímetro externo de cada um dos pontos de sustentação. A Figura 5.17 mostra exemplos de várias posições e suas bases de sustentação. Qual é a mais e qual é a menos estável?

> A estabilidade de um objeto é afetada pela altura do seu centro de gravidade, pelo tamanho de sua base de sustentação e pelo seu peso.

Por que a altura do centro de gravidade, o tamanho da base de sustentação e o peso afetam a estabilidade dos corpos? Vamos examinar as forças e os torques que atuam sobre um livro quando se exerce sobre ele uma força no sentido para baixo.

Coloque um livro "em pé" sobre uma superfície e exerça contra ele uma força horizontal até derrubá-lo. Se permanecer em equilíbrio estático, a força resultante e o torque que atuam sobre ele devem ser zero. As forças externas incluem o peso do livro, P, atuando por meio de seu centro de gravidade, *cg*; a força horizontal, F_H; e a força de reação, R. Se examinarmos a situação em que a força horizontal é grande o suficiente para que o livro quase se mova, mas ainda esteja em equilíbrio, obteremos o diagrama de corpo livre mostrado na Figura 5.18.

Se medirmos os torques em torno de um eixo, *e*, por meio do canto inferior esquerdo do livro, a soma deles será zero:

$$\sum T_e = 0$$

$$0 = (F_H \times h) - (P \times l)$$

$$F_H \times h = P \times l \qquad (5.4)$$

onde:

F_H = força horizontal,

h = distância perpendicular da força horizontal,

P = peso do livro (objeto),

l = distância perpendicular do livro (objeto),

F_A = força de atrito (Fig. 5.18) e

R = força de contato normal (Fig. 5.18)

Figura 5.17 Diversas posições e suas correspondentes bases de sustentação.

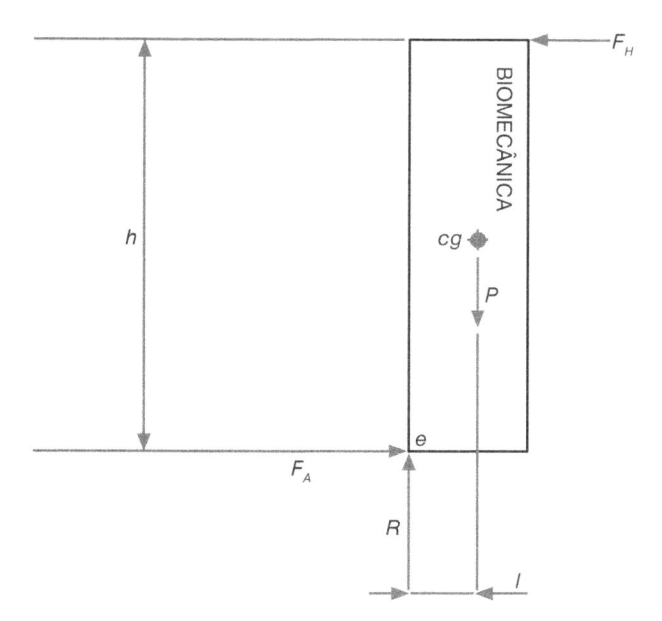

Figura 5.18 Diagrama de corpo livre de um livro colocado "em pé" sobre sua borda com uma força horizontal, F_H, exercida sobre ele.

Estabilidade e energia potencial

Essa explicação da influência da altura ou do centro da gravidade sobre a estabilidade é bastante fraca. Ela é, na verdade, uma explicação do porquê a altura do objeto afeta sua estabilidade. Uma melhor explicação para esse fenômeno utiliza os conceitos de trabalho e energia potencial. Considere o bloco mostrado na Figura 5.20.

Desde que o centro de gravidade do bloco esteja à esquerda do canto inferior direito, o peso cria um torque anti-horário, oposto ao torque horário criado pela força F_H. Contudo, quando o bloco é virado na configuração mostrada na Figura 5.20b, em que seu centro de gravidade fica diretamente sobre o canto de sustentação, o torque criado pelo peso começa a mudar de sentido, até assumir o sentido horário que faz o bloco cair, como mostrado na Figura 5.20c.

Para mover o bloco a partir de sua posição estável (Fig. 5.20a) à beira da instabilidade (Figura 5.20b), o centro de gravidade teve de ser elevado a uma altura, Δh. Para fazer isso, um trabalho foi necessário, o qual aumentou a energia potencial do bloco.

Agora, vamos examinar o que acontece se o centro de gravidade for mais alto ou mais baixo. A Figura 5.21 mostra três blocos de mesmo formato e peso, mas com centros de gravidade de diferentes alturas.

A figura mostra o deslocamento vertical, Δh, a que cada bloco é submetido antes de cair. Quanto mais alto o centro de gravidade, menor esse deslocamento e, portanto, menor a mudança de energia potencial e a quantidade de trabalho executado. Assim, um bloco com um centro de gravidade mais baixo é mais estável, porque é necessário mais trabalho para tombá-lo.

Se a distância a partir da linha de gravidade até a borda da base de sustentação do tombamento (a distância perpendicular do peso) for aumentada, também se aumentará o deslocamento vertical do centro de gravidade antes de o objeto tombar, de forma que este ficará mais estável. A Figura 5.22 mostra dois blocos com centros de gravidade de alturas idênticas, mas distâncias horizontais diferentes a partir da linha de gravidade à borda da base de sustentação.

A posição ou a postura mais estável que um objeto ou uma pessoa pode estar é aquela que minimiza a energia potencial. Mover-se para qualquer outra posição aumenta a energia potencial e exige que se realize um trabalho sobre o objeto ou a pessoa. As posições que colocam o centro de gravidade abaixo dos pontos de sustentação são mais estáveis do que aquelas que o colocam acima da base de sustentação.

> A posição ou a postura mais estável que um objeto ou uma pessoa pode estar é aquela que minimiza a energia potencial.

Os termos à esquerda na equação 5.4 são aqueles que devem ser minimizados se quisermos aumentar a estabilidade, e os à direita são os que devem ser maximizados. No lado direito da equação 5.4, aparecerem duas variáveis: P, o peso do objeto, e l, a distância perpendicular desse peso. O incremento do peso aumentará a estabilidade porque o torque que mantém o objeto "em pé" seria maior. Do mesmo modo, aumentar a distância perpendicular teria o mesmo efeito. Essa dimensão, l, é relacionada ao tamanho da base de sustentação, mas pode ser maior ou menor dependendo do sentido em que se aplica a força horizontal. A Figura 5.19 demonstra isso em objetos de vários formatos.

O bloco triangular é menos estável e mais fácil de virar se a força horizontal for direcionada para a esquerda (Fig. 5.19a) em vez de para a direita (Fig. 5.19b). A estabilidade é direcional, ou seja, um objeto pode ser mais estável em um sentido do que em outro. Não é o tamanho da base de sustentação que afeta a estabilidade, mas a distância perpendicular do peso de um objeto ao redor de sua base de sustentação em que a força horizontal puxa ou empurra.

No lado esquerdo da equação 5.4, a força horizontal, F_H, é um fator que não está relacionado a qualquer característica do objeto. Já a distância perpendicular dessa força, h, é uma característica do objeto e está relacionada a sua altura, que, por sua vez, está relacionada com a altura do centro de gravidade. Desse modo, um centro de gravidade mais baixo, que implica menor altura e menor distância perpendicular para a força horizontal, aumenta a estabilidade.

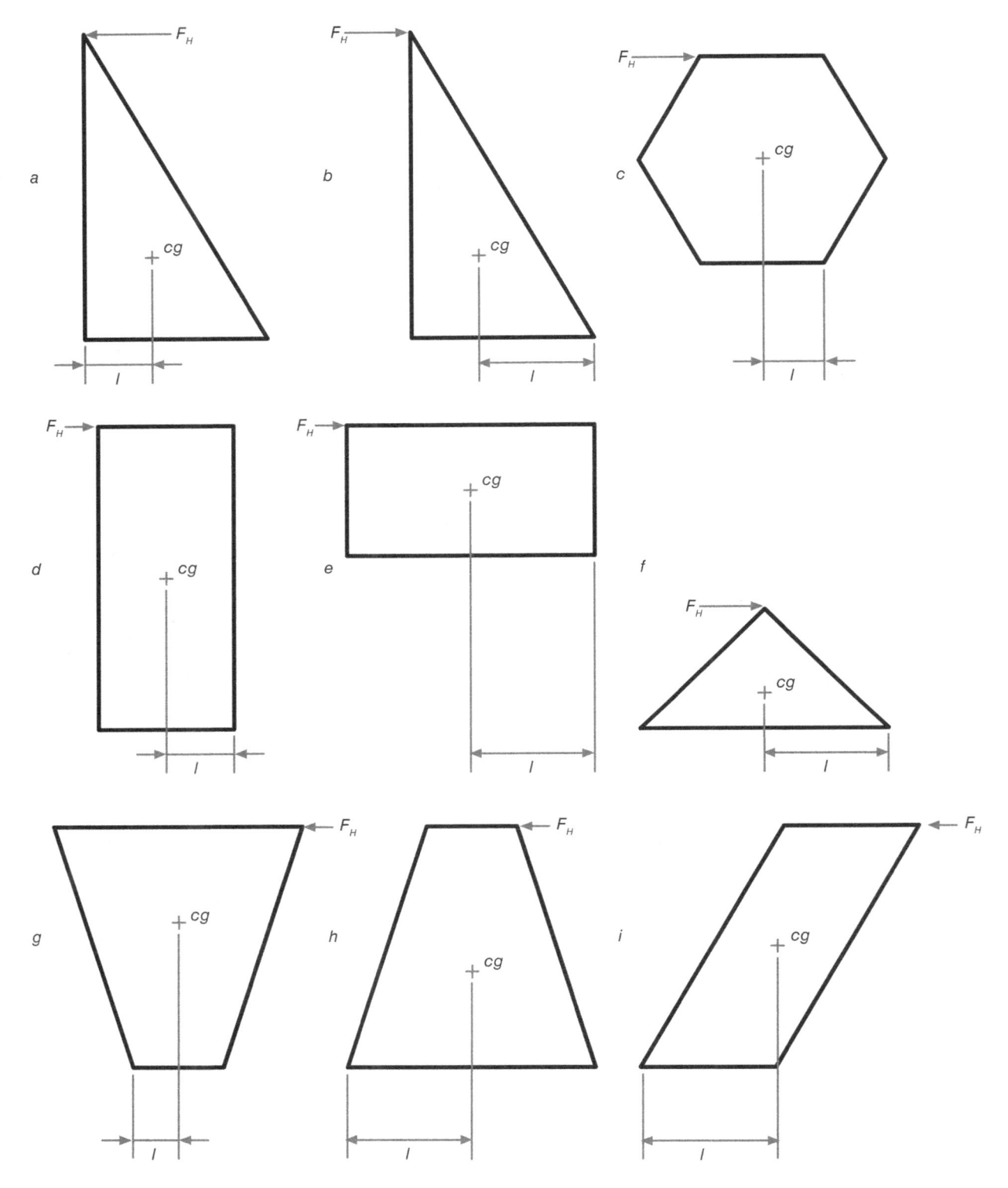

Figura 5.19 A estabilidade é afetada pela distância perpendicular (*l*) do peso de um objeto ao redor da borda de sua base de sustentação em que a força horizontal (F_H) puxa ou empurra.

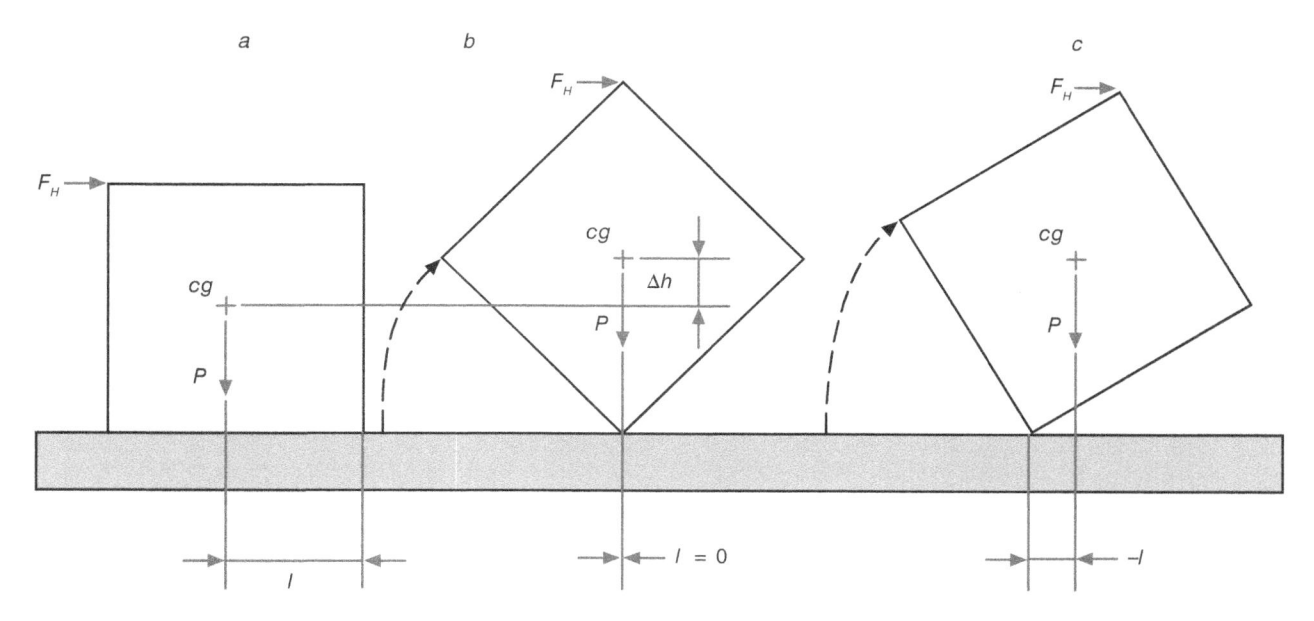

Figura 5.20 Ao ser empurrado lateralmente, o centro de gravidade de um objeto é elevado, diminuindo o torque no sentido anti-horário do peso. Em (a), o peso cria um torque no sentido anti-horário (P × l); em (b), ele não cria qualquer torque (P × 0); e em (c), cria um torque no sentido horário [P × (-l)].

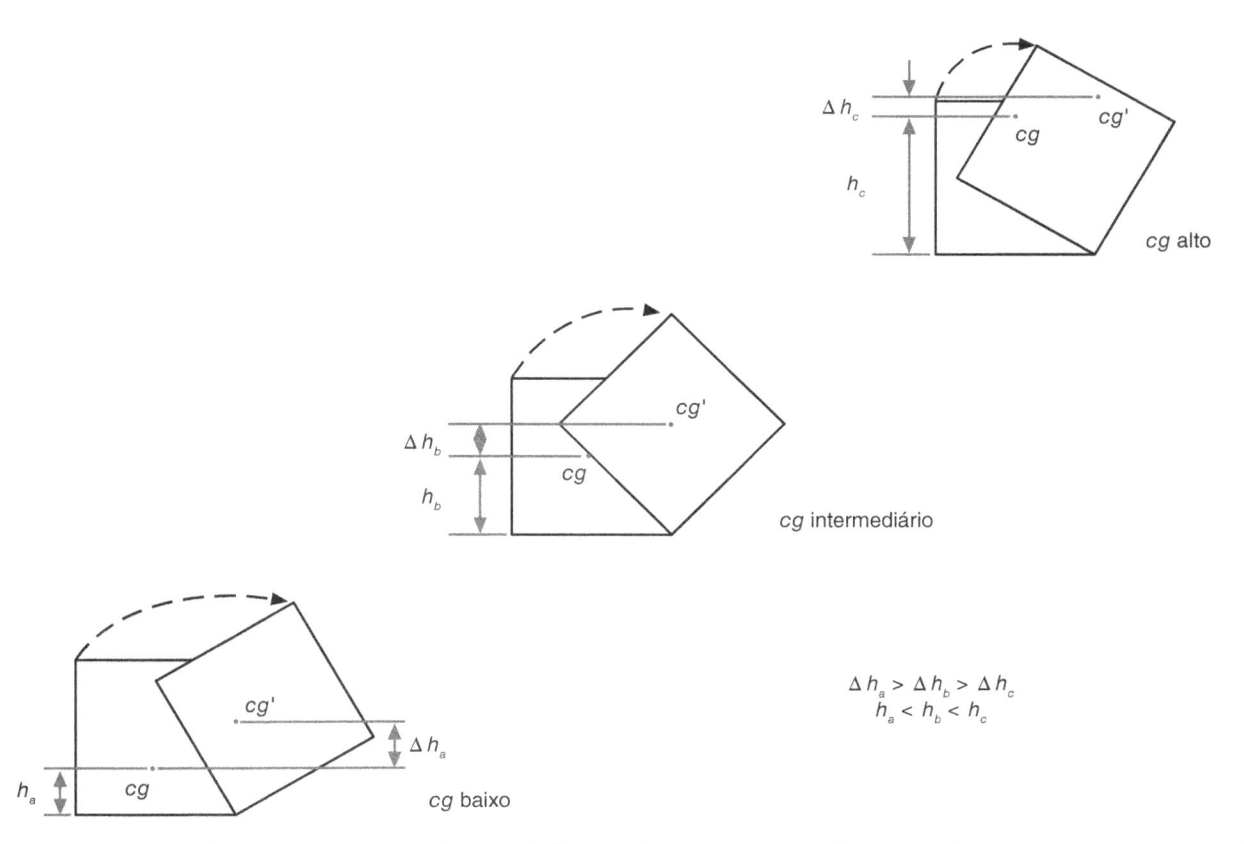

$\Delta h_a > \Delta h_b > \Delta h_c$
$h_a < h_b < h_c$

Figura 5.21 Um bloco com um centro de gravidade mais baixo precisa receber um maior aumento na sua energia potencial para virar.

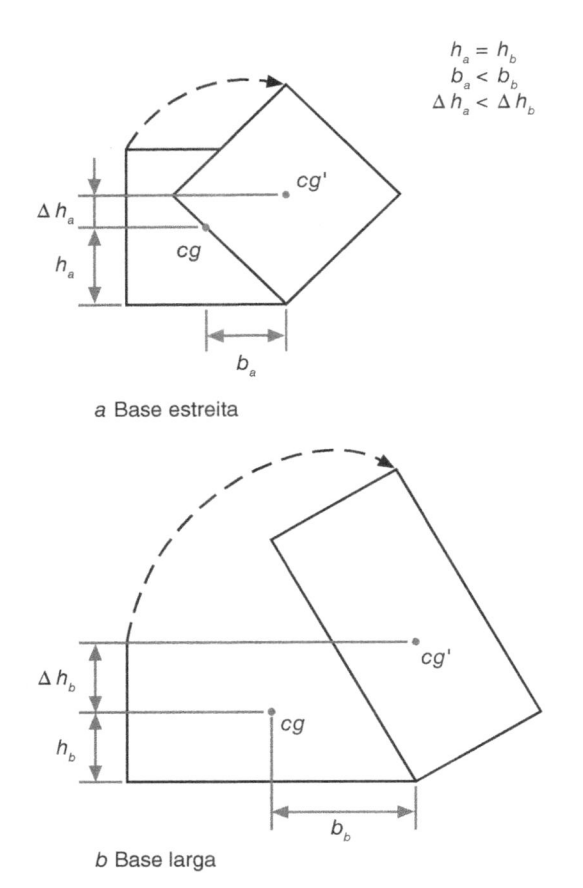

Figura 5.22 Quanto maior a distância perpendicular do peso, maior o deslocamento vertical do centro de gravidade (Δh) antes do tombamento.

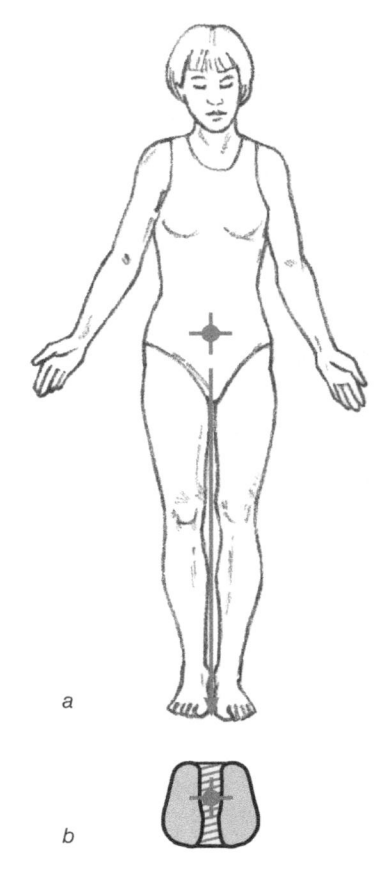

Figura 5.23 Linha de gravidade (*a*) e base de sustentação (*b*) para posição normal.

Se o centro de gravidade estiver abaixo da base de sustentação do objeto, este retornará à posição original de equilíbrio após qualquer deslocamento. Esse é um exemplo de equilíbrio estável. Uma ginasta pendurada na barra é um exemplo de equilíbrio estável. Quando o centro de gravidade se encontra acima da base de sustentação, a estabilidade será mantida apenas quando a linha de gravidade estiver dentro da base de sustentação (Fig. 5.23).

Centro de gravidade, estabilidade e movimento humano

Nossa discussão de estabilidade focou sobretudo objetos rígidos com centros de gravidade e bases de sustentação fixos. O corpo humano não é rígido e tanto a posição do seu centro de gravidade como sua base de sustentação podem mudar com os movimentos dos membros. Os humanos podem, assim, controlar sua estabilidade por meio da alteração da postura e da posição do corpo. Antes de examinar como os atletas manipulam seus centros de gravidade e suas bases de sustentação para afetar a estabilidade, vamos tentar algumas atividades.

Como você inicia um passo? Você não apenas levanta seu pé e coloca-o na sua frente, mas inclina-se para frente até que sua linha de gravidade caia diante de seus pés e perca a estabilidade. Assim, caminhar poderia ser descrito como uma série de perdas e retomadas de equilíbrio!

Nas atividades atléticas, os praticantes podem querer maximizar sua estabilidade em um sentido geral ou específico ou podem querer minimizá-la (aumentar a mobilidade). Durante o primeiro período de uma luta livre olímpica, os dois lutadores estão em pé, cada um tentando derrubar o outro. A direção da força tombadora é desconhecida; o oponente pode estar puxando ou empurrando para frente, para trás, para a esquerda ou para a direita. Para maximizar a estabilidade (enquanto ainda mantém a capacidade de mover-se), o lutador agacha-se para baixar seu centro de gravidade e aumenta sua base de sustentação afastando seus pés um pouco mais que a distância entre os ombros e deixando-os em paralelo (Fig. 5.24*a*) ou colocando um em frente ao outro, de novo, um pouco mais que a distância da largura dos ombros, em uma passada escalonada (Fig. 5.24*b*).

Biomecânica do Esporte e do Exercício | 155

Quando o lutador está posicionado na defensiva em decúbito ventral, tentando não ser virado, ele aumenta sua estabilidade posicionando seus membros para os lados a fim de maximizar o tamanho da base de sustentação e baixar seu centro de gravidade tanto quanto possível (Fig. 5.25).

Quando se espera a força de uma direção específica, a base de sustentação é alargada naquela direção. Se uma *medicine ball* pesada fosse atirada para você, a posição mais estável para agarrá-la seria uma passada escalonada com pernas abertas, com um pé à frente e o outro alinhado na direção do arremesso, e inclinando-se em direção ao pé da dianteira (Fig. 5.26).

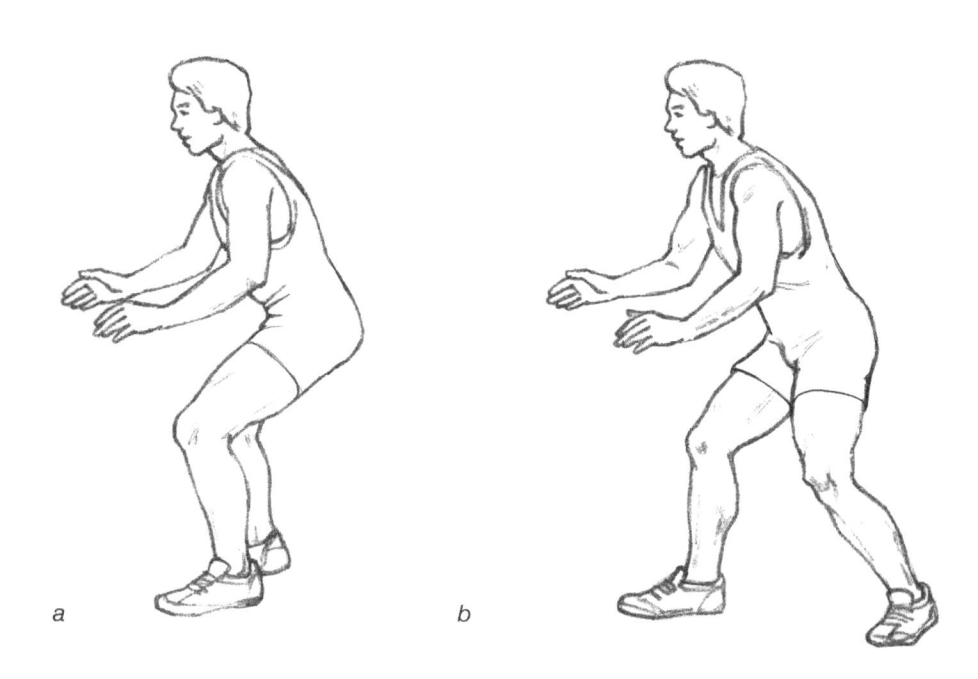

Figura 5.24 Duas posições de luta livre, pés paralelos (a) e escalonados (b), que representam comprometimentos entre estabilidade e mobilidade.

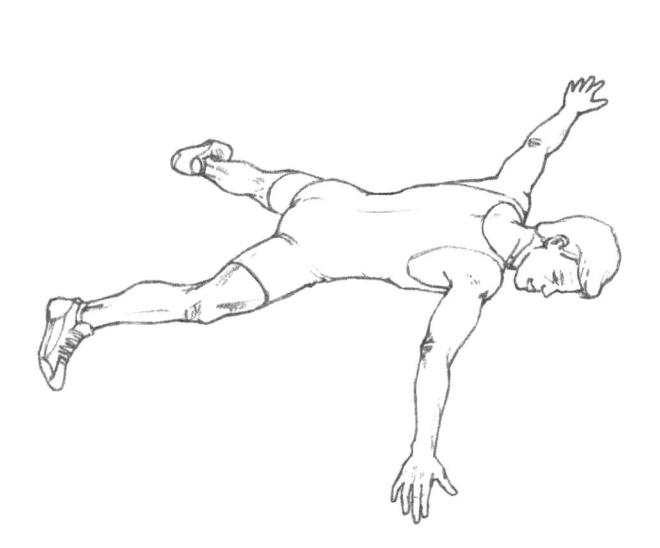

Figura 5.25 A abertura defensiva de um lutador maximiza sua estabilidade ao minimizar a altura do centro de gravidade e aumentar sua base de sustentação.

Figura 5.26 As posições do tipo escalonada fornecem estabilidade direcional para a recepção.

Esse tipo de postura poderia ser adotado por competidores no início de um cabo-de-guerra, exceto pela mudança da colocação do peso para o pé de trás. Os boxeadores também mantêm seus pés afastados, assim como os jogadores de tênis, os rebatedores de beisebol, etc. É uma posição popular em muitos esportes, não somente porque permite reduzir ou aumentar o torque pela aplicação de força durante um tempo longo, mas também por ser uma posição mais estável.

A menos que alguma parte de nosso corpo ou um implemento que usemos toque o solo, o tamanho da nossa base de sustentação é limitado pelo tamanho do calçado e pela posição a ser adotada. No esporte, os esquis aumentam a estabilidade para frente e para trás. Na medicina e na reabilitação física, muletas, bengalas, andadores, etc. são usados para aumentar a base de sustentação e a estabilidade dos pacientes.

Em algumas atividades, a estabilidade é minimizada para aumentar o movimento rápido. Por exemplo, na largada da corrida, o corredor levanta seu centro de gravidade e move-se para frente até a borda da base de sustentação sobre suas mãos. Ao sinal da largada, ele tira as mãos da pista, coloca sua linha de gravidade bem adiante de sua base de sustentação e cai para frente. Uma estratégia similar é usada nas largadas de natação.

Resumo

O efeito de giro criado por uma força é um torque, também chamado de momento de força. Um torque é igual à magnitude da força multiplicado pela distância perpendicular entre a linha de ação da força e o eixo de rotação no qual está sendo mensurado. Essa distância perpendicular também é chamada de braço de alavanca da força. Trata-se de uma quantidade vetorial. Sua direção é definida pela orientação do eixo de rotação e pelo sentido do torque (horário ou anti-horário). Suas unidades de medida são as de força vezes as de distância, ou Nm no SI.

Para um objeto estar em equilíbrio (em estado de equilíbrio), as forças externas atuando sobre ele, se somadas, devem resultar em zero, bem como os torques criados por elas.

O centro de gravidade de um objeto é o seu ponto de equilíbrio ou aquele em que os torques das forças criadas pelos pesos de cada uma das partes do objeto somem zero. Para localizar esse ponto, você pode equilibrar, suspender ou girar o objeto. No corpo humano, o centro de gravidade fica na linha média da esquerda para direita e da frente para trás, entre 55 e 57% da altura da pessoa, quando em posição anatômica.

A estabilidade é afetada pela altura do centro de gravidade de um objeto em relação ao solo e às bordas da base de sustentação. A estabilidade aumenta com a diminuição da altura do centro de gravidade e seu afastamento de qualquer borda da base de sustentação. O aumento do peso também irá aumentar a estabilidade.

TERMOS-CHAVE

Base de sustentação (p. 153)
Binário de forças (p. 131)
Centro de gravidade (p. 145)
Distância perpendicular (p. 132)
estabilidade (p. 149)
Força cêntrica (p.130)
Força excêntrica (p.130)
Momento de força (p. 130)
torque (p. 130)

QUESTÕES DE REVISÃO

1. Por que recomenda-se flexionar os joelhos e o quadril (agachar-se) ao levantar uma carga pesada do solo, em vez de apenas flexionar os quadris e o tronco (inclinar-se)?
2. É mais fácil executar o *pullover* "reto" com um halter de 20 kg ou "flexionado" com uma carga de 45 kg? Por quê? Nesse exercício, o executante fica deitado em decúbito dorsal sobre um banco, segurando o halter com os ombros flexionados na altura da cabeça. Então, estende os ombros e move a carga para a posição diretamente acima do peito. No *pullover* "reto", os cotovelos estão estendidos, enquanto no "fletido", estão flexionados.

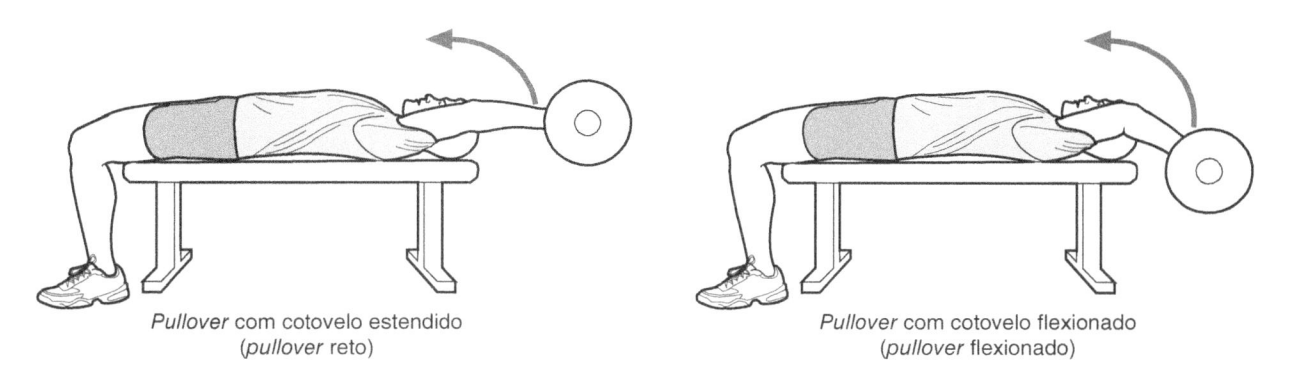

Pullover com cotovelo estendido
(*pullover* reto)

Pullover com cotovelo flexionado
(*pullover* flexionado)

3. Você está fazendo abdominal reto sobre um banco que pode ser inclinado. Conforme ocorre a inclinação, seus pés ficam mais altos do que seus quadris. Qual o efeito dessa inclinação sobre o exercício abdominal reto?
4. Fique em pé com as costas e os calcanhares contra a parede. Agora, tente inclinar-se para frente e pegar alguma coisa do chão, enquanto mantém os calcanhares contra a parede. Você consegue fazer isso sem cair? Por que isso é tão difícil ou impossível?
5. Por que é mais difícil se levantar de uma cadeira mais baixa do que de uma mais alta?
6. John salta no ar para bloquear um arremesso no basquetebol. Depois que sai do chão, ele levanta ambas as mãos sobre a cabeça. Explique como essa ação afeta a trajetória de voo do seu centro de gravidade.
7. Descreva qual a melhor posição para se competir em um cabo-de-guerra.
8. No basquetebol, é mais fácil fazer uma enterrada com uma ou com as duas mãos? Explique.
9. Um atleta de salto em altura seria capaz de passar por cima do sarrafo se seu centro de gravidade não fosse projetado acima dele? Explique sua resposta.
10. Explique como maçanetas maiores nas portas, alças maiores em válvulas e outras opções similares são úteis para pessoas com força e destreza limitadas nas mãos.

PROBLEMAS

1. O tendão do calcâneo se insere no calcâneo (osso do calcanhar) a uma distância de 8 cm do eixo da articulação do tornozelo. Se a força gerada pelos músculos ligados a esse tendão é de 3.000 N e a distância perpendicular dessa força sobre o eixo da articulação é de 5 cm, qual é o torque criado por esses músculos sobre o tornozelo?

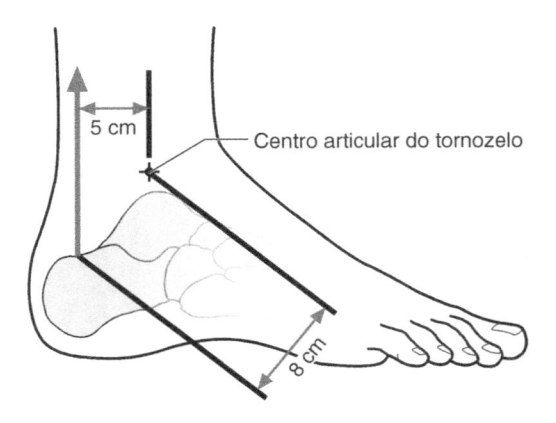

2. Leigh está fazendo um exercício de extensão de joelho usando um peso de 100 N preso ao tornozelo 40 cm da sua articulação do joelho. Ela posiciona sua perna de modo que a distância horizontal da articulação do joelho até o peso é de 30 cm.
   a. Para essa posição, qual torque é criado pelo peso em torno do eixo articular do joelho?
   b. Se a distância perpendicular dos músculos extensores do joelho for de 4 cm, quanta força os músculos devem produzir para manter a perna na posição descrita? Ignore o peso da perna.

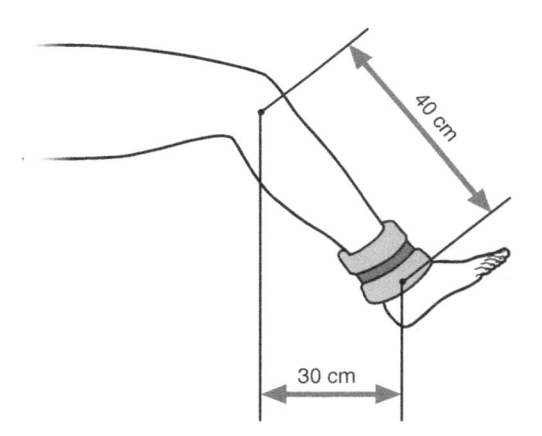

3. Katherine está tentando executar uma rosca bíceps com um halter de 100 N. Ela está em pé com o seu antebraço na horizontal. O braço de alavanca entre o halter e a articulação do cotovelo é de 30 cm.
   a. Qual é o torque criado pelo halter sobre a articulação?
   b. Qual é o torque criado por músculos flexores do cotovelo para segurar o halter na posição descrita? Ignore o peso do braço e da mão.
   c. Se os músculos flexores de cotovelo contraírem com uma força de 1.000 N e segurarem o halter em equilíbrio estático, qual é a distância perpendicular entre esses músculos e a articulação do cotovelo?

4. Cole está tentando executar uma rosca bíceps e levantar um halter de 150 N. A distância perpendicular entre o peso e a articulação do cotovelo é de 25 cm. A força criada pelos músculos flexores do cotovelo é de 2.000 N. A distância perpendicular dos músculos flexores do cotovelo é de 2 cm. Cole é capaz de levantar o peso com essa força de seus músculos flexores?

5. Matt possui uma tabela de basquetebol portátil em sua garagem. Ele tem a cesta presa a uma altura de 2,4 m para que possa praticar enterradas. Após enterrar a bola, ele se segura no aro, o que exerce uma força descendente de 600 N sobre a parte da frente do aro. Esta está 1,1 m à frente da borda dianteira da base da tabela, cuja massa total (base e tabela juntas) é de 70 kg. O centro de gravidade da tabela de basquete portátil está 1,0 m atrás da borda dianteira da sua base.
   a. Quanto torque é produzido em torno da frente da base da tabela pela força que Matt exerce sobre a parte frontal do aro?
   b. Quanto torque seria necessário para desequilibrar a tabela?
   c. Qual é a maior força vertical que pode ser exercida sobre a borda frontal do aro sem que a tabela caia?

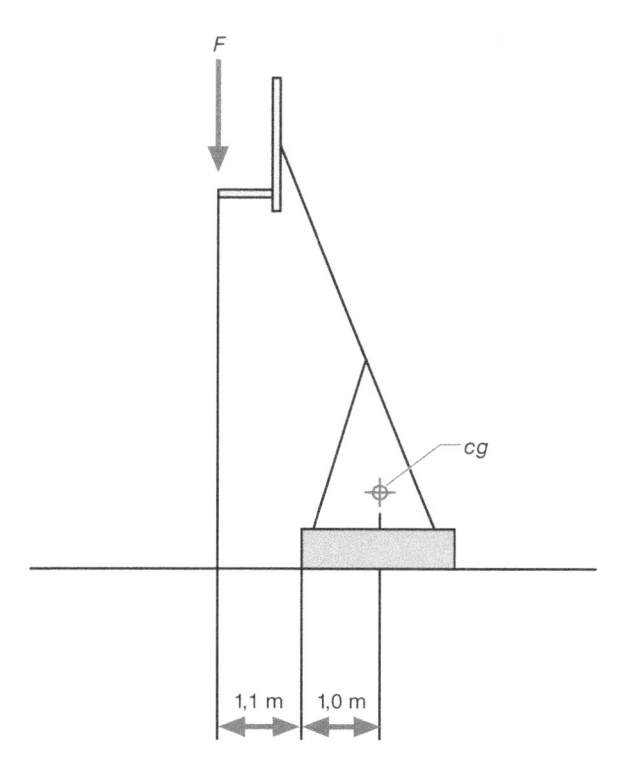

6. Um rebatedor de beisebol se posiciona na caixa de rebatidas e permanece imóvel por um momento. Ele segura um taco de 0,91 kg em posição horizontal, com uma só mão, que está a 10 cm da extremidade final do implemento. O taco tem 89 cm de comprimento, e seu centro de gravidade está a 60 cm da extremidade final.
   a. Qual é a força vertical exercida pela mão do rebatedor no taco?
   b. Qual é o torque exercido pela mão do rebatedor no taco?

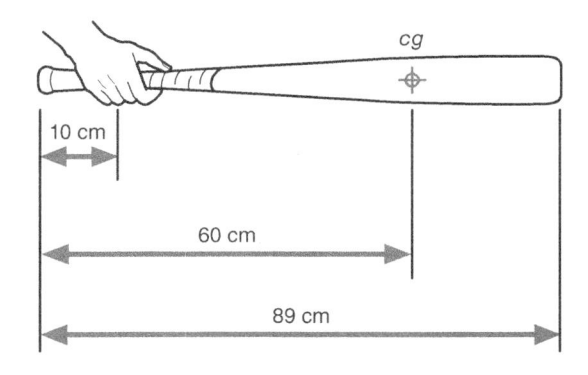

7. Um atleta de salto com vara está segurando uma vara de salto de 5 m de comprimento paralela ao chão. O saltador a segura com a mão direita, a 10 cm da extremidade superior e, com a esquerda, a 1 m dessa extremidade. Apesar de o implemento ser leve (sua massa é de apenas 2,5 kg), as forças que o competidor deve exercer para mantê-la nessa posição são bastante grandes. Calcule a intensidade delas. (Assuma que o atleta só exerça forças verticais – para cima ou para baixo – sobre a vara e que o centro de gravidade do implemento esteja localizado no centro do seu comprimento.)

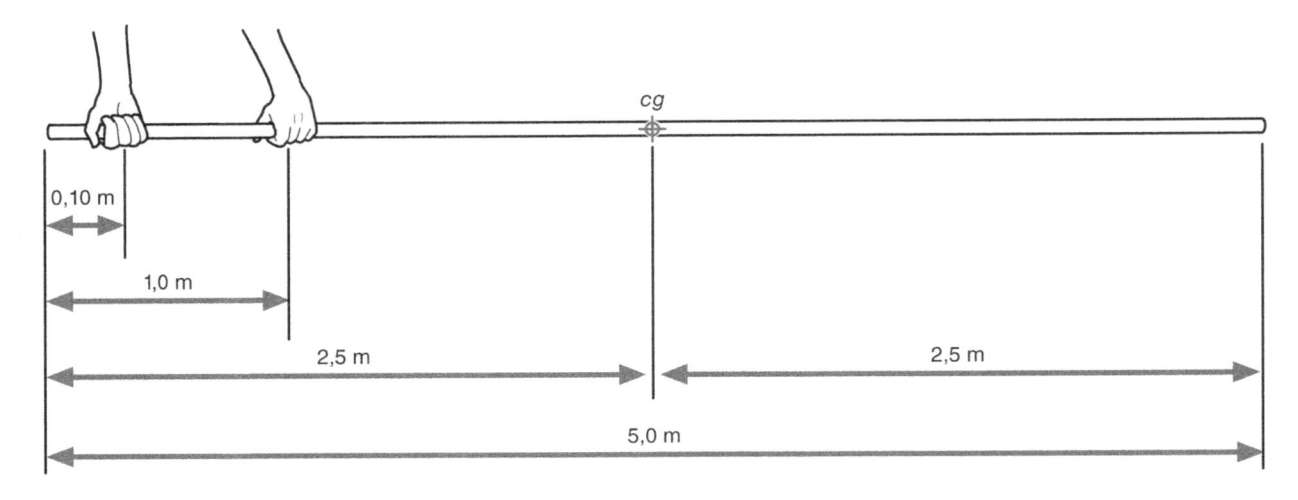

8. O tendão patelar se anexa à tíbia na sua tuberosidade. A tuberosidade tibial fica a 7 cm do centro da articulação do joelho (a). Esse tendão puxa a tíbia em um ângulo de 35° em relação a uma linha que atravessa essa tuberosidade e o centro da articulação. Se o tendão patelar produz um torque de extensão de 400 Nm em torno da articulação do joelho, qual a magnitude de sua força?

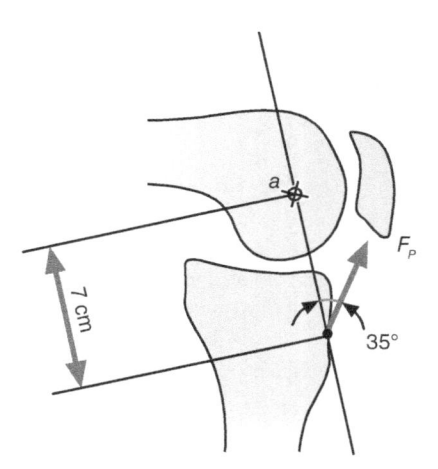

9. Um ginasta de 60 kg mantém uma posição de crucifixo nas argolas. Nesta, os braços do atleta são abduzidos a 90°, e seu tronco e suas pernas estão na vertical. A distância horizontal de cada argola até o ombro mais próximo é de cerca de 0,60 cm. O ginasta está em equilíbrio estático.
   a. Qual é a força de reação vertical que cada argola exerce sobre cada mão?
   b. Qual é o torque exercido pela argola direita sobre a articulação do ombro direito?
   c. Quanto torque produzem os músculos adutores de ombro direito para manter essa posição?
   d. Se a distância perpendicular dos músculos adutores do ombro direito sobre a articulação for de 5 cm, quanta força devem produzir esses músculos para manter a posição?

10. Uma barra é carregada com duas anilhas de 20 kg em seu lado direito e outras duas no esquerdo. A barra possui 2,2 m de comprimento, e sua massa sem carga é de 20 kg. As duas anilhas de 20 kg à direita são travadas a 35 e 40 cm da extremidade direita da barra. As do lado esquerdo escorregaram: uma ficou a 30 cm da extremidade esquerda, e a outra, a 20 cm. Onde se encontra o centro de gravidade da barra com as quatro anilhas?

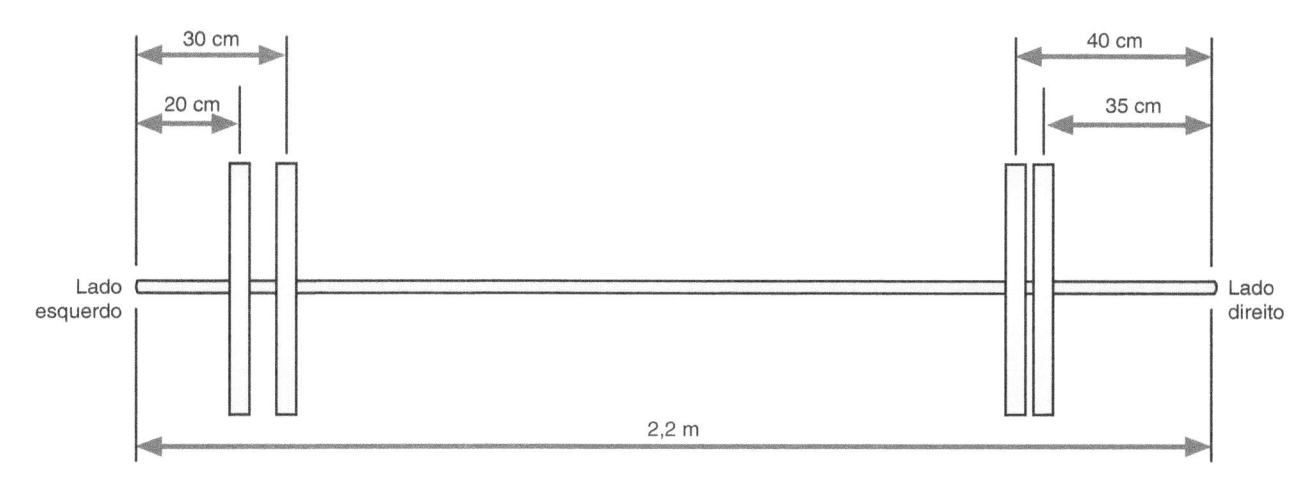

Ver respostas (em inglês) no *site* www.grupoa.com.br no *link* do livro.

Capítulo 6

Cinemática angular
Descrevendo objetos em movimento angular

Objetivos

Ao terminar de ler este capítulo, você deverá ser capaz de:

- Definir posição angular absoluta e relativa e diferenciá-las
- Definir deslocamento angular
- Definir velocidade angular média
- Definir velocidade angular instantânea
- Definir aceleração angular média
- Definir aceleração angular instantânea
- Nomear as unidades de medida para posição, deslocamento, velocidade e aceleração angular
- Explicar a relação entre velocidade linear média e velocidade angular média
- Explicar a relação entre velocidade linear instantânea e velocidade angular instantânea
- Definir aceleração tangencial e explicar sua relação com a aceleração angular
- Definir aceleração centrípeta e explicar sua relação com a velocidade angular e a velocidade tangencial
- Descrever a posição anatômica
- Definir os três principais planos de movimento anatômicos e seus eixos correspondentes
- Descrever as ações que podem ocorrer em cada uma das principais articulações apendiculares

Um lançador de martelo entra no círculo de arremesso. Depois de algumas voltas, ele começa a girar enquanto balança o martelo em torno de si e se move através do círculo. A taxa de giro aumenta quando ele se aproxima da frente do círculo. De repente, ele solta o martelo, que se torna um projétil em movimento rápido. A esfera de aço de 7,3 kg parece voar para sempre antes de enterrar-se no chão com um baque a 76 m de distância. Uau! Como o movimento de rotação do lançador levou o martelo a se mover tão rápido e ir tão longe linearmente? Para responder essa pergunta, você precisa saber algo sobre cinemática angular e sua relação com a cinemática linear. Ambos os tópicos são discutidos neste capítulo.

Este capítulo se releve à cinemática angular, a descrição do movimento angular. Lembre-se que, no Capítulo 2, descrevemos a cinemática como parte da dinâmica, que é um ramo da mecânica. Nesse capítulo, também aprendemos sobre cinemática linear. A cinemática angular é outro ramo da cinemática. O movimento angular ocorre quando todos os pontos em um objeto se movem em trajetórias circulares ao redor de um mesmo eixo fixo. Esse assunto é importante porque a maior parte das movimentações humanas é resultado de movimentos angulares dos membros ao redor das articulações. Portanto, o entendimento de como esse tipo de movimento é mensurado e descrito é importante.

Posição angular e deslocamento

Antes de uma discussão mais aprofundada, uma definição de *ângulo* é necessária. O que é um ângulo? Um ângulo é formado pela intersecção de duas linhas, dois planos ou uma linha e um plano. O termo se refere à orientação dessas linhas ou planos uns em relação aos outros (Fig. 6.1).

➲ Um ângulo é formado pela intersecção de duas linhas, dois planos ou uma linha e um plano.

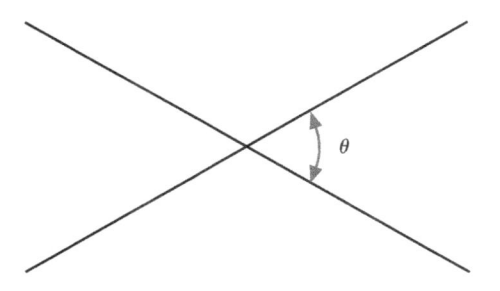

Figura 6.1 Um ângulo (θ) formado pela intersecção de duas linhas.

Na Figura 6.1, a letra grega θ (*theta*) é usada para representar o ângulo formado pelas intersecções das linhas e planos. Letras gregas são usadas para representar muitos dos termos usados em cinemática angular.

Posição angular

Posição angular refere-se à orientação de uma linha com relação a outra ou a um plano. Se esse outro plano ou linha é fixo e imóvel em relação à terra, temos uma **posição angular absoluta**. O ângulo que seu antebraço faz com o plano horizontal descreve sua posição angular absoluta, porque um plano horizontal é uma referência fixa. As posições desse tipo são nosso principal interesse na primeira parte deste capítulo.

Se a outra linha ou plano é capaz de se mover, temos uma **posição angular relativa**. O ângulo que o seu antebraço faz com o seu braço descreve uma posição angular relativa do seu antebraço, ou da sua articulação do cotovelo. Os ângulos formados pelos membros nas articulações descrevem suas posições angulares relativas. Os anatomistas desenvolveram termos especiais para descrever as posições relativas e os movimentos dos membros nas articulações, os quais são apresentados na última parte deste capítulo.

Quais unidades de medida são usadas para ângulos? Você provavelmente está mais familiarizado com a medição em graus, mas existem outras unidades de medida além dessa, assim como existe mais de uma para distância linear. Se quiséssemos medir o ângulo absoluto da linha AB, mostrada na Figura 6.2a, com um plano horizontal, poderíamos imaginar uma linha horizontal BC com o mesmo comprimento de AB. Então, poderíamos desenhar um círculo usando o comprimento de AB como o raio e o ponto B como o centro (Fig. 6.2b). Dessa modo, o ângulo de ABC poderia ser descrito como a fração do círculo criado pelo pedaço ABC. Um ângulo de 1° representa 1/360 de círculo, pois existem 360° em uma circunferência.

Outra maneira de descrever um ângulo é mensurar quantos raios estão em um comprimento de arco AC se um raio é igual ao comprimento do segmento de linha BC ou

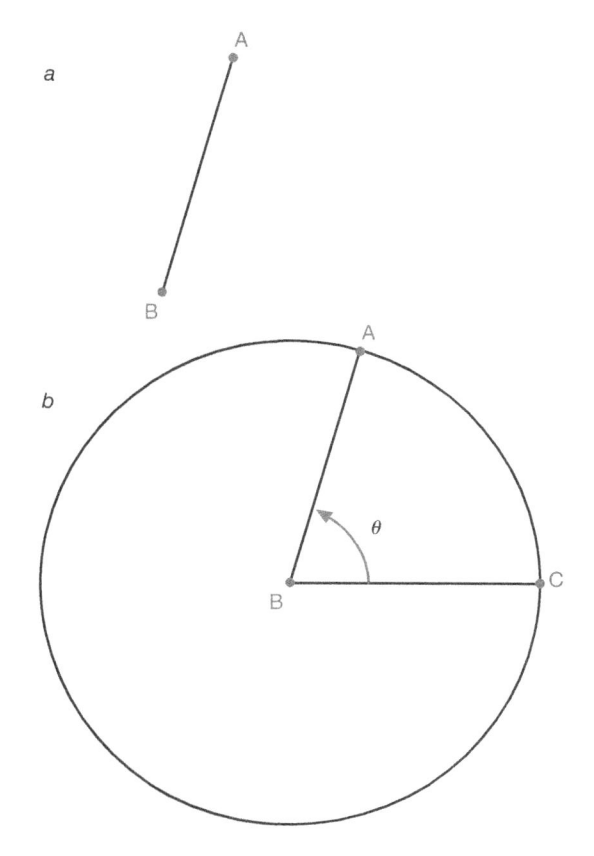

Figura 6.2 Um círculo é usado para descrever o ângulo de uma linha (*a*) se seu centro coincidir com a intersecção das linhas que compõem o ângulo (*b*).

$$\frac{360°}{\text{círculo}} = \frac{2\pi \text{ rad}}{\text{círculo}} = \frac{6,28 \text{ rad}}{\text{círculo}}$$

$$\frac{360°}{2\pi \text{ rad}} = \frac{57,3°}{\text{rad}}$$

Deslocamento angular

Deslocamento angular é o análogo angular do deslocamento linear. É a variação na posição angular absoluta experimentada por uma linha giratória. Trata-se, portanto, do ângulo formado entre as posições final e inicial de uma linha giratória. (Nós com frequência falamos em deslocamento angular de um objeto quando este não é uma linha. Para medir tal deslocamento, escolha dois pontos quaisquer no objeto e imagine uma linha conectando-os. Caso se trate de um corpo rígido, o deslocamento angular desse segmento de linha é idêntico ao do objeto.)

> Deslocamento angular é a variação na posição angular absoluta experimentada por uma linha giratória.

Tal como o deslocamento linear, o angular tem um sentido associado a ele. Como esse sentido é descrito? Sentido horário e anti-horário são termos comuns utilizados para tal descrição. Os ponteiros rodam em sentido horário quando você olha um relógio de frente. Se pudesse olhá-lo pela parte de trás, você continuaria enxergando os ponteiros rodando e no mesmo sentido? Como seu ponto de vista mudou, os ponteiros agora parecem estar rodando em sentido anti-horário. Contudo, o sentido

AB. Em outras palavras, se o comprimento BC representar 1 raio, quão longo é o arco de A até C, usando esse raio como unidade de medida? Matematicamente, um ângulo medido em unidades de raio (chamados de **radianos**) é:

$$\theta = \frac{comprimento\ do\ arco}{r} = \frac{\ell}{r} \quad (6.1)$$

onde:

θ = medida angular em radianos,

ℓ = comprimento do arco e

r = raio

A unidade de medida para ângulo radiano (abreviada como rad) é, na verdade, a razão entre o comprimento do arco dividido pelo raio.

A Figura 6.3 mostra graficamente a definição de um ângulo de 1 rad, π (pi) rad e 2π rad. Se você lembrar da geometria, a circunferência de um círculo é 2π rad, ou seja, existem 2π rad em um círculo ou em em 360°. Essas conversões são as seguintes:

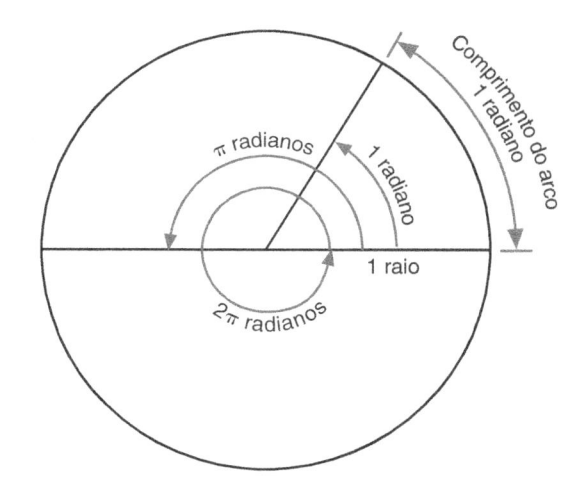

Figura 6.3 Relações entre o raio de um círculo, o comprimento do arco ao longo de um círculo e um ângulo medido em radianos.

da rotação não mudou; apenas você mudou sua posição. Portanto, ao descrever um deslocamento angular, a pessoa deve saber a sua posição para estar certa desse sentido do deslocamento.

Uma maneira de superar essa possível fonte de confusão é identificar primeiramente o eixo de rotação e o plano no qual a parte roda. O eixo de rotação é sempre perpendicular ao plano no qual o movimento ocorre. Esse eixo é como o de uma roda de bicicleta, cujos raios encontram-se no plano de movimento. Ao longo do eixo de rotação, estabeleça um sentido positivo. Se você posicionar o polegar de sua mão direita de maneira que ele aponte nesse sentido, a direção na qual os demais dedos se curvam é o sentido positivo da rotação. Isso é chamado de regra do polegar da mão direita.

Agora, considere o sentido da rotação dos ponteiros de um relógio. O plano de movimento deles é a face do relógio, e o eixo de rotação é uma linha perpendicular a esse plano. Caso se estabeleça que o sentido positivo ao longo desse eixo aponta para fora do relógio, em direção a você, o sentido positivo da rotação será o anti-horário enquanto você estiver olhando para o relógio de frente. Verifique isso apontando seu polegar direito no sentido positivo do eixo de rotação e então observe a direção na qual seus dedos irão se curvar – sentido anti-horário (Fig. 6.4).

A maioria dos parafusos, arruelas e porcas têm roscas à direita. Eles seguem a regra do polegar da mão direita. Se apontar seu polegar direito no sentido em que você deseja parafusar ou mover a porca, seus demais dedos irão se curvar na direção para a qual o parafuso ou a porca devem ser rodados. Essa convenção de sinal também se aplica para torques e medidas de posição angular.

Agora, vamos considerar como o deslocamento angular é mensurado. Um lançador está tendo sua amplitude de movimento do ombro avaliada. A medição começa com o braço do sujeito ao seu lado, como mostrado na Figura 6.5. Ele então o eleva o máximo que pode (abduz seu ombro). Qual é o deslocamento angular do braço?

O eixo de rotação é o anteroposterior, uma linha através da articulação do ombro com o sentido positivo apontando para fora da página em nossa direção. O plano de movimento é o frontal – formado pelos braços, pernas e troncos do jogador. Se a posição inicial do braço é 5° a partir da vertical e a final é 170° a partir da vertical, o deslocamento angular é:

$$\Delta\theta = \theta_f - \theta_i \qquad (6.2)$$

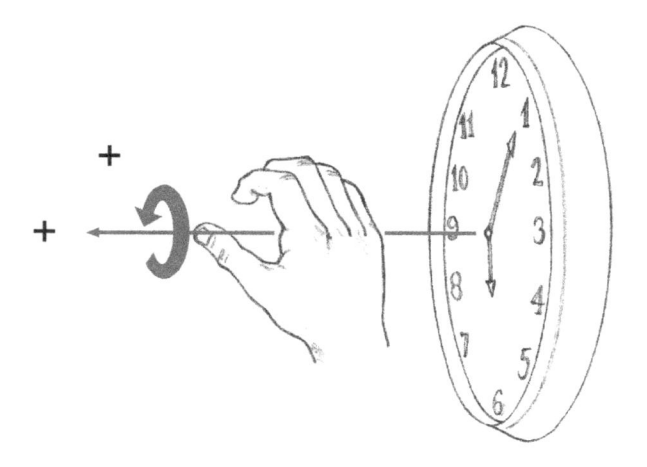

$$\Delta\theta = 170° - 5°$$

$$\Delta\theta = +165°$$

Figura 6.4 Regra do polegar da mão direita. A direção na qual os dedos se curvam indica o sentido de deslocamento angular positivo quando o polegar aponta no sentido linear positivo ao longo do eixo de rotação.

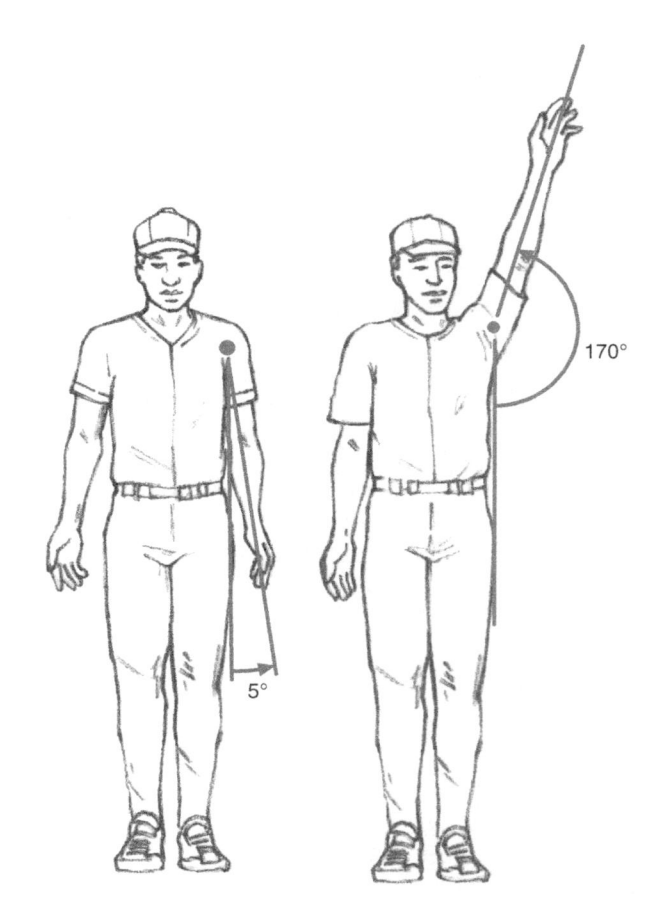

Figura 6.5 Deslocamento angular do braço do lançador na articulação do ombro ao redor do eixo anteroposterior.

onde:

$\Delta\theta$ = deslocamento angular,

θ_f = posição angular final e

θ_i = posição angular inicial

O deslocamento é positivo porque a rotação acontece no mesmo sentido para o qual os dedos da sua mão direita se curvam quando seu polegar aponta no sentido positivo do eixo de rotação (anteriormente e para fora do ombro).

Como treinador ou professor, você raramente irá medir deslocamentos angulares de maneira precisa, mas, em alguns esportes, esse tipo de deslocamento é uma parte importante da tarefa. O número de saltos ou voltas realizado em um mergulho, na ginástica ou na patinação é uma medida de deslocamento angular e desempenha um papel importante na pontuação que o juiz irá conceder ao atleta. O deslocamento angular de uma jogada (amplitude de movimento) no golfe ou no tênis afeta a maneira como a bola é batida nesses esportes.

Deslocamento linear e angular

No Capítulo 5, descobrimos que nossos músculos devem produzir forças muito grandes para levantar cargas modestas. Isso ocorre porque a maioria dos músculos se insere nos ossos perto da articulação e, portanto, têm uma distância perpendicular pequena em relação a ela, de modo que grandes forças devem ser produzidas pela musculatura para produzir torques modestos ao redor das articulações. Os músculos estão em desvantagem mecânica para produzir torque. Existe alguma vantagem nesse arranjo? Tente o Autoexperimento 6.1 para ter alguma ideia sobre isso.

Autoexperimento 6.1

Coloque seu antebraço sobre uma mesa ou escrivaninha a sua frente. Agora, flexione seu cotovelo e traga sua mão para fora da mesa. Mova-a na direção do seu ombro o máximo que puder, mantendo o cotovelo apoiado na mesa, como mostrado na Figura 6.6.

Todas as partes do seu braço sofreram o mesmo deslocamento angular, mas qual se moveu mais longe, sua mão (ponto A, Fig. 6.6) ou o ponto de inserção do seu músculo bíceps (ponto B, Fig. 6.6)? Obviamente, sua mão. A distância linear que ela percorreu (comprimento de arco AA, ℓ_a, Fig. 6.6) e seu deslocamento linear (corda AA, d_a, Fig. 6.6) são maiores que a distância linear percorrida (comprimento de arco BB, ℓ_b) e o deslocamento linear (corda BB, d_b) da inserção do bíceps.

O quanto qualquer ponto do braço se move quando você flexiona seu braço, como no Autoexperimento 6.1,

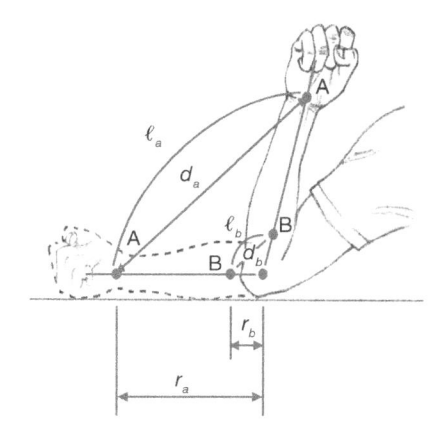

Figura 6.6 A distância que a mão ou o punho (A) percorre (ℓ_a ou d_a) quando o seu cotovelo (B) flexiona é maior que a percorrida pelo ponto de inserção do bíceps (ℓ_b ou d_b). A razão entre essas distâncias é a mesma que aquela existente entre os raios r_a e r_b.

depende da distância entre ele e o cotovelo. Essa relação é aparente na definição de ângulo medido em radianos, como mostrado na equação 6.1:

$$\Delta\theta = \frac{comprimento\ do\ arco}{r} = \frac{\ell}{r}$$

Para o nosso exemplo, então, vamos usar um deslocamento angular em radianos e:

$$\Delta\theta = \frac{\ell}{r} = \frac{\ell_a}{r_a} = \frac{\ell_b}{r_b}$$

$$\frac{\ell_a}{\ell_b} = \frac{r_a}{r_b} \tag{6.3}$$

Se o deslocamento angular do braço foi 1 rad, r_a 25 cm e r_b 2,5 cm, então:

$$\Delta\theta = \frac{\ell}{r}$$

$$\ell_a = \Delta\theta r_a = (1\,rad)(25\,cm) = 25\,cm$$

$$\frac{\ell_a}{\ell_b} = \frac{r_a}{r_b}$$

$$\ell_b = \ell_a\left(\frac{r_b}{r_a}\right) = 10\,in.\left(\frac{1\,in.}{10\,in.}\right) = 1\,in$$

Nesse exemplo, o deslocamento da mão move-se 10 vezes mais do que o da inserção do tendão do bíceps. A distância linear (comprimento do arco) percorrida por um ponto em um objeto rotatório é diretamente proporcional ao deslocamento angular do objeto e do raio, a distância daquele ponto é a partir do eixo de rotação do objeto. Se o deslocamento angular é medido em radianos, a distância linear percorrida (o comprimento do arco) é igual ao produto do deslocamento angular e do raio. Isso é verdade apenas se o deslocamento angular é medido em radianos. A relação é expressa matematicamente na equação 6.4:

$$\ell = \Delta\theta r \tag{6.4}$$

onde:

ℓ = comprimento do arco

$\Delta\theta$ = ângulo medido em radianos e

r = raio

A relação entre deslocamento angular e comprimento do arco, como é expresso na equação 6.4, fornece o fundamento por trás do uso de pontos de partida escalonados em pistas de corrida elípticas. Sem um início escalonado, os corredores das pistas de fora iriam correr mais, porque o raio da curva que deveriam percorrer é maior, fazendo o comprimento da sua pista – o comprimento do arco – ser maior em comparação às pistas de dentro. Escalonar as posições iniciais responde aos maiores comprimentos de arco nas pistas de fora.

Não apenas o comprimento do arco é proporcional ao raio, mas o deslocamento linear de um ponto em um objeto rotatório também é diretamente proporcional à distância que tal ponto está do eixo de rotação (o raio). Esse deslocamento também está relacionado ao deslocamento angular, mas não é diretamente proporcional a ele. Essa relação é mais complexa.

A relação entre deslocamento linear e raio é facilmente visualizada na Figura 6.7, que mostra que o deslocamento linear e os raios formam lados de triângulos similares. A partir disso, a seguinte relação pode ser estabelecida:

$$\frac{r_a}{r_b} = \frac{d_a}{d_b} \tag{6.5}$$

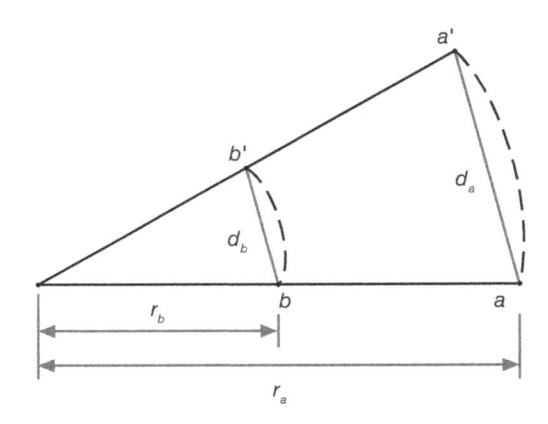

Figura 6.7 A razão entre os deslocamentos lineares de dois pontos em um objeto rotatório (d_a/d_b) é igual à razão dos raios desses dois pontos a partir do eixo de rotação (r_a/r_b).

Problema ilustrativo 6.1

A mão de um golfista se move por um comprimento de arco de 10 cm durante uma tacada leve. Qual é o comprimento do arco que a cabeça do taco deve percorrer se as mãos do atleta estiverem a 50 cm do eixo de rotação e a cabeça do taco a 150 cm desse mesmo eixo?

Solução:

Passo 1: Identifique as grandezas conhecidas e as relações inferidas.

$\ell_{mãos}$ = 10 cm

$r_{mãos}$ = 50 cm

r_{taco} = 150 cm

As mãos, os braços e o taco de golfe movem-se juntos como um pêndulo, então:

$\Delta\theta_{mãos} = \Delta\theta_{taco}$

Passo 2: Identifique a variável desconhecida para resolvê-la.

ℓ_{taco} = ?

Passo 3: Pesquise por equações com as variáveis conhecidas e desconhecidas.

$\ell = \Delta\theta r$

$\Delta\theta = \ell/r = \Delta\theta_{mãos} = \Delta\theta_{taco}$

$(\ell_{mãos})/(r_{mãos}) = (\ell_{taco})/(r_{taco})$

Passo 4: Substitua as grandezas conhecidas e resolva a grandeza desconhecida.

(10 cm)/(50 cm) = (ℓ_{taco})/(150 cm)

ℓ_{taco} = (150 cm)(10 cm)/(50 cm) = 30 cm

Passo 5: Verificação de senso comum.
A cabeça do taco de golfe move mais do que as mãos, e 30 cm é um movimento razoável para ela.

onde:

r = raio e

d = deslocamento linear (ou comprimento da corda)

Uma vantagem para as inserções musculares estarem próximas às articulações deve estar clara agora. O músculo tem de contrair e encurtar apenas uma pequena quantidade para produzir um movimento amplo (deslocamento linear) no final do membro. Como o encurtamento que um músculo pode produzir é limitado a aproximadamente 50% do seu comprimento de repouso, a produção de movimento em uma articulação seria ainda mais limitada se os músculos se inserissem longe das articulações.

Esse conceito é útil quando usamos implementos desportivos. Movimentos pequenos das mãos produzem grandes deslocamentos lineares no final de um arremesso de uma raquete de *badminton*, de uma vara de pesca, de um bastão de hóquei e assim por diante.

Velocidade angular

Velocidade angular é definida como a taxa de variação do deslocamento angular. Suas unidades de medida são radianos por segundo (rad/s), graus por segundo (°/s), rotações por minuto (rpm), e assim por diante. Sua abreviação é a letra grega ômega (ω). A velocidade angular é uma grandeza vetorial, como a velocidade linear, e portanto possui uma direção associada. Seu sentido é determinado pela regra do polegar da mão direita, assim como o deslocamento angular. Uma vez que a velocidade angular é um vetor, ela é alterada por mudanças em sua magnitude ou na direção do seu eixo de rotação.

> Velocidade angular é definida como a taxa de variação do deslocamento angular.

A velocidade angular média é computada como a mudança na posição angular (deslocamento angular) dividida pelo tempo. Matematicamente,

$$\bar{\omega} = \frac{\Delta\theta}{\Delta t} = \frac{\theta_f - \theta_i}{\Delta t} \quad (6.6)$$

onde:

$\bar{\omega}$ = velocidade angular média,

$\Delta\theta$ = deslocamento angular,

Δt = tempo,

θ_f = posição angular final e

θ_i = posição angular inicial

Se estivermos interessados em quanto deslocamento angular ocorre em determinado tempo, a **velocidade angular média** é a medida importante. Se nosso interesse for determinar quão rápido alguma coisa está girando em um instante específico do tempo, a **velocidade angular instantânea** é a medida importante. O tacômetro no painel de um carro fornece a medida da velocidade angular instantânea do motor em rotações por minuto.

A velocidade angular média de uma tacada de um rebatedor pode ser determinada fazendo contato com a bola ou não, mas é a velocidade instantânea do bastão no contato com a bola que determina a velocidade e a distância que esta alcançará. Situações similares existem em todos os esportes de raquete e atividades de rebatida. Para ginastas, mergulhadores e patinadores, a velocidade angular média é a medida mais importante, pois ela determina se eles irão ou não completar um certo número de giros ou saltos antes da aterrissagem ou da entrada na água.

Velocidade angular e linear

Em diversos esportes, especialmente esportes com bola, implementos são utilizados como extensão dos membros dos atletas. Golfe, tênis, *squash*, *lacrosse*, raquetebol, *badminton*, hóquei de campo e hóquei no gelo são exemplos desses esportes. Uma vantagem de se usar esses implementos já foi explicada – eles ampliam o movimento (deslocamento) dos nossos membros. Agora, compare as velocidades da bola (ou da peteca ou do disco) em cada um desses esportes se fossem arremessados pela mão *versus* um arremesso (ou batida) com o seu respectivo bastão (ou raquete ou taco). Qual seria mais rápido? Os implementos permitem produzir maiores velocidades lineares da bola (ou peteca ou disco) em cada um desses esportes. Volte para o Capítulo 2 e reveja a Tabela 2.3. Note que seis dos sete objetos que se movem mais rapidamente são projéteis lançados com um implemento. Essa maior velocidade linear é outra vantagem do uso do bastão, raquete ou taco. Como esse efeito é obtido?

Deduzindo a relação entre velocidade angular e linear

A relação entre o deslocamento angular e a distância linear percorrida fornece a resposta. Considere um taco de golfe oscilando. Todos os pontos no taco percorrem o mesmo deslocamento angular e, por isso, têm a mesma velocidade angular média, porque todos demoram o mesmo tempo para realizar o deslocamento. Porém, um ponto próximo à cabeça do taco (e longe do eixo de rotação) move-se por um comprimento de arco maior do que um ponto longe dela (e próximo ao eixo de rotação). Os dois percorrem seus respectivos comprimentos de arco ao mesmo tempo. O ponto mais afastado do eixo de rotação deve ter uma velocidade linear maior, pois percorre uma distância maior, mas ao mesmo tempo. Matematicamente, essa relação pode ser deduzida a partir da relação entre o deslocamento angular e a distância linear percorrida (comprimento do arco), mostrada na equação 6.4.

$$\ell = \Delta\theta r$$

Dividindo os dois lados pelo tempo necessário para rodar ao longo do deslocamento, tem-se:

$$\frac{\ell}{\Delta t} = \frac{\Delta\theta}{\Delta t}$$

$$\bar{s} = \bar{\omega} r \qquad (6.7)$$

onde:

ℓ = comprimento do arco,

r = raio,

$\Delta\theta$ = deslocamento angular (medido em radianos),

t = tempo,

$\bar{s}$ = velocidade escalar linear média e

$\bar{\omega}$ = velocidade angular média (medida em radianos por segundo)

A velocidade escalar linear média de um ponto em um objeto em rotação é igual à velocidade angular média do objeto vezes o raio (a distância do ponto no objeto até o eixo de rotação do objeto).

Em um instante no tempo, essa relação torna-se:

$$v_T = \omega r \qquad (6.8)$$

onde:

v_T = velocidade linear instantânea tangente ao trajeto circular do ponto,

ω = velocidade angular instantânea (medida em radianos por segundo) e

r = raio

> A velocidade escalar linear média de um ponto em um objeto em rotação é igual à velocidade angular média do objeto vezes o raio.

A velocidade linear instantânea de um ponto em um objeto em rotação é igual à velocidade angular instantânea do objeto vezes o raio. A direção dessa velocidade linear instantânea é perpendicular ao raio e tangente ao trajeto circular do ponto. As velocidades lineares instantâneas para os dois pontos no taco de golfe são mostradas na Figura 6.8. Para uma demonstração da relação entre velocidades angulares e lineares, tente o Autoexperimento 6.2.

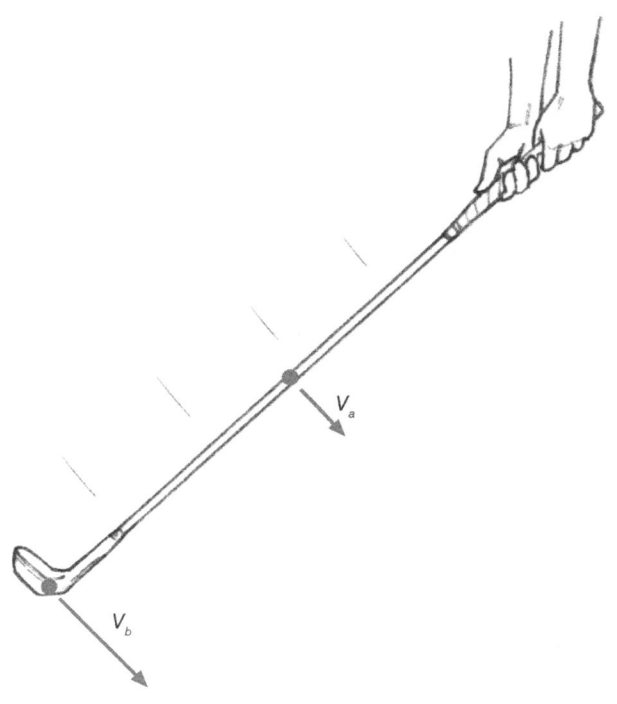

Figura 6.8 A velocidade linear da cabeça do taco (v_b) é maior que a de um ponto na haste (v_a) porque a cabeça do taco está mais longe do eixo de rotação.

Autoexperimento 6.2

Pegue uma régua e coloque-a sobre uma mesa. Coloque cinco moedas do mesmo tamanho alinhadas ao lado da borda da régua e fixe uma das pontas dela pressionando-a com o seu dedo. Esse ponto será seu pivô ou eixo de rotação. Agora, pegue a outra extremidade da régua e a balance de modo que atinja as moedas. Qual delas irá mais longe e mais rápido? A que estiver mais longe do eixo. A velocidade angular média de todos os pontos na régua foi a mesma, mas o raio, r, da parte que acertou nessa moeda foi maior, de modo que ela teve a maior velocidade linear.

Vamos tentar outro experimento. Coloque a régua em cima de um lápis de um jeito que ele fique abaixo da marca de 5 cm. Coloque uma moeda na régua na marca dos 28 cm e outra do mesmo tamanho na marca de 10 cm. Agora, traga a sua mão para baixo e bata na extremidade da régua (marca de 0 cm), jogando as moedas para o ar. Qual delas voará mais alto e mais rápido? A que estiver mais longe do eixo de rotação (o lápis). Agora, faça algum experimento sozinho para ver como diferentes localizações do eixo de rotação afetam o voo de uma moeda.

Aplicando a relação entre velocidade linear e angular

Os bastões, os tacos e as raquetes usadas nos esportes mencionados no início desta seção utilizam essa relação entre as velocidades linear e angular e o raio. A velocidade linear de um ponto mais afastado do eixo de rotação é maior se a velocidade angular for a mesma. Os tacos de madeira, os mais longos em uma bolsa de golfe, são usados para imprimir uma velocidade maior à bola e fazê-la viajar mais longe, enquanto os tacos mais curtos são usados para tacadas de curta distância. Se um rebatedor manejar um taco mais longo com a mesma velocidade angular que a de um mais curto, ele será capaz de mandar a bola mais longe com o primeiro. Segurar a raquete de tênis (ou *squash* ou raquetebol) mais na ponta (mais longe da face da raquete) aumenta o raio do balanço e a velocidade linear da superfície de impacto da raquete (se o jogador ainda for capaz de rebater com a mesma velocidade angular).

Os implementos usados nesses esportes e em outras atividades de rebatida efetivamente aumentam os membros do praticante, mas as técnicas usadas podem aumentar mais o raio efetivo desses implementos. Considere uma jogada de golfe. Onde fica o eixo de rotação do taco durante a tacada? Na realidade, o taco e os braços atuam juntos, como uma longa alavanca, e o eixo de rotação no contato da bola fica ao longo da coluna vertebral, como mostrado na Figura 6.9. O raio efetivo da cabeça do taco é, então, muito mais longo que somente o comprimento do implemento em si.

Considere outros esportes e atividades com movimento humano. Onde fica o eixo de rotação e qual o tamanho do raio efetivo durante um serviço no tênis? Durante o corte de um pedaço de madeira com um machado de cabo longo? Durante o balanço de um taco de beisebol? Durante o jogo de boliche? Durante o arremesso de uma bola? Durante um golpe no boxe? Durante um chute em uma bola? Durante uma cortada no vôlei? Durante um rebote no *badminton*? Durante o rebote de uma bola forte no raquetebol? Em muitos desses exemplos, o eixo de rotação fica dentro do corpo, frequentemente entre os ombros.

A relação entre as velocidades linear e angular e o raio de rotação também explica outra vantagem da inserção dos nossos músculos perto das articulações. Considere a inserção do bíceps no antebraço. Uma vez que ele se insere a apenas 2,5 cm da articulação do cotovelo e a mão está a 25 cm desta, a velocidade linear da mão quan-

Problema ilustrativo 6.2

O ponto de contato em um bastão de beisebol fica a 120 cm do eixo de rotação durante a rebatida. (Isso parece longo em um primeiro momento porque um bastão não é tão grande, mas seu eixo de rotação encontra-se fora dele e passa pelo corpo do rebatedor). Se o ponto de contato do bastão move-se a 40 m/s, qual é a velocidade angular do implemento?

Solução:

Passo 1: Identifique as grandezas conhecidas.

$r_{bat} = 120$ cm $= 1,2$ m

$v_{bat} = 40$ m/s

Passo 2: Identifique a variável desconhecida para resolvê-la.

$\omega = ?$

Passo 3: Pesquise a equação com as variáveis conhecidas e desconhecidas.

$v = \omega r$

Passo 4: Substitua as grandezas conhecidas e resolva a grandeza desconhecida.

40 m/s $= \omega (1,2$ m$)$

$\omega = (40$ m/s$)/(1,2$ m$) = 33,3$ rad/s

Passo 5: Verificação de senso comum.
33.3 rad/s é aproximadamente 5 ciclos/s – isso parece rápido, mas uma velocidade de 40 m/s no ponto de contato de um bastão também é.

Figura 6.9 O eixo de rotação e o raio efetivo da cabeça do taco durante uma tacada.

do o braço roda será 10 vezes maior que a da inserção do bíceps. Como a velocidade da contração muscular é limitada, a inserção dos músculos mais perto da articulação permite que uma contração muscular relativamente lenta seja amplificada na extremidade do membro. Nossas mãos e pés podem se mover em velocidades lineares muito maiores que as velocidades máximas dos músculos que controlam os movimentos do braço e da perna.

Aceleração angular

A **aceleração angular** é definida como a razão da variação da velocidade angular. Suas unidades de medida são radianos por segundo por segundo (rad/s/s ou rad/s^2), graus por segundo por segundo (°/s/s ou °/s^2) ou alguma unidade de velocidade angular por unidade de tempo. A aceleração angular é abreviada com a letra grega α (*alpha*) e, como a aceleração linear, é uma grandeza vetorial, tendo direção, sentido e magnitude. A regra do polegar da mão direita também é utilizada para descrever o sentido dos seus vetores.

> Aceleração angular é definida como a razão da variação da velocidade angular.

A aceleração angular média é computada como a variação da velocidade angular dividida pelo tempo. Matematicamente,

$$\bar{\alpha} = \frac{\Delta \omega}{\Delta t} = \frac{\omega_f - \omega_i}{\Delta t} \quad (6.9)$$

onde:

$\bar{\alpha}$ = aceleração angular média,

$\Delta \omega$ = variação na velocidade angular

Δt = tempo,

ω_f = velocidade angular final e

ω_i = velocidade angular inicial

A aceleração angular ocorre quando algo gira cada vez mais rápido ou mais devagar, ou quando o eixo de rotação do objeto muda de direção.

> A aceleração angular ocorre quando algo gira cada vez mais rápido ou mais devagar, ou quando o eixo de rotação do objeto muda de direção.

Aceleração angular e linear

Quando a velocidade angular de um objeto rotatório aumenta, a velocidade linear de um de seus pontos também aumenta, ou seja, as acelerações angular e linear de um ponto no objeto rotatório estão relacionadas.

Aceleração tangencial

O componente da aceleração linear tangente ao trajeto circular de um ponto em um objeto em rotação é chamado de **aceleração tangencial**. Relembre que uma linha é tangente a um círculo, caso a linha se intersecciona em apenas um ponto. A linha que vai desse ponto até o centro do círculo – uma linha radial – é perpendicular à tangente. A aceleração tangencial está relacionada com a aceleração angular do objeto da seguinte maneira:

$$a_T = \alpha r \quad (6.10)$$

onde:

a_T = aceleração tangencial instantânea,

α = aceleração angular instantânea (medida em rad/s^2) e

r = raio

Um ponto em um corpo em rotação submete-se a uma aceleração linear tangente a sua trajetória rotacional e igual à aceleração angular do objeto vezes o raio. A Figura 6.10 mostra o sentido da aceleração tangencial de um objeto que está se movendo ao longo de um trajeto curvilíneo.

Aceleração centrípeta

A equação 6.10 indica que a aceleração linear tangente à trajetória de rotação de um ponto ocorre se o objeto em rotação estiver sendo acelerado angularmente. E se nenhuma aceleração angular ocorre? Um ponto em um corpo em rotação experimenta alguma aceleração linear se o objeto gira em velocidade angular constante sem nenhuma aceleração angular? Sim. Lembre-se que a aceleração linear ocorre se algo ficar mais rápido, mais lento ou mudar de direção. Um ponto em um objeto girando em velocidade angular constante não fica mais rápido ou mais lento, mas, pelo fato de seguir uma trajetória circular, está constantemente mudando de direção e, por isso, experimentando uma aceleração linear constante.

Em que direção a aceleração linear ocorre? Amarre com firmeza um peso em uma corda resistente e gire-o de forma que circule com uma velocidade angular constante, como mostrado na Figura 6.11.

Em qual sentido você deve puxar a corda para manter o peso deslocando-se em círculo? Para o centro do círculo, no sentido do eixo de rotação. Essa deve ser a força que causa a aceleração linear do peso, então a aceleração linear também deve ser apontada para o centro do círculo. Essa aceleração é chamada de **aceleração centrípeta** (ou aceleração radial), e sua força causadora se chama **força centrípeta**.

Matematicamente, a aceleração centrípeta pode ser definida utilizando duas equações diferentes:

$$a_r = \frac{v_T^2}{r} \quad (6.11)$$

$$a_r = \omega^2 r \quad (6.12)$$

onde:

a_r = aceleração centrípeta,

v_T = velocidade linear tangencial,

r = raio e

ω = velocidade angular

A aceleração centrípeta é a aceleração linear direcionada ao eixo de rotação (Fig. 6.10). Ela é diretamente proporcional ao quadrado da velocidade linear tangencial e ao quadrado da velocidade angular. Se esta última é mantida constante, a aceleração centrípeta é diretamente

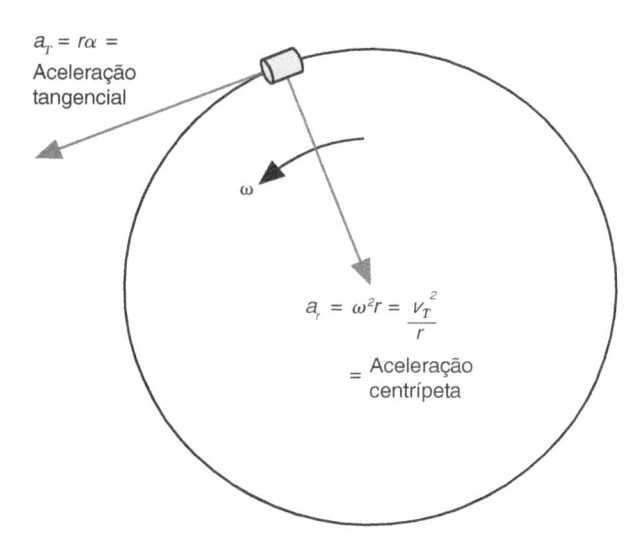

Figura 6.10 Os sentidos das acelerações tangencial e centrípeta de um objeto se movendo em uma trajetória circular.

Figura 6.11 Amarre um peso em uma corda e balance-o em círculos. Em qual sentido você puxa a corda?

proporcional ao raio da rotação. Já se a velocidade linear tangencial for constante, a aceleração centrípeta será inversamente proporcional ao raio de rotação.

> Aceleração centrípeta é a aceleração linear direcionada ao eixo de rotação.

Ao correr em uma curva na raia interna de uma pista de corrida, você experimenta mais aceleração centrípeta e, assim, requer mais fricção nos seus calçados para exercer a força centrípeta sobre si do que se estivesse correndo na mesma velocidade linear na raia externa (Fig. 6.12). Nesses dois casos, a velocidade linear tangencial seria a mesma, mas o raio de rotação seria maior na raia externa. A equação 6.11 ($a_r = v^2_T/r$) seria a apropriada para avaliar essa situação porque as velocidades lineares são as mesmas.

Contudo, um lançador balançando um martelo com um cabo de 1 m (Fig. 6.13a) teria que puxá-lo com uma força maior do que se balançasse um martelo com um cabo de 0,75 m na mesma velocidade angular (Fig. 6.13b). A aceleração centrípeta é maior (e, assim, a força centrípeta produzida pelo lançador deve ser maior) para o martelo com cabo de 1 m do que para o de cabo mais curto porque o raio de rotação é maior para o primeiro. A equação 6.12 ($a_r = \omega^2 r$) seria a apropriada para avaliar essa situação porque as velocidades angulares são as mesmas.

Você pode experimentar isso sozinho, girando em círculos enquanto segura este livro com o braço estendido e, então, puxando-o para mais próximo de si, mas sempre mantendo a mesma velocidade angular. Você vai notar que precisa exercer uma força maior sobre o livro quando ele estiver mais longe do eixo de rotação.

Sistema anatômico para descrição dos movimentos dos membros

A primeira parte deste capítulo falou sobre a terminologia estritamente mecânica para descrever o movimento angular. Os anatomistas usam um vocabulário próprio para descrever as posições angulares relativas e os movimentos

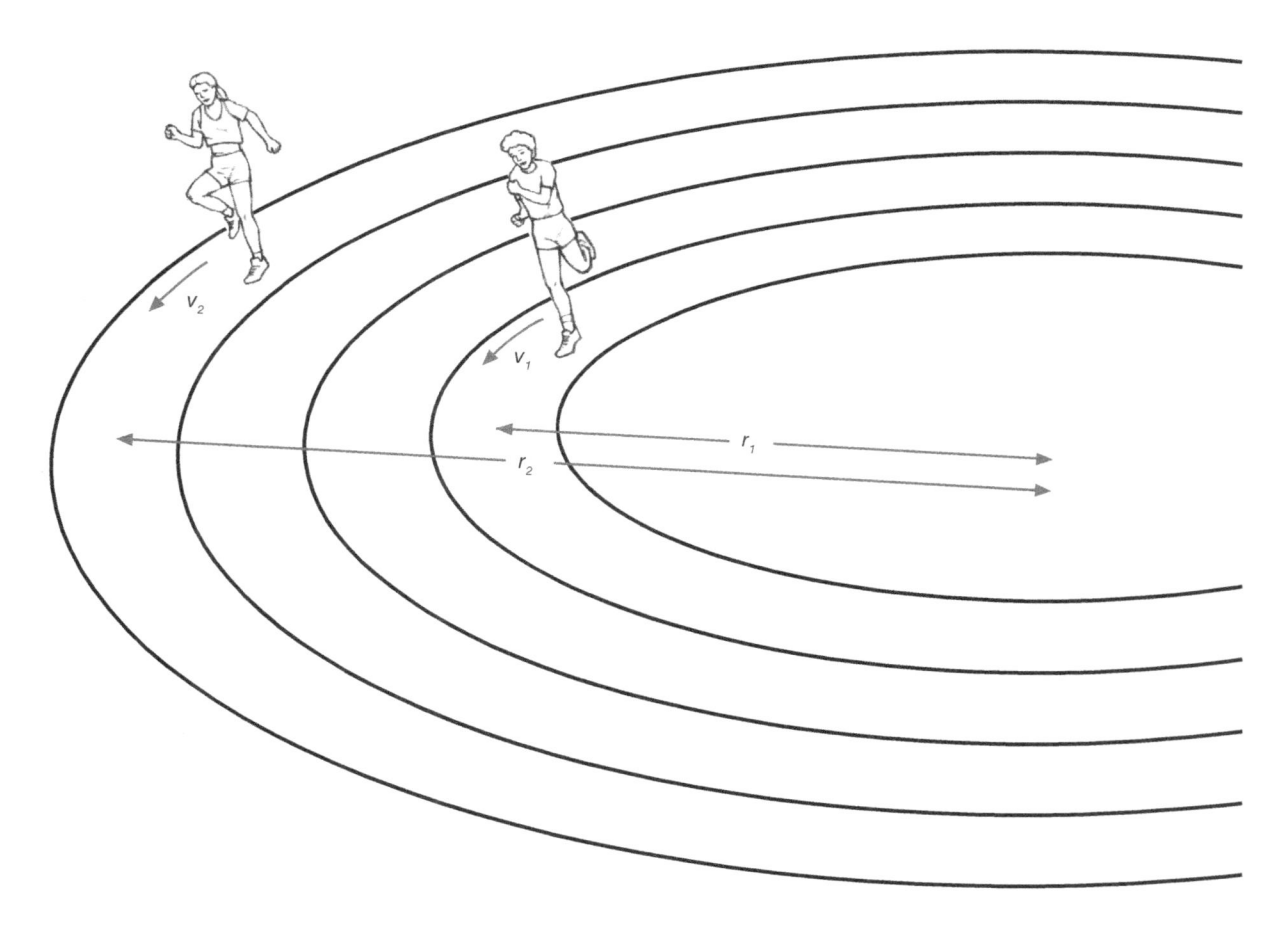

Figura 6.12 Um corredor na raia interna deve exercer mais força centrípeta via fricção que um na raia externa se ambos tiverem a mesma velocidade linear ($a_{r1} > a_{r2}$ se $v_1 = v_2$). A aceleração centrípeta do atleta na raia interna é maior por causa do raio menor ($r_1 < r_2$).

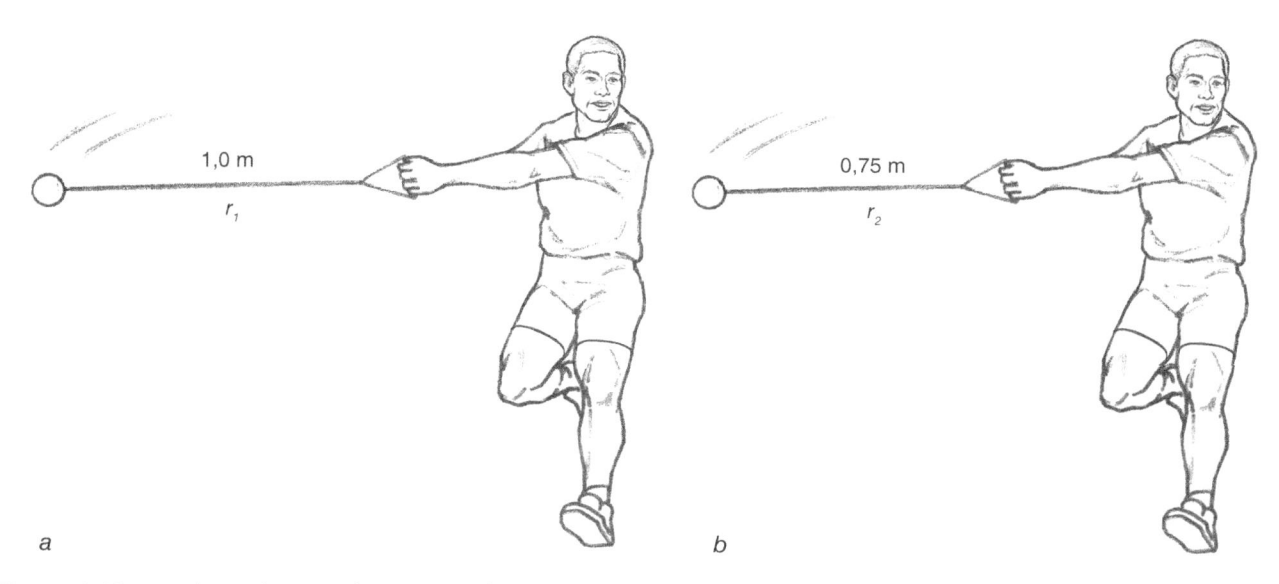

Figura 6.13 Um lançador usando um martelo com cabo de 1 m (a) deve exercer uma força centrípeta maior do que outro usando um de 0,75 m (b) se os dois martelos girarem na mesma velocidade angular ($a_{r1} > a_{r2}$ desde que $\omega_1 = \omega_2$ e $r_1 > r_2$). A aceleração centrípeta do primeiro é maior por causa do raio maior.

dos membros do corpo. Você provavelmente já possui algum conhecimento sobre anatomia e terminologia anatômica. Esta parte do capítulo apresenta o sistema utilizado pelos anatomistas e outros profissionais do movimento humano para descrever posições relativas e movimentos do corpo e suas partes.

Posição anatômica

Tente descrever onde uma sarda, uma verruga ou um pelo fica em seu corpo. Esta é uma tarefa difícil. Você provavelmente identificou a localização descrevendo onde estava em relação a alguma parte do corpo. Uma situação similar ocorre ao tentar descrever o movimento de um membro. Para descrever a localização ou o movimento de uma parte do corpo, as outras partes são utilizadas como referência. Porém, o organismo humano pode adotar muitas posições diferentes, e a orientação dos membros também pode mudar, de forma que uma posição de referência comum deve ser usada. A posição de referência do corpo humano mais comumente utilizada é chamada de **posição anatômica**. Os anatomistas mais antigos suspenderam cadáveres nessa posição para estudá-los com mais facilidade. O corpo está na posição anatômica quando está em pé, ereto, olhando para frente, com os pés alinhados e paralelos um em relação ao outro; dedos dos pés para frente; braços e mãos pendendo ao lado e retos abaixo dos ombros; dedos estendidos; e palmas viradas para frente. A posição anatômica é o padrão de referência para o corpo quando se descrevem localizações, posições ou movimentos dos membros ou outras estruturas anatômicas. O corpo nessa posição é mostrado na Figura 6.14.

> A posição anatômica é o padrão de referência para o corpo quando se descrevem localizações, posições ou movimentos dos membros ou outras estruturas anatômicas.

Planos e eixos de movimento

Os anatomistas desenvolveram nomes para identificar planos específicos que passam pelo corpo, cada um dos quais tem um eixo correspondente que lhe é perpendicular. São úteis para os anatomistas descreverem planos de dissecação ou dissecações imaginárias e também para descrever movimentos relativos das partes do corpo, com os eixos usados para descrever as linhas ao redor das quais esses movimentos ocorrem.

Planos anatômicos

Um plano é uma superfície plana bidimensional. Um **plano sagital**, também chamado de anteroposterior, é um plano imaginário que vai de anterior (frente) para posterior (trás) e de superior (cima) para inferior (baixo), dividindo o corpo em partes direita e esquerda. Um **plano frontal**, também chamado de coronal ou lateral, vai de um lado a outro e de superior para inferior, dividindo o corpo em partes anterior e posterior. Já um **plano transverso**, ou horizontal, vai de um lado a outro e de anterior para posterior, dividindo o corpo em partes superior e inferior. Todos os planos sagitais são perpendiculares a todos os frontais, os quais são perpendiculares a todos os transversos.

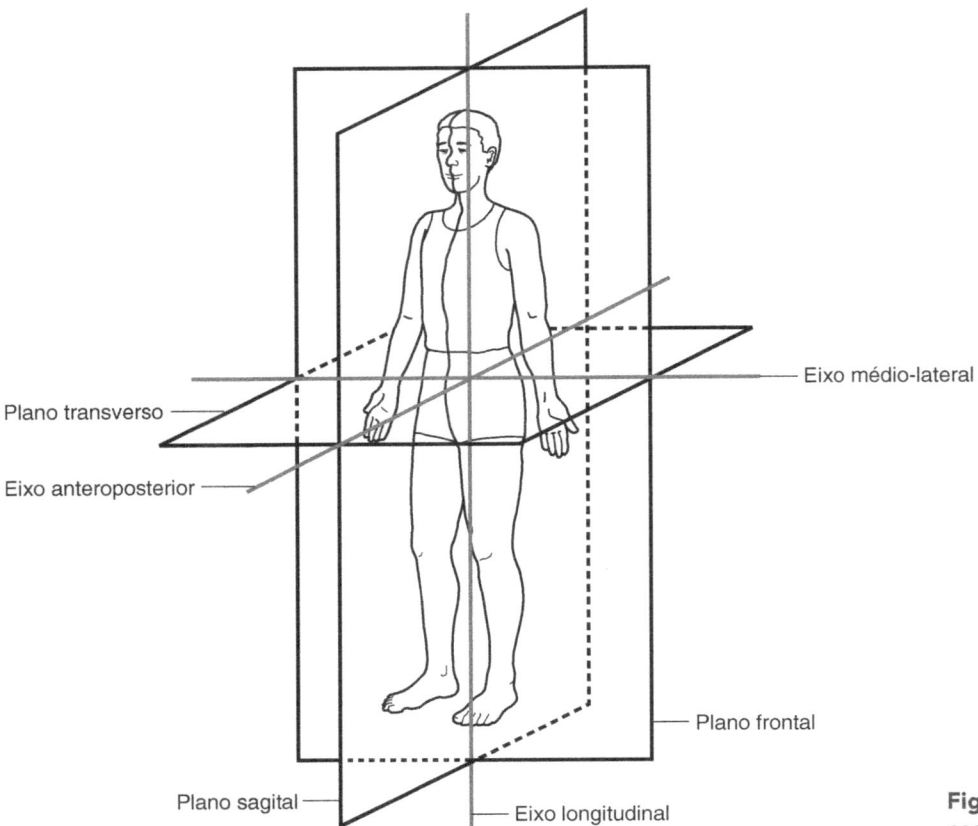

Figura 6.14 Planos anatômicos cardinais e eixos do corpo.

Muitos planos sagitais podem ser imaginados como passando através do corpo, mas são todos paralelos entre si. O mesmo pode ser pensado para muitos planos frontais ou transversos. Um **plano cardinal** é aquele que passa pelo ponto médio ou pelo centro de gravidade. O centro de gravidade é o ponto que, se fosse a única sustentação do corpo, o manteria em equilíbrio. O plano cardinal (mediano ou médio-sagital) divide o organismo nas metades direita e esquerda. Os planos cardinal, sagital, frontal e transverso do corpo são mostrados na Figura 6.14.

Biomecanicamente, os planos anatômicos podem ser úteis para localizar estruturas anatômicas, mas seu maior valor é descrever movimentos dos membros. Como um plano pode ser útil para isso? Os movimentos da maioria dos membros ocorrem como rotações, as quais acontecem ao redor de eixos de rotação específicos e dentro de planos específicos de movimento. As descrições de movimentos dos membros em relações uns aos outros são facilitadas pela identificação do eixo de rotação ao redor do qual o membro se move e o plano em que isso acontece.

> Biomecanicamente, os planos anatômicos podem ser úteis para localizar estruturas anatômicas, mas seu maior valor é descrever movimentos dos membros.

Eixos anatômicos

Nós definimos vários planos anatômicos específicos. E quanto aos eixos? Os eixos anatômicos correspondem a linhas que são perpendiculares aos planos anatômicos previamente definidos. Um **eixo anteroposterior** (sagital ou transverso-sagital) é uma linha imaginária que vai de anterior para posterior, perpendicular aos planos frontais. Esse eixo é normalmente abreviado como AP. É definido pela intersecção de um plano transversal com um sagital, por isso pode ser chamado de eixo transverso-sagital. Um **eixo transverso** (lateral, frontal, médio-lateral ou frontal-transverso) é uma linha imaginária que vai da esquerda para a direita, perpendicular aos planos sagitais. É definido pela intersecção de um plano transverso com um frontal, por isso também pode ser chamado de eixo frontal-transverso. Já um **eixo longitudinal** (vertical, frontal-sagital ou eixo de torção) é uma linha imaginária que vai de cima para baixo, perpendicular aos planos transversos. É definido pela intersecção de um plano frontal com um sagital, de tal forma que também pode ser chamado de eixo frontal-sagital. Todos os eixos APs são perpendiculares a todos os transversos, os quais são perpendiculares a todos os eixos longitudinais. Um número infinito desses eixos passa pelo corpo. Exemplos de eixos AP, transverso e longitudinal são mostrados na Figura 6.14.

Identificando planos e eixos de movimento

Agora, vejamos como os eixos e os planos são usados para descrever o movimento humano. Imagine uma roda de bicicleta. Ela gira ao redor de um eixo. A linha ao longo e através do eixo da roda define seu eixo de rotação. É ao redor dele que ela gira. Os raios da roda são perpendiculares ao(s) eixo(s) de rotação. Desse modo, eles devem estar no plano de movimento da roda. Agora, vejamos um exemplo do corpo humano. Fique na posição anatômica e flexione o seu cotovelo, sem mover o braço, como mostrado na Figura 6.15. Pense em seu antebraço como um raio da roda da bicicleta e em seu cotovelo como o eixo. Em que plano seu antebraço permanece ao longo do movimento? No sagital. Qual eixo é perpendicular a esse plano? O médio-lateral. O movimento de seu antebraço e sua mão está no plano sagital e em torno de um eixo médio-lateral.

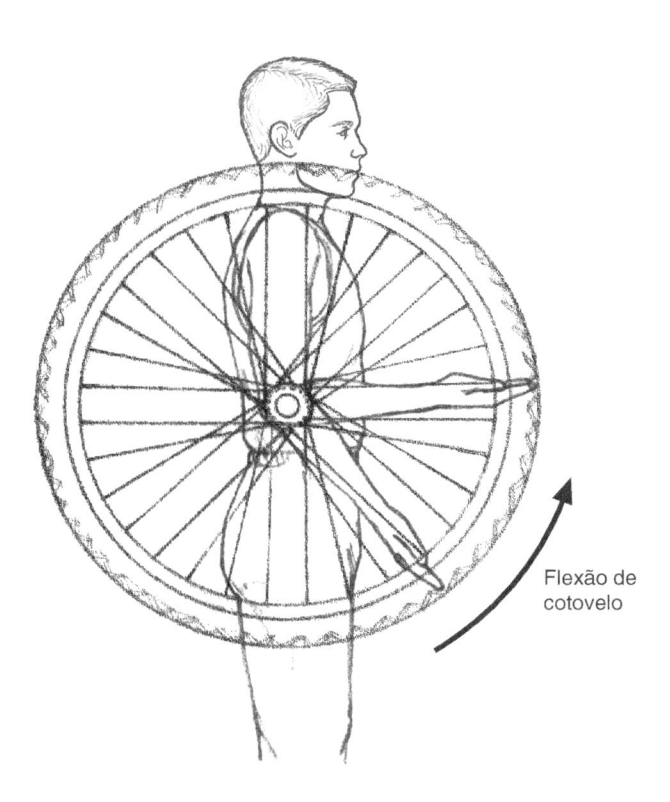

Figura 6.15 Imaginar uma roda de bicicleta pode ajudar você a identificar o plano e o eixo de movimento.

Agora, vamos descrever o método que usamos para identificar o plano ou eixo para o movimento de qualquer membro. Primeiro, um princípio deve ser notado. Se você pode identificar ou o plano ou o eixo de movimento, o outro é facilmente reconhecido. Conhecendo o plano no qual a ação ocorre, existe apenas um eixo ao redor do qual o movimento pode acontecer, que é o eixo perpendicular ao plano. Similarmente, se o eixo ao redor do qual a ação ocorre é conhecido, existe apenas um plano no qual ela pode acontecer, que é o perpendicular ao eixo de movimento. A Tabela 6.1 lista cada um dos três planos de movimento junto com o seu eixo correspondente.

Tabela 6.1 Planos anatômicos de movimento e os seus eixos de movimentos correspondentes

Plano	Eixo
Sagital	Médio-lateral
Frontal	Anteroposterior (AP)
Transverso	Longitudinal

> Se você pode identificar ou o plano ou o eixo de movimento, o outro é facilmente reconhecido.

Antes de descrevermos as técnicas para determinar o plano de movimento, uma definição mais precisa e exata de um plano pode ser útil. Assim como dois pontos geometricamente definem uma linha no espaço, três pontos não colineares ou duas linhas em intersecção definem um plano espacial. Se uma mesa ou cadeira tiver apenas três pernas, cada uma delas irá sempre tocar o chão, pois são necessários apenas três pontos para definir um plano. Mesmo se tiverem comprimentos diferentes, as três pernas da mesa irão sempre tocar o chão. Uma mesa com quatro pernas terá sempre três pernas em um plano, mas a quarta só irá tocá-lo se sua extremidade ficar no plano definido pelas outras três. Se três pernas tiverem um comprimento e a quarta for diferente, apenas três tocarão o chão.

A maioria dos nossos membros é maior em uma dimensão do que em outras, sendo considerada como cilindros longos ou mesmo segmentos de linha. Esses segmentos de linha movem-se balançando ou girando ao redor das articulações. Se você pode imaginar os segmentos de linha definidos pelo membro no início e em outro instante qualquer do movimento, eles farão intersecção na articulação (se for um movimento de articulação única). O plano de movimento é definido por esses dois segmentos. Por exemplo, fique em pé na posição anatômica. Imagine um segmento de linha definido por uma reta traçada a partir do seu ombro direito até seu punho direito. Agora, abduza o ombro (levante seu braço direito para cima e para o lado, lateralmente, para longe do seu corpo, até a altura do trapézio), como mostrado

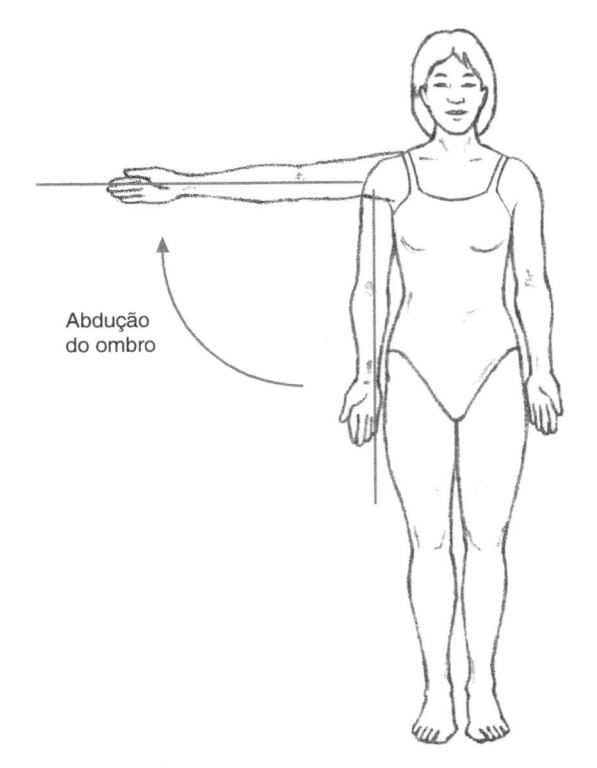

Figura 6.16 Vista frontal da abdução do ombro.

Por exemplo, ao visualizar o movimento descrito anteriormente (abdução do braço direito no ombro) a partir de uma posição à frente (anterior, Fig. 6.16) ou atrás (posterior) da pessoa que está se movimentando, você deveria ver todo o comprimento do braço ao longo do movimento, e o braço não se afastaria nem se aproximaria de você viu. Já ao ver o movimento a partir do lado (sagitalmente, Fig. 6.17a), o comprimento total do braço estaria visível no início, mas ao ir para cima, ele pareceria encurtar-se até o momento que você veria apenas a mão quando o braço alcançasse a altura do ombro. O braço se moveria na sua direção. Se você viu o movimento de cima (transversalmente, Fig. 6.17b), apenas o ombro seria visível no início, mas todo o comprimento do braço estaria visível quando a mão alcançasse a altura do ombro. O braço se moveria na sua direção. Nesse caso, a melhor vista teria sido a de frente, ou seja, uma vista frontal, com o movimento em um plano frontal. O eixo perpendicular a um plano frontal é um eixo AP.

Em alguns movimentos, o comprimento do membro não gira ao redor de um eixo, mas o próprio membro gira ao redor do seu comprimento. Nesse caso, é mais fácil determinar primeiro o eixo de rotação e, então, determinar o plano de movimento. O eixo de rotação de um membro girando ao redor do seu comprimento é definido pela direção

na Figura 6.16. Imagine um segmento de linha traçado ao longo de seu ombro e punho. Em quais planos os dois segmentos de linha se inserem? Quando você estava na posição anatômica, seu braço direito estava em um plano sagital e um frontal. Ao completar o movimento, seu braço estava em um plano transverso e um frontal. Ele estava no plano frontal no início e no final do movimento (e também durante), de tal forma que a ação ocorreu dentro de um plano frontal. Pelo fato de os planos frontais serem perpendiculares aos eixos APs, o movimento ocorreu ao redor de um eixo AP.

Aqui está outro procedimento para determinar o plano de movimento. Se você pudesse ver a ação de qualquer ponto de observação, qual lhe daria a melhor visão, de forma que pudesse ver sempre todo o comprimento do membro que está se deslocando? A partir de qual ponto de observação você veria o membro sem ele estar se afastando ou aproximando de você, mas se movendo através do seu campo de visão? Se o melhor ponto de visão é a partir da frente ou atrás, tem-se uma vista frontal do corpo, e o movimento ocorre em um plano frontal. Se a melhor perspectiva for do lado esquerdo ou direito, tem-se uma vista sagital, e o movimento se dá em um plano sagital. Já se o melhor ponto de visão for de acima ou abaixo (reconhecidamente difícil na prática, mas imagine a vista se você pudesse ir para uma posição acima ou abaixo de uma pessoa), temos uma vista transversa do corpo, e o movimento ocorre no plano transverso.

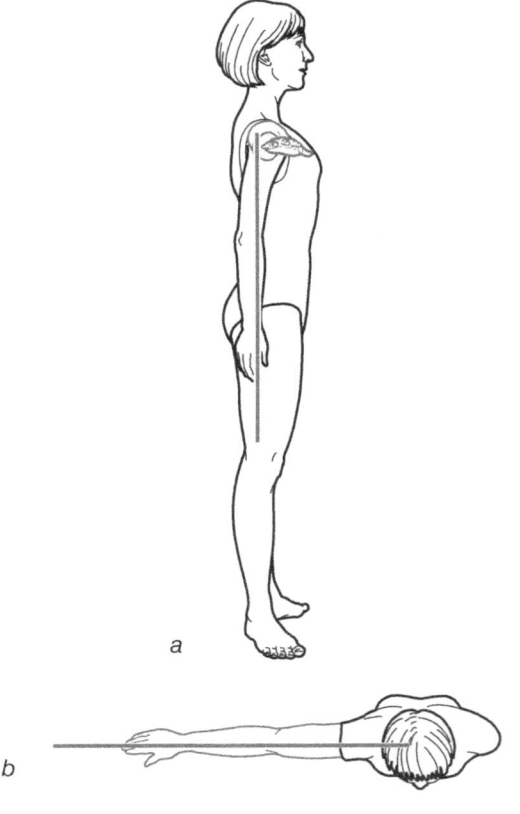

Figura 6.17 Vista sagital (a) e transversa (b) da abdução do ombro.

da linha traçada ao longo do comprimento, partindo da extremidade proximal até a distal. Se essa linha for paralela a um eixo longitudinal, trata-se de um eixo longitudinal. Se for paralela a um eixo AP, é um eixo AP. Se ela for paralela a um eixo transverso, trata-se de um eixo transverso.

Por exemplo, fique em pé na posição anatômica e vire a palma de sua mão direita para o seu lado e, depois, para trás como mostrado na Figura 6.18. Seu braço girou em torno de um eixo ao longo do seu próprio comprimento. Uma linha traçada da extremidade proximal do seu braço até a distal é vertical e paralela ao eixo longitudinal. Isso significa que o eixo de rotação para esse movimento era longitudinal. Um eixo longitudinal é perpendicular a um plano transverso, de forma que o movimento de rotação do seu braço direito ocorreu em um plano transverso.

Até agora, todos os exemplos que temos usado foram de ações que ocorreram em um dos três planos de movimento que definimos. Os planos sagital, transverso e frontal são primários. Outros planos existem e não são primários, mas os movimentos também podem ocorrer neles. Por exemplo, em qual plano seus braços se movem quando você balança um taco de golfe, como mostrado na Figura 6.19? O melhor ponto de vista não seria diretamente à frente ou acima, mas à frente e acima. O plano de movimento é diagonal entre o transverso e o frontal, e o eixo de movimento é um diagonal entre um longitudinal e um AP. Existe um número infinito de planos e eixos diagonais dentro e ao

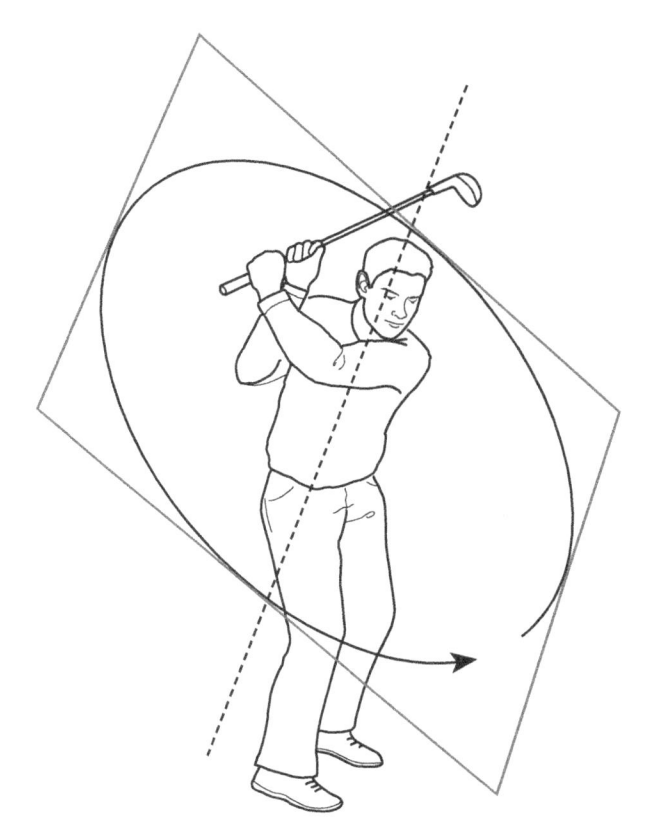

Figura 6.19 Movimento em um plano diagonal.

Figura 6.18 Movimento ao redor de um eixo longitudinal.

redor dos quais seus membros podem se mover. Os planos e eixos principais nos fornecem, padronizados a partir dos quais outros, diagonais, podem ser descritos.

Ações articulares

Nós podemos identificar o plano e a ação dos movimentos dos membros, mas quais são os termos que descrevem seus movimentos? A descrição do movimento humano usa uma terminologia que relata os movimentos relativos de dois membros em cada lado de uma articulação (movimento angular relativo), em vez de uma que descreva movimentos de membros individualmente (movimento angular absoluto). Dessa forma, os termos descrevem ações articulares, ou seja, os movimentos angulares relativos dos membros nos lados proximal e distal de uma articulação. A partir da posição anatômica, as ações articulares que ocorrem quando os membros se movem ao redor de eixos articulares transversos e dentro de planos sagitais são flexão, extensão, hiperextensão, flexão plantar e dorsiflexão. Já as ações articulares que ocorrem quando os membros se movem ao redor de eixos articulares APs e dentro de planos frontais são abdução, adução, desvio radial (flexão radial), desvio ulnar (flexão ulnar), inversão, eversão, elevação, depressão, flexão lateral para a direita e flexão lateral para esquerda. Por fim, as ações articulares que ocorrem quando os membros se movem ao redor de eixos longitudinais e dentro de planos transversos são rotação interna (para dentro ou medial), rotação externa (para fora ou lateral), pronação, supinação, abdução horizontal (extensão horizontal), adução horizontal (flexão horizontal) rotação para a esquerda e rotação para a direita.

> A descrição do movimento humano usa uma terminologia que descreve os movimentos relativos de dois membros em cada lado de uma articulação (movimento angular relativo), em vez de uma que descreve movimentos de membros individualmente (movimento angular absoluto).

Movimentos ao redor dos eixos médio-laterais

Flexão, extensão e hiperextensão são ações articulares que acontecem no punho, cotovelo, ombro, quadril, joelho e articulações intervertebrais. Começando a partir da posição anatômica, **flexão** é a ação articular que ocorre ao redor dos eixos médio-laterais dessas articulações e causa movimentos dos membros nos planos sagitais ao longo da maior amplitude de movimento. Já **extensão** é a ação articular que se dá ao redor dos eixos médio-laterais das articulações citadas e causa movimentos opostos dos membros nos planos sagitais que os fazem voltar à posição anatômica. A **hiperextensão**, por sua vez, é a ação articular que ocorre ao redor dos eixos médio-laterais e continua a extensão após atravessar a posição anatômica. Dessa forma, a flexão do cotovelo ocorre quando o antebraço é movido para a frente e para cima, e o ângulo entre o antebraço e o braço no lado anterior da articulação do cotovelo fica menor. Já a extensão do cotovelo acontece quando o antebraço retorna à posição anatômica. Por fim, a hiperextensão do cotovelo ocorreria se o antebraço pudesse continuar estendendo após a posição anatômica. A Figura 6.20, de *a* até *g*, mostra as ações articulares de flexão, extensão e hiperextensão nas articulações do punho, cotovelo, ombro, quadril, joelho, tronco e pescoço, respectivamente.

Dorsiflexão e flexão plantar são ações articulares que ocorrem no tornozelo. Partindo da posição anatômica, **dorsiflexão** é a ação articular ao redor do eixo médio-lateral da articulação do tornozelo e move o pé no plano sagital, de maneira que ele se mova para frente e para cima em direção à perna. Quando você levanta seus dedos do pé para fora do solo e coloca o peso nos calcanhares, está fazendo dorsiflexão dos tornozelos. Já a **flexão plantar** é a ação articular que ocorre ao redor do eixo médio-lateral da articulação do tornozelo e causa o

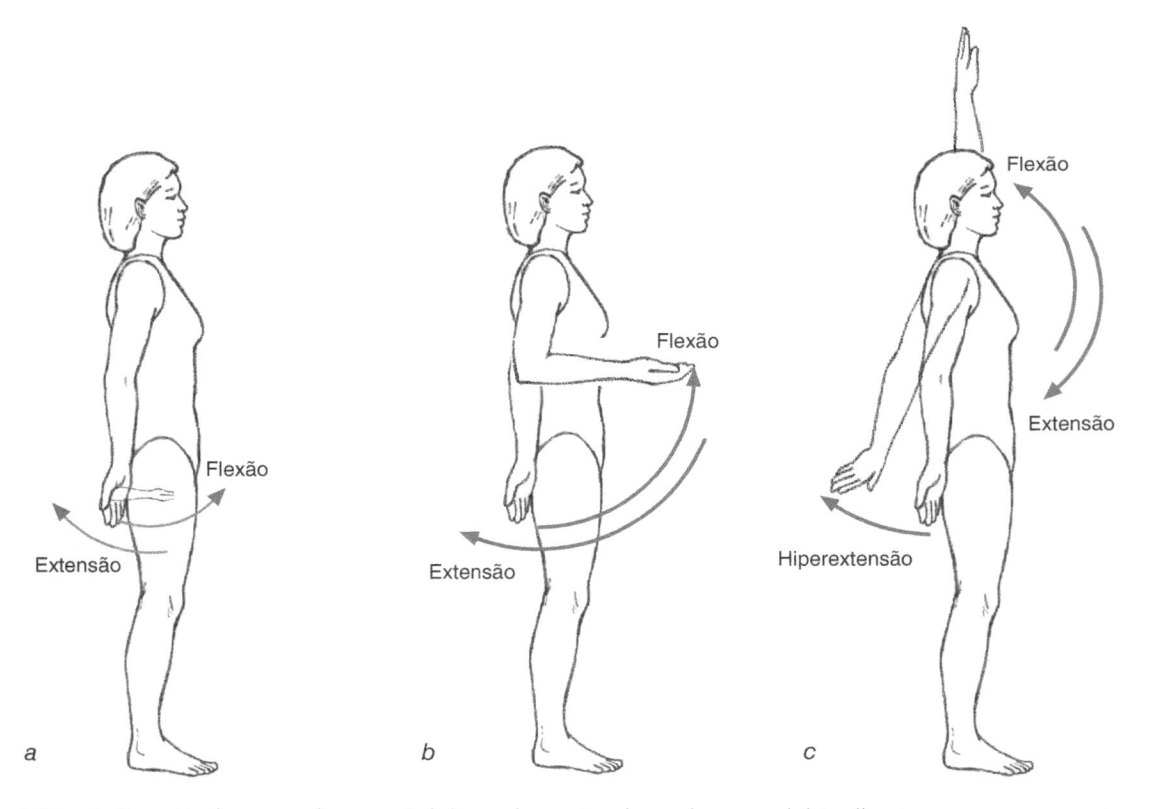

Figura 6.20 Ações articulares no plano sagital do punho, cotovelo, ombro, quadril, joelho, tronco e pescoço e tornozelo.

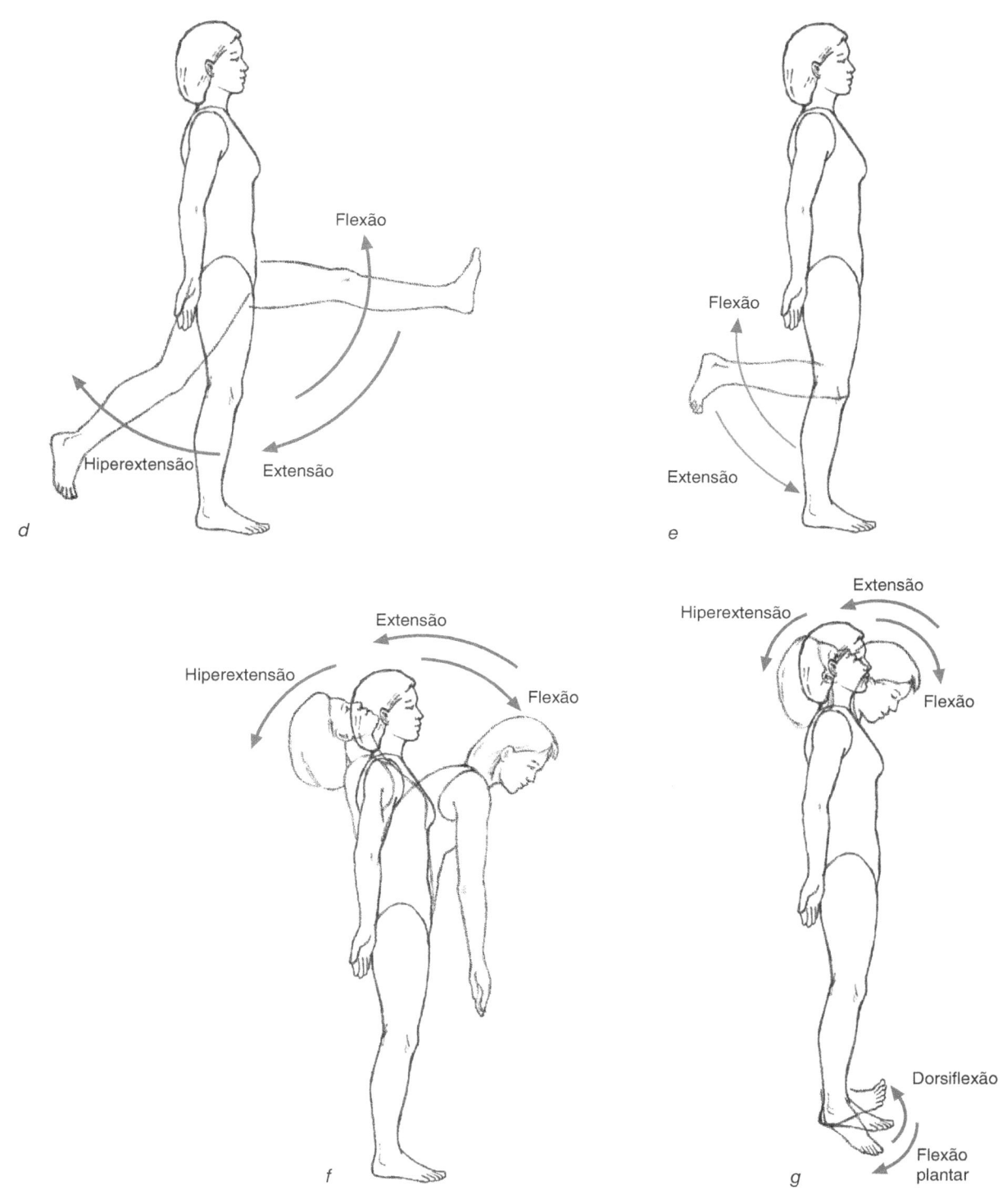

Figura 6.20 *(continuação).*

movimento oposto do pé no plano sagital, de forma que se mova para baixo e para longe da perna. Ao ficar na ponta dos pés, você está fazendo flexão plantar dos tornozelos. Dorsiflexão e flexão plantar também são mostradas na Figura 6.20g.

Movimentos ao redor dos eixos anteroposteriores

Abdução e adução são ações articulares que ocorrem nas articulações do ombro e quadril. Partindo da posição ana-

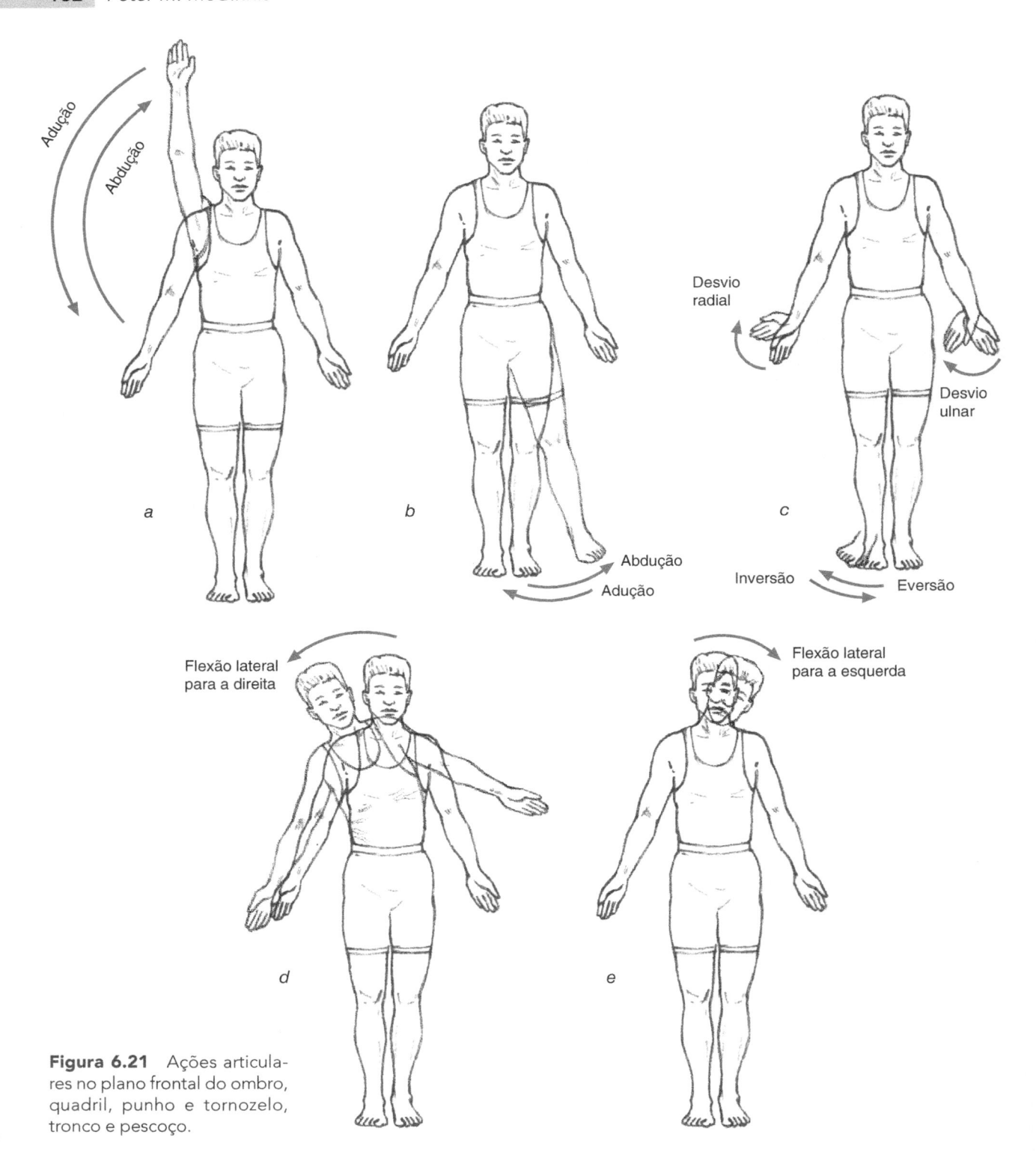

Figura 6.21 Ações articulares no plano frontal do ombro, quadril, punho e tornozelo, tronco e pescoço.

tômica, **abdução** é a ação articular ao redor do eixo AP e causa movimentos dos membros nos planos frontais com a maior amplitude. Adução é a ação articular ao redor do eixo AP e causa o movimento do membro de retorno à posição anatômica em um plano frontal. A abdução do ombro ocorre quando o braço é movido para cima e lateralmente para longe do corpo. A **adução** do ombro ocorre quando o braço retorna à posição anatômica. A Figura 6.21 a e b mostra as ações articulares de abdução e adução que ocorrem nas articulações do ombro e quadril.

Desvio ulnar (adução ou flexão ulnar) e desvio radial (abdução ou flexão radial) são ações articulares que ocorrem na articulação do punho (Fig. 6.21c). Partindo da posição anatômica, o **desvio ulnar** é a ação articular ao redor do eixo AP do punho e causa o movimento da mão em um plano frontal em direção ao dedo mínimo. O **desvio radial** é a ação articular que ocorre ao redor do eixo AP da articulação do punho e causa o movimento oposto da mão em um plano frontal, movimentando-a lateralmente em direção ao polegar.

Inversão e eversão são movimentos no plano frontal que ocorrem na articulação do tornozelo (Fig. 6.21c). Essas ações acontecem ao redor do eixo AP do pé. Partindo da posição anatômica, **inversão** ocorre quando o lado medial da sola do pé é elevado. O retorno à posição anatômica e o movimento do pé para além desta, em que o lado lateral da sola do pé é elevado, é a **eversão**.

Os movimentos da escápula e da cintura escapular também ocorrem sobretudo no plano frontal e incluem abdução (movimento da escápula para longe da linha média) e adução (em direção à linha média), **elevação** (movimento superior da escápula), **depressão** (movimento inferior), **rotação superior** (de tal forma que a borda medial se mova inferiormente, e a articulação do ombro, superiormente) e **rotação inferior** (de tal forma que a borda medial se mova superiormente, e a articulação do ombro, inferiormente).

A **flexão lateral** para a esquerda ou para a direita também ocorre no plano frontal. Esse movimento do tronco ocorre quando você se inclina para um dos lados. Da mesma forma, a flexão lateral do pescoço para a esquerda ocorre quando você inclina sua cabeça em direção ao seu ombro esquerdo, e a para a direita, quando esse momento é feito em direção ao ombro direito. A flexão lateral é mostrada na Figura 6.21 d e e.

Movimentos ao redor dos eixos longitudinais

Rotação interna (para dentro ou medial) e **rotação externa** (para fora ou lateral) são ações articulares que ocorrem nas articulações do ombro e do quadril. Partindo da posição anatômica, a rotação interna é aquela que ocorre ao redor do eixo longitudinal e causa movimentos dos membros no plano transverso, de forma que os joelhos voltam-se para dentro, um em direção ao outro, ou as palmas das mãos voltam-se em direção ao corpo. Já a rotação externa se dá ao redor do eixo longitudinal e causa os movimentos opostos dos membros nos planos transversos, fazendo os membros retornarem à posição anatômica ou movendo-os para além desta. A Figura 6.22 a e b mostra as ações articulares de rotação interna e externa que ocorrem nas articulações do quadril e do ombro.

A pronação e a supinação são ações que ocorrem na articulação radioulnar do antebraço. Partindo da posição anatômica, a **pronação** é aquela que ocorre ao redor do eixo longitudinal do antebraço e através da articulação radioulnar, fazendo a palma da mão virar-se em direção ao corpo. Esse movimento é similar à rotação interna na articulação do ombro, diferenciando-se apenas pelo fato de ocorrer na articulação radioulnar. Já a **supinação** acontece ao redor do eixo longitudinal da articulação radioulnar e causa o movimento oposto do membro em um plano transverso, retornando o antebraço e a mão à posição anatômica ou movendo-os para além desta. A Figura 6.22d também mostra as ações de supinação e pronação que ocorrem na articulação radioulnar.

A **abdução horizontal** (extensão horizontal ou abdução transversa) e a **adução horizontal** (flexão horizontal ou adução transversa) são ações que ocorrem nas articulações do quadril e do ombro. Elas não começam a partir da posição anatômica. Primeiro, deve ocorrer uma flexão do quadril ou do ombro, a qual continua até que o braço ou a coxa esteja no plano transverso. A abdução horizontal é, portanto, o movimento do braço ou da perna no plano transverso ao redor de um eixo longitudinal, de maneira que o membro se mova para longe da linha média do corpo. O movimento de retorno é a adução horizontal. Essas ações articulares também são mostradas na Figura 6.22c.

As rotações de cabeça, pescoço e tronco também ocorrem ao redor de um eixo longitudinal. Rodar seu tronco de tal forma que você olhe para a esquerda é uma rotação para a esquerda, e virá-lo de modo que olhe para a direita é uma rotação para a direita. Essas ações são mostradas na Figura 6.22 e e f.

Circundução é uma ação articular multiaxial que ocorre ao redor dos eixos transverso e AP. É (a) flexão combinada com abdução e então adução ou (b) extensão ou hiperextensão combinada com abdução e então adução. A trajetória de um membro realizando circundução gera uma superfície em formato de cone. Se você abduzir seu membro superior na articulação do ombro e então mover o seu braço e antebraço de maneira que sua mão trace o formato de um círculo, a ação articular que estará ocorrendo na articulação do ombro é a circundução.

Como existem planos e eixos diagonais, as ações articulares também podem acontecer em planos diagonais ao redor de eixos diagonais. Ações desse tipo podem ser combinações de ações articulares se ocorrem em articulações de múltiplos eixos, bem como podem ser uma das ações descritas anteriormente se a junta ou o membro tenha sido movido para um plano diagonal pela ação de uma articulação mais proximal. Cada um dos termos que descrevem as ações articulares de lado especifica o sentido do movimento angular relativo em uma articulação. As ações articulares e seus planos e eixos de movimento correspondentes são resumidos na Tabela 6.2.

> Cada um dos termos que descrevem as ações articulares de fato especifica o sentido do movimento angular relativo em uma articulação.

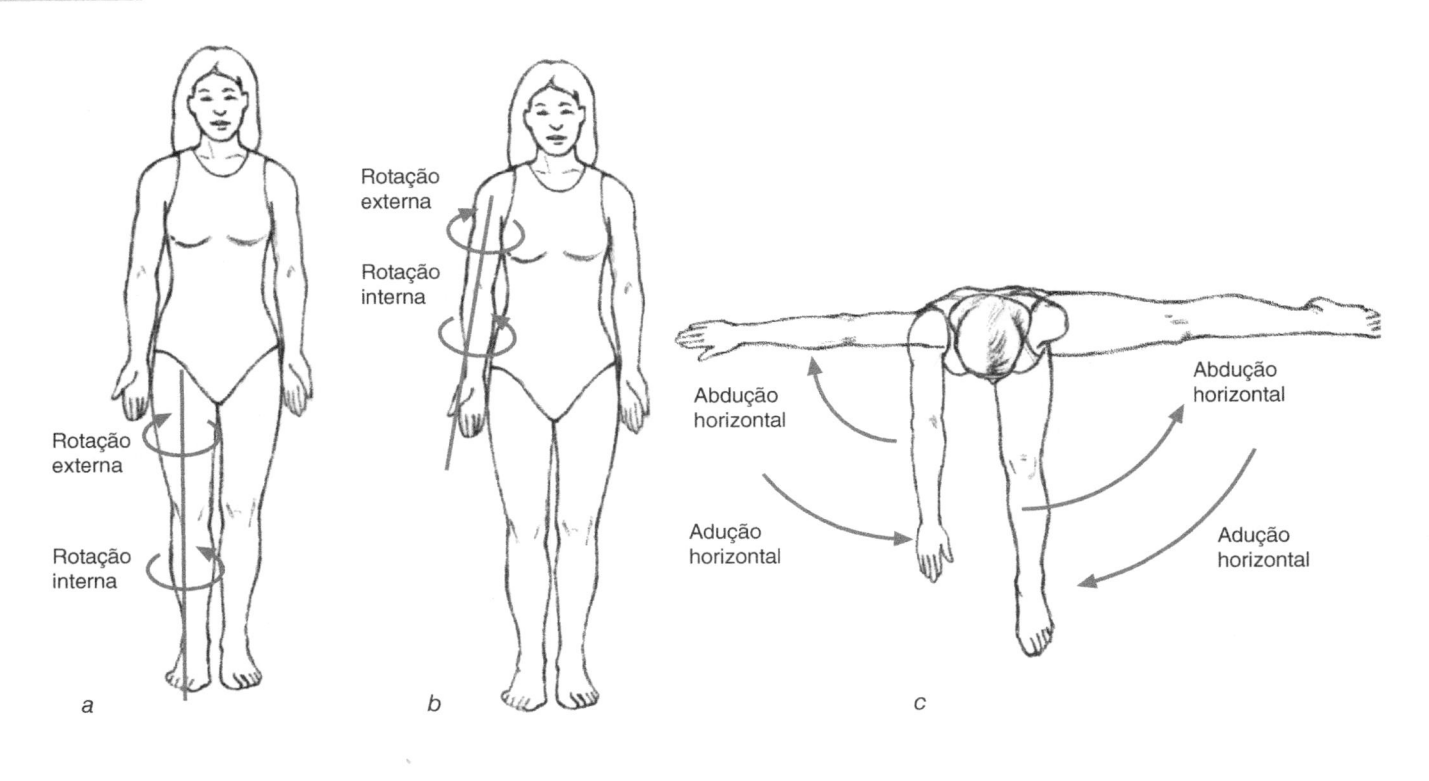

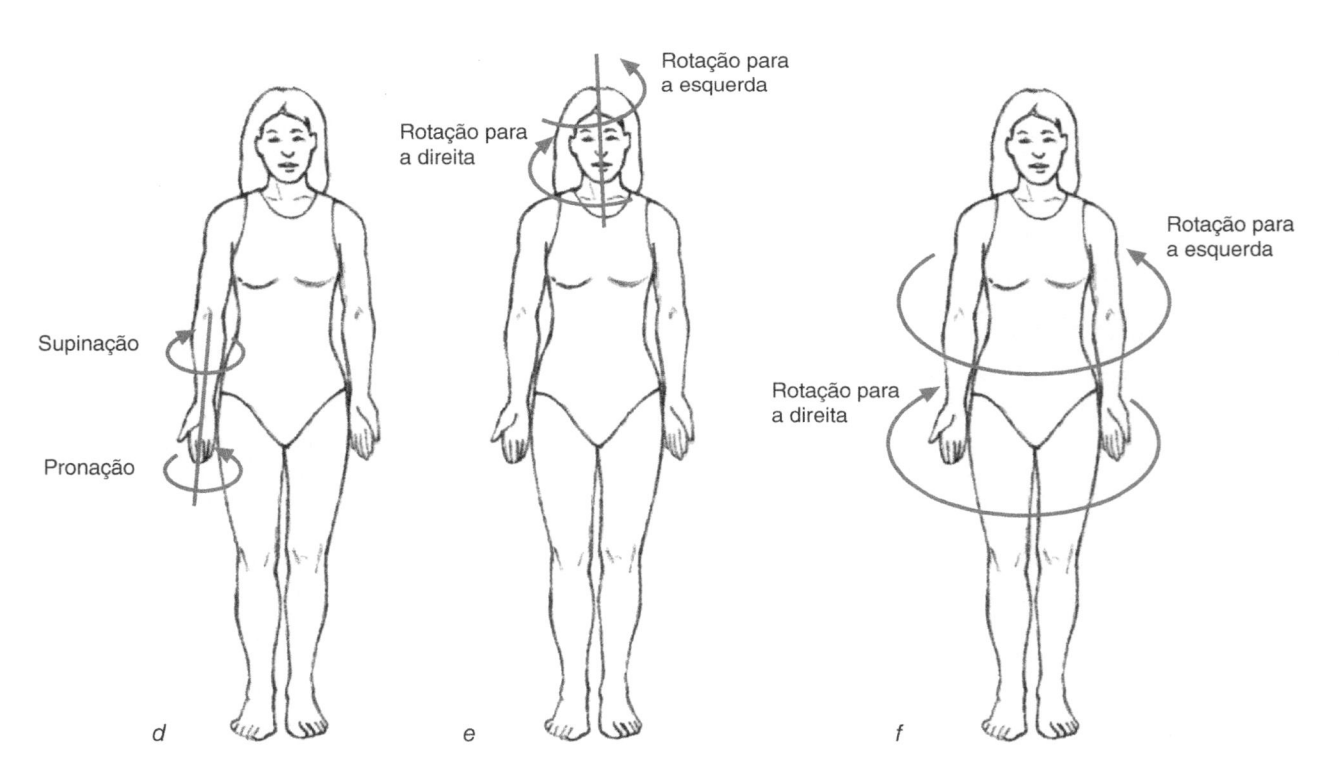

Figura 6.22 Ações articulares no plano transverso do quadril, ombro, ombro e quadril, articulação radioulnar, pescoço e tronco.

Tabela 6.2 Ações articulares e seus planos e eixos de movimento correspondentes

Plano de movimento	Eixo	Ações articulares
Sagital	Médio-lateral	Flexão Extensão Hiperextensão Flexão plantar Dorsiflexão
Frontal	Anteroposterior	Abdução Adução Desvio ulnar Desvio radial Inversão Eversão Elevação Depressão Rotação superior Rotação inferior Flexão lateral para a esquerda Flexão lateral para a direita
Transverso	Longitudinal	Rotação interna Rotação externa Pronação Supinação Abdução horizontal Adução horizontal Rotação para a direita Rotação para a esquerda

Resumo

A cinemática angular preocupa-se com a descrição do movimento angular. Os ângulos representam a orientação de duas linhas. A posição angular absoluta refere-se à orientação de um objeto em relação a uma linha ou plano de referência fixo, horizontal ou vertical. Já a posição angular relativa refere-se à orientação de um objeto em relação a uma linha ou plano de referência não fixo. Os ângulos articulares são relativos, enquanto as posições dos membros podem ser relativas ou absolutas. Os movimentos angulares dos membros ao redor das articulações são descritos com uma terminologia desenvolvida por anatomistas, a qual usa a posição anatômica do corpo como referência. Os três planos anatômicos principais (sagital, frontal e transverso), junto com seus eixos correspondentes (médio-lateral, anteroposterior e longitudinal), também são úteis para descrever os movimentos dos membros.

Quando um objeto roda, ele se submete a um deslocamento angular. Para definir tal deslocamento, o eixo e o plano de rotação devem ser conhecidos, e seu sentido (e todos os outros movimentos angulares e vetores de torque) é então estabelecido usando a regra do polegar da mão direita. As definições de deslocamento angular, velocidade angular e aceleração angular são similares às de suas contrapartidas lineares.

O deslocamento linear e a distância percorrida por um ponto em um objeto em rotação são diretamente proporcionais ao raio da rotação. A distância linear percorrida equivale ao produto do deslocamento angular medido em radianos vezes o raio de rotação.

A velocidade linear tangencial e a aceleração de um ponto em um objeto em rotação também são diretamente proporcionais ao raio. A velocidade linear tangencial é igual ao produto da velocidade angular vezes o raio de rotação. Aumentar o raio mantendo a velocidade angular é um princípio importante em diversas tarefas de rebatida. A aceleração linear tangencial é igual ao produto da aceleração angular vezes o raio de rotação.

A aceleração centrípeta (também chamada de aceleração radial) de um objeto em rotação em um trajeto circular é o componente da aceleração linear direcionado para o eixo de rotação. É diretamente proporcional ao quadrado da velocidade linear tangencial ou da velocidade angular. A força centrípeta é a força exercida no objeto em rotação para causar a aceleração centrípeta.

TERMOS-CHAVE

Abdução (p. 182)
Abdução horizontal (p. 187)
Aceleração angular (p. 172)
Aceleração centrípeta (p. 173)
Adução (p.182)
Circundução (p. 183)
Depressão (p. 183)
Deslocamento angular (p. 165)

Dorsiflexão (p. 180)
Eixo anteroposterior (p. 176)
Elevação (p. 183)
Eversão (p. 183)
Extensão (p. 180)
Flexão (p. 180)
Força centrípeta (p. 173)
Plano cardinal (p. 176)

Plano frontal (p. 175)
Posição anatômica (p. 175)
Posição angular (p. 164)
Posição angular absoluta (p.164)
Rotação externa (p. 183)
Rotação inferior (p. 183)
Velocidade angular (p. 169)
Velocidade angular média (p. 169)

Adução horizontal (p. 187)
Hiperextensão (p. 184)
Velocidade angular instantânea (p. 173)
Rotação interna (p. 187)
Inversão (p. 187)
Flexão lateral (p. 187)

Eixo longitudinal (p. 180)
Flexão plantar (p. 184)
Pronação (p. 187)
Desvio radial (p. 187)
Radianos (p. 169)
Posição angular relativa (p. 168)
Plano sagital (p. 179)

Supinação (p. 187)
Aceleração tangencial (p. 176)
Eixo médio-lateral (p. 180)
Plano transverso (p. 179)
Desvio ulnar (p. 187)
Rotação superior (p. 187)

QUESTÕES DE REVISÃO

1. A maioria dos músculos esqueléticos nos nossos membros insere-se perto das articulações.
   a. Quais são as vantagens desse arranjo?
   b. Quais são as desvantagens desse arranjo?
2. No golfe, o taco mais longo é o *driver*, e o mais curto é o *pitching wedge*. Por que é mais fácil mandar a bola mais longe com o primeiro do que com o segundo?
3. Quais vantagens um indivíduo com membros mais longos possui em atividades de arremesso e rebatida?
4. Explique como o comprimento da passada (uma variável cinemática linear) poderia aumentar se os exercícios de flexibilidade tornassem maior a amplitude de movimento na articulação do quadril, ampliando assim o deslocamento angular (uma variável cinemática angular) dessa articulação durante uma passada.
5. Por que correr ao redor de uma pista curva na raia 1 (interna) é mais difícil do que na raia 8 (externa)?
6. Qual é o plano de movimento para a maior parte das ações articulares que ocorrem durante a corrida de velocidade? Qual é o eixo de movimento correspondente para essas ações articulares?
7. Quando você balança um bastão de beisebol, qual é o plano de movimento para a ação que está ocorrendo no seu ombro dominante? Qual é o eixo do movimento? Qual ação articular ocorre nesse ombro durante o *swing*?
8. Durante a fase de liberação do arremesso do beisebol, quais ações articulares ocorrem nas articulações do ombro e do cotovelo no braço que arremessa?
9. Quais ações articulares ocorrem no ombro e quais são os planos e eixos de movimento durante a fase de levantamento da barra com a pegada aberta?

10. Como as ações na articulação do ombro diferem entre uma barra feita com a pegada aberta e a pegada fechada?

11. Quando você bate uma bola de vôlei (dá uma cortada), quais ações articulares ocorrem no cotovelo do braço de ataque?

PROBLEMAS

1. Fred examina a amplitude de movimento do joelho de Oscar durante sua reabilitação de uma lesão nessa articulação. Na extensão completa, o ângulo entre a perna e a coxa é de 178°. Na flexão completa, esse ângulo é de 82°. Durante o teste, a coxa de Oscar foi mantida em uma posição fixa, e apenas a perna se movimentou. Qual foi o deslocamento angular de sua perna da extensão completa até a flexão completa? Expresse sua resposta em (a) graus e (b) radianos.

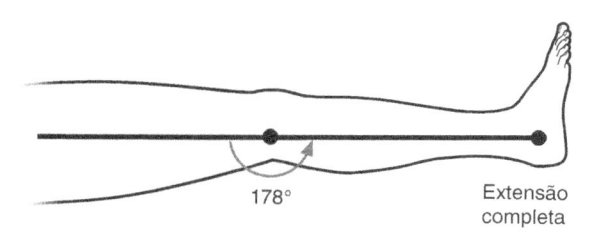

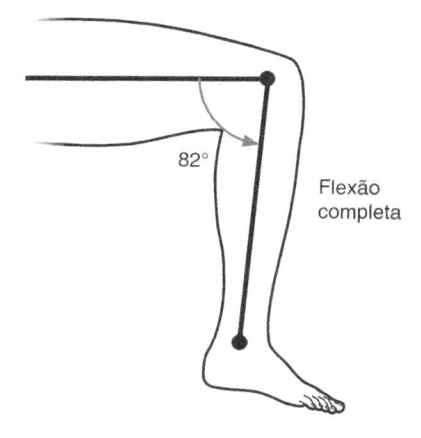

2. Adelaide realiza um salto de giro triplo durante a patinação. Ela roda três vezes ao redor de seu eixo longitudinal enquanto está no ar. O tempo que ela leva para completar o salto da decolagem até a aterrissagem é de 0,8 s. Qual foi a velocidade angular média de Adelaide durante o giro para esse salto?

3. Becky é praticante de aulas de Tae Kwon Do. O seu oponente executa um chute circular. A velocidade angular média da perna e do pé é de 20 rad/s. O deslocamento angular do pé até a cabeça de Becky é de 5 radianos. Quanto tempo Becky tem para se mover se ela quiser evitar o golpe?

4. Quando Josh começa seu movimento de arremesso de disco, ele gira com uma velocidade angular de 5 rad/s. Um pouco antes de soltar o implemento, a velocidade angular de Josh é de 25 rad/s. Se o tempo do começo do arremesso até logo antes de soltar o disco é de 1 s, qual é a aceleração angular média de Josh?

5. O tendão dos músculos extensores do joelho de Lissa insere-se na tíbia 4 cm abaixo do centro dessa articulação, e seu pé está a 38 cm de distância dessa junta. Qual é o comprimento de arco pelo qual o pé de Lissa se move quando seus músculos extensores do joelho contraem-se e seu ponto de inserção na tíbia percorre um comprimento de arco de 5 cm?

6. Durante uma tacada de golfe, a velocidade angular do taco de Charlie é de zero no *backswing* (topo do balanço para trás) e de 20 rad/s no *downswing* (parte inferior do balanço para baixo) um pouco antes do impacto com a bola. O *downswing* dura 0,20 s, e, nesse momento, a distância da cabeça do taco até o eixo de rotação é de 2,0 m.

    a. Qual é a aceleração angular média do taco durante o *downswing*?

    b. Qual é a velocidade linear da cabeça do taco um pouco antes do impacto com a bola?

7. Um lançador de martelo gira com uma velocidade angular de 1.200°/s. A distância a partir do seu eixo de rotação até a cabeça do martelo é de 1,2 m.

    a. Qual é a velocidade linear da cabeça do martelo?

    b. Qual é a aceleração centrípeta da cabeça do martelo?

8. Durante a fase de liberação de uma "bola rápida" (arremesso no beisebol), o braço roda internamente no ombro. A velocidade angular dessa rotação interna tem um pico de 120 rad/s. Nesse instante, o ângulo do cotovelo é de 90°, de maneira que a velocidade angular do cotovelo também é 120 rad/s. A bola de beisebol na mão do arremessador está a 35 cm do seu eixo de rotação na articulação do ombro. Nesse instante, a velocidade linear da bola é 45 m/s.

    a. Quanto da velocidade linear total da bola de beisebol se deve à velocidade angular de 120 rad/s do antebraço?

    b. Qual é a aceleração centrípeta da bola de beisebol nesse instante?

    c. Qual é a magnitude da força exercida pelo arremessador na bola de beisebol para causar essa aceleração? A massa da bola é 145 g.

9. Julie corre ao redor de uma pista de corrida curvilínea na raia 1, enquanto Monica corre na 8. O raio da raia 8 é duas vezes maior que o da raia 1. Se Julie tem que correr 50 m para completar a pista na raia 1, qual deve ser a distância que Monica precisa percorrer para completá-la na raia 8?

10. No boxe, um gancho envolve principalmente flexão horizontal do ombro enquanto se mantém um ângulo constante no cotovelo. Durante esse golpe, os músculos flexores horizontais do ombro contraem-se e encurtam a uma velocidade média de 75 cm/s. Eles se movem através de um arco de movimento de 5 cm enquanto o punho se desloca por um arco de movimento de 100 cm. Qual é a velocidade média do punho durante o gancho?

11. Um arremessador de beisebol lança a bola com uma velocidade horizontal de 40 m/s. A distância horizontal do ponto em que ele solta a bola até a base é de 17,50 m. O rebatedor decide balançar o taco 0,30 s após a bola ter sido arremessada. A velocidade angular média do taco é de 12 rad/s. O deslocamento angular do taco do ombro do rebatedor até as posições de rebatida acima da base fica entre 1,5 e 1,8 rad.

    a. Estará o taco em uma posição de rebatida acima da base quando a bola estiver sobre ela? Assuma que o arremesso esteja na zona de pontuação.

    b. Assuma que o rebatedor acertou a bola. Se a velocidade angular instantânea do taco for de 30 rad/s no instante do contato, e a distância do ponto de contato do taco até o eixo de rotação for de 1,25 m, qual será a velocidade linear instantânea desse ponto no momento do contato da bola?

17,5 m
(Não escalar)

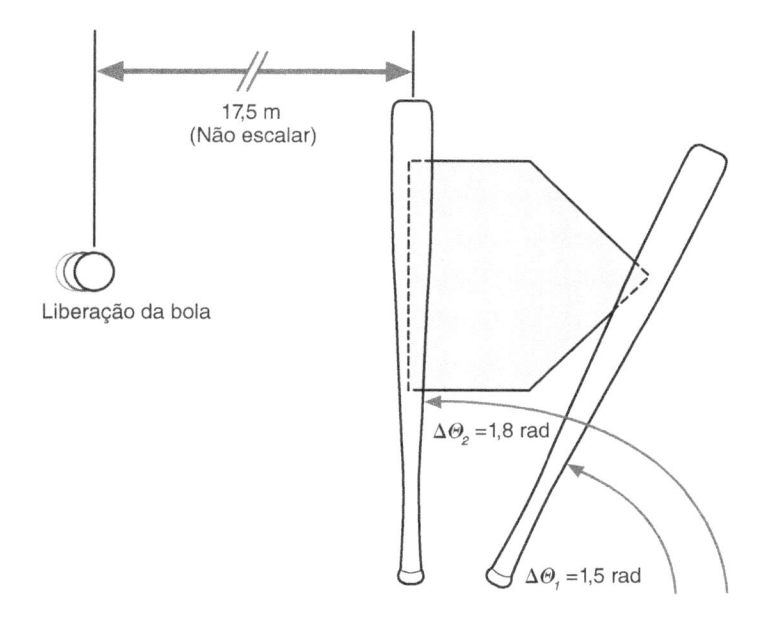

Liberação da bola

$\Delta \Theta_2 = 1,8$ rad

$\Delta \Theta_1 = 1,5$ rad

Ver respostas (em inglês) no *site* www.grupoa.com.br no *link* do livro.

Capítulo 7

Cinética angular
Explicando as causas do movimento angular

Objetivos

Ao terminar de ler este capítulo, você deverá ser capaz de:

- Definir momento de inércia
- Explicar como o momento de inércia do corpo humano pode ser manipulado
- Explicar a primeira lei do movimento de Newton e como ela se aplica ao movimento angular
- Explicar a segunda lei do movimento de Newton e como ela se aplica ao movimento angular
- Explicar a terceira lei do movimento de Newton e como ela se aplica ao movimento angular
- Definir impulso angular
- Definir quantidade de movimento angular
- Explicar a relação entre impulso angular e quantidade de movimento angular

Uma atleta de salto ornamental salta da plataforma de 3 m. Ela está em uma posição estendida (posição plana) e, a princípio, quase não roda. Então, ela flexiona seus quadris e se curva ao meio (posição carpada), e sua rotação acelera como se fosse mágica. Ela gira três vezes e meia nessa posição e cai em direção à água. Logo antes de mergulhar, seu giro parece parar, então ela volta à posição plana e entra na água quase sem espirrá-la. Como a atleta controlou a frequência de um giro (velocidade angular) durante o mergulho? Parecia que ela podia girar mais rápido ou mais devagar de acordo com sua vontade. A informação contida neste capítulo deve nos ajudar a responder essa questão.

Este capítulo é sobre uma subdivisão da mecânica chamada de cinética. Especificamente, é sobre a cinética angular ou as causas do movimento angular. Muitos dos conceitos desenvolvidos em cinética linear têm contrapartidas na angular. Os conceitos que você aprendeu no Capítulo 3 são importantes para uma boa compreensão dos conceitos que serão introduzidos aqui. O entendimento da cinética angular ajudará a explicar por que se gira o disco durante seu arremesso; por que um saltador em distância "corre" no ar; como patinadores, mergulhadores e ginastas podem acelerar ou desacelerar a sua frequência de giro quando não estão em contato com o solo; e também alguns aspectos das técnicas usadas em diversas outras atividades nos esportes e no movimento humano.

Inércia angular

No início do livro, inércia foi definida como a propriedade de um objeto que resiste a mudanças no movimento. A inércia linear foi quantificada como a massa do corpo. É mais difícil acelerar, desacelerar ou mudar a direção de um objeto com mais massa porque ele tem mais inércia linear. A propriedade de um objeto de resistir a mudanças em seu movimento angular é a **inércia angular** ou **inércia rotacional**. É mais difícil acelerar ou desacelerar a rotação ou mudar o eixo de rotação de um corpo com mais inércia rotacional. Quais fatores afetam a inércia rotacional de um objeto? Como é quantificada a inércia rotacional?

➦ A propriedade de um objeto resistir a mudanças em seu movimento angular é a inércia angular ou inércia rotacional.

Para aprender mais sobre inércia rotacional, tente o Autoexperimento 7.1.

Autoexperimento 7.1

Segure este livro de maneira que ele fique paralelo ao solo e jogue-o para o ar de modo que dê uma volta ao redor de um eixo perpendicular a sua capa (Fig. 7.1). Agora, ache um livro mais pesado (ou mais leve) e faça a mesma coisa. Qual foi mais fácil de girar? Qual livro tem menos inércia rotacional? O mais leve foi mais fácil de girar, e sua inércia rotacional foi menor.

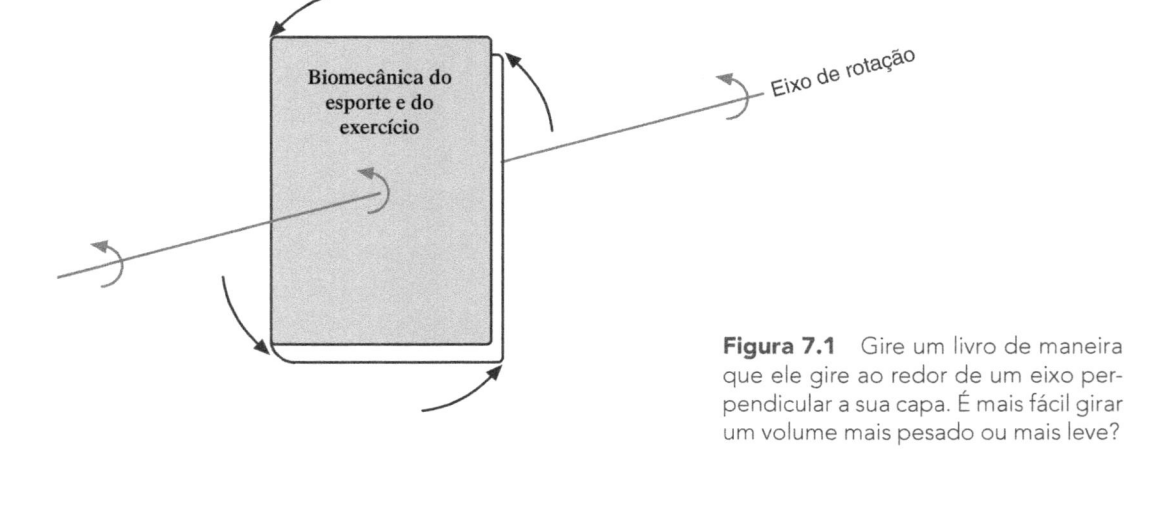

Figura 7.1 Gire um livro de maneira que ele gire ao redor de um eixo perpendicular a sua capa. É mais fácil girar um volume mais pesado ou mais leve?

Os resultados do Autoexperimento 7.1 indicam que a inércia rotacional é afetada pela massa do objeto. De fato, ela é diretamente proporcional à massa. Se considerar os vários implementos esportivos e ferramentas que você gira, notará que é mais difícil começar ou parar de girar implementos mais pesados. É mais difícil girar um bastão mais pesado do que um mais leve. A massa é a única propriedade de um objeto que afeta sua inércia rotacional? Tente o Autoexperimento 7.2 para continuar a nossa investigação da inércia rotacional.

Autoexperimento 7.2

Abra este livro na página 10 (ou alguma outra perto do início) e coloque-o em uma mesa virado para baixo. Aplique-lhe uma força com seus dedos e gire-o sobre a superfície. Tente isso várias vezes para ver qual torque você deve aplicar para rodá-lo em um deslocamento angular de 180° ou meia volta. Agora, abra o livro nas páginas centrais e repita o experimento. Tente girá-lo várias vezes. Em qual configuração ele girou mais facilmente: quando estava aberto no início ou mais no meio? Quando estava aberto na página 10. Foi necessário mais torque para causar a mesma rotação do livro quando ele estava aberto na página central. Nessa configuração, ele teve mais inércia rotacional.

No Autoexperimento 7.2, qual característica do livro mudou para causar essa diferença na inércia rotacional entre os dois giros? Sua massa permaneceu a mesma, mas a distribuição dessa massa em relação ao eixo de rotação mudou. Quando o livro foi aberto na página 10, a maior parte de sua massa estava em um lado e perto do centro de gravidade e do eixo de rotação. Quando foi aberto no meio, aproximadamente metade de sua massa estava em cada lado. O centro de gravidade e o eixo de rotação se encontravam no centro do livro, e mais massa estava localizada longe do eixo de rotação. A inércia rotacional é afetada pela massa e pelo modo como ela é distribuída em relação ao eixo de rotação. Novamente, considere os vários implementos esportivos e ferramentas que você gira: quanto mais longos, mais difícil iniciar iniciar ou interromper seus movimentos. Um bastão grande é mais difícil de girar do que um pequeno.

Definição matemática de inércia rotacional

A grandeza que descreve a inércia rotacional é chamada de **momento de inércia**, abreviado com a letra I. Do ponto de vista teórico, um objeto pode ser considerado como composto de muitas partículas de massa. O momento de inércia de tal objeto ao redor de um eixo que passa pelo seu centro de gravidade pode ser matematicamente definido como:

$$I_a = \Sigma m_i r_i^2 \qquad (7.1)$$

onde:

I_a = momento de inércia ao redor de um eixo a que passa pelo centro de gravidade,

σ = símbolo de somatório,

m_i = massa da partícula i e

r_i = raio (distância) da partícula i até o eixo de rotação a

Cada partícula fornece alguma resistência à mudança no movimento angular. Essa resistência é igual à massa da partícula vezes o quadrado da distância entre ela e o eixo de rotação. A soma de todas as resistências das partículas à rotação é o momento de inércia total do objeto. No SI, as unidades de medida do momento de inércia são as unidades de massa multiplicadas pelas de comprimento ao quadrado ou kg.m^2.

O momento de inércia pode também ser representado matematicamente como:

$$I_a = mk_a^2 \qquad (7.2)$$

onde:

I_a = momento de inércia ao redor de um eixo a que passa pelo centro de gravidade,

m = massa do objeto e

k_a = raio de giração ao redor de um eixo a que passa pelo centro de gravidade

O **raio de giração** é a medida do comprimento que representa o quão longe do eixo de rotação deve estar concentrada toda a massa do objeto para criar a mesma resistência à mudança no movimento angular que ele tinha no seu formato original.

Enquanto a inércia linear depende apenas de uma variável (massa), a rotacional depende de duas: massa e sua distribuição. Essas duas variáveis não afetam da mesma forma o momento de inércia. A influência da massa na inércia rotacional é muito menor que a da distribuição da massa, porque na equação 7.2 o raio de giração está elevado ao quadrado, e a massa não. Dobrar a massa de um objeto iria dobrar seu momento de inércia, mas dobrar o seu raio de giração o quadruplicaria. Um rebatedor que usa um bastão longo terá mais dificuldade para balançá-lo do que se usasse um mais pesado.

Momentos de inércia ao redor de eixos excêntricos

As equações 7.1 e 7.2 definem o momento de inércia de um objeto ao redor de um eixo que passa pelo seu centro de gravidade. Se um corpo encontra-se sem restrição e livre para girar ao redor de qualquer eixo, ele o fará em torno de um que passe por seu centro de gravidade. Porém, quando balançamos implementos (raquetes, tacos, bastão e assim por diante), forçamos sua rotação ao redor de outro eixo – um eixo excêntrico. Um eixo excêntrico é aquele que não passa pelo centro de gravidade do implemento. Como isso altera o momento de inércia? A massa do implemento está definitivamente mais longe do eixo de rotação, então seu momento de inércia aumentará. O momento de inércia de um objeto ao redor de um eixo que não passa pelo seu centro de gravidade é definido pela seguinte equação:

$$I_b = I_{cg} + mr^2 \quad (7.3)$$

onde:

I_b = momento de inércia ao redor do eixo b,

I_{cg} = momento de inércia ao redor do eixo que passa pelo centro de gravidade e paralelo ao eixo b,

m = massa do objeto e

r = raio = distância do eixo b até o eixo paralelo que passa pelo centro de gravidade

O momento de inércia de um objeto ao redor de um eixo que não passa pelo seu centro de gravidade é maior que o de um eixo paralelo que passa pelo centro de gravidade. O aumento no tamanho do momento de inércia é igual à massa do objeto multiplicada pelo quadrado da distância entre o eixo de rotação e o eixo paralelo que passa pelo seu centro de gravidade.

Não importa em relação a qual eixo o momento de inércia é calculado, a distância da massa até o eixo de rotação é a influência dominante em sua magnitude. Assim, ao avaliar qualitativamente o momento de inércia de um objeto, essa distância – onde a massa está em relação ao eixo de rotação – irá fornecer a informação mais importante sobre sua resistência à mudança de rotação.

Problema ilustrativo 7.1

Um bastão de lacrosse de 0,5 kg tem um momento de inércia de 0,10 kg.m² ao redor do eixo médio-lateral que passa pelo seu centro de gravidade. Quando um jogador o balança contra um oponente, seu eixo de rotação encontra-se em sua extremidade, a 0,8 m de seu centro de gravidade. Qual é o momento de inércia relativo a esse eixo de rotação?

Solução:

Passo 1: Identifique as grandezas conhecidas.

$m = 0,5$ kg

$I_{cg} = 0,10$ kg.m²

$r = 0,80$ m

Passo 2: Identifique a variável desconhecida para resolvê-la.

$I_{extremidade} = ?$

Passo 3: Pesquise por equações com as variáveis conhecidas e desconhecidas (equação 7.3).

$I_b = I_{cg} + mr^2$

$I_{extremidade} = I_{cg} + mr^2$

Passo 4: Substitua as grandezas conhecidas e encontre as variáveis desconhecidas.

$I_{extremidade} = 0,10$ kg·m² $+ (0,5$ kg$)(0,8$ m$)^2 = 0.42$ kg·m²

Passo 5: Verificação de senso comum.
Uau! O momento de inércia aumentou por um fator maior do que quatro. Porém, isso faz sentido porque a massa do objeto está muito longe do eixo de rotação.

Momentos de inércia ao redor de eixos diferentes

Apesar de um objeto ter apenas uma inércia linear (massa), ele pode ter mais de uma rotacional (momento de inércia), porque pode girar ao redor de muitos eixos diferentes.

> Um objeto pode ter mais de um momento de inércia porque pode girar ao redor de mais de um eixo.

Tente o Autoexperimento 7.3.

Autoexperimento 7.3

Pegue este livro e gire-o de tal forma que ele rode em torno de um eixo perpendicular a sua capa como antes (Fig. 7.1). Agora, segure-o de forma que a capa fique paralela ao chão e gire-o ao redor de um eixo paralelo a sua lombada, como mostrado na Figura 7.2. Foi necessário o mesmo esforço para girá-lo nos dois casos? Não. Foi mais difícil girá-lo na primeira situação: o seu momento de inércia é maior no eixo perpendicular a sua capa do que ao redor do eixo paralelo a sua lombada.

Qualquer objeto, incluindo este livro, tem um número infinito de possíveis eixos de rotação e, portanto, de momentos de inércia. Se um objeto não é simétrico em todos os planos com relação a seu centro de gravidade, então haverá um eixo de rotação no qual seu momento de inércia será maior e um em que será menor. Eles serão sempre perpendiculares entre si e são os **eixos principais** do objeto. O terceiro eixo mais importante de um corpo é aquele perpendicular a esses dois primeiros.

Para este livro, o momento de inércia maior encontra-se ao redor do eixo perpendicular à capa, e o menor em torno do eixo paralelo à lombada. Esses são seus dois eixos principais. Seu terceiro eixo principal é perpendicular aos dois primeiros, paralelo às páginas e perpendicular à lombada, conforme mostra a Figura 7.3.

Os eixos principais do corpo humano dependem da posição dos membros. Para a posição anatômica (em pé com os braços ao lado do corpo), eles se encontram conforme mostrado na Figura 7.4. Esses eixos correspondem aos eixos anteroposterior, médio-lateral e longitudinal. Nós "viramos uma estrela" ao redor do eixo anteroposterior, damos um salto mortal ao redor do eixo médio-lateral e rodopiamos ao redor do eixo longitudinal.

Manipulando os momentos de inércia do corpo humano

Um objeto rígido tem muitos momentos de inércia diferentes porque pode ter vários eixos de rotação. Contudo, apenas um momento de inércia está associado a cada eixo. O corpo humano não é um objeto rígido porque seus membros podem se mover entre si. Esses movimentos podem mudar a distribuição da massa ao redor de um eixo de rotação, alternando o momento de inércia. Um momento de inércia humano ao redor de qualquer eixo é variável. Existe mais de um valor para o momento de inércia ao redor de um eixo. Isso significa que humanos podem manipular seus momentos de inércia. Uma patinadora que gira ao redor do eixo longitudinal com seus braços colados no corpo pode mais que dobrar o seu momento de inércia se abduzi-los ao nível dos ombros.

Uma mergulhadora na posição estendida e saltando ao redor do eixo médio-lateral pode reduzir seu momento de inércia para menos da metade ao se agrupar como mostrado na Figura 7.5.

Um corredor flexiona sua perna no joelho e no quadril quando a acelera angularmente durante a fase de balanço. Isso reduz o momento de inércia da perna na articulação do quadril, onde o eixo de rotação está localizado (Fig. 7.6).

No salto com vara, o atleta roda sobre a extremidade superior do implemento onde ele o segura, e este, por sua vez, gira (com o saltador) sobre a sua extremidade inferior. No início do salto, o saltador está preocupado em ter a vara rodando sobre sua extremidade inferior de maneira que ele possa aterrissar com segurança no colchão de aterrissagem. Para tornar essa rotação mais fácil, deve-se manter pequeno o momento de inércia ao redor do eixo de rotação da vara (sua extremidade in-

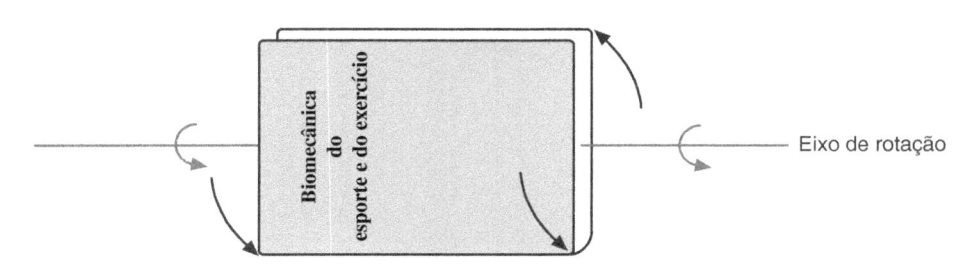

Figura 7.2 Gire um livro ao redor do eixo de rotação paralelo a sua lombada. É mais fácil ou mais difícil girá-lo em torno desse eixo ou daquele perpendicular à capa?

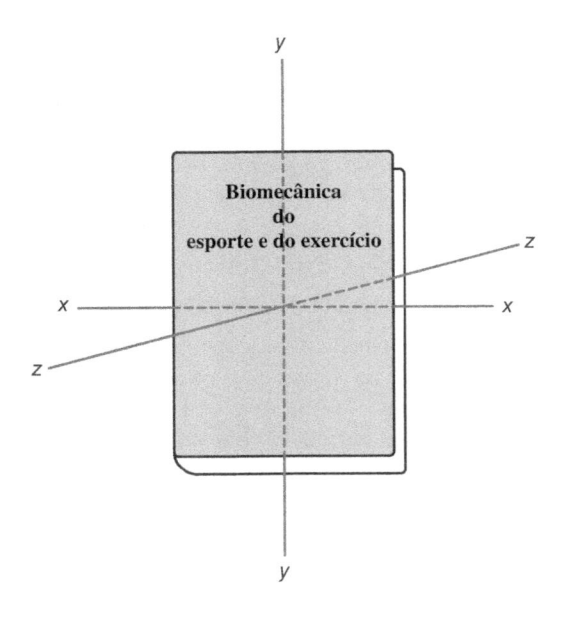

Figura 7.3 Os três principais eixos de rotação para um livro.

Figura 7.5 A posição grupada reduz o momento de inércia da mergulhadora ao redor de seu eixo médio-lateral.

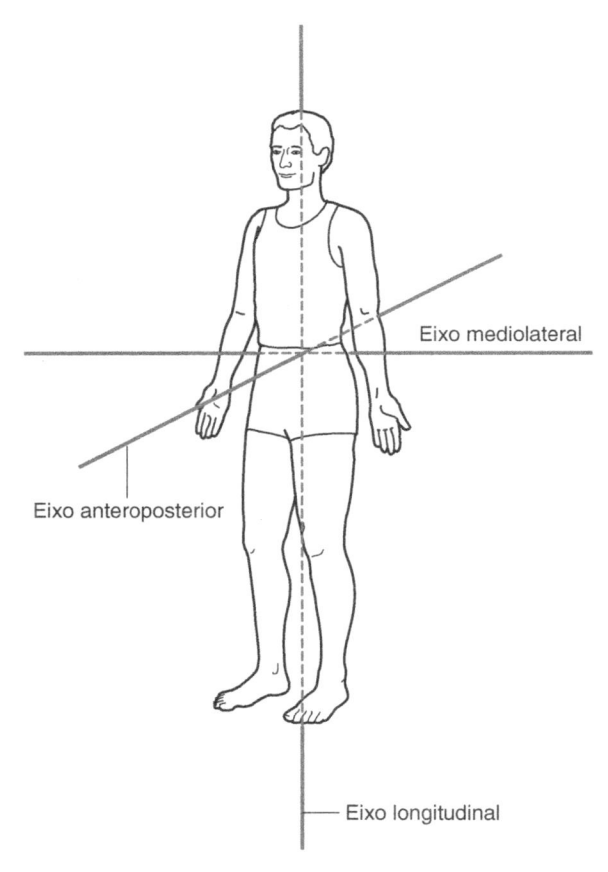

Figura 7.4 Os três principais eixos de rotação para o corpo humano na posição anatômica.

Figura 7.6 Flexionar o joelho e o quadril da perna de recuperação reduz o momento de inércia da perna ao redor da articulação do quadril do corredor.

ferior). O atleta fica em uma posição estendida logo após deixar o solo, como mostrado na Figura 7.7a. Isso mantém seu centro de gravidade mais perto da extremidade inferior da vara. O implemento curva-se, o que também encurta a distância entre sua extremidade inferior e o centro de gravidade do saltador. Ambas as ações diminuem o momento de inércia da vara em relação a sua extremidade inferior e facilitam a rotação do implemento em relação ao solo. Uma vez que o atleta está certo de que a vara apresenta um deslocamento angular grande o suficiente para impulsioná-lo sobre a barra, é desejável aumentar sua rotação sobre a vara e diminuir a rotação desta. Ele consegue isso ao se agrupar e mover seu centro de gravidade em direção a sua empunhadura superior, a qual é o eixo de rotação para seu corpo (Fig. 7.7b). Isso diminui o momento de inércia do seu corpo ao redor da empunhadura superior e facilita sua rotação em torno desse eixo. Em contrapartida, essa ação aumenta o momento de inércia da vara ao redor do seu eixo de rotação da extremidade inferior, porque o centro de gravidade do saltador afasta-se da extremidade inferior do implemento. Isso desacelera a rotação da vara em relação ao solo.

Dançarinos, mergulhadores, ginastas, patinadores e outros atletas alteram com regularidade os momentos de inércia de seus corpos ou das partes com regularidade utilizadas para executar acrobacias ou habilidades de maneira mais efetiva.

Os projetistas de equipamentos esportivos também levam em conta os efeitos que o momento de inércia de um implemento podem ter sobre uma manobra. Os esquiadores de montanha usam esquis mais longos que os de *slalom*. Os esquis mais longos conferem maior estabilidade ao atleta que desce a montanha – algo desejável para quem desce uma montanha a 96,5 km/h. Os esquiadores de *slalom* precisam de esquis mais manobráveis – com um momento de inércia menor ao redor do eixo de rotação. Assim, esses esquis são menores. No tiro com arco, os arcos compostos têm hastes que se projetam para fora do implemento. Esses estabilizadores aumentam o momento de inércia do arco, ajudando o arqueiro a firmar o arco quando a flecha é liberada (Fig. 7.8).

Figura 7.7 Um saltador nas posições estendida (a) e grupada (b). Os momentos de inércia do atleta ao redor de sua empunhadura superior e na extremidade inferior diferem nas duas posições.

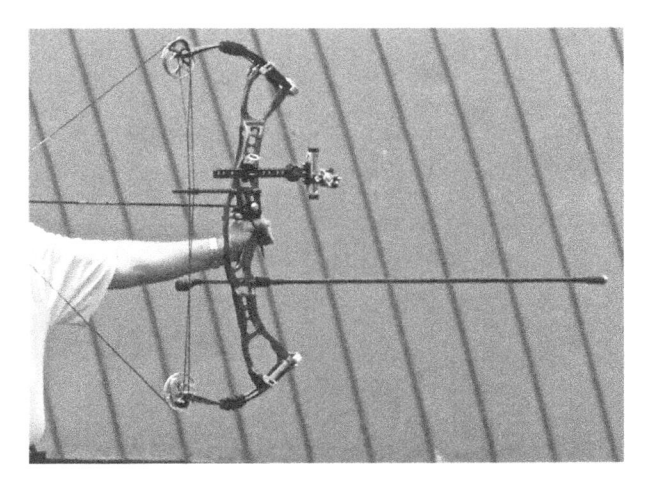

Figura 7.8 Os estabilizadores no arco composto ajudam o arqueiro a firmá-lo durante o lançamento da flecha.

Momentos de inércia e velocidade linear

No Capítulo 6, a vantagem em usar um implemento de rebatida mais longo foi discutida e descrita matematicamente pela equação 6.8. Lembre-se que:

$v_T = \omega r$

onde:

v_T = velocidade linear instantânea tangente à trajetória circular de um ponto,

ω = velocidade angular instantânea (medida em radianos por segundo) e

r = raio

O raio de rotação mais longo da trajetória de rebatida gera mais velocidade linear na extremidade de rebatida do implemento se sua velocidade angular for igual à de um implemento mais curto. O "se" na frase anterior é um grande diferencial. Infelizmente, com o aumento do comprimento, o momento de inércia também aumenta. Devido ao aumento na inércia rotacional, torna-se mais difícil acelerar angularmente o implemento para alcançar a mesma velocidade angular. Aumentar o comprimento de um implemento para alcançar uma maior velocidade linear em seu final pode não produzir o resultado desejado, a não ser que o aumento no momento de inércia causado pelo aumento no comprimento seja considerado de alguma forma.

Os projetistas de taco de golfe têm acomodado o maior momento de inércia ao redor do eixo de balanço causado pelos maiores comprimentos de madeira e *drivers**, fazendo-os mais leves e menos massivos que os mais curtos de ferro. A massa menor de um taco mais longo reduz seu momento de inércia, que quase equilibra o aumento no momento de inércia causado pelo maior comprimento (Fig. 7.9).

A maioria desses projetistas também tem manipulado o momento de inércia ao redor do eixo de giro dos tacos. Durante um longo balanço na fase preparatória e um longo balanço durante a descida antes do contato com a bola, um golfista pode inadvertidamente girar a haste do taco de forma que sua face não fique perpendicular à bola durante o impacto. Isso pode projetar a bola para um lugar diferente daquele pretendido pelo golfista. Um aumento no momento de inércia do taco ao redor de seu eixo longitudinal em toda a haste aumentaria sua resistência à rotação. Os projetistas têm aumentado o momento de inércia ao redor do eixo de giro, afastando a massa da cabeça do taco

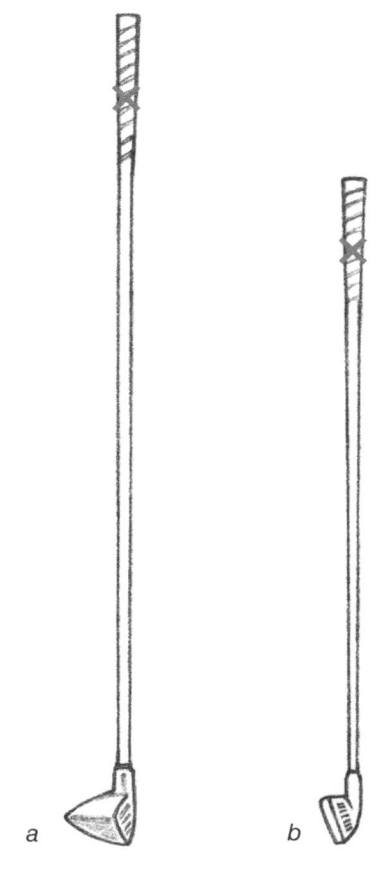

Figura 7.9 O taco mais longo, o *driver* (a), tem um momento de inércia maior que o ferro (b), apesar de sua menor massa.

de seu eixo longitudinal, como mostrado na Figura 7.10, ou aumentando as dimensões da cabeça. Isso tem resultado em ferros *cavity-backed*** e madeiras grandes demais. Essa busca pelo aumento do momento de inércia da cabeça do taco leva a um aumento crescente dessas partes nos *drivers*. Algumas das cabeças desses tacos excedem 500 cc em volume. A Associação Americana de Golfe ficou tão preocupada com o efeito dessa prática que, em 2004, implementou uma nova regra, limitando o volume máximo de uma cabeça de taco para 460 cc.

Até agora, você deve ter uma boa compreensão da inércia angular e do momento de inércia. Eles são elementos importantes nas versões angulares das leis de movimento de Newton, mas, antes de discutirmos essas versões, é fundamental entender outro fator relevante que elas incluem.

---

* N. de T.: Um *driver* é um taco de golfe utilizado para atingir grandes distâncias em um circuito. Normalmente, é utilizado na primeira tacada.

** N. de T.: *Cavity back*, ou peso distribuído pelo perímetro, são ferros (tacos de golfe feitos de ferro) geralmente feitos por fundição. São assim chamados devido à cavidade criada por redistribuição do peso do meio para o perímetro da cabeça do taco.

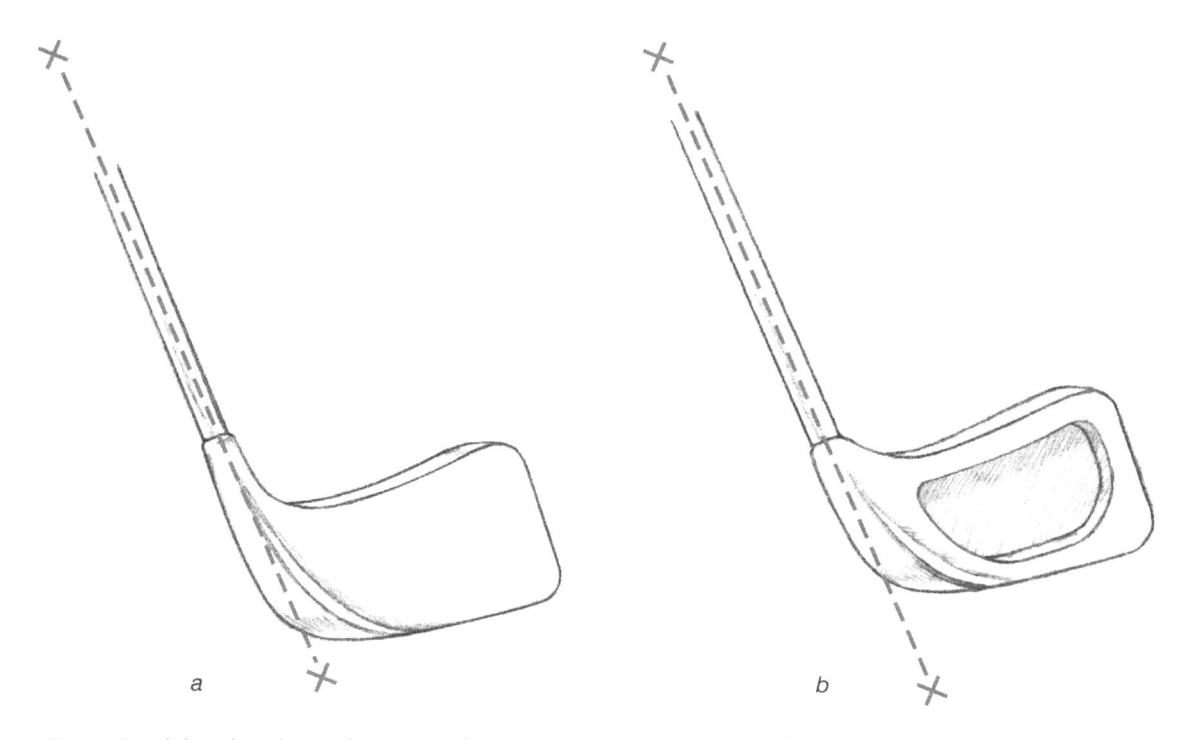

Figura 7.10 Modelos de cabeça de taco tradicional (*a*) e com perímetro delineado (*b*) têm momentos de inércia diferentes ao redor dos eixos de rotação (x-x) do taco.

Quantidade de movimento angular*

No Capítulo 3, o conceito de quantidade de movimento foi introduzido. A quantidade de movimento linear é o produto da massa pela velocidade. Matematicamente, pode ser descrita pela equação 3.6 como:

$p = mv$

onde:

p = momento linear,

m = massa e

v = velocidade linear

A quantidade de movimento linear quantifica o movimento linear de um objeto. A **quantidade de movimento angular** quantifica o movimento angular de um objeto.

---

* N. de T.: A "quantidade de movimento angular" também é conhecida por "*momentum* angular" ou, ainda, por "momento angular". Com a finalidade de não confundir o termo com o "momento de força" (torque), bem como para reforçar a associação com a grandeza análoga linear ("quantidade de movimento linear"), neste livro, será utilizada a nomenclatura "quantidade de movimento angular".

Quantidade de movimento angular de um corpo rígido

A quantidade de movimento angular é o análogo angular da quantidade de movimento linear, sendo o produto do análogo angular da massa (momento de inércia) vezes o análogo angular da velocidade linear (velocidade angular). Matematicamente, então, o momento angular de um corpo rígido é:

$$H_a = I_a \omega_a \qquad (7.4)$$

onde:

H_a = quantidade de movimento angular em um eixo a,

I_a = momento de inércia em um eixo a e

ω_a = velocidade angular em um eixo a

A quantidade de movimento angular é abreviada pela letra H. As unidades para essa grandeza são quilogramas vezes metros ao quadrado por segundo ($kg \cdot m^2/s$). Trata-se de uma quantidade vetorial, tal como a quantidade de movimento linear, tendo magnitude e direção. Sua direção é a mesma que a da velocidade angular que a define. A regra do polegar da mão direita é usada para determinar o sentido do vetor.

A quantidade de movimento linear depende de duas variáveis: massa e velocidade. Porém, a massa da maioria dos objetos não muda, não é variável. Portanto, as mudanças na quantidade de movimento linear dependem apenas de mudanças na velocidade. A quantidade de movimento angular também depende de duas variáveis: momento de inércia e velocidade angular. Para objetos rígidos, alterações na quantidade de movimento angular também dependem de mudanças em apenas uma variável – velocidade angular –, porque o momento de inércia de um corpo rígido não muda. Para objetos não rígidos, entretanto, alterações na quantidade de movimento angular podem resultar de mudanças na velocidade angular no momento de inércia, ou ambos, porque ambos são variáveis.

Quantidade de movimento angular do corpo humano

A equação 7.6 define matematicamente a quantidade de movimento angular e parece simples, mas ela explica de modo adequado como a quantidade de movimento angular do corpo humano é determinada? Se o corpo age como um objeto rígido, de forma que todos os segmentos corporais rodam com a mesma velocidade angular, usa-se essa velocidade angular como ω e o momento de inércia do corpo inteiro como I_a na equação 7.4.

O que acontece se alguns membros rodarem em velocidades angulares diferentes? Como seria determinada a quantidade de movimento angular do corpo nesse caso? Matematicamente, a quantidade de movimento angular ao redor de um eixo que passa pelo centro de gravidade de um objeto com múltiplos segmentos, como o corpo humano, é definida pela equação 7.5 (Fig. 7.11):

$$H_a = \Sigma(I_i\omega_i + m_i r^2_{i/cg}\omega_{i/cg}) \quad (7.5)$$

onde:

H_a = quantidade de movimento angular ao redor de um eixo a que passa pelo centro de gravidade,

σ = símbolo de somatório,

I_i = momento de inércia de um segmento i ao redor do seu próprio centro de gravidade,

ω_i = velocidade angular do segmento i,

m_i = massa do segmento i,

$r_{i/cg}$ = distância do centro de gravidade do segmento i até o centro de gravidade do corpo inteiro e

$\omega_{i/cg}$ = velocidade angular do segmento i em torno do centro de gravidade do corpo todo

Uau! A equação 7.5 é muito complicada para ser compreendida ou usada com facilidade em análises qualitativas durante treinamentos ou em sala de aula. Em vez disso, a seguinte aproximação é uma representação mais útil da quantidade de movimento angular do corpo todo:

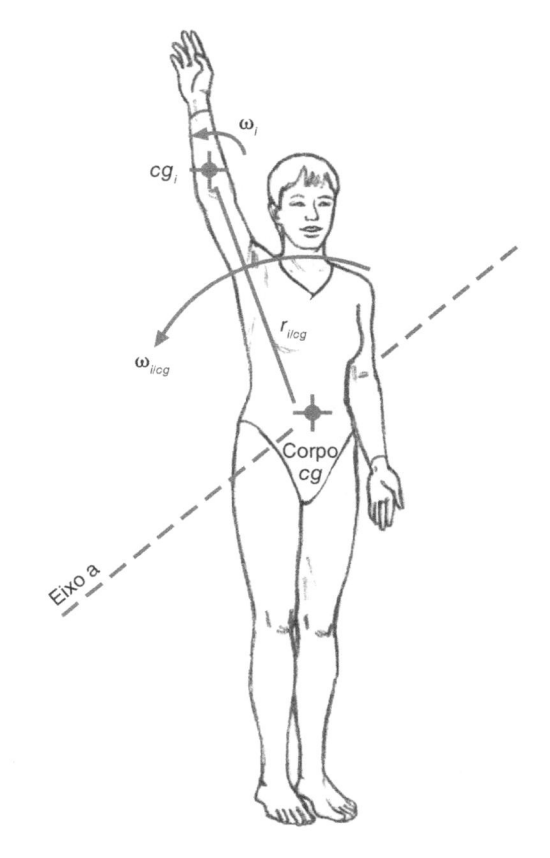

Figura 7.11 Termos usados para calcular a quantidade de movimento angular do corpo humano (apenas para um segmento, o antebraço direito).

$$H_a \cong \Sigma(H_i) \cong \Sigma(I_{i/cg}\omega_i) \quad (7.6)$$

$$= (I\omega)_{r.braço} + (I\omega)_{l.braço} + (I\omega)_{r.perna} + (I\omega)_{l.braço} + (I\omega)_{tronco}$$

onde:

H_a = quantidade de movimento angular ao redor de um eixo a que passa pelo centro de gravidade,

Σ = símbolo de somatório,

H_i = quantidade de movimento angular do segmento i ao redor do centro de gravidade do corpo inteiro,

$I_{i/cg} = I$ = momento de inércia do segmento i ao redor do centro de gravidade do corpo inteiro e

ω_i = velocidade angular do segmento i

Em outras palavras, a soma da quantidade de movimento angular de todos os segmentos corporais fornece uma aproximação da quantidade de movimento angular do corpo todo.

Vamos examinar as ações corporais durante o ato de correr. O braço esquerdo balança para trás enquanto o direito balança para frente. A perna esquerda balança para frente enquanto a direita balança para trás. Qual é a quantidade de movimento angular do corredor ao redor do eixo médio-lateral (da esquerda para a direita) que passa pelo seu centro de gravidade? Usando a regra do polegar da mão direita, com a direção positiva do eixo para a esquerda, a quantidade de movimento angular do braço esquerdo é positiva, a do braço é negativa, a da perna direita é positiva e a da esquerda é negativa. O tronco não está rodando, e, por isso, sua quantidade de movimento angular é zero. Se usarmos a equação 7.6 para aproximar a quantidade de movimento angular total do corpo, parecerá que as quantidades de movimento angulares dos braços somam zero (elas se cancelam), assim como as das pernas. A quantidade de movimento angular total do corpo é zero.

Interpretação angular da primeira lei do movimento de Newton

Para o movimento linear, a primeira Lei de Newton diz que cada corpo continua em seu estado de repouso ou movimento uniforme em uma linha reta a menos que seja compelido a mudar seu estado por forças exercidas sobre ele. Essa lei é conhecida como a lei da inércia. Nós aprendemos no Capítulo 3 que ela também pode ser interpretada como a conservação do princípio da quantidade de movimento, a qual, em um corpo, é constante a menos que uma força externa resultante atue sobre ele.

O equivalente angular da primeira lei de Newton pode ser enunciado da seguinte forma: a quantidade de movimento angular de um objeto permanece constante a menos que um torque externo resultante seja exercido sobre ele. Para um objeto rígido cujos momentos de inércia são constantes, essa lei implica que a velocidade angular permanece constante. Sua taxa de rotação e seu eixo de rotação não mudam a menos que um torque externo atue para mudá-los. Tente o Autoexperimento 7.4 para demonstrar essa lei.

> A quantidade de movimento angular de um objeto permanece constante a menos que um torque externo resultante seja exercido sobre ele.

Autoexperimento 7.4

Atire sua caneta para cima e a faça girar ao redor de si mesma ao soltá-la. Enquanto ela cai, a sua velocidade angular muda? A velocidade da rotação aumentou ou diminuiu após você tê-la soltado? Seu eixo de rotação mudou de direção? A resposta para todas essas perguntas é não. A quantidade de movimento angular da caneta foi constante porque nenhum torque externo agiu sobre ela, uma vez que estava no ar. E a força da gravidade? Ela não cria um torque externo? A força da gravidade (o peso da caneta) age através do seu centro de gravidade. Uma vez que deixa sua mão, a caneta torna-se um projétil, e o eixo de rotação de um projétil é seu centro de gravidade. A força da gravidade não pode criar um torque nesse caso porque sua distância perpendicular é zero (Fig. 7.12).

Para um corpo rígido único, a versão angular da primeira lei de Newton parece simples. Mas e para um sistema de corpos rígidos articulados? Como a versão angular da primeira lei de Newton se aplica ao corpo humano? A quantidade de movimento angular do corpo humano é constante a menos que torques externos ajam sobre ele. Matematicamente, isso pode ser representado como:

$$H_i = I_i\omega_i = I_f\omega_f = H_f \quad (7.7)$$

onde:

H_i = quantidade de movimento angular inicial,

H_f = quantidade de movimento angular final,

I_i = momento de inércia inicial,

I_f = momento de inércia final,

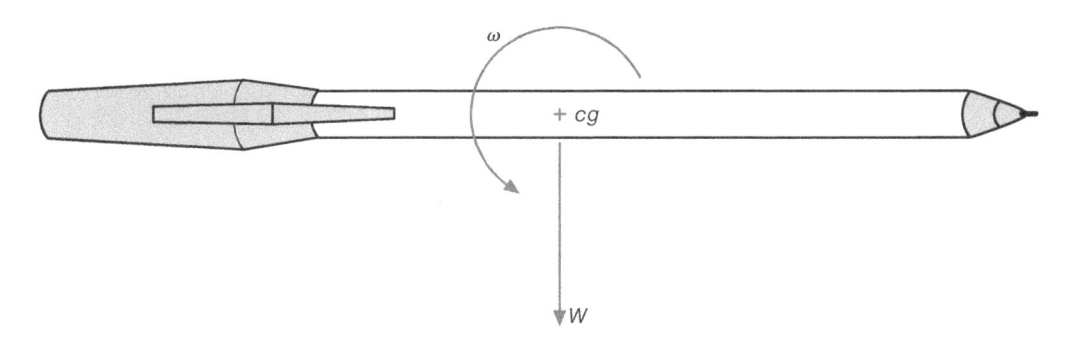

Figura 7.12 A força da gravidade (P) agindo sobre a caneta girada no ar não cria um torque sobre ela porque a distância perpendicular do peso ao redor do eixo de rotação (centro de gravidade) é zero.

ω_i = velocidade angular inicial e

ω_f = velocidade angular final

Pelo fato de o momento de inércia do corpo ser variável e poder ser alterado junto com as posições dos membros, a velocidade angular do corpo também muda para acomodar as alterações no momento de inércia. Nesse caso, a primeira lei de Newton não necessita que a velocidade angular seja constante, e sim, que o produto do momento de inércia pela velocidade angular seja se não houver interferência de nenhum torque externo. Para que isso ocorra, quaisquer aumentos no momento de inércia criados pelo afastamentos dos membros com relação ao eixo de rotação causam diminuições na velocidade angular para que a quantidade de movimento angular seja mantida constante. Da mesma forma, quaisquer diminuições no momento de inércia criadas pela aproximação dos membros com relação ao eixo de rotação requerem aumentos na velocidade angular para que a quantidade de movimento angular permaneça constante. Embora a quantidade de movimento angular permaneça constante nas situações em que não atuem torques externos, atletas podem mudar suas velocidades angulares alterando seus momentos de inércia.

⟳ **A primeira lei de Newton não requer que a velocidade angular seja constante.**

A conservação do momento angular é bem demonstrada por uma patinadora que realiza um giro. O torque criado pela fricção entre o gelo e os patins é mínimo e pode ser ignorado. Quando ela começa girar, uma das pernas e seus dois braços devem ser mantidos para cima e para longe do corpo. A atleta tem, então, um grande momento de inércia ao redor do eixo longitudinal. Com a pro-

---

Problema ilustrativo 7.2

Uma mergulhadora de 60 kg tem uma velocidade angular de 6 rad/s ao redor de seu eixo médio-lateral quando deixa a plataforma na posição estendida. Ao ir para a posição grupada, sua velocidade angular aumenta para 24 rad/s. Se seu momento de inércia é 15 kg.m² na posição estendida, qual é o seu raio de giração na posição grupada?

Solução:

Passo 1: Identifique as grandezas conhecidas e aquelas que podem ser calculadas.

$m = 60$ kg

$\omega_{estendida} = 6$ rad/s

$\omega_{carpada} = 24$ rad/s

$\omega_{estendida} = 15$ kg·m²

Passo 2: Identifique a variável desconhecida para resolvê-la.

$K_{carpada} = ?$

Passo 3: Pesquise por equações com as variáveis conhecidas e desconhecidas (equação 7.7).

$H_i = I_i \omega_i = H_f \omega_f$

$(I\omega)_{estendida} = (I\omega)_{carpada}$

$(I\omega)_{estendida} = (mk^2\omega)_{carpada}$

Passo 4: Substitua as grandezas conhecidas e encontre as variáveis desconhecidas.

$(15\ kg·m^2)(6\ rad/s) = (60\ kg)(24\ rad/s)\ k^2\text{carpata}$

$k^2_{carpata} = (15\ kg·m^2)(6\ rad/s) / (60\ kg)(24\ rad/s) = 0{,}0625\ m^2$

$k_{carpata} = 0{,}25\ m$

Passo 5: Verificação de senso comum.
Isso faz sentido. O raio de giração é pequeno na posição grupada.

gressão do giro, ela aduz os braços e pernas, trazendo-os para próximo do tronco e reduzindo, assim, o momento de inércia. A quantidade de movimento angular permanece a mesma, de forma que a redução no momento de inércia deve ser acompanhada pelo aumento na velocidade angular, que é exatamente o que acontece à patinadora.

Ginastas, patinadores, dançarinos, mergulhadores e outros atletas usam esse princípio de conservação da quantidade de movimento angular para controlar suas velocidades angulares quando saltam ou giram. Uma ginasta vai para a posição grupada para acelerar a rotação. Uma patinadora abduz seus braços para desacelerar seu giro. Uma dançarina aduz seus braços para acelerar seu giro. Um mergulhador se estende de uma posição carpada para tornar o salto mais lento.

Os atletas utilizam esse princípio para controlar não a velocidade angular do seu corpo inteiro, mas também as velocidades angulares individuais de seus membros ou tronco. Essa situação é mais bem descrita combinando a equação 7.6, que descreve uma aproximação da quantidade de movimento angular do corpo todo quando seus segmentos agem independentemente, com a equação 7.7, que explica a versão angular da primeira lei de Newton. Essa combinação nos fornece:

$$H_i \cong [(I\omega)_{r.braço} + (I\omega)_{l.braço} + (I\omega)_{r.perna} + (I\omega)_{l.perna} + (I\omega)_{tronco}]_{inicia}$$

$$\cong [(I\omega)_{r.braço} + (I\omega)_{l.braço} + (I\omega)_{r.perna} + (I\omega)_{l.perna} + (I\omega)_{tronco}]_{final} \cong H_f \quad (7.8)$$

onde:

H_i = quantidade de movimento angular inicial de todo corpo,

H_f = quantidade de movimento angular final de todo corpo,

I = momento de inércia do segmento sobre o centro de gravidade de todo o corpo e

ω = velocidade angular do segmento

Considere o atleta da corrida com barreiras mostrado na Figura 7.13. Quando ele deixa o solo durante a passada sobre a barreira, sua quantidade de movimento angular ao redor do eixo longitudinal que passa por seu centro de gravidade é zero. Pelo fato de ele se tornar um projétil assim que seu pé deixa o solo, nenhum torque externo age sobre ele e sua quantidade de movimento angular permanece constante, sendo, nesse caso, zero. Durante o voo, o corredor deve balançar sua perna de trás (no caso, a esquerda) sobre a barreira muito rapidamente. Ao fazer isso, essa perna tem uma grande quantidade de movimento angular em função da alta velocidade angular do atleta e de seu

Figura 7.13 A quantidade de movimento angular da perna de trás do atleta na corrida com barreiras deve ser equilibrada pela quantidade de movimento angular dos braços e do tronco.

grande momento de inércia ao redor do eixo longitudinal que passa pelo seu centro de gravidade. Porém, a quantidade de movimento angular total do corredor continua zero, porque nenhum torque externo atua sobre ele. Isso significa que a quantidade de movimento angular de outras partes do corpo deve estar na direção oposta, a fim de manter em zero a quantidade de movimento angular do todo. O braço direito do corredor balança na direção oposta, mas sua quantidade de movimento angular não é grande o suficiente para contrapor o movimento da perna de trás. O tronco também vira levemente na direção oposta à dessa perna e, fazendo isso, estabelece um grande momento de inércia com relação ao eixo longitudinal. As quantidades de movimento angular do tronco e do braço direito, juntas, são suficientes para contrapor as da perna de trás.

Se o atleta balançar a perna de trás muito para a esquerda (se ela estiver muito estendida quando ele passar pela barreira), ele terá uma quantidade de movimento angular excessiva devido a seu momento de inércia grande. Nesse caso, os braços e o tronco deverão balançar para muito longe na direção oposta a fim de equilibrar essa quantidade de movimento angular, e o atleta poderá cair. A técnica que os melhores corredores de obstáculos usam é flexionar a perna de trás e mantê-la o mais perto possível do corpo quando estão saltando a barreira. Outra vantagem é que a perna de trás, se mais encolhida, tem um momento de inércia menor em relação ao quadril e, assim, pode ser movida com mais rapidez. Estratégias similares são usadas por saltadores em distância, corredores, esquiadores, ginastas, equitadores e outros atletas para prevenir a perda de equilíbrio quando uma parte do corpo tem uma grande quantidade de movimento angular em relação a outras.

Interpretação angular da segunda lei do movimento de Newton

A segunda lei do movimento de Newton descreve o que acontece quando forças externas agem sobre um objeto. Ela afirma que a mudança no movimento de um corpo é proporcional à força resultante imposta e é realizada na direção da linha reta na qual a força atua. De forma mais simples, essa lei diz que se uma força externa resultante é exercida sobre um objeto, ele acelerará na direção dela e sua aceleração será proporcional e inversamente proporcional a sua massa. Lembre-se, como visto no Capítulo 3, que essa lei é expressa em termos matemáticos pela equação 3.18 como:

$\Sigma F = ma$

onde:

ΣF = força externa resultante,

m = massa do objeto e

a = aceleração linear do objeto

O análogo angular dessa lei pode ser enunciado como: a mudança na quantidade de movimento angular de um objeto é proporcional ao torque externo resultante exercido sobre ele, e essa mudança ocorre na direção do torque. Este é proporcional à razão de mudança na quantidade de movimento angular. Para um objeto rígido com momentos de inércia constantes, podemos enunciar essa lei, de maneira mais simples, substituindo torque por força, aceleração angular por aceleração e momento de inércia por massa, na versão linear dessa lei: se um torque externo resultante é exercido sobre um objeto, este irá acelerar angularmente na direção do torque, e essa aceleração angular será diretamente proporcional ao torque externo resultante e inversamente proporcional ao seu momento de inércia. Em termos matemáticos, para um objeto rígido com momentos de inércia constantes, essa lei é enunciada como:

$$\Sigma T_a = I_a \alpha_a \qquad (7.9)$$

onde:

ΣT_a = torque externo resultante ao redor do eixo a,

I_a = momento de inércia do objeto ao redor do eixo a e

α_a = aceleração angular do objeto ao redor do eixo a

Se os torques externos que agem sobre um corpo não somam zero, ele irá experimentar uma aceleração angular na direção do torque resultante. Sua velocidade angular irá aumentar ou diminuir ou seu eixo de rotação irá mudar de direção, e, nesse caso, um torque externo resultante deve estar atuando sobre ele para causar a aceleração angular.

> A mudança na quantidade de movimento angular de um objeto é proporcional ao torque externo resultante exercido sobre ele, e essa mudança ocorre na direção do torque, o qual é proporcional à razão de mudança na quantidade de movimento angular.

Para um objeto não rígido com um momento de inércia variável, a equação 7.9 não se aplica. Nesse caso, o torque externo resultante é igual a taxa de variação da quantidade de movimento angular. Matematicamente, isso pode ser expresso para o torque resultante médio como segue:

$$\Sigma \overline{T}_a = \frac{\Delta H_a}{\Delta t} = \frac{\left(H_f - H_i\right)}{\Delta t} \qquad (7.10)$$

onde:

$\Sigma \overline{T}_a$ = torque externo resultante médio ao redor do eixo a,

ΔH_a = variação na quantidade de movimento angular ao redor do eixo a,

H_f = quantidade de movimento angular final ao redor do eixo a,

H_i = quantidade de movimento angular inicial ao redor do eixo a e

Δt = variação no tempo

Se grande, um torque externo resultante que atua sobre um objeto não rígido com momentos de inércia variáveis causará uma grande e rápida variação na quantidade de movimento angular, se pequeno, causará uma variação modesta e lenta desde que os torques atuem em intervalos de tempo similares. A mudança na quantidade de movimento angular pode ser vista como (1) um aumento ou uma diminuição na velocidade angular do objeto, (2) uma mudança na direção do eixo de rotação ou (3) uma mudança no momento de inércia. A aceleração angular do objeto ou a variação no seu momento de inércia não indica necessariamente a presença de um torque externo resultante, porque a quantidade de movimento angular total de um objeto não rígido pode permanecer constante mesmo se ele acelerar angularmente ou se seu momento de inércia mudar.

Como a versão linear da segunda lei de Newton, a angular indica apenas o que acontece em um instante de tempo quando um torque resultante atua. Na maioria dos esportes e dos movimentos humanos, estamos mais preocupados com o resultado final dos torques externos que agem sobre um atleta ou implemento durante um intervalo de tempo. A relação impulso-quantidade de movimento nos fornece essa informação.

Impulso angular e quantidade de movimento angular

O impulso linear é o produto da força pela duração de sua aplicação. O impulso produzido pela força resultante que atua sobre um objeto causa uma mudança em sua quantidade de movimento, como indicado pela equação 3.25:

$$\Sigma \overline{F} \Delta t = m(v_f - v_i)$$

Impulso = mudança na quantidade de movimento

onde:

$\Sigma \overline{F}$ = força resultante média agindo sobre um objeto,

Δt = intervalo de tempo durante o qual essa força atua,

m = massa do objeto que está sendo acelerado,

v_f = velocidade final do objeto no final do intervalo de tempo e

v_i = velocidade inicial do objeto no início do intervalo de tempo

O análogo angular da relação impulso-quantidade de movimento pode ser derivado das equações 7.10 e 3.25:

$$\Sigma \overline{T}_a = \frac{\Delta H_a}{\Delta t} = \frac{(H_f - H_i)}{\Delta t}$$

$$\Sigma \overline{T}_a \Delta t = (H_f - H_i)_a \qquad (7.11)$$

Impulso angular = mudança na quantidade de movimento

onde:

$\Sigma \overline{T}_a$ = torque externo resultante médio ao redor do eixo a,

Δt = intervalo de tempo durante o qual a força atua,

ΔH_a = variação na quantidade de movimento angular ao redor do eixo a,

H_f = quantidade de movimento angular final ao redor do eixo a e

H_i = quantidade de movimento angular inicial ao redor do eixo a

Em muitas atividades desportivas, o atleta deve causar uma mudança na quantidade de movimento angular, seja no corpo todo ou em uma parte, seja em um implemento. A relação impulso angular-quantidade de movimento mostrada na equação 7.11 indica como isso é feito. Um torque externo maior que atua durante um longo tempo criará uma mudança maior na quantidade de movimento angular. Torques maiores podem ser criados usando distâncias perpendiculares maiores, como discutido no Capítulo 5. Em princípio, aumentar o tempo de aplicação de um torque soa simples, mas isso pode ser mais difícil do que parece.

Considere como uma dançarina ou um ginasta inicia um giro ou uma pirueta sobre o solo. O eixo de rotação para essa ação é longitudinal e passa pelo pé que toca o solo. O outro pé empurra o chão para criar a força de atrito que gerará o torque sobre o eixo longitudinal. Este deve estar a alguma distância do pé que gira para maximizar a distância perpendicular e o torque criado. Se o momento de inércia da dançarina for pequeno como o torque é criado, ela começará a girar cada vez mais rápido e o pé deverá parar de empurrar o solo porque começará a rodar junto com o restante do corpo. Como ela pode prolongar a ação de empurrar para criar um impulso maior e, assim, uma maior mudança na quantidade de movimento angular? Se ela tem um momento de inércia maior durante a criação do torque, não girará tão rápido, sobrando-lhe mais tempo para empurrar o chão com seu pé antes do seu corpo ter girado o suficiente para que seu pé perca o contato com o solo. Esse prolongamento da aplicação do torque pelo aumento do momento de inércia para diminuir o giro resulta em um impulso maior e, portanto, em maior variação da quantidade de movimento. Após o pé da dançarina deixar o solo, ela pode reduzir o seu momento de inércia e aumentar sua velocidade angular.

Arremessadores de disco usam uma técnica similar. No início do arremesso, eles têm um momento de inércia grande, que é menor quando soltam o disco. Em atividades nas quais o objetivo é girar muito rápido, o atleta deve começar com um momento de inércia grande durante o período de produção de torque, para que a duração de sua aplicação seja maximizada. Isso aumenta o impulso e a mudança que ocorre na quantidade de movimento angular. Uma vez que a fase de produção de torque está completa, o executor reduz o momento de inércia, e a velocidade angular aumenta.

Interpretação angular da terceira lei do movimento de Newton

A terceira lei do movimento de Newton enuncia que para cada ação existe uma reação igual, mas oposta. Dito de outra forma, cada força que um corpo exerce sobre outro é respondida por uma força igual de volta, mas em sentido oposto. A versão angular dessa lei diz que cada torque exercido por um objeto sobre outro exerce um torque igual de volta, mas no sentido oposto.

Um ponto que normalmente precisa de esclarecimentos sobre a versão linear dessa lei é que as *forças* é que são iguais, mas em sentidos opostos, e não seus *efeitos*. Com frequência, os efeitos das forças são acelerações, e as acelerações dos objetos sobre os quais essas forças agem dependem tanto de suas massas como de quaisquer outras forças que atuam sobre os objetos.

Interpretando a versão angular da terceira lei de Newton, devemos lembrar que torques que agem sobre dois objetos têm o mesmo eixo de rotação. Além disso, seus efeitos são diferentes porque eles agem sobre corpos diferentes, de modo que dependem dos momentos de inércia dos objetos e de quaisquer outros torques atuarem ou não sobre estes.

Vejamos um exemplo da versão angular dessa lei. Como discutido no Capítulo 5, músculos produzem torques ao redor das articulações, criando forças nos membros em cada lado da junta. O grupo vasto do quadríceps femoral é composto de músculos extensores do joelho. Quando se contraem, eles criam um torque sobre a perna que causa sua rotação (ou tendência para rodar) em um sentido, e outro igual, mas oposto, na coxa, causando a sua rotação (ou tendência para rodar) no sentido contrário. Essas duas rotações opostas produzem extensão na articulação do joelho.

Vejamos outro exemplo de como essa lei é utilizada. Os equilibristas de corda bamba usam varas longas para ajudá-los a permanecer sobre a corda, como mostrado na Figura 7.14. Como esse implemento ajuda um acrobata a ficar equilibrado? Ele pode baixar o centro de gravidade do sistema acrobata-vara, bem como aumentar seu momento de inércia. Esses efeitos aumentam a estabilidade do indivíduo. O uso mais importante da vara pode ser explicado usando a terceira lei de Newton. Suponha que o equilibrista comece a cair para a sua esquerda em sentido horário. O que ele deve fazer com a vara para recuperar seu equilíbrio?

Se ele exercer um torque no sentido horário na vara e movê-la no mesmo sentido da sua queda, ela exerceria de volta sobre ele um torque igual, mas na direção oposta. Esse torque agiria no sentido anti-horário sobre o acrobata, no sentido oposto da queda e, possivelmente, o moveria para uma posição na qual conseguiria recuperar seu equilíbrio. Porém se ele a movesse no sentido anti-horário e oposto ao da queda, o torque de reação exercido sobre ele seria no sentido horário e o moveria mais rápido no sentido em que estava caindo! Você pode tentar sozinho um exemplo mais seguro no Autoexperimento 7.5.

Autoexperimento 7.5

Fique em pé com seus dedos logo atrás de uma linha no solo. Imagine que a linha é a borda de um penhasco e que você está bem na margem quando esta se inclina demais e começa a cair, de tal forma que seu corpo roda no sentido anti-horário (ou em uma direção de cambalhota para

Figura 7.14 Varas longas são usadas por equilibristas de corda bamba para manutenção de equilíbrio. Criando um torque na vara em um sentido, o acrobata causa sobre si outro igual, mas em sentido oposto.

frente). Vá em frente, tente. De que maneira você balançou os braços para tentar recuperar o equilíbrio? Você provavelmente balançou seus braços para trás, para cima e, então, para frente, de modo que eles circularam no sentido anti-horário (a menos que você tenha pensado muito antes de tentar isso). Seus músculos do ombro exerceram um torque anti-horário sobre seus braços para provocar essa rotação, e a reação para isso foi um torque horário exercido por esses mesmos músculos no seu tronco. Esse torque horário tenderia a rodar seu tronco e suas pernas no sentido horário e diminuir sua rotação no sentido contrário. Essa ação pode tê-lo salvado de cair no penhasco.

Os efeitos de torques iguais, mas opostos, produzidos por músculos sobre diferentes membros podem ser observados em vários esportes quando atletas têm como objetivo manter o equilíbrio ou uma posição. Quando um ginasta perde o equilíbrio na trave, você frequentemente vê um balanço de braço, que é a tentativa do atleta de recuperar seu equilíbrio. Uma oscilação dos braços similar pode ser observada em saltadores de esqui quando exageram na rotação para frente. Esquiadores recreacionais podem ser vistos fazendo isso com frequência quando um solavanco lhes fornece um momento angular inesperado.

Resumo

A base da cinética angular, as causas do movimento angular, é explicada pelas interpretações das leis do movimento de Newton. Nós devemos entender os análogos angulares da inércia e a quantidade de movimento para fazer essas interpretações. A inércia angular, chamada de momento de inércia, é a resistência de um objeto à mudança no movimento angular. Matematicamente, é definida como o produto da massa pelo raio de giração ao quadrado. O raio de giração é uma dimensão de comprimento que representa, na média, quão longe a massa de um objeto está de um eixo de rotação. Os corpos têm muitos momentos de inércia diferentes, um para cada possível eixo de rotação. A quantidade de movimento, como a quantidade de movimento linear, é a medida de movimento de um objeto. A quantidade de movimento angular é o produto do momento de inércia pela velocidade angular. Trata-se de uma grandeza vetorial específica para um eixo de rotação. A quantidade de movimento angular pode ser constante, mesmo que a velocidade angular varie, desde que essa variação seja acompanhada pela variação inversa no momento de inércia. A interpretação angular da primeira lei de Newton diz que objetos não mudam sua quantidade de movimento angular a não ser que um torque externo resultante atue sobre eles. A interpretação angular da segunda lei de Newton explica o que acontece quando um torque externo resultante atua sobre um objeto. Um objeto rígido irá acelerar angularmente na direção do torque externo resultante, e sua aceleração angular será inversamente relacionada a seu momento de inércia. Para objetos com momentos de inércia variáveis, a relação impulso-quantidade de movimento é uma interpretação angular mais aplicável dessa segunda lei. Um torque externo resultante que atua durante um tempo causa uma mudança na quantidade de movimento angular na mesma direção do torque externo resultante. Uma interpretação angular da terceira lei de Newton explica que os torques atuam em pares: para cada um, existe outro igual agindo sobre outro objeto, mas em direção oposta.

A Tabela 7.1 apresenta uma comparação matemática dos parâmetros e princípios cinéticos angulares junto com suas contrapartidas lineares. Essa tabela é um excelente resumo dos tópicos deste capítulo.

Tabela 7.1 Comparação das quantidades cinéticas angulares e lineares

Quantidade	Símbolo e equação para definição	Unidades SI
Linear		
Inércia (massa)	m	kg
Força	F	N
Quantidade de movimento linear	$L = mv$	kg·m/s
Impulso	$\Sigma \bar{F} \Delta t$	N·s
Angular		
Momento de inércia	$I = \Sigma mr^2 = mk^2$	kg·m²
Torque	$T = F \times r$	Nm
Quantidade de movimento angular	$H = I\omega$	kg·m²/s
Impulso angular	$\Sigma \bar{T} \Delta t$	Nm·s

TERMOS-CHAVE

Eixos principais (p. 195)
Impulso angular (p. 205)
Inércia angular (p. 192)
Inércia rotacional (p. 192)
Momento de inércia (p. 193)
Quantidade de movimento angular (p. 199)
Raio de giração (p. 193)

QUESTÕES DE REVISÃO

1. Veja as quatro dançarinas da ilustração. Elas têm alturas, pesos e comprimentos de membros idênticos. Assuma que cada uma está na posição anatômica, a menos que seja dito o contrário.

   Anna está sobre seu pé esquerdo. Sua perna direita está abduzida no quadril a aproximadamente 30°. Seu braço esquerdo está abduzido no ombro a 90°.

   Bryn está sobre seu pé direito. Sua perna esquerda está flexionada no joelho a 90°, e cada braço está um pouco abduzido no ombro e completamente flexionado no cotovelo.

   Catherine está sobre seu pé direito. Sua perna esquerda está abduzida no quadril a 60°, e cada braço está abduzido no ombro a 90°.

   Donna está sobre ambos os pés. Seu braço esquerdo está flexionado no ombro a 180°, estendido acima da sua cabeça. Seu braço direito está levemente aduzido, passando a posição anatômica de forma que cruza na frente do corpo.

   a. Qual dançarina tem o maior momento de inércia no eixo anteroposterior (AP)?
   b. Faça um ordenamento das posições das dançarinas do maior para o menor momento de inércia no eixo longitudinal.
   c. Se todas estiverem rodando com a mesma velocidade angular ao redor do eixo longitudinal, qual delas tem a maior quantidade de movimento angular nesse eixo?
   d. Se todas estiverem rodando com a mesma quantidade de movimento angular ao redor de eixo longitudinal, qual delas gira mais rápido em torno desse eixo?

   Anna   Bryn   Catherine   Donna

2. Qual é a técnica de corrida mais efetiva – flexionar mais ou flexionar menos o joelho da perna de recuperação (a que está oscilando para a frente) durante a fase de balanço? Por quê?

   Mais flexão do joelho   Menos flexão do joelho

3. Anna realiza três diferentes saltos e, em cada um deles, dá o mesmo número de voltas na mesma quantidade de tempo. Em todos eles, Anna assume posições estendidas potênticas na saída e logo antes da entrada na água. No salto 1, ela está na posição estendida no meio do voo. No salto 2, está na posição carpada no meio do voo. No salto 3, está na posição grupada no meio do voo.

   a. Em qual salto ela tem a maior quantidade de movimento angular ao redor do eixo médio-lateral?

   b. Em qual salto ela tem a menor quantidade de movimento angular ao redor do eixo médio-lateral?

   c. Em qual salto ela estará rodando mais rápido ao redor do eixo médio-lateral logo antes da entrada na água?

   d. Em qual salto ela estará rodando mais devagar ao redor do eixo médio-lateral logo antes da entrada na água?

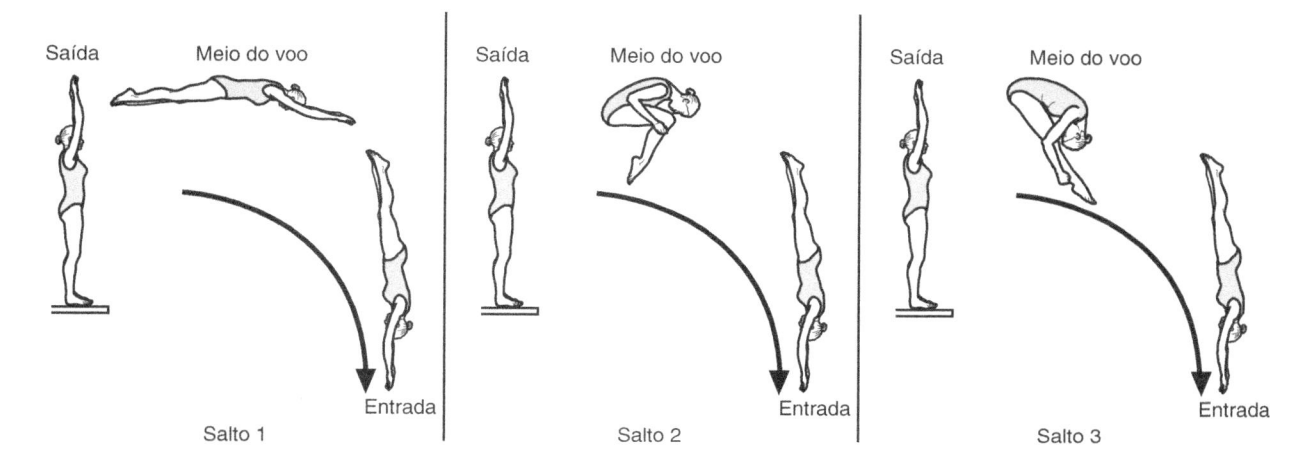

4. Por que a maioria dos ginastas tem baixa estatura?

5. Heidi salta no ar para cortar uma bola de vôlei. Ela deixa o solo sem qualquer quantidade de movimento angular. Ao balançar seu braço para frente para atingir a bola, o que acontecerá com suas pernas se seu tronco e seu braço oposto não rodarem?

6. Harvey esquiou sobre uma pequena rampa e saltou. Ele tem alguma quantidade de movimento angular que o está rodando para frente (no sentido horário). Se continuar a rodar, provavelmente cairá de rosto na neve. Em qual direção ele deve rodar seus braços para tentar evitar uma queda?

7. Por que corredores se inclinam ao correr na curva?

8. Qual é a vantagem de uma pista de corrida com inclinação sobre uma plana?

9. Uma ginasta está realizando sua rotina na trave de equilíbrio. Ela está sobre o pé esquerdo e olhando para frente ao longo do eixo longo da trave. Sua perna direita está flexionada no quadril a 90°, com o joelho estendido, seu braço esquerdo está completamente abduzido no ombro a 180°, e seu braço direito está abduzido no ombro a 120°. Ela começa a cair para a direita. O que ela deve fazer com os braços para recuperar seu equilíbrio?

10. Durante a fase descendente de um giro gigante na barra horizontal, um ginasta alongou-se e tentou maximizar a distância entre sua pegada na barra e seu centro de gravidade. Durante a fase ascendente do giro gigante, ele tentou encurtar um pouco essa distância. Como essas ações contribuem para a boa execução de um giro gigante?

11. Uma esquiadora aérea de estilo livre completa um movimento, denominado helicóptero 1080, no qual ela roda três vezes ao redor de seu eixo longitudinal enquanto está no ar. Durante a realização dessa manobra, ela aduz seus braços e mantém os bastões próximos ao corpo. Um pouco antes de descer, abduz os braços. Como essas ações – aduzir os braços durante manobra e abduzi-los um pouco antes de aterrissar – contribuem para o sucesso na execução da manobra?

PROBLEMAS

1. Uma raquete de tênis tem uma massa de 0,350 kg. O raio de giração da raquete ao redor do seu eixo longitudinal (giro) é 7,2 cm, e seu raio de giração ao redor do seu eixo de balanço é 20 cm.
   a. Qual é o momento de inércia dessa raquete ao redor do seu eixo longitudinal?
   b. Qual é o momento de inércia ao redor do seu eixo de balanço?

2. O momento de inércia da cabeça de um taco é um fator a ser considerado no projeto de um *driver* no golfe. Um momento de inércia maior ao redor do eixo vertical paralelo à face do taco confere mais resistência ao giro da face nas tacadas fora do centro. A massa de uma cabeça de taco é 200 g, e seu momento de inércia é 5.000 g.cm^2. Qual é o raio de giração dessa cabeça de taco?

3. Um bastão de beisebol de 1 kg tem um momento de inércia ao redor do eixo médio-lateral de seu centro de gravidade de 650 kg.cm^2. Qual seria seu momento de inércia ao redor de um eixo no cabo do bastão se esse eixo estivesse a 50 cm do centro de gravidade do implemento?

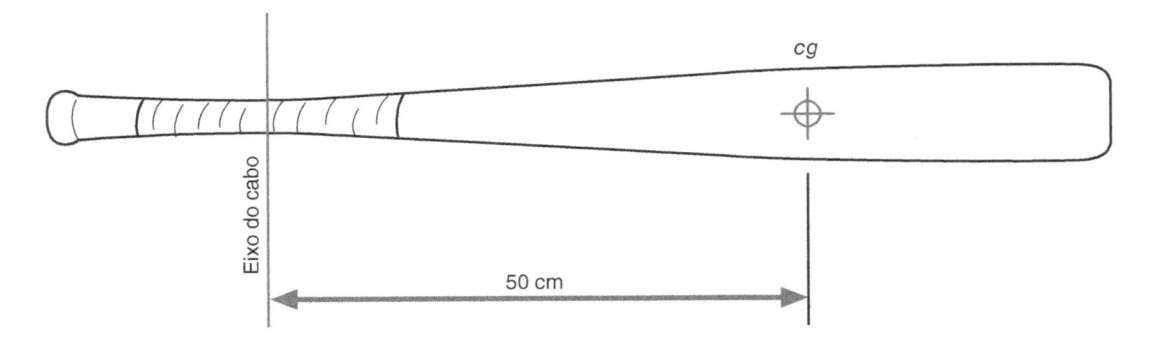

4. O momento de inércia da perna e do pé ao redor de um eixo na articulação do joelho é 0,20 kg.m^2. Qual seria seu momento de inércia se um sapato de 0,50 kg fosse utilizado no pé? Assuma que a massa do calçado esteja toda concentrada em um ponto a 45 cm da articulação do joelho.

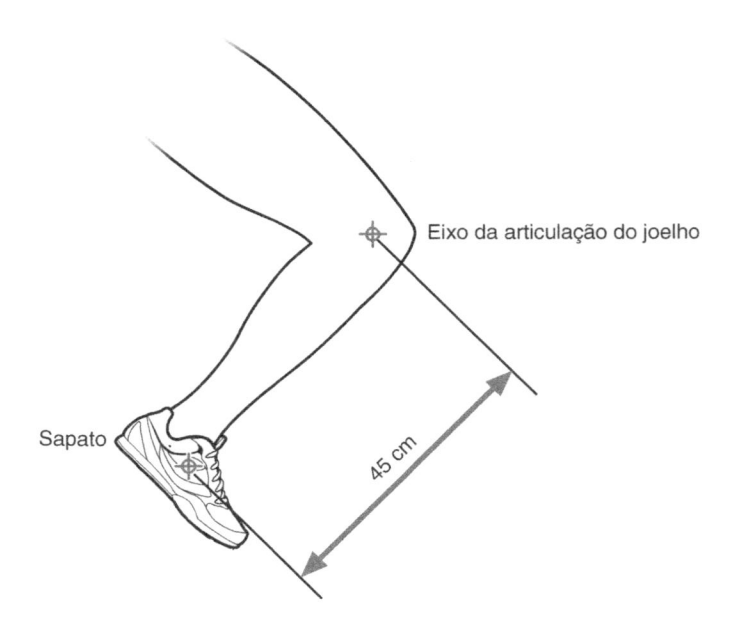

5. Lily é uma mergulhadora de 50 kg. No instante da saída, sua quantidade de movimento angular ao redor do eixo médio-lateral é 20 kg.m²/s. Nesse instante, seu raio de giração ao redor do eixo médio-lateral é 0,4 m. Durante o mergulho, ela vai para a posição grupada e reduz esse raio de giração para 0,2 m.

    a. Na saída, qual é o momento de inércia de Lily ao redor do seu eixo médio-lateral?

    b. Na saída, qual é a velocidade angular de Lily ao redor do eixo médio-lateral?

    c. Após assumir a posição grupada, qual é seu momento de inércia ao redor do eixo médio-lateral?

    d. Após assumir a posição grupada, qual é sua velocidade angular ao redor do eixo médio-lateral?

6. Kristen está girando no gelo a 20 rad/s ao redor de seu eixo longitudinal quando abduz seus braços e dobra seu raio de giração ao redor desse eixo, que vai de 30 cm para 60 cm. Se quantidade de movimento angular for conservada, qual será sua velocidade angular ao redor do eixo longitudinal após o aumento do raio de giração?

7. Durante um arremesso, o torque resultante médio que Justin exerce sobre um disco ao redor de seu eixo de giro é de 100 Nm. A massa do implemento é de 2 kg, e seu raio de giração ao redor do eixo de giro é 12 cm. Se o objeto não está girando no início do arremesso e este dura 0,20 s, qual a velocidade do giro do disco quando Justin o solta?

8. A perna de Tom acelera angularmente 3.000°/s² ao redor da articulação do quadril durante um chute circular no plano transverso. O momento de inércia da perna ao redor do eixo de rotação para esse chute é de 0,75 kg.m². Qual é o tamanho do torque que produz essa aceleração?

9. Doug dá uma tacada em uma bola de golfe. Seu *swing* para baixo dura 0,50 s do topo até o impacto com a bola. No topo, a velocidade angular do taco é zero e, no instante do impacto com a bola, é 30 rad/s. O momento de inércia do *swing* do taco ao redor da pegada é de 0,220 kg.m². Qual o torque médio que Doug exerce no implemento durante a tacada?

10. A quantidade de movimento angular de Sarah aumenta de 0 para 50 kg.m²/s em 0,25 s quando ela inicia um salto com giro no gelo. Durante esses 0,25 s, seu momento de inércia ao redor do eixo de giro é 2,2 kg.m².

    a. Qual é o tamanho do torque médio que produz esse aumento na quantidade de movimento angular?

    b. Qual é a velocidade angular de giro de Sarah no final dos 0,25 s?

Ver respostas (em inglês) no *site* www.grupoa.com.br no *link* do livro.

Capítulo 8

Mecânica dos fluidos
Os efeitos da água e do ar

Objetivos
Ao terminar de ler este capítulo, você deverá ser capaz de:

- Definir movimento relativo e absoluto
- Definir flutuação e força de empuxo
- Definir pressão
- Definir fluido
- Explicar como um fluido exerce forças sobre um objeto que se move nele
- Identificar os componentes das forças de um fluido
- Definir força de arrasto
- Distinguir arrasto de superfície de arrasto de forma
- Definir força de sustentação
- Explicar o princípio de Bernoulli
- Explicar o efeito Magnus
- Identificar os vários fatores que determinam o efeito das forças de um fluido sobre um objeto

Você está na posição do rebatedor, esperando pelo próximo lançamento. O lançador prepara-se e arremessa. A bola está indo em sua direção, mas parece que o lançador a arremessou direto para o meio da zona de *strike*. Você começa seu giro, antecipando o barulho do bastão batendo a bola. Uiff! Uomp! "*Strike* três, você está fora!" Em vez de sentir e escutar o barulho do bastão acertando a bola, tudo que você sente é ele cortando o ar, e tudo que você escuta é o choque da bola batendo na luva do apanhador. Assim que você visualizou a bola voando sobre a cerca do lado esquerdo do campo, parece que ela se desviou para baixo e para a esquerda. O que aconteceu? Como uma bola que parecia estar em uma trajetória perfeita em direção à zona de *strike* (e a seu bastão) poderia se desviar do caminho de seu bastão? A resposta para essa questão vem da mecânica dos fluidos.

Este capítulo é sobre um ramo da mecânica chamada de mecânica dos fluidos. Especificamente, é sobre as forças que os fluidos exercem sobre os objetos que estão imersos ou que se movem neles. Diferentemente dos sólidos, os líquidos e gases podem fluir e mudar suas formas com rapidez e facilidade sem se separar, de modo que são classificados como fluidos. Os fluidos que mais nos interessam na biomecânica do esporte são o ar e a água. O ar é o meio em que nos movemos em todos os esportes e atividades humanas terrestres, e a água é o meio de todos os esportes e atividades aquáticas.

Na natação e em outras atividades aquáticas, as forças do fluido são grandes, e a importância dessas forças para o sucesso nessas atividades é evidente. Em muitas atividades terrestres, as forças do fluido (resistência do ar) podem ser tão pequenas que podem ser ignoradas, mas, em outras, elas podem ser grandes o suficiente para afetar os movimentos dos corpos ou dos implementos ou tão grandes que determinam o resultado de um movimento. Considere a importância da resistência do ar nas seguintes atividades: corrida de velocidade, lançamento no beisebol, ciclismo, *windsurf*, lançamento de disco, vela, patinação de velocidade, esqui alpino, asa delta, paraquedismo. Nas duas últimas atividades, a vida de alguém depende da resistência do ar!

Uma vez que as forças do fluido são fundamentais para o sucesso em atividades e esportes aquáticos, assim como em certas atividades terrestres, um entendimento básico das forças de um fluido é desejável. As informações apresentadas neste capítulo ajudarão você nesse sentido.

Força de empuxo: força devido à imersão

Dois tipos de forças são exercidos sobre um objeto por um meio fluido: uma **força de empuxo**, devido à imersão do objeto no fluido, e uma força dinâmica, que se deve ao seu movimento relativo nele. A força dinâmica costuma ser decomposta em dois componentes: forças de arrasto e de sustentação. A força de empuxo, por sua vez, sempre atua verticalmente. Ela atua para cima em um objeto imerso em um fluido. É provável que você esteja mais familiarizado com esse princípio em relação a objetos na água. Para uma demonstração, tente o Autoexperimento 8.1.

→ Dois tipos de forças são exercidos sobre um objeto por um meio fluido: uma força de empuxo, devido à imersão do objeto no fluido, e uma força dinâmica, que se deve ao seu movimento relativo nele.

Autoexperimento 8.1

Encha uma banheira ou uma pia funda com água. Pegue uma bola de basquetebol (ou qualquer outra bola inflável grande) e tente mergulhá-la. Agora, tente de novo, mas com uma bola de tênis (ou de raquetebol). Qual delas foi mais fácil de afundar? A de tênis foi mais fácil. Você também pode notar que, quanto mais empurra a bola para dentro d'água, mais força terá de fazer. A força que age sobre a bola de tênis ou de basquetebol e a empurra para cima é a força de empuxo. Ela parece estar relacionada com o tamanho do objeto imerso na água e com o quanto ele está imerso.

Pressão

Vamos ver se você pode explicar a causa da força de empuxo. Suponha que esteja em uma piscina com água parada. Quanto mais fundo você mergulha, maior a pressão que a água exerce sobre seu corpo. Essa **pressão** se deve ao peso (força) da água acima de você. Mas não o pressiona somente para baixo; a água abaixo de você também o empurra para cima, e a água nos seus lados o empurra lateralmente. A pressão da água atua em todas as direções com a mesma magnitude desde que você se mantenha na mesma profundidade. Quanto mais fundo, maior a pressão. A pressão é definida como força por unidade de área. Um metro cúbico (m^3) de água pesa aproximadamente 9.800 N, assim, em uma profundidade de 1 m, a pressão exercida por esse fluido é de 9.800 N/m². Em uma profundidade de 2 m, os 2 m³ de água acima de um quadrado de 1 m pesam 19.600 N, gerando uma pressão de 19.600 N/m². A Figura 8.1a ilustra como a pressão da água aumenta linearmente com a profundidade.

Imagine remover dessa água um cubo 1 m abaixo da superfície, como mostrado na Figura 8.1b. Desenhe um diagrama de corpo livre desse cubo, como mostrado na Figura 8.1c. Quais forças verticais atuam nele? A água acima do cubo exerce uma pressão de 9.800 N/m² sobre seu topo. Essa pressão na face superior de 1 m² do cubo cria uma força resultante de 9.800 N, que atua sobre ele para baixo. Vamos representar essa força como R_s, força na face superior, e com uma seta apontando para baixo. A água abaixo do cubo exerce uma pressão de 19.600 N/m² na sua base. Essa pressão na face inferior do cubo cria uma força resultante de 19.600 N, que o empurra para cima. Vamos representar essa força como R_i, força na face inferior, e com uma seta apontando para cima. Algumas forças também atuam nos lados do cubo, como mostrado, mas como nós estamos interessados somente nas forças verticais, não vamos tentar quantificá-las. Outras forças verticais atuam no cubo de água? Ele pesa alguma coisa, cerca de 9.800 N, já que a gravidade exerce uma força sobre ele. Vamos representar essa força como P_a, peso da água, e com uma seta atuando para baixo. Se o cubo está em equilíbrio e não está sendo acelerado, então, de acordo com a segunda lei de Newton:

$$\sum F = R_i + (-R_s) + (-P_a) = 0 \qquad (8.1)$$

$$\sum F = 19.600\ N - 9.800\ N - 9.800\ N = 0$$

Com certeza, a força vertical resultante que atua no cubo de água é zero, então, a água está em equilíbrio. O que acontece se pegarmos um cubo a uma profundidade de 4 m? A 4 m, a pressão é 39.200 N/m² (4 m × 9.800 N/m²), então a força R_s é 39.200 N. A 5 m, a pressão é 49.000 N/m² (5 m × 9.800 N/m²), de modo que a força R_i é 49.000 N. O cubo de água ainda tem o mesmo peso, assim, a equação 8.1 torna-se:

$$\sum F = R_i + (-R_s) + (-P_a) = 0$$

$$\sum F = 49.000\ N - 39.200\ N - 9.800\ N = 0$$

Não importa a profundidade que escolhermos, a diferença de pressão entre o topo e a base do cubo representa o peso do cubo de água, e a equação 8.1 é válida.

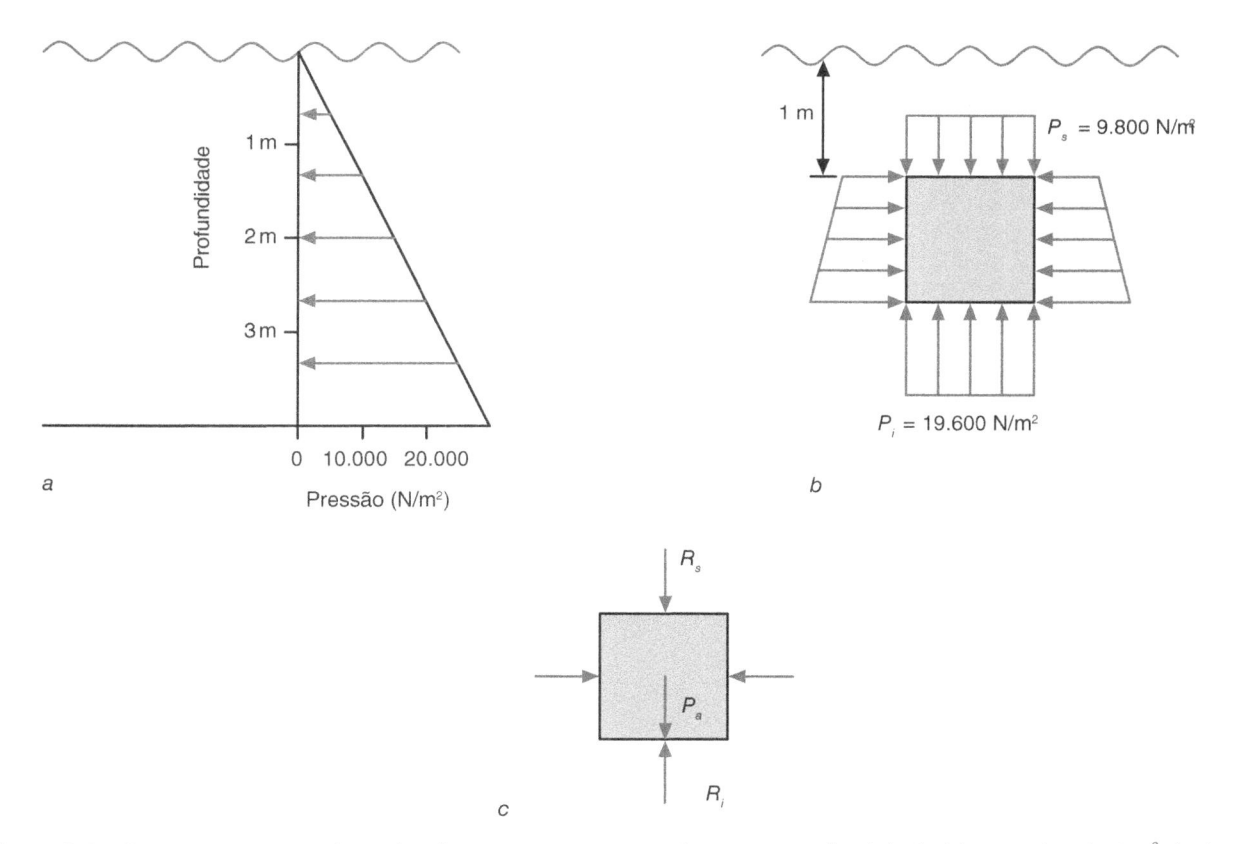

Figura 8.1 Representações gráficas da relação entre a pressão d'água e a profundidade (a); um cubo de 1 m³ de água a 1 m abaixo da superfície d'água (b); e um diagrama de corpo livre das forças que atuam no cubo de água (c).

A força de empuxo é a diferença entre as forças que atuam sobre o cubo para cima, R_i, e para baixo, R_s. Se F_e, força de empuxo, representa essa diferença, a equação 8.1 torna-se:

$$\sum F = R_i + (-R_s) + (-P_a) = 0 \qquad (8.2)$$

$$\sum F = F_e + (-P_a) = 0$$

$$F_e = P_a$$

O tamanho da força de empuxo é igual ao peso do volume de fluido deslocado pelo objeto. Esse princípio foi descoberto pelo matemático grego Arquimedes mais de 2 mil anos atrás. Ele viveu de 287 até 212 a.C e sua descoberta é chamada de princípio de Arquimedes. Por simplicidade, você pode pensar na força de empuxo como similar a uma força de reação da água, mas esta depende de quanta água é deslocada pelo objeto.

> O tamanho da força de empuxo é igual ao peso do volume de fluido deslocado pelo objeto.

O que acontece se nós preenchermos o espaço feito pelo cubo de água com algum material? A pressão no topo do cubo ainda será a mesma e resultará na mesma força, e o mesmo vale para a pressão na base. A única diferença será o peso do cubo, representado por P_c. Aplicando a segunda lei de Newton, a equação 8.2 torna-se:

$$\sum F = F_e + (-P_c) = ma$$

Se o cubo do material pesar mais que o de água, a força de empuxo que atua para cima será menor que o peso atuando para baixo, e ele será acelerado para baixo. Se pesar menos que o cubo de água, a força de empuxo que atua para cima será maior que o peso atuando para baixo, e ele será acelerado para cima. Se você voltar ao experimento da bola de basquetebol, após submergi-la, isso seria demonstrado claramente. Se o cubo do material pesa o mesmo que o de água, a força de empuxo que atua para cima é igual ao peso que atua para baixo, e ele estará em equilíbrio. Para algo flutuar, portanto, a força de empuxo deve ser igual ao peso do objeto.

Densidade e massa específica

Algo flutua pelo volume do objeto imerso e pelo seu peso comparado ao peso do mesmo volume de água. **Densidade** é a razão entre o peso de um objeto e o peso de um volume igual de água. Algo com densidade igual ou menor a 1,0 flutuará. Outra medida que pode ser usada para determinar se um material flutuará é sua massa específica. **Massa específica** é a razão entre massa e volume. A massa específica da água é de aproximadamente 1.000 kg/m³, enquanto a do ar é cerca de apenas 1,2 kg/m³.

$$\rho = \frac{m}{V} \qquad (8.3)$$

onde:

ρ = massa específica,

m = massa e

V = volume

Flutuação do corpo humano

Os músculos e ossos têm uma massa específica maior que 1.000 kg/m³ (densidade maior que 1,0), enquanto a gordura fica abaixo desse valor (densidade menor que 1,0). Essas diferenças na massa específica são a base para as técnicas de pesagem hidrostática usadas para determinar a composição corporal.

Alguém que tenha pouca gordura corporal ainda pode flutuar, porque os pulmões e outras cavidades do corpo podem ser preenchidos com ar ou com outros gases que são muito menos densos que a água. Contudo, uma expiração forçada de ar para fora dos pulmões pode fazê-la afundar. O volume do seu peito aumenta na inspiração e diminui na expiração, então, na verdade, você tem algum controle sobre a massa específica total do seu corpo. Para aumentar sua flutuação, aumente o seu volume, realizando uma inspiração forçada, e para diminuí-la, reduza seu volume por meio de uma expiração forçada.

A maioria das pessoas é capaz de flutuar se respirar fundo e segurar o ar. Mas por que é tão difícil flutuar com as suas pernas na horizontal? Se você tentar flutuar de costas com as pernas na horizontal, notará que elas afundarão ou que seu corpo inteiro girará em direção a uma orientação mais vertical, como mostrado na Figura 8.2.

A razão para o corpo girar para uma posição mais vertical ou para suas pernas afundarem é que a força de empuxo e a força da gravidade não são colineares. A linha de ação da força de empuxo atua no centro de volume do corpo em vez de atuar no centro de gravidade. Para muitos objetos (uma bola de basquetebol, por exemplo), esses dois pontos coincidem, mas para aqueles que têm partes com diferentes massas específicas, esse pode não ser o caso. Como suas pernas (mais músculos e ossos) são mais densas que seu abdome e peito (muitas cavidades preenchidas com ar e com outros gases), o centro de volume do seu corpo fica mais próximo da sua cabeça do que o centro de gravidade. As condições para o equilíbrio não são atingidas quando você tenta manter as suas pernas na horizontal, porque as forças de empuxo e gravitacional criam um torque. O

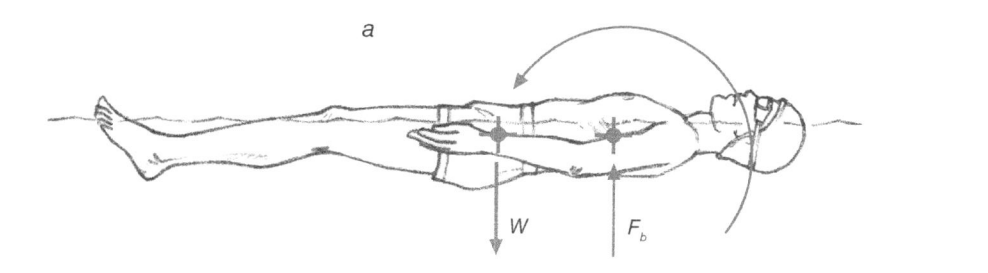

Figura 8.2 Quando um corpo está flutuando horizontalmente na água (a), o peso e a força de empuxo não estão alinhados, e, como consequência, cria-se um torque. Quando as pernas estão parcialmente submersas (b), o peso e a força de empuxo estão alinhados, criando uma posição de flutuação mais estável.

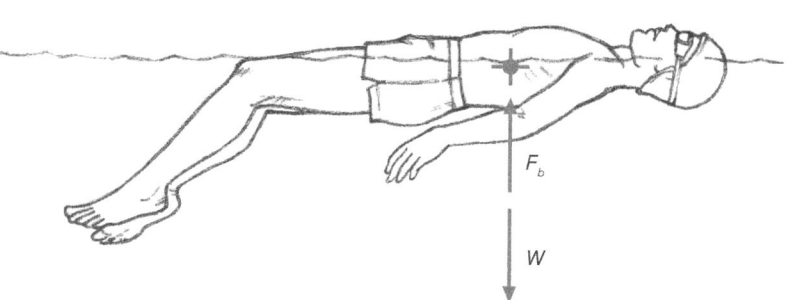

torque resultante que atua no corpo não é zero, assim, uma rotação ocorre até que essas forças se alinhem e o torque seja zero.

A força de empuxo é significativa para as atividades na água, mas e para as atividades terrestres? O ar exerce uma força de empuxo? Para responder essa questão, considere um balão de hélio, de ar quente ou um dirigível. Que força faz esses objetos não caírem? O ar exerce uma força de empuxo, mas o tamanho dessa força é muito pequeno a não ser que o volume de ar deslocado seja muito grande. A massa específica do ar (no nível do mar) é aproximadamente 1,2 kg/m^3 (um peso específico de 11,8 N/m^3). Um corpo humano de 80 kg tem um volume de mais ou menos 1/12 de metro cúbico, então a força de empuxo exercida pelo ar sobre esse corpo é de cerca de 1 N = (1/12 m^3)(11,8 N/m^3). Isso é equivalente a aproximadamente 0,1 kg, uma quantidade tão pequena comparada ao nosso peso que podemos ignorá-la.

Força dinâmica de um fluido: força devido ao movimento relativo

A força de empuxo é uma força vertical exercida em um objeto imerso em um fluido. Ela está presente tanto se o corpo está em repouso como se ele está se movendo relativamente ao fluido. Quando um objeto se move dentro de um fluido (ou quando um fluido passa por um objeto imerso nele), forças dinâmicas são exercidas sobre ele. A força dinâmica de um fluido é proporcional a sua massa específica, à área de superfície do objeto imerso e ao quadrado da velocidade relativa do corpo em relação ao fluido. A equação 8.4 resume essa relação:

$$F \propto \rho A v^2 \qquad (8.4)$$

onde:

$\propto$ = é proporcional a,

F = força dinâmica de um fluido,

ρ = massa específica do fluido,

A = área de superfície do objeto e

v = velocidade relativa do objeto em relação ao fluido

Na equação 8.4, a massa específica do fluido e a área de superfície do objeto são termos lineares; um aumento em ambos causará um aumento proporcional na força dinâmica do fluido. Se a área dobrar, a força dobrará. Se o fluido se tornar três vezes mais denso, a força dinâmica do fluido triplicará. O termo velocidade relativa na equação 8.4 não é linear, é ao quadrado; então, se a velocidade relativa dobra, a força dinâmica do fluido quadruplica (2^2). Se a velocidade relativa triplicar, a força dinâmica do fluido se tornará nove (3^2) vezes maior. A Figura 8.3 demonstra essas relações. A velocidade relativa é claramente o fator mais importante na determinação das forças dinâmicas de um fluido, assim, antes de irmos adiante, uma explicação sobre esse tópico é adequada.

> A força dinâmica de um fluido é proporcional a sua massa específica, à área de superfície do objeto imerso e ao quadrado da velocidade relativa do corpo em relação ao fluido.

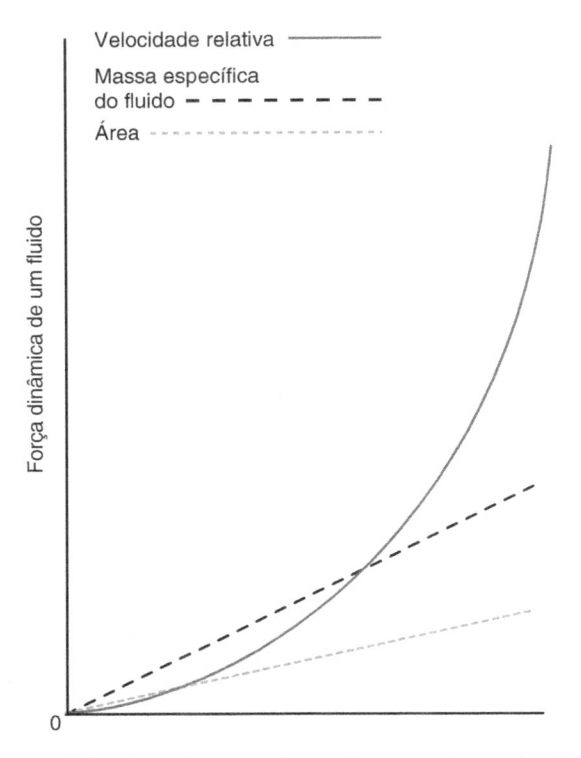

Figura 8.3 Relação entre força dinâmica de um fluido e área do objeto, massa específica do fluido e velocidade relativa.

Velocidade relativa

Quando consideramos as forças dinâmicas de um fluido que atuam em um objeto, devemos levar em conta tanto a velocidade do objeto como a do fluido. A velocidade relativa é usada para representar os efeitos dessas duas velocidades absolutas, sendo a diferença entre a velocidade do objeto e a do fluido. Suponha que você esteja parado em uma pista de corrida, e o vento soprando em seu rosto esteja a uma velocidade de 5 m/s (Fig. 8.4a). A velocidade relativa é a diferença entre a sua velocidade e a do vento: 0 m/s – (–5 m/s) = 5 m/s. (Vamos assumir que o sentido positivo é aquele para onde você olhava. Como o vento soprava no sentido oposto, indicamos sua velocidade com um sinal negativo.) Agora, suponha que não há vento e você esteja correndo na pista a uma velocidade de 5 m/s. Novamente, a velocidade relativa é a diferença entre a sua velocidade e a do vento: 5 m/s – 0 m/s = 5 m/s (Fig. 8.4b). Você sentiria o mesmo vento no seu corpo em ambos os casos. No primeiro, o ar estava se movendo a 5 m/s e, no segundo, você estava correndo a essa velocidade; mas as forças do fluido produzidas pelo ar foram idênticas.

Agora, suponha que o vento soprava em seu rosto a uma velocidade de 5 m/s e você estava correndo a 5 m/s (Fig. 8.4c). Qual é a velocidade relativa? De novo, é a diferença entre a sua velocidade e a do vento: 5 m/s – (–5 m/s) = 10 m/s. E se o vento soprasse em suas costas a 5 m/s enquanto você corria a 5 m/s (Fig. 8.4d)? A velocidade relativa seria 5 m/s – 5 m/s = 0 m/s.

Do ponto de vista quantitativo, para determinar a velocidade relativa, pegamos a diferença entre a velocidade do objeto e a do fluido. De uma perspectiva qualitativa, você pode considerar a velocidade relativa da seguinte forma: se está sentado sobre um objeto que se move em um fluido, o quão rápido este passa por você? Essa será a velocidade relativa do fluido em relação ao objeto.

Força de arrasto

Por razões práticas, a força dinâmica que resulta do movimento dentro de um fluido costuma ser decomposta em dois componentes: um de arrasto e outro de sustentação. A Figura 8.5 ilustra essa decomposição.

> A força dinâmica que resulta do movimento dentro de um fluido costuma ser decomposta em dois componentes: um de arrasto e outro de sustentação.

A **força de arrasto**, ou arrasto, é o componente da força dinâmica que atua no sentido oposto ao movimento relativo do objeto em relação ao fluido. Essa força tenderá a diminuir a velocidade relativa de um objeto através de um fluido se for a única força ativa sobre esse corpo. A força de arrasto é definida pela equação 8.5:

$$F_A = \frac{1}{2} C_A \rho A v^2 \qquad (8.5)$$

onde:

F_A = força de arrasto,

C_A = coeficiente de arrasto,

ρ = massa específica do fluido,

A = área de referência (geralmente a área de secção transversal do objeto perpendicular à velocidade relativa) e

v = velocidade relativa do objeto em relação ao fluido

Qualitativamente, a força de arrasto pode ser considerada da seguinte forma. O arrasto é a força para trás que as moléculas de fluido exercem sobre o objeto que se move em relação ao fluido. De acordo com a terceira lei de Newton, uma força igual, mas oposta, é exercida pelo objeto nas moléculas do fluido. O tamanho da força de arrasto é, então, proporcional à aceleração (diminuição da velocidade) das moléculas de fluido à medida que elas passam pelo objeto, assim como é proporcional à massa das moléculas que sofrem a diminuição de velocidade. Quanto maior a diminuição na velocidade das moléculas

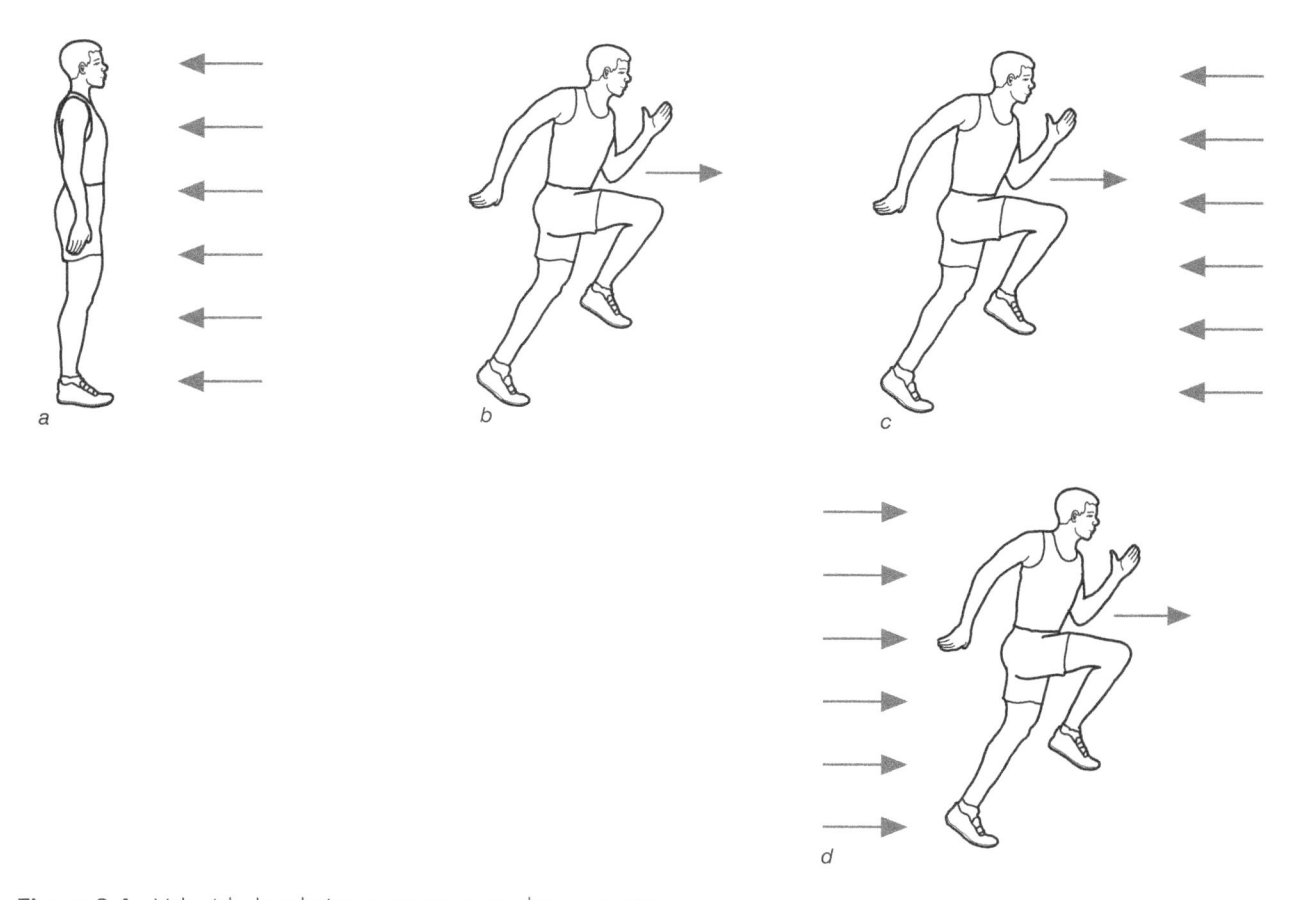

Figura 8.4 Velocidade relativa entre um corredor e o vento.

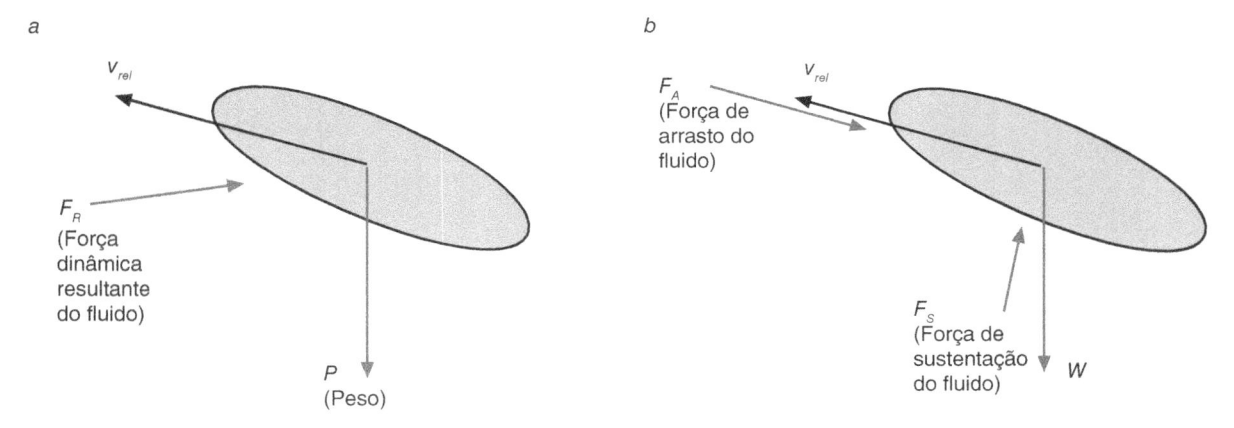

Figura 8.5 A força dinâmica resultante do fluido (F_R) que atua sobre um objeto (a); e os componentes de arrasto (F_A) e de sustentação (F_S) dessa força (b).

e mais rápida a taxa dessa diminuição, maior é o arrasto total.

As forças de arrasto são produzidas por dois meios diferentes: superfície e forma. O **arrasto de superfície** pode ser pensado como equivalente à soma das forças de fricção que atuam entre as moléculas de fluido e a superfície do objeto (ou entre as próprias moléculas do fluido). Já o **arrasto de forma** pode ser pensado como o equivalente à soma das forças de impacto resultantes das colisões entre as moléculas do fluido e o objeto.

> As forças de arrasto são produzidas por dois meios diferentes: superfície e forma.

Arrasto de superfície

O arrasto de superfície também é chamado de arrasto de fricção ou arrasto viscoso. À medida que as moléculas de um fluido deslizam sobre a superfície de um objeto, o atrito com a superfície diminui a velocidade das moléculas. No lado oposto dessas moléculas que perderam velocidade, existem outras que, agora, estão se movendo mais rápido que do que as primeiras e que, então, também perdem velocidade à medida que deslizam sobre as moléculas próximas ao corpo. Estas, por sua vez, diminuem a velocidade daquelas que estão ao seu redor. Desse modo, o arrasto de superfície é proporcional à massa total das moléculas que perderam velocidade pela força de atrito e à taxa média dessa mudança de velocidade.

O tamanho do arrasto de superfície é afetado pelos fatores incluídos na equação 8.5: o coeficiente de arrasto, a massa específica do fluido, a área de secção transversa do objeto e o quadrado da velocidade relativa. O coeficiente de arrasto é influenciado por diversos outros fatores associados ao arrasto de superfície, sendo a rugosidade da superfície um deles. Superfícies rugosas criam maiores forças de atrito entre o fluido e o objeto. Assim, o equipamento e a roupa usados por atletas em muitas atividades são lisos, de modo a reduzir o arrasto de superfície (Fig. 8.6). Exemplos de itens esportivos que produzem essa redução incluem os trajes lisos e apertados usados por patinadores de velocidade, ciclistas, praticantes de esqui alpino, praticantes de luge* e até mesmo corredores. Os nadadores depilam seus corpos com a mesma finalidade.

Figura 8.6 Atletas de determinados esportes usam trajes apertados para reduzir o arrasto de superfície.

---

* N. de T.: Esporte de inverno em que os praticantes deslizam em um trenó por uma pista com curvas.

O coeficiente de arrasto é também influenciado pela viscosidade do fluido associada com o arrasto de superfície. **Viscosidade** é uma medida de atrito interno entre as camadas de moléculas de um fluido ou a resistência de um fluido a forças de cisalhamento. Os fluidos que correm mais lento são mais viscosos do que aqueles que fluem mais rápido. Por exemplo, o óleo de motor é mais viscoso que a água, a qual é mais viscosa que o ar. Maiores forças de fricção com a superfície do objeto em movimento são desenvolvidas por fluidos com maior viscosidade, logo, o arrasto de superfície aumenta com o aumento da viscosidade. Como a maioria dos atletas não tem controle sobre as propriedades do fluido em que eles se movem, exemplos de formas para alterar a viscosidade dos fluidos no esporte são raros.

Arrasto de forma

Além da superfície, a forma é outro meio pelo qual o arrasto é gerado. O arrasto de forma também é chamado de arrasto de pressão. Quando uma molécula de fluido atinge a superfície de um objeto que se move através dele, ela quica; mas, então, atinge outra molécula e é empurrada em direção à superfície do corpo. Consequentemente, a molécula tenderá a seguir a curvatura da superfície do objeto à medida que este passa por ela. Como uma mudança na direção do movimento implica uma aceleração, o objeto deve exercer uma força na molécula para mudar sua direção. A molécula, por sua vez, exerce uma força igual, mas oposta, sobre o objeto, à medida que ela muda sua direção. Quanto maiores as mudanças na direção, maiores são as forças exercidas.

Na superfície dianteira do objeto, as forças exercidas pelas moléculas do fluido têm componentes direcionados para a parte traseira do corpo. Essas forças contribuem para o arrasto de forma. Já na superfície traseira, as forças exercidas pelas moléculas dos fluidos têm componentes direcionados para a parte dianteira do objeto. Essas forças reduzem o arrasto de forma; porém, estão presentes somente se as moléculas do fluido estão próximas da superfície do objeto e se o pressionam. Isso ocorre quando há um **fluxo laminar**, como mostrado na Figura 8.7a. As linhas e setas nessa figura representam a trajetória seguida pelas moléculas do fluido à medida que passam pelo objeto. Contudo, se a mudança na superfície da curvatura é muito brusca ou a velocidade relativa é muito alta, as forças de impacto entre as moléculas do fluido não são grandes o suficiente para desviá-las em direção à superfície do objeto, e as moléculas separam-se da superfície. Isso resulta em um **fluxo turbulento**, e as moléculas deixam de pressionar a superfície do objeto. Se elas não estão mais pressionando a parte traseira do corpo, então nada está, e um vácuo pode ser criado atrás dele. Menos força (ou nenhuma força) é, dessa forma, exercida contra a superfície traseira do objeto. Essa diferença entre as forças direcionadas para frente e para trás é a força de arrasto, a

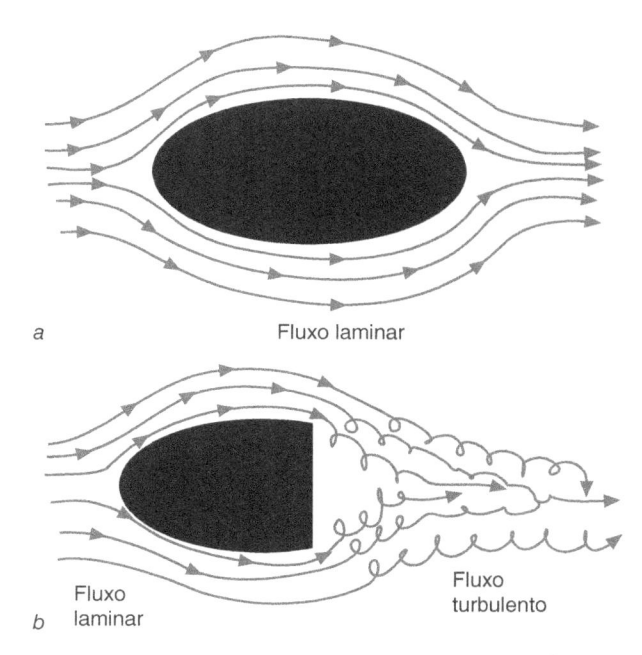

Figura 8.7 Exemplos de objetos submetidos a fluxo laminar (a) e fluxos laminar e turbulento (b).

qual, consequentemente, aumenta à medida que o fluxo turbulento cresce. A Figura 8.7b mostra um exemplo de um objeto que encontra fluxos laminar e turbulento.

Assim como o arrasto de superfície, o tamanho do arrasto de forma é afetado pelos fatores incluídos na equação 8.5: coeficiente de arrasto, massa específica do fluido, área de secção transversa do objeto (área frontal) e quadrado da velocidade relativa. O coeficiente de arrasto também é influenciado por vários fatores associados com o arrasto de forma, e a contribuição deste último para o primeiro é mais influenciada pela forma do objeto. Para minimizar o fluxo turbulento, as moléculas do fluido devem seguir a forma do corpo imerso. Se elas tiverem de mudar sua direção rapidamente, forças maiores serão necessárias para causar essa aceleração; assim, as forças de reação que as moléculas exercem contra o objeto são maiores, ou a turbulência ocorre. Para reduzir o arrasto de forma, consequentemente, a superfície de um objeto deve apresentar curvas suaves – ser "hidrodinâmica" ou "aerodinâmica"–, sem qualquer protrusão ou rugosidade. As formas hidro ou aerodinâmica são alongadas na direção do fluxo, com uma curvatura suave e não súbita, e a parte traseira de um objeto com esse formato preenche essencialmente o vácuo ou o espaço vazio criado pelo fluxo turbulento. Uma ilustração de formas hidro e erodinâmicas e de outras sem essa característica é apresentada na Figura 8.8 por meio de exemplos de como atletas adotam posições ou usam equipamentos aerodinâmicos.

Como o de superfície, o arrasto de forma é influenciado pela textura da superfície, a qual, se for rugosa, gera um flu-

Figura 8.8 Exemplos de formas hidro e aerodinâmicas que afetam a magnitude do arrasto de forma.

xo turbulento em velocidades menores se comparada a uma superfície lisa. Como a turbulência aumenta o arrasto de forma, na maioria dos casos, um objeto de superfície rugosa experimentará maior arrasto de forma que um exterior liso.

Algumas vezes, contudo, uma superfície rugosa, na verdade, diminui o arrasto de forma. A razão para esse paradoxo é o fluxo turbulento induzido pela rugosidade. Quando os fluxos laminar e turbulento estão presentes, o arrasto de forma é maior devido à diferença de pressão (e, consequentemente, das forças), empurrando as superfícies dianteiras e traseiras do objeto. Quando o fluxo turbulento ocorre na dianteira e todo o fluxo ao redor do corpo está turbulento, o arrasto de forma, na verdade, diminui. Como isso acontece? Quando há um fluxo turbulento ao redor de todo o objeto, uma camada dele circunda o corpo e é arrastada com ele, enquanto o fluxo não tão próximo à superfície é laminar. Esse fluxo laminar não exerce muita força de arrasto no objeto e em sua camada de fluxo turbulento. A Figura 8.9 ilustra esse conceito. As covinhas de uma bola de golfe reduzem o arrasto de forma por meio do desenvolvimento de uma camada turbulenta de ar ao seu redor. Os feltros na bola de tênis e a costura de uma bola de beisebol podem produzir o mesmo efeito.

Estratégias para reduzir o arrasto de forma

Em muitos esportes, atletas podem querer minimizar as forças de arrasto para maximizar seu desempenho. Com nosso conhecimento sobre a origem da força de arrasto, vamos resumir as formas como os atletas podem diminuí-la, examinando as variáveis na equação 8.5, a qual é repetida aqui:

$$F_A = \frac{1}{2} C_A \rho A v^2$$

onde:

F_A = força de arrasto,

C_A = coeficiente de arrasto,

ρ = massa específica do fluido,

A = área de referência (geralmente a área de secção transversa do objeto perpendicular à velocidade relativa) e

v = velocidade relativa do objeto em relação ao fluido

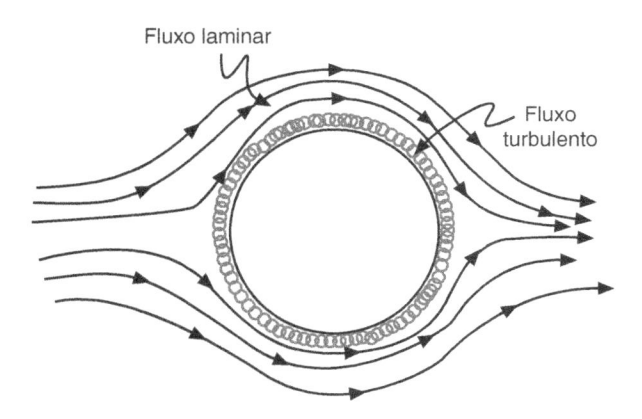

Figura 8.9 Uma superfície rugosa poderia diminuir o arrasto de forma por meio do desenvolvimento de uma camada de fluxo turbulento que circunda completamente o objeto. Fora dessa camada turbulenta, o fluxo é laminar.

Diversas variáveis aparecem na equação 8.5: coeficiente de arrasto, massa específica do fluido, área do objeto e velocidade relativa. A massa específica costuma ser considerada como uma variável que não está sob o controle do atleta. Contudo, tentativas de recordes no ciclismo e em eventos do atletismo têm sido especificamente planejadas em locais de grande altitude, onde a massa específica do ar é menor. Um esportista pode, então, tentar controlar essa variável escolhendo competições realizadas em climas mais quentes, porque o ar mais aquecido é menos denso que o frio, e o ar úmido é menos denso que o seco.

Os atletas têm vários modos de reduzir o coeficiente de arrasto de seus corpos e equipamentos. Um deles é tornar mais lisa a superfície do corpo e de roupas (ou equipamentos). Outro é deixar a forma do corpo ou do equipamento mais hidro ou aerodinâmica. Para o esportista, posições que colocam o corpo ou partes dele em uma orientação alongada com relação ao fluxo do fluido reduzirão o arrasto de forma. Ciclistas, nadadores, patinadores de velocidade e atletas de esqui alpino e de luge manipulam suas posições para tal redução. Um terceiro modo é diminuir a área de superfície total exposta ao fluido, o que diminui o arrasto de superfície. Os nadadores (e outros atletas de atividades aquáticas) têm ainda outro modo de reduzir o coeficiente de arrasto: escolhendo piscinas com uma temperatura morna. A água morna é menos viscosa (e, portanto, cria menos arrasto de superfície) que a gelada.

As contribuições do arrasto de forma e de superfície para o arrasto total variam com a velocidade. O arrasto de forma é responsável pela maior parte da força de arrasto em velocidades maiores, enquanto o de superfície responde pela maior parte dessa força em velocidades menores. É preciso considerar essa diferença ao decidir as estratégias para diminuir o arrasto. Expor uma menor área de superfície ao fluxo do fluido reduzirá o arrasto de superfície, já posicionar o corpo em uma forma mais hidro ou aerodinâmica para reduzir o arrasto de forma geralmente envolve um aumento da área de superfície. Se você (ou seu equipamento) está se movendo através de um fluido em altas velocidades (superiores a 10 m/s ou 32 km/h no ar), adote uma posição aerodinâmica. Caso contrário, tente reduzir a área de superfície.

> O arrasto de forma é responsável pela maior parte da força de arrasto em velocidades maiores, enquanto o de superfície responde pela maior parte dessa força em velocidades menores.

A área de secção transversa (ou área frontal) do atleta ou do equipamento também pode ser controlada de alguma forma. Basicamente, o atleta quer diminuir a área frontal exposta ao fluxo. Nos exemplos anteriores, a maioria das posições hidro ou aerodinâmicas para reduzir o arrasto de forma também reduz a área frontal. Além de superfícies mais lisas, roupas justas ao corpo produzem o mesmo efeito. Compare uma camiseta larga e uma bermuda larga a um maiô de elastano. Os atletas orientam seus implementos em vários esportes para minimizar a área frontal. Uma bola de futebol americano é lançada de modo que o fluxo de ar esteja alinhado com o seu eixo longitudinal, e orientações similares são usadas com o dardo, o disco ou o *frisbee*. Essas orientações minimizam o arrasto.

A velocidade relativa é a última variável na equação 8.5. Como esse termo é elevado ao quadrado, ele tem um grande efeito na força de arrasto, sendo a variável mais importante que os atletas podem controlar. Mas como podem controlar essa variável para minimizar o arrasto quando é a velocidade que eles querem maximizar? Uma forma é cronometrar a execução. A corrida de velocidade é um fator importante para o sucesso de atletas de salto em distância, salto triplo e salto com vara. As regras do atletismo limitam o tempo que um atleta tem para iniciar o salto (geralmente 1 minuto), e a maioria dos competidores usa esse tempo para esperar um vento a favor para aumentar a velocidade (ou um vento contra para diminuí-la). Pela mesma razão, promotores de eventos de atletismo costumam optar por realizar as corridas no sentido dos ventos predominantes. Contudo, os recordes em salto em distância, no salto triplo, nas corridas rasas e na corrida com barreiras não são contabilizados se a velocidade do vento no sentido do salto ou da corrida for superior a 2,0 m/s.

Corredores, ciclistas e nadadores usam outra forma de reduzir a velocidade relativa. Corredores e ciclistas contam com um colega ou com um adversário para liderar a prova e se deslocam pegando a esteira do líder. Os nadadores podem nadar na esteira do atleta que está liderando a prova, pois o fluido foi perturbado por este. A velocidade relativa do fluido que passa pelo competidor atrás é, consequentemente, menor, assim como as forças de arrasto exercidas sobre ele. Contudo, os atletas devem correr ou pedalar muito próximos ao sujeito que está na frente para maximizar esse efeito. Um competidor que lidera uma prova de ciclismo ou de corrida é duplamente prejudicado por essa tática. Primeiro, ele deve trabalhar de forma mais intensa, já que a força de arrasto é maior devido ao fato de que a velocidade relativa do fluido é maior. Segundo, os atletas atrás dele (se conseguirem ficar próximos o suficiente) não precisam trabalhar de forma tão intensa, porque a força de arrasto é menor devido a menor velocidade relativa do fluido. Esses atletas provavelmente ultrapassarão o líder com um *sprint* no final da corrida!

Estratégias para aumentar a força de arrasto

Em alguns casos, os atletas podem querer aumentar a força de arrasto. Eles manipulam seus corpos ou usam implementos que aumentam os arrastos de forma e/ou de superfície. Pás e remos são projetados para aumentar a força de arrasto

Figura 8.10 As "guelras" ou cavas nos calçados AQx para exercício na água criam uma força de arrasto à medida que o pé empurra a água.

com o intuito de propulsionar o barco ou a canoa. Paraquedas são projetados para aumentar a força de arrasto o suficiente para reduzir a velocidade com o intuito de pousar com uma velocidade segura. Os praticantes de *kitesurfing* usam *kites* similares aos paraquedas para gerar propulsão sobre as ondas e através da água. Atletas podem "correr" em uma piscina como parte de uma rotina de reabilitação caso estejam lesionados ou como *cross-training* mesmo se estiverem saudáveis. O calçado mostrado na Figura 8.10 é projetado para exercício de corrida em piscina funda. Note as "guelras" nas laterais. Elas aumentam a resistência que o atleta deve superar à medida que o pé empurra a água. Essa resistência é produzida pela força de arrasto resultante das "guelras" do calçado. Os nadadores também usam a força de arrasto para gerar propulsão através da água, mas ela também pode ser combinada com outra força dinâmica do fluido – a força de sustentação – para produzir uma força propulsiva resultante sobre o atleta.

Força de sustentação

A **força de sustentação** é o componente da força dinâmica que atua perpendicular ao movimento relativo do objeto no fluido. Em vez de se opor a esse movimento, o efeito dessa força é alterá-lo. A palavra *sustentação* sugere que tal força atue diretamente para cima, mas isso não é necessariamente verdade. A força de sustentação pode ser direcionada para cima, para baixo ou para qualquer direção. Seus sentidos possíveis são determinados pelo sentido do fluxo do fluido, em relação ao qual ela é perpendicular. A força de sustentação é definida pela equação 8.6:

$$F_S = \frac{1}{2} C_S \rho A v^2 \tag{8.6}$$

onde:

F_S = força de sustentação,

C_S = coeficiente de sustentação,

ρ = massa específica do fluido,

A = área de referência (geralmente a área de secção transversa do objeto perpendicular ao movimento relativo) e

v = velocidade relativa do objeto em relação ao fluido

Qualitativamente, pode-se considerar que a força de sustentação é causada pelo desvio lateral das moléculas de fluido à medida que passam pelo objeto. O objeto exerce uma força nas moléculas que causa esse desvio lateral (uma aceleração, porque elas mudam o seu sentido). De acordo com a terceira lei de Newton, uma força lateral igual, mas oposta, é exercida pelas moléculas no objeto. Essa é a força de sustentação, que, consequentemente, é proporcional à aceleração lateral das moléculas do fluido e à massa das moléculas desviadas. A Figura 8.11 ilustra a força de sustentação, e você pode demonstrar a força de sustentação na próxima vez que estiver em um carro em movimento, testando a Autoexperimento 8.2.

> A força de sustentação é o componente da força dinâmica que atua perpendicular ao movimento relativo do objeto no fluido.

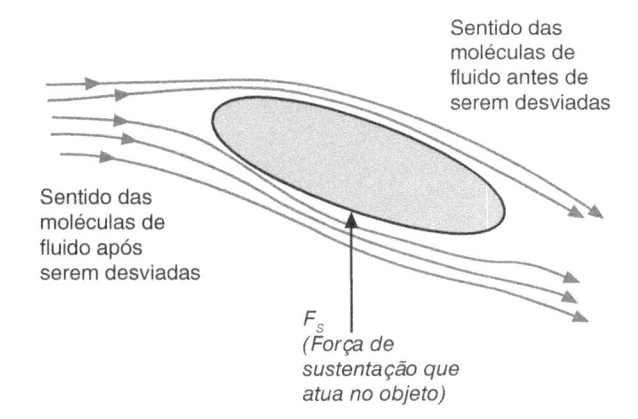

Figura 8.11 As moléculas do fluido, passando pelo objeto, são desviadas lateralmente. A mudança no sentido é uma aceleração lateral causada pela força exercida pelo objeto. A reação a essa força é a força de sustentação que atua no objeto.

Autoexperimento 8.2

Coloque sua mão para fora da janela de um carro em movimento. Com os seus dedos estendidos e a palma virada para baixo, lentamente, vire a palma da mão para cima. À medida que fizer isso, você notará que há forças que tentam empurrar sua mão para trás (força de arrasto) ou para cima (força de sustentação). Essas forças mudarão à medida que a orientação de sua mão em relação ao fluxo de ar ou a velocidade do fluxo de ar se alterem. Agora, feche sua mão, deixando os dedos unidos, e repita o processo. As forças de sustentação são as mesmas?

O exemplo da mão no fluxo de ar fora do carro demonstra vários fatores que influenciam a força de sustentação. De novo, a velocidade relativa é a mais importante. Um aumento na velocidade do carro (e, consequentemente, da velocidade relativa do ar) aumenta muito a força de sustentação, mas a forma e a orientação da sua mão também a afetam muito. Na equação 8.6, esses dois fatores são parcialmente responsáveis pela área frontal do objeto. A outra variável que também leva em conta esses fatores é o coeficiente de sustentação.

Alguns exemplos comuns do uso da força de sustentação, mostrados na Figura 8.12, podem esclarecer melhor essa força. As asas (aerofólios) nos aviões usam a força de sustentação para mantê-los no ar. Da mesma forma, asas submersas (hidrofólios) em determinados barcos (hidroplanos) a usam para sustentar o casco da embarcação fora d'água. Um leme em um barco faz uso dessa força para mudar o sentido da embarcação. As hélices em barcos e aeroplanos usam a força de sustentação para propelir o veículo. Os *spoilers* na parte traseira de alguns carros de corrida usam essa força para empurrar as rodas traseiras contra o solo a fim de melhorar a tração. Os atletas de salto de esqui usam implementos compridos e se posicionam para que a força de sustentação gerada os mantenha no ar por mais tempo e os faça saltar o mais longe possível. Ao tentar flutuar na água na posição vertical, você realiza palmateios com suas mãos em um plano horizontal, e a força de sustentação gerada por elas ajuda manter a sua cabeça acima d'água. As técnicas propulsivas usadas nos estilos de natação são um resultado das forças de arrasto e de sustentação que atuam nas mãos. As velas em veleiros e no *windsurf* usam a força de sustentação para gerar propulsão quando eles estão amurados.

Na maioria desses exemplos, o objeto que gera a força de sustentação é comprido na dimensão paralela ao fluxo e curto na perpendicular. Além disso, a força de sustentação é gerada, na maioria desses exemplos, quando a dimensão mais comprida do objeto não está alinhada em paralelo com o fluxo do fluido. Alguns objetos geram força de sustentação apesar de não serem mais compridos em uma dimensão que em outra (como uma bola girando ao redor de seu eixo), ou mesmo se sua dimensão mais longa estiver alinhada com o fluxo do fluido (como um aerofólio). Como esses objetos desviam o fluido lateralmente para gerar força de sustentação?

Figura 8.12 Exemplos de objetos que criam força de sustentação.

Princípio de Bernoulli

Em 1738, Daniel Bernoulli (1700-1782), um matemático suíço, descobriu que fluidos que se movem mais rápido exercem menor pressão lateralmente que aqueles que se movem de modo mais lento. Esse princípio, chamado de **princípio de Bernoulli**, pode explicar por que alguns objetos são capazes de gerar força de sustentação mesmo não sendo mais compridos em uma dimensão que em outras ou quando a mais longa está alinhada com o fluxo.

> Fluidos que se movem mais rápido exercem menor pressão lateralmente que aqueles que se movem de modo mais lento.

Examinaremos um aerofólio para ver como o princípio de Bernoulli funciona. Trata-se de um exemplo de objeto que parece alinhar a sua maior dimensão com o fluxo do fluido, mesmo enquanto cria força de sustentação. A Figura 8.13*a* mostra um aerofólio em corte transversal. Uma de suas superfícies (a superfície superior da asa de um aeroplano) é mais curvada que a outra. A curvatura é muito suave, e o aerofólio é aerodinâmico. Quando ele está orientado de tal forma que a dimensão longa esteja alinhada com o fluxo do fluido, sua forma aerodinâmica produz fluxo laminar (e o mínimo de arrasto). Imagine duas filas de quatro moléculas de fluido de ar cada se aproximando do aerofólio (Fig. 8.13*b*). Quando atingem a borda de ataque do aerofólio, uma percorre a superfície superior curvada, e a outra a superfície inferior plana. Se o fluxo for laminar, cada molécula no topo chega à borda de fuga do aerofólio no mesmo tempo que a molécula correspondente da parte inferior. As moléculas ao longo da superfície superior percorrem uma distância maior para chegar à borda de fuga do aerofólio, mas o fazem no mesmo tempo que as da superfície inferior. Elas se movem mais rápido; assim, de acordo com Bernoulli, a pressão lateral exercida pelas moléculas mais velozes é menor que a exercida pelas mais lentas, e uma força de sustentação para cima é gerada. As moléculas da superfície superior, que se movem mais rápido, têm um componente para baixo em relação à velocidade à medida que deslizam pela borda de fuga do aerofólio, então, algum desvio do ar ocorre para baixo.

Agora, vamos tentar determinar a base para o princípio de Bernoulli. Retornemos às duas filas de moléculas no aerofólio. Quando as primeiras moléculas alcançam a borda de fuga, elas estarão distribuídas ao longo das superfícies, como mostrado na Figura 8.13*c*. Todas elas exercerão alguma força contra a superfície do implemento devido à pressão das moléculas adjacentes. As forças exercidas

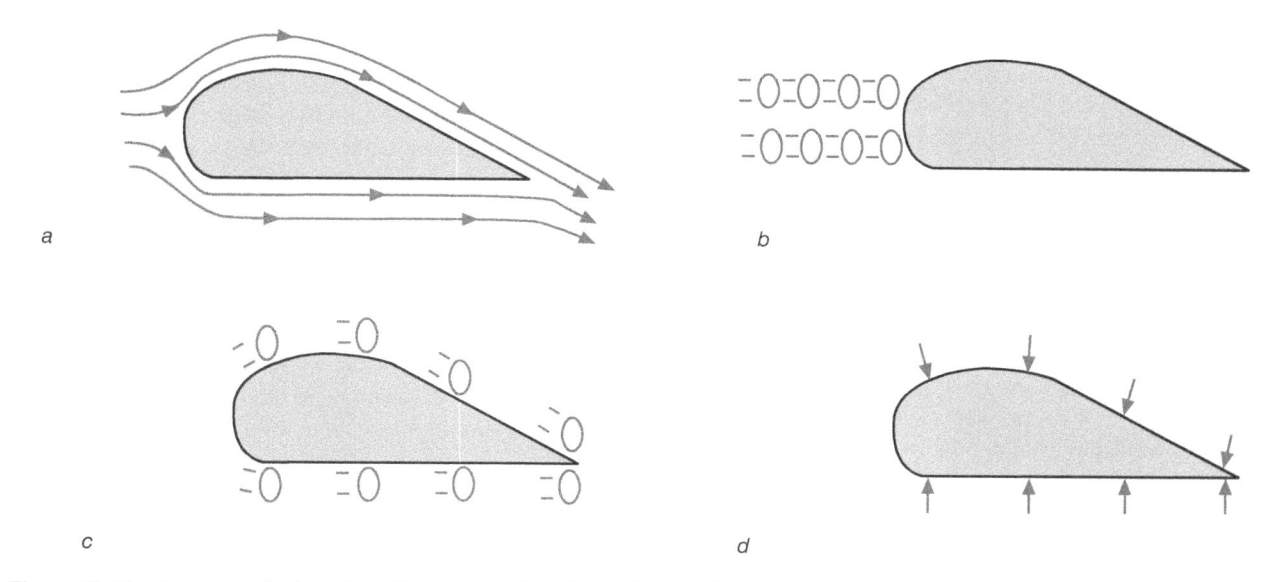

Figura 8.13 Uma possível explicação para o princípio de Bernoulli usando um aerofólio como exemplo.

pelas moléculas na superfície inferior estarão direcionadas perpendicularmente a esta, ou para cima, assim como exercidas pelas moléculas na superfície superior; contudo, a superfície superior é curvada, de modo que essas forças serão direcionadas tanto para baixo como para trás ou para frente, como mostrado na Figura 8.13d. Se a força resultante que cada molécula exerce é a mesma da superfície superior para a inferior, a força resultante para cima na superfície inferior é maior que a para baixo na superior, porque as forças das moléculas nesta última têm componentes para frente e, também, para trás. A diferença nessas forças resultantes é a força de sustentação que é gerada.

Rotação e o efeito Magnus

Em 1852, o cientista alemão Gustav Magnus observou que a força de sustentação também é gerada por bolas em rotação. Esse efeito é chamado de **efeito Magnus**, e uma força de sustentação causada por uma rotação é chamada de força Magnus. Mas como pode um objeto que não tem uma superfície ampla e relativamente plana desviar o ar lateralmente para produzir força de sustentação? Vamos examinar o que acontece com as moléculas de ar à medida que elas se aproximam e passam por uma bola com *topspin*. A Figura 8.14 ilustra essa bola (que se move da esquerda para a direita na página).

> Uma força de sustentação causada por uma rotação é chamada de força Magnus.

Note que a superfície superior de uma bola com *topspin* tem uma velocidade para frente (direita, Fig. 8.14) com relação centro da bola, enquanto a inferior tem uma velocidade para trás (para a esquerda). As moléculas de ar, em contrapartida, têm uma velocidade para trás (para a esquerda). Quando atingem a superfície inferior da bola, elas não perdem tanta velocidade, porque essa superfície, em relação ao centro, está se movendo no mesmo sentido que elas (para trás ou para a esquerda). Quando atingem a superfície superior da bola, as moléculas perdem velocidade, porque essa superfície está se movendo no sentido oposto (para frente ou para a direita) em relação ao centro. A velocidade de ar na superfície superior é menor que a velocidade do ar na superfície inferior. De acordo com o princípio de Bernoulli, então, menor pressão será exercida pelas moléculas que se movem com maior velocidade na superfície inferior. Essa diferença na pressão resulta na força de sustentação que atua na bola para baixo, como mostrado na Figura 8.14.

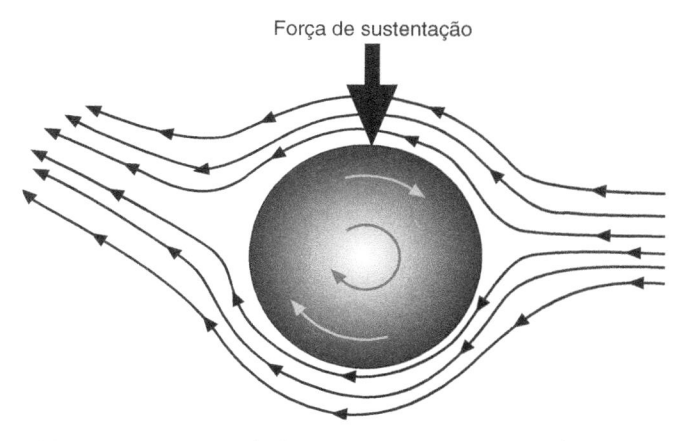

Figura 8.14 Uma bola com *topspin* tem uma força de sustentação que atua para baixo.

Também podemos explicar a força de sustentação imaginando que, na superfície superior da bola, as moléculas que se movem com menor velocidade se amontoam, enquanto, na inferior, aquelas que se movem com maior velocidade se espalham. As que se amontoam exercem mais pressão (e, consequentemente, mais força) na bola que as que se espalham. Imagine uma multidão de pessoas saindo de um teatro ou de uma arena por uma ou duas portas. À medida que se aproximam da porta, elas se amontoam mais e diminuem a velocidade, e mais colisões ocorrem. Isso é análogo com o que acontece com as moléculas na superfície superior da bola. Um número maior de colisões significa mais pressão.

Você também pode notar que as moléculas com maior velocidade na superfície inferior da bola permanecem com mais facilidade nessa superfície. Elas só deixam a esfera quando passam o ponto mais distante da bola. Então, as moléculas são desviadas para cima (e a esfera, para baixo).

A força de sustentação devido ao efeito Magnus é responsável pelos voos curvos das bolas observados em vários esportes. Um *backspin* manterá a bola no ar por mais tempo, enquanto um *topspin* a fará cair no solo mais rápido. Já *sidespin* fará a bola se desviar para a direita ou para a esquerda. Os tacos de golfe são projetados para transmitir *backspin* na bola visando mantê-la mais tempo no ar e, consequentemente, fazendo-a ir mais longe. Muitos praticantes de golfe, sem querer, transmitem um *sidespin* à bola, o que a faz ir para a esquerda ou para a direita. Golfistas profissionais são capazes de usar esse recurso intencionalmente. Os lançadores no beisebol usam *sidespin*, *topspin* ou *backspin* para que a trajetória da bola seja menos previsível para o rebatedor. Os jogadores de futebol usam o *sidespin* para fazer suas cobranças de escanteio ou de pênalti desviarem dos adversários. Os tenistas usam *topspin* para forçar suas jogadas a caírem na quadra mais cedo. Talvez, o exemplo mais marcante do efeito Magnus em uma esfera seja no tênis de mesa, no qual a rotação da bola causa um grande desvio no seu voo.

Centro de pressão

A força resultante das forças de sustentação e de arrasto que atuam no objeto é a **força dinâmica do fluido**. Esta, na verdade, é a resultante das pressões exercidas nas superfícies do objeto. O ponto teórico de aplicação dessa força sobre um corpo é chamado de **centro de pressão**. Se a força resultante que atua no centro de pressão não é uma linha que passa pelo centro de gravidade do objeto, um torque é gerado, fazendo-o rotar. Um *frisbee*, um disco ou uma bola de futebol americano, quando lançados sem rotação, são mais prováveis de oscilar em função desse torque. Em um aeroplano, no qual a carga ou os passageiros estejam posicionados muito longe da parte traseira, haverá um torque perigoso, que tenderá a inclinar a parte dianteira para cima. As especificações adotadas pela Associação Internacional das Federações de Atletismo (IAAF), em 1986, para os dardos usados pelos homens, e, em 1999, para os dardos usados pelas mulheres, forçaram essencialmente o centro de pressão para trás da pega (e do centro de gravidade) do implemento. O torque gerado no dardo durante o voo pelas forças dinâmicas o faz rodar; consequentemente, é a sua ponta que atinge o solo. A Figura 8.15 ilustra esse efeito.

> A força resultante das forças de sustentação e de arrasto que atuam no objeto é a força dinâmica do fluido. O ponto teórico de aplicação dessa força sobre um corpo é chamado de centro de pressão.

Efeitos das forças dinâmicas do fluido

As forças dinâmicas do fluido que atuam sobre um objeto que se move através de um fluido foram explicadas nas páginas anteriores. Contudo, os atletas estão mais preocupados com os efeitos dessas forças do que com elas em

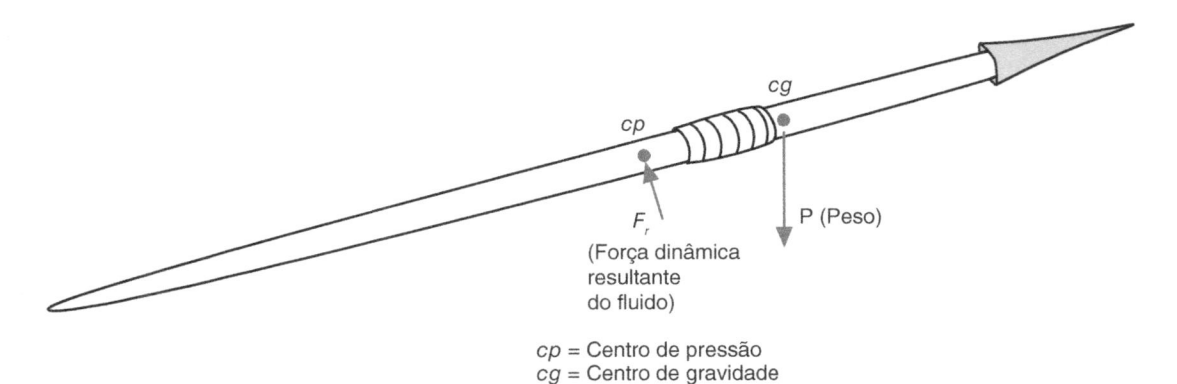

cp = Centro de pressão
cg = Centro de gravidade

Figura 8.15 As forças atuantes no dardo – seu peso e a força dinâmica do fluido – atuam em diferentes locais, gerando um torque que causa sua rotação e faz sua ponta cair.

si. A segunda lei de Newton é expressa pela equação 3.18 como:

$$\sum F = ma$$

onde:

$\sum F$ = força resultante,

m = massa do objeto e

a = aceleração do objeto

O efeito de uma força é a aceleração que será causada se ela fosse a força resultante que age, ou:

$$\sum F = ma$$

$$\frac{\sum F}{m} = a$$

Os efeitos das forças dinâmicas do fluido podem ser determinados a partir da equação 8.4:

$$F \propto \rho A v^2$$

$$a = \frac{\sum F}{m} \propto \frac{\rho A v^2}{m}$$

$$a \propto \frac{\rho A v^2}{m}$$

A aceleração representa o efeito das forças dinâmicas do fluido, e essa aceleração está associada com todos os fatores relacionados com tais forças; contudo, a aceleração é inversamente proporcional à massa do objeto. Isso significa que dois objetos com tamanhos e formas similares experimentarão as mesmas forças dinâmicas do fluido, mas aquele com maior massa apresentará menor aceleração. O vento soprando na face de um corredor de longa distância de 50 kg terá um efeito maior do que se soprasse na face de um atleta de 70 kg. É mais fácil lançar uma bola de espuma com trajetória curva que uma bola real de beisebol. A força Magnus tem um efeito muito maior em uma bola de tênis do que em uma de raquetebol. A força de sustentação que atua no *Frisbee* é similar à força de sustentação que atua no disco, mas os efeitos são muito diferentes. Os efeitos relativos das forças de sustentação e de arrasto em projéteis podem ser vistos na Figura 8.16, que mostra as trajetórias de uma variedade de bolas com volumes similares. As velocidades, os ângulos e as alturas de projeção iniciais desses objetos são idênticos, mas suas massas (suas massas específicas) são diferentes.

> Dois objetos com tamanhos e formas similares experimentarão as mesmas forças dinâmicas do fluido, mas aquele com maior massa apresentará menor aceleração.

Resumo

As forças de um fluido afetam os movimentos em uma variedade de esportes. A força de empuxo afeta todos os participantes de esportes aquáticos, e as forças dinâmicas de um fluido afetam todos os atletas que praticam esportes onde velocidades altas estejam envolvidas. A força de empuxo é uma força para cima igual à magnitude do peso da água deslocada pelo objeto imerso. A força dinâmica de um fluido é decomposta em arrasto e em sustentação e é proporcional à massa específica do fluido, à área frontal do objeto e ao quadrado da velocidade relativa do fluido. A velocidade relativa do fluido tem, consequentemente, a maior influência sobre as forças de arrasto e de sustentação, porque essas forças são proporcionais ao quadrado da velocidade. Formas de reduzir o arrasto incluem adotar uma forma mais aero ou hidrodinâmica, manter a superfície do objeto lisa (na maioria dos casos) e reduzir a área frontal. A força de sustentação pode ser controlada pela forma e pela orientação de um objeto. A rotação de uma esfera pode também gerar a força de sustentação, o que deixa os jogos com bola muito mais interessantes.

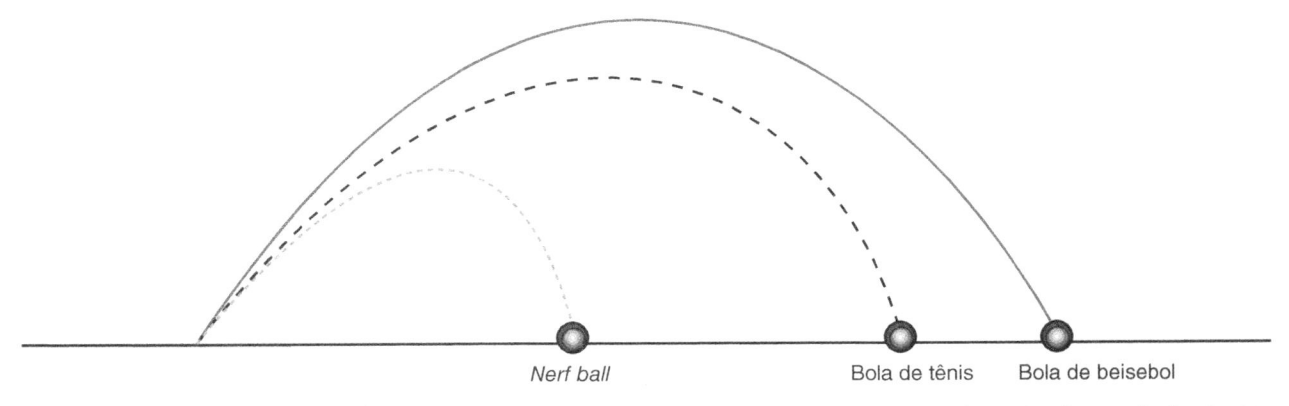

Figura 8.16 As trajetórias de três bolas com diferentes massas, demonstrando que o efeito das forças do fluido é influenciado pela massa do objeto.

TERMOS-CHAVE

Arrasto de forma (p. 220)
Arrasto de superfície (p. 220)
Centro de pressão (p. 228)
Densidade (p. 216)
Efeito Magnus (p. 227)
Fluxo laminar (p. 221)
Fluxo turbulento (p. 221)
Força de arrasto (p. 218)
Força de empuxo (p. 214)
Força de sustentação (p. 224)
Força dinâmica do fluido (p. 228)
Massa específica (p. 216)
Pressão (p. 214)
Princípio de Bernoulli (p. 226)
Viscosidade (p. 221)

QUESTÕES DE REVISÃO

1. Por que é difícil ou impossível flutuar de costas em uma posição horizontal perfeita com as pernas juntas e os quadris e joelhos completamente estendidos?
2. Qual força de arrasto é reduzida pela presença das covinhas na bola de golfe?
3. Em um veículo de tração humana, como uma bicicleta, o corpo da pessoa que pedala cria a maior parte da força de arrasto, a menos que o indivíduo esteja encapsulado ou uma capota aerodinâmica seja usada. Se estivesse projetando um veículo de tração humana, qual posição você escolhera para o indivíduo a fim de maximizar a redução da força de arrasto – vertical, mas agachado (como em uma bicicleta de corrida), reclinado (como em uma bicicleta reclinada) ou prono (com a cabeça e os braços para frente)?

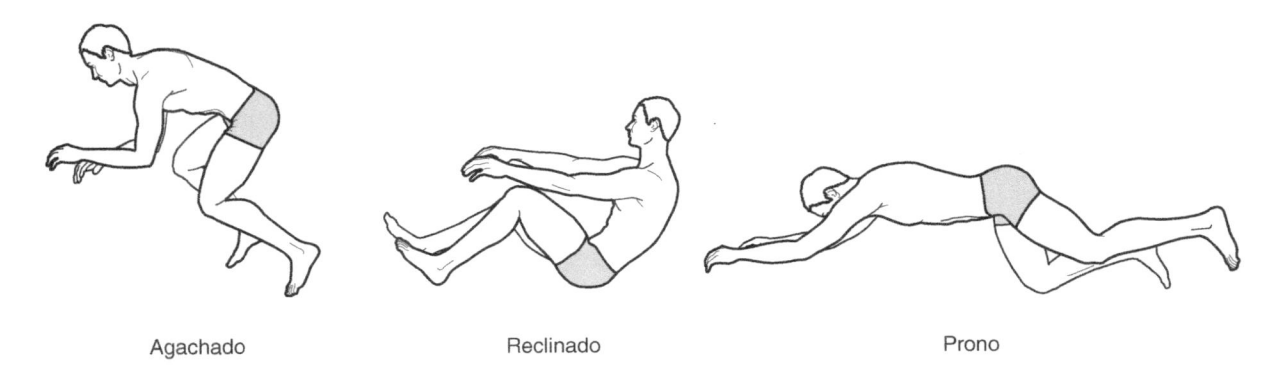

Agachado   Reclinado   Prono

4. Por que insetos que não podem voar em geral são capazes de sobreviver a quedas que seriam letais para humanos?
5. Como as costuras da bola de beisebol afetam seu voo?
6. Como a rotação de uma bola de tênis afeta seu voo?
7. Por que é benéfico dar um *topspin* à bola de tênis em uma jogada?
8. Por que é benéfico dar um *backspin* à bola de golfe na primeira tacada?
9. Em qual evento esportivo a resistência do ar tem um maior efeito: 100 m rasos ou 10.000 m rasos do atletismo ou 500 m da patinação de velocidade?
10. Qual é o ângulo ótimo de projeção no lançamento de disco, que é afetado pelas forças do fluido que atuam sobre o disco durante seu voo?
11. Ordene os seguintes itens de acordo com o efeito que a resistência do ar tem sobre cada um deles: peso do atletismo, disco do atletismo, bola de beisebol, bola de espuma, bola de basquetebol, bola de praia, bola de tênis e *frisbee*.
12. Explique como é possível para um praticante de vela ter um componente de velocidade no sentido do vento.
13. Por que nadadores depilam seus corpos?
14. Por que os capacetes de bicicleta são afunilados na parte posterior?
15. Qual é o objetivo da esteira em uma prova do ciclismo?
16. Quando um barco permanece parado, ele fica mais baixo na água do que quando está navegando, isto é, ele desloca mais água quando está parado do que quando está se movendo. Por quê?

PROBLEMAS

1. Quando Grant expira completamente, sua massa específica é igual a 1,02 g/cm³ (1.020 kg/m³). Durante uma prova de natação em um triatlo, Grant usa um traje que diminui a massa específica de seu corpo para 0,99 g/cm³ (990 kg/m³). A água em que ele nada tem uma massa específica de 1,00 g/cm³ (1.000 kg/m³).
a. Se expirar completamente, Grant será capaz de flutuar na água sem usar o traje?
b. Se expirar completamente, ele será capaz de flutuar usando o traje?
2. Um caiaque K-1 tem um volume de 225 litros (0,225 m³) e uma massa de 10 kg. Sean está se perguntando se o caiaque é grande o suficiente para que ele o use. Sua massa corporal é de 70 kg. Que percentual do caiaque estará submerso quando Sean sentar nele? Assuma que a massa específica da água é 1,00 g/cm³ (1.000 kg/m³).
3. Uma maratonista aquática está nadando no Oceano Atlântico. Ela está se movendo para o norte a uma velocidade de 2 m/s em relação à água. A corrente do oceano também está se movendo para o norte, mas a 1 m/s. Qual é a velocidade absoluta ou verdadeira dela?
4. Lily está realizando uma prova de 100 m rasos. Na marca dos 80 m, sua velocidade é de 9,5 m/s. Ela está correndo contra um vento de 3 m/s. Qual é a velocidade do ar relativa à Lily?
5. Carter está participando de uma prova de 400 m rasos em uma pista de 400 m. Em uma reta, sua velocidade é de 8 m/s, mas ele está correndo contra um vento de 2 m/s. Qual a intensidade da força de arrasto que atua sobre ele? Assuma que a massa específica do ar seja 1,2 kg/m³, que a área de secção transversa de Carter seja 0,5 m² e que seu coeficiente de arrasto seja 1,1.
6. Na continuação da prova de 400 m descrita na questão 5, Carter está agora na reta oposta. Sua velocidade ainda é de 8 m/s, mas agora ele está correndo a favor de um vento de 2 m/s. Qual a intensidade da força de arrasto que atua sobre Carter agora? Assuma que a massa específica do ar seja 1,2 kg/m³, que a área de secção transversa de Carter seja 0,5 m² e que seu coeficiente de arrasto seja 1,1.
7. Amy e Josh estão descendo uma ladeira de bicicleta com uma inclinação de 10° a 15 m/s. Não há vento. A massa de Amy e sua bicicleta é 60 kg; a de Josh e sua bicicleta, 90 kg. A área de secção transversa de Amy e sua bicicleta é de 0,45 m², enquanto a de Josh e sua bicicleta é de 0,60 m². O coeficiente de arrasto para ambos é 0,70. Fora a gravidade e a resistência do ar, as forças externas que atuam sobre eles são as mesmas. Qual ciclista é mais afetado pela resistência do ar?
8. Quando Paul pedala sua bicicleta a 5 m/s, a força de arrasto que atua sobre ele e sua bicicleta é de 6 N. Se sua velocidade subir para 10 m/s, o quanto a força de arrasto aumentará?

Ver respostas (em inglês) no *site* www.grupoa.com.br no *link* do livro.

Parte II

Biomecânica interna
Forças internas e seus efeitos sobre o corpo e seu movimento

Os movimentos do corpo, como um todo, são determinados pela ação de forças externas, mas e quanto às forças internas que mantém o corpo unido? Como elas afetam o corpo e seu movimento? Essas questões são abordadas na Parte II, dedicada sobretudo à parte "bio" da biomecânica. A Parte II inclui quatro capítulos, do 9 ao 12. O Capítulo 9 aborda a mecânica dos materiais biológicos. Já os Capítulos 10 e 11 tratam da mecânica do sistema musculoesquelético. O Capítulo 12, por sua vez, apresenta uma breve revisão sobre o controle do sistema neuromuscular. ■

Capítulo 9

Mecânica dos materias biológicos
Tensões e deformações no corpo

Objetivos

Ao terminar de ler este capítulo, você deverá ser capaz de:

- Definir tensão mecânica
- Definir deformação
- Definir tração (tensão e deformação)
- Definir compressão (deformação compressiva e tensão compressiva)
- Definir cisalhamento (deformação por cisalhamento)
- Identificar e descrever cargas que geram flexão
- Descrever os padrões de tensão que se desenvolvem sob uma carga que gera flexão
- Identificar e descrever cargas que geram torção
- Descrever a relação tensão-deformação geral para um material elástico
- Descrever o módulo de elasticidade (módulo de Young)
- Descrever comportamento elástico e plástico
- Definir as várias propriedades mecânicas dos materiais: tensão de escoamento, tensão máxima e tensão de ruptura
- Definir rígido, dúctil, frágil e flexível
- Definir dureza
- Compreender as propriedades materiais dos ossos
- Compreender as propriedades materiais dos tendões e ligamentos
- Compreender as propriedades materiais dos músculos

Um atacante de futebol americano está tentando correr a distância necessária para marcar um ponto quando é atingido de lado por um defensor. Um estalo alto é ouvido, enquanto seu joelho flexiona para o lado. Ai! A força do golpe do defensor foi direcionada medialmente contra a parede lateral do joelho, e o ligamento colateral medial dessa articulação foi rompido. Por que o joelho não foi capaz de suportar a carga sem sofrer lesão? Os ossos quebram-se, os ligamentos rompem-se, as cartilagens desgastam-se e os músculos estiram-se. Tais falhas ocorrem quando as cargas impostas causam tensões que excedem a capacidade de resistência do material. Este capítulo explica o comportamento mecânico dos materiais biológicos e como eles são capazes de suportar as cargas recebidas.

As forças externas que agem sobre o organismo afetam os movimentos do corpo inteiro. Elas também impõem cargas que afetam as estruturas internas do corpo: cartilagem, tendões, ligamentos, ossos e músculos. Uma compreensão das propriedades mecânicas dessas estruturas é importante para prevenir e avaliar as causas das lesões.

> As forças externas que agem sobre o corpo impõem cargas que afetam suas estruturas internas.

Tensão

Na Parte I, consideramos o corpo como um sistema de segmentos rígidos interligados e usamos a mecânica dos corpos rígidos para estudar os efeitos das forças que agem sobre ele. Na Parte II, iremos descartar o conceito de rigidez e considerar os segmentos como corpos deformáveis. As forças externas que agem sobre o corpo sofrem resistência por parte das forças internas e causam deformações. A quantidade de deformação gerada está relacionada à tensão aplicada pelas forças e ao material que sofre a ação delas. Tente fazer o Autoexperimento 9.1 para entender como as forças podem causar deformação.

Autoexperimento 9.1

Encontre um par de elásticos. Pegue um deles e estique-o até alcançar o dobro do comprimento original. O material se alonga ou deforma devido à ação da força exercida sobre ele. Agora, pegue o outro e estique-o junto com o primeiro. Se você não possui dois elásticos, duplique o primeiro dobrando-o ao meio. Puxe com aproximadamente a mesma força que usou para duplicar o comprimento do elástico sozinho. Os dois juntos (ou o duplicado) alongaram tanto quanto o elástico único sob ação da mesma força?

A deformação ou o alongamento dos dois juntos (ou do elástico duplo) não foi tão grande quanto o do primeiro, exceto se você exerceu mais força. A tensão sobre o elástico único foi duas vezes maior que a tensão sobre o elástico duplo.

A **tensão** mecânica é definida como a força interna dividida pela área de secção transversa da superfície na qual atua. Ela pode variar dentro de um objeto e está associada com uma superfície interna específica. As três tensões principais são: tração, compressão e cisalhamento. Matematicamente, tensão é representada pela letra grega σ (sigma) e é definida como:

$$\sigma = \frac{F}{A} \quad (9.1)$$

onde:

σ = tensão,

F = força interna e

A = área de secção transversa da superfície interna

Como a força é medida em newtons e a área é mensurada em unidades de comprimento quadrado (m^2), a unidade para tensão é N/m^2, que é uma unidade derivada também chamada de pascal (em homenagem ao físico, filósofo e matemático francês Blaise Pascal, abreviada como Pa.

> A tensão mecânica é a força interna dividida pela área de secção transversa da superfície na qual atua.

Antes de continuarmos, é necessária uma explicação clara da força interna, F, e da área de secção, A, presentes na equação 9.1. Considere o elástico único no Autoexperimento 9.1. Se ele ainda é mantido em uma posição alongada, está em equilíbrio estático. Um diagrama de corpo livre do elástico é apresentado na Figura 9.1a.

Se ignorarmos o peso do elástico do Autoexperimento 9.1, a força de tração P_1, na extremidade esquerda do material, deve ser igual à força de tração P_2, na extremidade direita. Vamos chamar a magnitude dessa força de

P. Agora, imagine um plano A-A que corta o elástico em um ângulo reto. O diagrama de corpo livre do elástico à esquerda desse plano é mostrado na Figura 9.1*b*, e o que fica à direita, na Figura 9.1*c*. A parte de elástico mostrada na Figura 9.1*b* não está em equilíbrio estático. A força de tração, P, que age na extremidade esquerda, deve ser contrabalanceada por outra, igual a *P* em magnitude, mas que atua para a direita, mostrada na Figura 9.1*d*. Essa é a força utilizada para definir a tensão na equação 9.1. Que agente é responsável por ela?

As ligações entre as moléculas do elástico para a direita e para a esquerda do plano de corte imaginário produzem a força de tração, *P*, que age no plano de corte. No entanto, essa força não age em um único ponto, conforme ilustrado na Figura 9.1*d*. Ela representa a resultante de todas as forças das ligações intermoleculares individuais que agem através da superfície do plano de corte imaginário e mantêm o elástico unido (Fig. 9.1*e*). A área da secção transversa do elástico no plano de corte imaginário (vamos chamar isso de plano de análise) é a área *A*, utilizada para definir a tensão nesse plano na equação 9.1.

Tração

A tração é uma das duas tensões axiais (também chamadas de tensões normais ou longitudinais) e uma das três tensões principais. A tensão descrita e definida anteriormente é um exemplo de tração. A **tração** é a tensão axial ou normal que ocorre no plano de análise como resultado de uma força ou carga que tende a romper as moléculas que ligam o objeto àquele plano. A tração age de modo perpendicular ou normal ao plano de análise, sendo portanto uma tensão normal ou axial.

> A tração é a tensão axial ou normal que ocorre no plano de análise como resultado de uma força ou carga que tende a romper as moléculas que ligam o objeto àquele plano.

Muitas estruturas anatômicas (ossos longos, músculos, tendões, ligamentos) são mais longas em uma dimensão do que em outra. A tensão, nesses casos, costuma ser analisada considerando os planos de análise que cortam a estrutura perpendicularmente a sua dimensão mais longa. As tensões perpendiculares a tais planos (e que agem, portanto, ao longo do eixo longitudinal da estrutura) são denominadas normais, axiais ou longitudinais. Considere o seu úmero (o osso entre o cotovelo e o ombro). Se as forças agirem em ambas as extremidades dessa estrutura, o que pode ocorrer se você ficar suspenso em uma barra? Ela sofreria a ação de uma tração axial. Esse é um exemplo de carregamento axial, uma situação de carregamento na qual as forças agem na direção do eixo longo do osso. Um diagrama do corpo livre dessa situação é mostrado na Figura 9.2*a*.

Cortando um plano de análise perpendicularmente ao eixo longitudinal, como mostrado na Figura 9.2*b*, podemos determinar a tensão no osso nesse ponto da mesma forma como fizemos no caso de elástico. Dividindo a carga que age através do plano pela área de secção transversa da estrutura na superfície do plano. Como a força tende a separar o osso em dois, e a tensão age para fora do plano de análise, essa é uma tensão do tipo tração.

O elástico tinha a mesma área de secção transversa por todo o seu comprimento, portanto, independentemente de onde você colocou seu plano de análise, a tensão foi a mesma. A área de secção transversa do úmero muda de proximal para distal ao longo de seu comprimento, e

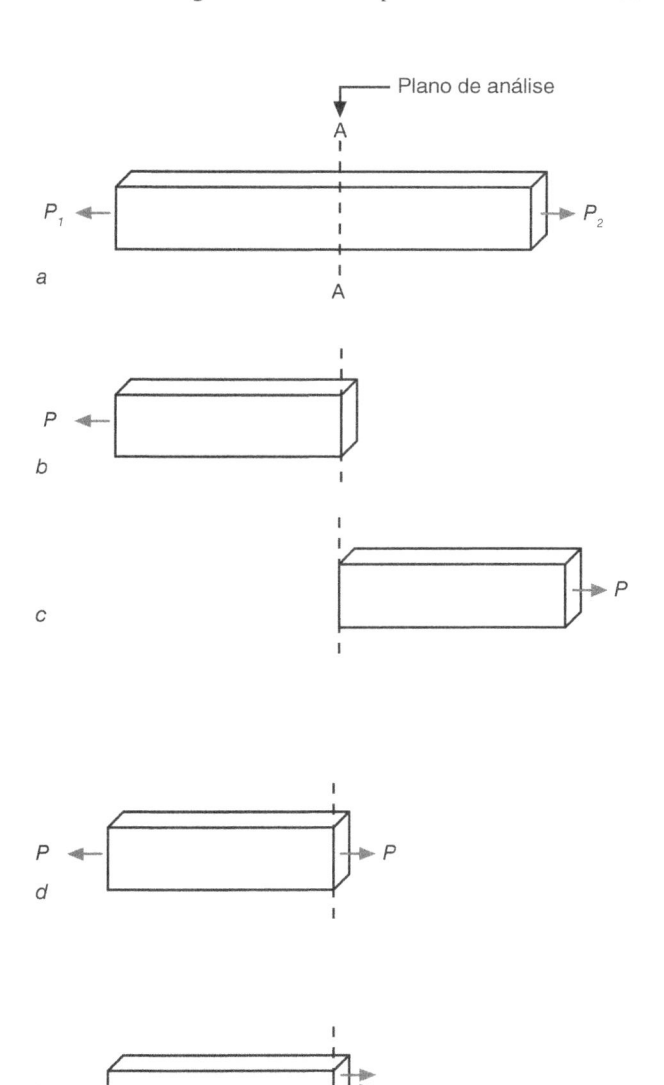

Figura 9.1 Análise de um material elástico alongado.

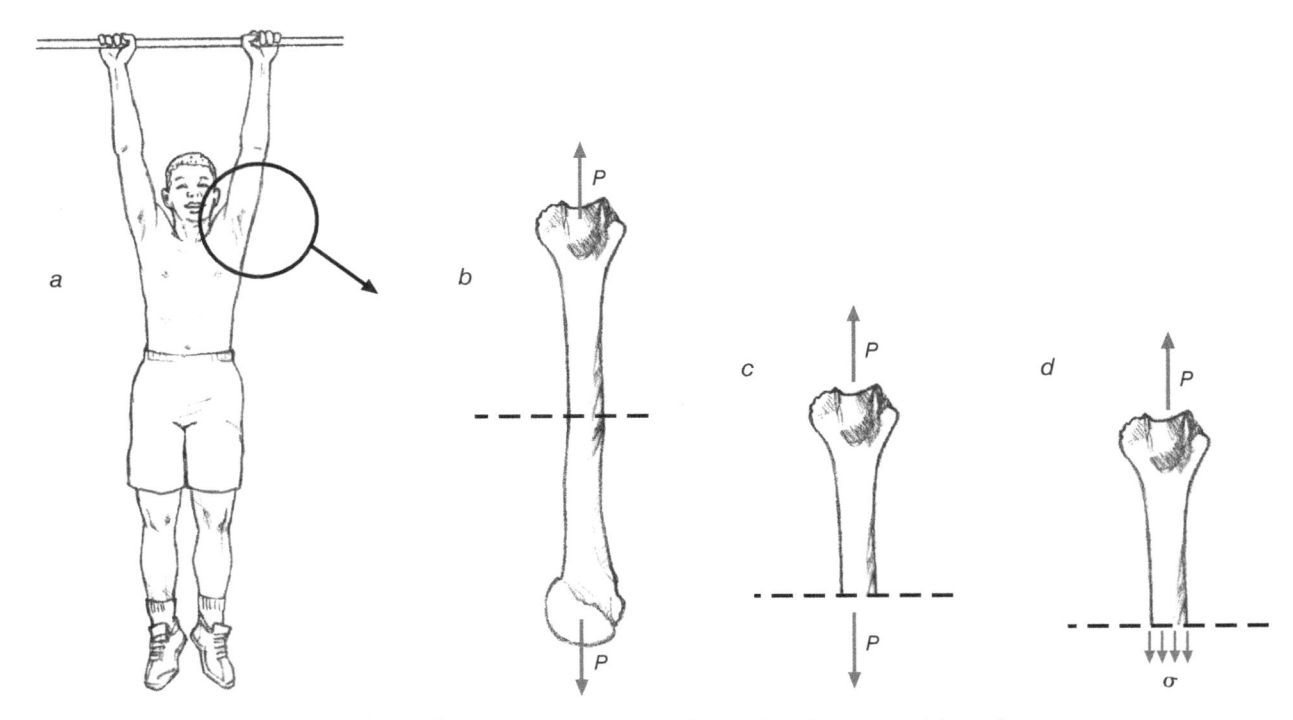

Figura 9.2 O úmero é carregado axialmente em tração quando você realiza o exercício na barra.

Problema ilustrativo 9.1

Uma amostra de material biológico é carregada em uma máquina de teste. A área de secção de um espécime é de 1 cm². A máquina aplica a carga de tração até o ponto de falha. A tração máxima aplicada foi de 700.000 N. Qual foi a tensão maxima aplicada no material quando ele sofreu a ação da carga de tração?

Solução:

Passo 1: Identificar as grandezas conhecidas.

$A = 1 \text{ cm}^2 = 0{,}0001 \text{ m}^2$

$F = 700.000 \text{ N}$

Passo 2: Identificar as variáveis não conhecidas para resolvê-las.

$\sigma = ?$

Passo 3: Pesquisar uma equação com as variáveis conhecidas e não conhecidas.

$\sigma = F/A$

Passo 4: Substituir as grandezas conhecidas e resolver as variáveis desconhecidas.

$\sigma = (700.000 \text{ N})/(0{,}0001 \text{ m}^2)$

$\sigma = 7.000.000.000 \text{ Pa} = 7 \text{ GPa}$

(O prefixo G antes de Pa significa giga, ou 1 bilhão. Assim, a tensão é de 7 bilhões de pascais. Outros prefixos usados no sistema internacional de medidas podem ser encontrados na Tab. A.3 no Apêndice A).

a tensão varia junto com tais mudanças. Onde a área de secção transversa é maior, a tensão é menor e o osso é mais forte; onde essa área é menor, a tensão é maior e o osso é mais fraco.

Quando um objeto ou material é axialmente carregado em tração com as forças puxando nas extremidades, uma tração é produzida em seu interior, e ele tende a se deformar pelo alongamento ou estiramento na direção das cargas externas. Para a maioria dos materiais, esse alongamento é diretamente proporcional à magnitude da tensão aplicada. O aumento na deformação do elástico foi bastante evidente, uma vez que se alongava com o aumento da carga (e da tração). No corpo humano, cargas de tração muito elevadas podem partir ou romper ligamentos, tendões, músculos e cartilagens e causar fraturas em ossos.

> Quando um objeto ou material é axialmente carregado em tração com as forças puxando nas extremidades, uma tração é produzida em seu interior, e ele tende a se deformar pelo alongamento ou estiramento na direção das cargas externas.

Compressão

Compressão ou tensão de compressão é a tensão axial que resulta quando uma carga tende a empurrar ou esmagar ainda mais as moléculas de um material, mantendo-as unidas no plano de análise. O fêmur e a tíbia estão sob compressão quando se está de pé, em função do peso corporal que os empurra para baixo na extremidade proximal e da força de reação que os empurra para cima na extremidade distal. Vamos dar mais uma olhada no úmero, dessa vez quando ele é carregado axialmente em compressão. Durante um exercício de flexão de braços ao solo, existem forças empurrando ambas as extremidade do úmero, o qual é axialmente carregado em compressão (Fig. 9.3).

> Compressão é a tensão axial que resulta quando uma carga tende a empurrar ou esmagar ainda mais as moléculas de um material, mantendo-as unidas no plano de análise.

Como antes, um plano de análise é cortado através do úmero. Um diagrama de corpo livre desse osso é desenhado em ambos os lados do plano de análise, e a ten-

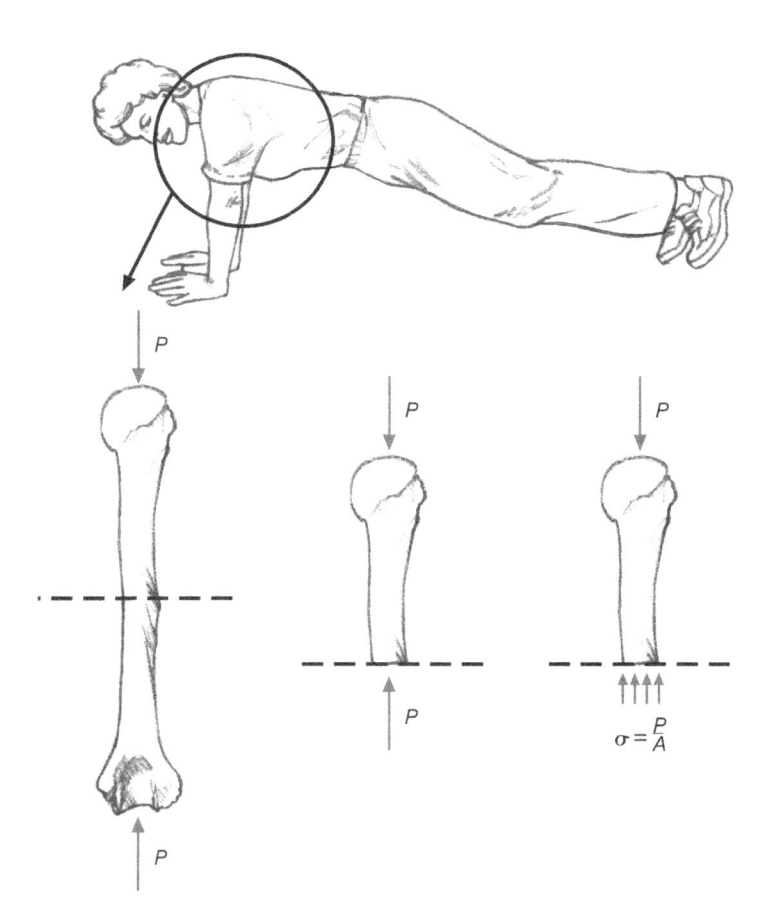

$$\sigma = \frac{P}{A}$$

Figura 9.3 O úmero é carregado axialmente em compressão quando você realiza o exercício de flexão de braços ao solo.

são é determinada dividindo-se a força interna que age na superfície de corte pela área de secção transversa. Nesse caso, como a força que age no plano de análise está empurrando em direção à superfície do plano, a tensão resultante é compressiva.

Quando um objeto é axialmente carregado em compressão devido à ação de forças empurrando ambas as extremidades, uma compressão é produzida em seu interior, e o material tende a sofrer deformação pelo encurtamento da direção das forças externas. Se você amassar uma bola de borracha, a deformação poderá ser facilmente observada. A bola estará sob compressão. No corpo humano, grandes cargas compressivas podem causar contusões nos tecidos moles e fraturas nos ossos.

⟳ **Quando um objeto é axialmente carregado em compressão, ele tende a sofrer deformação pelo encurtamento na direção das forças externas.**

Cisalhamento

A terceira das três principais tensões é a força de cisalhamento. Compressão e tração são tensões axiais perpendiculares ao plano de análise que resultam de forças agindo perpendicularmente a esse plano. Já a tensão de cisalhamento é uma tensão transversa que age em paralelo ao plano de análise como resultado de forças paralelas ao plano. Tais forças tendem a deslizar as moléculas do objeto umas em relação às outras. Tente fazer o Autoexperimento 9.2 para conhecer um exemplo de força de cisalhamento.

⟳ **A tensão de cisalhamento é uma tensão transversa que age em paralelo ao plano de análise como resultado de forças paralelas ao plano.**

Autoexperimento 9.2

Pegue um lápis (ou caneta) com ambas as mãos e segure-o perto do meio entre seus dedos polegares e indicadores, como mostrado na Figura 9.4a. Agarre-o firmemente, empurrando-o para baixo com seu dedo indicador esquerdo ao mesmo tempo que o empurra para cima com o polegar direito. Um diagrama de corpo livre do lápis é mostrado na Figura 9.4b. Considere um plano de análise cortado através do objeto bem entre as duas forças criadas pelo polegar direito e o indicador esquerdo. Um diagrama de corpo livre da metade esquerda do lápis é mostrado na Figura 9.4c. Como essa parte do objeto está em equilíbrio estático, a força que o empurra para baixo deve ser contrabalanceada por uma que o empurre para cima, de modo a manter o equilíbrio de forças. Nenhuma outra força externa age na metade esquerda, assim, a força oposta deve ser interna e estar agindo no plano de análise. A Figura 9.4d mostra a força que surge das ligações de moléculas entre as duas superfícies do lápis no plano de análise. Essa é a força de cisalhamento a partir da qual a tensão de cisalhamento é computada.

A força de cisalhamento é igual à força que atua no plano de análise (a qual age paralelo ao plano de análise) dividida pela área de secção transversa do objeto no plano de análise, ou:

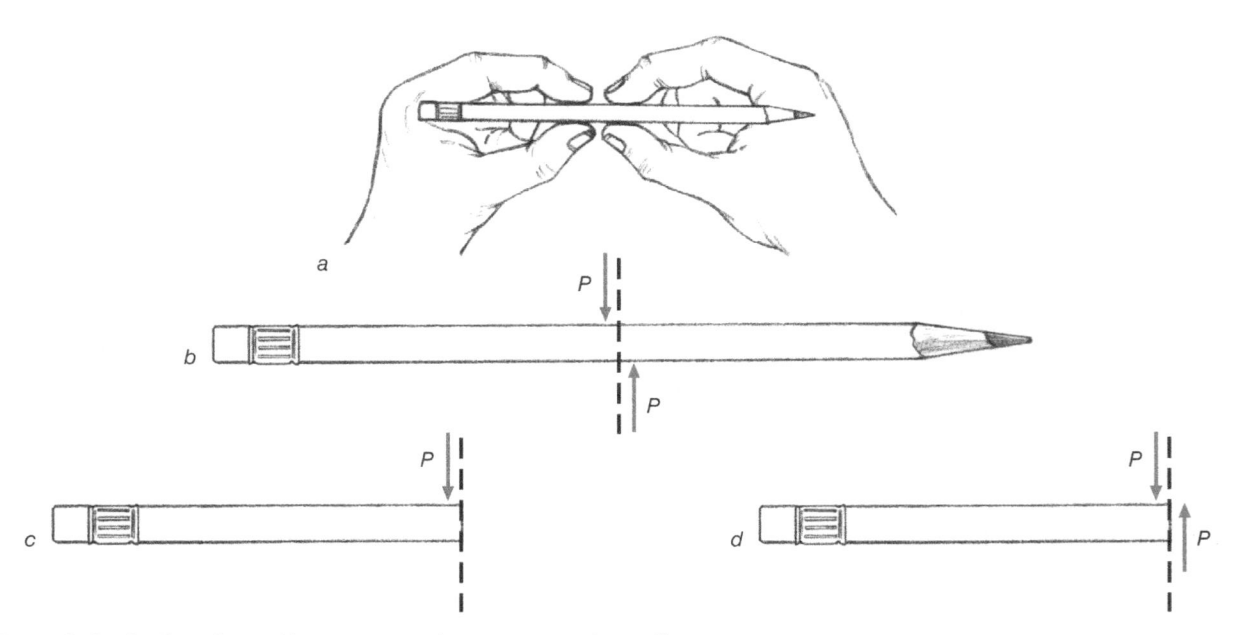

Figura 9.4 Análise de um lápis suportando uma carga de cisalhamento.

$$\tau = \frac{F}{A} \qquad (9.2)$$

onde:

τ = tensão de cisalhamento,

F = força de cisalhamento e

A = área de secção transversa no plano de análise

As tensões axiais (tração e compressão) são representadas pelo símbolo σ (sigma), mas tensão transversal (de cisalhamento) tem seu próprio símbolo, τ (tau). As tesouras são um exemplo de instrumentos que criam grandes forças de cisalhamento, gerando significativas tensões de cisalhamento no material sobre o qual se está trabalhando.

No corpo humano, cargas de cisalhamento causam bolhas na pele e, dependendo de sua magnitude, se agirem sobre as extremidades, podem gerar deslocamentos articulares ou fraturas nos ossos. As cargas de cisalhamento também causam deformação de um objeto, mas, em vez de deformá-lo ou amassá-lo, levam a uma modificação na orientação das laterais do corpo (inclinação). Os três tipos diferentes de tensão são ilustrados na Figura 9.5.

Cargas mecânicas

As forças externas que agem sobre um objeto impõem-lhe uma carga mecânica. Nos exemplos anteriores, foram descritas cargas simples de tração, compressão ou cisalhamento. Nas duas primeiras, as forças externas agem ao longo da mesma linha, produzindo uma carga uniaxial; o plano de análise escolhido é perpendicular ao longo do eixo do objeto que sofre a ação da carga; e a tensão presente no plano de análise é de apenas um tipo – tensão ou compressão. Quando você alongou o elástico, pôde observar um exemplo de carga de tração axial, e a tensão produzida no plano de análise foi somente a tração. Essa tensão foi também uniforme através do plano de análise (ou seja, a tração foi a mesma em qualquer ponto do plano de análise). Nem todas as cargas mecânicas são uniaxiais. Arranjos específicos de forças externas produzem diferentes tipos de cargas. O número, a direção, o ponto onde as forças externas agem e a própria forma do objeto definem o tipo de carga imposta. Flexão, torção e **cargas combinadas** são exemplos de cargas mais complexas que podem ser impostas sobre corpos.

Flexão

As cargas uniaxiais produzem apenas um tipo de tensão, que é uniforme no plano de análise. A maioria das situações de carregamento, no entanto, não é tão simples assim: ocorrem tensões múltiplas no plano ou a tensão através dele pode variar. Uma **carga de flexão** é um exemplo de carga que produz diferentes tensões no plano de análise. O Autoexperimento 9.3 e a Figura 9.6 ilustram como cargas desse tipo produzem tração ou compressão.

Autoexperimento 9.3

Pegue um lápis (ou caneta) e agarre-o pelas extremidades de modo que seus indicadores estejam mais próximos das extremidades e seus polegares mais próximos do meio dele. "Dobre-o", empurrando-o com os polegares e puxando-o com os indicadores. As forças exercidas pelo dedo indicador e pelo polegar de cada mão produzem pares de forças iguais, mas em sentidos opostos, ou torques, fazendo o lápis "dobrar" ligeiramente (e até mesmo quebrar, se as forças forem grandes o suficiente). Qual é a tensão que essa carga impõe ao material? Existem partes do lápis que foram alongadas? Outras partes dele foram comprimidas? Um diagrama de corpo livre do lápis é mostrado na Figura 9.6a.

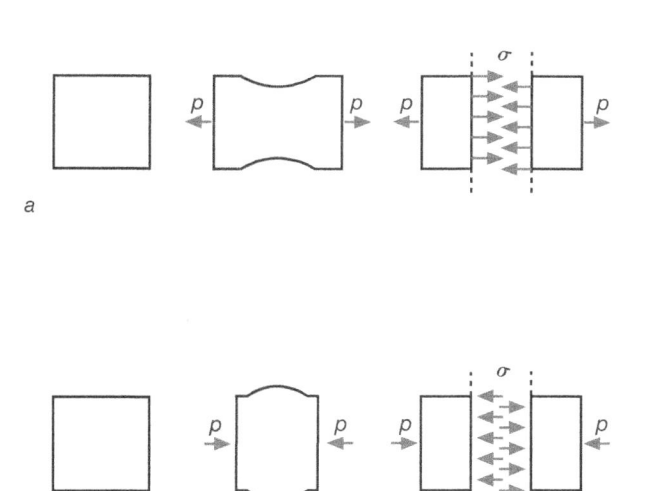

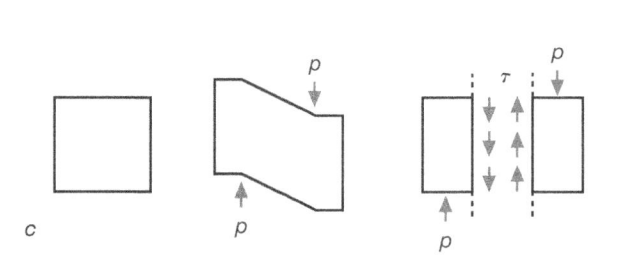

Figura 9.5 Ilustração de uma carga simples que produz três tensões mecânicas: tração (a), compressão (b) e cisalhamento (c).

As tensões sobre o lápis no Autoexperimento 9.3 podem ser analisadas por meio de um plano de análise, dividindo o objeto entre os dois polegares. O diagrama de corpo livre do lado esquerdo é mostrado na Figura 9.6b. As forças que

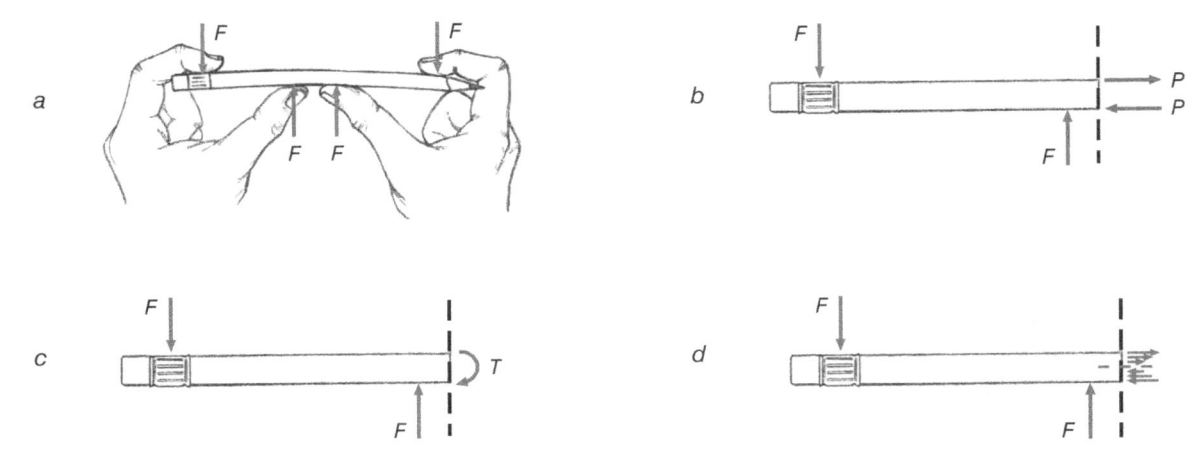

Figura 9.6 Uma carga de flexão cria tensões tanto por compressão quanto por tração.

atuam sobre essa parte do lápis estão em equilíbrio (quando a força que puxa, oriunda do dedo indicador, é igual à força que empurra, gerada do dedo polegar), mas os torques criados por elas não estão. As duas forças que agem na metade esquerda do lápis criam um binário de forças, e o torque gerado por elas tende a girar e acelerar angularmente essa parte do material em sentido anti-horário. Outras forças devem agir sobre o lápis e criar um torque para se opor a esse binário de forças. O único lugar no qual as forças podem agir para criar um torque contrário é no plano de análise. Para isso, contudo, quaisquer forças agindo nesse plano devem estar em pares, como as forças binárias, de modo a manter o equilíbrio enquanto ainda criam torques. A Figura 9.6c mostra como as forças podem agir como um binário no plano de análise e gerar um torque para combater o torque não equilibrado. Tal binário de forças seria criado pelas moléculas, perto do topo da parte direita do lápis, que puxam as do topo da parte esquerda, e pelas moléculas próximas da base da metade direita, que empurram as que estão perto da base da metade esquerda. As forças que agem perpendicularmente ao plano de análise na Figura 9.6c representam as forças finais criadas pelo puxão e empurrão das moléculas nesse plano. Essas forças são distribuídas entre as moléculas através da área do plano como uma tração na metade superior e uma compressão na metade inferior do plano, como mostrado na Figura 9.6d. A tensão torna-se maior à medida que aumenta a distância da linha central do lápis (eixo neutro).

Para manter o equilíbrio de forças no lápis do Autoexperimento, a força de tração total deve ser igual à de compressão total, ambas agindo no plano de análise. Considerando que agem a certa distância uma da outra, elas criam um binário de forças que gera um torque para contrapor o torque criado pelos dedos polegares e indicadores. A distância perpendicular (entre essas forças internas) do binário de forças é, obviamente, limitada pela espessura do objeto que se opõe à carga de flexão. Para o lápis, essa distância é pequena, de modo que as forças internas (e portanto as tensões) devem ser grandes o suficientes para criar um torque contrário. Relembre a equação de torque que aprendemos no Capítulo 8:

$$T = F \times r \quad (9.3)$$

onde:

T = torque (ou momento de força),

F = força e

R = distância perpendicular (ou braço de alavanca)

Objetos de grande espessura (e mais área de secção transversa longe de seu eixo neutro) são capazes de suportar grandes cargas de flexão porque apresentam maior distância perpendicular. Sob cargas de flexão similares, as tensões sobre eles serão menores. Os componentes estruturais usados em construções são projetados com isso em mente. Em casas, madeiras (caibros) de 5 x 15, 5 x 20 e 5 x 25 são utilizadas como vigas. De que dimensão é a espessura da viga? A dimensão longitudinal é alinhada ao plano das cargas de flexão para maximizar a distância perpendicular. As vigas de aço usadas em construções são um exemplo ainda melhor disso, porque sua espessura é grande e sua área de secção transversa é maior perto do topo e da parte inferior. A Figura 9.7 ilustra o efeito da espessura de um objeto sobre sua capacidade de suportar a cargas de flexão.

⟳ Objetos de grande espessura (e mais área de secção transversa longe de seu eixo neutro) são capazes de suportar grandes cargas de flexão porque apresentam maior distância perpendicular.

Os componentes estruturais do corpo humano são os ossos longos. As vigas usadas nas construções dos prédios são projetadas para situações de carregamento específicas, com forças agindo de modo a flexioná-las em um plano. Já os ossos devem lutar contra uma ampla variedade de situações de carga, com forças agindo para flexioná-los em muitas direções diferentes. Assim, a área de secção transversa dos ossos longos não possuem dimensões espessas e estreitas definidas. Em vez disso, esses ossos são mais parecidos com tubos: redondos na secção transversal, mas

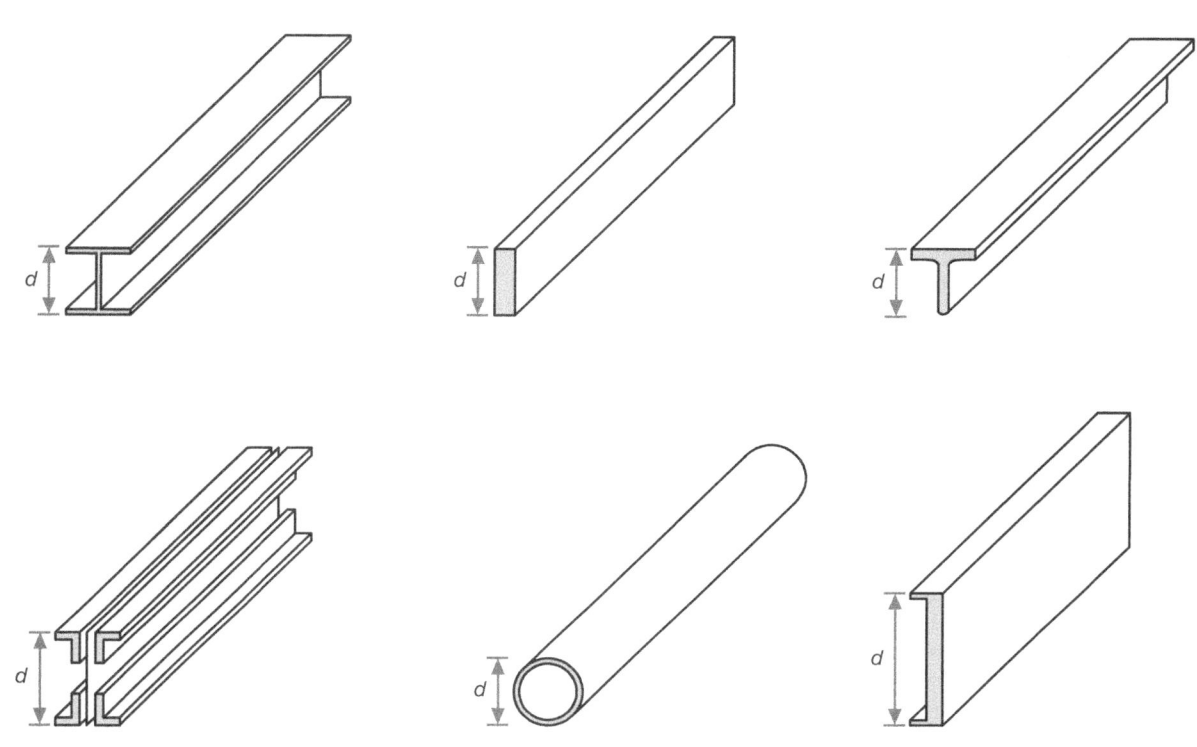

Figura 9.7 As secções transversais de vários formatos de vigas usadas em construções. A espessura da viga (d) afeta muito sua capacidade de suportar cargas que geram flexão.

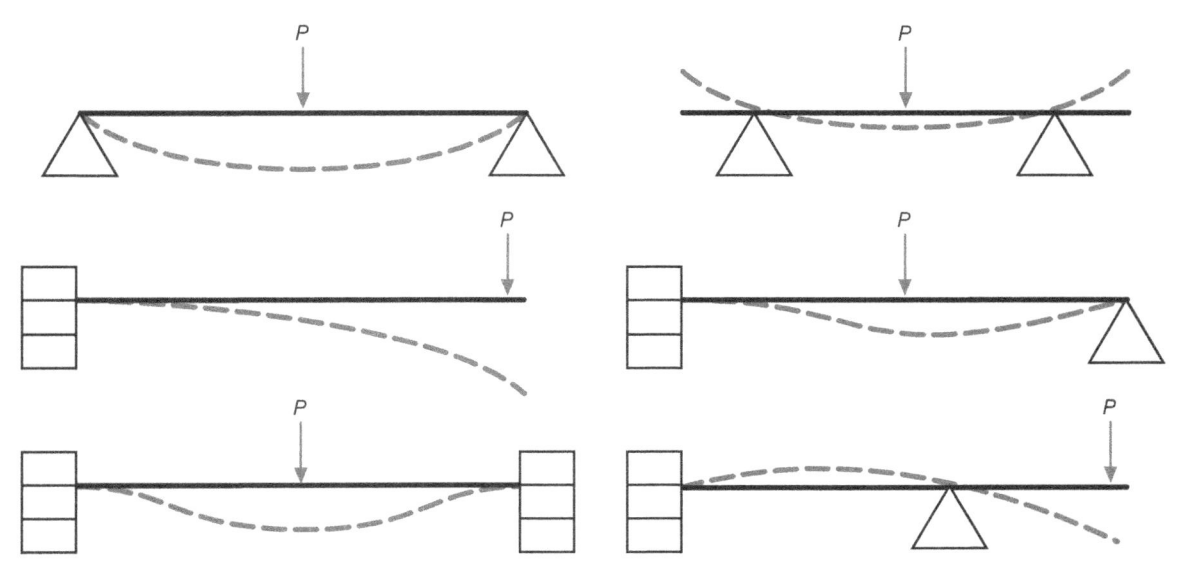

Figura 9.8 Várias configurações de suporte de vigas e flexões resultantes sob uma carga concentrada única. Os suportes triangulares representam articulações que permitem rotação em torno do ponto de apoio. Os blocos representam ligações rígidas que não permitem rotação.

mais densos próximo à periferia, onde ocorre maior tensão, e menos densos (ou ocos) perto do eixo central (ou neutro), onde acontece menos tensão.

Um objeto, como um viga, quando submetido a uma carga de flexão, se deformará, curvando-se. O lado tracionado se alongará, enquanto o da compressão se compactará e encurtará, fazendo objeto fletir. A Figura 9.8 mostra as várias configurações de cargas que geram flexão e deformação nas vigas.

A maioria dos ossos do corpo humano sofre constantemente a ação de alguma carga de flexão como resultado das forças exercidas pela gravidade, bem como pelos músculos, tendões, ligamentos e outros ossos. O colo do fêmur é um bom exemplo de uma viga em equilíbrio: a força é exercida sobre a cabeça dele, e sua haste fornece o suporte rígido para o colo do fêmur. Uma tração se desenvolve em sua parte superior, ao passo que ocorre uma compressão na parte inferior do colo do fêmur.

> Um objeto, como um viga, quando submetido a uma carga de flexão, se deformará, curvando-se. O lado tracionado se alongará, enquanto o da compressão se compactará e encurtará, fazendo o objeto fletir.

Quando o pé está suportando algum peso, temos um exemplo de uma viga anatômica na qual a carga é distribuída entre várias estruturas. A Figura 9.10 ilustra o pé suportando um peso. Ele se comporta como uma viga simples. Os suportes são o calcanhar e as articulações metatarsofalangianas, e a carga é aplicada da tíbia ao tálus. Nessa situação, os ossos dos pés suportam compressão, enquanto a fáscia plantar e os músculos dorsais suportam tração.

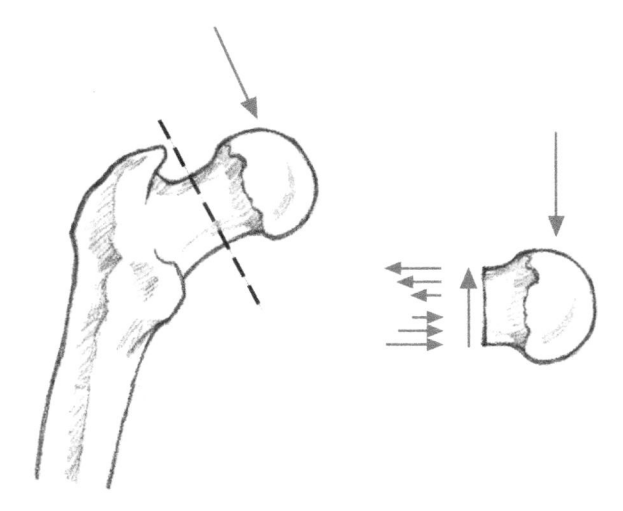

Figura 9.9 O colo do fêmur age como uma viga em equilíbrio e desenvolve tração na parte superior e compressão na inferior.

Torção

A **carga de torção** é outro tipo de carga que produz tensão em direções que não sejam a uniaxial. Ela ocorre quando torques agem em torno do eixo longitudinal em cada extremidade de um objeto. Tente girar um lápis em uma direção com sua mão direita e no sentido oposto com a esquerda. A Figura 9.11 mostra o diagrama de corpo livre em três dimensões desse objeto.

Um diagrama de corpo livre da metade esquerda do lápis com um plano de análise o cortando ao meio é mostrado na Figura 9.11b. Essa parte do material não está em equilíbrio. Um torque simples age sobre ele, o qual poderia fazê-lo girar em torno de seu eixo longitudinal. Um segundo torque deve estar presente para contrapor o primeiro. Um torque contrário é criado pela força de cisalhamento entre as moléculas da partes direita e esquerda do lápis no plano de análise. A Figura 9.11c mostra um diagrama de corpo livre da parte esquerda, com o torque interno incluído. A Figura 9.11d mostra as tensões de cisalhamento que produzem o torque interno no plano de análise. Elas tornam-se maiores com o aumento da distância a partir do eixo central do lápis (o eixo de rotação para os torques). A tensão de cisalhamento, portanto, não é uniforme no plano de análise.

A distância perpendicular entre as forças de cisalhamento internas sobre ambos os lados do eixo longitudinal é limitada pelo diâmetro do objeto sob torção. Para o lápis, essa distância perpendicular é pequena, de modo que as forças internas (e tensões) devem ser suficientemente grandes para gerar um torque contrário (reveja a equação de torque, equação 5.1). Se as tensões se tornarem muito grandes, o lápis quebrará. Um objeto de diâmetro maior é capaz de suportar maiores cargas de tensão, uma vez que as forças de cisalhamento são menores como o resultado de um diâmetro maior. A Figura 9.12 ilustra essa situação graficamente.

Isso é similar à situação de cargas de flexão, exceto pelo fato de que aumentos na largura e profundidade (aumentos no diâmetro) são desejáveis para aumentar a força de torção. Assim, as ferramentas ou os componentes estruturais proje-

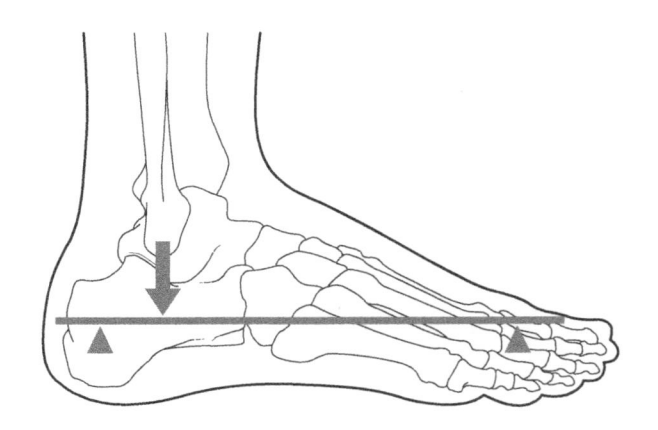

Figura 9.10 O pé é um exemplo de viga simples.

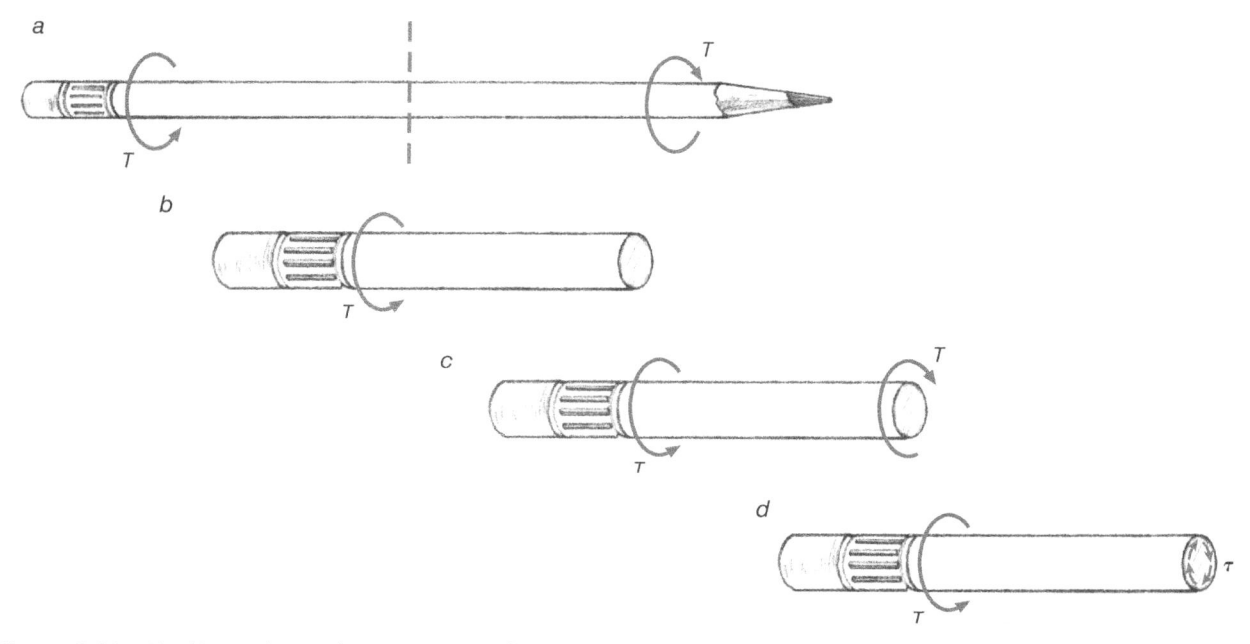

Figura 9.11 Um lápis submetido a uma carga de torção está sujeito a uma tensão de cisalhamento.

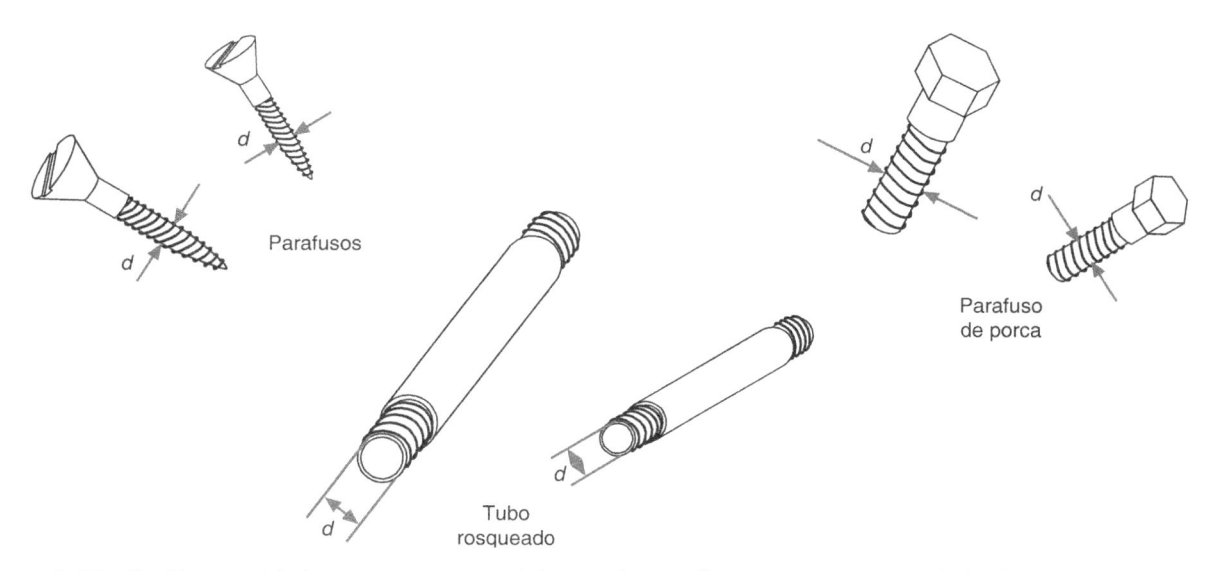

Figura 9.12 O diâmetro (d) da secção transversal de um objeto afeta muito sua capacidade de suportar cargas que geram torção.

tados para resistir a cargas de torção costumam ser circulares na seção transversal, como, por exemplo, eixos motores, eixos de roda (embora estes também suportem cargas que geram flexão) e eixos de chaves de fenda. Essa é outra razão para a secção transversa circular dos ossos. As cargas de torção nessas estruturas são comuns em uma variedade de situações. Por exemplo, quando você apoia seu pé no chão e, em seguida, gira sobre ele, um torque é produzido em torno do eixo longitudinal da sua tíbia, a qual sofre a ação de uma carga que gera torção (é "carregada" em torção).

Cargas combinadas

Devido a sua construção, certas estruturas anatômicas, como músculos, tendões e ligamentos, comportam-se como cordas ou cabos e carregam efetivamente apenas um tipo de carga: tração uniaxial. Os ossos e as cartilagens, em contrapartida, podem ser carregados de diversas maneiras, como tração uniaxial, em compressão ou em cisalhamento simples, as quais produzem uma tensão uniforme para cargas de torção ou flexão e padrões de tensão

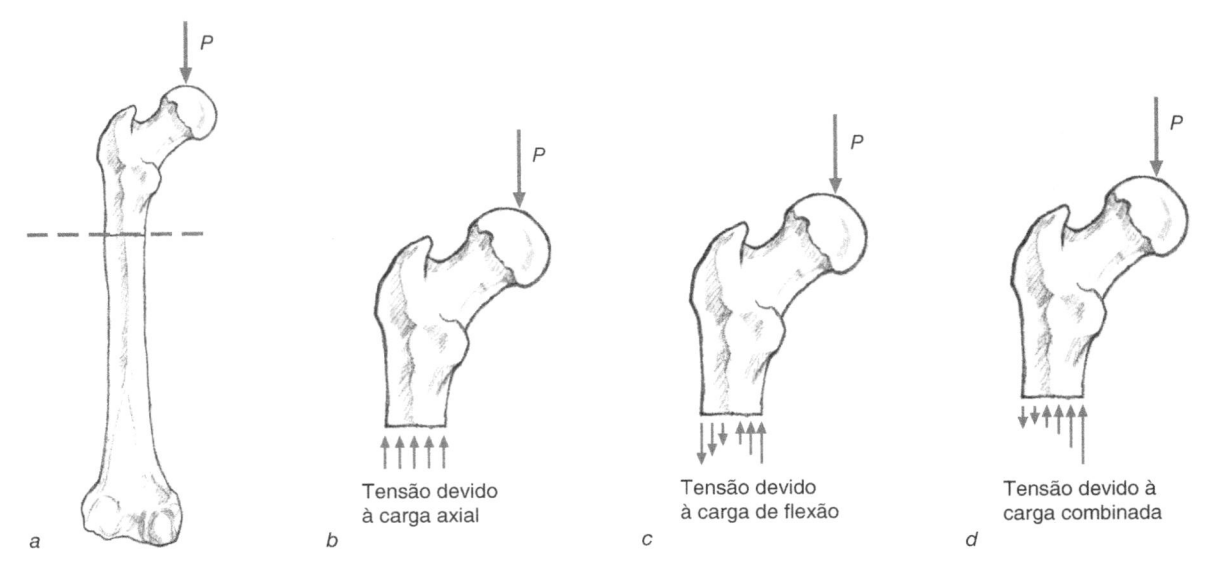

Figura 9.13 As tensões combinadas em cargas de compressão e tração sobre o fêmur.

mais complexos. Os ossos e as cartilagens com frequência sofrem uma combinação dessas configurações de carregamento. Tal tipo de carga é chamada de **carga combinada**.

A análise das tensões produzidas pela carga combinada é complexa, mas, basicamente, envolve a simplificação do carregamento em várias configurações de cargas fundamentais. As tensões produzidas por cada uma dessas configurações são somadas para determinar as tensões produzidas pela carga combinada. Considere a diáfise do fêmur durante o levantamento de peso, como mostrado na Figura 9.13a. Se ignorarmos as forças dos músculos e dos ligamentos que agem sobre o osso, o fêmur atua basicamente como uma coluna (para suportar o peso do corpo) e como uma viga (porque o peso do corpo é excêntrico em relação à diáfise), de modo que é submetido a cargas que irão gerar tanto flexão como compressão. As tensões resultantes da carga compressiva que age na coluna na diáfise do fêmur são mostradas na Figura 9.13b, e as que resultam de cargas de flexão podem ser vistas na Figura 9.13c. As tensões combinadas aparecem na Figura 9.13d.

Deformação

Os objetos se deformam quando são submetidos à ação de forças externas. Essas deformações podem ser grandes ou pequenas, dependendo da natureza do material e da tensão envolvida. Deformação é a quantificação da mudança das dimensões do material. A deformação linear é o resultado de uma mudança no comprimento do objeto, sendo produzida por compressão ou tração. Já a deformação por cisalhamento ocorre em função de uma mudança na orientação das moléculas do objeto.

> Deformação é a quantificação da mudança nas dimensões do material.

Deformação linear

Quando o carregamento de um objeto causa tração ou compressão dentro de um objeto, algumas mudanças no comprimento acompanham essa tensão. Essa deformação pode ser medida em termos absolutos que descrevem a mudança do comprimento como resultado do carregamento – por exemplo, um elástico alongado 10 cm ou um disco intervertebral comprimido 2 cm. Ela também pode ser descrita em termos relativos como uma proporção de mudança no comprimento (a diferença entre o comprimento deformado e o não deformado) dividido pelo comprimento original (o comprimento não deformado). Essa medida de deformação é chamada de deformação linear relativa, que, matematicamente, é definida como:

$$\varepsilon = \frac{\text{mudança de comprimento}}{\text{comprimento original}}$$

$$\varepsilon = \frac{\ell - \ell_o}{\ell_o} \quad (9.4)$$

onde:

ε = deformação linear relativa,

ℓ = comprimento alongado,

ℓ_o = comprimento original, não deformado e

$\ell - \ell_o$ = mudança no comprimento

Tente o autoexperimento 9.4.

Autoexperimento 9.4

Pegue um elástico longo e coloque-o no chão, não alongado, ao lado de uma régua. Com uma caneta, faça uma marca a 1 cm da extremidade esquerda. Alinhe a marca com o zero da régua e faça outra a 5 cm da primeira. Faça pequenas marcações com intervalos de 5 mm ao longo do comprimento do elástico, entre o zero e a marca de 5 cm. Então, mantenha a extremidade esquerda do elástico alinhada com o marco zero da régua e alongue o restante dele. Meça o comprimento de repouso do elástico, anotando onde a extremidade direita se alinha com a régua. Agora, puxe a extremidade direita até alcançar o dobro do comprimento original. Qual é a distância entre o marco zero e a marca de 5 cm? Qual é a distância entre quaisquer marcas de 5 mm adjacentes? O intervalo entre as marcações nas extremidades será o dobro das originais, ou marcas finais cerca de 10 cm, e as marcas de 5 mm agora estarão espaçadas em 10 mm.

> A deformação linear é o resultado de uma mudança no comprimento do objeto.

Vamos determinar a deformação do elástico no Autoexperimento 9.4. A distância entre as marcas nas extremidades do elástico era de 5 cm na condição não alongada e 10 cm depois do alongamento. A deformação absoluta dessa secção do elástico foi:

10 cm − 5 cm = 5 cm

A deformação relativa seria:

$$\varepsilon = \frac{\ell - \ell_o}{\ell_o}$$

$$\varepsilon = \frac{10 \text{ cm} - 5 \text{ cm}}{5 \text{ cm}}$$

$$\varepsilon = 1 \text{ cm/cm}$$

ou:

$$\varepsilon = 100\%$$

Agora, olhe nas secções de 5 mm do elástico. Cada uma delas foi alongada até 10 mm, de modo que a deformação em cada secção foi de:

$$\varepsilon = \frac{\ell - \ell_o}{\ell_o}$$

$$\varepsilon = \frac{10 \text{ mm} - 5 \text{ mm}}{5 \text{ mm}}$$

$$\varepsilon = 1 \text{ mm/mm}$$

Problema ilustrativo 9.2

Um simples material biológico é submetido a cargas em uma máquina de teste. O material tem 2 cm de comprimento em seu estado de repouso (não alongado). Uma tensão de 6.000 N é aplicada no material, e ele se alonga até alcançar um comprimento de 2,0004 cm. Qual é a deformação desse material quando alongado dessa forma?

Solução:

Passo 1: Identificar as grandezas conhecidas.

$\ell = 2,0004$ cm

$\ell_o = 2,0$ cm

Passo 2: Identificar a variável desconhecida para resolvê-la.

$\varepsilon = ?$

Passo 3: Procurar por uma equação que tenha as variáveis conhecidas e desconhecidas.

$$\varepsilon = \frac{\ell - \ell_o}{\ell_o}$$

Passo 4: Substituir as grandezas conhecidas e resolver a variável desconhecida.

$$\varepsilon = \frac{\ell - \ell_o}{\ell_o} = \frac{2,0004 - 2,000}{2,000}$$

$$\varepsilon = 0,0002 = 0,02\%$$

ou:

$$\varepsilon = 100\%$$

A deformação entre qualquer marca adjacente de 5 mm no elástico também é de 100%. Isso faz sentido, pois, uma vez que a tração é uniforme por todo o elástico, a deformação também poderia ser.

Você deve ter notado que nós reportamos a deformação em centímetros por centímetro, milímetros por milímetros e como uma porcentagem. Na verdade, deformação é uma grandeza adimensional, porque é a razão de um comprimento pelo outro. Assim, centímetros por centímetro é o mesmo que milímetros por milímetros ou, polegadas por polegadas, pois as unidades se anulam. Em geral, deformação é reportada como uma porcentagem, o que parece fazer mais sentido. No caso do elástico, a razão é multiplicada por 100% para se obter a porcentagem de deformação. No exemplo anterior, 1 cm/cm é o mesmo que 1 mm/mm, porque ambas são iguais a 100%. A maioria dos materiais biológicos não é tão elástica assim, e a ruptura ou falha ocorrerão em deformações bem menores que 100%.

Deformação por cisalhamento

A deformação linear ocorre com a mudança no comprimento resultante da separação ou aproximação das moléculas. A deformação por **cisalhamento**, por sua vez, se dá em função da mudança na orientação das moléculas adjacentes resultante do deslizamento destas. A Figura 9.14 ilustra graficamente a deformação por cisalhamento.

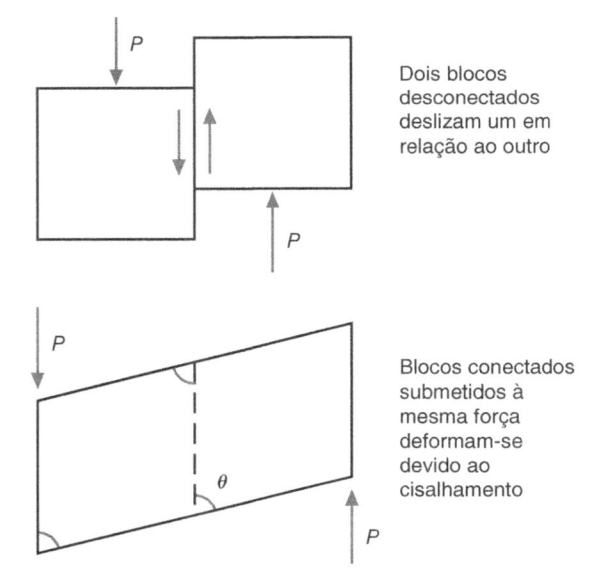

Figura 9.14 Ilustração da deformação causada pelo cisalhamento. A mudança no ângulo (θ) indica a deformação por cisalhamento.

> A deformação por cisalhamento se dá em função da mudança na orientação das moléculas adjacentes resultante do deslizamento destas.

A deformação de cisalhamento é medida da seguinte maneira. Imagine uma linha perpendicular em relação ao plano de análise através do objeto no local de interesse. Em duas dimensões, essa linha e a linha do plano de análise formam uma ângulo reto quando o objeto não está deformado. Entretanto, quando a carga de cisalhamento é aplicada, esse ângulo muda. Tal mudança no ângulo (θ) é a medida de deformação de cisalhamento na direção de interesse. Essa deformação é abreviada pela letra grega λ (lambda) e medida em radianos.

Coeficiente de Poisson

Considere o elástico novamente. Conforme é alongado, o que acontece com sua espessura? Ela diminui à medida que o comprimento do material é alongado. Imagine uma bola de borracha submetida a compressão. Seu diâmetro encurta na direção da compressão, mas o que ocorre com relação ao diâmetro na direção lateral? Quando a bola é comprimida, ela se torna mais larga na direção lateral, enquanto se encurta na direção da carga compressiva. Isso é chamado de efeito Poisson, em homenagem a S.D. Poisson, cientista francês que investigou tal fenômeno na década de 1820. Existe uma razão específica entre a deformação na direção tranversal e a deformação na direção axial para cada tipo de material, a qual é chamada de **razão de Poisson**. Os valores da razão de Poisson podem ser muito baixos, como 0,1, ou muito altos, como 0,5, mas, para a maioria dos materiais, estão entre 0,25 e 0,35.

O comportamento dos discos vertebrais é um bom exemplo do efeito de Poisson. Durante o dia, seus discos intervertebrais são carregados em compressão (a menos que você fique deitado o dia inteiro). Essa carga compressiva encurta a dimensão vertical dos discos, mas, lateralmente, eles se tornam salientes. Sob cargas compressivas excessivas, um disco intervertebral pode abaular-se muito e romper-se.

Propriedades mecânicas dos materiais: a relação tensão-deformação

Quanta tensão pode um disco intervertebral suportar antes de se romper? Até que ponto um osso pode ser fletido? Quanta energia um ligamento pode absorver antes de se romper? Até que ponto um tendão pode se alongar antes de o alongamento se tornar permanente? Todas essas questões estão relacionadas com a maneira como os materiais respondem às forças. A relação entre a tensão e a deformação pode ajudar a explicar o comportamento de um material sob carga.

Comportamento elástico

Vamos considerar o elástico mais uma vez. Quanto mais você o alonga, mais força é necessária para puxá-lo. Se pudéssemos medir essa força e o alongamento correspondente, provavelmente chegaríamos a um gráfico similar ao mostrado na Figura 9.15. Como o elástico foi alongado em uma direção uniaxial, a tensão sobre ele e sua deformação são uniformes. O gráfico da Figura 9.15 poderia ser representado por outro similar de tensão *versus* deformação, como mostrado na Figura 9.16. O gráfico carga-deformação da Figura 9.15 é específico para o elástico sendo alongado, mas a curva tensão-deformação mostrada na Figura 9.16 é uma característica do material de que o elástico é feito.

O gráfico mostrado na Figura 9.16 é um exemplo de curva tensão-deformação para um material linearmente **elástico**. O material que usamos em nossos experimentos é do tipo elástico (ao contrário de plástico) e alonga sob tração, mas retorna a sua posição original quando a carga é removida. Essa propriedade é chamada de elasticidade. O material que usamos é linearmente elástico porque, conforme a tensão aumenta, sua deformação aumenta em quantidade proporcional. A relação da tensão para a deformação (mostrada graficamente pela inclinação da curva tensão-deformação) é chamada de **módulo de elasticidade** de um material. Matematicamente, o módulo de elasticidade, que também é chamado de **módulo de Young, ou módulo elástico** (módulo de compressibilidade para compressão ou módulo de cisalhamento, é definido como:

$$E = \frac{\Delta \sigma}{\Delta \varepsilon} \quad (9.5)$$

onde:

E = módulo de elasticidade,

$\Delta \sigma$ = mudança na tensão e

$\Delta \varepsilon$ = mudança na deformação

Uma vez que, quando não há tensão, não há deformação, a curva tensão-deformação passa pelo zero, e a equação 9.5 pode ser expressa como:

$$E = \frac{\sigma}{\varepsilon} \quad (9.6)$$

Quando computamos o módulo de elasticidade, a deformação é expressa em unidades de taxa, não com um percentual. Um material mais rígido tem uma inclinação mais verticalizada na curva tensão-deformação, e, assim, um maior módulo de elasticidade, se comparado a um material mais flexível. O aço é mais rígido que o elástico. Os ossos são mais rígidos que os ligamentos ou tendões. A Figura 9.17 mostra as curvas tensão-deformação para materiais de diferentes rigidez.

> A relação da tensão para a deformação (mostrada graficamente pela inclinação da curva tensão-deformação) é chamada de módulo de elasticidade de um material.

Figura 9.15 Um gráfico de força aplicada e o alongamento correspondente de um elástico.

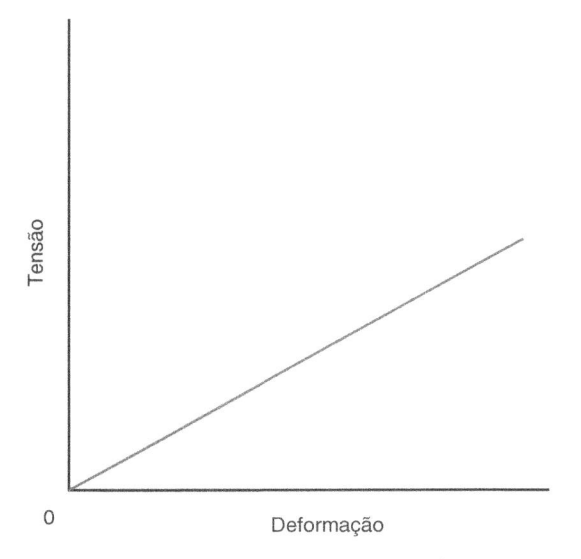

Figura 9.16 Um gráfico de tensão e deformação para um material elástico.

Comportamento plástico

O comportamento de um material sob carga pode mudar conforme esta aumenta. Sob uma carga pequena, o objeto pode ter um comportamento elástico; se ela for removida, ele retorna à forma e à dimensão originais. Contudo, se ela exceder determinada magnitude, alguma deformação per-

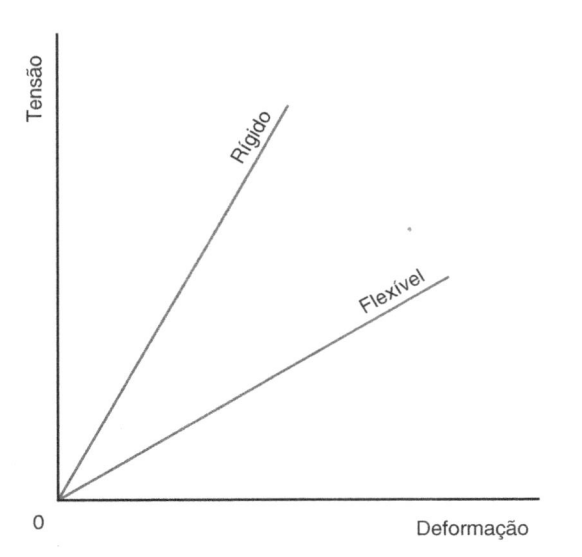

Figura 9.17 Curvas de tensão-deformação para materiais rígidos *versus* flexíveis.

xar a haste com uma pequena força e então largar, ela irá voltar a seu formato inicial. A tensão utilizada ocorreu na região elástica da curva tensão-deformação. Contudo, se você puxar a haste do clipe com uma força maior, ele não irá retornar a sua forma original. Essa tensão terá acontecido na região plástica da curva tensão-deformação do metal, na qual a tensão não é linearmente proporcional à deformação, e o material não retornará a seu formato original quando a tensão for removida. Um exemplo de curva tensão-deformação de um clipe de papel feito de metal é mostrado na Figura 9.18.

O ponto sobre a curva onde a tensão adicional causará deformação permanente é chamado de ponto de escoamento ou de **limite elástico**. Com frequência, esse ponto coincide com o **limite de proporcionalidade**, o final da faixa linear elástica da curva. Abaixo dessa carga, o material se comporta de modo elástico; acima, seu comportamento é plástico. A maioria dos materiais exibe um pouco de cada um desses comportamentos.

manente pode ocorrer. Esse fenômeno é chamado de comportamento **plástico**, ilustrado no Autoexperimento 9.5.

Autoexperimento 9.5

Encontre um clipe de papel e puxe levemente uma de suas hastes, de modo a esticar uma de suas curvas. Se você pu-

Resistência do material e falha mecânica

Do ponto de vista fisiológico, a força muscular é definida como a capacidade do músculo de produzir força. De uma persperctiva mecânica, a força de um material tem a ver com

---

Problema ilustrativo 9.3

Um material é submetido a uma carga de tração de 80.000 N (80 kN). Sua área de secção transversa é de 1 cm2. O módulo elástico desse material é de 70 GPa. Qual é a deformação resultante a partir dessa carga de tração?

Solução:

Passo 1: Identificar as grandezas conhecidas.

$F = 80.000$ N

$A = 1$ cm^2 = 0,0001 m^2

$E = 70$ GPa

Passo 2: Identificar as variáveis desconhecidas para resolvê-las.

$\varepsilon = ?$

Passo 3: Encontrar uma equação com as variáveis conhecidas e desconhecidas.
Passo 4: Substituir as grandezas conhecidas e resolver as variáveis desconhecidas.

$\sigma = (80.000$ N$) / (0,0001$ m$^2) = 800.000.000 = 800$ MPa

$E = 70$ GPa $= (800$ MPa$) / \varepsilon$

$\varepsilon = (800$ MPa$) / (70$ GPa$) = (800.000.000$ Pa$) / (70.000.000.000$ Pa$)$

$\varepsilon = 0,0114 = 1,14\%$

a tensão máxima (ou deformação) que ele é capaz de suportar antes da falha. A palavra-chave aqui é *falha*, que pode ser definida como a incapacidade de realizar uma função. Dessa forma, há várias quantificações para a força de um material, dependendo de qual função dele interessa, as quais são ilustradas na curva tensão-deformação na Figura 9.19.

> De uma perspectiva mecânica, a força de um material tem a ver com a tensão

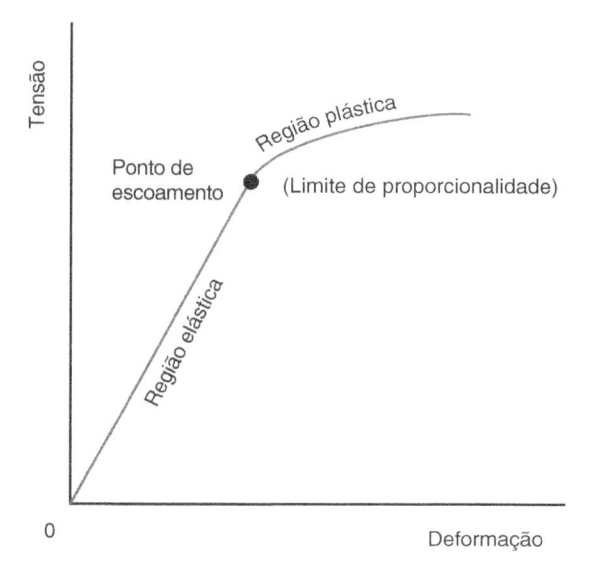

Figura 9.18 Região elástica, região plástica e ponto de escoamento na curva tensão-deformação do clipe de papel feito de metal.

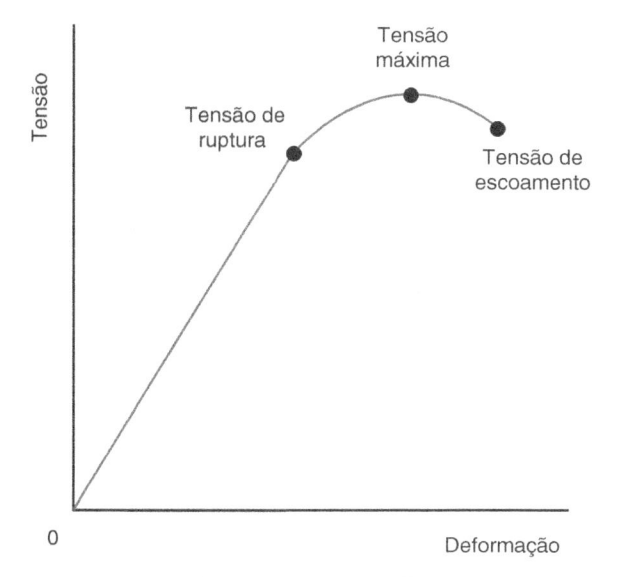

Figura 9.19 Medidas materiais de força mostradas em uma curva tensão-deformação.

máxima (ou deformação) que ele é capaz de suportar antes da falha.

A tensão no limite elástico de uma curva tensão-deformação de um material é sua tensão de escoamento. Apesar de não ocorrer quebra ou ruptura do material, uma tensão superior à de escoamento causará mudanças permanentes nas dimensões dele. Além desse ponto, o material falha no sentido de que é incapaz de recuperar sua forma. Uma deformação severa nos ligamentos do tornozelo pode causar alongamento permanente e, assim, seu afrouxamento.

A **tensão máxima** de um material é o limite que ele é capaz de suportar. É representada pela tensão correspondente ao ponto mais alto da curva tensão-deformação mostrada na Figura 9.19. Se a função de interesse de um material for sua capacidade de suportar grandes cargas, é a tensão máxima que determina a quantidade que pode ser suportada. Nesse caso, a carga é a medida de tensão do material.

A ruptura ou **tensão de ruptura** de um material é a tensão na qual a falha realmente ocorre. Falha, nesse contexto, significa quebra ou ruptura. Essa tensão é representada pela tensão correspondente ao ponto final da curva tensão-deformação na Figura 9.19. A tensão de ruptura (tensão de falha ou tensão de fratura) normalmente tem o mesmo valor que a tensão máxima.

A força de um material também pode ser expressa conforme sua deformação de ruptura. A **deformação de ruptura** é aquela exibida pelo material quando a quebra ocorre. Trata-se da deformação correspondente ao ponto final da curva tensão-deformação da Figura 9.19. Os materiais com deformação de ruptura grande são dúcteis ou maleáveis, enquanto aqueles com deformação de ruptura pequena são quebradiços ou frágeis. O vidro é quebradiço, e os elásticos são dúcteis. Os ossos tornam-se mais dúcteis com a idade (primariamente devido ao desuso). A Figura 9.20 ilustra essas propriedades materiais.

Talvez a melhor forma de caracterizar a resistência de um material seja por meio de sua tenacidade. Mecanicamente, tenacidade é a capacidade de absorver energia. Dito de outro modo, um material é mais tenaz se é preciso mais energia para quebrá-lo. Uma estimativa da tenacidade de um material é dada pela área abaixo da curva tensão-deformação, como mostrado na Figura 9.21.

> Mecanicamente, tenacidade é a capacidade de absorver energia.

Lembre-se da relação trabalho-energia discutida no Capítulo 4, que é a base para a medição da tenacidade de um material. Algo que é capaz de exercer uma grande força, mas apenas durante um curto deslocamento, não gerará um trabalho ou uma mudança tão grande de energia quanto algo capaz de exercer menos força ao longo de um

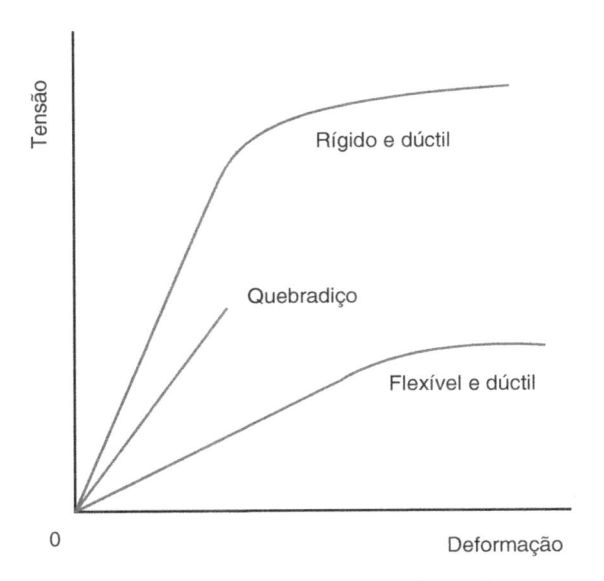

Figura 9.20 Características materiais ilustradas por suas curvas tensão-deformação.

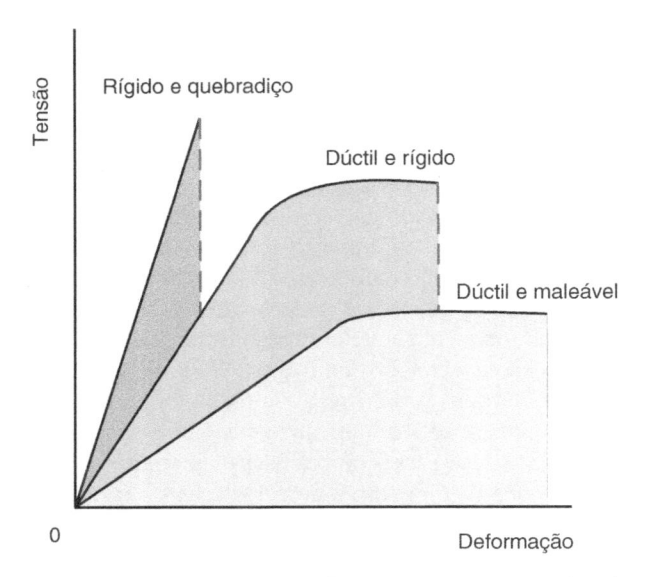

Figura 9.21 A rigidez de diferentes materiais é indicada pela área sob a curva tensão-deformação.

deslocamento muito maior. Um material rígido, quebradiço, é capaz de suportar uma grande tensão, mas apenas uma pequena deformação, de modo que sua capacidade de absorção de energia é menor que a de um material mais macio, porém mais dúctil ou flexível. Osso seco é um exemplo de um material rígido e quebradiço. Embora seja capaz de suportar uma grande tensão, ele é relativamente fácil de ser quebrado porque não pode ser deformado com facilidade. Já um osso vivo, úmido, se deforma mais facilmente e é menos quebradiço, pois apresenta maior tenacidade, de modo que um trabalho maior deve ser feito para fraturá-lo.

Propriedades mecânicas do sistema musculoesquelético

O tecido muscular e o tecido conectivo formam as unidades estruturais do sistema musculoesquelético. Os tecidos conectivos específicos importantes para a estrutura desse sistema são ossos, cartilagens, ligamentos e tendões. Os músculos podem ser entendidos como elementos ativos do sistema musculoesquelético, enquanto os tecidos conectivos seriam os elementos passivos.

Todos os tecidos conectivos são constituídos de células vivas e de componentes extracelulares que consistem em colágeno, elastina, substância de base, minerais e água. As propriedades mecânicas de vários tecidos são determinadas, em parte, pela proporção desses componentes e sua organização. O colágeno é uma proteína fibrosa e a substância mais abundante em todos os tecidos conectivos. As moléculas de colágeno se alinham para formar fibrilas de colágeno que se unem para formar fibras de colágeno. O colágeno é, portanto, muito rígido (deformação de ruptura de 8 a 10%) e apresenta alta capacidade de suportar tração. Em contrapartida, é incapaz de resistir à compressão, porque suas fibras longas não suportam cargas lateralmente. Ele entra colapso ou se curva como uma corda. A elastina também é fibrosa, mas, ao contrário do colágeno, é maleável e muito flexível (sua deformação de ruptura chega a 160%). A substância de base consiste em carboidratos e proteínas que, combinados com água, formam uma matriz tipo gel para as fibras de colágeno e de elastina.

A composição dos tecidos conectivos (e da maioria dos tecidos biológicos) os torna anisotrópicos, diferentemente de muitos materiais sintéticos, que são isotrópicos. Os **isotrópicos** apresentam as mesmas propriedades mecânicas em todas as direções. Já as dos materiais **anisotrópicos** são diferentes dependendo da direção da carga. Por exemplo, a tensão máxima de um tendão é muito alta se a carga de tração for na direção das fibras de tendão, mas baixa se essa carga for perpendicular a tais fibras (Fig. 9.22).

A idade e a atividade afetam as propriedades mecânicas de todos os tecidos conectivos. A resistência de ossos, cartilagens, tendões e ligamentos aumenta com ciclos regulares de carga e descarga. Normalmente, essa resistência se deve ao aumento do tamanho da secção transversa, mas a rigidez e a tensão máxima desses tecidos também podem aumentar – uma indicação de que apenas o tamanho não é responsável pelo aumento da resistência. O limiar exato de carga e número de ciclos de carga necessários para estimular os ganhos de resistência não são claros. Contudo, é sabido que a inatividade e imobilização resultam na diminuição da resistência desses tecidos e no encurtamento de ligamentos e tendões.

> A idade e a atividade afetam as propriedades mecânicas de todos os tecidos conectivos.

A tensão máxima de todos esses tecidos conectivos aumenta com a idade até a terceira década de vida, a partir da qual decai. Os ossos tornam-se mais quebradiços e menos resistentes, e os ligamentos, por sua vez, tornam-se menos rígidos.

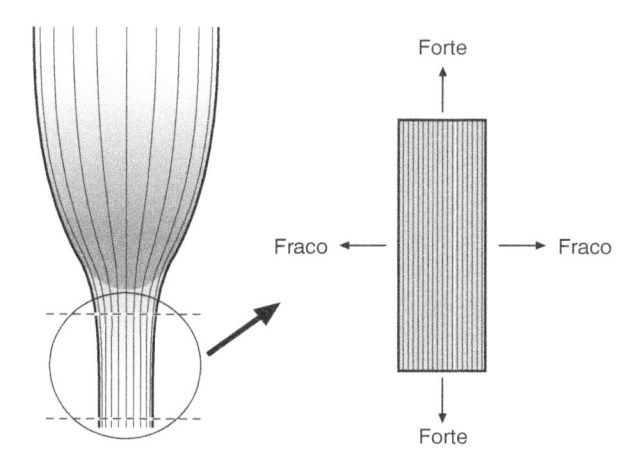

Figura 9.22 Comportamento anisotrópico de um tendão. O tendão é mais forte se a tração estiver alinhada com suas fibras em vez de ser transversal a elas.

Ossos

Os ossos suportam quase todas as cargas de compressão experimentadas pelo corpo e também são capazes de resistir a grandes cargas de cisalhamento e de tração. Por peso, 30 a 35 % do osso é formado por colágeno; de 1 a 2 % por substância de base; 45% por mineral; e cerca de 20% por água. Trata-se do material mais forte e rígido do sistema musculoesquelético. A curva tensão-deformação de um pedaço de **osso cortical** removido de um osso longo e carregado axialmente é mostrada na Figura 9.23. O osso cortical ou **compacto** é encontrado nas camadas externas densas e rígidas dos ossos. Já o **esponjoso** (**trabecular**), menos denso, é um osso poroso e de aparência esponjosa encontrado na parte mais interna do osso cortical, próximo às extremidades dos ossos longos.

A região elástica da curva tensão-deformação do osso não é bem linear, mas ligeiramente curva. Portanto, os valores para o módulo de elasticidade têm algum erro inerente associado. Na região plástica da curva, a carga pode ainda ultrapassar o limite elástico. Os valores para o módulo de elasticidade, tensão de escoamento, tensão máxima, tensão de ruptura e deformação de ruptura do osso cortical variam entre os diferentes ossos e de acordo com o ponto escolhido em um mesmo osso. Além disso, os valores dessas propriedades podem mudar com a idade. A porosidade desse tecido determina sobretudo a sua força e rigidez.

Outro fator que afeta a resistência mecânica e a rigidez é a taxa de aplicação da carga. O osso é mais resistente e rígido quando a carga é aplicada com rapidez, mas mais fraco e menos rígido quando ela é aplicada com len-

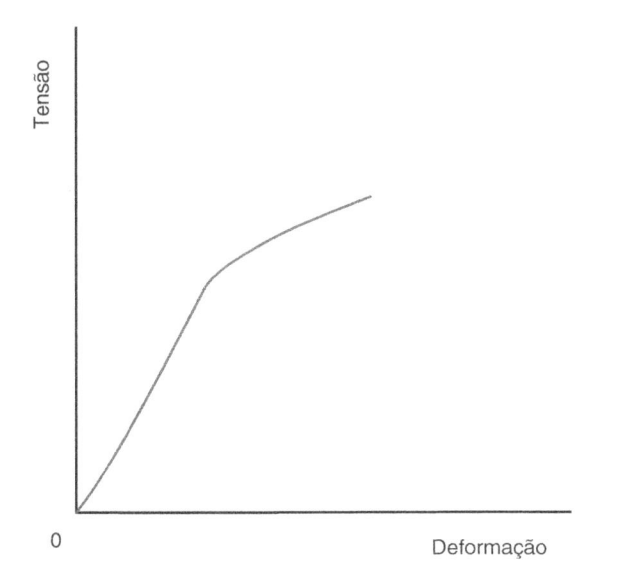

Figura 9.23 Forma geral da curva tensão-deformação para o osso cortical.

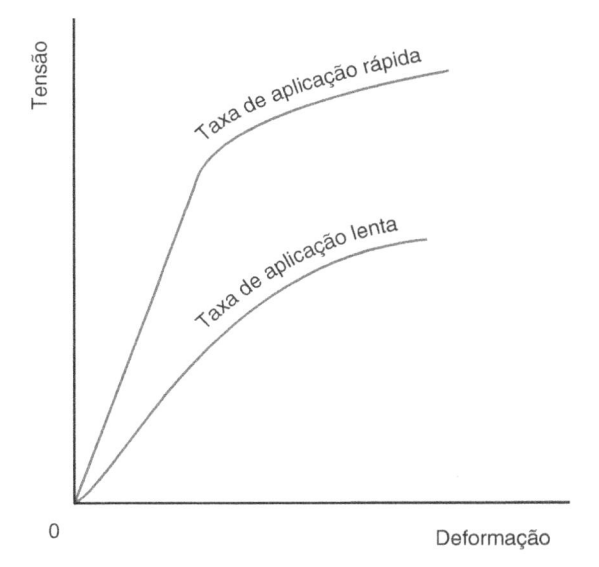

Figura 9.24 Efeito da taxa de aplicação de carga sobre a relação tensão-deformação do osso cortical.

tidão. A Figura 9.24 ilustra a relação de dependência da taxa de aplicação da carga. Assim, a carga aplicada de forma lenta através de uma articulação pode resultar em uma fratura por avulsão (os ligamentos puxam o osso para fora de seu local de atachamento), enquanto uma mesma carga aplicada rapidamente irá romper o ligamento. Os ossos são fortes em compressão e fracos em cisalhamento. O alto conteúdo mineral desse tecido, primariamente cálcio e fosfato, dá conta de sua alta resistência compressiva. As fibras de colágeno entrelaçadas com esses sais minerais conferem ao osso alta resistência à tração.

> Os ossos são mais fortes em compressão e mais fracos em cisalhamento.

Cartilagem

Existem três tipos diferentes de cartilagem: a **hialina**, a **fibrosa** e a **elástica**. A primeira, também chamada de cartilagem articular, é aquela que cobre as extremidades dos ossos longos nas articulações. A segunda (fibrocartilagem) é encontrada dentro de algumas cavidades articulares (menisco do joelho), nos discos intervertebrais (anel fibroso), nas bordas de algumas cavidades articulares e nas inserções dos tendões e ligamentos junto aos ossos. Já a terceira é encontrada na orelha externa e em vários outros órgãos que não fazem parte do sistema musculoesquelético. A cartilagem é capaz de suportar compressão, tração e cargas de cisalhamento.

Em sua composição, 10 a 30% da cartilagem hialina consiste de colágeno; 3 a 10% de substância de base; e 60 a 80% de água. Superficialmente, as fibras de colágeno nesse tipo de cartilagem são organizadas em paralelo com relação à superfície articular. Em um nível mais profundo, as fibras parecem ser organizadas de modo aleatório. Na camada mais profunda, onde a cartilagem hialina une-se ao osso, as fibras de colágeno são perpendiculares à superfície articular e se agarram aos ossos como dedos. Essa organização funde a cartilagem com osso. A cartilagem articular (bem como a fibrosa e a elástica) não possui suprimento sanguíneo ou neural, de modo que essas estruturas devem ser muito finas para permitir a difusão de nutrientes para células de metabolismo normal. Em geral, a cartilagem articular humana possui 1 a 3 mm de espessura.

A cartilagem articular transmite cargas compressivas de um osso para outro nas articulações. Entretanto, como um material composto primariamente de colágeno e água é capaz de resistir a cargas compressivas se o colágeno suporta apenas pequenas tensões compressivas? Imagine um balão cheio de água. À medida que você o aperta, seus lados incham-se e alongam-se. Eles estão, portanto, sob pressão. Se o balão é feito de um material capaz de resistir a grandes tensões, você pode apertá-lo com mais

força. A cartilagem articular é similar. A tensão do colágeno mantém a cartilagem unida sob cargas compressivas em função do arranjo das fibras de colágeno próximas à superfície exterior da cartilagem.

Diferentemente do balão, contudo, a cartilagem articular não é a prova d'água, de modo que algum fluido é exsudado (eliminado) quando ela é comprimida. Tal comportamento causa efeitos de relaxamento de tensões e **fluência**. A cartilagem carregada sob uma tensão compressiva constante não experimentará uma deformação constante correspondente. A deformação aumentará com o tempo, à medida que o fluido é exsudado, até o ponto em que nenhum fluido seja eliminado. Esse aumento na deformação sob tensão constante é chamado de fluência, cuja taxa depende da magnitude da tensão compressiva, da espessura da cartilagem articular e da permeabilidade desta. O tempo necessário para se atingir a deformação constante pode variar de 4 a 16 h para a cartilagem articular humana. A Figura 9.25 ilustra a fluência.

O que acontece com o fluido exsudado pela cartilagem articular? Além de poder auxiliar na lubrificação das superfícies articulares, ele é reabsorvido pela cartilagem, conforme a tensão compressiva é reduzida.

O relaxamento de tensão é outro efeito causado pela compressão desse fluido. Se a cartilagem é carregada, de modo a sofrer uma deformação constante, não experimentará uma tensão constante correspondente. A deformação inicial causará aumento na tensão, mas esta então diminuirá (ou irá relaxar) até algum valor mais baixo. O Autoexperimento 9.6 ilustra o relaxamento de tensão.

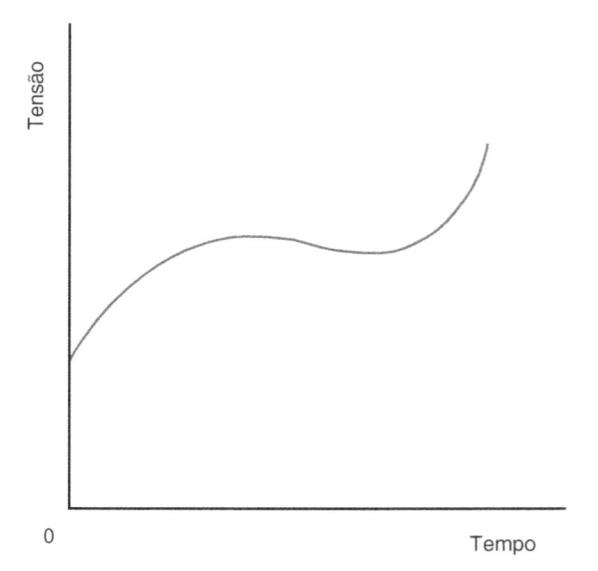

Figura 9.25 Fluência na cartilagem articular sob carga constante.

Autoexperimento 9.6

Encha um pequeno balão com água e coloque-o sobre uma mesa ou outra superfície plana. No começo, apenas uma pequena área do material faz contato com a mesa e sofre a ação da carga. Essa parte do objeto está sob grande pressão devido à pequena área de contato. Contudo, essa porção do balão "cede" até que mais partes dele comecem a entrar em contato com a mesa e a pressão seja reduzida. Como o balão deforma-se com rapidez e molda-se de acordo com a forma da superfície de apoio, sua pressão é reduzida. A cartilagem articular se comporta de forma semelhante quando está sob tensão, mas, diferentemente do balão, ela se deforma mais lentamente. Assim, grandes tensões podem estar presentes no primeiro momento, mas diminuem à medida que o resto da cartilagem se deforma.

Imagine as superfícies da cartilagem articular. Entre elas pode existir apenas uma pequena área de contato na condição sem carga. À medida que a carga é aplicada, essa área é comprimida e o fluido é expelido para outras regiões da cartilagem, as quais, em seguida, expandem-se e entram em contato com a outra superfície para suportar parte da carga. Esse aumento na área de contato resulta em uma diminuição ou relaxamento de tensão no ponto de contato inicial. Tal processo é ilustrado com a representação gráfica da tensão ao longo do tempo na Figura 9.26.

O módulo de elasticidade da cartilagem articular é muito menor que o do osso, mas a cartilagem transmite cargas compressivas entre os ossos. A diferença na rigidez desses materiais leva em conta um leve efeito de amortecimento da cartilagem articular. No entanto, como a cartilagem é muito fina, o efeito de absorção de choque é limitado.

Tendões e ligamentos

Os tendões e os ligamentos são similares em composição e estrutura, por isso, iremos considerá-los juntos. Em sua composição, tendões e ligamentos consistem em aproximadamente 70% de água, 25% de colágeno e 5% de substância de base e elastina. Os ligamentos, porém, possuem mais elastina do que os tendões. Além da água, o colágeno é o componente primário de ambos os tecidos – e isso também é verdade para a cartilagem. A principal diferença entre a cartilagem e os tendões ou os ligamentos está na organização das fibras de colágeno. Nos tendões, os grupos dessas fibras são unidos em paralelo (tendão) ou em feixes aproximadamente paralelos (ligamento) que ficam em linha com o eixo funcional do tendão. A organização em paralelo produz uma estrutura muito rígida e com enorme resistência à tração, mas pouca à compressão ou ao cisalhamento. A leve diferença na organização dos feixes das fibras de colágeno e o componente de elastina ligeiramente maior nos ligamentos os torna menos rígidos e um pouco mais fracos que os tendões. No entanto, como as fibras de colágeno dos ligamentos não são tão alinhadas como as dos tendões, elas podem suportar cargas que não são axiais. A Figura 9.27 ilustra a organização dessas fibras nos dois tecidos em questão.

As fibras de colágeno têm a aparência ondulada ou encrespada. Essas pregas ou ondulações podem ser as responsáveis pelo comportamento incomum de ligamentos e tendões sob cargas que geram trações uniaxiais e pelas curvas tensão-deformação resultantes. Quando um tendão é puxado com uma força de tração pequena, ele se alonga com facilidade e se comporta como um material razoa-

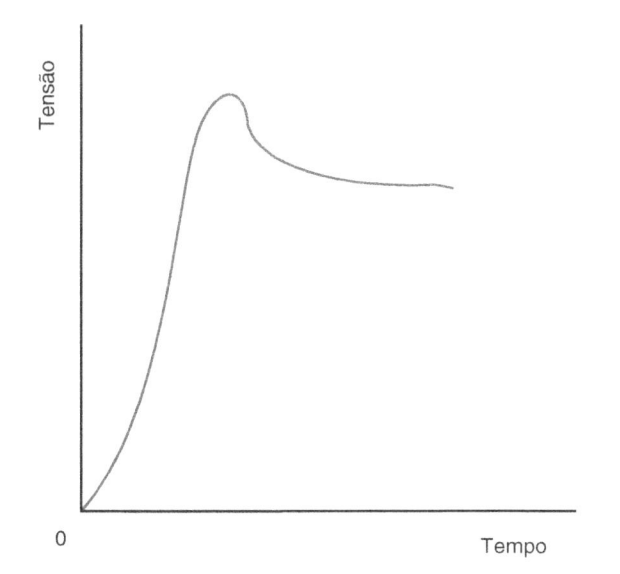

Figura 9.26 Tensão de relaxamento na cartilagem articular sob deformação constante.

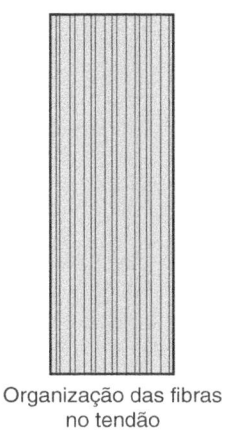

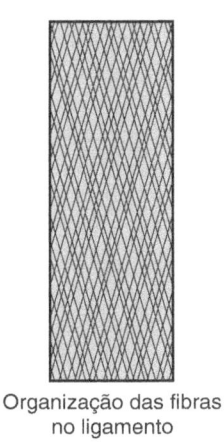

Figura 9.27 A organização das fibras de colágeno, em paralelo no tendão e quase em paralelo no ligamento.

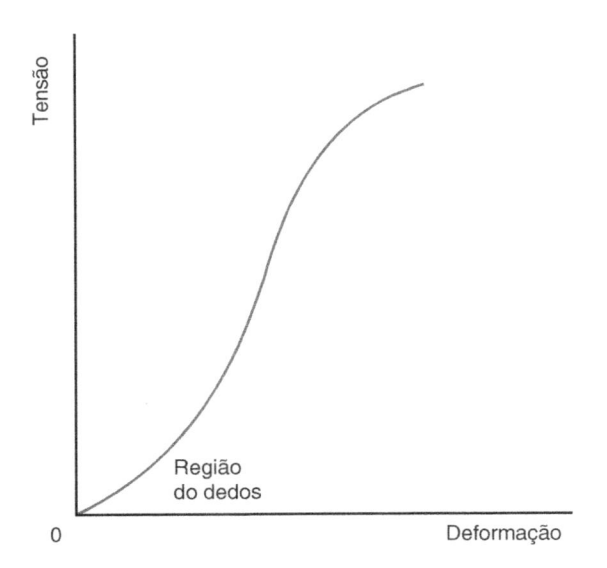

Figura 9.28 Forma geral da curva tensão-deformação para o tendão.

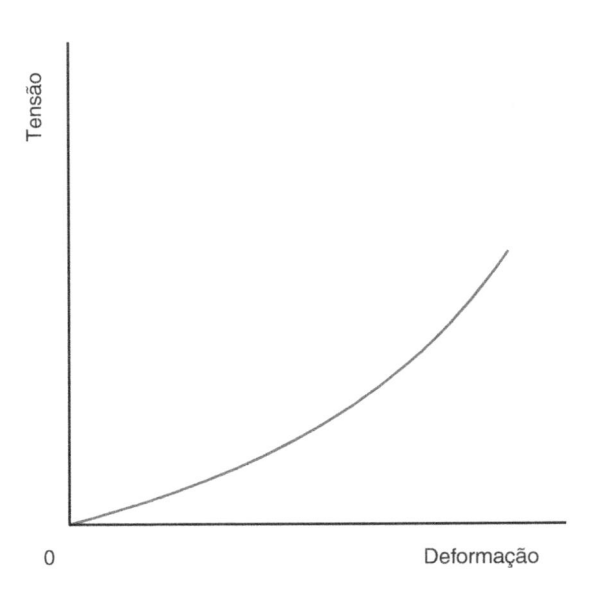

Figura 9.29 Forma geral da curva tensão-deformação para o ligamento.

velmente elástico. Porém, a partir de determinada carga, ele fica muito rígido. As baixas tensões que acompanham as deformações iniciais são resultado do alinhamento das pregas ou ondulações no colágeno. Uma vez alinhadas, começa o alongamento real do colágeno, e tensões maiores são necessárias para produzir a mesma mudança na deformação. A curva tensão-deformação para o tendão é mostrada na Figura 9.28, a qual é similar para os ligamentos e cartilagens.

A primeira parte da curva é denominada região dos dedos e corresponde ao alinhamento das pregas no colágeno. Passando dessa região, o comportamento é absolutamente linear, isto é, um aumento na tensão resulta em um aumento proporcional na deformação. O módulo de elasticidade para tendões e ligamentos é aquele correspondente à região linear da curva tensão-deformação.

Os tendões e os ligamentos também podem exibir comportamentos de fluência e de tensão de relaxamento similares aos da cartilagem, como mostrado nas Figuras 9.25 e 9.26. A resposta à fluência desses tecidos é relevante para exercícios de alongamento, os quais, quando visam aumentar a flexibilidade, são mais efetivos se o movimento para a posição de alongamento for feito lentamente e esta for mantida, com os tecidos envolvidos sob tensão constante. A deformação nos tendões e nos ligamentos, e assim, seus comprimentos, aumentará levemente. Se o alongamento é feito muito depressa, usando movimentos de balanço ou oscilação, a deformação nos tendões e ligamentos não é tão grande, e as mudanças em seus comprimentos não são significativas.

Músculos

Diferentemente dos tecidos conectivos, o tecido muscular é capaz de realizar contração ativa e produzir tração em si mesmo e nas estruturas às quais se conecta. Assim, os componentes contráteis ativos do músculo determinam sua rigidez a qualquer instante, a qual varia como uma função do número de elementos contráteis ativos. A estrutura e a função do músculo serão examinadas no Capítulo 11. Podemos aprender algumas coisas sobre as propriedades mecânicas do músculo se o considerarmos em seu estado passivo ou relaxado.

Se um músculo for alongamento passiva e lentamente, será criada alguma resistência para esse alongamento, e, assim, certa tensão será desenvolvida. Essa resistência origina-se de duas fontes: dos elementos contráteis e dos tecidos conectivos que cercam as fibras musculares e estão conectados aos tendões. A rigidez dos componentes passivos causada pelo deslizamento dos elementos contráteis é muito baixa, de modo que a resistência ao movimento também é pequena. O alongamento muscular para além do ponto em que os filamentos contráteis se sobrepõem é resistido pelos componentes passivos do músculo. Esse tecido comporta-se como um tendão. A curva tensão-deformação passiva do músculo é similar à mostrada na Figura 9.29.

⟳ A rigidez muscular varia como uma função do número de elementos contráteis ativos.

A região dos dedos do músculo é muito maior devido à rigidez muito baixa dos elementos passivos, a qual aumenta quando filamentos contráteis não mais se sobrepõem e os tecidos conectivos começam a se deformar. A deformação de ruptura nos músculos é muito maior que em tendões e ligamentos em função da capacidade dos filamentos contráteis de deslizar uns pelos outros conforme o músculo aumenta seu comprimento em 50%. Somente depois que os músculos alongam até esse ponto, os tecidos conectivos começam a ser deformados. A deformação total do tecido conectivo é similar à do tendão ou ligamento: 8 a 15%. Portanto, a deformação de ruptura para o músculo é 50%, mais de 8 a 15%, ou uma deformação total de 58 a 65%. A tensão máxima do músculo é muito menor que a do tendão, porque a secção transversa inclui a maioria dos elementos contráteis do músculo (compostos de filamentos contráteis que não se conectam uns aos outros no estado passivo).

Resumo

O conhecimento sobre tensão e deformação, bem como sobre as propriedades mecânicas dos tecidos musculoesqueléticos, irá auxiliar na prevenção de lesão, na análise dos mecanismos das lesões e na avaliação da reabilitação ou de programas de exercícios. As forças externas que agem no corpo são, em última instância, suportadas por ossos, cartilagens, ligamentos, tendões e músculos do sistema musculoesquelético. Essas cargas externas causam tensões e deformações. Tensão é a força interna por área de secção transversa. Deformação é a razão entre a mudança no comprimento (ou deformação) e o comprimento não deformado. Compressão é a tensão causada por cargas que mantêm as moléculas unidas, resultando em deformação compressiva à medida que o objeto se encurta. Tração é a tensão causada por cargas que tendem a afastar as moléculas, resultando em deformação por tração conforme o objeto se alonga. Por fim, cisalhamento é a tensão causada por cargas que tendem a deslizar moléculas umas pelas outras, resultando em deformação por cisalhamento à medida que a forma do objeto se distorce.

A compressão uniaxial e o cisalhamento são exemplos de cargas que resultam em tensões uniformes. A flexão resulta em tensão de um lado de uma haste e compressão do outro. A torção resulta em tensão por cisalhamento que varia em magnitude ao longo de uma secção. As cargas combinadas podem resultar em tração, compressão ou cisalhamento, todos na mesma secção transversal.

A força de um material pode ser caracterizada por sua rigidez (razão da tensão pela deformação durante a deformação elástica), ponto de escoamento (tensão que ele pode suportar antes da deformação plástica), tensão máxima (maior tensão suportada antes da falha), deformação por ruptura (a deformação que pode suportar antes da falha) ou tenacidade (energia que pode absorver antes da falha). Essas propriedades podem ser estimadas a partir da curva tensão-deformação de um material.

O osso é o mais forte dos tecidos conectivos em função de sua rigidez, tensão máxima, ponto de escoamento e tenacidade. Sua resistência depende, contudo, da taxa de aplicação da carga. Ligamentos, tendões e cartilagens possuem curvas tensão-deformação com formas similares devido a sua composição colagenosa. Sob pequenas tensões, esses tecidos são flexíveis, mas, a partir de determinada magnitude, eles tornam-se muito rígidos. As propriedades mecânicas do músculo não são tão facilmente examinadas devido a sua capacidade contrátil. A tensão máxima dos músculos é menor se comparada à de tendões, ligamentos ou ossos, mas a sua deformação por ruptura é muito maior.

TERMOS-CHAVE

Anisotrópico (p. 252)
Carga combinada (p. 246)
Carga de flexão (p. 241)
Carga de torção (p. 244)
Cartilagem elástica (p. 254)
Cartilagem fibrosa (p. 254)
Cartilagem hialina (p. 254)
Cisalhamento (p. 248)
Coeficiente de Poisson (p. 248)
Compressão (p. 239)

Deformação de ruptura (p. 251)
Elástico (p. 249)
Fluência (p. 254)
Isotrópico (p. 252)
Limite de proporcionalidade (p. 250)
Limite elástico (p. 250)
Módulo de elasticidade (p. 249)
Modulo de Young (p. 249)
Módulo elástico (p. 249)
Osso compacto (p. 253)

Osso cortical (p. 253)
Osso esponjoso (p. 253)
Osso trabecular (p. 253)
Plástico (p. 250)
Tenacidade (p. 251)
Tensão (p. 236)
Tensão de ruptura (p. 251)
Tensão máxima (p. 251)
Tração (p. 237)

QUESTÕES DE REVISÃO

1. Quando seu preparador físico puxa lateralmente seu tornozelo e, ao mesmo tempo, empurra medialmente seu joelho, uma carga de flexão é colocada em sua extremidade inferior. Qual lado do seu joelho sofre compressão e qual sofre tração em função dessa manipulação?
2. Um esquiador bate em um pico e cai. Seu esqui gira em uma direção, enquanto seu corpo gira no sentido oposto. A carga de torção impõe grandes tensões de cisalhamento sobre sua tíbia e seu joelho. Se a carga sobre a tíbia for somente uma torção axial, em qual de suas secções transversas o cisalhamento será maior?
3. As hastes de duas pernas protéticas têm exatamente a mesma superfície de área de secção transversa, mas a haste da perna A tem um diâmetro 2% menor do que o da perna B. As duas hastes são feitas do mesmo material.
   a. Sob uma carga de tração uniaxial, qual haste é mais forte?
   b. Sob uma carga de compressão uniaxial, qual haste é mais forte?
   c. Sob uma carga de torção, qual haste é mais forte?
   d. Sob uma carga de flexão, qual haste é mais forte?
4. Quem pode suportar maior tração, tendão ou ligamento?
5. Quem pode suportar maior tração, osso ou ligamento?
6. Quem pode suportar maior deformação, osso ou ligamento?
7. Quem é mais rígido, osso ou ligamento?
8. Quem é mais dúctil, osso vivo ou osso seco?
9. Que tipo de tensão o osso resiste mais fortemente? E para qual tipo de tensão sua resistência é mais fraca?
10. Descreva as várias medidas de força para materiais biológicos.

PROBLEMAS

1. Uma secção de 1 cm de ligamento patelar alonga-se para 1,001 cm quando é submetida a uma força de 10.000 N. Qual é a deformação nesse segmento do ligamento?
2. A área de secção transversal do ligamento patelar da questão anterior é de 50 mm^2. Qual é a tensão resultante da força de tração de 10.000 N nessa secção?
3. O módulo de elasticidade (para compressão) de uma secção de um osso compacto do fêmur é de 12 GPa (12 x 10^9 Pa). Se esse tecido for submetido a uma compressão de 60 Mpa (60 x 10^6 Pa), qual é a deformação que resulta dessa compressão?
4. O módulo de elasticidade (para tensão) de um tendão é de 1,2 GPa (1,2 x10^9 Pa). Esse tecido está sujeito a uma deformação de 4%.
   a. Qual é a tensão no tendão quando a deformação é 4%?
   b. Se o tendão sem carga tem o comprimento de 2 cm, qual é seu comprimento resultante de 4% de deformação?
5. O tendão de Aquiles é submetido a uma grande tensão, que gera uma deformação de 6%. Se não carregado, ele tem 10 cm de comprimento, o quanto se alongará como resultado dessa deformação?
6. A tensão no ponto de escoamento de um material é de 10 MPa. Qual é seu módulo de elasticidade?
7. O módulo de elasticidade de um material protético é de 20 GPa, uma amostra dele de 3 cm de comprimento é circular na área de seção transversal, com um raio de 1 cm. Essa amostra é alongada 3,003 cm. Qual a tração que foi aplicada nesse material para produzir tal alongamento?
8. O osso compacto da tíbia apresenta tensão máxima de 150 MPa e deformação de ruptura de 1,5%. Já o ligamento cruzado anterior tem tensão máxima de 35 MPa e deformação de ruptura de 30%. Qual deles provavelmente é mais resistente do ponto de vista mecânico?

Ver respostas (em inglês) no *site* www.grupoa.com.br no *link* do livro.

Capítulo 10

O sistema esquelético
A estrutura rígida do corpo

Objetivos

Ao terminar de ler este capítulo, você deverá ser capaz de:

- Identificar as partes do sistema esquelético
- Descrever as funções do sistema esquelético
- Descrever as características anatômicas dos ossos
- Classificar ossos longos, curtos, chatos ou planos, irregulares ou sesamoides
- Descrever o processo de crescimento dos ossos longos
- Descrever os sistemas de classificação estrutural e funcional das articulações
- Classificar as articulações sinoviais como planas, em dobradiça, em pivô, elipsoidal, em sela, em bola e soquete
- Descrever as características anatômicas das articulações sinoviais
- Descrever a função da cartilagem articular
- Descrever a função do líquido sinovial
- Identificar os fatores que contribuem para a estabilidade das articulações sinoviais
- Identificar os fatores que contribuem para a flexibilidade das articulações sinoviais

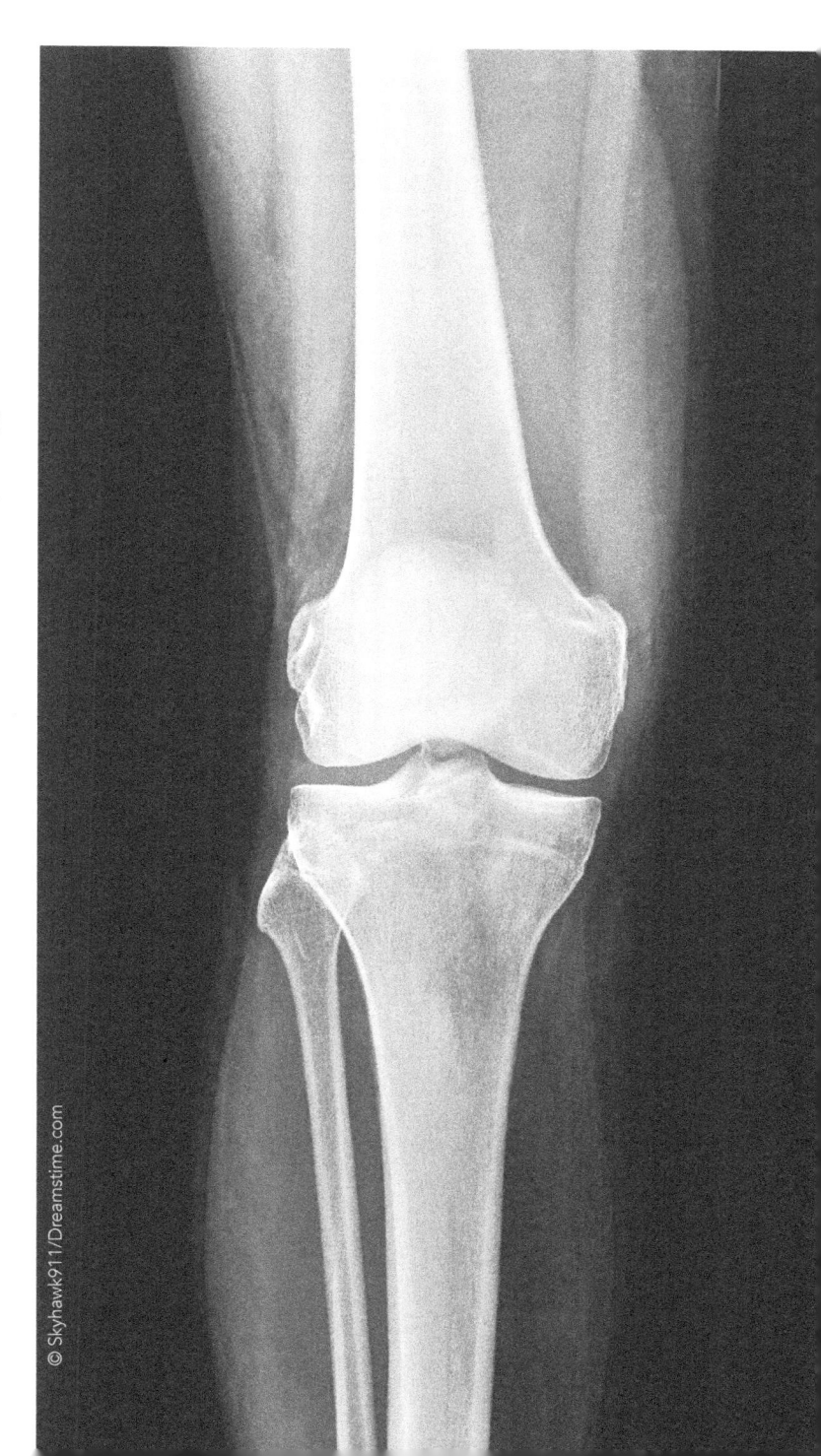

Imagine como seria a vida sem um esqueleto? Com que você se pareceria? Como se moveria? Seria capaz de se mover? Se estivesse na água, você poderia ser funcional, mas poucas criaturas terrestres existiriam sem algum tipo de esqueleto. Minhocas e lesmas não possuem esqueletos. Elas não podem permanecer eretas e se movem muito lentamente e de forma ineficiente. Seu esqueleto permite que você fique em pé e seus ossos e suas articulações lhe permitem mover-se com rapidez. Essas e outras funções do sistema esquelético são apresentadas neste capítulo.

O sistema esquelético inclui os ossos do esqueleto, as articulações onde eles se juntam (uns aos outros) e a cartilagem e os ligamentos associados com as estruturas articulares. O esqueleto pode ser dividido em axial e apendicular, como mostrado na Figura 10.1.

O **esqueleto axial** inclui os ossos do tronco, da cabeça e do pescoço: o crânio, a coluna vertebral e a caixa torácica. Já o **esqueleto apendicular** inclui o ossos das extremidades, junto com a cintura escapular (clavícula e escápula) e ossos pélvicos (ílio, ísquio e púbis). Um adulto possui 206 ossos: 126 no esqueleto apendicular, 74 no axial e 6 ossículos auditivos (ossos do ouvido interno).

Do ponto de vista mecânico, o sistema esquelético pode ser pensado como um arranjo de elos rígidos, conectados uns aos outros, nas articulações, para permitir movimentos específicos. Os músculos anexados aos ossos geram forças capazes de provocar mudanças nas posições relativas dos ossos. Essa é a função mecânica primária do sistema esquelético. No esporte, a importância desse sistema está no fato de ele fornecer as longas alavancas que permitem o movimento. A rígida estrutura do esqueleto também sustenta os tecidos moles e os órgãos do corpo. Além disso, várias estruturas ósseas do esqueleto fornecem proteção para os órgãos vitais. O crânio e as vértebras

Esqueleto axial

(crânio, vértebras e costelas)

Esqueleto apendicular

(extremidades, cintura escapular e pélvica)

Esqueleto adulto

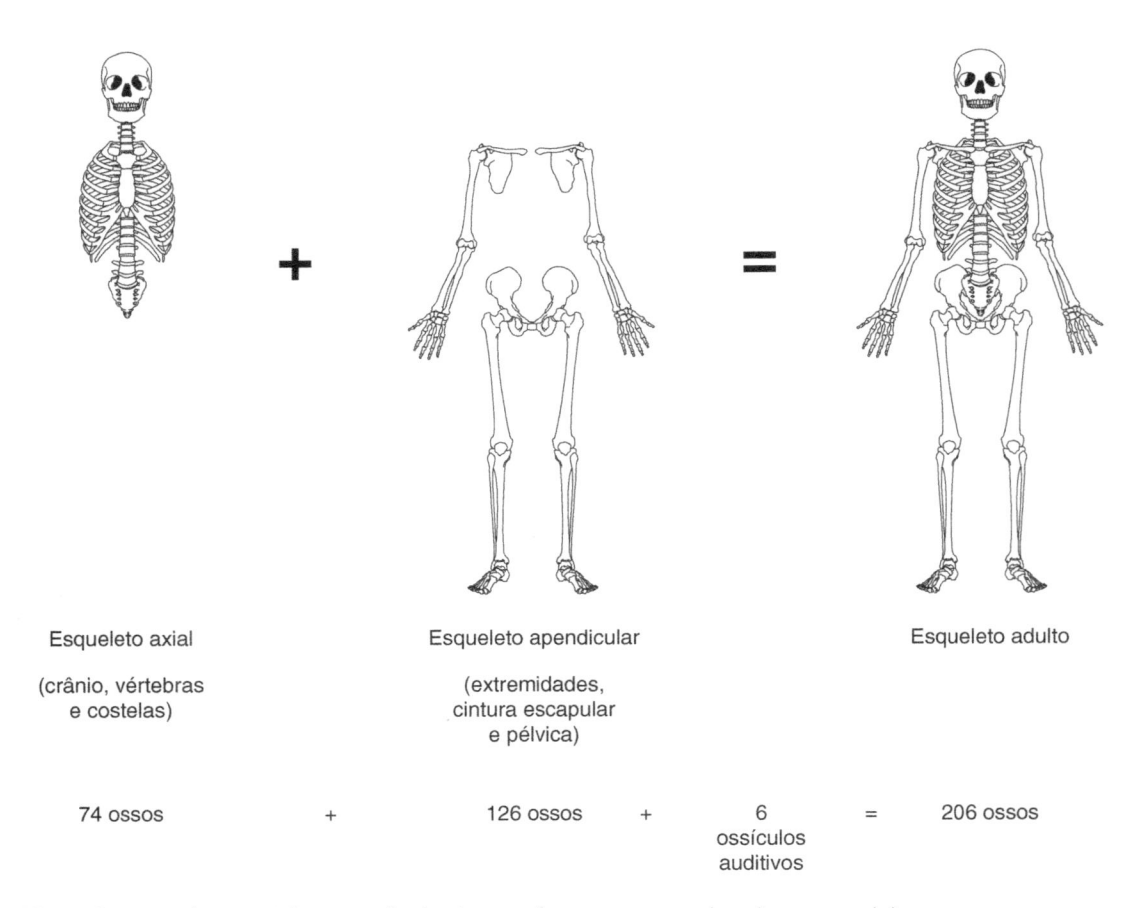

74 ossos + 126 ossos + 6 ossículos auditivos = 206 ossos

Figura 10.1 Os esqueletos axial e apendicular, juntos, formam o esqueleto humano adulto.

cobrem e protegem o sistema nervoso central (o cérebro e medula espinal). As costelas e o esterno protegem o coração, os pulmões, os principais vasos sanguíneos, o fígado e o baço. A pelve protege o útero nas mulheres e a bexiga. O sistema esquelético também possui funções metabólicas. A medula vermelha produz, em alguns ossos, os glóbulos vermelhos e brancos, bem como as plaquetas. Além disso, os ossos armazenam cálcio e fósforo. As funções do sistema esquelético são resumidas na Tabela 10.1.

> Do ponto de vista mecânico, o sistema esquelético pode ser entendido como um arranjo de elos rígidos, conectados uns aos outros, nas articulações, para permitir movimentos específicos.

Tabela 10.1 Funções do sistema esquelético

Funções mecânicas	Funções fisiológicas
Suporte	Hematopoiese (produção de células sanguíneas)
Proteção	
Movimento	Armazenamento de minerais

> Os ossos e as articulações são os componentes básicos do sistema esquelético, e este capítulo apresenta a estrutura e o desenvolvimento de tais componentes.

Ossos

Os ossos, que respondem por cerca de 16% do peso corporal total de um adulto, são compostos por dois tipos diferentes de tecido ósseo: cortical ou compacto e esponjoso. Como seus nomes sugerem, o osso cortical (compacto) é mais denso e compacto, enquanto o esponjoso tem aparência mais porosa. Como discutido no capítulo anterior, a composição do osso faz dele o tecido mais forte e rígido de todo o corpo, sendo capaz de resistir a grandes forças de compressão, de tensão e cisalhamento. Essas características do osso fazem o esqueleto cumprir muito bem sua função de estrutura de suporte.

Os ossos são tecidos vivos e muito diferentes dos ossos secos ou dos modelos de plásticos usados em aulas de anatomia e laboratórios. Eles são inervados e supridos com sangue. Como um tecido vivo, o osso é adaptável. Ele responde às tensões que recebe ficando mais espesso nas áreas de maior tensão ou tornando-se mais denso. Sua densidade diminui se ele não é submetido a tensões regularmente. Astronautas que retornam de longos períodos no espaço sofrem perda de densidade óssea, assim como qualquer pessoa que não mantém o mínimo nível de atividade.

Anatomia e classificação dos ossos

Os ossos possuem uma variedade de formas e tamanhos. A tensão mecânica imposta sobre um osso determina sua forma e função. Esses tecidos são classificados de acordo com sua forma. Os ossos longos geralmente têm hastes ocas e longas e extremidades arredondadas. Eles são projetados para grandes movimentos e ocorrem nas extremidades, incluindo o úmero, o rádio, a ulna, o fêmur, a tíbia, a fíbula, os metacarpos, os metatarsos, as falanges e as clavículas. Já os ossos curtos são pequenos, sólidos e em forma de blocos. Eles são bem adequados para a transferência de forças e absorção de choques, mas não são muito móveis. Os ossos do punho e tornozelo (os carpos e tarsos) são todos ossos curtos. Como o próprio nome sugere, os ossos chatos ou planos possuem superfícies planas e são mais finos em uma dimensão, sendo projetados para proteção. As costelas, o crânio, a escápula, o esterno e os ossos pélvicos são classificados como ossos chatos ou planos. Os ossos irregulares, por sua vez, são aqueles que não se encaixam em nenhuma dessas duas categorias, sendo projetados para suporte, proteção e alavancagem. As vértebras (incluindo o sacro e cóccix) e os ossos faciais são exemplos desse tipo de osso. Alguns ossos também são descritos como **sesamoides**, os quais se desenvolvem muitas vezes dentro de tendões, frequentemente em um esforço para diminuir as tensões ou aumentar a alavancagem. A patela é um exemplo de um osso sesamoide.

> A tensão mecânica imposta sobre o osso e sua função determina sua forma.

Os ossos longos são os mais envolvidos no movimento. O conhecimento de sua estrutura é, portanto, apropriado para a biomecânica do esporte. A Figura 10.2 mostra um osso longo típico e sua estrutura. Uma fina membrana fibrosa chamada de periósteo cobre a superfície óssea externa, exceto nas superfícies articulares. A haste ou corpo desse osso é uma cavidade tubular oca com paredes de osso cortical. O centro da cavidade tubular dos ossos longos é a cavidade medular, a qual contém medula vermelha, responsável pela produção de células sanguíneas. Em adultos, a maior parte da produção de células sanguíneas vermelhas ocorre nos planos, e a medula amarela ocupa a cavidade medular dos ossos longos. A medula amarela é composta sobretudo de células de gordura. Como observado no capítulo anterior, o aspecto longo, oco e cilíndrico dos ossos longos os torna leves, mas, ainda assim, bastante fortes para resistir a cargas de flexão.

As extremidades dos ossos longos costumam ser o local de contato articular com outros ossos, e suas superfícies articulares são cobertas por cartilagem articular. Novamente, as paredes das extremidades dos ossos

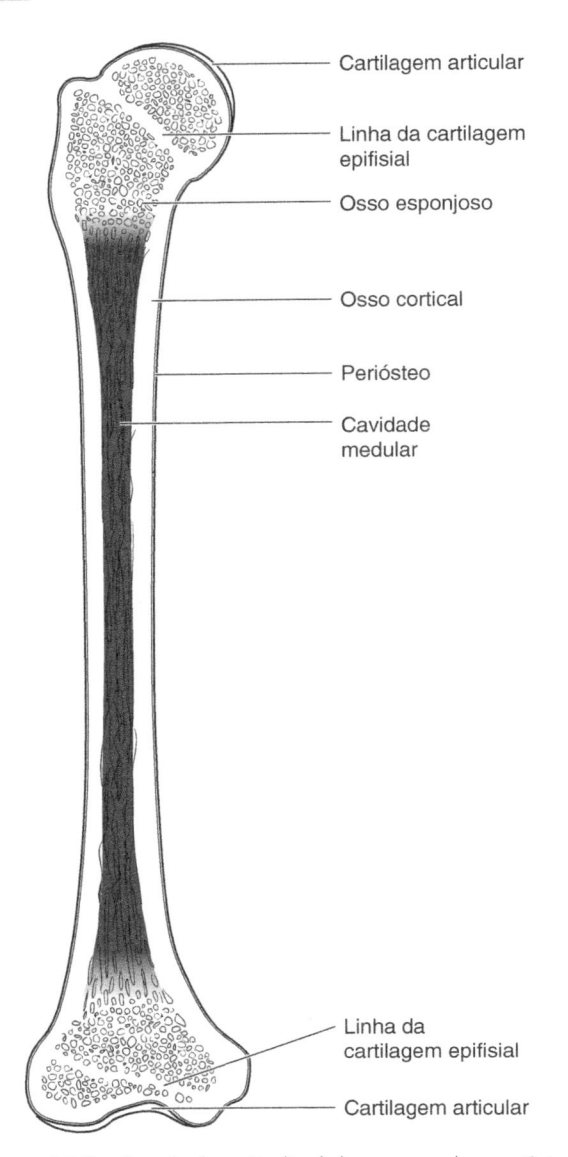

Figura 10.2 Secção longitudinal de um osso longo típico.

- Forame – orifício, normalmente para passagem de nervos ou vasos
- Fossa – depressão oca ou cova
- Fóvea – pequena depressão ou cavidade oca
- Cabeça – superfície articular esférica na extremidade de um osso longo
- Linha – linha definida ou pequena saliência
- Colo – parte do osso que une a cabeça à haste
- Incisura – reentrância sobre a borda ou cume de um osso
- Processo – projeção de uma parte do osso
- Espinha – projeção pontuda do osso
- Trocanter – grande projeção protuberante
- Tubérculo – pequena projeção protuberante
- Tuberosidade – média projeção protuberante

Crescimento e desenvolvimento dos ossos longos

Os ossos longos desenvolvem-se por meio da ossificação endocondral: a cartilagem é substituída por osso. No feto humano, forma-se um modelo de cartilagem do esqueleto. A ossificação endocondral dessa cartilagem esquelética começa ainda no útero. No nascimento, a haste dos ossos longos ossifica-se, mas suas extremidades permanecem compostas de cartilagem. Nos metacarpos, metatarsos e falanges das mãos e dos pés, apenas uma extremidade permanece cartilaginosa no nascimento. A cartilagem das extremidades dos ossos longos ossifica-se logo após o nascimento, com exceção daquela que separa as extremidades do restante do osso, chamada de **cartilagem epifisária** (placa epifisária, disco epifisário, placa de crescimento). A extremidade separada do osso é denominada **epífise**. Já a parte restante de osso do outro lado da cartilagem epifisária é chamada de **diáfise**. Como um único osso longo nas crianças pode, na verdade, consistir em dois ou três ossos separados, elas têm mais ossos do que os adultos. A Figura 10.4 mostra ilustrações dos ossos longos de um adulto e de uma criança.

> Os ossos longos se desenvolvem por meio da ossificação endocondral: a cartilagem é substituída por osso.

A cartilagem epifisial é responsável pelo crescimento no comprimento dos ossos longos, como mostrado na Figura 10.5. À medida que ela cresce, a cartilagem mais próxima da diáfise se ossifica. Se a taxa desses processos é igual, ocorre o crescimento ósseo longitudinal. No entanto, se a taxa de ossificação excede a de crescimento cartilaginoso, a cartilagem epifisial inteira se ossifica, unindo a diáfise à epífise, e o crescimento ósseo longitudinal cessa. O fechamento da placa epifisária, como é chamado, ocorre naturalmente em idades específicas para

longos são compostas de osso cortical, mas os espaços interiores são preenchidos por osso esponjoso em vez de medula.

Termos específicos são utilizados para descrever as irregularidades da superfície dos ossos, alguns são listados e definidos a seguir e apresentados graficamente na Figura 10.3.

- Côndilo – projeção arredondada que se articula com outro osso
- Epicôndilo – projeção arredondada perto da extremidade de um osso longo, mas lateral ao eixo e não necessariamente parte da articulação
- Faceta – superfície articular pequena, lisa e, em geral, plana

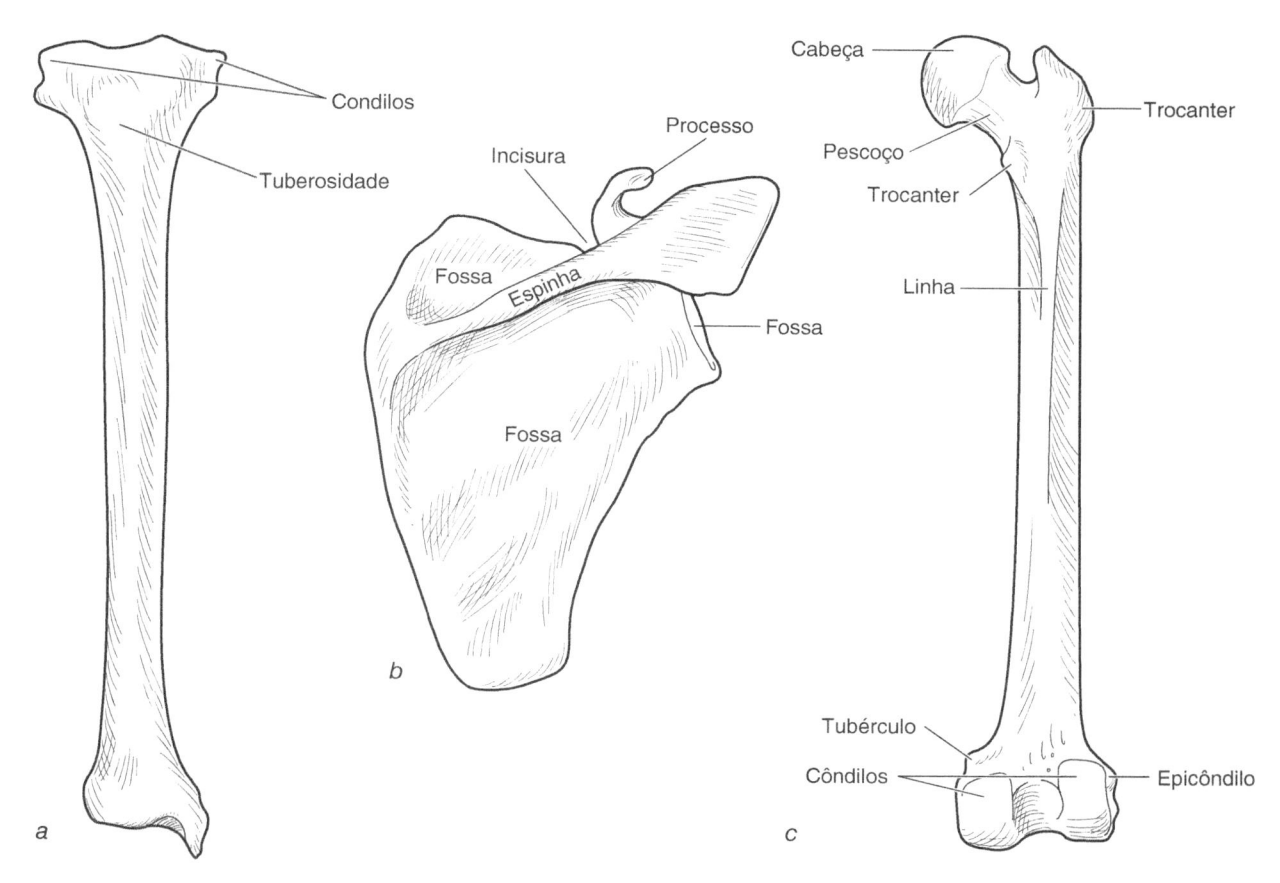

Figura 10.3 As superfícies irregulares do fêmur (a), a escápula (b), e o úmero (c).

cada osso. A maioria das epífises ossificam-se durante a puberdade, mas algumas podem não se fechar antes dos 25 anos.

O crescimento da placa epifisária é afetado pelas tensões que ocorrem no local. Uma certa quantidade de tensão mecânica é necessária para estimular o crescimento, mas seu excesso pode causar o fechamento prematuro. Alguns hormônios também afetam o crescimento da plana epifisária: baixos níveis de hormônio de crescimento o retardam, enquanto seu excesso pode estender o crescimento para além da idade normal de fechamento. Já os hormônios sexuais aumentam a taxa de substituição da cartilagem, levando ao fechamento da placa epifisária, sendo essa a razão primária para o fechamento da maioria das placas de crescimento durante a puberdade.

O crescimento do diâmetro dos ossos longos ocorre na interface entre o periósteo (a membrana que cobre a superfície óssea) e o osso. Um novo osso é depositado no local para aumentar tanto a espessura das paredes como o diâmetro do osso. Ao mesmo tempo, no entanto, ele é absorvido na superfície interna da parede, e sua cavidade central é alargada. O crescimento no diâmetro ósseo termina com o fechamento da placa epifisária; no entanto, por toda a vida, os ossos continuam se adaptando às mudanças de tensão mecânica por meio de aumentos ou diminuições na espessura da parede ou em sua densidade.

Articulações

Uma **articulação** é qualquer local onde dois ossos se encontram ou se unem. As articulações possuem várias funções, a principal é unir os ossos e controlar o movimento que ocorre entre eles. Elas podem fornecer conexões rígidas ou altamente móveis, dependendo de suas funções individuais. Além de unir os ossos, outra função articular é transferir forças entre eles. Essas duas funções competitivas – transferência de força e controle de movimento – levam desenhos estruturais interessantes das articulações.

> Uma articulação é qualquer local onde dois ossos se encontram ou se unem. Sua função primária é unir ossos e controlar o movimento que ocorre entre eles.

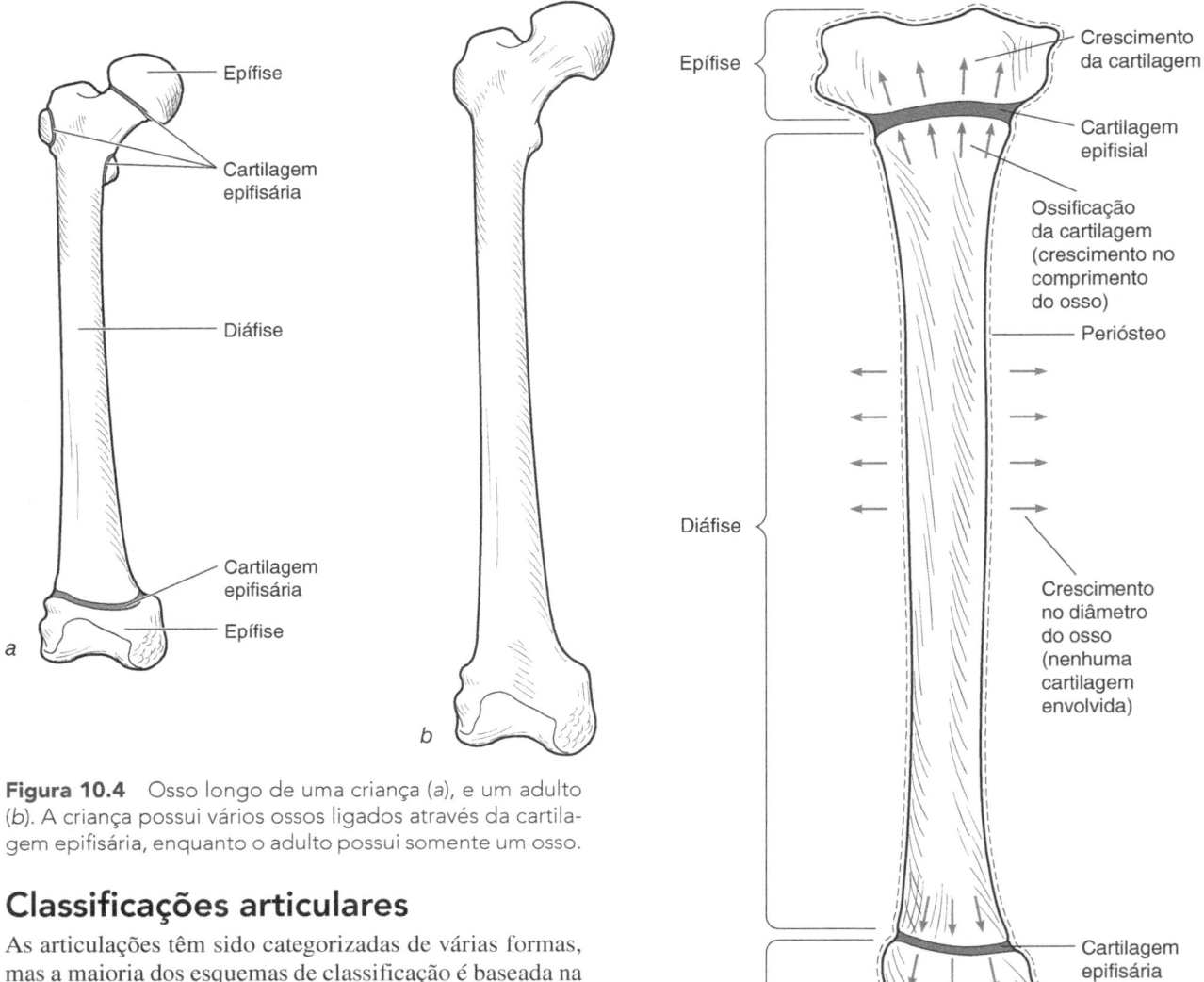

Figura 10.4 Osso longo de uma criança (*a*), e um adulto (*b*). A criança possui vários ossos ligados através da cartilagem epifisária, enquanto o adulto possui somente um osso.

Classificações articulares

As articulações têm sido categorizadas de várias formas, mas a maioria dos esquemas de classificação é baseada na estrutura ou função (mobilidade) articular. Do ponto de vista estrutural, elas podem ser divididas em três grupos gerais, os quais podem ser adicionalmente subdivididos em subgrupos ou tipos de articulações: fibrosas (suturas e sindesmoses), cartilaginosas (sincondroses) e sinoviais. Os ossos conectados por tecido conectivo fibroso formam as **articulações fibrosas**, as quais costumam ser rígidas (embora não necessariamente sejam). As suturas no crânio são exemplos de articulações desse tipo. Já os ossos conectados por tecido cartilaginoso formam as **articulações cartilaginosas**, as quais podem ser rígidas ou permitir poucos movimentos. A sínfise púbica entre os ossos direito e esquerdo da pélvis é um exemplo desse tipo de articulação, assim como a junta entre a diáfise e epífise no esqueleto imaturo. Por fim, os ossos conectados por ligamentos e separados por uma cavidade articular formam as **articulações sinoviais**, que apresentam grande mobilidade. Sua característica distinta é uma cavidade articular que rodeia o espaço entre as articulações. A maioria das articulações do esqueleto apendicular é do tipo sinovial.

Figura 10.5 Crescimento de um osso longo.

Do ponto de vista funcional, as articulações podem ser classificadas pela quantidade de movimento que permitem: sinartrodiais (imóveis), anfiartrodiais (pouco móveis) e diartrodiais (muito móveis). Alguns sistemas de classificação funcional agrupam as articulações imóveis e pouco móveis como sinartroses. No esquema de classificação estrutural, as articulações fibrosas e as cartilaginosas são categorizadas como sinartrodiais e anfiartrodiais, respectivamente, enquanto as sinoviais são classificadas como diartrodiais. As articulações sinoviais são de maior interesse para nós porque os movimentos ocorrem nelas. A Figura 10.6 mostra exemplos de articulações classificadas por estrutura e função.

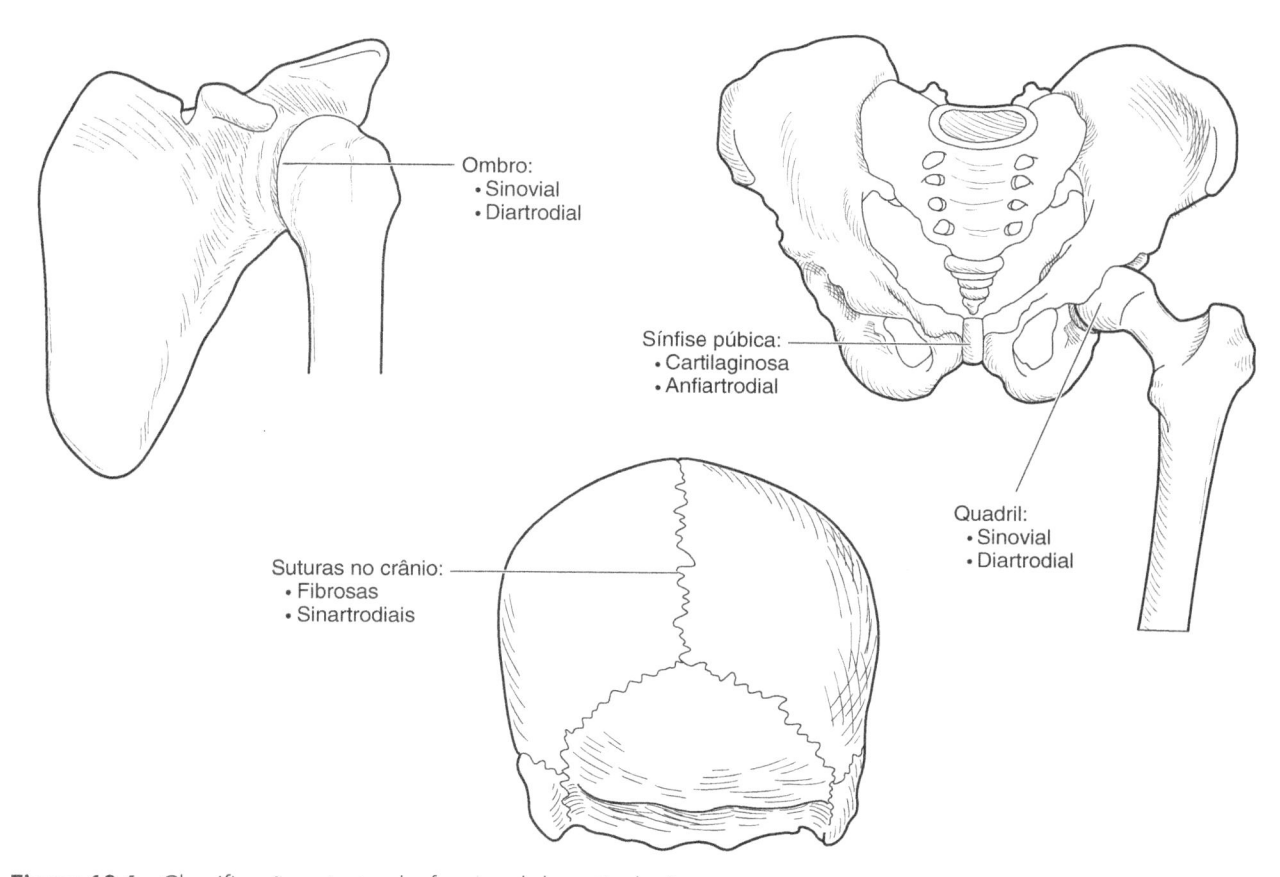

Figura 10.6 Classificação estrutural e funcional das articulações.

As articulações sinoviais (ou diartrodiais) são subdivididas em seis diferentes tipos de acordo com o movimento que permitem e sua estrutura: plana, em dobradiça, em pivô, elipsoidal, em sela, em bola e soquete. As formas das superfícies articulares com frequência determinam os movimentos possíveis e, assim, o tipo de articulação. Como poucas articulações são exatamente como as representações idealizadas na Figura 10.7, elas são classificadas com base no tipo mais parecido.

As articulações do tipo plana também são chamadas de irregulares, deslizantes ou artrodiais. Elas são planas e pequenas e permitem movimentos de deslizamento planares. As articulações intercarpal (punho), intertarsal (tornozelo) acromioclavicular (cintura escapular) são exemplos do tipo plana.

As articulações do tipo dobradiça, por sua vez, são uniaxiais e permitem apenas um grau de liberdade de movimento (somente um número, como, por exemplo, o ângulo formado entre dois ossos, que seria necessário para descrever por completo a orientação dos ossos em relação uns aos outros). Elas também são chamadas de articulações do tipo gínglimo. O par de superfícies articulares nessas estruturas se assemelha a um cilindro redondo e convexo (orientado perpendicularmente ao eixo longo do osso) que se ajusta em um canal raso de formato côncavo. Essa articulação permite a flexão e o movimento de retorno chamado de extensão (ou flexão plantar e flexão dorsal no tornozelo). As articulações umeroulnar (cotovelo), tibiofemoral (joelho), talotibial e talofibular (tornozelo) e interfalangial (dedos do pé e da mão) são exemplos do tipo dobradiça.

Já as articulações do tipo pivô são uniaxiais e permitem apenas um grau de liberdade de movimento. Elas podem ser chamadas de trocoides ou articulações em espiral. Sua superfície articular se assemelha a um pino inserido em um orifício ou cilindro (orientado perpendicularmente ao eixo longo do osso) que se ajusta a um canal raso com formato côncavo. Nessas articulações, o movimento de rotação em torno do eixo longitudinal é possível. A articulação radioulnar proximal (entre os ossos do antebraço) e a atlantoaxial (entre a primeira e segunda vértebras cervicais) são exemplos do tipo em pivô. Os movimentos rotatórios da articulação radioulnar proximal são chamados de supinação e pronação, já os da atlantoaxial são denominados rotação para direita ou esquerda.

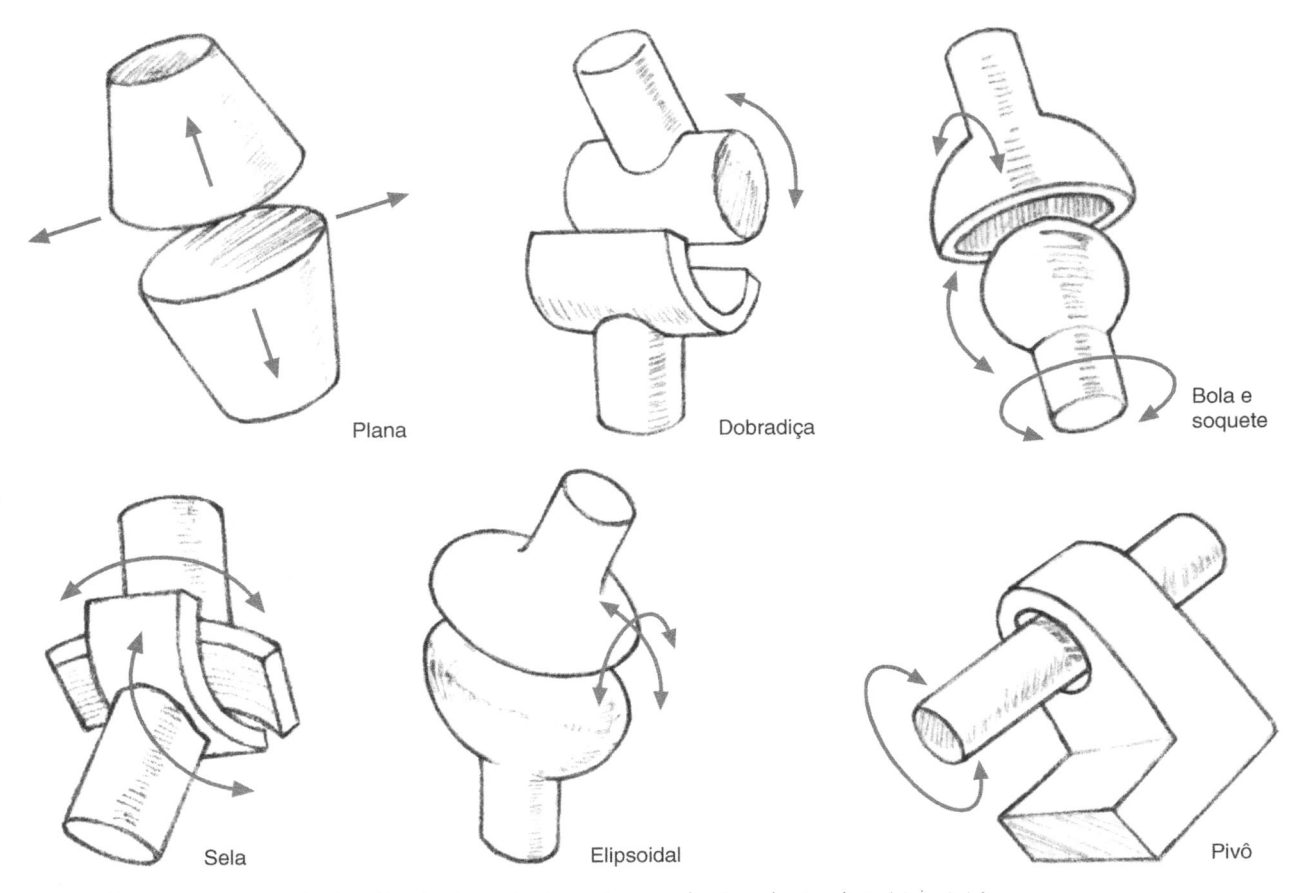

Figura 10.7 Representação idealizada dos seis tipos de articulações diartrodiais (sinoviais).

As articulações elipsoidais são biaxiais e permitem dois graus de liberdade de movimento. Também são chamadas de condiloides ou ovoides. Sua superfícies articulares se assemelham à forma de uma elipse (ou ovo) que se ajusta em uma depressão oval. Essa categoria também já foi definida como articulação oval do tipo bola e soquete. Os movimentos que permitem são flexão e extensão; adução e abdução; e circundução, uma combinação desses movimentos. As articulações radiocarpal (punho), metacarpofalangiana (dedos das mãos), metatarsofalangiana (dedos dos pés) e atlantoocipital (cabeça e pescoço) são exemplos do tipo elipsoidal.

As articulações em sela também são biaxiais e permitem dois graus de liberdade de movimento, sendo também chamadas de articulações selares. Suas superfícies articulares se assemelham a um par de selas rodadas 90 graus uma em relação a outra. Para entender melhor esse conceito, faça um "c" com os dedos das mãos e depois junte-as rodando uma delas 90 graus. O resultado é parecido com uma articulação do tipo sela. Essas articulações são como juntas universais (com cruzetas) utilizadas no sistemas de transmissão de automóveis. Elas também permitem flexão e extensão, adução e abdução e circundução, e podemos citar como exemplo desse tipo a primeira articulação metacárpica (na base do polegar).

Por fim, as articulações do tipo bola e soquete são triaxiais e permitem três graus de liberdade de movimento, sendo também chamadas de enartrodiais, esferoidais ou condiloidais. Suas superfícies articulares parecem uma bola e uma cavidade. Entre as articulações sinoviais, as do tipo bola e soquete são as que apresentam maior liberdade de movimento. Elas permitem flexão e extensão; adução e abdução; e rotação interna e rotação externa. As articulações glenoumeral (ombro) e coxofemoral (quadril) são exemplos desse tipo de junta. A articulação acromioclavicular (entre a cintura escapular e o esqueleto axial) é classificada como do tipo bola e soquete ou do tipo plana.

Estrutura das articulações sinoviais

A característica que distingue uma articulação sinovial é a cavidade articular formada por uma **cápsula articular**. Esta nada mais é que uma conexão de tecido ligamentar que circunda a articulação e se prende aos ossos de cada lado da articulação, conectando-os. As extremidades dos ossos são cobertas por uma fina camada de cartilagem hialina chamada de **cartilagem articular**. As outras superfícies expostas dentro da cápsula articular e em sua superfície interna são revestidas com a **membrana sinovial**. A membrana sinovial e a cartilagem articular selam, assim, a cavidade articular. Uma articulação sinovial pode ser comparada a rolamentos selados, os quais não estão expostos aos demais elementos e, por tanto, em geral não necessitam ser relubrificados. Contudo, diferentemente de um rolamento selado, essas articulações são autolubrificantes. Elas secretam líquido sinovial, o qual preenche a cavidade articular. Em alguns casos, tais como no joelho ou na articulação esternoclavicular, um disco inteiro ou parcial de fibrocartilagem separa as superfícies articulares dos ossos. A Figura 10.8 mostra várias estruturas de uma articulação sinovial.

> A característica que distingue uma articulação sinovial é a cavidade articular formada por uma cápsula articular. Esta nada mais é que uma conexão de tecido ligamentar que circunda a articulação.

O líquido sinovial excretado pela membrana sinovial é viscoso, de aparência semelhante à da clara de ovo (*syn-*, "como", e *ovum*, "ovo"). Uma de suas funções é lubrificar a articulação e reduzir o atrito. Sob pressão, a cartilagem articular também secreta líquido sinovial que lubrifica a articulação. Outra função desse líquido é nutrir a cartilagem articular, pois esta não possui inervação ou fornecimento de sangue. Além disso, o líquido sinovial também limpa a cavidade articular e confere algumas propriedades de absorção de choque hidrostáticas para a articulação.

A cartilagem articular é a superfície de rolamento entre ossos em movimento. Ela melhora o ajuste entre os ossos na articulação, bem como aumenta a estabilidade e reduz a pressão articular quando a junta sofre a ação de cargas externas. Ela também reduz o atrito e previne o desgaste. Como a cartilagem hialina é mais resiliente do que o osso, a cartilagem articular também fornece alguma absorção de choque na articulação. No caso de juntas que têm discos totais ou parciais compostos de fibrocartilagem, estes realizam funções similares, ou seja, melhoram o ajuste entre os ossos e absorvem choques.

> A cartilagem articular é a superfície de rolamento entre os ossos em movimento.

Embora o termo *cavidade* indique a existência de algum tipo de espaço entre as extremidades dos ossos, em uma articulação sinovial, este é muito pequeno, e, em situações normais, as cartilagens articulares, na verdade, se unem. Se uma articulação está lesionada, no entanto, o inchaço causado pelo aumento do volume de fluido pode aumentar muito a cavidade.

Estabilidade das articulações sinoviais

"Estável" foi definido no Capítulo 5 como "difícil de mover". A estabilidade articular se refere à resistência de determinada articulação ao movimento em planos diferentes daqueles definidos pelos seus graus de liberdade de movimento ou ao afastamento das superfícies articulares uma em relação a outra, por meio de cisalhamento (deslizamento lateral) ou tração (separação das superfícies articulares). A estabilidade de uma articulação do tipo dobradiça se refere, assim, a sua habilidade de resistir à abdução e adução, rotação interna e externa ou luxação. Já a flexibilidade articular diz respeito à amplitude possível nos planos de movimento definidos pelos graus de liberdade da articulação e à facilidade com que esses movimentos ocorrem. Portanto, a flexibilidade de uma articulação em dobradiça se refere à amplitude de flexão e extensão e também à facilidade de realização desses movimentos.

> Estabilidade articular se refere à resistência de determinada articulação ao movimento em planos diferentes daqueles definidos pelos seus graus de liberdade de movimento, ou ao afastamento das superfícies articulares uma em relação a outra, por meio de cisalhamento (deslizamento lateral) ou tração (separação entre as superfícies articulares).

As formas recíprocas convexas e côncavas nas extremidades das articulações sinoviais são as principais

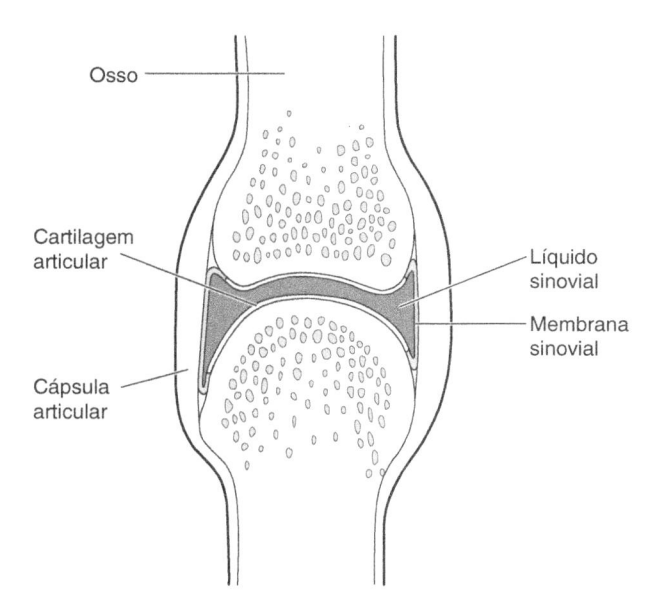

Figura 10.8 As características das articulações sinoviais típicas.

responsáveis pela determinação do plano de movimento permitido. As forças compressivas e de cisalhamento desenvolvem-se entre as partes onde os ossos se articulam de modo igual para resistir a qualquer deslocamento por cisalhamento ou rotação nos planos diferentes daqueles para os quais a articulação foi designada, como mostrado na Figura 10.9. Quanto mais firme for o ajuste entre os ossos e mais profundo o encaixe entre as superfícies côncavas e convexas, mais estável será a articulação. O quadril é uma articulação mais estável que o ombro porque sua cavidade (o acetábulo) é muito mais profunda que a fossa glenoide. A cartilagem articular e os discos de fibrocartilagem aumentam o ajuste ósseo e também contribuem com a estabilidade articular. O menisco do joelho fornece aos côndilos do fêmur uma depressão mais profunda para acomodação do que o platô tibial, relativamente plano.

Em uma articulação, enquanto os ossos resistem às forças de compressão e de cisalhamento, os ligamentos resistem às de tração quando algo tende a separar os ossos. Sua força de resistência à tração também é necessária quando uma carga de flexão age sobre uma articulação em um plano diferente do plano de movimento desta. Nesse caso, a articulação deve agir como uma viga, com força de compressão em um lado e de tração em outro. As superfícies articulares dos ossos de um dos lados resistem ao componente de compressão de carga de flexão, enquanto os ligamentos do lado oposto resistem ao de tração. A própria cápsula articular fornece um pouco dessa resistência à tração, mas a maioria das articulações tem ligamentos para fortalecê-las e resistir a torques ou forças de tração. Os ligamentos podem estar presentes nas articulações como bandas mais espessas envoltas em torno da cápsula articular ou como ligamentos externos separados da cápsula articular. Portanto, as localizações dos ligamentos em relação à articulação que eles protegem determinam a estabilidade articular a cargas de flexão que podem causar deslocamentos por abdução, adução ou rotação. A Figura 10.0 ilustra como o ligamento colateral medial do joelho resiste às forças de tração para impedir que essa articulação se mova em abdução quando forças mediais agem sobre ela.

> Em uma articulação, enquanto os ossos resistem às forças compressivas e de cisalhamento, os ligamentos resistem às de tração quando algo tende a separar os ossos.

Os tendões e os músculos aos quais estão ligados também resistem às forças de tração e, assim, contribuem para a estabilidade articular de modo semelhante ao dos ligamentos. A linha de força da maioria dos músculos é tal que um componente da força gerada durante uma contração mantém os ossos da articulação firmemente unidos, obtendo-se, desse modo, resistência a qualquer força de tração que tenda a separá-los. Esse tipo de ação dos músculos e ligamentos é mostrado na Figura 10.11a. Em certas posições articulares, os músculos podem, na verdade, criar forças cujos componentes tendem a separar os ossos em vez de estabilizar a articulação. Essa ação é mostrada na Figura 10.11b. Os músculos, os tendões e as fáscias

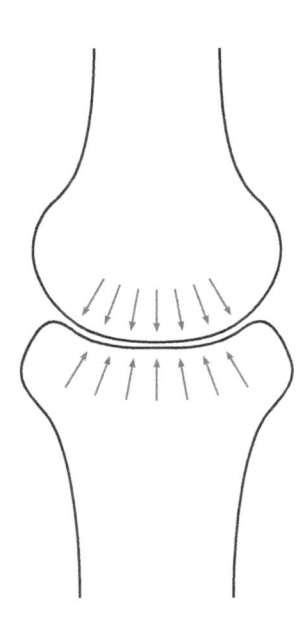

Figura 10.9 Um firme ajuste entre os ossos permite o desenvolvimento de forças de compressão e cisalhamento para evitar deslocamentos.

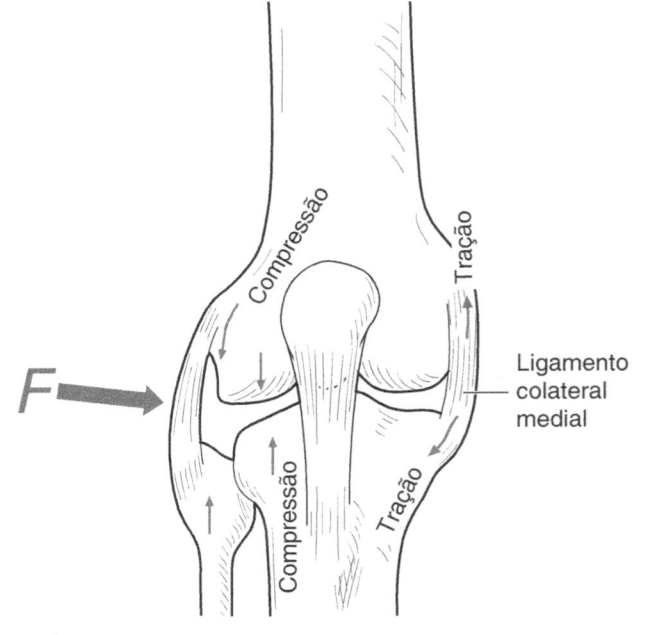

Figura 10.10 A tração do ligamento colateral medial previne o deslocamento da articulação do joelho quando forças agem no sentido medial.

tendinosas (aponeuroses) que cruzam articulações também lhes fornecem algum suporte lateral.

Outro fator que contribui um pouco para a estabilidade das articulações sinoviais é a pressão na cavidade articular. Essa pressão interna é menor do que a externa em tal cavidade, o que gera uma força de sucção. Os ossos das articulações são "sugados" simultaneamente, enquanto a cavidade articular permanece fechada e íntegra.

Flexibilidade das articulações sinoviais

A flexibilidade de uma articulação refere-se à amplitude de movimento dentro dos planos nos quais ela é projetada para se mover. Em um membro, essa amplitude é limitada por alguns dos mesmos fatores que contribuem para a estabilidade articular – ossos, ligamentos e músculos –, e também por outros.

> A flexibilidade de uma articulação refere-se à amplitude de movimento dentro dos planos nos quais ela é projetada para se mover.

A amplitude de movimento é limitado pela capacidade de extensão dos músculos que cruzam uma articulação. Os músculos multiarticulares, isto é, aqueles que cruzam mais de uma articulação, podem não ter alongamento suficiente para permitir a amplitude de movimento total de uma articulação se as posições das outras juntas pelas quais eles passam os estiverem alongando. Os músculos isquiotibiais são um exemplo desse tipo de músculo, uma vez que cruzam tanto o quadril como o joelho. Tente o Autoexperimento 10.1 para entender como a amplitude de movimento na articulação do quadril é afetada pelos músculos isquiotibiais.

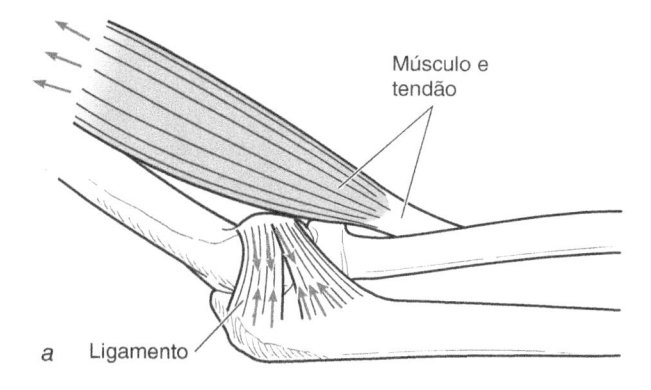

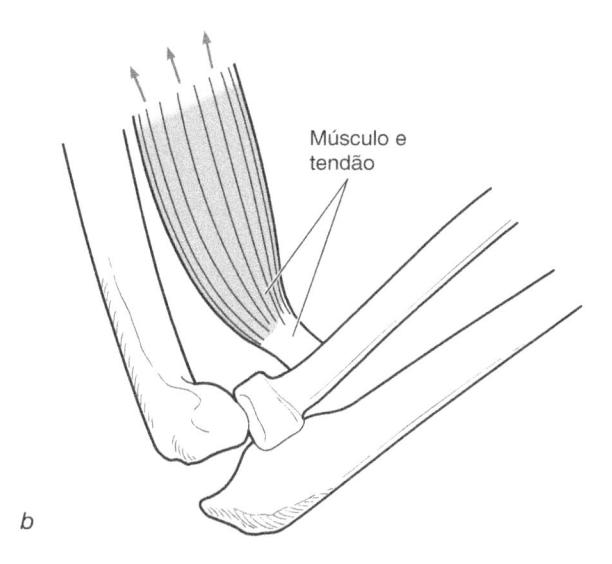

Figura 10.11 As forças de tração dos músculos podem contribuir para a estabilidade (a) ou para a instabilidade (b) articular.

Autoexperimento

Deite-se de costas no chão. Flexione o quadril direito o máximo que puder, enquanto mantém o joelho direito

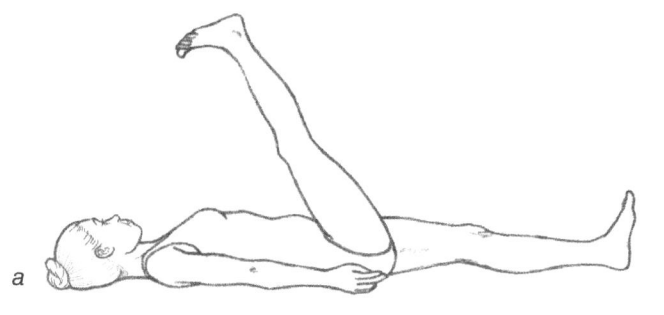

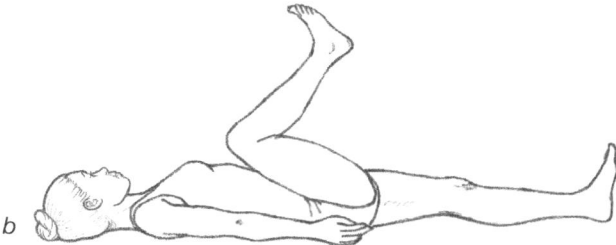

Figura 10.12 A extensibilidade muscular afeta a amplitude de movimento articular, conforme ilustrado neste teste de flexibilidade da articulação do quadril. Em (a), os músculos isquiotibiais limitam a amplitude de movimento de flexão do quadril. Em (b), a tensão em tais músculos é liberada pela flexão do joelho, permitindo maior amplitude de flexão do quadril.

estendido, como mostrado na Figura 10.12a. Agora, flexione o joelho e observe o quanto você pode flexionar o quadril (Fig. 10.12b). No primeiro caso, a amplitude de flexão do quadril foi limitada pelos músculos isquiotibiais, os quais são biarticulares – cruzam a articulação do quadril e a do joelho. Eles são alongados quando os joelhos são estendidos e podem sê-lo ainda mais quando o quadril é flexionado (como no primeiro caso). A tensão nos músculos isquiotibiais limitou a flexão do quadril quando o joelho foi estendido. Quando este foi flexionado, a tensão nesses músculos foi liberada e você foi capaz de flexionar seu quadril ainda mais.

A maioria dos músculos que cruzam apenas uma articulação (músculos uniarticulares) é extensível o suficiente para que não limitem a amplitude de movimento articular. Com exceção do reto femoral, os músculos do quadríceps são todos uniarticulares. Flexione seu quadril e seu joelho ao mesmo tempo. Perceba que os músculos do quadríceps não são alongados ao limite da amplitude de flexão do joelho. Outros fatores limitam tal amplitude.

Os ligamentos também limitam a amplitude de movimento. Se não se alinham radialmente com respeito a um eixo da articulação, tornam-se mais frouxos durante uma ação articular e mais estirados conforme a ação articular inversa ocorre, até que o ligamento interrompe o movimento. Nas articulações dos tipos bola e soquete e em pivô, a torção dos ligamentos limita a amplitude de movimento, que também é limitada pela própria cápsula articular.

O formato dos ossos também pode ser um fator limitante. A extensão do cotovelo cessa quando o olecrano da ulna é bloqueado pela fossa do olecrano no úmero e vice-versa. O maléolo lateral da fíbula limita a eversão do tornozelo quando entra em contato com o calcâneo. Além disso, o tamanho dos tecidos moles ou o modo como cobrem uma articulação também podem limitar a amplitude de movimento. Uma pessoa com grandes músculos flexores do cotovelo (bíceps braquial e braquial) pode não ter tanta amplitude na flexão dessa articulação como alguém com músculos menos desenvolvidos. Uma criança usando um volumoso casaco de inverno é um exemplo extremo de como uma cobertura pode limitar a amplitude de movimento.

A mobilidade, ou a facilidade de se mover por toda a faixa de movimento, é afetada pelo atrito dentro da articulação, bem como pela inércia e pela tensão nos músculos ao redor da articulação, especialmente naqueles que se opõem ao movimento da articulação em questão (antagonistas). Qualquer prejuízo ou dano na cartilagem articular aumenta o atrito na articulação e, portanto, reduz sua mobilidade. O desgaste ou rompimento dos discos fibrocartilaginosos reduz a mobilidade daquelas articulações que possuem tais estruturas. As lesões na cartilagem articular ou nos ossos dentro da cavidade articular podem produzir partículas livres, que diminuem a mobilidade, e essa redução também pode ocorrer em função de danos na membrana sinovial e em sua capacidade de produzir o líquido sinovial. As pessoas que sofrem de doenças artríticas muitas vezes apresentam um ou mais desses problemas.

Resumo

O sistema esquelético fornece ao corpo uma estrutura de elos rígidos que permite o movimento. Os mais de 200 ossos do esqueleto fornecem suporte e proteção para os órgãos internos, além de funcionarem como produtores de glóbulos vermelhos e como local de armazenamento de minerais.

Os ossos do esqueleto são unidos por articulações que permitem grande, pequena ou nenhuma amplitude de movimento. As articulações podem ser classificadas de acordo com sua função ou estrutura. As diartrodiais ou sinoviais são as que mais nos interessam porque permitem movimento livre. Os seis tipos de articulações sinoviais são: plana, em dobradiça, em pivô, elipsoidal, em sela e do tipo bola e soquete. Todas elas têm uma cavidade articular revestida por uma membrana sinovial que secreta líquido sinovial. As superfícies de contato dos ossos em uma articulação desse tipo são cobertas por uma fina camada de cartilagem sinovial, que é nutrida e lubrificada pelo líquido sinovial. Um invólucro de tecido ligamentar circunda as articulações sinoviais e conecta os ossos para formar a cápsula articular.

A estabilidade articular é afetada pelo ajuste entre os ossos, pela cartilagem articular, pelos discos fibrocartilaginosos, pelos ligamentos, pelos músculos, pelos tendões e pela pressão negativa (sucção). A flexibilidade articular ou amplitude de movimento é afetada pela extensibilidade muscular, pelos ligamentos, pelo contato entre os ossos e pelo volume do tecido mole. A mobilidade articular ou facilidade de amplitude de movimento é afetada pela tensão dos músculos antagonistas e pelo atrito dentro da cavidade articular.

TERMOS-CHAVE

Articulação (p. 263)
Articulações cartilaginosas (p. 264)
Articulações fibrosas (p. 264)
Articulações sinoviais (p. 264)
Cápsula articular (p. 266)

Cartilagem articular (p. 266)
Cartilagem epifisária (p. 262)
Diáfise (p. 262)
Epífise (p. 262)
Esqueleto apendicular (p. 260)

Esqueleto axial (p. 260)
Membrana sinovial (p. 267)
Ossos sesamoides (p. 261)

QUESTÕES DE REVISÃO

1. Quais são as funções mecânicas do sistema esquelético?
2. Quais são as funções metabólicas do sistema esquelético?
3. Que tipo de osso é
    a. o fêmur?
    b. a terceira vértebra torácica?
    c. o calcâneo?
    d. o primeiro metacarpo?
    e. a patela?
4. Qual componente do osso é o principal responsável por resistir à compressão?
5. Com que idade a maioria das placas epifisárias se ossificam?
6. Quais são os seis tipos de articulações sinoviais?
7. Dê um exemplo de articulação uniaxial.
8. Dê um exemplo de articulação biaxial.
9. Dê um exemplo de articulação triaxial.
10. Que tipo de articulação sinovial é a articulação glenoumeral?
11. Quais são as funções do líquido sinovial?
12. O que mantém o líquido sinovial na cavidade articular?
13. Quais são as funções da cartilagem articular?
14. Quais são os fatores que influenciam a estabilidade das articulações sinoviais?
15. Em geral, quais são mais estáveis: as articulações dos membros superiores ou inferiores?

Capítulo 11

O sistema muscular
Os motores do corpo humano

Objetivos
Ao terminar de ler este capítulo, você deverá ser capaz de:

- Descrever os três tipos de tecido muscular: liso, esquelético e cardíaco
- Discutir as funções do músculo esquelético
- Descrever a microestrutura do músculo esquelético
- Descrever a macroestrutura do músculo esquelético
- Discutir os três diferentes tipos de ações musculares: concêntrica, excêntrica e isométrica
- Descrever os papéis que os músculos podem assumir
- Discutir os fatores que influenciam a força desenvolvida durante a atividade muscular
- Entender o relacionamento entre produção de potência e velocidade de contração muscular

Você está assistindo a um programa de fisiculturismo em que os atletas executam suas rotinas. Está admirado com a quantidade e o tamanho dos músculos mostrados e com sua definição. Você sempre pensou nos músculos como produtores das forças ativas dentro do corpo, mas agora se dá conta do que os artistas souberam durante séculos: os músculos dão ao nosso corpo o contorno e a forma que os tornam esteticamente agradáveis. Qual é a anatomia dos músculos que permite assumir uma variedade de formas? Como os músculos produzem força e quais fatores afetam sua produção? Este capítulo tentará responder essas e outras questões com respeito à estrutura e à função dos músculos.

Músculos são os componentes ativos do sistema musculoesquelético. Ainda que ossos e articulações formem a estrutura do corpo, esta entraria em colapso sem a geração da força muscular ativa que garante rigidez às articulações. Os músculos são os motores do sistema musculoesquelético que permitem que as alavancas do esqueleto se movam ou mudem de posição.

A característica distinta do músculo, que determina a capacidade de movimento ou rigidez articular, é sua habilidade de encurtar de forma ativa e produzir tensão. Entretanto, essa característica não é única aos músculos do sistema musculoesquelético. Todos os tecidos musculares são capazes de contrair. Três diferentes tipos de tecido muscular estão presentes no corpo humano: tecido liso (visceral), tecido cardíaco e músculo estriado (esquelético). As paredes dos vasos (veias e artérias) e órgãos ocos (estômago, intestino, útero, baço, etc.) são músculos lisos. Esse tipo de músculo é suave na aparência, como seu nome implica, e muito extensível. Já o músculo cardíaco é irregularmente listrado (estriado) na aparência. As paredes do coração são compostas de músculos cardíacos. Os músculos cardíacos e lisos são inervados pelo sistema nervoso involuntário (autônomo). Os músculos esqueléticos possuem listras paralelas e espaçadas de modo regular que lhe conferem a aparência estriada. Diferentemente dos músculos cardíacos ou lisos, as células do músculo esquelético são multinucleadas em função de seu comprimento. As contrações do músculo esquelético são, na maioria, voluntárias, de modo que o músculo esquelético é controlado pelo sistema nervoso somático (voluntário).

⟳ A característica distinta do músculo, que determina a capacidade de movimento ou rigidez articular, é sua habilidade de encurtar de forma ativa e produzir tensão.

A estrutura do sistema musculoesquelético

Os músculos do sistema musculoesquelético possuem várias funções, incluindo a manutenção do movimento e da postura, a produção de calor, a proteção e a alteração da pressão para auxiliar a circulação. Mais de 75% da energia usada durante uma contração é liberada como calor. Os músculos são a fornalha do corpo. Eles podem servir como amortecedores para proteger o corpo de choques. As paredes do abdome e do peito são revestidas com músculos que protegem os órgãos internos. Uma função final do músculo esquelético é a alteração de pressão. Esta é primariamente uma função dos músculos cardíacos e lisos, mas a contração dos músculos esqueléticos também pode alterar a pressão nas veias, auxiliando assim o retorno do sangue venoso. Uma vez que o músculo conecta-se ao osso e é responsável por controlar os movimentos articulares, esta é a função que mais interessa nos esportes e exercícios. Os mais de 400 músculos no corpo humano apresentam várias formas e tamanho, mas suas funções comuns levam a algumas similaridades gerais em sua estrutura.

Microestrutura dos músculos esqueléticos

Uma célula muscular simples é uma **fibra muscular**, que é uma estrutura longa, filiforme, de 10 a 100 μm (10 a 100 milionésimos de metro) de diâmetro e até 30 cm de comprimento. Cobrindo a fibra muscular, está uma fina membrana celular chamada de **sarcolema**, ao redor do qual encontra-se o **endomísio**, o revestimento do tecido conectivo que cobre cada fibra muscular e ancora-se a outras fibras musculares e ao tecido conectivo e, por fim, ao tendão.

Dentro de cada fibra muscular existem centenas de estruturas filiformes menores (1 μm de diâmetro), deitadas em paralelo uma com a outra e cobrindo toda a extensão da fibra. Estas são as miofibrilas, cujo número varia de menos de 100 até mais de 1.000, dependendo do tamanho da fibra muscular. A luz transversa e as bandas escuras aparecem através de cada miofibrila e se alinham com as mesmas bandas nas miofibrilas adjacentes. Tais bandas de luz e sombra repetem-se a cada 2,5 μm e proporcionam aos músculos esqueléticos sua aparência estriada. Dentro de uma miofibrila simples, a unidade que se repete da miofibrila entre as listas é chamada de sarcômero.

O **sarcômero** é a unidade básica contrátil do músculo. Ele é atravessado por filamentos de proteínas espessos

Biomecânica do Esporte e do Exercício 275

(miosina) e finos (actina), ou miofilamentos. Os filamentos finos são livres em uma extremidade, onde se sobrepõem aos filamentos de miosina; na outra, eles ancoram os sarcômeros adjacentes em série uns com os outros na linha transversa Z ou banda Z (de *Zwischenscheibe*, ou "entre discos"). Um sarcômero é, portanto, a parte de uma miofibrila de uma linha Z até outra. A região que inclui somente filamentos finos e bandas Z (ou aquela em que os filamentos da actina não se sobrepõem aos filamentos de miosina) é chamada de banda I (de isotrópico – nome devido a sua refração de um comprimento de onda de luz) e aparece como uma faixa de luz. A banda escura ou região que inclui o comprimento inteiro de filamento de miosina ao longo da região de sobreposição com os filamentos de actina é chamada de banda A (de anisotrópico – nome devido a sua refração de mais de um comprimento de onda de luz). A região dentro da Banda A em que actina e miosina não se sobrepõem é denominada banda H ou zona H (de *Hellerscheibe*, ou "disco claro"). No meio da banda H, está a banda M ou linha M (de *Mittelscheibe*, ou "meio do disco"), a banda transversa que conecta os filamentos de miosina adjacentes uns com os outros). As extremidades dos filamentos de miosina têm projeções que dão a eles a aparência de uma escova. Essas projeções são as pontes cruzadas que se ligam aos filamentos de actina e criam a força contrátil ativa durante a contração muscular. A Figura 11.1

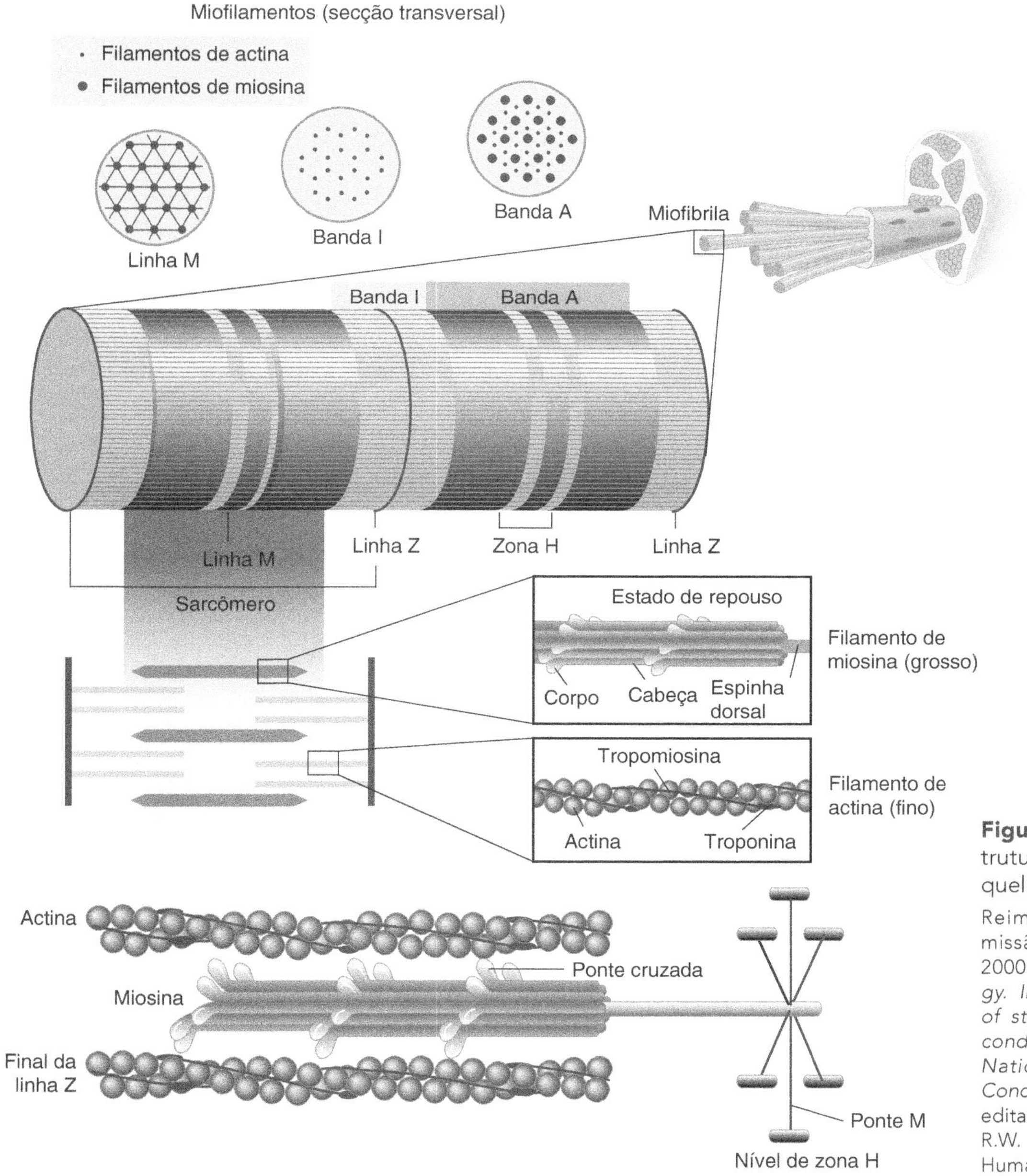

Figura 11.1 Microestrutura do músculo esquelético.

Reimpressa, com permissão, de G.R. Hunter, 2000, *Muscle physiology. In NCSA's essentials of strength training and conditioning*, 2nd ed., by National Strength and Conditioning Association, editado por T.R. Baechle e R.W. Earle (Champaign, IL: Human Kinetics), 6.

ilustra conceitualmente a estrutura de uma fibra muscular, suas miofibrilas e o sarcômero. Uma secção transversal de uma miofibrila demonstra que cada filamento de miosina é circundado por seis filamentos de actina em uma zona de sobreposição, considerando que cada filamento de actina é circundado por apenas três filamentos de miosina.

⮌ O sarcômero é a unidade contrátil básica do músculo.

Macroestrutura dos músculos esqueléticos

As fibras musculares são reunidas em grupos de cem ou mais para formar o **fascículo** (ou feixes de fibras). Cada fascículo é revestido por uma camada do tecido conectivo chamada de **perimísio**. O endomísio de cada fibra muscular está ligado ao perimísio. Vários fascículos são, então, unidos dentro de uma camada de tecido conectivo chamada **epimísio** para formar um músculo inteiro, como mostrado na Figura 11.2.

Os miofilamentos correm em toda a extensão de uma fibra muscular e prendem-se ao endomísio em suas extremidades. Em músculos longos, as fibras musculares individuais não são longas o suficiente para correr em toda a extensão do músculos e podem não ser tão compridas quanto os fascículos aos quais estão ligadas. O endomísio de uma fibra muscular prende-se ao perimísio do próximo fascículo em grupos ou ao epimísio de todo o músculo.

Assim, as camadas de tecido conectivo se unem nas extremidades do músculos. Esse tecido conectivo estende-se além da região do músculo que contém os elementos contráteis. Ele se autoentrelaça com cordões ou em camadas de tecido conectivo que conectam o músculo ao osso. Tais cordões são chamados de **tendões**, e as camadas, de **aponeurose**. A força de uma contração muscular é, assim, transmitida do endomísio da fibra muscular para o perimísio e o epimísio e, após, para o tendão, que é a continuação dos tecidos conectivos.

A inserção ou conexão de um tendão com o osso é similar à conexão do ligamento com o osso. Como os tendões (e ligamentos) são menos rígidos que os ossos, deve existir um aumento gradual da rigidez do tendão (ou ligamento) da extremidade do músculo do tendão. No local de inserção, o tendão contém gradualmente mais material de sustentação para se tornar fibrocartilagem. Essa fibrocartilagem parte do tendão e torna-se cada vez mais mineralizada – e, assim, óssea – à medida que o tendão prende-se ao periósteo do osso e mistura-se dentro dele. A conexão e a transição nas interfaces do tendão-osso são mostradas na Figura 11.3.

Como se prendem a membros móveis, os músculos e seus tendões conectados movem-se quando se encurtam ou alongam. Os movimentos do ventre do músculo podem criar fricção entre ele e os músculos adjacentes. A função do tecido conectivo frouxo entre os músculos adjacentes é reduzir essa fricção. Onde os tendões ou músculos devem atritar contra os ossos ou ligamentos, a bursa pode estar presente para reduzir a fricção ou impedir que o múscu-

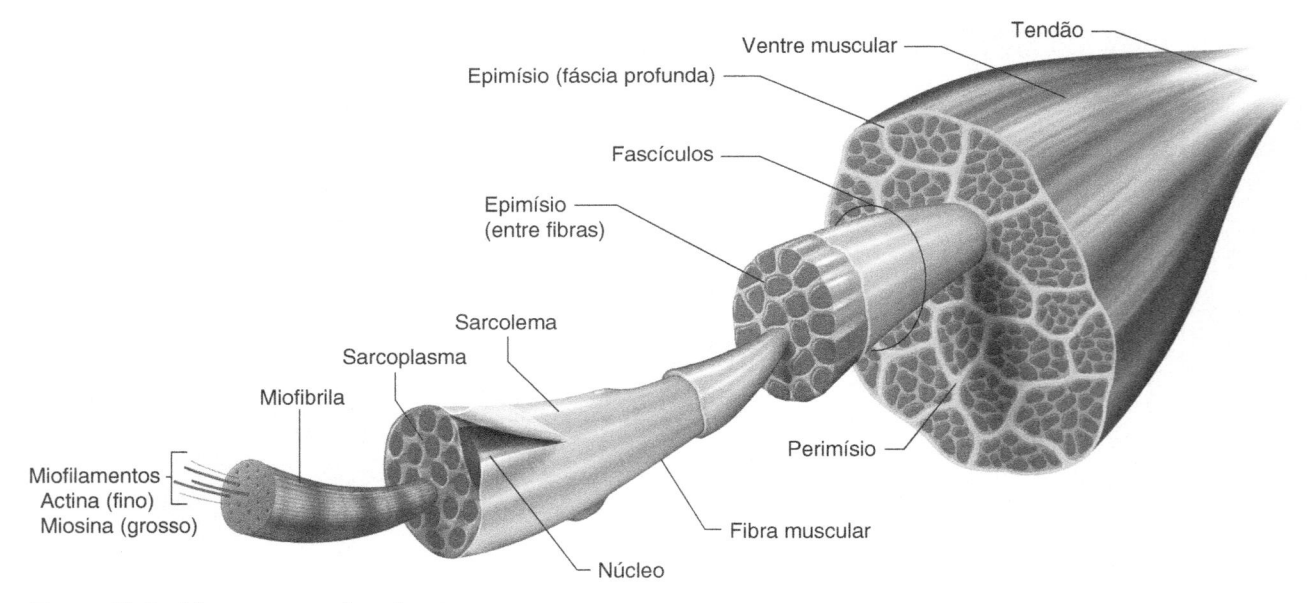

Figura 11.2 Macroestrutra do músculo.

Reimpressa, com permissão, de G.R. Hunter and R.T. Harris, 2008, *Structure and function of the muscular, Neuromuscular, cardiovascular, and respiratory systems. In Essentials of strength training and conditioning*, 3rd ed., by National Strength and Conditioning Association, editada por T.R. Baechle e R.W. Earle (Champaign, IL: Human Kinetics), 6.

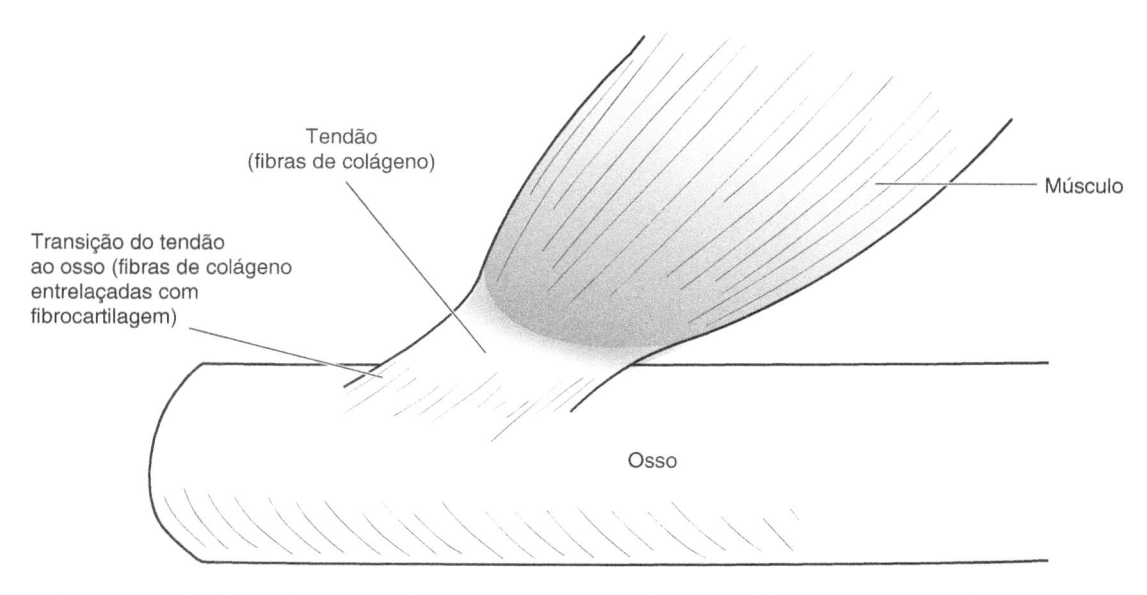

Figura 11.3 A inserção do tendão no osso, ilustrando a transição das fibras de colágeno para a fibrocartilagem ao osso.

lo ou tendão sofra dano. Uma bursa é um saco preenchido com líquido que recheia ou lubrifica os tecidos moles. As bainhas de tendões são similares à bursa em estrutura e função, mas se enrolam completamente em volta do tendão.

Em geral, os músculos possuem duas extremidades presas pelos tendões aos ossos em cada lado da articulação. Quando um músculo contrai, ele puxa cada conexão com a mesma força, e cada osso tende a se mover. Anatomicamente, a origem do músculo é sua conexão mais proximal, e a inserção de um músculo é sua conexão distal. Do ponto de vista mecânico, a origem de um músculo prende-se ao osso que menos se move. A inserção anatômica do tríceps braquial é sempre o olécrano da ulna, a conexão distal desse músculo. Mecanicamente, a origem e a inserção do tríceps braquial dependem do movimento. O olécrano é a inserção mecânica do tríceps braquial durante um exercício supino, mas, em uma flexão (como um exercício de apoio ao solo), ele é a origem mecânica do tríceps. A terminologia anatômica é a mais comum, já que é compreendida mesmo que não se faça referência a nenhum movimento.

⊃ **Quando um músculo contrai, puxa cada uma das inserções com a mesma força.**

A linha de tração de um músculo se refere à direção da força resultante produzida na inserção. Essa direção ocorre ao longo de uma linha que vai desde a origem até a inserção do músculo. Isso é verdade para músculos que possuem pontos de origem e pontos de inserção únicos. Alguns músculos, como tríceps braquial, têm mais de uma inserção ou origem; outros, como trapézio, têm origens ou inserções largas. Nessas situações, nenhuma linha de tração é aparente, e esta depende de quais fibras estão ativas.

⊃ **A linha de tração de um músculo se refere à direção da força resultante produzida na inserção.**

Conforme dito no parágrafo anterior, a organização das fibras em um músculo pode afetar sua função. Os músculos podem ter mais de uma cabeça ou origem anatômica (p. ex., bíceps, tríceps, quadríceps). As fibras desses músculos se alinham em diversas direções. Os músculos longos cujas fibras se alinham todas em paralelo à linha de tração do músculo são chamados de longitudinais, em tiras ou fusiformes. Os músculos que têm fibras curtas não alinhadas com a linha de tração são chamados de penados (lembram penas). As fibras destes últimos se inserem em um ângulo em relação ao tendão e, assim, lembram as farpas de uma pena. Os músculos penados ou peniformes podem ser unipenados, bipenados ou multipenados. Em geral, os penados são capazes de exercer maiores forças se comparados a longitudinais de tamanho similar, mas estes podem se encurtar por uma maior distância. A Figura 11.4 mostra exemplos de vários formatos e formas de músculos.

Ação muscular

A característica distintiva de um músculo é sua habilidade de contrair. O desenvolvimento da tensão dentro do músculo faz ele tracionar sua inserção. Essa ação do músculo costuma ser referida como uma contração muscular, no entanto, o uso da palavra *contração* pode causar confusão,

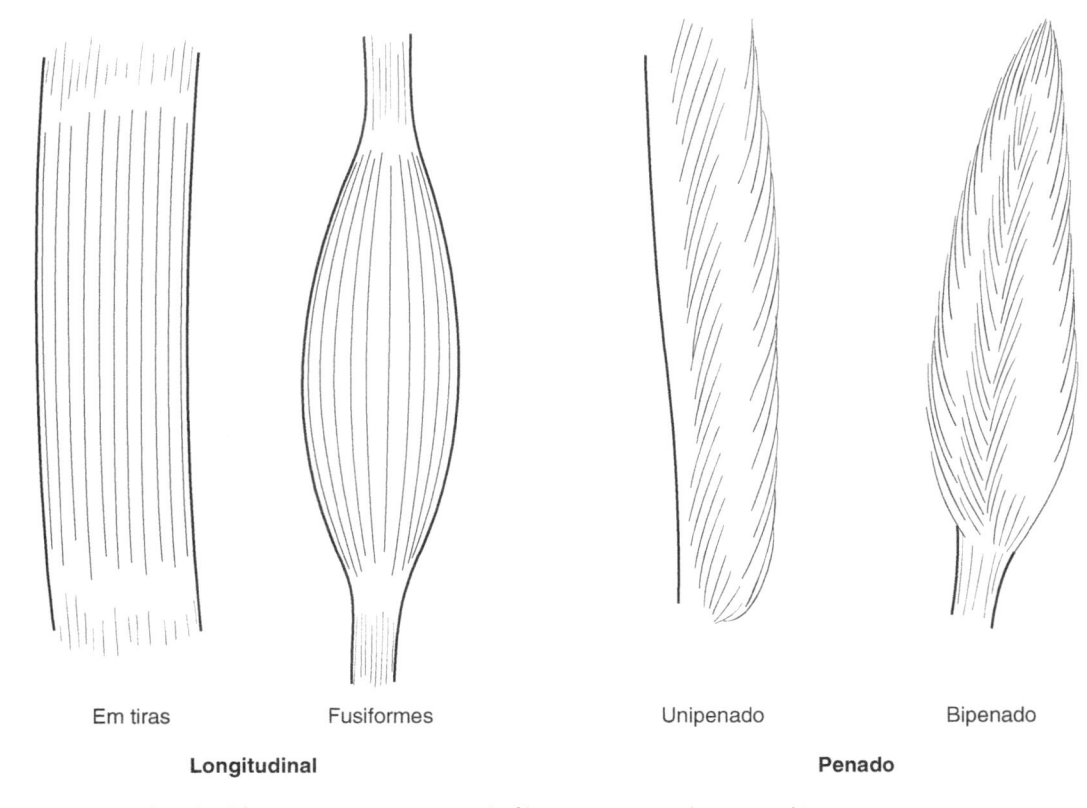

Em tiras   Fusiformes   Unipenado   Bipenado
Longitudinal   **Penado**

Figura 11. 4 Exemplos de diferentes organizações de fibras nos músculos esqueléticos.

porque implica que o músculo encurta de comprimento durante essa atividade. Contudo, um músculo pode contrair e não alterar seu comprimento ou pode até mesmo estar alongando. Uma palavra mais precisa para denotar contração muscular é *ação* muscular. Quando um músculo está ativo, ele desenvolve tensão e traciona sua inserção. Os músculos ativos podem encurtar, manter o mesmo comprimento ou alongar.

Tipos de ação muscular

Quando um músculo está ativo e suas inserções se aproximam, ele está ativo concentricamente (ou contraindo concentricamente). A ação muscular é uma ação concêntrica (ou uma **contração concêntrica**). Isso ocorre quando o torque criado pelo músculo ativo em qualquer membro em uma articulação se dá na mesma direção que a rotação do membro. Ação concêntrica ocorre quando:

- músculos flexores estão ativos e flexão ocorre,
- músculos extensores estão ativos e extensão ocorre,
- músculos abdutores estão ativos e abdução ocorre,
- músculos adutores estão ativos e adução ocorre,
- músculos rotadores internos estão ativos e rotação interna ocorre ou
- músculos rotadores externos estão ativos e rotação externa ocorre.

Uma vez que a força e o torque criados pelo músculo ocorrem na mesma direção que o movimento de seus pontos de inserção ou a rotação dos membros, ele realiza trabalho positivo. Lembre-se do Capítulo 4, em que vimos que o trabalho causa mudança na energia. Trabalho positivo resulta em um aumento na energia cinética ou potencial gravitacional, ou em ambas. Se a força muscular for a única agindo sobre um membro (além das forças gravitacionais), então a ação concêntrica resulta em um aumento da energia cinética ou potencial gravitacional. Geralmente, se a velocidade de um membro está aumentando ou se sua posição está sendo elevada, é provável que esteja ocorrendo atividade muscular concêntrica. Durante a fase de elevação de uma flexão de braços ao solo, a energia potencial gravitacional está aumentada porque o corpo está sendo elevado. Ocorre extensão de cotovelo, e o músculo extensor do cotovelo (tríceps braquial) está ativo concentricamente. A Figura 11.5 ilustra exemplos de atividade muscular concêntrica.

> Quando um músculo está ativo e suas inserções se aproximam, ele está ativo concentricamente.

Quando um músculo está ativo e suas inserções se afastando, ele está ativo excentricamente (ou contraindo

Figura 11.5 Exemplos de fases de movimento que envolvem atividade muscular concêntrica.

excentricamente). A ação muscular é uma ação excêntrica (ou uma **contração excêntrica**). Isso ocorre quando o torque criado pelo músculo ativo em qualquer membro de uma articulação se dá na direção oposta à da rotação do membro. Ação muscular excêntrica ocorre quando:

- músculos flexores estão ativos e extensão ocorre,
- músculos extensores estão ativos e flexão ocorre,
- músculos abdutores estão ativos e adução ocorre,
- músculos adutores estão ativos e abdução ocorre,
- músculos rotadores internos estão ativos e rotação externa ocorre ou
- músculos rotadores externos estão ativos e rotação interna ocorre.

Uma vez que a força e o torque criados pelo músculo ocorrem na direção oposta à do movimento dos pontos de inserção do músculo ou da rotação dos membros, ele realiza trabalho negativo. O trabalho negativo resulta em uma diminuição na energia cinética ou potencial gravitacional, ou em ambas. Se a força muscular for a única

agindo sobre um membro (além das forças gravitacionais), então a ação excêntrica resulta em diminuição da energia cinética ou potencial gravitacional. Em geral, se a velocidade de um membro está diminuindo ou sua posição está sendo abaixada, é provável que uma atividade muscular excêntrica esteja ocorrendo. Durante a fase de descida de uma flexão de braços ao solo, a energia potencial gravitacional está diminuída porque o corpo está sendo abaixado. A flexão do cotovelo ocorre, e o músculo extensor do cotovelo (tríceps braquial) está ativo excentricamente. A Figura 11.6 ilustra exemplos de atividade muscular excêntrica.

> Quando um músculo está ativo e suas inserções se afastando, ele está ativo excentricamente.

Quando um músculo está ativo e suas inserções não se movem uma em relação à outra, ele está ativo isometricamente (ou contraindo-se isometricamente). A ação

Figura 11.6 Exemplos de fases de movimento que envolvem atividade muscular excêntrica.

muscular é isométrica (ou uma **contração isométrica**). Nenhuma rotação ocorre, portanto, nenhum trabalho mecânico é realizado e nenhuma mudança na energia cinética ou potencial gravitacional acontece. Uma vez que o músculo isometricamente ativo exerce um torque em torno da articulação, algum torque oposto deve ser exercido para mantê-la em equilíbrio estático e imóvel. Esse torque opositor pode ser gerado pelo músculo oposto no outro lado da articulação ou por alguma força externa, como a gravidade. Geralmente, se nenhum movimento ocorre na articulação, mas outras forças agem sobre os membros, é provável que uma atividade muscular isométrica esteja ocorrendo. Se você fizer meia flexão de braços ao solo e manter essa posição, nenhum movimento irá ocorrer, mas os extensores de cotovelo estarão ativos para evitar que a gravidade flexione essa articulação e puxe você de volta ao solo. Os músculos flexores do cotovelo (tríceps braquial) estão ativos isometricamente.

> Quando um músculo está ativo e suas inserções não se movem uma em relação à outra, ele está ativo isometricamente.

As funções do músculo

Diversos termos são usados para descrever as funções de vários músculos, seja com relação à ação da articulação, seja com relação a outros músculos. Um músculo **agonista** é capaz de criar um torque na mesma direção da ação articular. Assim, músculos ativos concentricamente são agonistas da ação que ocorre na articulação que eles cruzam. O bíceps braquial é um agonista da flexão de cotovelo; o tríceps braquial é um agonista da extensão dessa mesma articulação; o quadríceps femoral é um agonista da extensão de joelho; o gastrocnêmio é um agonista da flexão plantar; e assim por diante. Esses músculos podem ser referidos como motores primários ou protagonistas. Os termos *agonista*, *motor primário* e *protagonista* são indefinidos a menos que uma ação articular seja referida em relação a eles.

Um **antagonista** é um músculo capaz de criar um torque na direção oposta à da ação articular referida ou oposto a outro músculo referido. O bíceps braquial é um antagonista para a extensão do cotovelo; o tríceps braquial é um antagonista da flexão dessa mesma articulação; o quadríceps femoral é um antagonista da flexão de joelho; o gastrocnêmio é um antagonista da flexão dorsal; e assim por diante. Nos exemplos anteriores, o termo *antagonista* é usado em referência à ação articular, e, assim, músculos ativos excentricamente são antagonistas à ação que ocorre na articulação. *Antagonista* também pode ser usado em referência a outros músculos. O bíceps braquial é um antagonista para o tríceps braquial; o quadríceps femoral é um antagonista dos isquiotibiais; o gastrocnêmio é um antagonista do tibial anterior; e assim por diante. Nesses casos, o torque que o antagonista cria se opõe àquele criado pelo músculo referido.

Outros termos têm sido utilizados para descrever as outras funções que os músculos desempenham, incluindo *sinergista, neutralizador, estabilizador, fixador* e *sustentador*. Esses termos são todos utilizados em referência a outros músculos. Os termos **estabilizador**, *fixador* e *sustentador* referem-se a músculos que são ativos isometricamente para manter um membro em movimento enquanto o músculo de referência contrai. Quando o músculo é ativo, isso tende a mover ambos os ossos nos quais ele possui inserção quando o movimento de um único membro pode ser desejado. Outras forças externas também podem causar movimentos indesejados dos membros. A ação isométrica dos músculos estabilizadores (fixação ou suporte) evitam a movimentação indesejada dos membros durante o movimento. Durante a fase de descida de uma flexão ao solo, a cintura escapular tende a aduzir devido ao peso do tronco e à força de reação para cima que age sobre a articulação do ombro. O músculo serrátio anterior age como um estabilizador para evitar a adução por meio de ação isométrica.

Um **neutralizador** é um músculo que cria um torque para se opor à ação indesejada de outro músculo. Os torques criados por muitos músculos possuem componentes em vários planos; assim, quando estão ativos, eles criam torques em mais de um eixo articular. Por exemplo, quando o bíceps braquial é ativo, ele cria tanto torque de flexão no cotovelo como de supinação. Se a supinação é a ação desejada, o tríceps poderia agir isometricamente para neutralizar o torque de flexão indesejado do bíceps.

A palavra **sinergia** é utilizada para descrever ações mutuamente benéficas de duas ou mais coisas. Em relação à função muscular, o músculo sinergista foi descrito como aquele que auxilia na produção da ação desejada de um músculo agonista. Portanto, os neutralizadores e os estabilizadores podem ser descritos como sinergista. Um sinergista também pode ser um outro músculo cujo torque se adiciona ao agonista. O termo *sinergista* não é exclusivo e seu uso isolado deve ser evitado.

Mecânica da contração

A ação responsável pela contração de um músculo ocorre dentro do sarcômero. Em resposta ao estímulo de um neurônio motor que inerva um músculo, este torna-se ativo, e as pontes cruzadas do filamento de miosina conectam, puxam, liberam e se reconectam em locais específicos no filamento de actina. As pontes cruzadas do filamento de miosina puxam o filamento de actina adjacente e o tracionam passando por ele, similar ao modo como você poderia subir por uma corda com as mãos. Os filamentos de miosina, assim, deslizam sobre os filamentos de actina, e o músculo encurta (em uma contração concêntrica). Uma contração excêntrica é como descer um balde preso a uma corda, deixando-o cair uma curta distância, segurando-o, deixando-o cair novamente e assim por diante. As pontes cruzadas do filamento de miosina conectam-se e puxam, mas outra força traciona para fora do local da conexão; então, à medida que o filamento de actina escorrega, as pontes cruzadas de miosina reconectam-se rapidamente a outro local. A força desenvolvida durante uma contração é a soma das forças de tração que cada ponte cruzada de miosina exerce sobre o filamento de actina. Quanto mais dessas pontes se conectam aos filamentos de actina, maior é a força de contração.

Um simples estímulo do neurônio motor (a célula nervosa que inerva as fibras musculares) resulta em uma resposta de contração da fibra (um abalo). As pontes cruzadas conectam-se brevemente e então liberam-se, com a tensão muscular aumentando e diminuindo, conforme mostrado na Figura 11.7a. A duração da tensão de um músculo é curta. Séries repetidas de estímulos recebidos de um neurônio motor resultam em séries repetidas de respostas de contração de uma fibra muscular se houver tempo o bastante entre cada estímulo sucessivo. Com a frequência de estímulo aumentada (e menor tempo entre estímulos), ainda haverá tensão na fibra quando o próximo estímulo ocorrer. A tensão subsequente na fibra será maior. Se a frequência de estímulo for rápida o suficiente, uma resposta tetânica da fibra ocorrerá, conforme mostrado na Figura 11.7b. As pontes cruzadas se conectam, liberam e se reconectam com o aumento da tensão desenvolvida até que o valor máximo seja atingido. A tensão máxima atingida em uma resposta tetânica é muito maior que aquela atingida durante uma única contração (um abalo). O estímulo continuado manterá a tensão no músculo alta até que ocorra fadiga.

> Um único estímulo do neurônio motor resulta uma resposta de contração (abalo) da fibra muscular.

Força de contração muscular

A máxima força que um músculo é capaz de desenvolver depende de diversos fatores relacionados ao estado do músculo. Se todas as fibras de um músculo são estimuladas para contrair, esses fatores incluem a área de secção

Figura 11.7 A tensão desenvolvida em uma fibra muscular como resultado de um estímulo simples (a) é menor que aquela desenvolvida como resultado de estimulação repetida (b) se a frequência for grande o suficiente.

transversa fisiológica, o comprimento do músculo e a velocidade de contração muscular, entre outros.

Área de secção transversa fisiológica

Pode parecer que a força de tração produzida por um músculo ativo é determinada pelo número de pontes cruzadas de miosina conectadas ao filamento de actina ao longo do músculo, mas não é exatamente assim. Vamos considerar uma única fibra muscular. Conforme já descrito, uma fibra muscular consiste em feixes de miofibrilas organizados em paralelo uns aos outros (Fig. 11.1). Diversos sarcômeros alinhados de extremidade a extremidade, em série uns com os outros, formam cada miofibrila, e dentro de cada sarcômero estão os miofilamentos geradores de forças. Se aumentássemos o número desses sarcômeros, aumentaríamos a quantidade de pontes cruzadas e, assim, o número de conexões possíveis aos filamentos de actina. O comprimento da miofibrila aumentaria; e se fizéssemos isso para cada miofibrila, o comprimento da fibra aumentaria, assim como o comprimento de repouso do músculo. No entanto, o músculo seria capaz de produzir mais força?

Organização em série das fibras e miofibrilas

A organização de fibras musculares em um músculo ou de miofibrilas em uma fibra muscular afeta o comportamento do músculo ou da fibra. Dizemos que as fibras e miofibrilas organizadas e conectadas de extremidade a extremidade estão em série umas com as outras, enquanto aquelas organizadas ao lado uma da outra estão em paralelo. O Autoexperimento 11.1 ilustra o comportamento das fibras em série.

Autoexperimento 11.1

Você vai precisar de três elásticos e dois clipes de papel para este experimento. Posicione um elástico sobre os dedos indicadores das duas mãos, como mostrado na Figura 11.8. Agora, puxe até que o elástico dobre de comprimento. Retire o elástico da mão esquerda e prenda o segundo elástico em série com este utilizando o clipe. Então, posicione o segundo elástico sobre seu dedo indicador esquerdo e puxe até que os dois dobrem de tamanho. Retire o segundo elástico da mão esquerda e prenda-o ao terceiro com um clipe, então enganche este último sobre seu dedo indicador esquerdo. Puxe novamente até que os três elástico dobrem de comprimento. Ao adicionar um ou dois elásticos em série ao primeiro, você teve que puxar com mais força para dobrar o comprimento dos elásticos? Não! A força que teve que empregar para dobrar o comprimento foi a mesma. Os músculos comportam-se de modo similar – músculos mais longos podem alongar ou encurtar mais que músculos menores. O ganho de força no treinamento de peso não se deve ao fato de os atletas cultivarem músculos mais longos; ao contrário, os seus músculos crescem mais grossos.

Organização em paralelo das fibras e miofibrilas

Agora, suponha que, em vez de adicionar sarcômeros em série à miofibrila, nós os adicionamos em paralelo por meio do aumento o número de miofibrilas; ou, no lugar de adicionar sarcômeros, aumentamos a quantidade de miofilamentos dentro de cada sarcômero de uma miofibrila. Nesses casos, nós aumentamos o número de possíveis conexões de pontes cruzadas aos filamentos de actina (conforme o caso anterior), mas, em vez de aumentar o comprimento da miofibrila, aumentamos seu diâmetro e a área de secção transversa. O músculo seria capaz de produzir mais força nesses casos? O Autoexperimento 11.2 ilustra o comportamento das fibras em paralelo.

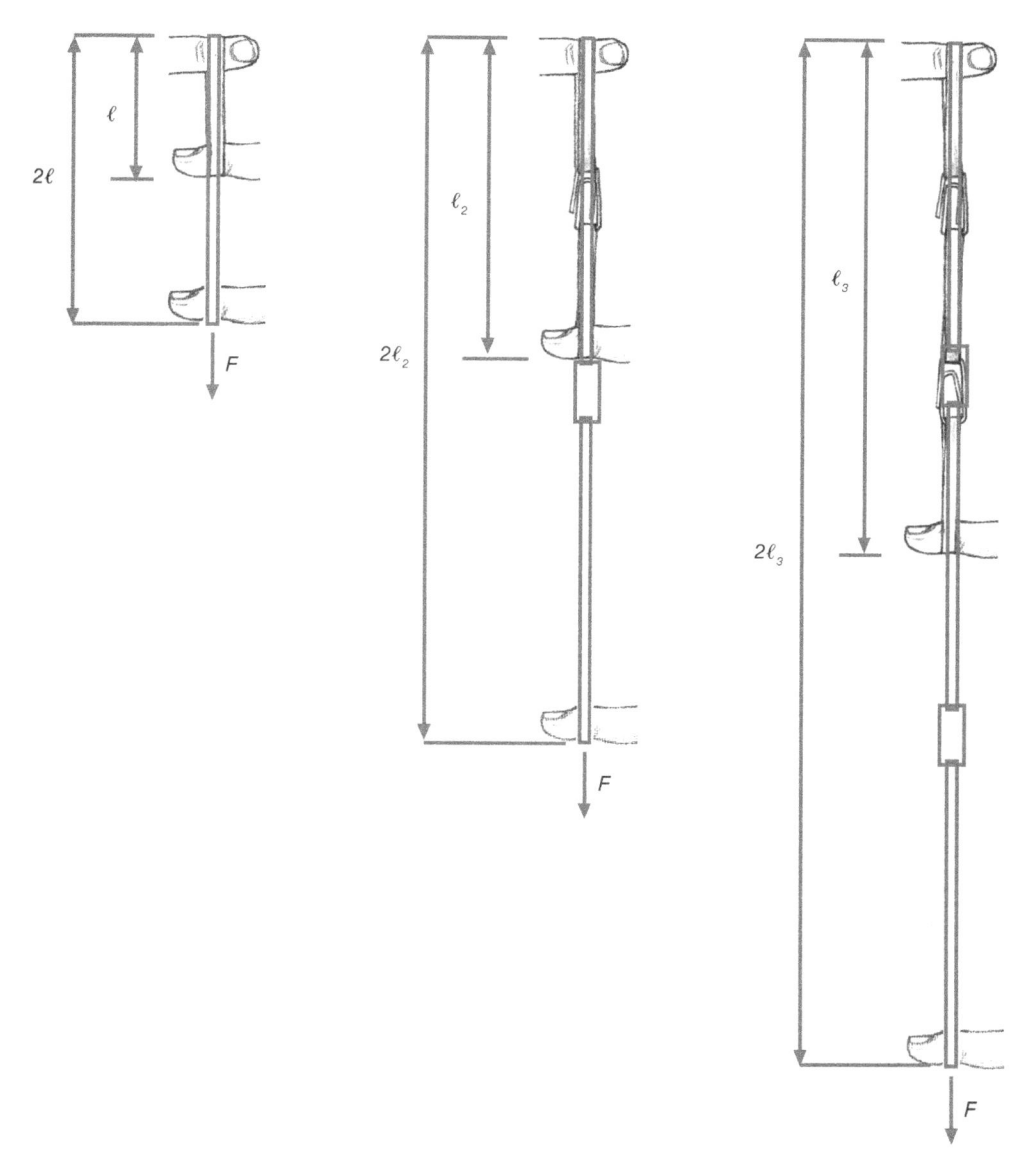

Figura 11.8 Alongando elásticos em série. A força requerida para dobrar o comprimento de um, dois ou três elásticos em série é a mesma em todos os três casos.

Autoexperimento 11.2

Novamente, vamos usar elásticos para nosso modelo de músculo. Prenda um deles sobre os dedos indicadores das duas mãos, como no Autoexperimento 11.1. Puxe-o até que dobre de comprimento. Agora, prenda um segundo elástico sobre os dedos indicadores das mãos esquerda e direita, de modo que ambos os elásticos estejam colocados sobre seus dedos, como mostrado na Figura 11.9. Puxe outra vez até que dobrem de comprimento. Agora, coloque o terceiro elástico sobre os mesmos dedos, para que os três estejam colocados sobre seus indicadores. Puxe novamente até que eles dobrem de comprimento. Ao adicionar um ou dois elásticos em paralelo com o primeiro, você teve que puxar com mais força para dobrar o comprimento deles? Sim!

Os músculos comportam-se de forma similar aos elásticos do Autoexperimento 11.2. Aumentando o número de fibras lado a lado em paralelo, aumenta-se a força de um músculo. A área de secção transversal perpendicular às fibras musculares e à linha de tração do músculos indica a força de tração máxima que um músculo longitudinal pode produzir.

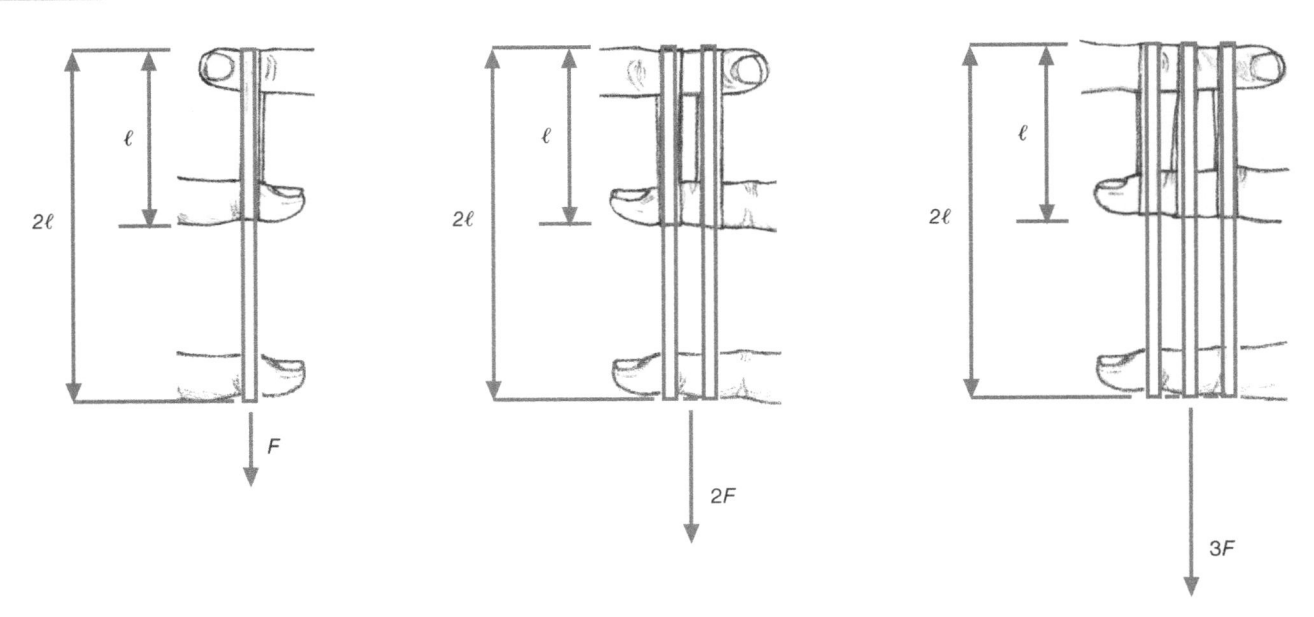

Figura 11.9 Alongando elásticos em paralelo. A força requerida para dobrar o comprimento de dois elásticos em paralelo é duas vezes aquela necessária para alongar um elástico à mesma distância. Para três elásticos, a força requerida é três vazes maior.

Músculos longitudinais versus músculos penados

O músculo humano pode produzir uma força de tração de aproximadamente 30 N/cm² em uma área de secção transversal do músculo ativo durante uma contração isométrica. Em outras palavras, a tensão produzida pelo músculo durante as contrações isométricas é de 30 N/cm², se todas as fibras musculares nessa secção transversal estiverem ativas.

$$F_m = A_m \sigma_m \qquad (11.1)$$

onde:

F_m = força de contração isométrica máxima,

A_m = área da secção transversal do músculo e

σ_m = tensão máxima desenvolvida pela contração muscular isométrica

Assim, um músculo longitudinal com diâmetro de 3 cm (e uma área de secção transversal de 7 cm²) pode produzir uma contração isométrica máxima de:

$$F_m = (7\ cm^2) \times (30\ N/cm^2)$$

$$F_m = 210\ N$$

O aumento no tamanho dos músculos irá produzir aumentos de força muscular, os quais são comumente observados pelos halterofilistas novatos.

A força de tração máxima que um músculo penado é capaz de produzir não pode ser estimada pela área de secção transversal perpendicular às fibras musculares e pela linha de tração do músculo, porque as fibras musculares e a linha de tração desses músculos não estão na mesma direção. Uma seção transversal perpendicular à linha de tração de um músculo penado poderia não incluir todas as fibras de um músculo (Fig. 11.10). Do mesmo modo, uma seção transversal perpendicular às fibras musculares também pode não incluir todas as fibras.

A solução é tirar várias secções transversais perpendiculares às fibras, para que todas as fibras paralelas sejam incluídas. Essa área proporciona uma indicação da tensão total que as fibras podem produzir, mas essa força de tração não ocorre na mesma direção da linha de tração do músculo. O componente da força de tração total paralela à linha de tração muscular deve ser determinado. Podemos calcular esse componente multiplicando a área total pelo cosseno do ângulo de penação (esse produto fornece a área de secção transversal fisiológica do músculo) e, então, pela tensão máxima do músculo, ou:

$$F_m = (A_m \cos \theta)\ \sigma_m \qquad (11.2)$$

onde:

F_m = força de contração isométrica máxima,

$(A_m \cos \theta)$ = área de seção transversal fisiológica do músculo,

θ = ângulo de penação (ângulo das fibras do músculo com a linha de tração) e

σ_m = tensão máxima desenvolvida pela contração muscular isométrica

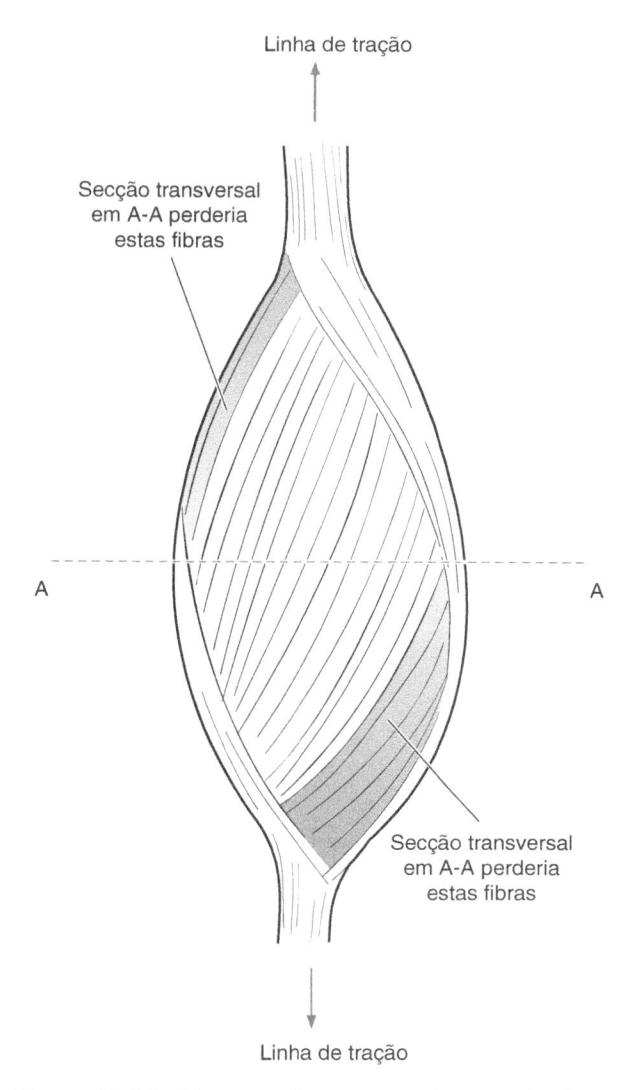

Figura 11.10 Uma secção transversal por meio de um músculo penado perpendicular a sua linha de tração pode não incluir todas as fibras.

Por exemplo, vamos comparar a capacidade de produzir tensão de dois volumes iguais de tecido muscular, um de músculo longitudinal e outro de músculo unipenado, como mostrado na Figura 11.11.

Usando a equação 11.1, a força de tração isométrica máxima desenvolvida no músculo longitudinal é:

$F_m = A_m \sigma_m$

$F_m = (5\ cm \times 2\ cm) \times (30\ N/cm^2)$

$F_m = 300\ N$

Usando a equação 11.2, a força de tração isométrica máxima desenvolvida no músculo penado é:

$F_m = (A_m \cos \theta)\ \sigma_m$

$F_m = (11,54\ cm^2 + 11,54\ cm^2) \times (\cos 30°) \times (30\ N/cm^2)$

$F_m = (23,08\ cm^2) \times (0,866) \times (30\ N/cm^2)$

$F_m = 603\ N$

Nesse exemplo, o mesmo volume (e massa) de tecido muscular de um músculo unipenado pode gerar duas vezes a força de tração produzida durante uma contração isométrica do tecido de um músculo longitudinal. As fibras menores do músculo penado e sua orientação relativa ao ângulo da tração, contudo, limitam a distância que um músculo desse tipo pode encurtar. A comparação dos comprimentos de contração mínimos para os músculos unipenado e longitudinais utilizados no exemplo é mostrada na Figura 11.12.

Comprimento muscular

A área de secção transversal fisiológica do músculo ativo dará uma indicação da força de tração máxima que ele é capaz de produzir, mas esta depende do comprimento do músculo durante a contração. A mecânica de contração dentro do músculo determina o relacionamento entre o comprimento de um músculo e a força máxima de contração.

> A área de secção transversal fisiológica do músculo ativo dará uma indicação da força de tração máxima que ele é capaz de produzir.

Tensão ativa

A conexão entre as pontes cruzadas de miosina e o filamento de actina dentro do sarcômero é a base para a força ativa desenvolvida durante a contração muscular. A capacidade de sobreposição dos filamentos de miosina e de actina determina o grau de tensão que o músculo pode desenvolver ativamente, como mostrado na Figura 11.13. Na tensão máxima, a sobreposição entre os filamentos de miosina e de actina é máxima. Vamos chamar isso de comprimento de repouso do sarcômero, ou ℓ_0 (Fig. 11.13a). O sarcômero pode encurtar além desse ponto, mas os filamentos de actina opositores começam a sobrepor-se e, como as pontes cruzadas de miosina não podem se anexar a esses filamentos, a tensão diminui. O encurtamento do sarcômero pode, ainda, continuar até que os miofilamentos de actina e de miosina se comprimam contra as linhas Z opostas. Nesse ponto, nenhuma tensão é produzida no músculo, e o sarcômero apresenta pouco mais que a metade de seu comprimento de repouso, ou cerca de 60% de ℓ_0 (Fig. 11.13b). Um músculo inteiro pode, assim, produzir tensão e encurtar-se aproximadamente metade de seu comprimento de repouso (não incluindo o comprimento de seus tendões). Se o sarcômero é alongado além de seu comprimento de repouso, poucas pontes cruzadas de mio-

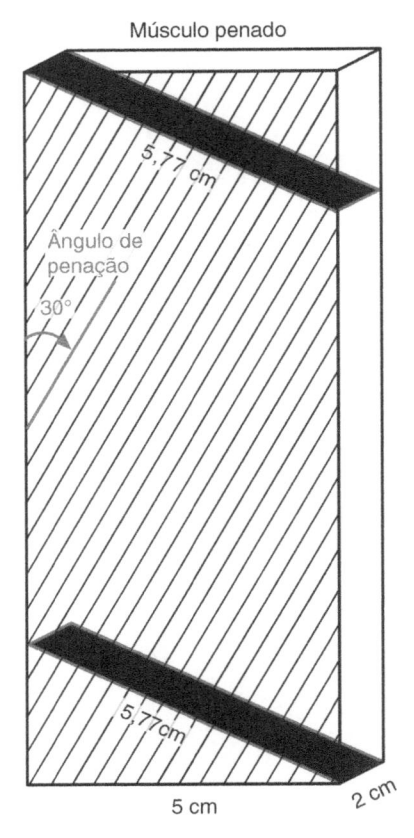

Figura 11.11 Comparação das áreas de secção transversal total de músculos longitudinais e penados de mesmo volume. A área de secção transversal, A, do músculo longitudinal é de 5 cm x 2 cm = 10 cm² A área de secção transversal do músculo penado é $\Sigma A = A_1 + A_2 = (5,77\ cm \times 2\ cm) + (5,77 \times 2\ cm) = 11,54\ cm^2 + 11,54\ cm^2 = 23,08\ cm^2$.

sina podem conectar-se aos miofilamentos de actina, e a tensão decresce. A tensão ativa pode ser desenvolvida em comprimentos maiores até que a actina e a miosina não possam mais se sobrepor. Nesse ponto, nenhuma tensão ativa é produzida, e o sarcômero apresenta pouco mais que 1,5 vezes seu comprimento de repouso, ou 160% de ℓ_0 (Fig. 11.13c). Um músculo inteiro pode, assim, produzir tensão ativamente em comprimentos de 60% a 160% de seu comprimento de repouso.

Tensão passiva

A tensão passiva pode ser desenvolvida no sarcômero e dentro de todo músculo pelo alongamento das estruturas do tecido conectivo: o sarcolema, o endomísio, o perimísio, o epimísio e o tendão. O alongamento passivo desses tecidos permite ao músculo ser alongado e desenvolver tensão além de 160% de seu comprimento de repouso. A tensão desenvolvida em um músculo inteiro, portanto, depende da tensão produzida pela contração ativa dos elementos contráteis (os miofilamentos) mais a tensão passiva produzida quando o músculo é alongado para além de seu comprimento de repouso. A relação entre comprimento muscular e tensão é mostrada na Figura 11.14. A tensão máxima pode ser desenvolvida em um músculo inteiro quando ele é alongado um pouco além (cerca de 120%) de seu comprimento de repouso. Se ele pode se alongar além de 160% de seu comprimento de repouso, a tensão máxima é alcançada quando ele alcança seu comprimento máximo.

> A tensão máxima pode ser desenvolvida em um músculo inteiro quando ele é alongado um pouco além (cerca de 120%) de seu comprimento de repouso.

Músculos uniarticulares versus multiarticulares

A maioria dos músculos uniarticulares é limitada pela amplitude de movimento da articulação que eles cruzam para operar bem entre 60 e 160% de seu comprimento de repouso. Sua tensão máxima é desenvolvida em cerca de 120% desse comprimento porque eles não podem ser alongados além de 160% de seu comprimento e dentro do lado direito da curva mostrada na Figura 11.14. Você será mais forte em algumas posições que em outras, em parte, por-

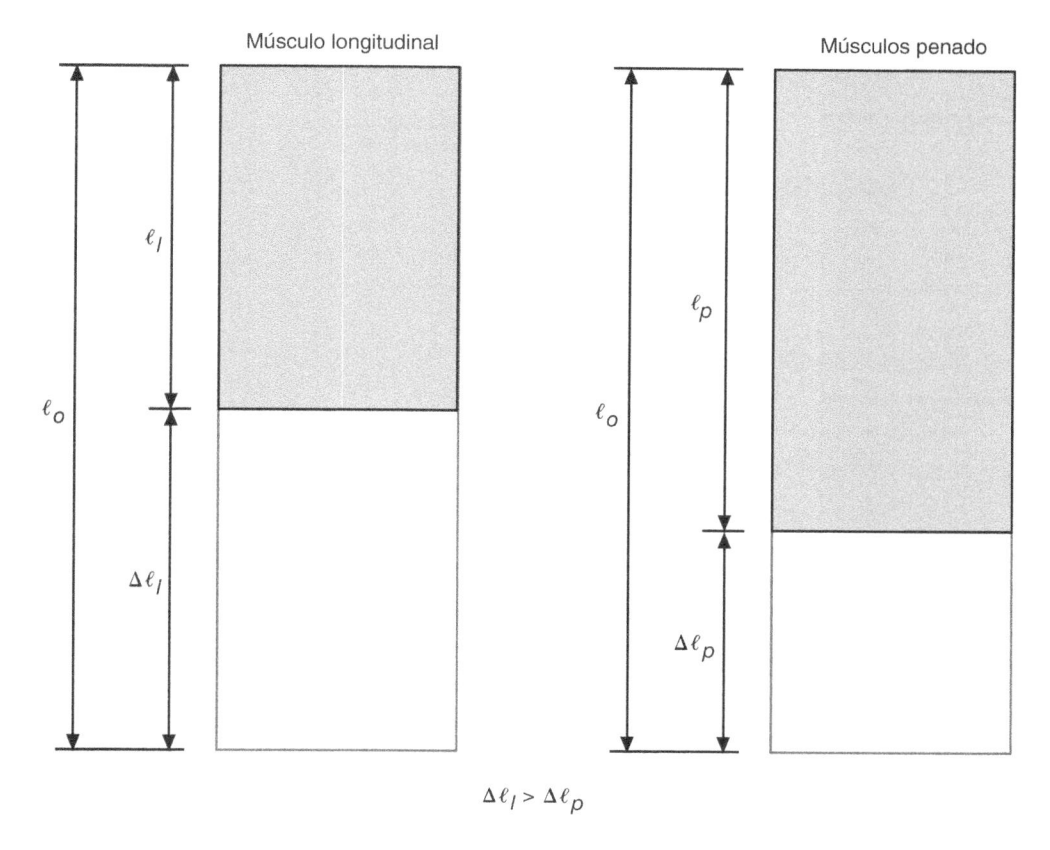

Figura 11.12 O comprimento de contração mínimo de um músculo longitudinal (ℓ_l) é menor que o de um músculo penado (ℓ_p) se seus comprimentos de repouso (ℓ_0) forem os mesmos. O músculo longitudinal pode criar tensão por meio de uma amplitude maior.

que os músculos que cruzam uma única articulação só podem criar a maior tensão em um comprimento específico.

Os músculos de múltiplas articulações não se restringem a operar entre 60 e 160% de seu comprimento de repouso. As organizações dos músculos multiarticulares geralmente não permitem o encurtamento abaixo de 60% de seu comprimento, mas eles podem ser alongados para além de 160%. Esses músculos são capazes de operar no lado direito da curva da Figura 11.14. Sua tensão máxima será desenvolvida em comprimentos além de 160% de seu comprimento de repouso devido ao alongamento passivo das estruturas do tecido conectivo. O Autoexperimento 11.3 ilustra como a tensão passiva é produzida nos músculos alongados.

Autoexperimento 11.3

Considere os músculos que flexionam ou estendem seus dedos. Os flexores dos dedos estão localizados na parte anterior do antebraço, enquanto os extensores se localizam na parte posterior. Os tendões desses músculos cruzam o punho e as articulações metacarpais, metacarpofalangianas e interfalangianas. Flexione os dedos e envolva um lápis tão forte quanto puder. Agora, flexione o punho o máximo que puder. Você pode notar que não consegue flexionar tanto o punho com os dedos flexionados quanto conseguiria se estes não estivessem flexionados. Você deve notar também que a força que seus dedos fazem sobre o lápis diminui à medida que o punho é flexionado (tente apertar o lápis em ambas as posições do punho). Se você forçar uma flexão do punho até o máximo, o lápis poderá inclusive cair de sua mão. Os músculos flexores dos dedos foram encurtados a cada articulação que seus tendões cruzaram e, assim, ficaram incapacitados de produzir muita tensão. Os tendões extensores dos dedos foram alongados a cada articulação que cruzaram e estenderam os músculos extensores além dos 160% de seu comprimento de repouso. As tensões passivas criadas pelo alongamento dos tecidos conectivos resultaram na extensão dos dedos quando você forçou a flexão ao máximo.

Os músculos isquiotibiais são outro bom exemplo da aplicação prática da curva tensão-comprimento dos músculos. Localizados no lado posterior da coxa, eles criam um torque flexor no joelho e um extensor no quadril. Se *a*

Miosina
Actina
Actina
Linha Z
Miosina
Linha Z

ℓ_O

Comprimento de repouso (maior tensão ativa)

b

Miosina
Actina
Miosina

= 60% ℓ_O

Comprimento mínimo para produção de tensão ativa

c

Miosina
Actina
Actina
Miosina

= 160% ℓ_O

Comprimento máximo para produção de tensão ativa

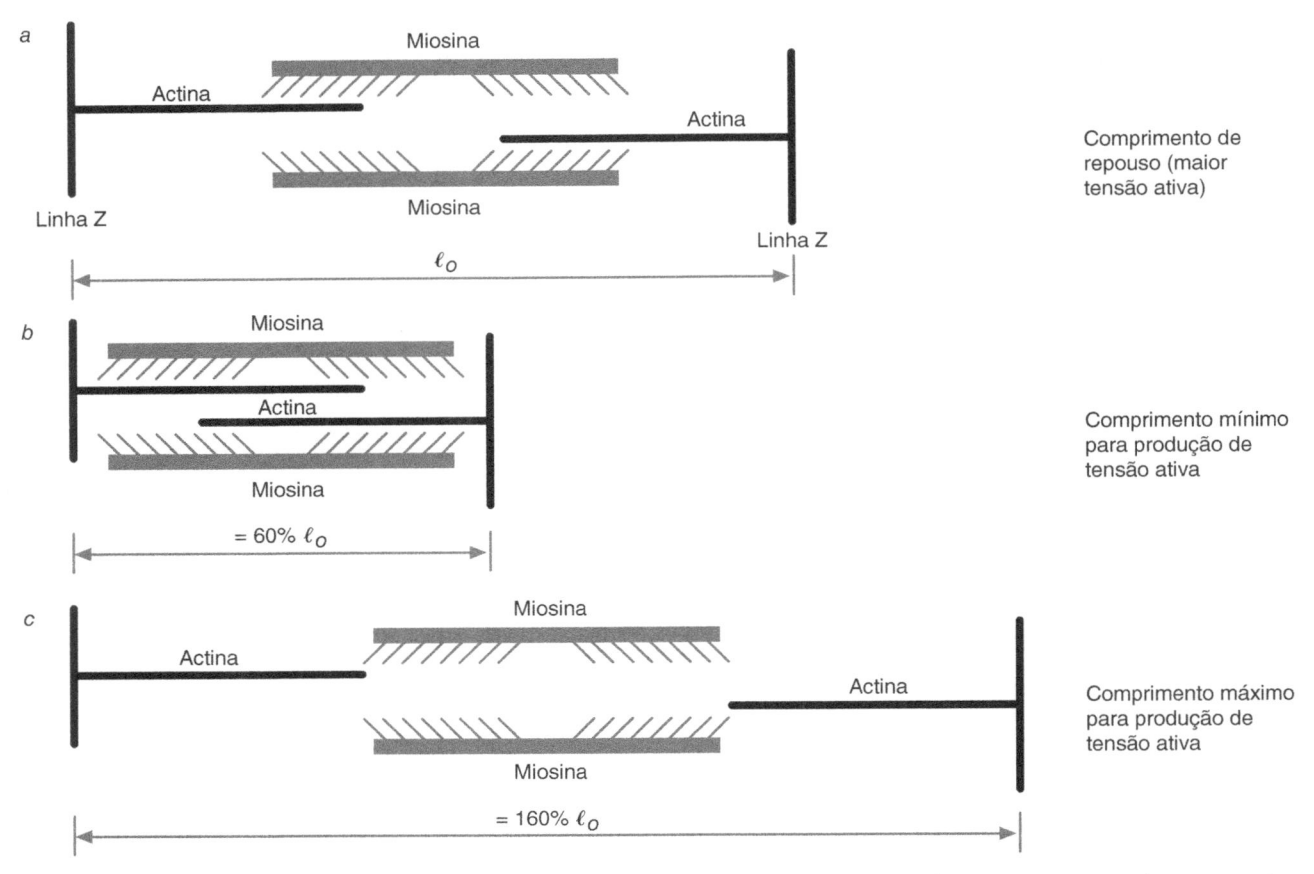

Figura 11.13 As interações dos filamentos de actina e miosina entre si e as linhas Z determinam o grau da tensão ativa desenvolvida em um sarcômero. A maior tensão ativa se dá em comprimento de repouso (a); (b) mostra o comprimento mínimo para produzir tensão ativa; e (c) mostra o comprimento máximo para produzir tensão ativa.

você já fez exercícios de flexão de joelhos usando um banco plano e um sistema de roldana, pode ter observado que os músculos isquiotibiais são bem fracos na posição de quadril estendido mostrada na Figura 11.15*a*. Isso ocorre porque eles estão encurtados ao máximo, ou seja, estão próximos do mínimo comprimento no qual podem desenvolver tensão – estão na extremidade esquerda da curva mostrada na Figura 11.14. A posição em que você está, com os quadris estendidos e os joelhos flexionados, pode encurtar os isquiotibiais para menos de 60% de seu comprimento de repouso. Os exercícios com roldana realizados em um banco plano apenas exercitam o músculo de 60 a 100% de sua amplitude de comprimento de repouso. Para melhorar esse exercício, você poderia modificar a sua posição, de modo que os quadris fossem levemente mais flexionados do que estendidos. Isso alongaria os isquiotibiais um pouco e, assim, os manteria ativos em uma maior amplitude de comprimento. Mais do que utilizar um banco plano, um banco com uma angulação central, como mostrado na Figura 11.15*b*, permitiria manter os quadris flexionados durante a realização desse exercício.

Tensão
Total
Ativa
Passiva

0   60% ℓ_O ℓ_O 160% ℓ_O Comprimento

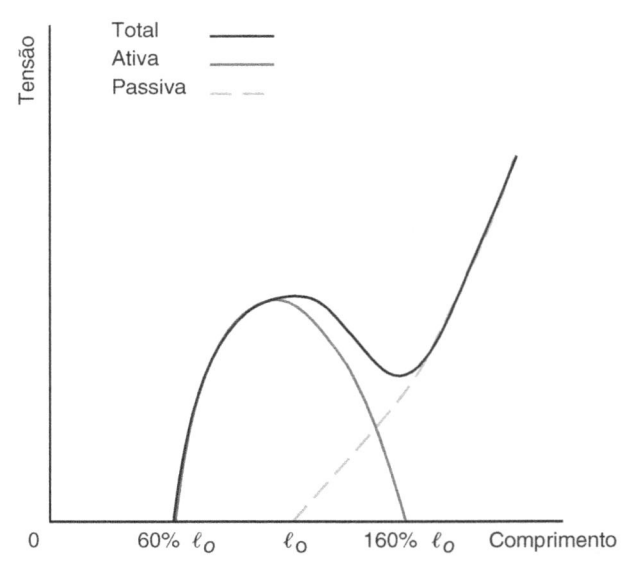

Figura 11.14 A relação entre o comprimento muscular e a tensão.

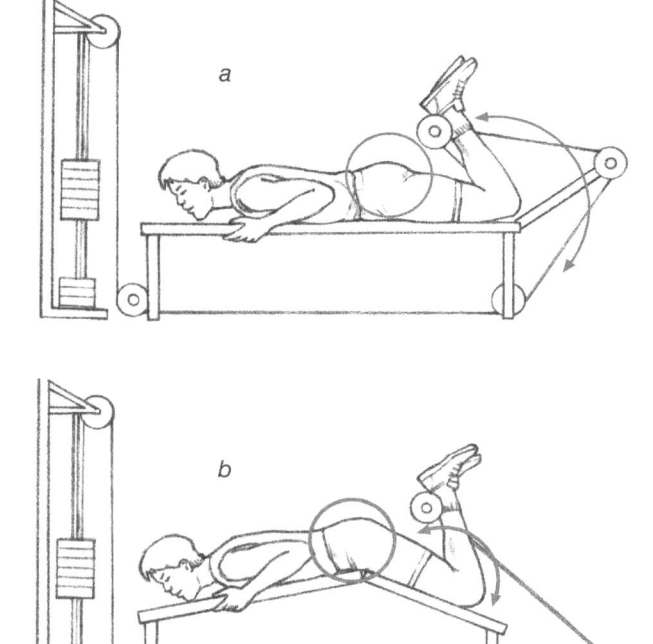

Figura 11.15 Aparelhos para exercitar os músculos posteriores da coxa. Em (a), o comprimento muscular é muito curto, e sua capacidade para criar tensão é limitada. Em (b), o comprimento muscular é mais longo devido à flexão no quadril, e sua capacidade para criar tensão é maior.

Velocidade de contração

A força de tração máxima que um músculo é capaz de produzir depende de sua velocidade de encurtamento e de seu comprimento. Assim como as propriedades mecânicas dentro do sarcômero determinam o relacionamento entre o comprimento do músculo e sua força máxima de contração, elas também determinam a relação entre a velocidade da contração de um músculo e sua força de contração.

> A força de tração máxima que um músculo é capaz de produzir depende de sua velocidade de encurtamento e de seu comprimento.

A atividade dentro do sarcômero

Lembre-se que a tensão ativa produzida durante a contração muscular é resultado da conexão de pontes cruzadas de miosina com o filamento de actina dentro do sarcômero. À medida que o músculo encurta durante a contração, as pontes cruzadas ligam-se aos miofilamentos de actina e puxam-no em sua direção, liberam-no e, depois, ligam-se novamente ao longo de seu comprimento. Assim, existem três etapas no ciclo das pontes cruzadas: ligar, puxar e liberar. A força desenvolvida dentro de um sarcômero é proporcional ao número de pontes cruzadas anexadas e que deslizam sobre os filamentos de actina. Quando um músculo está encurtando, algumas pontes cruzadas estão na etapa de liberação do processo e não contribuem para o desenvolvimento da tensão. Se a velocidade de encurtamento é lenta, apenas uma pequena porcentagem de pontes cruzadas está na etapa de liberação, e cada uma delas gasta uma pequena proporção de tempo de contração em cada etapa, de modo que uma grande quantidade de tensão é desenvolvida. Se a velocidade de contração for mais rápida, mais pontes cruzadas estarão na etapa de liberação, e cada uma gastará uma maior proporção do tempo de contração em cada etapa, portanto, menos tensão será desenvolvida. Assim, em um sarcômero, maior tensão é desenvolvida em menores velocidades de encurtamento. O mesmo vale para um músculo inteiro. É fácil elevar os objetos leves com rapidez, mas, conforme ficam mais pesados, você não pode movê-los tão rápido. Você pode levantar 50 N com uma mão muito rapidamente, mas não consegue levantar 250 N com uma mão na mesma velocidade. Isso se deve em parte à inércia do objeto, mas também a sua inabilidade de gerar forças grandes se seus músculos tiverem que encurtar com rapidez. Essa relação entre velocidade de contração e tensão muscular é mostrada na Figura 11.16.

Atividade concêntrica, excêntrica e isométrica

Você pode notar que velocidades negativas de encurtamento são mostradas na Figura 11.16. Elas representam contrações excêntricas. Um músculo que se contrai excêntrica ou isometricamente é capaz de produzir mais força se comparado a um que se contrai de modo concêntrico. Se você já fez treinamento de peso, vai pensar que isso faz sentido. Imagine-se na sala de musculação, tentando determinar sua carga máxima em um exercício de supino. Uma representação gráfica desse levantamento sobre a curva tensão-velocidade é mostrada na Figura 11.17. Você está deitado no aparelho supino, com seu parceiro ajudando-o enquanto tenta levantar 70 kg. Você abaixa a barra até o tórax e, depois, levanta-a com rapidez. O músculo peitoral contrai excentricamente durante a fase da descida e concentricamente na de subida. Seu parceiro adiciona duas anilhas de 10 kg à barra para formar um peso total de 90 kg. Você abaixa a barra até o seu peito e então a eleva, mas, desta vez, só consegue movê-la de modo lento. A velocidade da contração muscular agora é limitada pelo tamanho da força que seus músculos devem desenvolver. Você não pode elevar 90 kg tão rápido como fez com 70 kg.

> Um músculo que se contrai excêntrica ou isometricamente é capaz de produzir mais força se comparado a um que se contrai de modo concêntrico.

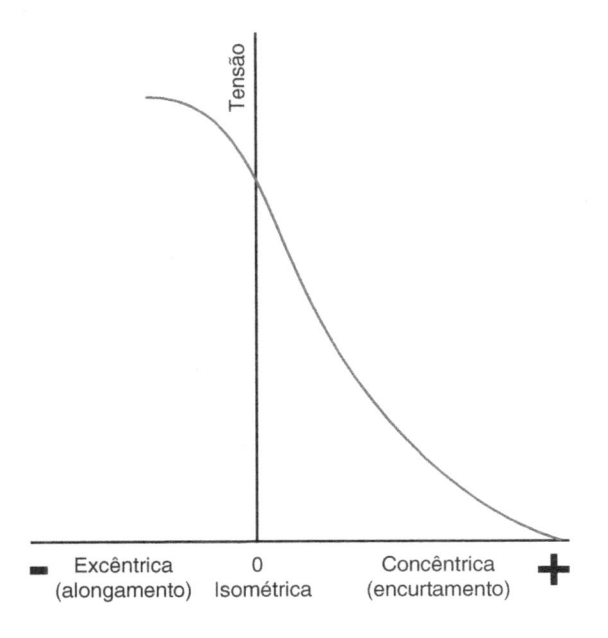

Figura 11.16 A relação entre velocidade de contração e tensão. A atividade excêntrica máxima é mais forte que a atividade isométrica máxima, a qual, por sua vez, é mais forte que a atividade concêntrica máxima.

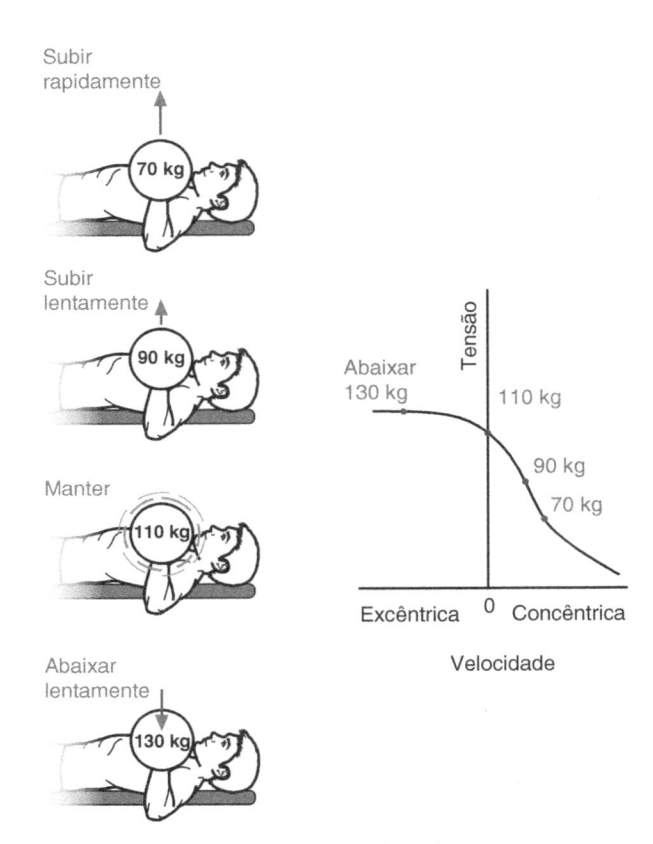

Figura 11.17 Representação gráfica do exercício supino em quatro situações na curva velocidade-tensão.

Seu parceiro adiciona mais duas anilhas de 10 kg à barra; o peso total agora é 110 kg. Você abaixa lentamente a barra até seu peito, mas não consegue elevá-la (acelerá-la para cima) sem ajuda de seu parceiro. Vocês dois elevam a barra até a metade, depois ele deixa você segurar o peso. Você não consegue continuar movendo a barra para cima (velocidade constante com aceleração zero), mas é capaz de mantê-la nessa posição. Os músculos peitorais que se contraem isometricamente foram capazes de produzir quantidades de forças grandes o suficiente para segurar os 110 kg de modo estático, mas incapazes de produzir a mesma força concentricamente para elevar 110 kg. A tensão desenvolvida na contração isométrica foi maior que a tensão máxima que podia ser desenvolvida na contração concêntrica.

Seu parceiro adiciona mais 20 kg à barra para formar um total de 130 kg. Você é capaz de abaixar o haltere lentamente (em velocidade constante) até o seu peito, mas não é capaz de elevar a barra (acelerá-la para cima), mesmo com uma leve ajuda de seu parceiro. Ele o auxilia a elevá-la até a metade, depois solta e deixa você tentar de novo. Você não consegue nem segurar a barra nessa posição, e ela começa a abaixar lentamente (em velocidade constante) na direção do seu peito até seu parceiro ajudá-lo a completar o levantamento. Os músculos peitorais que se contraíram excentricamente foram capazes de produzir uma força grande o suficiente (130 kg) para abaixar os 130 kg com lentidão, mas incapazes de gerar a mesma força isometricamente para manter essa carga ou, ainda, concentricamente para elevá-la. A tensão desenvolvida na contração excêntrica foi maior que a máxima tensão que podia ser desenvolvida durante a contração isométrica e concêntrica.

Outros fatores

Diversos outros fatores afetam a força máxima produzida pelos músculos ativos. Temperatura é um deles. Um aumento leve na temperatura de um músculo aumenta sua habilidade de produzir tensão. A temperatura muscular pode ser aumentada externamente por meio de fricção ou aquecimento ou internamente por meio de exercícios de aquecimento antes de uma atividade. A próxima seção revisa fatores adicionais.

Pré-alongamento

O pré-alongamento de um músculo antes de uma contração concêntrica também pode afetar a força de contração concêntrica. Quanto menor o tempo entre o alongamento do músculo e a contração concêntrica subsequente, maior a força de contração. As bases mecânicas para esse efeito ainda não estão bem entendidas. O afrouxamento do tecido conectivo e outros elementos não contráteis em série com os elementos contráteis (miofilamentos) pode ser reduzido pelo pré-alongamento, de modo que a força de contração é imediatamente transmitida para as inserções. Existem também bases neuromusculares para esse comportamento, que serão discutidas no próximo capítulo. De qualquer modo, você pode demonstrar o efeito do pré-alongamento realizando o Autoexperimento 11.4.

Autoexperimento 11.4

Tente pular o mais alto possível usando as duas técnicas seguintes. Primeiro, flexione seus joelhos e quadris levemente, como mostrado na Figura 11.18a, e mantenha essa posição por um segundo antes de estender as pernas e pular o mais alto que puder. Agora, tente de novo, mas dessa vez comece em uma posição vertical (Fig. 11.18b). Flexione seus joelhos e quadris com rapidez, depois estenda e pule assim que alcançar a posição inicial do primeiro pulo. Você provavelmente pulou mais alto usando a segunda técnica, e as forças exercidas pelos extensores do joelho e do quadril foram maiores. Os músculos foram alongados com rapidez imediatamente antes da contração concêntrica na segunda técnica. Essa contração foi mais forte em função do pré-alongamento.

Duração do estímulo

Como discutido na seção "Mecânica da contração", a frequência da estimulação muscular afeta a tensão do músculo. A tensão máxima não se desenvolve dentro de uma fibra muscular por um curto período de tempo (entre 0,001 e 0,300 s, dependendo do tipo de músculo) depois de ser estimulada. Essa taxa de desenvolvimento de tensão afeta a tensão máxima desenvolvida em um músculo, se uma força grande for necessária em curto tempo. Dessa forma, as contrações musculares muito curtas são mais fracas que aquelas que duram mais de 0,001 a 0,300 s.

Fadiga

A tensão máxima que um músculo pode desenvolver também é afetada pela fadiga. A estimulação contínua de um músculo resulta em declínio na tensão que ele produz. A demanda da contração muscular por adenosina trifosfato (ATP) acaba por exceder o suprimento de ATP para o músculo, resultando em diminuição de sua produção de força. Você pode demonstrar isso em si mesmo, ainda que o músculo não produza contração máxima. Pegue o maior peso que puder elevar (talvez vários livros) e segure-o com o braço estendido. Por quanto tempo consegue manter a carga nessa posição? Por fim, a tensão que seus músculos produzem enfraquece, e você é incapaz de manter o peso.

Tipo de fibra

A fadiga e a taxa de desenvolvimento de tensão dentro de um músculo são afetadas pelo tipo de fibra muscular. As fibras do músculo esquelético diferem com relação a suas resistência à fadiga e taxa de desenvolvimento de tensão. De acordo com essas diferenças, as fibras são classificadas em três tipos: tipo I, ou oxidativa de contração lenta (SO, do inglês, *slow-twich oxidative*); tipo IIA, ou glicolítica-oxidativa de contração rápida (FOG, do inglês,

Figura 11.18 Duas técnicas de salto vertical ereto. A segunda técnica utiliza o pré-alongamento dos músculos envolvidos na ação de saltar para produzir um salto mais alto.

fast-twich oxidative-glycolytic); tipo IIB, ou glicolítica de contração rápida (FG, do inglês, *fast-twich glycolytic*). As **fibras musculares tipo I** (SO) têm uma densidade alta de mitocôndria e são altamente aeróbias e resistentes à fadiga. Essas fibras têm uma taxa de desenvolvimento de tensão lenta e são menores em diâmetro; dessa forma, sua tensão máxima é mais baixa. Já as **fibras musculares do tipo IIB** (FG) são ricas em glicogênio e pobres em oxigênio. Têm capacidade anaeróbia alta e capacidade aeróbia baixa, portanto, fadigam rapidamente, mas sua taxa de desenvolvimento de força é rápida. Essas fibras são maiores em diâmetro que as do tipo I, portanto, podem produzir maior tensão, mas não por longas durações. As **fibras musculares do tipo IIA** (FOG) têm características das fibras tipo I e tipo IIB. Elas têm capacidade aeróbia e anaeróbia relativamente altas, portanto, desenvolvem tensão com rapidez e podem mantê-la por longas durações.

Os músculos de uma pessoa comum contêm cerca de 50 a 55% de fibras tipo I, 30 a 35% de fibras tipo IIA e 15% de fibras tipo IIB, mas existem grandes variações. Os atletas mais bem-sucedidos, praticantes de atividades de resistência, terão uma porcentagem de fibras tipo I maior que o normal, ao passo que aqueles envolvidos em atividades que requerem explosões curtas de energia (velocistas, saltadores, arremessadores, levantadores de peso, etc.) terão uma porcentagem de fibras do tipo II acima da média.

Torque produzido

Uma consideração final na discussão da força máxima gerada pelo músculo diz respeito a sua efetividade. Os músculos produzem forças que tracionam os ossos e criam torques nas articulações, os quais são usados para rodar os membros e mover cargas externas. A efetividade da força muscular refere-se a sua eficácia em produzir torque. Uma vez que se trata da força multiplicada pela distância perpendicular (T = F X r), o torque produzido depende da extensão da distância perpendicular. A distância perpendicular de um músculo ao redor de uma articulação depende do ponto de inserção do músculo em cada membro e da linha de ação da força muscular, sendo determinada pela distância entre o eixo da articulação e o ponto de inserção do músculo mais próximo à articulação. A distância perpendicular do músculo igualará essa distância quando a linha de tração do músculo for perpendicular ao eixo longitudinal do osso na inserção mais próxima. Quando os membros estiverem na posição que coloca a linha de tração do músculo em 90° com relação ao seguimento ósseo, o torque produzido será máximo. Em todas as outras posições, tanto a distância perpendicular como o torque serão menores se a força muscular não mudar.

Novamente, torque é força vezes distância perpendicular (T = F X r). O ângulo de uma articulação afeta a distância perpendicular do músculo que cruza a articulação (r), bem como o comprimento relativo dos músculos. O comprimento relativo dos músculos afeta a força máxima que eles podem desenvolver (F). Assim, a produção de torque (T) é sensível ao ângulo da(s) articulação(ões) que os músculos cruzam, uma vez que os ângulos afetam ambas as variáveis, força (F) e distância perpendicular (r).

Potência muscular

Potência é a taxa de realização de trabalho. No Capítulo 4, aprendemos que essa grandeza também poderia ser expressa como o produto entre força e velocidade. A potência gerada por um músculo é, dessa forma, a força de tração produzida por ele vezes sua velocidade de encurtamento. A Figura 11.16 mostrou a relação entre força e velocidade de contração. A partir desse gráfico, podemos obter a relação entre potência muscular e velocidade de contração multiplicando os valores de velocidade pelos seus valores correspondentes de força para determinar a potência. A Figura 11.19 ilustra essa relação.

> A potência gerada por um músculo é a força de tração produzida por ele vezes sua velocidade de encurtamento.

Os ciclistas usam essa relação quando escolhem uma relação de engrenagem. Em uma engrenagem baixa, exercem forças pequenas sobre os pedais, mas giram o pé-de-vela rápido para obter a mesma potência gerada por uma engrenagem alta. Nesta, exercem forças grandes, mas giram o pé-de-vela mais lentamente. De acordo com a curva

Figura 11.19 A relação entre a velocidade de encurtamento e a potência gerada por um músculo.

velocidade-potência para o músculo, os ciclistas devem escolher uma engrenagem que permita girar o pé-de-vela em uma velocidade moderada, mantendo assim a velocidade de encurtamento do músculo próxima da variação de valores que produz a máxima potência.

Resumo

Os músculos esqueléticos são os motores e os geradores de força do sistema musculoesquelético. A força que eles produzem move os membros do corpo e concede rigidez às articulações. Os músculos também produzem calor, fornecem proteção e alteram a pressão.

O sistema musculoesquelético é composto de várias células musculares organizadas em série e em paralelo, as quais são sustentadas por um complexo de bainhas de tecido conectivo. O sarcômero é a estrutura fundamental de uma fibra muscular. Dentro dele, as conexões das pontes cruzadas de filamentos de miosina com filamentos de actina geram a tensão ativa de uma contração muscular. A organização das fibras em músculos inteiros pode ser longitudinal ou penada. Músculos longitudinais têm mais fibras musculares em série umas com as outras e podem encurtar por uma distância maior. Já os penados têm mais fibras em paralelo umas com as outras e podem produzir forças maiores.

Uma contração ou ação muscular pode ser concêntrica, isométrica ou excêntrica. A primeira ocorre quando os músculos encurtam ao desenvolver tensão. Trabalho mecânico positivo é realizado por essa ação muscular. A segunda ocorre quando o músculo não muda de comprimento ao desenvolver tensão. Nenhum trabalho mecânico acontece. A terceira ocorre quando o músculo alonga ao produzir tensão. Nesta, trabalho mecânico negativo é realizado.

Termos como *agonista, antagonista, neutralizador* e *estabilizador* são usados para descrever os músculos quando funcionam de uma maneira específica em relação a outro músculo ou a uma ação muscular.

Diversas variáveis determinam a força produzida pelos músculos ativos. Se todas as fibras são estimuladas, a força máxima desenvolvida por uma ação muscular depende da área de secção transversal fisiológica do músculo, de seu comprimento relativo ao comprimento de repouso, da velocidade de contração, da temperatura e da taxa de estímulo. A organização de um músculo em relação à articulação ou às articulações que ele cruza afeta o torque produzido e, assim, determina a efetividade da força muscular. A potência muscular é determinada pela uma velocidade e força de contração. A potência mecânica máxima ocorre em uma velocidade de contração específica.

TERMOS-CHAVE

Agonista (p. 280)
Antagonista (p. 280)
Aponeurose (p. 276)
Contração concêntrica (p. 278)
Contração excêntrica (p. 279)
Contração isométrica (p. 280)
Endomísio (p. 274)

Epimísio (p. 276)
Estabilizador (p. 281)
Fascículo (p. 276)
Fibra muscular (p. 274)
Fibras musculares tipo I (p. 292)
Fibras musculares tipo IIA (p. 292)
Fibras musculares tipo IIB (p. 292)

Neutralizador (p. 281)
Perimísio (p. 276)
Sarcolema (p. 274)
Sarcômero (p. 274)
Sinergia (p. 281)
Tendões (p. 276)

QUESTÕES DE REVISÃO

1. Quais são as funções do músculo esquelético?
2. Qual é a unidade básica de contração de um músculo?
3. O que é sarcolema?
4. Descreva como a força desenvolvida entre os filamentos de actina e miosina de um sarcômero é transferida para o tendão do músculos.
5. Durante qual fase de um lançamento de beisebol ocorrem as ações concêntricas dos músculos do braço? E as excêntricas?
6. Durante qual fase de um salto vertical ocorrem as ações concêntricas dos músculos do braço? E as excêntricas?
7. Quais músculos são antagonistas da extensão de cotovelo?
8. Quais músculos são agonistas da extensão de quadril?
9. Qual músculo é um neutralizador para o torque de supinação produzido durante a atividade concêntrica do bíceps?
10. Discuta as vantagens e desvantagens dos músculos com fibras organizadas de forma longitudinal *versus* penada.
11. Qual contração é mais forte, uma máxima excêntrica ou uma máxima concêntrica?
12. Qual contração é mais forte, uma concêntrica rápida ou uma concêntrica lenta?
13. Em qual atividade você é capaz de produzir maiores forças em seus músculos do quadril: saltando ou aterrissando a partir de um salto. Por quê?
14. Em qual atividade você é capaz de produzir maiores forças em seu músculos do ombro: lançamento de uma bola de beisebol ou arremesso de peso? Por quê?
15. Como o ângulo articular afeta a capacidade de produção de torque de um músculo que cruza determinada articulação?
16. Discuta as vantagens e desvantagens de um músculo inserir-se próximo à articulação.

Capítulo 12

O sistema nervoso
Controle do sistema musculoesquelético

Objetivos

Ao terminar de ler este capítulo, você deverá ser capaz de:

- Listar os elementos do sistema nervoso
- Descrever as diferentes partes de um neurônio
- Citar os três tipos de neurônios
- Definir unidade motora
- Compreender as duas estratégias (recrutamento e somação) utilizadas pelo sistema nervoso central para controlar a força muscular
- Definir proprioceptor e listar seus diferentes tipos
- Descrever a função dos fusos musculares
- Descrever o reflexo do estiramento
- Descrever a função dos órgãos tendinosos de Golgi
- Descrever a resposta do órgão tendinoso de Golgi
- Descrever os proprioceptores do sistema vestibular
- Descrever os reflexos de endireitamento e tônico cervical
- Definir exteroceptor e listar seus diferentes tipos
- Descrever reflexos iniciados pelos exteroceptores

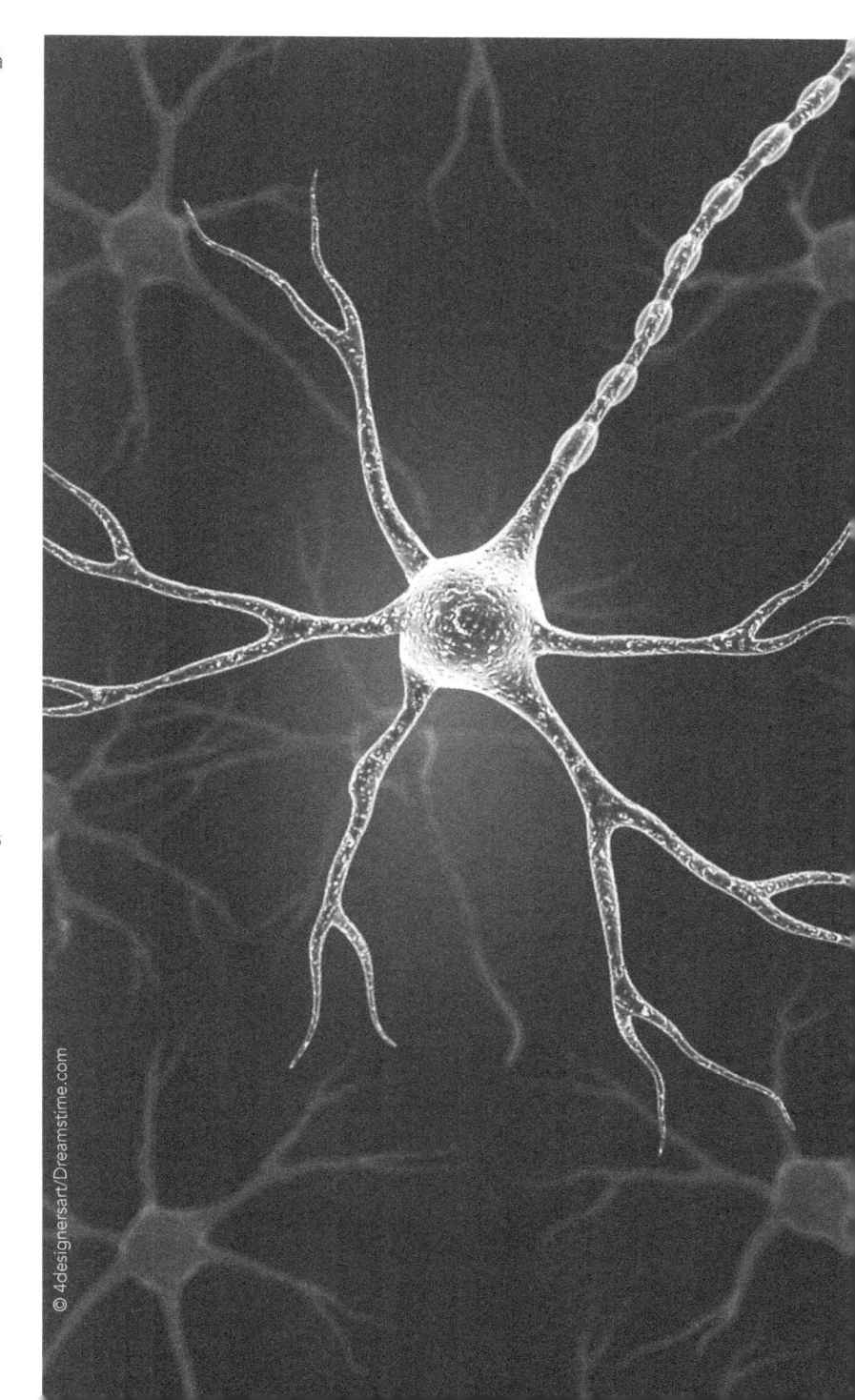

Feche os olhos e peça que alguém deixe cair um livro sobre sua mão estendida. Você foi capaz de pegá-lo? Como soube quando o livro tocou na sua mão? Como foi capaz de detectar o peso do volume? Como conseguiu regular a quantidade de força exercida sobre o livro de modo que você fosse capaz de pará-lo e pegá-lo? De maneira geral, como o corpo humano detecta forças externas que agem sobre ele? Como ele detecta mudanças nas posições dos membros, nas articulações ou na orientação do corpo inteiro? Como ele controla a força de contração de um músculo? Todas essas questões tratam de algum aspecto do controle do sistema musculoesquelético, que é o assunto deste capítulo.

O controle do sistema musculoesquelético é realizado pelo sistema nervoso, que coleta a informação dos estímulos externos e internos, a processa e, então, inicia e controla a resposta do sistema musculoesquelético ao estímulo. Assim, o entendimento básico do sistema nervoso e de como ele controla os movimentos é necessário em nosso estudo da biomecânica do movimento humano. Uma abordagem de todo o sistema nervoso e seu controle da função muscular pode ser encontrada em outros livros, os quais encorajamos você a ler. O objetivo deste capítulo é apresentar uma visão breve e simples do sistema nervoso e de como ele opera para controlar o sistema musculoesquelético.

O sistema nervoso e o neurônio

O sistema nervoso é organizado em sistema nervoso central e sistema nervoso periférico. O cérebro e a medula espinal formam o **sistema nervoso central**. Cada um desses elementos é protegido por estruturas ósseas: o crânio e a coluna vertebral. O cérebro é o processador central do sistema nervoso, e a medula óssea transmite sinais para ou a partir do sistema nervoso periférico até o cérebro. Todo o tecido nervoso que fica fora do crânio ou da coluna vertebral forma o **sistema nervoso periférico**. Os 12 nervos cranianos e os 31 pares de nervos espinais são parte desse sistema. Esses nervos são, na verdade, feixes de fibras nervosas os quais podem incluir nervos sensoriais, que detectam informação sobre o ambiente externo e o estado interno do corpo e nervos motores, que, por sua vez, enviam estímulos aos músculos.

> O sistema nervoso é organizado em sistema nervoso central e sistema nervoso periférico

Às vezes, o sistema nervoso é dividido funcionalmente em somático e autônomo. O **sistema nervoso somático** está envolvido nas sensações e ações conscientes, sendo também chamado de sistema nervoso voluntário. O **sistema nervoso autônomo** está envolvido nas sensações e ações inconscientes, sendo também chamado de sistema nervoso involuntário. Ele inclui nervos simpáticos e parassimpáticos. O sistema nervoso autônomo controla e regula as funções de muitos órgãos internos, ao passo que o somático controla e regula o movimento.

A unidade fundamental do sistema nervoso é o neurônio ou a célula nervosa. Um neurônio tem um corpo celular, que contém o núcleo celular e outras estruturas metabólicas. As diversas projeções ramificadas do corpo celular são os dendritos. O axônio, ou o que costuma ser considerado uma fibra nervosa, é uma projeção filamentosa, única e longa que normalmente estende-se a partir do corpo celular na direção oposta à dos dendritos. O axônio muitas vezes ramifica-se em fibras muito curtas em sua extremidade distal. A Figura 12.1 mostra uma ilustração de dois neurônios.

> A unidade fundamental do sistema nervoso é o neurônio ou a célula nervosa.

Basicamente, há três tipos de neurônios: (1) sensoriais, ou neurônios aferentes; (2) motores, ou neurônios eferentes; e (3) interneurônios, ou neurônios conectores. Os sensoriais e motores são situados sobretudo no sistema nervoso periférico, enquanto os interneurônios se localizam dentro do sistema nervoso central. Os **neurônios sensoriais** são responsáveis pelas sensações. Eles recebem estímulos de nosso ambiente externo e interno e enviam essa informação de volta para o sistema nervoso central, onde fazem interface com os **interneurônios** e, ocasionalmente, neurônios motores. Os corpos celulares dos neurônios sensoriais ficam próximos, mas do lado de fora da medula espinal. Os **neurônios motores** recebem estímulos dos interneurônios ou dos neurônios sensoriais e enviam sinais para os músculos longe do sistema nervoso central. Os corpos celulares dos neurônios motores são localizados dentro da medula espinal. Uma vez que os corpos celulares dos neurônios sensoriais e motores ficam perto da medula espinal e as extremidades distais de seus axônios ou dendritos podem estar localizadas nas terminações distais das extremidades, as fibras nervosas (axônios e fibras para os dendritos periféricos) podem ter mais de 1 m de comprimento.

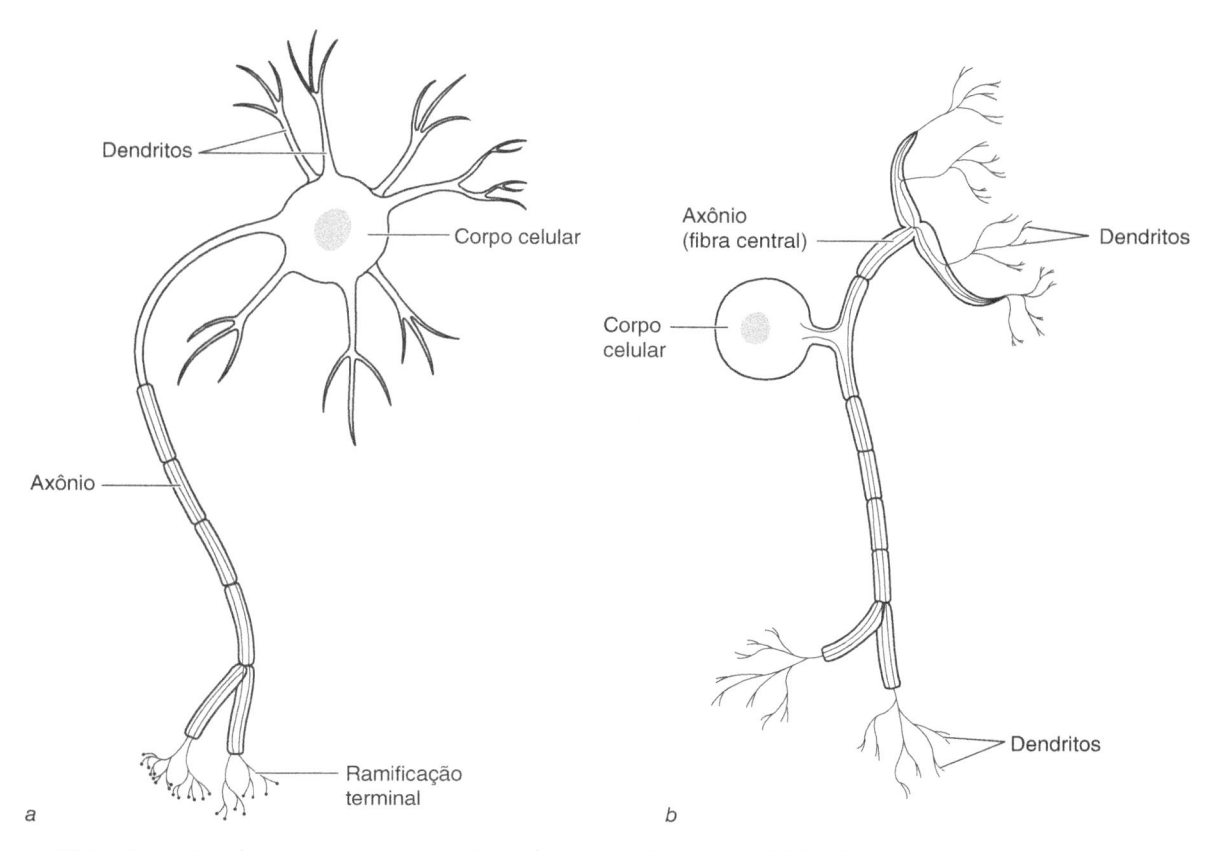

Figura 12.1 Aspectos de um neurônio motor (a) e de um neurônio sensorial (b) típicos.

Há três tipos de neurônios: (1) sensoriais, ou neurônios aferentes; (2) motores, ou neurônios eferentes; e (3) interneurônios, ou neurônios conectores.

A membrana celular do neurônio é uma membrana excitável cujo potencial elétrico (voltagem através da membrana) pode mudar como resultado da estimulação. Normalmente, os neurônios podem ser estimulados em seus corpos celulares e em suas numerosas terminações dendríticas. Um estímulo pode ser excitatório (facilitação) ou inibitório, dependendo se resulta em um aumento ou diminuição no potencial elétrico da membrana celular. Se o efeito final de todos os estímulos excitatórios e inibitórios for um aumento no potencial da membrana acima de um nível limiar na base do axônio (onde ele deixa o corpo celular), um potencial de ação é gerado dentro do neurônio na base do axônio. Se esse efeito final não aumentar o potencial da membrana acima de um nível limiar na base do axônio, nenhum potencial de ação é gerado. O potencial de ação ou impulso neural é uma despolarização da membrana celular em um local específico. É propagado ao longo da membrana, para fora do corpo celular e para baixo do axônio até suas extremidades distais. Nas extremidades distais, o axônio faz sinapse com os dendritos de outros neurônios se for do tipo sensorial ou interneurônio, ou faz sinapse com fibras musculares, caso seja do tipo motor. O impulso neural é, então, transmitido por impulsos químicos através de sinapses e apresenta um estímulo para próxima membrana. A Figura 12.2 ilustra a maneira como os neurônios comunicam-se uns com os outros e a direção do impulso neural.

Unidade motora

A unidade fundamental do sistema neuromuscular é a **unidade motora**, que é composta de um único neurônio motor e de todas as fibras musculares com as quais ele faz sinapse. O número de fibras musculares inervadas por um único neurônio motor pode ser inferior a 20 ou superior a 1.000. Esse número representa a quantidade de ramificações no final de um axônio, e, em geral, quanto maiores os neurônios motores, maiores os potenciais limiares. A razão de fibras musculares para neurônios motores no músculo inteiro indica o grau de controle que uma pessoa tem sobre uma contração muscular (Fig. 12.3). Quanto menor o número de fibras por unidades motoras, mais preciso é o controle do músculo. Quanto maior o número de fibras musculares por neurônio motor, mais grosseiro é esse controle.

> A unidade fundamental do sistema neuromuscular é a unidade motora, que é composta de um único neurônio motor e de todas as fibras musculares com as quais ele faz sinapse.

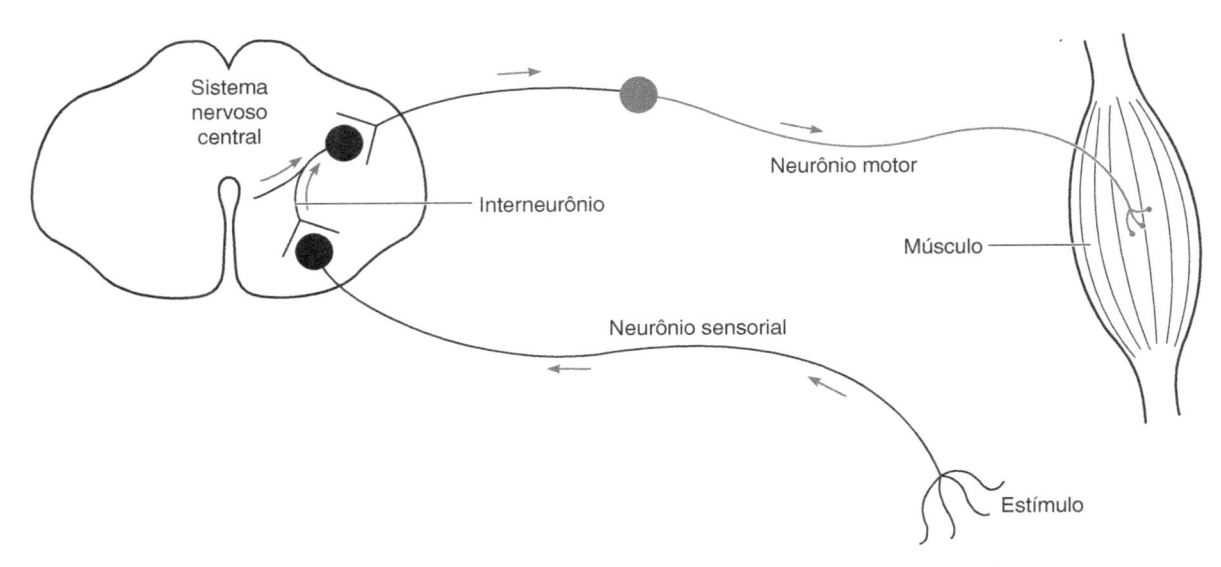

Figura 12.2 Diagrama esquemático das trajetórias de um impulso neural a partir de estímulos externos para a ação muscular.

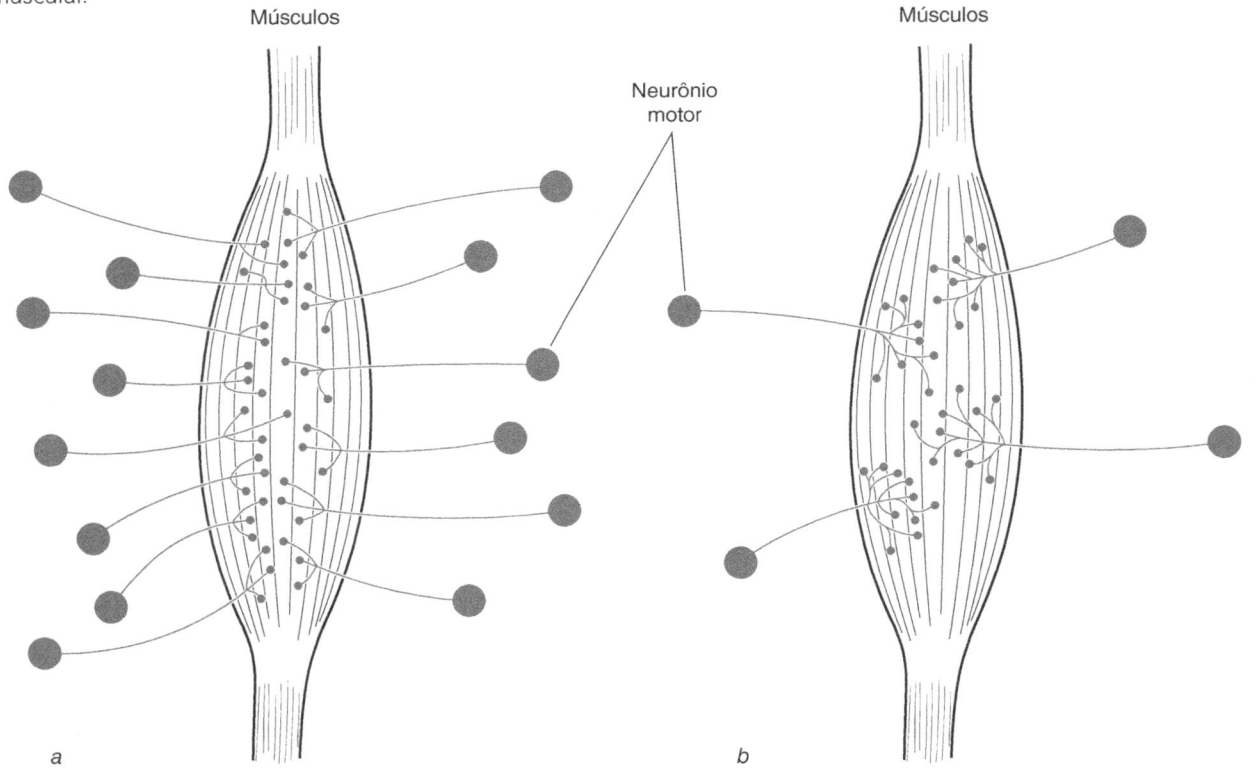

Figura 12.3 Exemplo idealizado de um músculo com muitos neurônios motores e controle fino (a) *versus* um com menos neurônios motores e controle grosseiro (b).

As fibras musculares de uma única unidade motora não são agrupadas dentro do músculo inteiro, estando espalhadas por toda uma área local do músculo. Assim, fibras musculares adjacentes são normalmente parte de unidades motoras diferentes.

O potencial de ação neural propagado em um axônio de um neurônio motor é transmitido para sinapses de cada placa terminal motora do axônio motor com cada fibra muscular da unidade motora. O potencial limiar de membrana (sarcolema) de uma fibra muscular individual costuma ser pequeno em relação aos estímulos químicos gerados pelo potencial de ação neural nas sinapses, de modo que um potencial de ação neural quase sempre gera um potencial de ação muscular. Assim, todas as fibras musculares de uma unidade motora contraem-se, em conjunto, como resultado de um potencial de ação no neurônio motor.

Um método de controlar o tamanho da força produzida em uma contração de todo o músculo é controlar o número de unidades motoras ativas. Se uma força pequena for desejada, apenas um número pequeno de unidades motoras são recrutadas, e só umas poucas fibras musculares se contraem para produzir a tensão. Se uma força maior for desejada, mais unidades motoras são recrutadas, e mais fibras musculares se contraem para produzir uma força maior.

Outro método de controlar o tamanho da força produzida em uma contração de todo o músculo é controlar a taxa de estimulação. Um único potencial de ação gera uma única contração como resposta (um abalo), como mostrado na Figura 12.4. Se outro potencial de ação é recebido pela fibra muscular antes que a tensão desenvolvida no primeiro abalo tenha diminuído, a tensão desenvolvida no segundo se soma à tensão de resposta do primeiro. Se o tempo entre potenciais de ação for curto o suficiente, uma contração tetânica ocorre, e a tensão máxima desenvolvida será muito maior que aquela de um único abalo. Os dois métodos (recrutamento e somação) de controle de força muscular ocorrem simultaneamente.

Parece que um certo padrão de recrutamento de unidades motoras é seguido conforme a tensão desejada em um músculo aumenta. As primeiras unidades motoras recrutadas são as pequenas, e a taxa de estimulação é baixa. Essas unidades motoras têm um número mínimo de fibras musculares e um maior percentual de fibras de contração lenta (tipo I). Caso se deseje uma maior tensão, maiores unidades motoras de contração rápida (tipo II) serão recrutadas. Na tensão máxima, todas as unidades motoras serão recrutadas, e a taxa de estimulação é alta.

Durante a contração voluntária máxima de um músculo, pode ser que nem todas as unidades motoras sejam recrutadas. Forças de contração maiores ainda podem ser obtidas dos músculos por meio de estimulação elétrica ou outros meios. Esse resultado indica que alguns dos ganhos de força associados com programa de treinamento de peso

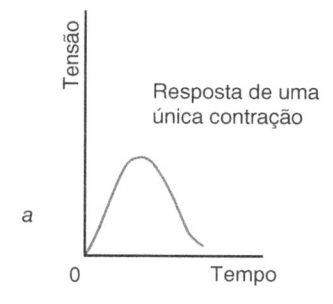

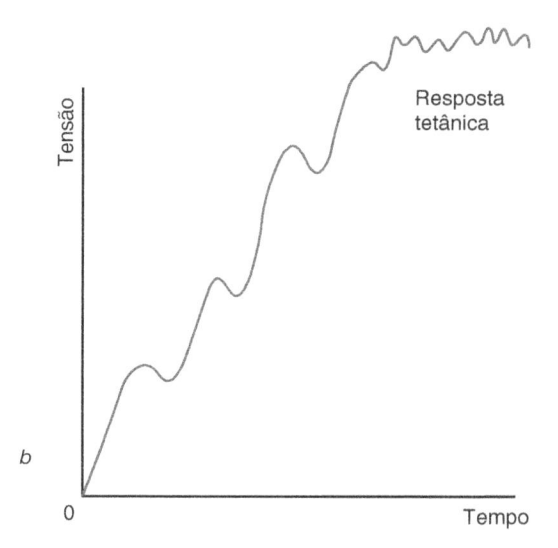

Figura 12.4 A tensão desenvolvida em uma fibra muscular como um resultado de um estímulo simples (a) é menor que a tensão desenvolvida em função de estimulação repetida (b) se a frequência de estimulação for grande o suficiente.

(especialmente os ganhos de força iniciais) podem ser devidos ao treinamento do sistema nervoso e a sua melhor habilidade em recrutar mais unidades motoras. Você pode ter experimentado se já realizou algum treinamento de peso. Alguns ganhos de força ocorrem sem nenhum ganho de peso ou aumento de massa muscular.

Se uma unidade motora vai gerar ou não um potencial de ação (e, consequentemente, uma contração muscular), dependerá do estímulo recebido dos neurônios com os quais ela faz sinapse. Os dendritos do neurônio motor fazem sinapse com milhões de outros neurônios. Algumas dessas sinapses podem ser inibitórias, outras excitatórias. O controle voluntário de uma unidade motora ocorre apenas através de sinapses entre o neurônio motor e aqueles neurônios cujas fibras descendem de estruturas de ordem superior no sistema nervoso central; as outras sinapses transmitem impulsos neurais que podem aumentar ou diminuir a resposta voluntária desejada. Através *do feedback* dos proprioceptores, a intensidade adequada do impulso neural voluntário ocorre no neurônio motor que faz sinapse com aqueles neurônios cujas fibras descendem do sistema nervoso central. Esse processo de constante retorno e controle determina o comportamento de uma unidade motora. A seção seguinte descreve alguns dos receptores e das ações reflexas que ocorrem por meio da excitação e inibição dos neurônios motores com os quais eles fazem sinapse.

Receptores e reflexos

Os neurônios sensoriais ou aferentes recebem estímulos de receptores especializados. Os **exteroceptores** respondem a estímulos provenientes de fontes externas ao corpo. Estes incluem os receptores dos cinco sentidos: visão, audição, paladar, olfato e tato. Já os **interoceptores** respondem a estímulos de fontes dentro do corpo humano. Estes incluem os receptores associados com órgãos internos, ou **visceroceptores**, e aqueles associados ao sistema musculoesquelético, ou **proprioceptores**.

Alguns receptores iniciam reflexos, que são respostas involuntárias resultantes de entradas sensoriais e pouca (ou nenhuma) entrada das estruturas de ordem superior no sistema nervoso central. Os reflexos podem ter função protetora durante o desenvolvimento e alguns continuam desempenhando esse papel nos adultos. Um reflexo espinal simples pode envolver somente dois neurônios: um sensorial, que detecta um estímulo, e um motor, que faz sinapse com esse neurônio sensorial e é, assim, ativado por ele. Um estímulo sensorial a esse arco reflexo espinal faz o neurônio sensorial excitar o neurônio motor e provocar uma contração muscular. A maioria dos reflexos é muito mais complexa e envolve mais de dois neurônios, mas esses arcos reflexos espinais rudimentares podem servir para intensificar ou inibir certos movimentos.

> Os reflexos são respostas involuntárias que resultam de entradas sensoriais e de pouca (ou nenhuma) entrada das estruturas de ordem superior no sistema nervoso central.

Proprioceptores e reflexos proprioceptivos

Os proprioceptores podem ser considerados os órgãos sensoriais que monitoram o estado do sistema musculoesquelético. Receptores estão localizados dentro das cápsulas articulares para fornecer uma resposta quanto à posição articular (terminações em flor ou terminações de Ruffini) ou a rápidas modificações nela (corpúsculos de Pacini). Também existem receptores dentro dos músculos e dos tendões para proporcionar a resposta sobre os aumentos no comprimento (fuso muscular) ou na tensão no músculo (órgão tendinoso de Golgi). O sistema vestibular do ouvido interno também possui receptores especializados para proporcionar resposta sobre a posição da cabeça e modificações em sua posição.

O fuso muscular e o reflexo de estiramento

O **fuso muscular** é um proprioceptor que detecta o alongamento de um músculo ou suas modificações relativas no comprimento. Diversos fusos musculares podem ser encontrados em um músculo; cada um inclui algumas fibras musculares (curtas, que são organizadas em paralelos com as outras fibras do músculo). Essas fibras de fusos musculares estão conectadas a diversos neurônios sensoriais e motores. Quando o músculo inteiro é alongado, o fuso muscular também é. Os neurônios sensoriais do fuso muscular são estimulados pelo alongamento. Alongamentos lentos resultam em uma taxa lenta de estimulação, enquanto os rápidos resultam em uma taxa mais rápida. Uma vez que o músculo tiver o seu comprimento alterado, o neurônio motor do próprio fuso é ativado para zerar a tensão das fibras musculares do fuso. Assim, o fuso muscular pode responder ao aumento do comprimento, indiferentemente do comprimento do músculo.

> O fuso muscular é um proprioceptor que detecta o alongamento de um músculo ou suas modificações relativas ao comprimento.

Os neurônios sensoriais do fuso muscular fazem sinapse com os neurônios motores que inervam o músculo inteiro. Se a estimulação desses neurônios for grande o suficiente, os neurônios motores também serão estimulados, e a contração do músculo alongado é facilitada. Esse reflexo é chamado de reflexo de estiramento. A resposta é mais forte se o aumento do comprimento ocorrer de modo mais rápido em vez de mais lento.

Você deve ter experimentado uma embaraçosa demonstração do reflexo de alongamento se alguma vez caiu no sono durante a leitura. Conforme começa a cochilar, seus músculos extensores do pescoço relaxam e sua cabeça começa a cair para frente. Antes de seu queixo atingir seu peito, o reflexo de alongamento é evocado em função do rápido alongamento dos músculos extensores do pescoço. Tais músculos contraem-se fortemente e puxam a cabeça para cima. Essa ação costuma ser vigorosa o suficiente para acordá-lo de seus sonhos e trazê-lo de volta para a sua leitura. Tente o Autoexperimento 12.1 para outra demonstração do reflexo de estiramento.

Autoexperimento 12.1

Os médicos testam o reflexo de estiramento quando golpeiam levemente o ligamento patelar. O alongamento resultante do músculo quadríceps evoca o reflexo de estiramento e contrai, causando a extensão do joelho. Você mesmo pode tentar isso. Sente-se na borda de uma mesa ou de uma cadeira alta o suficiente para que suas pernas balancem livremente e não toquem o chão. Relaxe seus músculos, em especial seu quadríceps. Agora, de modo gentil, mas rápido, golpeie seu ligamento patelar (sobre a parte anterior de sua perna, logo abaixo de sua patela, mas acima de sua tuberosidade tibial) com a lateral de sua mão ou a borda de um livro. Tente isso diversas vezes ou peça para alguém fazê-lo, caso não obtenha sucesso. Você consegue evocar esse reflexo?

Os atletas também utilizam o reflexo de estiramento quando incorporam um contramovimento ou uma preparação ou qualquer tipo de pré-alongamento anterior a um movimento. Quanto mais rápido esse pré-alongamento ou contramovimento, maior a contração dos músculos que criam o torque para o movimento seguinte. A preparação de um atleta durante o lançamento no beisebol, o contramovimento de um tenista durante um *forehand* e o contramovimento de um jogador de golfe durante uma tacada são todos exemplos da utilização do reflexo de estiramento para melhorar o desempenho.

As fibras sensoriais dos fusos musculares também fazem sinapse com um interneurônio que, por sua vez, faz sinapse com o neurônio motor de um músculo antagonista. Essa sinapse é uma sinapse inibitória, portanto, a ativação dos neurônios motores é inibida. Assim, o reflexo de estiramento também inibe a contração dos músculos antagonistas. Esse efeito é chamado de inibição recíproca.

A resposta do reflexo de estiramento para o alongamento lento de um músculo é usada para controlar a postura e a posição involuntária dos membros. Quando você, de pé, balança para frente, seus músculos posturais posteriores são lentamente alongados. Esse alongamento inicia o reflexo de alongamento, e os músculos posteriores contraem, param o balanço para frente e o puxam para trás, de modo que você permanece em equilíbrio. A resposta dos músculos ao alongamento lento não é tão grande quanto aquela decorrente do alongamento rápido.

O reflexo de estiramento funciona como um protetor das articulações que são cruzadas por um músculo. Um alongamento rápido ocorre quando as posições dos membros nas articulações mudam com rapidez. Tais mudanças podem levar ao deslocamento das articulações, a menos que os movimentos dos membros sejam diminuídos. O reflexo de estiramento faz o músculo alongado contrair-se excentricamente e diminuir o movimento. Durante o acompanhamento de movimentos como arremessos ou rebatidas, o reflexo de estiramento pode ser evocado para deixar mais lento o movimento dos membros que fazem o lançamento ou que rebatem.

> O reflexo de estiramento faz o músculo alongado contrair-se excentricamente e diminuir o movimento.

O reflexo de estiramento também influencia os exercícios de flexibilidade. Os músculos são alongados com mais eficácia se estiverem relaxados. Um rápido alongamento de um músculo evoca o reflexo de estiramento e o faz contrair. Quanto mais lento for o alongamento, mais lenta será a razão da estimulação das fibras sensoriais do fuso muscular e menor a resposta do reflexo de estiramento. O alongamento lento e estático é, dessa forma, mais efetivo.

O órgão tendinoso de Golgi e o reflexo do tendão

O **órgão tendinoso de Golgi** é outro proprioceptor associado com a função muscular. Um órgão tendinoso de Golgi em geral se localiza no interior do tendão, próximo ao músculo, e está em série com o músculo. As fibras sensoriais desse órgão são estimuladas pela tensão dentro do tendão, seja ela causada por alongamento ou contração do músculo. Essas fibras sensoriais do órgão tendinoso de Golgi fazem sinapse com os neurônios motores do músculo; porém, em vez de transmitirem impulsos excitatórios, as fibras sensoriais do órgão tendinoso de Golgi transmitem impulsos inibitórios através de sinapses. A contração dos músculos tensionados é, assim, inibida pela resposta às fibras sensoriais do órgão tendinoso de Golgi. Se a tensão for grande o suficiente, esse órgão irá inibir completamente a contração do músculo tensionado e o fará relaxar. Esse reflexo é, às vezes, chamado de reflexo do tendão.

> A contração dos músculos tensionados é inibida pela resposta às fibras sensoriais do órgão tendinoso de Golgi.

O reflexo do tendão impede que o músculo se rompa ou se dilacere, desligando o desenvolvimento ativo da tensão se a tensão de tração dentro do músculo for muito grande. Esse reflexo trabalha em oposição ao reflexo de estiramento. A resposta deste último costuma ser maior, a menos que a tensão no interior do músculo seja muito grande. Um exemplo do reflexo de tendão pode ser visto quando a perna de um saltador em altura ou de salto triplo cai ou colapsa devido às altas forças externas nos músculos extensores do joelho na aterrissagem. Alguns dos ganhos de força observados no treinamento de resistência podem ocorrer em função da habilidade aumentada do sistema nervoso central de gerar estimulação excitatória suficiente para os neurônios motores superarem a estimulação inibitória dos órgãos tendinosos de Golgi.

O sistema vestibular e seus reflexos relacionados

O sistema vestibular é composto pelos órgãos do sentido do equilíbrio. Cada ouvido interno contém três proprioceptores: os canais semicirculares, o utrículo e o sáculo.

Esses proprioceptores são túneis ósseos preenchidos com um fluido chamado de **endolinfa**. As paredes desses túneis são alinhadas com células capilares sensoriais circundadas por uma substância gelatinosa. Existem três canais semicirculares dispostos em três planos mutuamente perpendiculares que correspondem, de modo grosseiro, aos planos sagital, frontal e transversal. A endolinfa desses canais se move em relação à cabeça quando esta é acelerada. Esse movimento inclina as células sensoriais capilares, fornecendo, assim, *feedback* sobre as mudanças no movimento da cabeça ou suas acelerações. O utrículo e o sáculo são lóbulos bulbosos nos túneis ósseos que contêm otólitos, pequenas pedras de carbonato de cálcio embebidas na substância gelatinosa encontrada ao longo das células capilares. O otólito inclina as células capilares de acordo com a direção na qual são tracionadas pela gravidade, fornecendo, desse modo, *feedback* sobre a posição da cabeça em relação à força gravitacional.

> O sistema vestibular, ou o labirinto do ouvido interno, é composto pelos órgãos do sentido do equilíbrio.

O sistema vestibular e os proprioceptores associados às articulações do pescoço fazem surgir diversos reflexos rudimentares relacionados com as posições da cabeça e do pescoço. Em adultos, tais reflexos costumam ser difíceis de observar devido ao controle voluntário dominante. Os reflexos de endireitamento ocorrem quando o sistema vestibular detecta a posição não ereta da cabeça. As ações reflexas da musculatura dos membros, do tronco e do pescoço são tentativas de corrigir a posição da cabeça e manter a postura ereta. A Figura 12.5 mostra exemplos de respostas do reflexo de endireitamento.

Os reflexos resultantes de estímulos dos proprioceptores do pescoço são chamados de **reflexos tônicos cervicais**. Esses proprioceptores comunicam-se com os neurônios motores dos músculos da extremidade superior. A flexão do pescoço inicia uma resposta reflexa tônica cervical que facilita a contração dos músculos que geram ações de flexão nos braços, enquanto a extensão facilita a contração do músculos responsáveis pelas ações de extensão desses membros. A rotação da cabeça para a direita inicia uma resposta reflexa tônica cervical que facilita a contração dos extensores do cotovelo e abdutores do ombro no lado direito e dos flexores do cotovelo e adutores do ombro do lado esquerdo. A Figura 12.5 ilustra as posições facilitadas pelos reflexos tônicos cervicais.

Exteroceptores e reflexos exteroceptores

Os exteroceptores que influenciam o movimento do corpo de modo significativo incluem os receptores para visão, audição, tato e dor. Os receptores para tato são os **corpúsculos de Pacini**, os quais também são receptores para a mudança na posição da articulação. São sensíveis a pressão, mas somente quando mudanças na pressão ocorrem. Grandes mudanças na pressão resultam em grandes respostas dos corpúsculos, porém apenas durante a alteração.

Os corpúsculos de Pacini sob a pele da sola dos pés ou das palmas das mãos são responsáveis pelo reflexo do impulso extensor. As fibras sensoriais dos corpúsculos de Pacini fazem sinapse com os neurônios motores dos mús-

Figura 12.5 Um exemplo do reflexo de estiramento. Quando uma pessoa tropeça e cai para frente, esse reflexo faz seu pescoço, seu tronco e seus cotovelos se estenderem e seus ombros flexionarem.

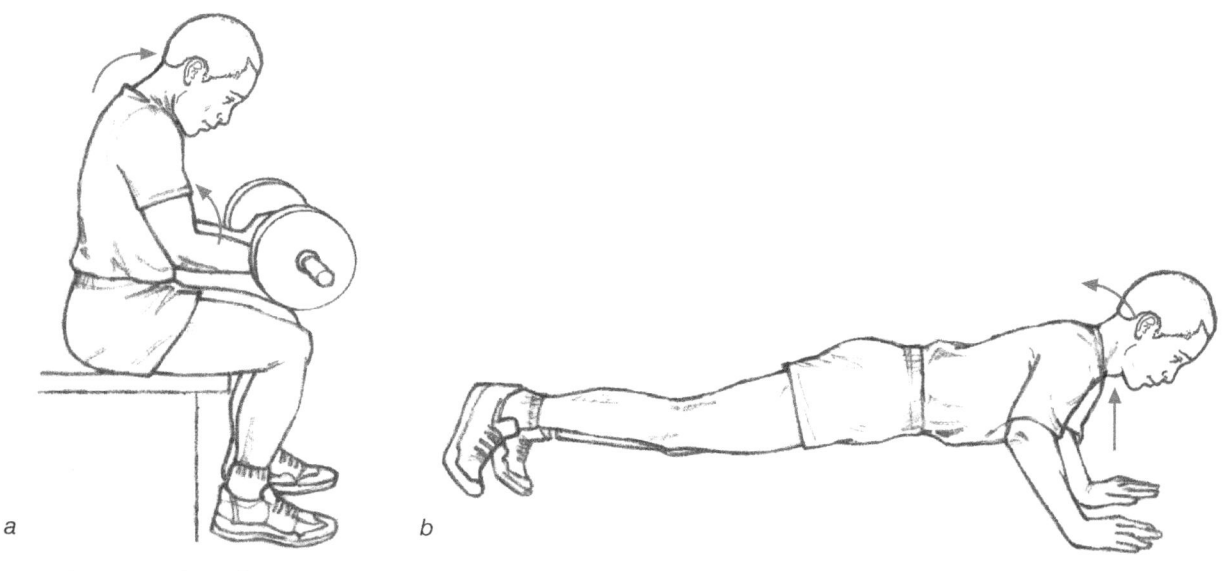

Figura 12.6 Uso dos reflexos tônicos cervicais para facilitar ações específicas: (a) a flexão do pescoço facilita a contração dos flexores do cotovelo, e (b) a extensão do pescoço facilita a contração dos extensores do cotovelo.

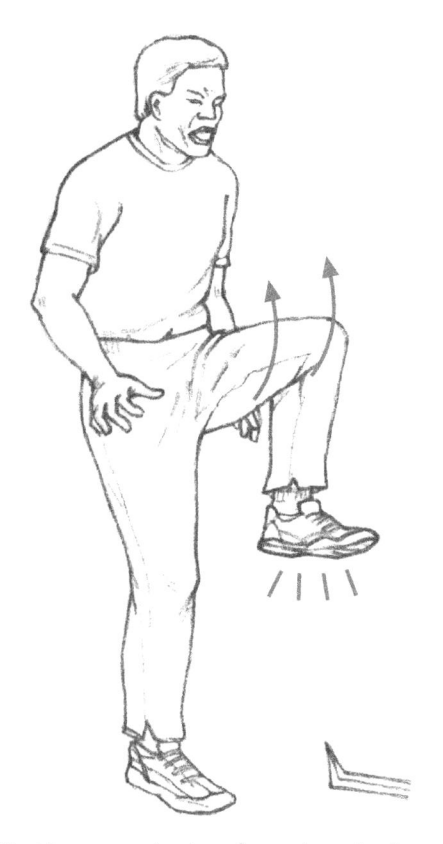

Figura 12.7 Um exemplo do reflexo de retirada.

culos extensores das pernas, facilitando a contração desses músculos e a extensão do membro. Uma grande mudança na pressão ocorre quando você aterrissa seu pé após um salto, iniciando assim o reflexo do impulso extensor. Os músculos extensores da perna contraem-se excentricamente e o impedem de cair. Essa contração é facilitada pelo reflexo do impulso extensor.

Os receptores de dor cutânea estão também envolvidos em ações reflexas do sistema musculoesquelético que visam proteger o corpo. O reflexo flexor, ou reflexo de retirada, também ocorre quando se sente dor em alguma localização distal sobre um membro, como ilustrado na Figura 12.7. A resposta é a retirada ou a flexão do membro afetado. Ao colocar sua mão sobre um objeto pontiagudo ou uma superfície quente, o reflexo flexor será iniciado, e a mão será puxada para longe da fonte de dor.

O reflexo extensor cruzado é um exemplo dos efeitos combinados dos reflexos flexor e de extensão, sendo iniciado por dor no membro de suporte. A resposta é a flexão desse membro e a contração dos músculos extensores do membro oposto. Quando caminha sem calçado e pisa sobre uma pedra, você rapidamente transfere seu peso para a outra perna por meio da remoção do pé e da contração dos músculos extensores da perna oposta, para que esta possa suportar seu peso.

Resumo

O sistema nervoso está estruturalmente organizado em sistema nervoso central e sistema nervoso periférico. Nervos são feixes de fibras (axônios ou dendritos) de células nervosas individuais. Um neurônio é uma célula nervosa. Existem três tipos de neurônios: sensoriais, ou neurônios aferentes; motores, ou neurônios eferentes; e interneurônios. Os neurônios sensoriais detectam o estado ou as mudanças no ambiente externo, por meio de exteroceptores, e no ambiente interno, por intermédio dos interoceptores, devolvendo essa informação codificada como impulsos neurais ao sistema nervoso central. Os neurônios motores recebem estímulos do sistema nervoso central e dos neurônios sensoriais e enviam impulsos neurais às fibras musculares. Os interneurônios transmitem impulsos neurais entre neurônios.

A unidade motora é um neurônio motor e todas as fibras musculares que ele inerva. Unidades motoras podem ter menos de 20 fibras musculares ou mais de mil. Os músculos com poucas fibras musculares por unidade motora possuem controle preciso. A força de contração de um músculo pode ser controlada pelo recrutamento de unidades motoras e pela taxa de estimulação de unidades motoras individuais.

Os receptores são órgãos sensoriais especiais que detectam o estado ou alguma mudança no ambiente corporal. Os reflexos são ações involuntárias que resultam de entradas sensoriais. Os proprioceptores detectam o estado ou alguma mudança no estado do sistema musculoesquelético. Os fusos musculares detectam aumentos no comprimento muscular. O reflexo de estiramento é iniciado pelo alongamento no comprimento do músculo e resulta na facilitação da contração da musculatura que está sendo alongada. O órgão tendinoso de Golgi detecta tensão nos tendões. O reflexo no tendão é iniciado pela tensão no órgão tendinoso de Golgi e resulta na inibição da contração do músculo sob tensão. O sistema vestibular e os proprioceptores articulares do pescoço detectam a posição e as mudanças no posicionamento da cabeça em relação ao pescoço. O reflexo de endireitamento facilita a manutenção da postura ereta do corpo e da postura da cabeça. Os reflexos tônicos cervicais facilitam várias posições da extremidade superior quando o pescoço é flexionado, estendido ou rodado para qualquer lado. Os corpúsculos de Pacini e as terminações de Ruffini detectam mudanças na pressão e na pressão absoluta. Os reflexos extensor, de retirada e de extensão cruzada são iniciados por esses receptores.

O controle voluntário do movimento requer *feedback* proprioceptivo para determinar a intensidade dos impulsos neurais para os neurônios motores. A maioria dos reflexos pode ser suprimida pelo controle voluntário se o reflexo prejudicar a ação desejada. Às vezes, respostas reflexas melhoram a ação desejada e, nessas situações, podem ser benéficas para a obtenção de uma resposta reflexa mais intensa.

TERMOS-CHAVE

Corpúsculos de Pacini (p. 302)
Endolinfa (p. 302)
Exteroceptores (p. 300)
Fuso muscular (p. 300)
Interneurônios (p. 296)
Interoceptores (p. 300)
Neurônios motores (p. 296)
Neurônios sensoriais (p. 296)
Órgão tendinoso de Golgi (p. 301)
Proprioceptores (p. 300)
Reflexos tônicos cervicais (p. 302)
Sistema nervoso autônomo (p. 296)
Sistema nervoso central (p. 296)
Sistema nervoso periférico (p. 296)
Sistema nervoso somático (p. 296)
Unidade motora (p. 297)

QUESTÕES DE REVISÃO

1. Um neurônio motor faz parte do sistema central ou periférico?
2. Em qual direção um potencial de ação viaja ao longo de um axônio de um neurônio motor: rumo ao corpo celular ou para longe dele?
3. Descreva os dois métodos empregados pelo sistema nervoso central para aumentar a tensão ativa nos músculos.
4. Qual é o proprioceptor que detecta mudança no comprimento muscular?
5. Qual é o proprioceptor que detecta tensão muscular?
6. Quais proprioceptores são posicionados em paralelo com as fibras musculares?
7. Quais proprioceptores são posicionados em série com as fibras musculares?
8. Cite três exemplos de atividades nas quais um movimento preparatório evoca um reflexo de estiramento para aumentar o movimento desejado.
9. Quais reflexos protegem as estruturas articulares?
10. Quais reflexos protegem os músculos?
11. Qual posição da cabeça e do pescoço facilitaria um exercício que utilize a contração do bíceps?
12. Qual estímulo é detectado pelo corpúsculo de Pacini?
13. Uma rotina de alongamento que utiliza a ação facilitada por determinados proprioceptores é chamada de alongamento FNP (facilitação neuromuscular proprioceptiva). Descreva como os fusos musculares e os órgãos tendinosos de Golgi podem aumentar ou diminuir a eficácia de um exercício de alongamento.

Parte III

Aplicando os princípios biomecânicos

Os capítulos anteriores deste livro apresentaram informações sobre como o corpo, como um todo, responde às forças externas que agem sobre ele e sobre como os vários componentes do sistema musculoesquelético criam forças internas em resposta às externas. Além disso, foram apresentados vários exemplos de aplicações dos princípios biomecânicos. O objetivo da Parte III é introduzir os diversos métodos que podem ser usados para conduzir análises biomecânicas qualitativas de atividades. Como dito na introdução, o primeiro objetivo da biomecânica é a melhora do desempenho, e o segundo é a prevenção de lesões e a reabilitação. Além disso, lembre-se que a biomecânica pode ser usada para melhorar o desempenho por meio do aprimoramento da técnica, do treinamento ou do equipamento. A Parte III descreve métodos de análise biomecânica qualitativa direcionados para esses objetivos. O Capítulo 13 apresenta uma visão global da análise biomecânica qualitativa para a melhora da técnica; o Capítulo 14 faz o mesmo, contudo visando ao aprimoramento do treinamento; já o Capítulo 15 apresenta um panorama desse tipo de análise voltada ao diagnóstico e à prevenção de lesão; e, por fim, o Capítulo 16 conclui o livro com uma visão global da tecnologia utilizada para medir variáveis biomecânicas. ■

Capítulo 13

Análise biomecânica qualitativa para melhorar a técnica

Objetivos

Ao terminar de ler este capítulo, você deverá ser capaz de:

- Entender a diferença entre análise biomecânica qualitativa e quantitativa
- Listar os passos envolvidos em uma análise biomecânica qualitativa que vise ao aprimoramento da técnica
- Entender o processo de desenvolvimento de um modelo de habilidade teórico mecanicamente baseado em causa e efeito
- Descrever as orientações importantes para observação do desempenho
- Entender como identificar e avaliar erros na técnica
- Entender como dar a um estudante ou atleta instruções que o ajudem a corrigir erros na técnica

Você está assistindo um saltador em altura tentar estabelecer um novo recorde pessoal. Alguns aspectos da técnica utilizada não parecem tão estranhos agora que você tem algum conhecimento sobre biomecânica. A ação do braço do atleta no momento em que deixa o solo aumenta sua velocidade vertical. A postura de suas costas aproxima muito mais seu centro de gravidade do sarrafo, de maneira que este pode ser mais alto. Contudo, você é capaz de explicar a base para as outras ações na técnica do saltador? Este capítulo deve ajudá-lo a fazer isso, pois esboça uma abordagem estruturada para a análise biomecânica qualitativa da técnica.

Analisar significa decompor alguma coisa em partes pequenas e, então, examiná-las. A análise qualitativa envolve dividir algo em partes menores e examiná-las sem medir ou quantificar suas características. A **análise biomecânica qualitativa** de uma ação ou tarefa esportiva consiste em desmembrar o movimento em seus elementos básicos e examiná-los qualitativamente a partir de uma perspectiva biomecânica. Conduzir tal análise requer que você use todo o material contido neste livro, mas não de uma maneira casual. A aplicação do conhecimento mecânico e anatômico apresentado nos capítulos anteriores exige uma abordagem organizado para que o resultado da análise seja bem-sucedido, que deve variar dependendo do objetivo da análise. A meta é aprimorar a técnica? Melhorar o treinamento? Prevenir lesões? Melhorar o equipamento? Este capítulo apresenta a estrutura para conduzir uma análise biomecânica qualitativa que vise ao aperfeiçoamento técnico. Os capítulos subsequentes terão como foco a melhora no treinamento e a prevenção de lesão.

Tipos de análise biomecânica

Antes de entrar nos detalhes da análise biomecânica qualitativa para melhor técnica, devemos primeiro aprender mais sobre a diferença entre a análise biomecânica qualitativa e a quantitativa. Os adjetivos *qualitativo* e *quantitativo* descrevem como as características do desempenho são observadas e examinadas pelo treinador, professor ou clínico. Se a *performance* ou qualquer um dos seus aspectos forem quantificados ou medidos (descrito com números), a análise resultante baseada nesses valores é do tipo **quantitativo**. Se o desempenho ou qualquer um dos seus aspectos forem avaliados usando apenas os sentidos do observador, a análise resultante é qualitativa. Este capítulo e os seguintes terão como foco os métodos deste último tipo.

Análise biomecânica qualitativa

Os professores e treinadores com frequência realizam análises biomecânicas qualitativas, mas raramente realizam quaisquer análises quantitativas. Eles observam seus atletas e estudantes e descrevem de modo subjetivo as características do desempenho. Descritores comparativos (mais rápido, mais lento, mais alto, mais baixo, mais curto, mais longo, menor, maior e assim por diante) podem ser usados para indicar essas características. A observação visual é a base para a maioria das análises qualitativas.

A maneira como um treinador ou professor observa o desempenho afeta a análise biomecânica qualitativa subsequente. Os detalhes de como e a partir de qual ponto de vista observar os desempenhos são discutidos mais adiante neste capítulo.

Análise biomecânica quantitativa

Análises biomecânicas quantitativas mais amplas costumam ser feitas apenas para desempenhos de atletas de elite, entretanto, professores e treinadores podem fazer algumas medidas de desempenho e então fazer análises quantitativas mais restritas. Bastam um cronômetro e uma fita métrica para se medir e quantificar vários parâmetros biomecânicos. Contar as passadas e cronometrar o tempo necessário para realizá-las fornece ao treinador a frequência de passada. Medir uma distância específica e cronometrar o tempo necessário para atravessá-la fornece uma medida de velocidade. Se os assistentes registrarem onde cada passo aterrissa, o comprimento da passada pode ser medido. Medidas desse tipo permitem ao treinador ou professor realizar análises biomecânicas quantitativas limitadas, mas tomá-las os impede de observar todo o desempenho.

Uma análise biomecânica qualitativa abrangente requer equipamentos caros e especializados para registrar e medir as variáveis biomecânicas de interesse. Os biomecânicos e técnicos especializados, ao contrário dos professores ou treinadores, costumam realizar esse tipo de análise. As ferramentas de medida utilizadas nas análises biomecânicas quantitativas serão revisadas no Capítulo 16.

O custo de uma análise biomecânica quantitativa abrangente de desempenho é alto, por isso análises desse tipo só costumam ser realizadas para executantes de elite. Outra razão para isso está relacionada com a capacidade do observador de detectar erros. À medida que o nível de desempenho aumenta, a magnitude dos erros no desempenho diminui. Os erros feitos pelos novatos são grosseiros e fáceis de detectar visualmente por meio de técnicas de análise qualitativa. Com o aprimoramento do desempenho, os erros diminuem em tamanho e tornam-se mais difíceis de detectar; no nível de elite, pode ser necessária a análise biomecânica quantitativa abrangente para detectá-los.

Passos para uma análise biomecânica qualitativa

Existe uma variedade de procedimentos para conduzir as análises biomecânicas qualitativas (Arend and Higgins 1976; Brown, 1982; Hay, 1984; Hay e Reid, 1988; Knudson e Morrison, 2002; McPherson, 1988; Norman, 1977). O método apresentado aqui é o recomendado pelo autor. Não é novo, mas inclui procedimentos comuns aos métodos existentes e fornece uma maneira sistemática de analisar biomecanicamente os movimentos humanos. Uma análise biomecânica qualitativa para melhorar a técnica envolve quatro passos:

1. Descrição. Desenvolva um modelo teórico da técnica mais efetiva e descreva-a da melhor maneira possível. Determine o que você quer ver quando observar seus estudantes ou atletas.
2. Observação. Observe o desempenho de seu estudante ou atleta para determinar como de fato está a técnica da pessoa.
3. Avaliação. Compare a técnica ideal com o desempenho observado. Identifique e avalie os erros.
4. Instrução. Eduque o estudante ou atleta fornecendo *feedback* e a instrução necessária para corrigir os erros.

As seções a seguir descrevem e ilustram esses quatro passos.

Descrevendo a técnica ideal

Por que realizar uma análise biomecânica? Como um treinador, professor, terapeuta ou outro profissional do movimento humano, ao avaliar o desempenho de um estudante ou atleta, você deve ser capaz de distinguir o que é importante e o que não é, o que é certo e errado, o possível e o impossível, o que é efetivo e o que não é, o seguro e o arriscado, e assim por diante. O processo de fazer essas distinções é parte de uma análise biomecânica. Como um estudante ou atleta, você provavelmente experimentou isso quando seu professor ou treinador lhe assistiu e deu um *feedback* para corrigir deficiências no seu desempenho. Com frequência, idealiza-se a análise biomecânica ou de movimento justamente assim – o processo de observar (ou medir) o desempenho de uma habilidade, identificando falhas no desempenho e fornecendo retorno ao praticante para ajudar a corrigir essas deficiências. De fato, esses passos são parte de uma análise biomecânica. Mas o que você não vê o professor ou o treinador fazer é a parte mais importante dessa análise, e a razão pela qual não a vê é que ela não ocorre no ginásio ou no campo de prática: ela ocorre antes que quaisquer observações e correções sejam feitas.

Treinadores ou professores estão um passo à frente dos seus atletas ou estudantes e já possuem uma imagem da técnica ideal para realização de uma habilidade. Esse ideal torna-se o padrão ao qual os desempenhos observados são comparados. Propor e desenvolver conceitualmente a técnica efetiva ideal para uma habilidade é o primeiro e mais importante passo para uma análise biomecânica, e isso também requer o amplo uso do conhecimento biomecânico.

Conhecimento fundamental da habilidade

Antes de realizar qualquer avaliação de uma habilidade esportiva ou outra atividade de movimento humano, você deve ter alguma familiaridade com esta. Isso é absolutamente necessário para propor a técnica efetiva ideal para sua realização. Ao analisar uma habilidade esportiva, você deve no mínimo saber as regras da atividade.

Regras impõem restrições. Se você não conhecer essas restrições, pode acabar sugerindo melhoras na técnica ou no equipamento consideradas injustas, fraudulentas ou ilegais de acordo com as normas. Algumas regras são óbvias. Por exemplo, no beisebol, a sua análise das técnicas de arremesso pode indicar que a velocidade do arremesso aumentaria se o arremessador corresse vários passos em direção à base antes de soltar a bola. Contudo, essa técnica violaria a regra de que o pé de apoio desse atleta deve estar sobre a marca de borracha antes de arremessar a bola.

Vejamos um exemplo no qual o equipamento é modificado. Suponha que sua análise sobre as técnicas do goleiro do hóquei no gelo indique que o equipamento desse jogador precisa de melhoria, o que o leva a projetar um taco cuja pá é muito mais longa e larga (Fig. 13.1). Esse implemento sem dúvida tornaria o goleiro mais eficaz, mas colocaria os outros jogadores atacantes em grande desvantagem. As dimensões do taco do goleiro no hóquei no gelo são especificadas pelas regras.

Outras regras de competição nem sempre são bem conhecidas ou óbvias. O triatlo é uma disputa que inclui natação, ciclismo e corrida. Uma análise da parte do ciclismo desse esporte pode indicar que seria mais eficaz se posicionar atrás da bicicleta de outro atleta, reduzindo assim as forças de arrasto aerodinâmicas. De fato, essa é uma técnica comum em competições de ciclismo, mas não é permitida nas regras do triatlo.

O conhecimento das técnicas e dos equipamentos tradicionalmente utilizados em um esporte também pode ser valioso para a análise biomecânica, mas não é essencial. Em geral, as técnicas das habilidades esportivas desenvolvidas e ensinadas pelos treinadores e professores são eficazes e sua eficácia costuma ter sido provada por meio do método de treinamento de tentativa e erro. Você deve utilizá-las como base para propor a técnica mais efetiva, mas, para fazer isso, precisa conhecer as técnicas tradicionais.

Onde você pode achar informações sobre técnicas esportivas? A maioria delas pode ser encontrada na internet ou em jornais ou revistas de treinamento, livros-texto e vídeos. Você também pode aprender conversando com treinadores e praticantes, assistindo atletas de sucesso ou tentando você mesmo realizar a habilidade. Enquanto procura essa informação, seja curioso, mas cético. Aprenda a "questionar com autoridade". Por que a habilidade é realizada dessa maneira? Todos devem balançar os braços dessa forma? Para qual propósito aquele tipo de finalização serve? Por que os quadris estão virados dessa forma durante a fase preparatória? Por que, por que, por quê? Perceba também que podem ser descritas (ou melhor: demonstradas por atletas de elite) maneiras completamente diferentes de realizar certos aspectos da técnica tradicional. Esse é o motivo pelo qual você deve propor e desenvolver por conta própria a técnica mais efetiva, tomando como base seu conhecimento e entendimento da biomecânica fundamental do movimento.

Propósito ou objetivo da habilidade

Agora que você tem algum conhecimento fundamental sobre a habilidade, o próximo passo é identificar o propósito ou objetivo desta e interpretá-lo em termos mecânicos, se possível. Por propósito da habilidade entende-se o resultado desejado, a medida de desempenho ou sucesso ou o critério de *performance*. O que o atleta se esforça para alcançar durante o desempenho da habilidade? Em alguns casos, isso é fácil de definir, em outros é muito mais difícil. Algumas habilidades esportivas têm apenas um propósito, outras possuem diversos. A complexidade da tarefa depende da habilidade que está sendo analisada.

Em geral, é mais fácil identificar o propósito daquelas habilidades cujos resultados são determinados de modo objetivo. Os resultados de habilidades do atletismo são determinados objetivamente por respostas a questões como quão rápido, quão longe ou quão alto. De maneira similar, a finalidade de qualquer atividade de corrida é completar o percurso (qualquer que seja) no menor tempo. Pode não ser tão fácil identificar ou definir mecanicamente os propósitos de outras habilidades. Qual é a finalidade de um saque no tênis (Fig. 13.2), um bloqueio no futebol americano, um salto triplo na patinação no gelo ou um reverso de uma volta e meia na posição estendida no salto ornamental?

O propósito do saque no tênis pode ser o de marcar um *ace* ao fazer a bola passar pelo adversário ou ganhar uma vantagem ao colocar este em uma posição que lhe dificulte devolver a bola de modo efetivo. Em ambos os casos, a velocidade e a exatidão do saque são dois parâmetros que podem ser utilizados para definir o propósito mecanicamente. A finalidade do bloqueio no futebol americano pode ser evitar que a linha de defesa alcance o armador para imobilizá-lo. Do ponto de vista mecânico, esse propósito pode ser definido como o decréscimo da estabilidade e da velocidade do oponente na direção do armador. A finalidade do salto triplo na patinação no gelo pode ser impressionar os juízes. Em termos mecânico, o propósito é saltar o mais rápido possível, completar três giros no ar e aterrissar em apenas um patim sem cair. A finalidade do salto ornamental é marcar o maior número possível de pontos com os juízes. Mecanicamente, seu propósito é saltar o mais alto possível com momento angular suficiente para completar uma volta e meia na posição estendida e, então, entrar na água em uma posição perpendicular à superfície, reduzindo o respingo ao mínimo.

Embora identificar o propósito dessas atividades não tenha sido tão difícil, defini-lo em termos de parâmetros mecânicos pode ser. Contudo, a maioria das habilidades tem objetivos que podem ser assim definidos. Pense nos esportes ou nas atividades de movimento de seu interesse e tente definir os objetivos das habilidades específicas usadas neles. Tente traduzi-los em termos mecânicos. Quanto mais precisamente você conseguir identificar o propósito de uma habilidade, melhor será sua análise dela.

Figura 13.1 No hóquei no gelo, um taco grande para o goleiro pode ser muito mais eficiente do que um menor, mas dá a esse jogador uma vantagem injusta, não sendo, por isso, permitido pelas regras.

Figura 13.2 Qual é o objetivo do saque no tênis?

Características da técnica mais eficaz

O próximo passo na análise biomecânica é identificar as características da técnica mais eficaz. Esse passo definitivamente requer conhecimento biomecânico e algum senso comum. Dois métodos diferentes podem ser usados para executar essa tarefa: o primeiro envolve uma avaliação das técnicas tradicionais para determinar as características da técnica mais eficaz; o segundo envolve o desenvolvimento de um modelo determinístico (causa e efeito) que estabelece tais características.

O primeiro método de determinação dos atributos da técnica mais eficaz se baseia na suposição de que a técnica tradicional provavelmente exibe muitos deles. A tarefa aqui é determinar quais aspectos da tradicional são importantes e quais não são. O que importa?

Essa questão pode ser respondida de duas maneiras. Primeiro, observe o maior número possível de execuções da habilidade realizados por atletas de elite. Tente identificar as ações e posições que são comuns a todos eles. Então, avalie, do início ao fim da habilidade, cada ação e posição, perguntando-se como ela contribui mecanicamente para alcançar o propósito da habilidade. As ações ou posições contribuem para a obtenção do objetivo ou a prejudicam? As ações ou posições que colaboram devem ser incluídas como características da técnica mais eficaz, ao contrário das que são prejudiciais, que definitivamente não devem ser incluídas. Já aquelas ações ou posições que não contribuem nem prejudicam talvez sejam manifestações do estilo e também não devem ser incluídas.

A segunda maneira de responder a pergunta "O que importa?" é avaliar as ações ou posições comuns às técnicas ilustradas na maioria dos materiais didáticos e de treinamento que você revisou. Siga o mesmo procedimento anterior e questione como cada ação ou posição contribui do ponto de vista mecânico para o propósito da habilidade.

Em ambas as avaliações, pode ser mais fácil dividir tal propósito em partes. Então, durante a avaliação de ações ou posições específicas, pergunte-se como cada uma delas contribui para alcançar a parte específica ou o objetivo parcial do propósito. Por exemplo, a finalidade do salto em altura é ultrapassar o sarrafo colocado o mais alto possível. A medida do desempenho é definida mecanicamente como a altura do sarrafo ultrapassado. Isso pode ser subdividido em partes. A altura do sarrafo ultrapassado (h_b) é determinada pela altura do centro de gravidade do saltador no momento em que este deixa o solo (h_{to}), o deslocamento vertical do centro de gravidade desde o despregue do solo até a altura máxima (h_f) e a diferença entre a altura máxima do centro de gravidade do atleta e a do sarrafo (Δh). A altura do sarrafo ultrapassado pode, então, ser expressa como uma equação:

$$h_b = h_{to} + h_f - \Delta h \qquad (13.1)$$

Vários aspectos da técnica do salto em altura tradicional podem ser avaliados conforme contribuem ou não para qualquer um desses objetivos parciais.

Os atletas que praticam esse esporte balançam seus braços para a frente e para cima durante a fase de partida do salto, mas alguns "bloqueiam" seus braços na altura do ombro antes de deixar o solo e outros continuam a movimentá-los para cima além da altura do ombro até deixar o solo. Essas diferenças nas ações dos braços são apenas manifestações de estilo ou uma técnica é melhor do que outra? As posições dos braços de um saltador afetam a altura do seu centro de gravidade no momento em que deixa o solo – h_{to}, na equação 13.1 –, o qual deve estar o mais alto possível no instante da partida. Os movimentos dos braços durante a fase de partida contribuem para a obtenção de um voo alto – h_f, na equação 13.1. O atleta torna-se um projétil uma vez que o despregue tenha ocorrido. O deslocamento vertical de um projétil (altura de voo, h_f, nesse caso) é determinado pela velocidade vertical na partida. A velocidade vertical do centro de gravidade do saltador no instante da partida é determinada pelas velocidades verticais das suas partes corporais. Os braços têm uma velocidade na partida na técnica de continuar movendo os braços acima da altura do ombro antes da partida. Eles contribuem para a velocidade vertical do centro de gravidade do saltador, dessa forma, contribuindo para o alcance de uma boa altura de voo. Na outra técnica, os braços param de contribuir para a velocidade vertical do centro de gravidade porque interrompem seu balanço para cima antes da partida. Esse aspecto da técnica é, portanto, prejudicial ao desempenho do salto em altura.

O segundo método de determinação das características da técnica mais eficaz é desenvolver, com base na mecânica, o fundamento para o alcance do objetivo da habilidade. Por meio desse processo, as características das técnicas efetivas são reveladas. Esse método utiliza determinística, relações de causa e efeito baseadas em princípios mecânicos. O propósito mecânico do objetivo ou da habilidade é dividido em metas parciais, como no exemplo do salto em altura, as quais são então reduzidas pela identificação das bases mecânicas para cada uma. Tais bases definem as características da técnica mais eficaz.

Vamos dar uma olhada no salto em altura de novo. Nós definimos a proposta mecânica da habilidade como maximizar a altura do sarrafo ultrapassado, a qual chamamos de h_b. Esse objetivo mecânico foi, então, dividido em três objetivos parciais: maximizar a altura do centro de gravidade do saltador no momento em que deixa o solo (h_{to}), maximizar o deslocamento vertical do centro de gravidade do momento em que deixa o solo até a altura máxima (h_f) e maximizar a diferença entre a altura máxima do centro de gravidade do atleta e a altura do sarrafo (Δh). Para definir as características da técnica mais eficaz, devemos investigar cada um desses objetivos parciais.

A altura do centro de gravidade do saltador no momento em que este deixa o solo (h_{to}) é afetada pela posição do atleta nesse instante. As regras desse esporte determinam que o salto deve ser realizado a partir de um pé; portanto, o problema é descobrir qual posição corporal maximiza a altura do centro de gravidade na posição sobre um pé. Ficar em pé é obviamente melhor do que deitar. Uma posição ereta, com extensão completa da perna de partida, é melhor do que se o saltador estiver inclinado em qualquer direção. Levantar os dois braços e a perna livre, o mais alto possível, eleva o centro de gravidade. Essas são, então, características de uma técnica eficaz.

O centro de gravidade é mais alto na partida se o atleta for alto, motivo pelo qual os saltadores em altura de elite costumam ser longilíneos. O primeiro homem a saltar 2,4 m foi Javier Sotomayor, que tem 1,96 m de altura. A recordista mundial no salto em altura feminino é Stefka Kostadinova, que tem 1,80 m. Ambos estão bem acima da média de altura para seus gêneros.

O segundo objetivo parcial no salto em altura é maximizar o deslocamento vertical do centro de gravidade do atleta do momento em que este deixa o solo até atingir a altura máxima (h_f). O saltador torna-se um projétil tão logo o pé de partida deixa o solo, de maneira que o deslocamento vertical do seu centro de gravidade no ar é determinado pela velocidade vertical deste naquele instante. Para maximizar h_f, o saltador precisa que seu centro de gravidade no momento em que deixa o solo (v_{to}) atinja a maior velocidade vertical possível. O que causa uma velocidade alta? Relembre o Capítulo 3 e a equação 3.30: o impulso (força resultante média vezes a duração da aplicação da força) causa uma mudança na quantidade de movimento linear (massa vezes velocidade):

$$\Sigma \bar{F} \Delta t = m(v_f - v_i)$$

Essa fórmula pode ser reescrita como a equação 13.2, que descreve as condições no salto em altura:

$$(\bar{R} - W)\Delta t = m(v_{to} - v_i) \tag{13.2}$$

onde:

$\Sigma \bar{F} = \bar{R} - W$ = força vertical resultante média agindo sobre o saltador,

$\bar{R}$ = força de reação vertical média exercida pelo solo no pé de partida,

W = o peso do saltador,

Δt = duração da aplicação da força ou duração do contato do pé de partida com o solo,

m = massa do saltador,

$v_f = v_{to}$ = velocidade final ou velocidade vertical do centro de gravidade no momento em que o saltador deixa o solo e

$v_i = v_{td}$ = velocidade inicial ou velocidade vertical do centro de gravidade no instante do contato com o solo no início da fase de partida

Se a equação 13.2 for reescrita e resolvida para v_{to}, o parâmetro que queremos maximizar aparece como:

$$v_{to} = \frac{(\bar{R} - W)\Delta t}{m} + v_{td} \tag{13.3}$$

Para maximizar a velocidade vertical de partida, o saltador deve maximizar a força de reação vertical média que age sobre o pé de partida ($\bar{R}$), a duração do contato desse pé (Δt) e a velocidade vertical no contato com o solo (v_{td}). Além disso, a massa do atleta (m) ou seu peso (W) devem ser minimizados (ou seja, o saltador deve ser bastante magro). Javier Sotomayor pesa 82 kg, e Stefka Kostadinova, 60 kg.

Para maximizar a força de reação vertical média que age sobre o pé de partida, a velocidade de aproximação do saltador deve ser alta. Um aumento nessa velocidade aumentará o tamanho da força de reação que age sob o pé de partida no final da fase de aproximação. O atleta também deve esforçar-se para acelerar os braços e a perna livre para cima no momento em que deixa o solo. Essas ações farão sua perna empurrar o solo com mais força.

Para maximizar a duração do contato do pé de partida (e a produção de força) no momento em que o saltador deixa o solo, o centro de gravidade do atleta deve estar baixo no início da fase (quando o pé de partida toca o solo) e alto no final (logo antes desse pé deixar o solo). A fase de partida é prolongada pelo balanço das partes do corpo por meio de uma grande amplitude vertical de movimento. Assim, quando o pé de partida toca o solo pela primeira vez, os braços devem estar estendidos e em uma posição baixa, assim como a perna livre, e o saltador deve estar inclinado para trás e para longe do sarrafo. Essas ações colocarão seu centro de gravidade em uma posição baixa.

Por fim, para maximizar a velocidade vertical do centro de gravidade do saltador no início do contato com o solo, o último passo deve ser dado com rapidez. Na realidade, é improvável que o centro de gravidade tenha uma velocidade vertical para cima quando o pé de partida bate no solo. Ele provavelmente terá uma velocidade vertical para baixo (ou negativa, porque temos descrito para cima como positivo). Então, a tarefa é minimizar a velocidade vertical para baixo do centro de gravidade no instante em que o pé de partida toca o solo.

O terceiro objetivo parcial da técnica eficaz é minimizar a diferença entre a altura máxima do centro de gravidade do saltador e a altura do sarrafo (Δh), ou o espaço livre do sarrafo. Para alcançar essa meta, o centro de gravidade precisa estar o mais próximo da fasquia possível, ou até abaixo dela, quando alcançar a altura máxima. Contudo, o atleta não quer tocar o sarrafo ou deslocá-lo. Se ele ultrapassá-lo primeiramente com os pés (em uma posição ereta), a diferença (Δh) é grande. Se passar sobre a fasquia em uma posição deitada, Δh será muito menor. Se arquear ou flexionar o corpo sobre o sarrafo, Δh será ainda menor.

Indivíduos com membros longos podem ter vantagem nesse ponto, pois são capazes de flexioná-los abaixo do sarrafo enquanto seu tronco está acima dele, tornando Δh menor ou até negativo.

A partir da avaliação mecânica prévia do objetivo do salto em altura, as seguintes características de uma técnica eficaz são propostas:

1. Aproximar-se do sarrafo com uma velocidade de aproximação alta.
2. Dar o último passo da aproximação com rapidez, colocando o pé de partida no solo mais cedo.
3. Abaixar o centro de gravidade durante o último passo e, em especial, no início da fase de partida, colocando os braços e a perna livre em uma posição baixa e inclinando-se para trás e para longe do sarrafo.
4. Utilizar a perna de partida para empurrar o solo com o máximo de força possível acelerando os braços e a perna livre para cima pelo maior tempo possível.
5. Elevar o centro de gravidade o mais alto possível no instante de partida assumindo uma posição ereta do tronco, estendendo completamente a perna de partida e levantando os braços e a perna livre.
6. Ultrapassar o sarrafo com o corpo em posição arqueada para minimizar a distância entre a fasquia e o centro de gravidade do saltador.

O seu modelo de técnica mais eficaz para o salto em altura deveria incluir essas características. Agora, você está apto para o próximo passo da análise biomecânica.

Observando o desempenho

O passo seguinte de uma análise biomecânica qualitativa para melhorar a técnica é observar o desempenho real. A observação visual é a base primária para a maioria dessas análises, mas apenas olhar o desempenho não é suficiente. Sua observação deve ser planejada anteriormente considerando o seguinte: quem você observará? Sob quais condições acontecerá o desempenho do sujeito? Onde se realizará a execução? Onde você a observará? O que você observará?

Quem?

A pessoa observada, especialmente no que se refere ao nível de habilidade, pode afetar a maneira como você observa e conduz sua análise. À medida que o nível de habilidade aumenta, o tamanho dos erros observáveis na técnica diminui, assim como a variabilidade no desempenho. Os iniciantes exibem erros que são reconhecidos com facilidade, mas que podem não se repetir de um desempenho para o outro. Suas execuções podem ser tão variáveis que uma análise detalhada poderia ser trabalhosa e fútil. Em vez disso, deve-se direcionar as observações desses estudantes ou atletas para a identificação dos seus erros grosseiros em cada desempenho.

É preciso tomar mais cuidado ao observar e analisar atletas experientes e altamente habilitados. Seus erros serão menores, portanto, como observador, você deve dar mais atenção aos detalhes da técnica. Além disso, seus desempenhos devem variar menos, e, por isso, é preciso direcionar a observação desses atletas para a identificação de erros que são repetidos em todas as execuções.

Quais as condições?

De modo ideal, o ambiente no qual você observa o desempenho de seus estudantes deve ser cuidadosamente controlado, se possível. Tente recriar o máximo possível o ambiente no qual o desempenho costuma ocorrer. Uma competição real seria o melhor ambiente para um atleta, porque é onde ele em geral executa a habilidade, entretanto, não seria o melhor para o observador. As melhores localizações para visualizar os desempenhos podem não estar disponíveis para você em uma competição, ou sua visão dos desempenhos pode ser obstruída por juízes ou outros atletas.

Uma aula ou sessão de treinamento também não são o ideal. As atividades de outros estudantes ou atletas podem distrair tanto você (em especial se for responsável pela supervisão deles) como o atleta, afetando assim sua capacidade de observar e a habilidade dos atletas de realizar o desempenho. Pode ser difícil simular o ambiente normal do desempenho em uma aula ou sessão de treinamento.

Criar as condições ideais para observar um desempenho é difícil, se não impossível, então você terá que se ajustar. Em qualquer caso, faça seu melhor para simular o ambiente normal do desempenho e minimizar as distrações. Para novatos ou iniciantes, uma aula ou sessão de treinamento podem ser o ambiente de desempenho normal.

Onde observar?

Seu ponto de vista ao observar o desempenho é importante porque afeta as partes do desempenho que lhe estarão visíveis. Primeiro, determine se a atividade tem um plano de movimento principal. A maioria dos movimentos ocorre no mesmo plano? Se sim, sua linha de visão deve ser perpendicular a ele. Corrida, salto em distância, saltos de ginástica, rotinas de ginástica na barra, arremesso livre no basquete e nado de costas são exemplos de atividades cujos movimentos ocorrem sobretudo no plano sagital. Para observá-lo, posicione-se ao lado de maneira que veja esse plano. Você pode conseguir uma vista sagital tanto do lado esquerdo como do direito, então escolha aquela posição que fornece a visão menos obstruída do sujeito ou das partes corporais de interesse. Você também deve decidir a qual distância deve ficar para visualizar a ação. Uma visão mais distante é melhor para avaliar a qualidade do desempenho como um todo, enquanto uma posição mais próxima é desejável se estiver avaliando apenas alguns aspectos da execução. Em qualquer caso, você deve estar longe o suficiente para ver os movimentos de interesse no seu campo de visão sem ter de mover os seus olhos muito rapidamente para acompanhá-los.

Ainda que a atividade ocorra sobretudo em um plano, vários pontos de visão podem ser necessários se o desempenho envolver múltiplas habilidades. Porém, como você é apenas uma pessoa, múltiplos pontos de vista requerem múltiplas tentativas ou execuções do estudante ou atleta (a menos que você tenha vários assistentes equipados com câmeras de vídeo). Por exemplo, as três partes separadas do desempenho de um salto em distância – a corrida de

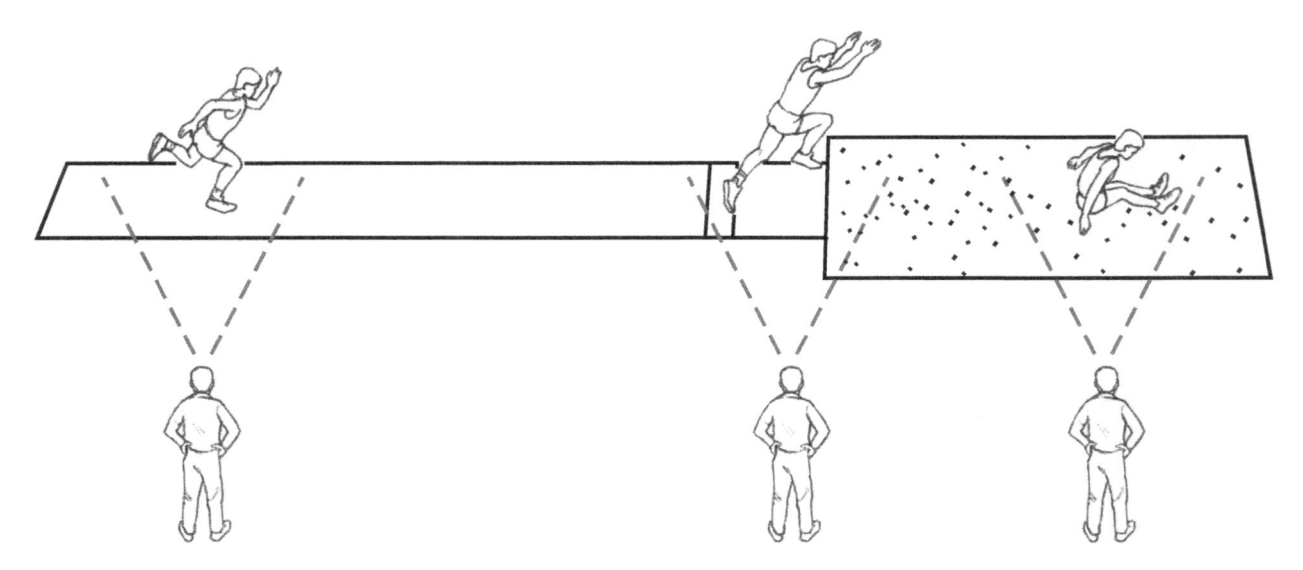

Figura 13.3 Três diferentes posições para observar a corrida de aproximação no salto em distância, a partida e a aterrissagem.

aproximação, a partida e a aterrissagem – podem exigir três pontos de vista separados, como mostrado na Figura 13.3.

A maioria das atividades tem múltiplos planos de movimento e, em geral, necessita de múltiplos pontos de vista. Sua posição inicial para observá-los é determinada pela parte da habilidade que é mais importante, a qual deve ter sido identificada pelo seu modelo. Determine o plano de movimento principal para essa parte da habilidade; a direção do seu ponto de vista deve ser perpendicular a ele. As observações subsequentes podem ser de vários pontos de vista que fornecerem visões melhores de outros movimentos importantes da habilidade. Duas perspectivas para observar um saltador em altura são mostradas na Figura 13.4. Nesse exemplo, o ponto de vista principal fornece uma boa visão da abordagem e da partida, ao passo que o segundo permite ver bem a ultrapassagem do sarrafo.

Uma última observação sobre perspectiva. Se possível, grave em vídeo o desempenho a partir de cada uma. Preferencialmente, tenha um assistente (outro professor ou treinador, estudante ou atleta) para filmá-lo. Com vídeos dos desempenhos, você pode ver a mesma tentativa repetidas vezes sem que a fadiga tenha afetado os sujeitos (ou suas avaliações sobre eles). Além disso, o vídeo é útil para dar *feedback* aos estudantes ou atletas sobre os seus desempenhos.

O que observar?

Agora, você ajustou as condições ideais para o desempenho, está na melhor posição para observá-lo e conseguiu um assistente para filmá-lo. Como você observa a execução? O que procura? Em geral, você terá que ver vários desempenhos ou *replays* do vídeo. Na primeira vez (ou *replay* do vídeo), obtenha uma visão global de como o estudante ou o atleta realiza o desempenho. (Se o sujeito que você está observando é um novato ou iniciante, isso pode ser suficiente para identificar erros técnicos.) Nas seguintes, os movimentos ou ações que você previamente identificou como características da técnica mais eficaz devem guiar sua observação. A seguir são apresentados alguns dos aspectos que distinguem essas ações:

1. A posição do corpo ou dos segmentos corporais nos instantes específicos (normalmente no início e no final de alguma fase de produção de força). Para o salto em altura, o saltador está se inclinando para trás e em uma posição baixa no início da fase da partida (quando o pé de partida toca o solo pela primeira vez)? Ele está ereto com os braços e a perna livre o mais alto possível no final da fase de partida (quando o pé de partida deixa o solo)?
2. A duração e a amplitude de movimento do corpo e de seus segmentos durante fases específicas da habilidade,

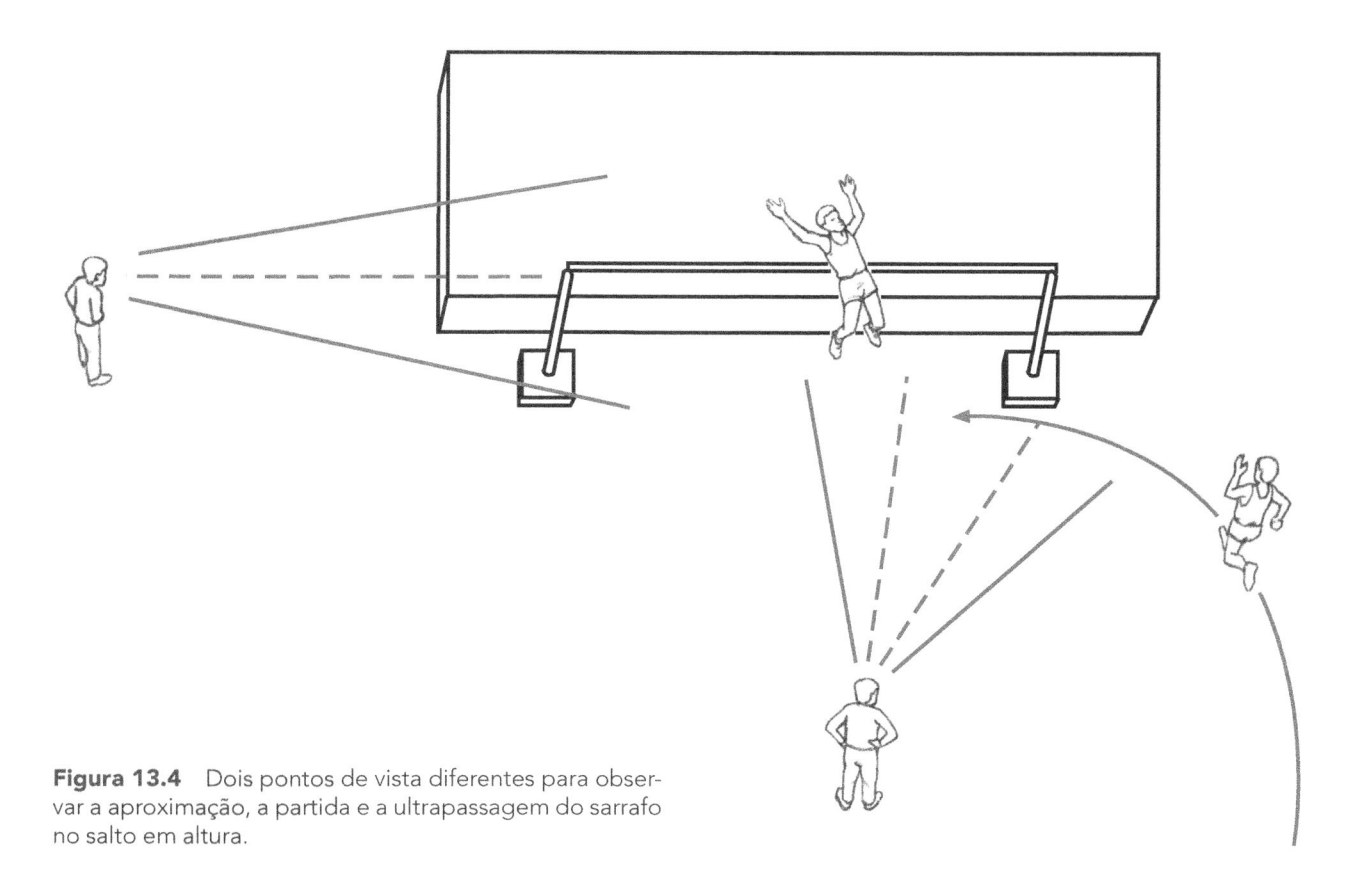

Figura 13.4 Dois pontos de vista diferentes para observar a aproximação, a partida e a ultrapassagem do sarrafo no salto em altura.

em especial aquelas em que ocorre produção de força. Para o salto em altura, a duração da fase de partida e a amplitude de movimento vertical dos braços e da perna livre nela são as maiores e mais longas possíveis?

3. A velocidade e aceleração (juntos com suas direções) dos segmentos corporais durante fases específicas da tarefa. Para o salto em altura, as velocidades verticais dos braços e da perna livre são as mais rápidas possíveis durante a fase de partida, em especial no final da fase?
4. Os tempos dos movimentos dos segmentos corporais uns em relação aos outros. Para o salto em altura, os braços e a perna livre oscilam para cima juntos durante a fase de partida?

Esses são os detalhes que você deve examinar e comparar com o seu modelo de técnica mais eficaz.

A posição do corpo e segmentos em instantes específicos indica a direção da aplicação da força e a amplitude de movimento durante a fase. Exemplos de momentos em que posições devem ser examinadas incluem o instante da liberação em atividades de arremesso (o passe no futebol americano, arremesso no beisebol, arremesso de peso, arremesso de dardo, lance livre no basquete e assim por diante); o instante da partida em atividades de salto (corrida, corrida com obstáculos, salto em altura, salto em distância, cortada no vôlei, mergulho, patinação artística, bloqueio de cesta no basquete e assim por diante); e o instante do contato em atividades de choque (chute no futebol, sacar ou rebater em todos os esportes com raquete, socos no boxe, cortada no vôlei, atirar a bola no hóquei e assim por diante). Esses são exemplos de momentos que marcam o final de uma fase de movimento. Os que marcam o início dessas fases também devem ser examinados, tais como o início do movimento para frente da bola ou implemento no arremesso e ataque e o instante de partida do pé de contato em atividades de salto.

A duração e a amplitude dos movimentos corporais durante as fases de produção de força devem ser examinadas, incluindo as etapas de propulsão (aumento da velocidade) e acompanhamento (diminuição da velocidade). Essas fases de movimento também podem ser descritas como fases de trabalho positivo e negativo. Qual é a duração da etapa de propulsão em uma atividade de arremesso, ataque ou salto? E qual é o deslocamento correspondente da bola, do implemento ou do corpo durante essa fase? Qual é a duração da etapa de acompanhamento em uma atividade de arremesso ou ataque? E qual é a amplitude de movimento correspondente do membro do arremesso ou do ataque durante essa fase?

As velocidades e acelerações de segmentos corporais específicos durante fases específicas de um movimento devem também ser examinadas. Com fequência, a velocidade da extremidade distal de um membro determina o resultado do desempenho (sobretudo em atividades de arremesso e ataque). Em vez de apenas avaliar a velocidade do membro qualitativamente, é mais útil avaliar sua aceleração. Uma vez que o movimento para frente é iniciado, o implemento ou membro do arremesso ou do ataque aceleram de modo contínuo ao longo do movimento ou existem pausas ou períodos nos quais param de acelerar?

Por fim, o tempo relativo entre as ações ou a coordenação dos movimentos dos segmentos corporais devem ser examinados. Em várias atividades de arremesso e ataque, o movimento é iniciado pelos membros maiores (pernas) e segue em sequência para o membro menor do arremesso ou ataque. Essa sequência de movimentos dos membros maiores para os menores aumenta o trabalho realizado pelo maior deslocamento do membro do arremesso ou ataque e a magnitude da força média aplicada ao membro.

Utilize outros sentidos

Embora a observação visual seja a base para a maioria das análises qualitativas, outros sentidos também podem ser empregados. Provar ou cheirar um desempenho não revelaria muito sobre sua mecânica (se pudesse ser provado ou cheirado), mas escutar sim. Muitas atividades possuem ritmos específicos que indicam alguma coisa sobre o tempo relativo entre os movimentos envolvidos. O tato é outro sentido que pode ser usado em uma análise qualitativa. Como você toca um desempenho? Um treinador ou professor observando uma atleta de ginástica pode tocá-la durante a rotina. A quantidade de força que ele deve exercer sobre ela para corrigir a acrobacia pode indicar quais erros têm ocorrido em sua execução. Por fim, você pode confiar na cinestesia do atleta. Pergunte-lhe como ele sente o desempenho. Realizou força ao puxar? Escorregou na partida? A aterrissagem foi dura ou suave?

Avaliando o desempenho

Uma vez descrita a técnica ideal e observada sua real execução, o próximo passo no processo de análise biomecânica é avaliar a técnica observada. Essa avaliação tem duas etapas. Na primeira, erros ou deficiências no desempenho real são identificados e, então, diagnosticados para determinar a magnitude de seu efeito no desempenho.

Identifique erros

Erros ou deficiências no desempenho devem ser identificados durante a observação (ou logo em seguida). Faça isso comparando o desempenho real com as características da técnica mais eficaz. Para cada elemento que você examina, pergunte-se como tal movimento, posição ou tempo relativo entre os movimentos diferem da técnica mais eficaz.

Uma vez que uma diferença tenha sido identificada, você deve decidir se a diferença afeta adversamente o desempenho. Diferenças podem indicar variações de estilo na técnica ou ser erros reais. É preciso avaliar com cuidado discrepâncias entre o desempenho observado e a técnica mais eficaz questionando-se como a ação ou posição que está sendo avaliada contribui para (ou prejudica) o objetivo desejado do desempenho. Às vezes, as diferenças entre as técnicas observadas e a proposta resultam de modificações que o atleta tem feito em função de limites morfológicos.

Os limites morfológicos de um executor devem ser identificados. Em outras palavras, como a antropometria do atleta e o limite de força limitam ou modificam sua habilidade em alcançar a técnica proposta? Alguns limites não podem ser modificados, sendo, portanto, limites verdadeiros do desempenho do indivíduo; outros podem ser modificados com o treinamento. No salto em altura, por exemplo, a altura foi identificada como uma vantagem. Saltadoras mais altas podem ter centros de gravidade mais altos na partida. A altura que uma atleta pode a partir de seu centro de gravidade no instante da partida é limitada pela sua estatura. A altura da saltadora não pode ser modificada uma vez que o crescimento tenha cessado após a puberdade. O peso corporal foi identificado como outra característica antropométrica que afeta esses atletas. Um saltador magro deve ter uma vantagem sobre outro que tenha maior percentual de gordura corporal. Esse limite morfológico pode ser mudado com o treinamento. A força da perna de partida também afeta o desempenho do salto. Um saltador mais forte deve ser capaz de correr mais rápido e atingir uma posição baixa no início da fase de partida, ao passo que um atleta mais fraco precisa sacrificar alguma velocidade ou não chegará nessa posição mais baixa na partida. Força é outro limite morfológico que pode ser modificado com o treinamento apropriado. Treinamento físico é discutido mais adiante no Capítulo 14.

Avalie erros

Uma vez que as falhas ou deficiências do desempenho tenham sido identificadas, elas devem ser avaliadas para determinar o foco dos esforços da correção. Durante essa avaliação, considere as causas dos erros, bem como seus efeitos. Existem diversas preocupações aqui:

1. O erro expõe o executor a perigo de lesão? Erros desse tipo devem ser corrigidos imediatamente. Para esportes muito arriscados, certifique-se de que os riscos sejam minimizados, em especial com iniciantes, utilizando observadores treinados e todo equipamento de segurança apropriado, como cintos de segurança, colchões e capacetes.
2. Quem são seus clientes? São estudantes aprendendo uma nova habilidade ou são atletas refinando uma habilidade que já praticam há anos? Eles têm 5 anos de idade ou 25? Para estudantes aprendendo uma nova habilidade, volte sua atenção para erros nos elementos básicos da técnica ideal.
3. É fácil corrigir o erro? A falha é causada por uma deficiência de força cuja correção pode necessitar treinamento ou se deve a uma posição incorreta de início? Levará meses, semanas, dias ou apenas uma sessão de prática para corrigi-la? Quanto tempo você tem para corrigir o erro antes da próxima competição ou antes da competição mais importante?
4. A falha é resultado de outro erro que ocorreu antes no desempenho? Se sim, o primeiro erro deve ser o foco dos esforços de correção.
5. Qual a magnitude do efeito do erro sobre o desempenho? Corrigi-lo melhorará a execução de forma drástica ou a mudança dificilmente será percebida?
6. O erro ou deficiência se devem a um equipamento mal projetado ou inapropriado? A falha pode ser atenuada com um equipamento redesenhado ou melhorado?

Após avaliar cada erro considerando esses aspectos, você deve decidir quais falhas corrigir e em qual ordem. Em todos os casos, erros que colocam o atleta em perigo devem ser corrigidos primeiro. Depois, devem ser classificados em três categorias: (1) do maior para o menor em termos do seu efeito sobre o desempenho; (2) do primeiro ao último em termos da sua cronologia durante a execução; e (3) do mais fácil para o mais difícil em termos de tempo e esforço necessários para sua correção. Os erros classificados próximo ao topo de cada categoria devem ser observados primeiro; aqueles próximos à base devem ser ignorados ou observados por último. Circunstâncias específicas podem ditar a correção de erros com classificações discrepantes de categoria para categoria. As falhas observadas na transferência de um arremessador de beisebol dois dias antes do início dos jogos do campeonato não devem ser corrigidas antes desse jogo ou do término da temporada, exceto para pequenos erros que são facilmente corrigidos. Em contrapartida, os mesmos erros, se observados durante as práticas da pré-temporada, deveriam ser todos corrigidos, pois é mais provável fazer as correções durante a temporada e antes dos jogos mais importantes no final da temporada.

Instruindo o executor

O último passo em uma análise biomecânica qualitativa é dar ao executor instruções de como corrigir os erros ou deficiências identificadas e classificadas na etapa anterior. Essa instrução é o que a maioria das pessoas pensa ser o ensinamento ou treinamento. Como os fundamentos da instrução eficaz vêm mais de campos do aprendizado motor e da psicologia esportiva do que da biomecânica, apenas uma breve visão desse passo será apresentada aqui.

Para corrigir erros no desempenho, você deve fazer três coisas. Primeiro, deve comunicar com clareza ao atleta ou estudante o que ele fez incorretamente (qual foi o seu erro). Segundo, é preciso dizer-lhe de modo claro o que você quer que ele faça (como é a técnica ideal). Por fim, você deve inventar meios para o executor corrigir os erros.

Comunique-se com o executor

Uma grande parte da instrução efetiva envolve comunicação eficaz. Você deve comunicar de modo efetivo ao seu atleta ou estudante como está o desempenho (qual erro na técnica você quer corrigir) e como é a técnica ideal. É possível alcançar isso descrevendo verbalmente o que ele fez e o que você quer que ele faça. Outra opção seria demonstrar (você mesmo ou outra pessoa) o que o ele fez e o que seria o desejado. Uma terceira opção seria mostrar para o executor fotos ou filmagens do desempenho junto com imagens de um atleta ou estudante realizando a habilidade da maneira desejada. O método mais efetivo envolve todos os três modos: descrição verbal, demonstração e registros visuais.

Mantenha as suas descrições e instruções simples e trabalhe em corrigir apenas um erro de cada vez. Mantenha o estudante ou atleta focado naquele elemento do desempenho durante cada exercício ou desempenho.

Sua atitude durante a instrução pode afetar a efetividade desta. Seja positivo. Elogie o atleta ou estudante pelos aspectos positivos do desempenho. Compreenda que, durante o processo de correção, algum declínio no desempenho pode acontecer a princípio, em especial com executores muito habilidosos. As melhoras podem não acontecer de imediato. Isso é frustrante para o atleta, então você deve ser positivo e paciente como treinador ou professor.

Corrija o erro

Uma vez que o executor entenda o erro que cometeu no seu desempenho e como este seria sem tal falha, você deve projetar métodos que o ajudem na correção. Algumas orientações podem ser úteis aqui.

O processo de correção envolve desenvolvimento de uma progressão completa do ensino da habilidade junto com os exercícios envolvidos nessa progressão. Primeiro, divida a habilidade em partes. Planeje exercícios que dupliquem os movimentos e as forças presentes em cada parte da habilidade. Então, use-os para corrigir os erros nas partes distintas da habilidade. Faça o atleta praticar os exercícios específicos para o erro de modo lento primeiro, e só depois acelerá-los, até que a velocidade seja a mesma do desempenho real. Estenda os exercícios para conectar a próxima parte (ou a parte anterior) da habilidade aos movimentos. Quando o erro estiver ausente dos exercícios conectados, o atleta deve realizar a habilidade completa (primeiro em uma velocidade baixa, se possível). Durante todo o processo de correção, a velocidade dos movimentos deve ser manipulada. Comece com exercícios que enfatizem posições, então prossiga com aqueles que enfatizam as posições iniciais e finais. A movimentação lenta de uma posição para a próxima enfatiza a sequência de movimentos, devendo ser acelerada conforme o estudante ou atleta se torna mais competente.

Repita a análise

Uma vez que a fase de instrução esteja completa, e os erros, corrigidos, pode ser conveniente repetir todo o procedimento da análise biomecânica qualitativa. Isso incluiria revisar a descrição da técnica mais eficaz baseada em quaisquer limites morfológicos observados em seu estudante ou atleta. As fases de observação, avaliação e instrução também devem ser repetidas. O processo é, então, repetido, até que, por fim, obtenham-se desempenhos melhorados.

Exemplos de análises

As páginas anteriores descreveram o processo para conduzir uma análise biomecânica qualitativa visando melhorar a técnica, e o salto em altura foi utilizado como exemplo para ilustrar alguns desses procedimentos. Nas próximas seções, serão desenvolvidos modelos de técnicas mais efetivas para outras habilidades esportivas. Os exemplos incluem uma atividade de arremesso ("bola rápida"), uma de golpe (um *forehand* no tênis) e uma de locomoção (corrida de velocidade).

Arremesso de "bola rápida" no beisebol

O lançador é o atleta mais importante em um time de beisebol. Se for efetivo, pode com uma só mão acabar com a ofensiva do time adversário. Os arremessos de "bola rápida" são básicos no repertório de um lançador. Quais são as melhores técnicas para executá-lo? Vamos dar o primeiro passo de uma análise biomecânica qualitativa para descobrir.

Modelo teórico de um arremesso de "bola rápida" ideal

Lembre-se que o primeiro passo para uma análise biomecânica qualitativa é descrever a técnica ideal desenvolvendo um modelo teórico da técnica com base nas relações mecânicas e de causa e efeito. A primeira coisa no desenvolvimento de modelo de um arremesso de "bola rápida" é adquirir o conhecimento fundamental necessário do arremesso no beisebol. Vamos assumir que já fizemos isso e ir direto para o desenvolvimento do modelo.

A base para o modelo teórico é o propósito ou objetivo da habilidade. Qual é o propósito de um arremesso de "bola rápida"? O que o lançador tenta alcançar com ele? Ele está tentando marcar um *strike*,[*] fazendo o rebatedor errar a bola ou colocando-a na zona de *strike* sem que o rebatedor a acerte.

---

[*] N. de T.: A bola *strike* é aquela que passa dentro de um retângulo imaginário, formado pela largura da base e a altura entre a patela e a axila do rebatedor. Caso este não consiga rebater três bolas *strikes*, é eliminado.

Agora, vamos identificar os fatores que determinam esse objetivo. No caso de uma "bola rápida", a dificuldade em acertar o arremesso depende do tempo que o rebatedor tem para reagir e de sua localização na zona de *strike*. Então, é mais provável obter um *strike* se o tempo for curto e a trajetória da bola se colocar dentro da zona de *strike*. Esses são os dois fatores mecânicos que afetam o objetivo final de fazer um *strike* com uma "bola rápida".

O tempo que a bola leva para alcançar a base é afetado por sua velocidade horizontal no instante em que deixa as mãos do arremessador, pela distância horizontal da base até o ponto de liberação e pelo componente horizontal das forças exercidas na bola pela resistência do ar durante seu voo (sobretudo forças de arrasto). Um arremesso com velocidade horizontal mais rápida, menor distância horizontal a ser percorrida e sob menores forças de arrasto levará menos tempo para viajar da mão do arremessador até a base.

A velocidade horizontal da bola na liberação é o fator mais importante na determinação do tempo que um arremesso de "bola rápida" levará para alcançar o rebatedor. A maioria das características da técnica do arremessador está direcionada em maximizar esse fator. No início do lançamento, a bola está parada na mão ou na luva do arremessador; no final do movimento de arremesso, quando o atleta solta a bola, ela está se movendo muito rápido. Durante o movimento, a energia cinética da bola aumenta. Lembre-se do Capítulo 4: a energia cinética é a energia devido ao movimento de um objeto; ou, quantitativamente, é a metade da massa do objeto vezes sua velocidade ao quadrado. Esse aumento na energia cinética é o resultado do trabalho realizado na bola pelo arremessador. Uma vez que o trabalho é o produto da força e do deslocamento, a velocidade horizontal da bola na liberação é determinada pela força horizontal média exercida pelo atleta sobre ela durante o movimento do arremesso e pelo deslocamento horizontal da bola enquanto essa força é exercida sobre ela. Um arremesso mais rápido ocorrerá se a força horizontal média agindo sobre a bola for maior durante o movimento do arremesso. O deslocamento horizontal da bola pode ser maior se o arremessador for maior e tiver membros longos.

> A velocidade horizontal da bola na liberação é o fator mais importante na determinação do tempo que um arremesso de "bola rápida" levará para alcançar o rebatedor.

Os outros dois fatores que afetam o tempo que a bola leva para alcançar a base são a distância horizontal entre esta e o ponto de liberação e o componente horizontal das forças exercidas sobre a bola pela resistência do ar durante seu voo. A distância horizontal do ponto de liberação até a base é limitada pela distância desta até a placa de arremesso e equivale a 18,4 m. O pé do arremessador deve permanecer em contato com a placa de arremesso até a liberação da bola, mas a distância horizontal do ponto de liberação até a base pode ser inferior a 18,4 m, dependendo da antropometria do atleta e da posição na liberação. O tempo de voo da bola será menor se a distância for menor.

Além do tempo que a bola leva para alcançar o rebatedor, sua trajetória também afeta se o arremesso é ou não um *strike*, sendo determinada após a liberação por sua altura nesse instante e pela resistência do ar. A altura na liberação é determinada pela posição e antropometria do arremessador. A resistência do ar é afetada pela densidade desse fluido, pela velocidade relativa da bola em relação a ele, pela aspereza da superfície da bola e por sua rotação (sua velocidade angular na liberação). A rotação da bola na liberação é determinada pelo torque exercido sobre ela pelos dedos do atleta durante o movimento do arremesso e pelo tempo de ação desse torque. Os fatores que afetam a velocidade horizontal na liberação foram discutidos anteriormente. A velocidade vertical na liberação é afetada por fatores similares – a força vertical média exercida sobre a bola e seu deslocamento vertical durante o arremesso. A Figura 13.5 mostra o modelo teórico dos fatores que afetam, do ponto de vista mecânico, o resultado de um arremesso de "bola rápida".

Aplicação do modelo teórico

No desenvolvimento do modelo ideal da técnica mais eficaz do arremesso de "bola rápida", certos fatores mecânicos foram identificados como desejáveis. Agora, vamos examiná-los e determinar quais ações realizadas pelo arremessador produzem esses recursos desejáveis. A partir da nossa avaliação mecânica do propósito do arremesso de "bola rápida", os seguintes fatores foram condiderados importantes:

1. Maximizar a velocidade horizontal da bola (e da mão do arremesso) no instante de sua liberação. A maneira de alcançar isso é maximizar a força horizontal sobre a bola enquanto se maximiza seu deslocamento horizontal durante o arremesso. A força de arrasto devido à resistência do ar também afeta isso um pouco.
2. Minimizar a distância horizontal que a bola tem de percorrer desde a liberação até a base. O arremessador alcança esse objetivo soltando a bola o mais a frente possível. A altura e o comprimento dos membros também afetam esse fator.
3. Soltar a bola de maneira que sua trajetória após a liberação intersecione a zona de *strike*. As velocidades horizontais e verticais da bola na liberação afetam esse fator, bem como a resistência do ar e a altura da liberação.

A velocidade horizontal máxima da bola é o fator mais importante na determinação do sucesso de um arremesso de "bola rápida". Essa velocidade é maximizada pelo aumento da força horizontal exercida sobre a bola e pelo deslocamento horizontal desta durante o arremesso. O lançador pode alongar o deslocamento horizontal

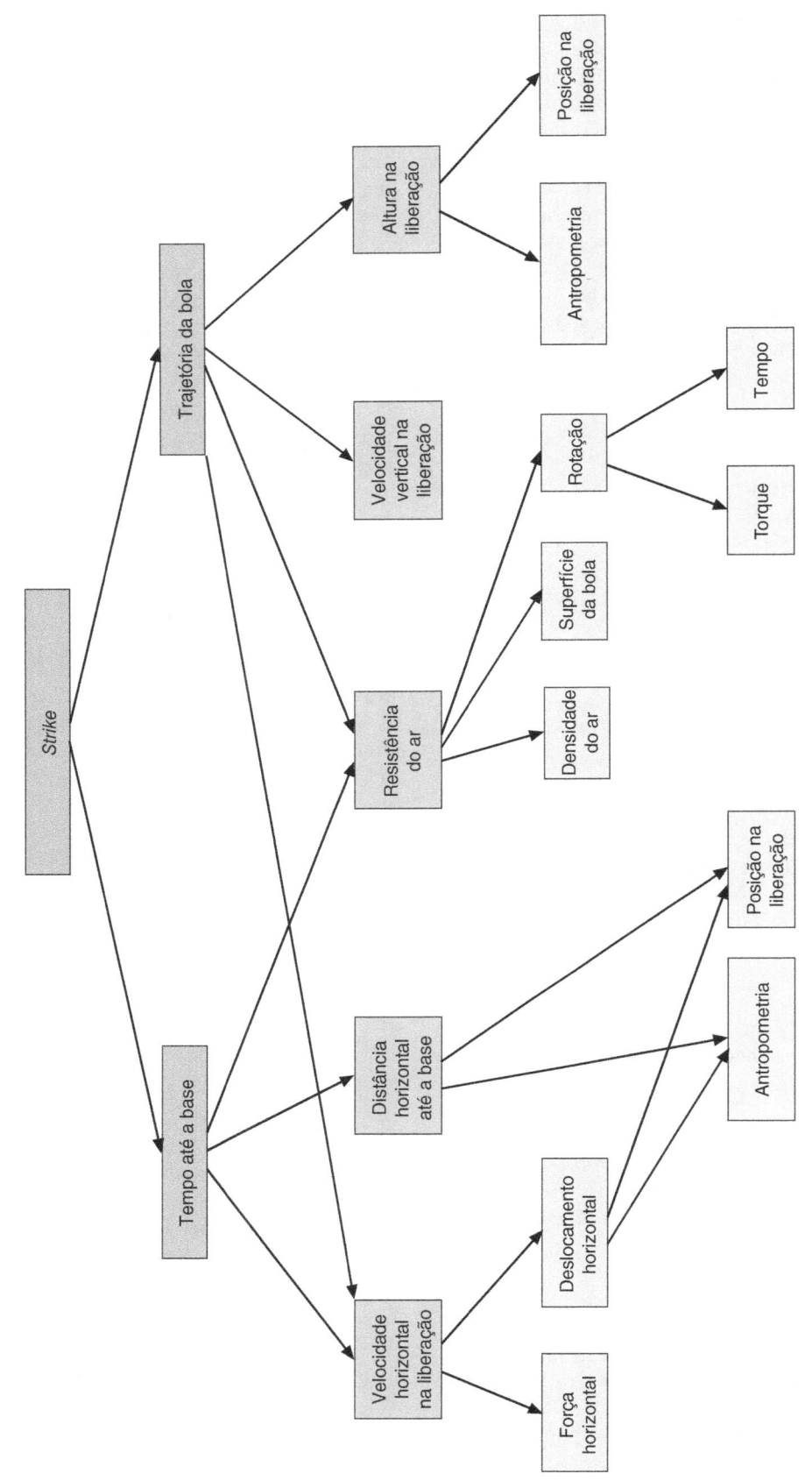

Figura 13.5 Modelo teórico dos fatores que afetam mecanicamente o resultado de um arremesso de "bola rápida" no beisebol.

da bola durante o arremesso se girar seu corpo (rodando a pelve e o tronco para a direita no caso de um atleta destro) de maneira que o braço do arremesso esteja distante do rebatedor e, então, colocar a mão do arremesso o mais para trás possível. Essas ações constituem a conclusão do lançador e colocam a bola na posição inicial, a partir da qual será movimentada para a frente (Fig. 13.6). Um atleta mais alto e com membros mais longos pode colocar a bola na posição inicial mais distante da base. A posição de liberação do arremesso deve ser o mais a frente possível dessa posição. Os lançadores conseguem isso dando um passo adiante com o pé esquerdo, rodando a pelve e o tronco para a esquerda, flexionando o quadril esquerdo e estendendo o braço do arremesso para a frente. Novamente, um lançador mais alto e com membros mais longos tem a vantagem de ser capaz de colocar a bola em uma posição de liberação mais próxima da base. Essa posição, contudo, é limitada pelas regras, que exigem que o lançador mantenha um pé na plataforma de arremesso antes de soltar a bola. Caso se deseje que o arremesso seja um *strike*, a direção da velocidade da bola na liberação é restrita, e essa restrição impõe limites na posição de liberação.

As posições dos dedos na bola também afetam seu deslocamento horizontal durante o arremesso. O contato pode ser mantido por um pouco mais de tempo se ela for segurada pelos dedos em vez da palma da mão. Além disso, o dedo médio (mais longo) deve ficar no topo da bola, alinhado com a direção do arremesso (Fig. 13.7). Os arremessos são mais lentos se a bola for presa profundamente na mão, porque ela será solta mais cedo, resultando em menor deslocamento horizontal durante o lançamento.

A força horizontal média exercida sobre a bola de beisebol durante o arremesso é maximizada pelo uso da cadeia cinética, com o movimento acontecendo em sequência dos segmentos mais próximos do contato com o solo aos membros superiores. As forças são produzidas e transmitidas também dos segmentos maiores para os menores. A cadeia cinética é similar a um chicote. A princípio, os músculos da extremidade inferior e do tronco produzem forças grandes conforme o lançador avança. Essas forças são transmitidas para a extremidade superior e, por fim, à bola através dos ossos, ligamentos, músculos e tendões do braço alongado do arremesso. A pelve roda para a frente, e o quadril flexiona enquanto o pé esquerdo toca o solo. Isso alonga os músculos do tronco, os quais então contraem com mais força devido ao reflexo de alongamento, o que leva o tronco a rodar. Os músculos que cruzam a articulação do ombro (em especial os rotadores internos e extensores) são, então, alongados ao máximo e contraem com mais força para produzir tanto a rotação interna rápida como a extensão do braço do arremesso que ocorrem logo antes da liberação.

Minimizar a distância horizontal do ponto de liberação até a base também reduz o tempo que a "bola rápida" leva para alcançar a base. Essa distância depende da posição do lançador no instante da liberação da bola e da antropometria do lançador. Se este dá um passo adiante em direção a seu pé oposto enquanto movimenta sua mão

Figura 13.6 A conclusão ou a posição inicial do movimento da bola para frente durante o arremesso de "bola rápida".

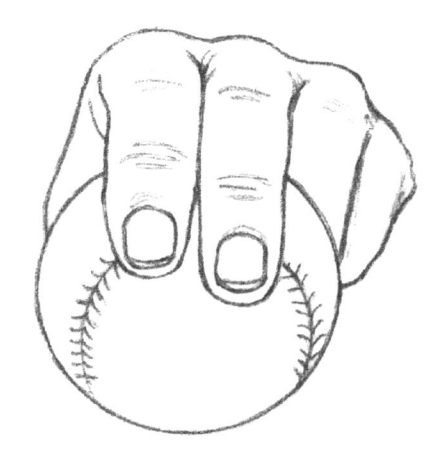

Figura 13.7 As posições dos dedos para um arremesso de "bola rápida".

Figura 13.8 Posição de liberação para um arremesso de "bola rápida".

do arremesso para frente, tal distância pode ser reduzida alguns decímetros. Um lançador mais alto e com membros mais longos será capaz de alongar-se mais a frente da placa de arremesso enquanto ainda mantém o seu pé sobre ela, minimizando, assim, essa distância. A posição da bola na liberação afeta a distância horizontal do ponto de liberação até a base e seu deslocamento horizontal durante o arremesso. Uma posição de liberação mais próxima da base é vantajosa para cada um desses fatores. Uma posição boa é mostrada na Figura 13.8.

A trajetória que a bola segue da sua liberação até cruzar a base é outro fator importante para o sucesso do arremesso de "bola rápida". Ela depende da direção e da velocidade da bola nesse instante (sua velocidade vertical e horizontal), a altura da liberação, a resistência do ar e a rotação da bola (sua velocidade angular) no momento em que é solta. A resistência do ar e a velocidade horizontal também afetam o tempo para o alcance da base. O lançador pode minimizar o efeito da resistência do ar segurando a bola de maneira que apenas duas costuras fiquem no plano de rotação (Fig. 13.7). Isso também minimiza os desvios da trajetória parabólica que ela seguiria

se não tivesse nenhuma resistência do ar. A rotação para trás transmitida à bola faz ela ficar levemente acima da trajetória parabólica devido ao efeito Magnus. Como visto no Capítulo 8, o efeito Magnus é um desvio da bola da sua trajetória de voo normal devido à ação da resistência do ar e de sua própria rotação. Os lançadores podem aumentar esse desvio segurando a bola de maneira que quatro costuras fiquem no plano de rotação. Um arremesso de "bola rápida" com tal pegada é chamado de *rising fastball*.

A direção da bola na liberação depende da posição do lançador nesse instante. Se ele estiver um pouco à frente ou atrás da posição de liberação normal, a direção será afetada. O passo largo dado durante o lançamento é para frente e para baixo da frente do círculo de arremesso. Esse passo nivela a trajetória seguida pela bola e pela mão do arremesso antes da liberação, minimizando os erros causados pelas liberações precoces ou tardias.

Esta análise identificou algumas das características fundamentais da técnica mais eficaz para o arremesso de "bola rápida". Entretanto, nem todos os aspectos da técnica foram discutidos. A complementação (os movimentos do lançador posteriores à liberação da bola) não foi discutida porque não afeta diretamente o desempenho, o que não significa que ela não seja importante. O propósito da complementação é desacelerar os membros de maneira segura e preparar o lançador para receber uma bola lançada. Outros aspectos da técnica podem variar e não necessariamente preocupam a mecânica do arremesso. Por exemplo, é vantajoso para o lançador segurar a bola o máximo possível para fornecer ao rebatedor menos tempo para reagir ao arremesso. Algumas ações da luva do atleta são direcionadas para essa tarefa. Além disso, a presença de corredores próximos à base também pode alterar a técnica desse jogador.

Golpe de *forehand* no tênis

O golpe de *forehand* no tênis é um exemplo tanto de atividade de ataque no esporte como de habilidade aberta – aquela executada sob condições que variam e são desconhecidas de um desempenho para outro. Em um *forehand*, algumas condições que variam são a localização do atleta e do oponente na quadra e a direção e velocidade de chegada da bola. O seu retorno pode ser ofensivo ou defensivo, dependendo da situação. Para esse exemplo, vamos assumir que sua posição na quadra e a velocidade e direção de chegada da bola são tais que o seu retorno é ofensivo. Quais são as características de um golpe de *forehand* ofensivo eficaz? Vamos desenvolver um modelo teórico da técnica mais eficaz para descobrir.

Modelo teórico do golpe de forehand ideal do tênis

Como já dito, o primeiro passo na análise biomecânica qualitativa é descrever a técnica ideal, desenvolvendo um modelo teórico dela com base em relações mecânicas e de causa e efeito. A primeira etapa no desenvolvimento de um modelo do golpe de *forehand* no tênis é adquirir o conhecimento fundamental necessário do esporte. Vamos assumir que já realizamos esse trabalho e ir direto para o desenvolvimento do modelo.

A base do modelo teórico é o propósito ou objetivo da habilidade. Qual é a meta do golpe de *forehand*? O que o jogador está tentando alcançar com ele? Vamos assumir que as condições são tais que o objetivo seja um golpe ofensivo. Se este é o caso, o jogador está tentando acertar um *winner*.* Para se alcançar isso, é preciso golpear de maneira que a bola passe pelo adversário sem que ele tenha a chance de alcançá-la. Contudo, para ser um *winner*, a bola também tem que passar pela rede e bater na quadra adversária. Isso é similar ao objetivo do arremesso da "bola rápida" no beisebol.

Agora, vamos identificar os fatores que determinam esse objetivo. A dificuldade em retornar um golpe do tênis depende do tempo que o jogador tem para reagir à jogada e de qual trajetória a bola percorre. Então, é mais provável que um *winner* aconteça se o tempo que o jogador tem para reagir e movimentar-se até a bola for pequeno e se a trajetória desta a colocar sobre a rede e distante do atleta na quadra adversária. Esses fatores estão inter-relacionados porque a trajetória da bola determina a distância que o jogador precisa se deslocar para interceptá-la. A maior parte do tempo que ele tem para reagir e se movimentar até a bola depende do tempo que ela leva para ir da raquete até passar a linha base após bater na quadra. Vamos chamar isso de tempo raquete-quadra. Então, os dois fatores que determinam um *winner* no golpe de *forehand* são o tempo raquete-quadra e a trajetória da bola da raquete até o solo.

> A dificuldade em retornar um golpe do tênis depende do tempo que o jogador tem para reagir à jogada e de qual trajetória a bola percorre.

Os fatores que afetam o tempo raquete-quadra incluem a velocidade horizontal da bola após o impacto, a distância horizontal que ela deve percorrer da raquete até a linha base, o componente horizontal das forças exercidas pela resistência do ar sobre ela durante seu voo e o atrito entre ela e a superfície da quadra quando ambas se tocam. O mais importante desses fatores, a velocidade horizontal da bola após o impacto, é determinado pela velocidade horizontal da cabeça da raquete no impacto, pela velocidade e direção da bola logo antes do impacto, pelo ângulo da face da raquete no impacto e pelas características desse implemento (tensão das cordas, tamanho da cabeça, rigidez, etc.). Desses aspectos, a velocidade horizontal da

---
* N. de T.: Jogada sem possibilidade de defesa.

cabeça da raquete no impacto é o mais importante para um golpe de *forehand*. Se usarmos princípios de trabalho e energia em nossa análise, a velocidade horizontal da cabeça da raquete no impacto é determinada pelo trabalho realizado na raquete. Então, os fatores que determinam a velocidade horizontal da cabeça da raquete são a força horizontal média exercida sobre ela durante o golpe e o deslocamento horizontal dessa cabeça enquanto tal força é exercida. Deslocamento e força maiores produzem uma velocidade da cabeça da raquete maior.

Os outros fatores que afetam o tempo raquete-quadra incluem a distância horizontal que a bola deve percorrer da raquete até a linha base da quadra do adversário, o componente horizontal das forças exercidas sobre a bola pela resistência do ar durante seu voo e o atrito entre a bola e a superfície da quadra quando ambas se tocam. A distância horizontal que a bola deve percorrer é afetada pela posição do jogador na quadra ao rebatê-la e pela trajetória percorrida por ela como resultado do golpe. O atrito entre a bola e a quadra é afetado pela superfície da quadra, bem como pela rotação e pela velocidade da bola quando ela bate na quadra.

O segundo fator que determina se o golpe em questão será um *winner* é a trajetória da bola da raquete até a quadra. Os aspectos que afetam essa trajetória são as velocidades horizontais e verticais da bola após o impacto, sua altura na rebatida, a resistência do ar e o atrito entre a bola e a quadra quando se tocam. A velocidade vertical da bola é determinada pela velocidade vertical da cabeça da raquete no impacto, pela velocidade e direção da bola logo antes da rebatida, pelo ângulo da face da raquete nesse instante e pelas características da raquete (tensão das cordas, tamanho da cabeça, rigidez, etc.). A velocidade vertical da cabeça da raquete no impacto é determinada pela força vertical média exercida na raquete durante o golpe e pelo seu deslocamento vertical enquanto essa força é exercida.

A resistência do ar é o próximo fator mais importante a afetar a trajetória da bola. A resistência do ar é afetada por sua densidade, pela velocidade da bola em relação a ele, pela aspereza da superfície da bola e por sua rotação. Esta última determina se a bola irá ou não subir, cair ou fazer uma curva durante seu voo e após sua batida na quadra. A rotação da bola é afetada pelos mesmos fatores que afetam sua velocidade: a velocidade e direção da bola antes do impacto, a velocidade e direção da cabeça da raquete nesse instante, o ângulo da face da raquete na rebatida e as características da raquete. O modelo teórico dos fatores que afetam mecanicamente o resultado de um golpe de *forehand* no tênis é mostrado na Figura 13.9.

Aplicação do modelo teórico

O modelo da técnica mais eficaz do *forehand* mostrado na Figura 13.9 identifica os fatores mecânicos que produzem o resultado desejado, alguns dos quais (a velocidade

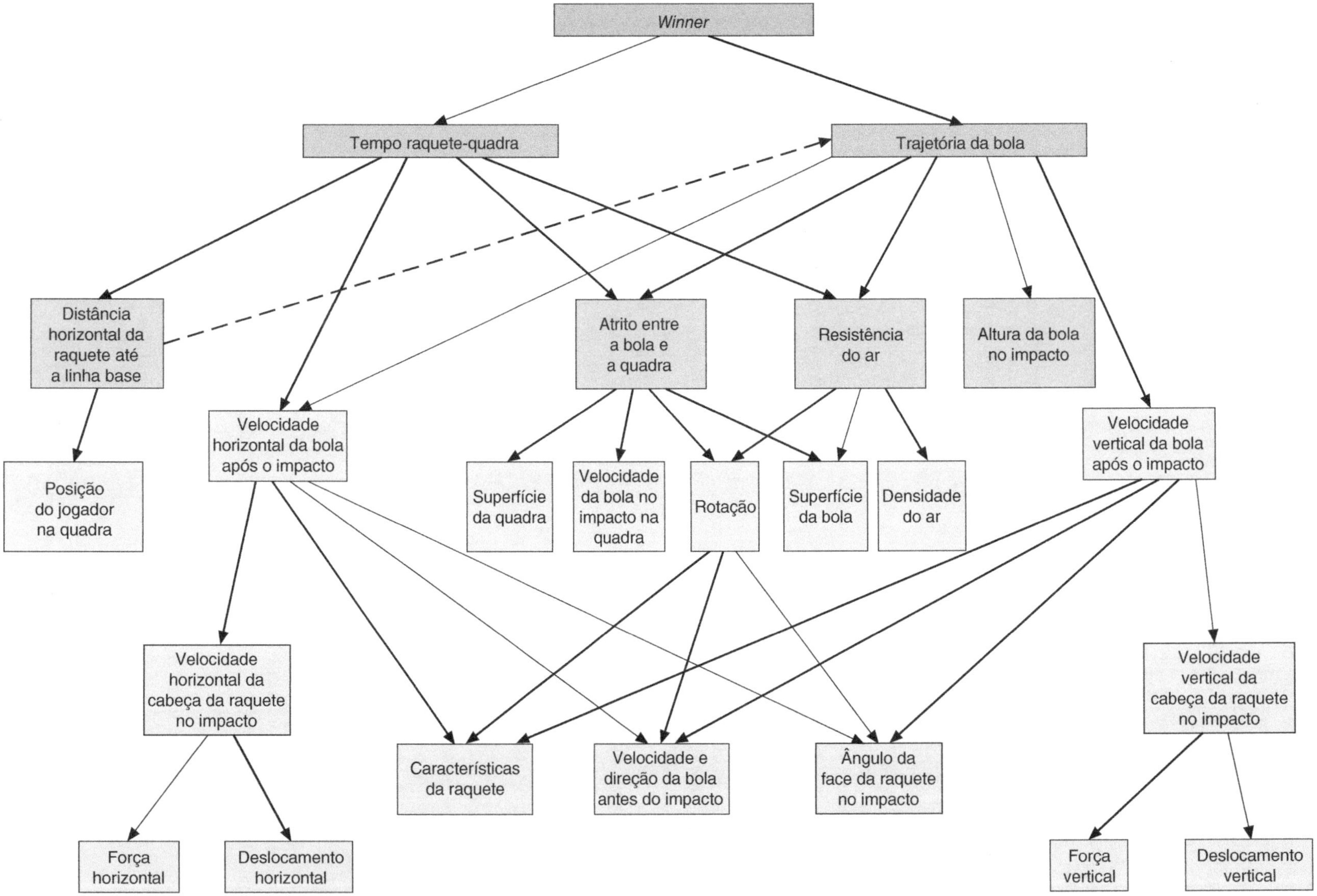

Figura 13.9 Modelo teórico dos fatores que afetam mecanicamente o resultado de um golpe de *forehand* no tênis.

da bola antes do impacto, a superfície da quadra, a altura da bola no impacto e a densidade do ar) não estão sob controle do jogador. Além disso, uma vez que o *forehand* é uma habilidade aberta (realizada em um ambiente relativamente imprevisível), alguns dos fatores são determinados pelas condições do jogo. É claro que o lugar onde o jogador decide colocar o *forehand* (a trajetória da bola e o seu deslocamento horizontal da raquete até a quadra) é afetado por sua posição na quadra e pela do adversário. Uma complicação adicional à aplicação do nosso modelo são as interações entre os fatores identificados. A velocidade de chegada da bola e o ângulo da face da raquete, bem como suas velocidade, direção e características, afetam a rotação e as velocidades horizontais e verticais da bola. Esses fatores, por sua vez, afetam o tempo raquete-quadra e a trajetória da bola.

A natureza aberta do golpe de *forehand* e as interações entre os fatores determinantes dificultam a identificação daqueles aspectos controlados exclusivamente pelo jogador e que são, por certo, importantes na determinação do sucesso da habilidade. Um desses fatores é a velocidade horizontal da cabeça da raquete no impacto. Para transmitir uma velocidade horizontal rápida para a bola após o impacto, a velocidade horizontal da cabeça da raquete nesse instante deve ser rápida. Mantenha em mente, entretanto, que a velocidade horizontal da bola após o impacto deve ser tal que permita que a bola ultrapasse a rede e caia na quadra. Os jogadores atingem uma velocidade horizontal rápida ao exercer uma força horizontal grande na raquete enquanto maximizam o deslocamento horizontal da cabeça da raquete durante a execução do golpe.

Os atletas podem alongar o deslocamento horizontal da cabeça da raquete durante o golpe girando o tronco (rodando a pelve e o tronco para a direita, se forem destros) e estendendo o implemento o mais para trás da bola possível. Essas ações constituem o contramovimento do jogador, que coloca a raquete na posição inicial, a partir da qual ela é então movimentada para frente (Fig. 13.10a). Um competidor mais alto, com membros mais longos, pode começar com a raquete mais atrás. O impacto da raquete com a bola deve ser o mais distante possível da posição inicial (Fig. 13.10b). Novamente, jogadores mais altos e com membros mais longos têm a vantagem de conseguir bater na bola em uma posição mais adiantada. O deslocamento horizontal total da raquete durante o golpe é limitado pelo tempo que o jogador leva para chegar à posição para executar o golpe. Se for curto, a preparação para o golpe é limitada, e o deslocamento horizontal da cabeça da raquete pode não ser tão longo.

O comprimento e a posição da empunhadura do implemento também afetam o deslocamento horizontal da cabeça da raquete durante o golpe. Com um implemento mais longo, a cabeça da raquete pode ser movimentada por um deslocamento horizontal maior durante o golpe. As regras limitam esse comprimento, mas a posição da empunhadura pode ser usada para maximizar seu deslocamento horizontal dentro dos limites impostos por seu comprimento. Fazer a empunhadura mais longe da cabeça

Figura 13.10 Posições iniciais (a) e finais (b) de um golpe de *forehand* no tênis.

Figura 13.11 Empunhaduras na raquete de tênis afetam o deslocamento de sua cabeça durante o golpe.

da raquete e mais próximo à base do cabo (Fig. 13.11b) alonga o deslocamento horizontal dessa cabeça, uma vez que aumenta o raio efetivo do golpe. Fazer a pegada mais acima do cabo e próximo à cabeça da raquete (Fig. 13.11a) encurta esse deslocamento. Contudo, existe uma contradição aqui. O eixo do balanço move-se para mais longe da cabeça da raquete à medida que a empunhadura move-se para baixo do cabo, aumentando o momento de inércia da raquete e tornando-a mais difícil de controlar.

A força horizontal média exercida contra a raquete durante o *forehand* é maximizada por meio do uso de uma cadeia cinética, com o movimento acontecendo em sequência dos segmentos proximais para os distais (ou seja, de baixo para cima), como no arremesso do beisebol. As forças são produzidas e transmitidas dos segmentos mais próximos ao solo para os membros superiores, bem como dos maiores para os menores. Por exemplo, um jogador destro inicialmente gira e desloca seu centro de gravidade para trás e sobre o pé direito (de trás). Então, os músculos da extremidade inferior e do tronco produzem forças grandes conforme o atleta desloca o centro de gravidade para a frente sobre o pé esquerdo. Dependendo do tempo disponível e da posição de chegada da bola, o jogador pode também dar um passo adiante em vez de apenas deslocar o seu peso para frente. As forças produzidas pelas extremidades inferiores e pelo tronco são transmitidas para a extremidade superior e, por último, para a raquete através dos ossos, ligamentos e músculos alongados e tendões do braço do balanço. A pelve e o tronco rodam para a frente à medida que o centro de gravidade se move para a frente sobre o pé esquerdo. Esse movimento alonga os músculos do tronco, os quais então se contraem com mais força devido ao reflexo de estiramento e promovem a rotação do tronco. Por fim, os músculos que cruzam a articulação do ombro (especialmente os adutores horizontais) são alongados e se contraem com mais força para produzir os movimentos do braço e da raquete que ocorrem antes do impacto da bola.

> **As forças horizontais na raquete são produzidas e transmitidas dos segmentos proximais para os distais, bem como dos maiores para os menores.**

Outro fator importante é a orientação da raquete (o ângulo da face da raquete), porque afeta a velocidade e a direção da bola após o impacto. Esse ângulo também altera a rotação da bola, que, por sua vez, tem efeito sobre a trajetória desta. Não existe um ângulo da face da raquete melhor porque ele é influenciado pela velocidade pré-impacto e pela direção da bola e da cabeça da raquete. Esses fatores todos interagem para determinar a velocidade pós-impacto e a direção da bola. Vamos analisar primeiro uma situação simples. Assuma que a raquete esteja parada e que a bola atinja sua face em determinado ângulo. Se o impacto entre a bola e a raquete foi perfeitamente elástico (um coeficiente de restituição entre a bola e a raquete de 1,0, significando que a velocidade da bola em relação à face da raquete antes e depois da colisão são iguais), o ângulo de incidência (o ângulo da bola com a raquete pré-impacto) seria equivalente ao de reflexão (o ângulo da bola com a face da raquete pós-impacto) (Fig. 13.12a). Na realidade, a colisão não é perfeitamente elástica (o coeficiente de restituição é menor do que 1,0), de maneira que o ângulo pós-impacto é menor. Isso significa que, se você segurar a raquete e deixar a bola bater nela, a face da raquete deve estar virada um pouco mais da metade para a direção da bola, que está vindo, em relação à direção que você quer que a bola vá (Fig. 13.12b). Se o implemento for balançado e a cabeça da raquete tem alguma velocidade perpendicular à face antes do impacto, o pós-impacto será igual ou maior ao ângulo pré-impacto (Fig. 13.12c). Assim, conforme você aumenta a velocidade com que balança a raquete, deve mirar a face da raquete o mais próximo da direção que deseja que a bola vá. Você nunca deve mirar a face da raquete exatamente na direção desejada, a não ser que seja a mesma que ela veio.

A rotação da bola influencia a trajetória que ela percorre devido às diferenças de pressão do ar nos seus lados (lembre-se do efeito Magnus, visto no Cap. 8). O efeito *topspin* leva a bola a seguir uma trajetória um pouco mais baixa que a normal; e uma rotação no sentido horário ou anti-horário a faz virar um pouco de lado. A rotação também afeta a batida devido ao atrito entre a bola e a quadra.

A rotação é transmitida à bola pelo atrito entre ela e as cordas da raquete quando se tocam e ela rola ou desliza sobre as cordas. Essa força de atrito gera um torque ao redor do centro da bola, o qual cria a rotação. Essa força também age para mudar a direção linear da bola. Nenhuma rotação é transmitida para a bola se a velocidade de chegada desta e a da cabeça da raquete forem exatamente opostas em direção e se a face da raquete for perpendicular a tais direções. O ângulo entre a direção da face do implemento e a da velocidade da bola em relação à cabeça da raquete determina a quantidade de rotação transmitida à bola (Fig. 13.13). Quanto maior for o ângulo, maior a rotação transmitida. Uma trajetória de baixo para cima transmite um efeito *topspin* (b), enquanto uma de cima para baixo costuma gerar um *backspin* (c). Uma trajetória oscilatória da esquerda para a direita transmite uma rotação no sentido anti-horário (d), e uma inversa, no sentido horário (e).

De maneira ideal, o golpe de *forehand* deveria ter uma velocidade horizontal rápida, de modo que a face da raquete estivesse próxima à direção desejada da bola. Essa velocidade horizontal rápida aumenta as chances de que a bola ultrapassará a linha base, então algum *topspin* deve ser transmitido a ela para mantê-la na quadra. Em um bom *forehand*, a cabeça da raquete é submetida a algum deslocamento vertical ao longo do seu deslocamento horizontal.

Essa foi uma análise incompleta dos fatores que afetam o desempenho do *forehand* no tênis. Como esse golpe é uma habilidade aberta, ele pode ser realizado efetivamente de várias maneiras, dependendo de diversas combinações de fatores que o executor não é capaz de controlar. Isso re-

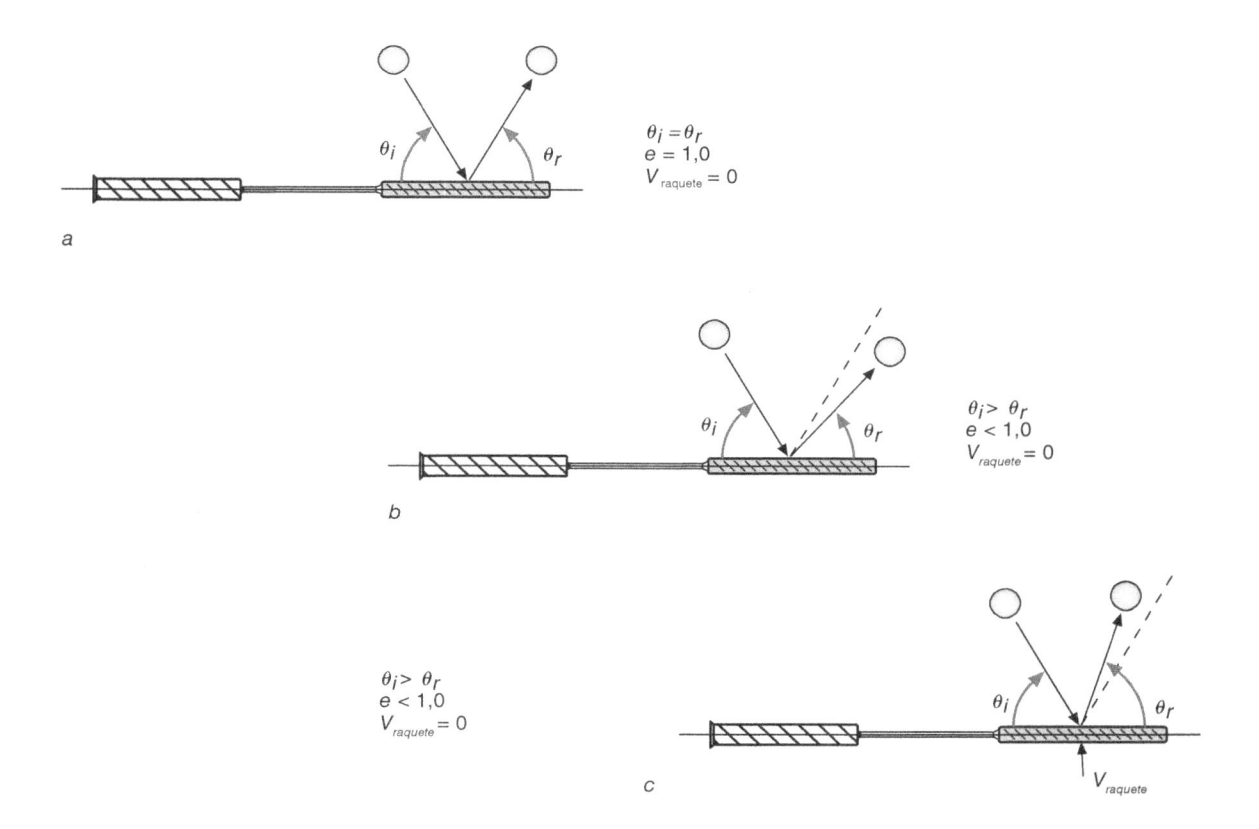

Figura 13.12 Ângulos de incidência e reflexão de uma bola de tênis em uma raquete parada (a,b) e em movimento (c).

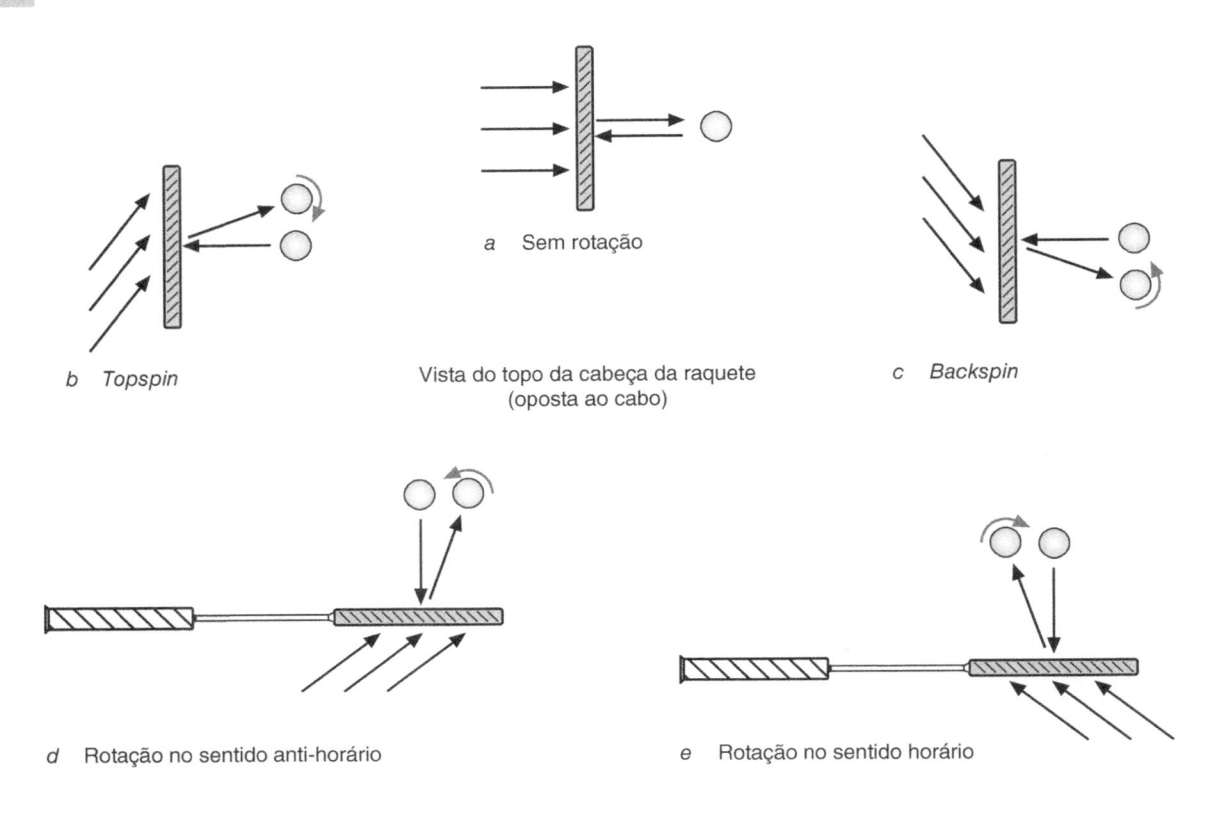

Figura 13.13 As direções da velocidade da bola, bem como da cabeça e da face da raquete, determinam sua rotação.

vela uma das deficiências do procedimento de análise biomecânica qualitativa proposto. Desenvolver um modelo da técnica mais eficaz é mais difícil para habilidades abertas. A análise biomecânica qualitativa da técnica de *forehand* de um jogador deveria incluir observação e consideração de várias condições sob as quais o golpe é executado.

Corrida de velocidade

Correr é um movimento humano básico. A velocidade com que uma pessoa consegue correr pode determinar o nível de seu sucesso em vários esportes. A habilidade de correr em alta velocidade será o foco de nossa última análise. Diferentemente das habilidades esportivas anteriores, a corrida de velocidade é cíclica – os movimentos ocorrem em ciclos que são repetidos. Cada passada representa um ciclo, pois começa e termina com as partes corporais nas mesmas posições relativas. Se o instante em que o pé esquerdo toca o solo é identificado como o início da passada ou do ciclo, o final acontece no próximo momento em que isso ocorre. Para a nossa análise de amostra, vamos considerar uma corrida de 100 m rasos do atletismo. Essa habilidade tem várias partes: o início, a fase de aceleração e a etapa de manutenção da velocidade. A nossa análise foca na última fase, a de manutenção, na qual o corredor tenta manter a velocidade máxima.

Modelo teórico da corrida de velocidade

Como apresentado anteriormente, o primeiro passo em uma análise biomecânica qualitativa é descrever a técnica ideal por meio do desenvolvimento de um modelo teórico da técnica baseado nas relações mecânicas e de causa e efeito. Esse primeiro passo, no caso da corrida de velocidade, é adquirir o conhecimento fundamental necessário sobre essa modalidade. Vamos assumir que já fizemos esse trabalho e ir direto ao desenvolvimento do modelo.

A base do modelo teórico é o propósito ou o objetivo da habilidade. Qual é a meta de se correr em uma pista de 100 m rasos? O que o atleta está tentando alcançar? Ele está tentando vencer a corrida e chegar à linha final primeiro – no menor tempo –, de maneira que o critério de desempenho a ser considerado é o tempo levado para percorrer a distância. O intervalo gasto para correr 100 m é uma função da velocidade horizontal média do atleta durante a corrida e a distância de 100 m. Portanto, o critério de desempenho para a fase de manutenção da velocidade da corrida de 100 m rasos é a velocidade horizontal média do competidor durante essa fase.

Um corredor mais rápido apresenta maior velocidade horizontal média durante cada passo da fase de manutenção da velocidade dos 100 m rasos. A velocidade média do atleta é determinada pelo comprimento médio e frequência da passada. Passadas mais longas ou mais passadas por segundo resultam em uma corrida mais rápida. Como se consegue isso?

> A velocidade média do corredor é determinada pelo comprimento médio e frequência da passada.

O comprimento da passada é a soma do deslocamento horizontal do corredor durante a fase de apoio de uma passada (quando o atleta está em contato com o solo) e de seu deslocamento horizontal durante a fase de voo (quando ele não está em contato com o chão). Deslocamentos maiores durante cada uma dessas fases resultam em um maior comprimento de passada. O deslocamento horizontal durante a fase de apoio pode ser, então, dividido em distância na chegada ao solo (aquela entre o centro de gravidade e o pé da frente no instante em que este toca o solo, vindo da fase de voo) e distância na saída (aquela entre o centro de gravidade e o pé de trás no instante em que este perde contato com o solo, no final da fase de apoio). Cada uma dessas distâncias depende da antropometria e da posição do corredor nesses instantes. Um atleta mais alto, com pernas longas, é capaz de alcançar distâncias maiores na chegada e na saída.

O deslocamento horizontal durante a etapa de voo de uma passada é determinado pela velocidade horizontal do corredor na saída e pela duração da fase: quanto maiores, maior o deslocamento horizontal durante a fase. A velocidade horizontal na saída é, por sua vez, determinada pela velocidade horizontal no contato com o solo e pelo trabalho realizado pela força de atrito que age sobre o pé de partida durante a fase de apoio anterior. Esse trabalho pode ser subdividido em trabalho negativo realizado na parte de frenagem da fase de apoio (quando a força de atrito diminui a velocidade do corredor) e trabalho positivo realizado na parte propulsiva da fase de apoio (quando a força de atrito aumenta a velocidade do corredor). Os trabalhos positivo e negativo realizados são determinados pelas forças horizontais médias e pelos deslocamentos horizontais que ocorrem durante cada período. Um corredor que minimiza o trabalho negativo e maximiza o positivo acelerará para frente. Naquela parte dos 100 m rasos em que o atleta mantém a mesma velocidade entre as passadas, os trabalhos negativo e positivo realizados durante cada passada típica são iguais.

A duração da fase de voo (ou tempo de voo) também afeta seu deslocamento horizontal. O tempo de voo depende da velocidade vertical do corredor na saída, da altura de seu centro de gravidade (CG) na saída, da altura do CG na chegada e da força de arrasto média devido à resistência do ar. A velocidade vertical na saída é, por sua vez, determinada pela velocidade vertical na chegada ao solo e pelo trabalho realizado pela força de reação normal que age sobre o pé de partida durante a fase de apoio prévio. Esse trabalho pode ser subdividido no trabalho negativo realizado quando a força de reação para cima diminui a velocidade para baixo do corredor, no início da fase de apoio, e no trabalho positivo realizado quando a força de reação para cima aumenta sua velocidade para cima na segunda metade dessa fase. Os trabalhos negativos e positivos realizados são determinados pelas forças de reação normais médias e pelos deslocamentos verticais que ocorrem em cada período. Um corredor deve exercer trabalhos positivo e negativo iguais para manter a mesma velocidade horizontal entre as passadas.

O tempo de voo durante uma passada também é afetado pela altura do centro de gravidade do corredor no início e no final da fase de voo (i. e., na saída e na chegada ao solo). Se a altura na saída for maior em comparação à chegada ao solo, o tempo de voo é estendido. Se for menor, esse tempo é encurtado.

O comprimento médio e a frequência média da passada determinam a velocidade horizontal média do corredor. Os determinantes desse comprimento já foram discutidos. Já a frequência é determinada pelo tempo por passada: quanto menor for, maior será a frequência. O tempo por passada pode ser subdividido em tempo de apoio e tempo de voo. Os determinantes deste último também já foram descritos, porque se trata de um dos fatores que afeta o deslocamento horizontal durante a fase de voo. Um grande deslocamento durante essa fase acontece se o tempo de voo for longo; entretanto, se tal fase for curta, o tempo por passada será curto e a frequência de passada será maior. O modelo teórico dos fatores que afetam mecanicamente a corrida de velocidade é mostrado na Figura 13.14.

Aplicação do modelo teórico

A corrida de velocidade é uma habilidade fechada, portanto, deve ser mais fácil interpretar e aplicar o modelo de sua técnica mais eficaz do que foi para uma habilidade aberta, como o *forehand* no tênis. Entretanto, uma vez que a corrida de velocidade é cíclica por natureza, alguns dos fatores de entrada no modelo são resultados de ciclos anteriores (uma passada anterior), e, com isso, nosso modelo torna-se um *loop* infinito. Por exemplo, o deslocamento horizontal durante a fase de voo é determinado pelo tempo de voo e pela velocidade horizontal na saída. Esta, por usa vez, é determinada pelo trabalho realizado durante a fase de apoio prévia e pela velocidade horizontal na chegada ao solo, a qual configura a medida de desempenho da passada anterior. Apesar dessa limitação do nosso modelo, vamos examiná-lo e ver como ele pode ser aplicado.

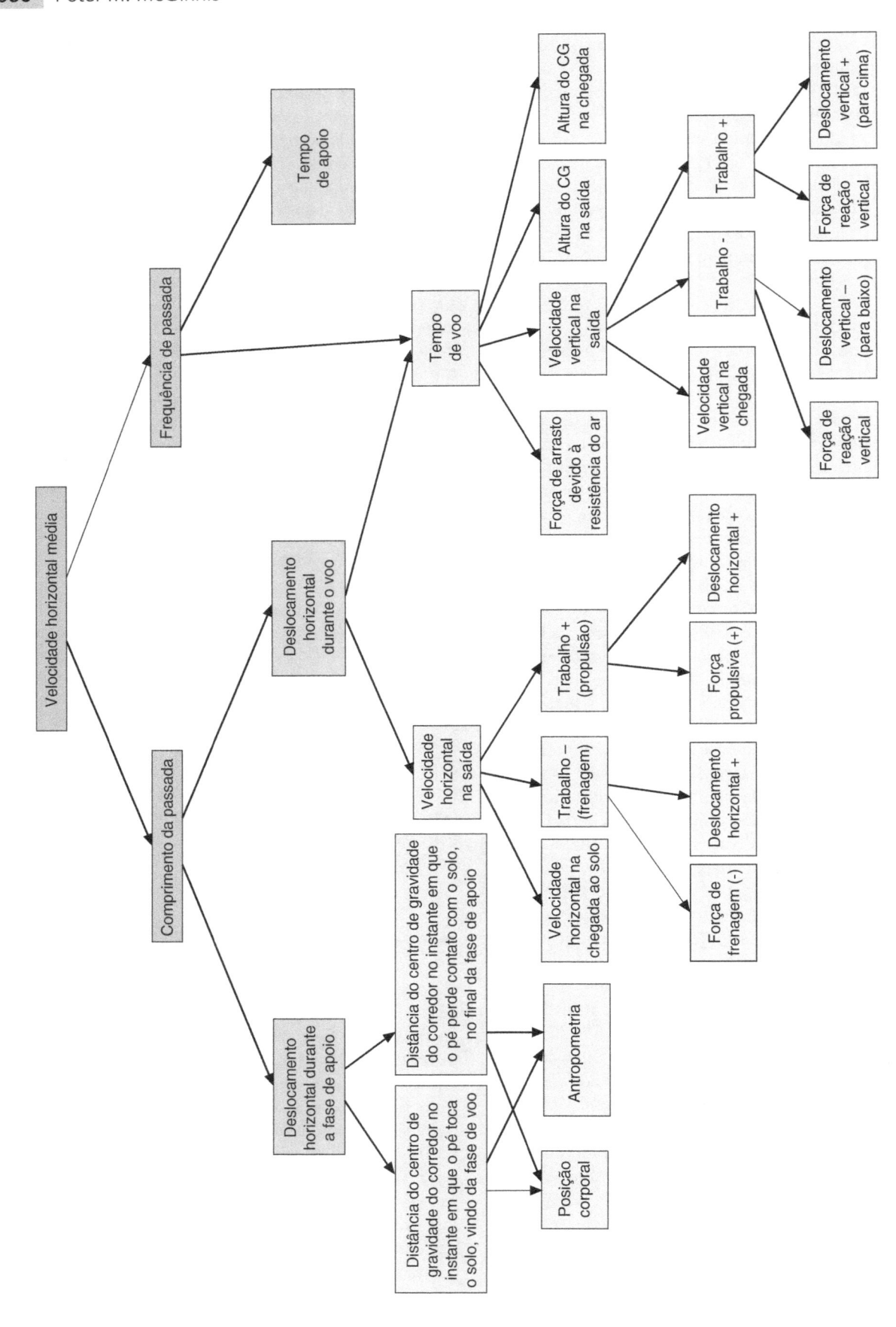

Figura 13.14 Modelo teórico da corrida de velocidade.

Antes da aplicação, vamos dar uma olhada em como a velocidade horizontal instantânea do CG do corredor varia durante uma única passada. A Figura 13.15 mostra um gráfico dessa velocidade ao longo de uma passada. Note como ela diminui no início da fase de apoio e aumenta no final. Em qual parte da passada a velocidade horizontal do corredor é maior? O atleta é, obviamente, mais rápido durante essa fase de voo. A velocidade horizontal durante essa fase é sempre maior do que aquela ao longo da fase de apoio. Quando o pé do corredor toca o solo, o atrito entre ambos cria uma força de frenagem, e o atleta diminui a velocidade. Na segunda metade da fase de apoio, o competidor aumenta a velocidade para recuperar aquela perdida durante a fase de frenagem. Assim, a velocidade horizontal média durante a fase de apoio de uma passada de corrida de velocidade é menor do que as velocidades horizontais no início ou no final da fase, as quais são iguais às velocidades médias durante as fases de voo anteriores e posteriores. Um corredor pode, então, minimizar o tempo de apoio e maximizar o tempo de voo. Vamos manter isso em mente conforme analisamos nosso modelo.

Em nosso modelo de corrida de velocidade, o fator que afeta o comprimento de passada durante a fase de apoio é a distância do CG na chegada e na saída. Apesar de uma grande distância do CG na chegada parecer benéfica, ela aumenta as forças de frenagem e alonga a fase de apoio. Com isso, deve-se manter essa distância pequena, fazendo o pé tocar o solo quase diretamente abaixo do corredor. Nenhum efeito deletério está associado à distância de saída, por isso ela deve ser maximizada. Estendendo a perna de partida por completo e rodando a pelve em direção ao lado da partida, um corredor pode aumentar essa distância em 3 ou 4 cm (Fig. 13.16).

Os fatores que afetam o comprimento da passada durante a fase de voo são o tempo de voo e a velocidade horizontal na partida, ambos afetados pelo trabalho (positivo e negativo) realizado durante a fase de apoio anterior. O trabalho negativo realizado para diminuir a velocidade vertical do corredor na chegada deve ter uma força de reação do solo vertical média grande e um deslocamento vertical pequeno. O quadril, o joelho e o tornozelo devem fle-

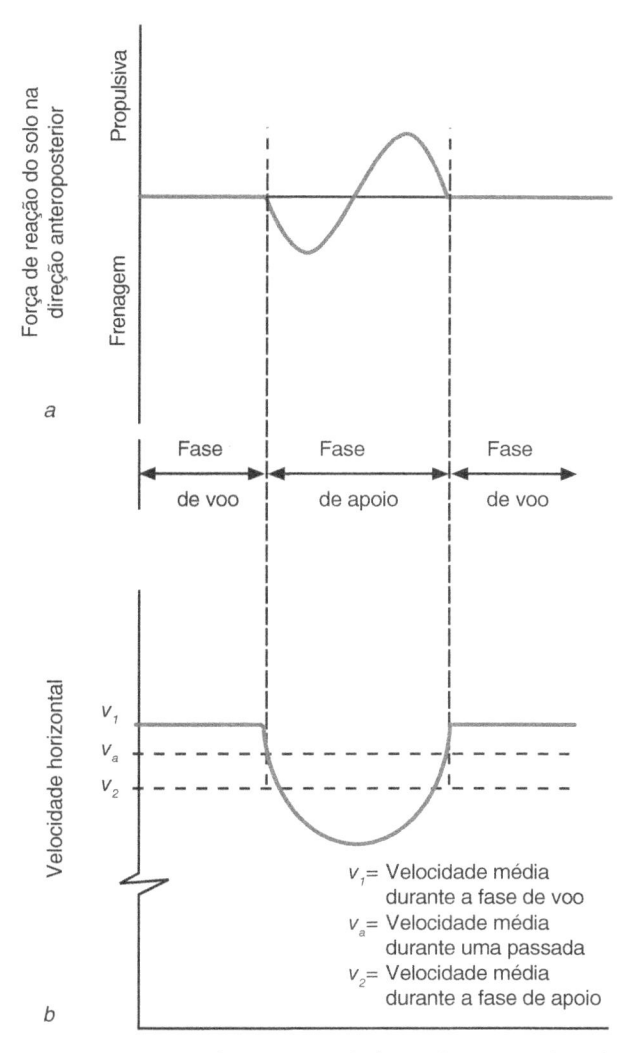

Figura 13.15 Gráfico teórico da força de reação do solo (anteroposterior) que age sobre um corredor (a) e da velocidade horizontal do atleta (b).

Figura 13.16 A distância de saída de um corredor (d_{to}) é a distância horizontal entre os dedos do pé de partida e seu centro de gravidade (cg).

xionar o suficiente para reduzir a valores abaixo do limiar de lesão a força de reação e aquela exigida nos músculos. Muita flexão e muito deslocamento vertical para baixo aumentam o tempo gasto na fase de apoio. Outro benefício de minimizar o comprimento desse trabalho negativo é que a carga maior e o alongamento rápido dos músculos da extremidade inferior evocam um reflexo de estiramento mais forte. Os músculos irão contrair com mais força durante a fase propulsiva ou de trabalho positivo. A força de reação maior causa uma força de atrito maior entre o pé e o solo, aumentando o trabalho negativo realizado para diminuir a velocidade do corredor para frente. Conduzir a perna e os braços livres para cima durante a segunda metade da fase de apoio aumenta tanto a força de reação vertical como o deslocamento vertical do corredor. Essas ações, junto com a extensão total da perna de apoio, aumentam o trabalho positivo realizado para aumentar a velocidade vertical do atleta durante a fase de apoio.

O trabalho negativo que visa diminuir a velocidade horizontal do corredor no início da fase de apoio deve ser minimizado, o que se obtém fazendo o toque do pé ocorrer quase diretamente abaixo do CG. O trabalho positivo realizado para aumentar a velocidade horizontal deve ser maximizado empurrando com vigor a perna de balanço para frente, mas o joelho deve estar flexionado para minimizar o momento de inércia do membro ao redor da articulação do quadril, de maneira que o movimento seja mais rápido. Os braços devem balançar em oposição para contrabalancear o momento angular produzido pela perna que oscila. Alguma flexão de cotovelo é desejável para reduzir o momento de inércia do braço ao redor da articulação do ombro e, assim, aumentar sua velocidade de movimento. Outra vez, extensão completa da perna de apoio, bem como rotação e inclinação da pelve, são desejáveis para aumentar o deslocamento horizontal do corredor durante a fase de trabalho positivo.

Durante a fase de apoio, especialmente na parte propulsiva, o tronco do corredor deve permanecer bastante rígido para evitar que as forças propulsivas sejam dissipadas e absorvidas quando o tronco e a coluna vertebral flexionam. Essa é a fase na qual o trabalho positivo é realizado; quanto mais potente for o corredor, mais rápido ele correrá. Se as forças geradas pelas pernas, que empurram para cima e para frente, não deslocarem o tronco nessas direções, mas ao contrário, causarem uma deflexão ou colapso deste e da coluna vertebral, pouco ou nenhum trabalho positivo será realizado, e a potência não será transmitida da extremidade inferior para o tronco.

Uma corrida de velocidade máxima representa um ajuste fino entre a frequência e o comprimento da passada. Ambos precisam ser os maiores possíveis, mas superenfatizar apenas um afetará o outro de maneira adversa. Uma passada muito longa diminui a frequência de passada pelo aumento da distância na fase de apoio e das forças de frenagem no início da fase de apoio. Essas condições aumentam o comprimento desta última etapa, diminuindo, assim, a frequência de passada e reduzindo a velocidade. Em contrapartida, uma frequência de passada aumentada requer tempos de voo e de apoio menores. Se o comprimento da passada permanecer o mesmo, mas o tempo de apoio for menor, o corredor terá de ser mais potente para absorver a energia do movimento para baixo quando o pé tocar o solo (vindo da fase de voo) e, então, produzir a mesma energia durante a parte propulsiva da fase. Se o tempo de apoio for muito curto, menos energia será absorvida ou produzida, e a velocidade de saída subsequente será menor, resultando em um comprimento de passada também menor. Essa análise revela a necessidade física básica desse esporte: o corredor deve ser "forte". Seus músculos devem ser capazes de desenvolver grandes forças (tanto excêntrica como concentricamente) em altas velocidades de contração.

Resumo

A biomecânica apresentada nos capítulos anteriores deste livro pode ser aplicada sistematicamente para analisar o movimento humano. Um sistema para conduzir uma análise biomecânica qualitativa que vise melhorar a técnica inclui os seguintes passos:

1. Desenvolver um modelo teórico da técnica mais eficaz.
2. Observar o desempenho real.
3. Avaliar o desempenho real, comparando-o à técnica mais eficaz.
4. Instruir o executor dando *feedback* sobre discrepâncias entre o desempenho real e a técnica mais eficaz.

Essa análise biomecânica pode ser qualitativa ou quantitativa. A qualitativa depende de observações subjetivas do desempenho, enquanto a quantitativa utiliza medições reais para quantificar certos parâmetros mecânicos da execução. Os profissionais da área (técnicos, professores, clínicos) usam isso ou algum procedimento similar para avaliar o movimento ou o desempenho de seus alunos, atletas ou clientes.

TERMOS-CHAVE

Análise biomecânica qualitativa (p. 308)

Análise biomecânica quantitativa (quantitativo) (p. 308)

QUESTÕES DE REVISÃO

1. Quais passos estão envolvidos em uma análise biomecânica qualitativa que visa à melhora da técnica?
2. Qual é a diferença entre as análises biomecânicas qualitativa e quantitativa?
3. Identifique o critério de desempenho para as seguintes atividades:
   a. Uma corrida de 110 m com barreiras.
   b. Um passe no basquete.
   c. Um chute no futebol.
   d. Um arremesso de disco.
   e. Rebater no beisebol.
   f. Um giro triplo na patinação artística.
   g. Uma tacada no hóquei.
   h. Um lançamento de toras nos Jogos Escoceses.
4. Descreva onde você se posicionaria para observar o seguinte:
   a. A fase de partida de um salto em distância.
   b. A técnica de passagem da perna em uma corrida de 110 m com barreiras.
   c. O início de uma prova de 50 m de natação estilo livre.
   d. Um chute no futebol americano.
   e. O lançamento da flecha no tiro com arco.
   f. Um exercício de agachamento.
   g. Um exercício supino com pegada aberta.
5. Quais erros detectados em uma técnica devem ter prioridade na correção?
6. Desenvolva um modelo teórico para a técnica utilizada em uma habilidade de movimento humano de sua escolha.

Capítulo 14

Análise biomecânica qualitativa para melhorar o treinamento

Objetivos

Ao terminar de ler este capítulo, você deverá ser capaz de:

- Distinguir treinamento técnico de treinamento físico
- Entender como os resultados de uma análise qualitativa para melhorar a técnica também podem ser usados para aprimorar o treinamento técnico
- Avaliar um exercício ou treino técnico e determinar se é apropriado
- Descrever os passos envolvidos em uma análise cinesiológica qualitativa
- Identificar os grupos musculares ativos durante qualquer fase de um movimento e se a contração muscular é concêntrica, excêntrica ou isométrica

Você está assistindo na televisão à competição masculina de dardo nos Jogos Olímpicos. O arremesso vencedor superou a marca de 90 m. Você imagina como o atleta fortalece seu braço para criar as forças necessárias para projetar o implemento a essa distância. Porém, obviamente, ele utiliza mais do que apenas os músculos dos braços. Quais são os outros grupos musculares que devem ser bem desenvolvidos para arremessar o dardo tão longe? Quais tipos de exercícios e treinos técnicos são eficazes para o treinamento de um arremessador de dardo? Este capítulo pode auxiliá-lo a responder essas questões ao fornecer a base para realizar uma análise biomecânica qualitativa para melhora do treinamento.

Na introdução, aprendemos que o objetivo principal da biomecânica é a melhora do desempenho, e o secundário é a prevenção de lesões e a reabilitação. No capítulo anterior, discutimos como a biomecânica pode ser usada para aprimorar a técnica e, dessa forma, melhorar o desempenho. Mas e se o executor não é forte ou potente o suficiente para executar a técnica mais eficaz? Assim como erros técnicos podem limitar o desempenho do atleta, deficiências nas capacidades físicas podem fazer não só isso, mas também impedir a execução da técnica mais eficaz. Neste capítulo, aprenderemos como a biomecânica pode ser utilizada para aprimorar o treinamento e, dessa forma, melhorar o desempenho. De modo mais específico, aprenderemos como conduzir uma análise cinesiológica qualitativa de um desempenho ou exercício para identificar os grupos musculares ativos.

Biomecânica e treinamento

Um dos fundamentos do treinamento é o princípio da especificidade: exercícios e treinos técnicos devem ser específicos para o esporte ou atividade. Se eles se aproximam dos aspectos da habilidade que está treinando, você terá ganhos maiores no desempenho. Para alguns esportes ou atividades, o tipo de treinamento específico é óbvio. Se você quer competir em uma maratona, seu treinamento deve consistir sobretudo em correr longas distâncias. Em outros casos, os exercícios de treinamento específicos para o esporte ou atividade podem não ser tão evidentes. Por exemplo, as forças específicas necessárias para se ter êxito no salto com vara não são tão óbvias para o observador casual. A biomecânica pode contribuir para a melhora no treinamento ao identificar a técnica específica ou os requisitos físicos necessários para realizar bem uma habilidade. Antes de aprender mais sobre como identificar uma técnica específica ou os requisitos físicos de uma habilidade, vamos considerar os vários tipos de treinamento.

> Se os exercícios ou treinos técnicos utilizados no treinamento se aproximam dos aspectos da habilidade que está treinando, você terá ganhos maiores no desempenho.

Treinamento técnico

A prática e o treinamento de um esporte ou atividade de movimento específicos costuma ser dedicado ao aprimoramento da técnica (**treinamento técnico**) ou condição física (treinamento físico). A proporção do tempo dedicado ao treinamento técnico depende em parte da dificuldade técnica da atividade. O treinamento técnico deve envolver a realização da habilidade real ou de treinos técnicos que imitem aspectos específicos dela.

A biomecânica pode contribuir para a melhora no treinamento técnico de várias maneiras. Primeiro, uma análise qualitativa do desempenho real pode identificar deficiências na técnica. Nós discutimos o procedimento para realizar esse tipo de análise no Capítulo 13. Se o atleta não consegue corrigir a deficiência após conhecê-la, você prescreve treinos técnicos e exercícios específicos para o aspecto deficitário da habilidade.

Outra maneira pela qual a biomecânica pode contribuir para aprimorar o treinamento técnico é a identificação de exercícios e treinos técnicos que simulem rigorosamente os aspectos técnicos específicos da habilidade. Examine os treinos técnicos e exercícios utilizados no treinamento de uma atividade que lhe seja familiar. Qual é seu objetivo? Eles são específicos para qual aspecto da habilidade? As posições articulares, velocidades e amplitudes de movimento nos exercícios são similares àquelas na habilidade? As forças musculares e as velocidades de contração são semelhantes? As forças externas são parecidas? Essas são as questões que você deve se perguntar quando avaliar treinos técnicos ou exercícios para seus alunos, clientes ou atletas. Quanto maior a fidelidade entre o exercício e a habilidade real, mais específico ele será e maior será potencial para melhorar o desempenho. Se existem poucas semelhanças entre o exercício e a habilidade, o exercício não é apropriado para desenvolvê-la. É difícil avaliar qualitativamente as forças musculares, velocidades de contração e as magnitudes das forças externas, mas você pode ver as posições articulares e as amplitudes de movimento e, a partir daí, avaliar as velocidades angulares. As análises biomecânicas quantitativas de exercícios e treinos técnicos para habilidades esportivas específicas teriam maior valor, mas pouco tem sido relatado na literatura.

Treinamento físico

O treinamento físico é outra parte do treinamento. Enquanto a parte técnica é direcionada sobretudo para a correção ou melhora dos aspectos da técnica, o **treinamento físico** visa alterar as limitações de desempenho devido à condição física do executor. Note que normalmente existe alguma sobreposição entre os dois tipos de treinamento: o técnico pode ter algum efeito na condição física do executor, e o físico pode ter algum efeito em sua proficiência técnica. Em qualquer caso, o treinamento físico é direcionado para a melhora dos componentes do condicionamento físico, incluindo:

1. Força muscular.
2. Potência muscular.
3. Resistência muscular.
4. Flexibilidade.
5. Capacidade cardiovascular.
6. Composição corporal.

Novamente, a biomecânica é direcionada para a melhora da especificidade do treinamento físico. A análise biomecânica de uma atividade pode identificar os grupos musculares específicos cujas força, potência, resistência ou flexibilidade limitam o desempenho, e exercícios específicos que reforcem ou alonguem tais grupos podem então ser escolhidos. Do mesmo modo, a análise de um exercício pode identificar se os músculos utilizados em sua execução são aqueles utilizados no esporte ou atividade.

Neste texto, o tipo de análise biomecânica qualitativa usada para identificar os grupos musculares ativos durante cada fase de um movimento é chamado de análise cinesiológica qualitativa. A próxima seção deste capítulo descreve os passos envolvidos em uma análise cinesiológica qualitativa de um movimento. Em seguida, são apresentados exemplos de análises cinesiológicas qualitativas.

Método de análise cinesiológica qualitativa

O propósito de uma **análise cinesiológica qualitativa** é determinar a atividade muscular predominante durante fases específicas de um desempenho e identificar os instantes em que podem ocorrer grandes tensões devido a grandes forças musculares ou amplitudes de movimento articular extremas. O professor ou técnico pode realizar tal análise em um estudante ou atleta de elite que demonstrar técnica eficaz. A análise da *performance* de elite identifica quais músculos estão envolvidos no desempenho da técnica mais eficaz, ao passo que a análise do estudante identifica a musculatura utilizada na realização de uma técnica específica. Em ambos os casos, os métodos utilizados para identificar os músculos envolvidos são os mesmos.

Vamos pensar um minuto. Você já conhece algum método que identifique quais músculos estão ativos durante um esporte ou movimento? Uma maneira de se fazer isso é tocar e sentir os músculos superficiais do executor durante o movimento. Se o músculo está firme e rígido, ele está ativamente produzindo força; se está macio e flácido, está inativo. Esse método funciona apenas se a atividade envolver posições estáticas ou movimentos lentos (e se o executor sente-se confortável sendo tocado). Certos exercícios de levantamento de peso e rotinas de ginástica são exemplos de movimentos que podem ser apropriados para esse tipo de análise. Obviamente, esse método não é prático para analisar atividades dinâmicas, como arremesso ou corrida. Além disso, é incômodo e afeta o desempenho do sujeito.

Outro método qualitativo para determinar quais músculos estão ativos durante uma ação é realizar uma atividade de modo vigoroso e esperar um ou dois dias para ver quais músculos ficaram doloridos. Isso funciona apenas quando a pessoa não tem praticado a atividade com regularidade e pode identificar apenas aqueles músculos que experimentaram grande atividade excêntrica durante o desempenho, pois é esse tipo de ação muscular que está associado com a dor muscular.

Quantitativamente, um pesquisador pode conectar eletrodos nos músculos do executor e utilizar a eletromiografia (EMG) para monitorar a atividade elétrica dos músculos. Os registros da EMG de um músculo indicam se ele estava ou não ativo. Uma análise adicional do sinal EMG fornecerá uma ideia geral da magnitude da ação muscular. Esse tipo de análise quantitativa é cara, consome tempo e não está disponível para a maioria dos professores e treinadores. Além disso, os eletrodos e fios associados podem fazer o desempenho do atleta ser diferente do típico.

Outro método quantitativo envolve gravar o movimento em vídeo e então digitalizá-lo para conseguir uma descrição cinemática completa. As plataformas ou transdutores de força também podem ser usados para medir qualquer força de contato externa agindo sobre o sujeito. Então, são feitas medidas antropométricas do indivíduo para estimar as massas dos segmentos corporais e os momentos de inércia. Os diagramas de corpo livre de cada segmento são utilizados para identificar as forças articulares resultantes e os torques que causam aceleração dos segmentos. As equações de movimento baseadas na Segunda Lei de Newton são resolvidas para determinar essas forças e torques. Os torques articulares resultantes estão relacionados com os músculos que cruzam essas articulações e indicam aqueles que estão ativos. Esse tipo de análise mecânica, chamada de dinâmica inversa, também exige equipamento, tempo ou perícia de que poucos treinadores ou professores dispõem.

Nenhum desses métodos é prático ou viável para esses profissionais. A atividade muscular não pode ser diretamente observada; entretanto, podemos ter uma ideia geral de quais músculos estão ativos com base nos princípios utilizados na dinâmica inversa. Esse tipo de análise cinesiológica qualitativa pode ser exequível para treinadores e professores e fornece resultados razoáveis para a maioria das atividades. A seguir, estão os procedimentos passo a passo para completar uma análise cinesiológica qualitativa:

1. Divida a atividade em fases temporais.
2. Identifique as articulações envolvidas e os movimentos que ocorrem nessas articulações.
3. Determine o tipo de contração muscular (concêntrica, excêntrica ou isométrica) e identifique o grupo muscular predominantemente ativo em cada articulação.
4. Identifique os instantes em que acelerações angulares articulares significativas (aumento ou diminuição rápida dos movimentos articulares) ocorrem e onde os impactos acontecem.
5. Identifique quaisquer amplitudes de movimento articulares extremas.

Os resultados de uma análise cinesiológica qualitativa podem ser usados para determinar exercícios de força ou flexibilidade apropriados para os grupos musculares identificados. Os cinco passos de uma análise cinesiológica qualitativa são descritos e ilustrados a seguir.

Fases temporais

O primeiro passo de uma análise cinesiológica qualitativa é dividir a execução em fases ou movimentos específicos. Para os movimentos mais simples, como aqueles lentos ou que envolvem levantamento ou abaixamento, o final de uma fase e o início da próxima podem ser designados apenas pela mudança na direção do movimento. Por exemplo, vamos observar um exercício supino. Ele envolve duas fases: a de descida, na qual o levantador abaixa a barra até o peito, e a de subida, em que o atleta a eleva.

Em contraste, movimentos mais rápidos e complexos precisam ser divididos em mais fases além das óbvias. As etapas de um lançamento no beisebol incluem a armação, o arremesso e a recuperação, mas dividi-lo apenas nessas três fases pode não fornecer detalhes suficientes dos movimentos articulares, impedindo a determinação da atividade muscular que ocorre. Para esses movimentos em alta velocidade, é melhor gravar um vídeo do desempenho. O movimento deve, então, ser examinado quadro a quadro, em vez de por fases. Comparações com atletas de elite podem ser feitas examinando vídeos ou sequências de fotos de tais atletas, as quais são encontradas com frequência em livros-texto ou em jornais de treinamento do esporte em questão.

Essas publicações, bem como aquelas da *National Strength and Conditioning Association*, também podem incluir resultados de análises cinesiológicas qualitativas ou indicações de quais grupos musculares são importantes na execução da habilidade que está sendo analisada.

Movimentos articulares

Uma vez que o desempenho tenha sido dividido em fases específicas ou gravado em vídeo, deve-se identificar quais segmentos corporais e articulações examinar. Quais segmentos e articulações estão envolvidos na execução da habilidade? Quais segmentos se movem e quais articulações estão envolvidas nos movimentos? Para aquelas habilidades que envolvem movimento amplo de todo o corpo, a maioria das principais articulações está envolvida. Por exemplo, correr envolve as articulações do tornozelo, joelho, quadril, ombro e cotovelo de ambos os lados do corpo. Outras habilidades, em especial exercícios de treinamento de força, podem envolver movimentos de apenas alguns segmentos e articulações. Voltemos ao exemplo do supino. Quais são os segmentos que se movem e quais articulações estão envolvidas nesse exercício? O braço e o antebraço são os segmentos móveis, e o cotovelo e o ombro são as articulações mais envolvidas no movimento.

Identificados os segmentos e articulações envolvidas na atividade, o próximo passo é determinar os movimentos que ocorrem em cada articulação durante cada fase da atividade. Está ocorrendo flexão ou extensão na articulação? Abdução ou adução? Rotação interna ou externa? Está ocorrendo mais de um movimento na articulação? Aqui você está identificando o movimento ou a mudança na posição dos segmentos que ocorrem na articulação durante ou entre as fases. Como os segmentos adjacentes moveram-se um em relação ao outro? O movimento articular é diferente da posição articular, e deve-se distinguir ambos. Por exemplo, durante a fase de descida do supino, ocorre flexão (o movimento articular) na articulação do cotovelo, e o cotovelo está em posições de flexão. Durante a fase de subida, ocorre extensão (o movimento articular) na articulação do cotovelo, mas ele continua em posições de flexão até o final dessa etapa. Na articulação do ombro, ocorre extensão horizontal (ou abdução horizontal) durante a descida, e flexão horizontal (ou adução horizontal) durante a subida. Em uma análise cinesiológica qualitativa, estamos interessados no movimento articular, e não na posição articular.

Contrações musculares e grupos musculares ativos

O próximo passo em uma análise cinesiológica qualitativa é identificar os grupos musculares ativos e determinar quais tipos de contrações ocorrem dentro deles. Lembre-se do que vimos no Capítulo 11: contrações musculares concêntricas produzem trabalho positivo, o qual resulta em aumento na energia mecânica; contrações excêntricas realizam trabalho negativo levando a uma diminuição dessa energia; e contrações isométricas produzem trabalho zero, que resulta em nenhuma mudança na energia mecânica. Se nenhuma força de contato externo agir sobre o corpo, a maneira mais fácil de determinar o tipo de contração muscular é apenas identificar a mudança na energia mecânica que ocorre durante a fase de movimento sob avaliação. Alguma coisa foi levantada (aumentando a energia potencial gravitacional) ou abaixada (diminuindo tal energia)? Algo teve sua velocidade aumentada (aumentando a energia cinética) ou diminuída (diminuindo essa energia)? Algo foi alongado ou deformado (aumentando a energia potencial elástica) ou retornou lentamente para a posição inicial depois disso (diminuindo a energia potencial elástica)? Se o total da energia mecânica (a soma das energias potencial gravitacional, cinética e potencial elástica) aumenta, a contração do grupo muscular ativo é concêntrica, se diminui, a contração é excêntrica, se não muda, ou é isométrica ou os músculos estão inativos.

Esse método geral costuma fornecer resultados corretos, mesmo quando forças de contato externo agem sobre o corpo. Em alguns casos, entretanto, a direção da força que o corpo exerce em reação a uma força externa e a direção do deslocamento do objeto contra o qual o corpo exerce força devem ser examinadas. Se ambas têm o mesmo sentido, a força produz trabalho positivo, e os músculos contraem de modo concêntrico. Se são opostas, a força produz trabalho negativo, e os músculos contraem excentricamente. Se nenhum deslocamento ocorre, nenhum trabalho é realizado, e os músculos ou contraem de modo isométrico ou estão inativos.

É simples identificar os grupos musculares ativos, uma vez que o tipo de contração muscular tenha sido determinado. Se a contração é concêntrica, os músculos ativos são aqueles que criam torque na mesma direção do movimento articular observado. Por exemplo, se o movimento articular observado é flexão e a contração é concêntrica, os músculos flexores estão ativos naquela articulação (os músculos extensores opostos também podem estar ativos, mas o torque resultante é do tipo flexor, de modo que os músculos flexores devem produzir torque maior). Se a contração é excêntrica, os músculos ativos são aqueles que criam um torque oposto ao movimento articular observado. Por exemplo, se observa-se flexão e a contração é excêntrica, os músculos extensores estão ativos na articulação em questão (os músculos flexores opostos também podem estar ativos, mas o torque resultante é do tipo extensor, de maneira que os músculos extensores devem produzir maior torque).

> É simples identificar os grupos musculares ativos, uma vez que o tipo de contração muscular tenha sido determinado.

Vamos ver o exemplo do supino outra vez. Durante a fase de descida, o que acontece com a energia mecânica da barra? Sua energia potencial gravitacional diminui, assim como as do braço e antebraço do levantador, porque estão abaixados. Contudo, as energias cinéticas desses segmentos aumentam, porque de uma posição estática eles passam a realizar movimento para baixo. Sua aceleração para baixo não é tão grande quanto a da gravidade, que poderia ocorrer se a diminuição na energia potencial gravitacional fosse exatamente igual ao aumento na energia cinética – isto é, se você apenas deixar a barra cair sobre o seu peito. A energia potencial diminui mais do que a energia cinética aumenta, por isso existe um decréscimo resultante na energia mecânica total. Isso indica que os músculos do cotovelo e do ombro agem de modo excêntrico durante essa fase. Como ocorre flexão de cotovelo e a contração é excêntrica, os músculos ativos são os extensores do cotovelo. No ombro, ocorre extensão horizontal e a contração é excêntrica, de maneira que os músculos ativos devem ser os flexores horizontais do ombro.

Durante a subida do supino, as energias potencial gravitacional e cinética da barra e dos segmentos do braço aumentam, indicando que os músculos do cotovelo e do ombro contraem concentricamente. Como ocorre extensão do cotovelo durante essa fase, os extensores do cotovelo são de novo o grupo muscular ativo. Do mesmo modo, como ocorre flexão horizontal do ombro durante essa etapa, os flexores horizontais são outra vez o grupo muscular ativo. O padrão da atividade muscular observada no supino é típico para a maioria dos movimentos e exercícios que envolvem sobretudo mudanças na energia potencial (levantamento e abaixamento). Os mesmos grupos musculares estão ativos ao longo de todo o movimento ou exercício, contraindo de modo excêntrico durante a fase de de descida e concêntrico durante a subida.

Em geral, se algo é levantado devagar, isso é feito por contrações musculares concêntricas; se abaixado com lentidão, por contrações excêntricas; se mantido firme, contrações isométricas.

A análise das forças e dos deslocamentos durante o supino produz o mesmo resultado. Durante a fase de descida, o levantador exerce na barra uma força para cima, mas o deslocamento do implemento é para baixo. A força e o deslocamento são opostos em direção, de maneira que o trabalho realizado é negativo. Os músculos do cotovelo e do ombro contraem excentricamente durante essa fase. Durante a subida, o atleta continua exercendo uma força para cima na barra, assim como o deslocamento do implemento nessa fase. A força e o deslocamento ocorrem na mesma direção, de modo que o trabalho realizado é positivo. Os músculos do cotovelo e do ombro contraem de maneira concêntrica durante a fase de subida.

Como o grupo muscular ativo é determinado quando a contração muscular na articulação foi identificada como isométrica? Nesse caso, podemos imaginar qual movimento articular ocorreria se todos os músculos ao redor da articulação relaxassem. Se o movimento ocorresse, o grupo muscular ativo (aquele que está ativo isometricamente) seria o que produz um torque oposto a ele. No supino, por exemplo, suponha que você pare durante a fase de subida e segure a barra na metade do caminho para cima. Nenhum movimento ocorre na articulação do cotovelo, de modo que ou a contração é isométrica ou os músculos estão inativos. Neste último caso, a barra cairia sobre seu peito e seu cotovelo flexionaria. O grupo muscular ativo deve ser composto pelos músculos extensores que previnem a flexão do cotovelo.

Acelerações angulares significativas e impactos

Após descobrir os grupos musculares ativos, a próxima tarefa na análise cinesiológica qualitativa é identificar quaisquer casos em que ocorram acelerações angulares significativas e impactos. Isso determina os grupos musculares ativos que devem produzir as maiores forças e as posições dos membros quando estas precisarem ser produzidas. Estes são os grupos musculares cuja força será testada e que deverão ser treinados. Essa etapa é mais importante quando estamos analisando movimentos rápidos, mas ainda podemos utilizar o supino como exemplo.

No início da fase de descida, a barra acelera para baixo, e a flexão do cotovelo e a extensão horizontal do ombro ocorrem. Como a força exercida pelo levantador nesse instante é para cima, ela é reduzida para criar essa aceleração para baixo. Menos torque é criado pelos grupos musculares ativos nesse momento. No final dessa fase, o movimento para baixo da barra é lento, de modo que sua aceleração é para cima. A flexão de cotovelo e a extensão horizontal do ombro também diminuem de velocidade. A força exercida pelo levantador é para cima nesse instante, de maneira que deve ser aumentada para causar a aceleração para cima da barra. Mais torque deve ser criado pelos grupos musculares ativos nesse momento para causar tal aceleração. O mesmo é verdadeiro no início da fase de subida, quando o implemento é acelerado para cima outra vez. No final dessa etapa, a barra diminui sua velocidade e sua aceleração é para baixo. A força exercida pelo levantador nesse instante é para cima, mas é reduzida para criar a aceleração para baixo. Assim, no supino, os grupos musculares ativos estão mais tensionados no final da fase de descida e no início da fase de subida.

Amplitudes de movimento articular extremas

O último passo na análise cinesiológica qualitativa é identificar quaisquer extremos nas amplitudes de movimento articular. O propósito dessa etapa é identificar aqueles músculos e tecidos moles que podem estar estirados e possivelmente lesionados. Exercícios de flexibilidade podem ser apropriados para esses grupos musculares. Como o passo anterior, este é mais importante quando analisamos movimentos rápidos.

No supino, o cotovelo está em extensão completa no início da fase de descida e no final da fase de subida. Entretanto, essa não é uma posição comum para a articulação em questão. No final da de descida e no início da de subida, o cotovelo está completamente flexionado, e o ombro está próximo do limite da sua extensão horizontal. Os torques musculares também são grandes nessa posição, de maneira que exercícios de flexibilidade específicos para alongar os extensores de cotovelo e flexores horizontais do ombro podem ser apropriados.

Mapeando a análise

Manter o controle do que tem sido identificado em cada passo da análise cinesiológica qualitativa é difícil sem um registro daquilo que foi identificado nos passos anteriores. Esse trabalho pode ser mais fácil se você fizer um mapa ou uma tabela dos resultados de cada passo da análise. A tabela deve incluir colunas para as fases de movimento (ou quadros do vídeo), articulações analisadas, movimentos articulares, contrações musculares, grupos musculares ativos, acelerações angulares significativas ou impactos e amplitudes de movimentos articulares extremas. A Tabela 14.1 exemplifica nossa análise do supino.

Tabela 14.1 Análise cinesiológica qualitativa de um supino com pegada aberta

Articulação	Fase do movimento	Movimento articular	Contração muscular	Grupo muscular ativo	Aceleração significativa ou impacto	Amplitude de movimento extrema
Cotovelo	Descida	Flexão	Excêntrica	Extensores	No final da fase	Flexão completa no final da fase
	Subida	Extensão	Concêntrica	Extensores	No início da fase	
Ombro	Descida	Extensão horizontal	Excêntrica	Flexores horizontais	No final da fase	Extensão horizontal completa no final da fase
	Subida	Flexão horizontal	Concêntrica	Flexores horizontais	No início da fase	

Exemplos de análises

Os passos para conduzir uma análise cinesiológica qualitativa para melhorar o treinamento foram descritos nas páginas anteriores usando um exercício simples, o supino, para ilustrar os procedimentos. Uma análise cinesiológica qualitativa de uma habilidade pode ser simples ou complexa, dependendo da atividade que está sendo analisada. Atividades que envolvem sobretudo mudanças na energia potencial (tais como supino e a maioria dos exercícios de levantamento de peso) costumam ser mais fáceis de analisar do que aquelas que incluem movimentos rápidos e envolvem mudanças na energia cinética. Esta seção fornece exemplos de análises cinesiológicas qualitativas de algumas atividades desse tipo, incluindo uma atividade de salto (salto vertical), uma de impacto (chute no futebol americano), uma de locomoção (corrida de velocidade) e uma de lançamento (lançamento de dardo). As análises progridem em dificuldade da mais simples (salto vertical) para a mais complexa (lançamento de dardo).

Salto vertical

Um salto vertical em pé é apenas um pouco mais difícil de analisar do que um supino porque ainda envolve sobretudo mudanças na energia potencial. Esse salto pode ser dividido em três fases, como mostrado na Figura 14.1: uma preparatória (ou descida), uma propulsiva (ou subida) e uma de voo. As duas primeiras ocorrem enquanto o saltador está no solo. Como a altura alcançada pelo centro de gravidade do atleta é determinada pelo que ele faz no solo, vamos analisar apenas essas duas etapas.

Os movimentos que ocorrem durante o salto vertical envolvem sobretudo movimentos nas articulações do tornozelo, joelho, quadril e ombro. Alguns movimentos ocorrem nas articulações dos cotovelos, mas não parecem ser tão importantes quanto os demais, então analisaremos apenas essas quatro articulações. Vamos considerar que a ação do salto é simétrica, de modo que os lados esquerdo e direito movem-se juntos.

Na fase preparatória, os tornozelos dorsiflexionam, os joelhos flexionam, os quadris flexionam e os ombros hiperestendem. Na propulsiva, os movimentos opostos ocorrem em cada articulação: os tornozelos fazem flexão plantar, os joelhos estendem, os quadris estendem e os ombros flexionam.

Nessa fase, o corpo é abaixado, de modo que sua energia potencial gravitacional diminui. O segmento imediatamente acima da articulação do tornozelo é abaixado (seu movimento é para baixo em relação à articulação do torno-

Figura 14.1 Divisão de um salto vertical em pé em três fases para análise.

zelo), de maneira que sua energia potencial gravitacional em relação à articulação do tornozelo diminui. A contração do grupo muscular ativo da articulação do tornozelo é excêntrica. O movimento da articulação do tornozelo é dorsiflexão, mas sua contração é excêntrica, então os flexores plantares do tornozelo são o grupo muscular ativo. O segmento imediatamente acima da articulação do joelho (a coxa) também é abaixado em relação à articulação do joelho, de modo que sua energia potencial gravitacional relativa à articulação do joelho diminui. A contração do grupo muscular ativo na articulação do joelho é excêntrica. Os extensores do joelho são o grupo muscular ativo. O segmento imediatamente acima da articulação do quadril (o tronco) também é abaixado em relação à articulação do quadril, de modo que sua energia potencial gravitacional em relação à articulação do quadril diminui. A contração do grupo muscular ativo na articulação do quadril é excêntrica, então os extensores do quadril são o grupo muscular ativo. O segmento distal à articulação do ombro (o braço) é elevado (os braços movem-se para cima em relação à articulação do ombro), de maneira que sua energia potencial gravitacional relativa à articulação do ombro aumenta. A ação do grupo muscular ativo do ombro é concêntrica. Ocorre hiperextensão na articulação do ombro, portanto os extensores do ombro são o grupo muscular ativo.

Durante a fase propulsiva, as energias potencial gravitacional e cinética de todos os segmentos corporais aumentam. A contração dos músculos ativos em cada uma das articulações é concêntrica. O tornozelo faz flexão plantar, então os flexores plantares estão ativos; o quadril estende, de modo os extensores do quadril estão ativos. Uma avaliação mais próxima da articulação do ombro revela que o braço, a princípio, se move para baixo em relação à articulação do ombro e, depois, para cima. Esse leve decréscimo na energia potencial é muito menor do que o grande aumento na energia cinética do segmento, de maneira que o trabalho realizado é positivo, e os flexores do ombro contraem de modo concêntrico.

No final da fase preparatória e no início da propulsiva, o corpo é acelerado para cima. Todas as articulações são aceleradas nesses momentos. É preciso força nos flexores plantares do tornozelo, nos extensores do joelho e quadril e nos flexores do ombro para realizar um bom salto vertical. (Uma avaliação adicional das fases de voo e aterrissagem revelaria, nesta última, um impacto que também tensionaria todos esses músculos, exceto os flexores do ombro). Portanto, exercícios específicos de treinamento de força (e potência) para tais grupos musculares podem ser apropriados.

As únicas amplitudes de movimento extremas observadas ocorrem na articulação do ombro. A hiperextensão da articulação do ombro na fase preparatória pode ser limitada pelos flexores do ombro. Exercícios de flexibilidade para esses músculos podem ser apropriados.

A Tabela 14.2 apresenta a análise cinesiológica qualitativa completa das fases pré-voo do salto vertical.

Chute no futebol americano

O chute no futebol americano é um exemplo de atividade na qual o trabalho realizado pelos músculos causa sobretudo mudanças na energia cinética. Assim, sua análise é mais difícil que a dos exemplos anteriores. Como envolve movimentos de chute, uma investigação quadro a quadro é necessária. Uma sequência de desenhos de um chute no futebol americano está mostrada na Figura 14.2.

Movimentos articulares

Os segmentos mais importantes nesse chute são as pernas, de modo que devemos analisar as articulações do quadril, joelho e tornozelo de ambas as pernas. A atividade ocorre sobretudo no plano sagital, e, para simplificar, vamos confinar a análise nos movimentos que ocorrem a esse plano. Olhe a Figura 14.2. Começaremos com a articulação do quadril direito, a qual hiperestende do quadro 1 ao 2, conforme o indivíduo pisa à frente com sua perna esquerda,

Tabela 14.2 Exemplo de análise cinesiológica qualitativa das fases pré-voo de um salto vertical em pé

Articulação	Fase de movimento	Movimento articular	Contração muscular	Grupo muscular ativo	Aceleração significativa ou impacto	Amplitude de movimento extrema
Tornozelo	Descida	Dorsiflexão	Excêntrica	Flexores plantares	No final da fase	
	Subida	Flexão plantar	Concêntrica	Flexores plantares	No início da fase	
Joelho	Descida	Flexão	Excêntrica	Extensores	No final da fase	
	Subida	Extensão	Concêntrica	Extensores	No início da fase	
Quadril	Descida	Flexão	Excêntrica	Extensores	No final da fase	
	Subida	Extensão	Concêntrica	Extensores	No início da fase	
Ombro	Descida	Hiperextensão	Concêntrica	Extensores	No final da fase	Hiperextensão completa
	Subida	Flexão	Concêntrica	Flexores	No início da fase	

e flexiona do quadro 2 ao 5 durante a ação do chute e o acompanhamento.

O quadril esquerdo efetivamente estende um pouco do quadro 1 ao 2, apesar de o indivíduo estar pisando na frente sobre esta perna. Essa extensão ocorre sobretudo porque o tronco estava inclinado para frente no quadro 1 e ereto no quadro 2. Ela continua nos quadros 2 a 3. Dos quadros 3 a 4, uma flexão leve parece ocorrer na articulação do quadril esquerdo. A posição da perna direita no quadro 4 evita uma visão clara da coxa esquerda, de maneira que a ação no quadril esquerdo não pode ser determinada com certeza. Dos quadros 4 a 5, a articulação do quadril parece manter a mesma posição, de modo que nenhum movimento articular ocorre.

Do quadro 1 ao 2, o joelho direito estende um pouco e depois flexiona do quadro 2 ao 3. Ele parece manter a posição do quadro 3 ao 4, de maneira que não ocorre movimento articular. Do 4 para o 5, o joelho direito estende rapidamente quando a bola é chutada.

Dos quadros 1 ao 3, o joelho esquerdo estende e então flexiona do quadro 3 para o 4. Ele parece manter a mesma posição flexionada no quadro 5, de modo que nenhum movimento articular ocorre do quadro 4 para o 5.

Dos quadros 1 ao 2, o tornozelo direito realiza flexão plantar e parece manter a mesma posição dos quadros 2 a 5, de modo que nenhum movimento articular ocorre.

O tornozelo esquerdo realiza flexão plantar do quadro 1 até o 3 e, então, faz dorsiflexão dos quadros 3 a 4 e flexão plantar dos quadros 4 a 5.

Grupos musculares ativos e contrações musculares

Agora que identificamos os movimentos articulares que ocorrem durante o chute no futebol americano, precisamos determinar as contrações musculares e verificar quais são os grupos musculares ativos. Veja a Figura 14.2 outra vez. No quadril direito, ocorre hiperextensão dos quadros 1 a 2. Isso parece ser o final da fase de extensão do quadril direito, de modo que a contração muscular é concêntrica no início dessa etapa (enquanto a extensão ocorre com mais rapidez e a energia cinética aumenta) e excêntrica no final (enquanto a velocidade da extensão e a energia cinética diminuem). No início, os extensores do quadril contraem de modo concêntrico e os flexores dessa articulação contraem de maneira excêntrica para diminuir a ve-

Figura 14.2 Desenhos sequenciais de um chute executado por um indivíduo qualificado no futebol americano.

locidade da extensão no final. Dos quadros 2 a 5, o quadril direito flexiona. Essa flexão é iniciada e continuada pela contração concêntrica dos flexores de quadril que ocorre dos quadros 2 a 4 (enquanto a velocidade da flexão e a energia cinética da perna direita aumentam). A contração concêntrica dos flexores de quadril continua durante o período inicial dos quadros 4 a 5 (enquanto a flexão continua aumentando a velocidade), mas logo após o contato do pé com a bola, a velocidade dessa flexão e a energia cinética da perna direita diminuem. A contração excêntrica dos extensores do quadril causa essa desaceleração.

Dos quadros 1 a 3, o quadril esquerdo estende devido à contração concêntrica de seus extensores. Embora difícil de determinar, a velocidade dessa extensão parece aumentar dos quadros 1 a 3, indicando um aumento na energia cinética. Dos quadros 3 ao 4, o quadril esquerdo flexiona um pouco. Neles, o pé esquerdo está em contato com o solo. É a força de reação do solo, que empurra para cima e levemente para trás, que causa essa flexão. Além disso, as energias cinética e potencial gravitacional do corpo diminuem quando o pé toca o solo. A contração muscular é, portanto, excêntrica, e os extensores do quadril são o grupo muscular ativo. Dos quadros 4 a 5, o quadril não muda de posição, de modo que qualquer contração muscular que ocorra é isométrica. Se nenhum músculo estivesse ativo nessa articulação do lado esquerdo durante essa fase, o quadril flexionaria, portanto seus extensores devem contrair isometricamente para manter o ângulo articular.

Dos quadros 1 a 2, o joelho direito estende. Essa fase de extensão é curta, com a velocidade do movimento aumentando no início e diminuindo no final, de modo que a contração é concêntrica no início e excêntrica no final (correspondendo a um aumento na energia cinética acompanhado de um decréscimo na energia cinética). Como a extensão do joelho ocorre, os grupos musculares ativos são os extensores do joelho no início e os flexores de joelho no final. Dos quadros 2 a 3, o joelho direito flexiona. Outra vez, essa fase é curta e envolve um aumento na velocidade no início, seguido por uma diminuição. Então, a contração muscular é concêntrica no começo dessa fase e excêntrica no final. Os flexores do joelho contraem no início, e os extensores no final. Dos quadros 3 a 4, nenhum movimento ocorre no joelho direito, de modo que qualquer contração muscular que ocorra é isométrica. Se todos os músculos do joelho estivessem relaxados nesse ponto, o joelho estenderia, portanto os flexores devem ser o grupo muscular ativo. Dos quadros 4 a 5, o joelho direito continua sua extensão, aumentado a velocidade até o contato com a bola e, então, diminuindo. Esse aumento seguido de decréscimo na energia cinética indica que as contrações musculares são concêntricas e, depois, excêntricas. Os extensores do joelho contraem de modo concêntrico, e, em seguida, ocorre uma contração excêntrica dos flexores dessa articulação.

Dos quadros 1 a 3, o joelho esquerdo estende. A contração muscular é concêntrica dos quadros 1 a 2 porque a velocidade da extensão e a energia cinética da perna aumentam. O grupo muscular ativo é composto pelos extensores. Dos quadros 2 a 3, a velocidade da extensão e a energia cinética da perna diminuem, mas o pé já está em contato com o solo. A força de reação do chão diminui a velocidade da extensão. A contração muscular ainda é concêntrica, e os extensores do joelho ainda são o grupo muscular ativo. Dos quadros 3 a 4, o joelho esquerdo flexiona devido à força de reação do solo. As energias potencial gravitacional e cinética da perna esquerda diminuem, então a contração muscular é excêntrica. Os extensores dessa articulação ainda são o grupo muscular ativo. Dos quadros 4 a 5, nenhum movimento articular ocorre nesse joelho, de modo que qualquer atividade muscular que ocorra é isométrica. Se nenhum músculo estiver ativo nessa articulação durante essa fase, o joelho flexionaria; portanto, os músculos extensores devem estar contraindo isometricamente.

A articulação do tornozelo direito realiza flexão plantar dos quadros 1 a 2. As energias potencial gravitacional e cinética dos segmentos acima da articulação aumentam, de modo que a contração é concêntrica e os flexores plantares são o grupo muscular ativo. Nenhuma mudança ocorre na posição dos quadros 2 a 5, então qualquer atividade muscular que ocorra nessa articulação é isométrica. Dos quadros 2 a 4, os flexores plantares do tornozelo provavelmente estão ativos para segurar a posição em flexão plantar. Dos quadros 4 a 5, os dorsiflexores do tornozelo devem estar ativos para dar ao tornozelo e ao pé suporte para o impacto com a bola.

A articulação do tornozelo esquerdo realiza flexão plantar dos quadros 1 a 3. Para iniciar essa ação, a contração muscular é concêntrica dos quadros 1 a 2, e os flexores plantares são o grupo muscular ativo. Conforme o calcanhar toca o solo, a força de reação do chão aumenta a velocidade dessa flexão plantar. Para diminuí-la, a contração muscular é excêntrica dos quadros 2 a 3, de modo que os dorsiflexores são o grupo muscular ativo. Dos quadros 3 a 4, o tornozelo esquerdo realiza dorsiflexão, que também é causada pela força de reação do solo, agora, agindo através do antepé. As energias potencial gravitacional e cinética da perna esquerda diminuem; portanto, a contração muscular é excêntrica, e os flexores plantares são o grupo muscular ativo. Dos quadros 4 a 5, o tornozelo esquerdo faz flexão plantar, e as energias cinética e potencial gravitacional do corpo aumentam. A contração muscular é concêntrica, e os flexores plantares continuam a ser o grupo muscular ativo.

Acelerações angulares articulares significativas e impactos

O próximo passo na análise do chute no futebol americano é identificar quaisquer instantes de aceleração angular articular significativa e quaisquer impactos. Ainda olhando a Figura 14.2, focamos nossa atenção na perna do chute. Dos quadros 4 a 5, o quadril direito aumenta rapidamente a velocidade em flexão e, então, diminui do mesmo modo durante a fase do acompanhamento. Durante esse período, também aconteceu o impacto do pé com a bola. O quadril direito e os extensores e flexores do joelho, em especial, devem ser reforçados para produzir os torques necessários para causar essas acelerações. Além disso, os dorsiflexores direitos devem estar fortes para manter a posição do pé durante o contato com a bola. Outro impacto ocorre quando o pé esquerdo toca o solo entre os quadros 2 e 3. O joelho esquerdo e os extensores do quadril devem estar fortes para estabilizar o corpo enquanto a perna direita balança. Exercícios de treinamento de força e potência são indicados para os extensores e flexores do quadril, bem como para os flexores e extensores do joelho. Além disso, são recomendados exercícios de treinamento de força para os dorsiflexores do tornozelo direito.

Tabela 14.3 Exemplo de análise cinesiológica qualitativa de um chute no futebol americano

Articulação	Quadros	Movimento articular	Contração muscular	Grupo muscular ativo	Aceleração significativa ou impacto	Amplitude de movimento extrema
Quadril direito	1-2	Hiperextensão	Concêntrica e então excêntrica	Extensores e então flexores	No final da fase	
	2-3	Flexão	Concêntrica	Flexores		
	3-4	Flexão	Concêntrica	Flexores		
	4-5	Flexão	Concêntrica e então excêntrica	Flexores e então extensores	Sim	Flexão completa
Quadril esquerdo	1-2	Extensão	Concêntrica	Extensores		
	2-3	Extensão	Concêntrica	Extensores		
	3-4	Flexão	Excêntrica	Extensores		
	4-5	Sem movimento	Isométrica	Extensores		
Joelho direito	1-2	Extensão	Concêntrica e então excêntrica	Extensores e então flexores		
	2-3	Flexão	Concêntrica e então excêntrica	Flexores e então extensores		
	3-4	Sem movimento	Isométrica	Extensores		
	4-5	Extensão	Concêntrica e então excêntrica	Extensores e então flexores	Sim	Extensão completa
Joelho esquerdo	1-2	Extensão	Concêntrica	Extensores		
	2-3	Extensão	Concêntrica	Extensores		
	3-4	Flexão	Excêntrica	Extensores		
	4-5	Sem movimento	Isométrica	Extensores		
Tornozelo direito	1-2	Flexão plantar	Concêntrica	Flexores plantares		
	2-3	Sem movimento	Isométrica	Flexores plantares		
	3-4	Sem movimento	Isométrica	Flexores plantares		
	4-5	Sem movimento	Isométrica	Dorsiflexores	Impacto da bola	
Tornozelo esquerdo	1-2	Flexão plantar	Concêntrica	Flexores plantares		
	2-3	Flexão plantar	Excêntrica	Dorsiflexores	Impacto do solo	
	3-4	Dorsiflexão	Excêntrica	Flexores plantares		
	4-5	Flexão plantar	Concêntrica	Flexores plantares		

Amplitudes de movimento articulares extremas

A amplitude de movimento articular extrema mais óbvia ocorre nas articulações do quadril direito e no joelho direito no quadro 5, no qual o quadril direito está quase completamente flexionado enquanto o joelho direito está estendido quase ao máximo. O grupo muscular dos isquiotibiais, que é um extensor do quadril e flexor do joelho, está alongado ao máximo durante essa atividade. Exercícios de flexibilidade estão garantidos para esse grupo muscular.

A Tabela 14.3 apresenta a análise cinesiológica qualitativa completa do chute no futebol americano ilustrado na Figura 14.2.

Corrida de velocidade

Correr é outra atividade na qual o trabalho realizado pelos músculos causa sobretudo mudanças na energia cinética. Sua análise é mais difícil que a do chute no futebol americano porque envolve mais segmentos. Uma vez que correr envolve movimentos rápidos, uma análise quadro a quadro é necessária. A sequência de fotos de um corredor é mostrada na Figura 14.3.

Movimentos articulares

Vamos analisar uma passada completa da corrida, do momento em que o pé direito deixa o solo até ele repetir esse ciclo. Os movimentos dos lados direito e esquerdo são similares, mas estão em oposição de fase, de modo que só iremos analisar as articulações de um lado – nesse caso, o lado esquerdo. A corrida de velocidade ocorre sobretudo no plano sagital, então simplificaremos nossa análise ainda mais considerando apenas os movimentos nesse plano. As articulações que iremos observar são quadril, joelho, tornozelo e ombro esquerdos.

O quadril esquerdo flexiona dos quadros 1 a 5 e, então, estende dos quadros 5 a 7 e hiperestende do 7 ao 8.

O joelho esquerdo flexiona dos quadros 1 a 3, então estende do 3 ao 6. Ele flexiona um pouco dos quadros 6 a 7 e estende outra vez do 7 ao 8.

Nenhum movimento articular perceptível ocorre no tornozelo esquerdo dos quadros 1 a 2. Essa articulação realiza dorsiflexão dos quadros 2 a 5 e, então, uma pequena flexão plantar do 5 ao 6. Depois, dorsiflexiona no contato do pé com o solo do quadro 6 ao 7 e, então, faz flexão plantar durante a fase de perda de contato com o chão, dos quadros 7 a 8.

O ombro esquerdo estende do quadro 1 ao 3, hiperestende do 3 ao 5 e flexiona do 5 ao 8.

Contrações musculares e grupos musculares ativos

Similar ao que acontece com o chute no futebol americano, as contrações musculares na corrida de velocidade se devem sobretudo às mudanças na energia cinética dos segmentos do corredor. Do quadro 1 ao 4, a velocidade da flexão do quadril esquerdo aumenta junto com a energia cinética da perna, de modo que a contração muscular é concêntrica. Os flexores do quadril são o grupo muscular ativo. Dos quadros 4 a 5, a velocidade da flexão do quadril diminui junto com a energia cinética da perna, portanto a contração muscular é excêntrica. Os extensores do quadril são o grupo muscular ativo. Dos quadros 5 a 7, a velocidade da extensão do quadril aumenta junto com a energia cinética da perna, de modo que a contração muscular é concêntrica. Os extensores do quadril são o grupo muscular ativo. Do quadro 7 ao 8, a energia cinética aumenta, mas, no final dessa fase, a hiperextensão do quadril diminui de velocidade. A contração muscular é, a princípio, concêntrica e, então, excêntrica. Os extensores do quadril são o grupo muscular ativo no início e, depois, os flexores do quadril.

No joelho esquerdo, a velocidade da flexão aumenta dos quadros 1 a 2 e diminui do 2 para o 3. Portanto, a contração muscular é concêntrica dos quadros 1 a 2 e excêntrica do 2 ao 3. Os flexores do joelho contraem concentricamente dos quadros 1 a 2, e os extensores do joelho, de modo excêntrico do 2 ao 3. A extensão do joelho acelera dos quadros 3 a 5, mas diminui de velocidade do 5 ao 6 (e talvez até durante o final do período do quadro 4 ao 5). A contração muscular é concêntrica do 3 até o 5 e excêntrica do 5 até o 6 (e talvez até excêntrica durante o final do período que vai dos quadros 4 a 5). Os extensores do joelho contraem de modo concêntrico dos quadros 4 a 5; então os flexores do joelho contraem excentricamente para diminuir a velocidade da extensão dos quadros 5 a 6. Do quadro 6 até o 7, o joelho flexiona quando o pé esquerdo toca o solo devido à grande força de reação do chão agindo no pé esquerdo. É realizado trabalho negativo na articulação do joelho, e a contração muscular é excêntrica. Os extensores do joelho são o grupo muscular ativo durante essa fase. Dos quadros 7 a 8, o joelho esquerdo estende. A princípio, a extensão do joelho aumenta de velocidade, mas no final, diminui. Os extensores do joelho contraem de modo concêntrico no início e são acompanhados por uma contração excêntrica dos flexores do joelho no final dessa fase.

Nenhum movimento articular perceptível ocorre na articulação do tornozelo esquerdo dos quadros 1 a 2, de modo que qualquer atividade muscular é isométrica. O movimento anterior nessa articulação foi a flexão plantar conforme o corredor perdia o contato com o solo. Uma contração excêntrica dos dorsiflexores seguiu essa perda de contato, de modo que eles provavelmente ainda estão ativos do quadro 1 até o 2. Do 2 até o 5, o tornozelo realiza dorsiflexão. A contração muscular é concêntrica do quadro 2 até o 4 conforme a velocidade da dorsiflexão aumenta. Os dorsiflexores são o grupo muscular ativo. Do quadro 4 até o 5, a contração muscular é excêntrica, conforme diminui a velocidade da dorsiflexão. Os flexores plantares são

Biomecânica do Esporte e do Exercício **347**

Figura 14.3 Sequência de fotos de um corredor durante uma passada completa.

o grupo muscular ativo. Dos quadros 5 a 6, a velocidade da flexão plantar aumenta, de modo que a contração muscular é concêntrica e os flexores plantares são ainda o grupo muscular ativo. Do quadro 6 ao 7, a dorsiflexão ocorre quando o pé esquerdo bate no solo devido à grande força de reação do chão agindo no pé esquerdo. É realizado trabalho negativo na articulação do tornozelo, e a contração muscular é excêntrica. Os flexores plantares continuam sendo o grupo muscular ativo. Dos quadros 7 a 8, o tornozelo realiza flexão plantar. A princípio, a contração muscular é concêntrica, conforme os músculos realizam trabalho positivo e as energias potencial e cinética aumentam. Os flexores plantares continuam sendo o grupo muscular ativo. No final dessa fase, os dorsiflexores contraem excentricamente para diminuir a velocidade da flexão plantar.

No ombro esquerdo ocorre extensão ou hiperextensão do quadro 1 até o 5. Essa extensão aumenta de velocidade dos quadros 1 a 4 e diminui do 4 ao 5. A contração muscular é, portanto, concêntrica do quadro 1 ao 4 e excêntrica do 4 ao 5. Os extensores do ombro são o grupo muscular ativo do quadro 1 até o 4; então, os flexores do ombro contraem excentricamente do quadro 4 ao 5. Do 5 ao 8, o ombro esquerdo flexiona. A flexão do ombro aumenta de velocidade dos quadros 5 a 7 e diminui no final do período, do quadro 7 ao 8. A contração muscular é, portanto, concêntrica, começando no quadro 5 até o instante anterior ao quadro 8, quando torna-se excêntrica. Os flexores do ombro contraem de modo concêntrico do quadro 5 ao 7 e, então, os extensores dessa articulação contraem excentricamente.

Acelerações angulares articulares significativas e impactos

Vários instantes de aceleração angular articular significativa ocorrem durante a passada da corrida. A articulação do quadril acelera com rapidez em flexão do quadro 1 até o 3 devido à ação dos flexores. Essa flexão diminui de velocidade rápidamente do quadro 4 para o 5 devido à ação excêntrica dos extensores do quadril. Dos quadros 7 a 8, a hiperextensão dessa articulação acelera rápido devido à grande e potente ação dos extensores do quadril. Essa hiperextensão, então, diminui de velocidade antes do quadro 8 em função da ação excêntrica dos flexores do quadril.

A flexão do joelho acelera com rapidez dos quadros 1 a 2 devido à ação concêntrica dos flexores. A ação excêntrica dos extensores dessa articulação rapidamente diminui essa flexão nos quadros 2 a 3. A contração concêntrica subsequente dos extensores causa uma extensão rápida do joelho do quadro 3 ao 4. De repente, essa extensão é diminuída pela ação excêntrica dos flexores no final do período, dos quadros 4 a 5 e 5 a 6. Do quadro 4 para o 5, o grupo muscular biarticular dos isquiotibiais (um flexor do joelho e extensor do quadril) deve produzir grande força conforme age excentricamente para desacelerar a extensão do joelho e a flexão do quadril. A tração dos músculos isquiotibiais costuma ocorrer nesse instante durante a passada da corrida. Uma rápida aceleração da extensão do joelho também ocorre no início do quadro 7 e continua até o 8, à medida que a perna perde contato com o solo, devido à ação concêntrica forte dos extensores do joelho.

A articulação do tornozelo esquerdo sofre uma dorsiflexão rápida dos quadros 6 a 7 conforme o impacto do pé com o chão acontece. A ação excêntrica forte dos flexores plantares previne a articulação de uma lesão. Do quadro 7 até o 8, a articulação do tornozelo acelera rapidamente em flexão plantar, enquanto sustenta o peso, devido à ação concêntrica forte dos flexores plantares.

Um aumento rápido da velocidade de extensão do ombro esquerdo ocorre do quadro 2 ao 3 devido à ação concêntrica dos extensores. A diminuição rápida dessa extensão ocorre do quadro 4 ao 5 em função da ação excêntrica dos flexores dessa articulação. Os flexores, então, agem concentricamente para acelerar a flexão do ombro dos quadros 5 a 6.

Exercícios de treinamento de força e potência apropriados são indicados para os flexores e extensores do quadril; os flexores e extensores do joelho (em especial o grupo muscular dos isquiotibiais); os flexores plantares; e os flexores e extensores do ombro.

Amplitudes de movimento articulares extremas

Poucas amplitudes de movimento articulares extremas são demonstradas pelo corredor na Figura 14.3. A articulação do quadril alcança uma posição de hiperextensão extrema durante a perda de contato com o solo nos quadros 1 e 8, de modo que seus flexores são alongados. A articulação do tornozelo alcança posições de flexão plantar extrema nos quadros 1 e 8, possivelmente alongando os dorsiflexores. Ela também alcança uma posição de dorsiflexão extrema no toque com o solo no quadro 7, de modo que os flexores plantares podem ser alongados. A articulação do ombro realiza uma hiperextensão extrema no quadro 5, fazendo os flexores do ombro serem alongados. Exercícios de flexibilidade estão indicados para cada um desses grupos musculares.

A Tabela 14.4 apresenta a análise cinesiológica qualitativa completa da corrida ilustrada na Figura 14.3.

Arremesso de dardo

Assim como o chute no futebol americano e a passada da corrida de velocidade, o arremesso de dardo é uma atividade na qual o trabalho realizado pelos músculos causa sobretudo mudanças na energia cinética. Sua análise é mais difícil que a dos exemplos anteriores porque envolve muitos segmentos e trata-se de uma atividade multiplanar. Novamente, o arremesso de dardo envolve movimentos rápidos, de modo que uma análise quadro a quadro é ne-

Biomecânica do Esporte e do Exercício 349

Tabela 14.4 Exemplo de análise cinesiológica qualitativa de uma passada da corrida

Articulação	Quadros	Movimento articular	Contração muscular	Grupo muscular ativo	Aceleração significativa ou impacto	Amplitude de movimento extrema
Quadril esquerdo	1-2	Flexão	Concêntrica	Flexores	Sim	Hiperextensão
	2-3	Flexão	Concêntrica	Flexores		
	3-4	Flexão	Concêntrica	Flexores		
	4-5	Flexão	Excêntrica	Extensores	Sim	
	5-6	Extensão	Concêntrica	Extensores		
	6-7	Extensão	Concêntrica	Extensores		
	7-8	Hiperextensão	Concêntrica e então excêntrica	Extensores e então flexores	Sim	Hiperextensão
Joelho esquerdo	1-2	Flexão	Concêntrica	Flexores	Sim	
	2-3	Flexão	Excêntrica	Extensores	Sim	
	3-4	Extensão	Concêntrica	Extensores	Sim	
	4-5	Extensão	Concêntrica	Extensores	Sim	
	5-6	Extensão	Excêntrica	Flexores	Sim	
	6-7	Flexão	Excêntrica	Extensores		
	7-8	Extensão	Concêntrica e então excêntrica	Extensores e então flexores	Sim	
Tornozelo esquerdo	1-2	Sem movimento	Isométrica	Dorsiflexores		Flexão plantar
	2-3	Dorsiflexão	Concêntrica	Dorsiflexores		
	3-4	Dorsiflexão	Concêntrica	Dorsiflexores		
	4-5	Dorsiflexão	Excêntrica	Flexores plantares		
	5-6	Flexão plantar	Concêntrica	Flexores plantares		
	6-7	Dorsiflexão	Excêntrica	Flexores plantares	Impacto do solo	Dorsiflexão
	7-8	Flexão plantar	Concêntrica e então excêntrica	Flexores plantares e então dorsiflexores	Sim	Flexão plantar
Ombro esquerdo	1-2	Extensão	Concêntrica	Extensores		
	2-3	Hiperextensão	Concêntrica	Extensores	Sim	
	3-4	Hiperextensão	Concêntrica	Extensores		
	4-5	Hiperextensão	Excêntrica	Flexores	Sim	Hiperextensão
	5-6	Flexão	Concêntrica	Flexores	Sim	
	6-7	Flexão	Concêntrica	Flexores		
	7-8	Flexão	Concêntrica e então excêntrica	Flexores e então extensores		

Figura 14.4 Sequência de desenhos de um arremessador de dardo de elite. (continua)

Figura 14.4 (continuação).

cessária. Uma sequência de desenhos de um arremessador de dardo de elite é mostrada na Figura 14.4.

Movimentos articulares

As articulações que parecem importantes nessa atividade incluem o cotovelo e o ombro do braço do arremesso, o tronco (as articulações intervertebrais) e aquelas dos quadris direito e esquerdo. Vamos começar nossa análise com a articulação do cotovelo direito. Do quadro 1 ao 5, as posições dos membros no cotovelo não mudam, de modo que nenhum movimento articular ocorre. O cotovelo começa a flexionar do quadro 5 para o 6 e continua flexionando no quadro 8. Do 8 ao 10, ele estende durante o lançamento e a liberação final do dardo.

A articulação do ombro também mantém uma posição relativamente estática no início da ação do arremesso, dos quadros 1 a 6. Alguma rotação externa ocorre do quadro 6 até o 8. Uma rotação interna rápida junto com abdução acontece durante o lançamento, a liberação final e a recuperação do quadro 8 até o 10. Do quadro 9 ao 10, ocorre extensão nessa articulação.

O tronco (ou articulações intervertebrais) está inativo do quadro 1 ao 2. Ele roda um pouco para a direita, conforme o passo cruzado é realizado, do quadro 2 ao 3. Do 3 até o 6, ele desenrola e roda para a esquerda. Dos quadros 6 a 7, ele roda outra vez para a direita, conforme a perna esquerda é colocada no solo. Do 6 ao 7 (e talvez ainda antes), o tronco também estende e hiperestende. Do quadro 7 ao 10, ele roda rapidamente para a esquerda e flexiona durante o lançamento e a recuperação

O quadril direito flexiona e aduz do quadro 1 ao 4. Do 4 ao 5, ele flexiona mais ainda durante a pisada do pé direito, e alguma abdução acontece. Do 5 ao 6, a extensão do quadril começa, e a abdução continua. Do quadro 6 ao 7, ocorre hiperextensão junto com uma rápida rotação interna. Dos quadros 7 a 10, o quadril direito flexiona. A rotação interna continua do quadro 7 ao 8.

O quadril esquerdo estende e aduz dos quadros 1 a 3. Então, flexiona, abduz e roda externamente do quadro 3 até o 6. Do 6 ao 8 o quadril esquerdo roda internamente com rapidez e flexiona conforme o pé esquerdo toca o solo. Do 8 ao 10, ele roda internamente mais do que estende.

Grupos musculares ativos e contrações musculares

Agora que já identificamos os movimentos articulares que acontecem no arremesso de dardo, o próximo passo é determinar o tipo de contração muscular e identificar os grupos musculares ativos. Nenhum movimento ocorre na articulação do cotovelo dos quadros 1 a 5, então ou a contração muscular é isométrica ou não existe atividade muscular. O braço está agindo como uma corda ou cabo puxando o dardo. Para proteger o cotovelo da hiperextensão, os músculos flexores dessa articulação contraem de modo isométrico. Sua flexão acelera do quadro 5 até o 7 (a energia cinética aumenta) e desacelera do 7 ao 8 (a energia cinética diminui). Os flexores do cotovelo contraem concentricamente do quadro 5 até o 7, e os extensores contraem de modo excêntrico do 7 ao 8. A extensão dessa articulação acontece do quadro 8 até o 10, acelerando do quadro 8 para o 9 e desacelerando do 9 para o 10. Os extensores do cotovelo continuam a contrair concentricamente do quadro 8 até 9, e, então, os flexores dessa articulação contraem de maneira excêntrica do 9 ao 10.

O ombro encontra-se em abdução do quadro 1 até o 6, mas não muda de posição, de modo que ou a contração muscular é isométrica ou não existe atividade muscular. Para manter essa posição, os abdutores do ombro devem estar ativos isometricamente. Alguma rotação externa ocorre dos quadros 6 a 8 devido à rápida rotação do tronco e à inércia do dardo e do braço. A contração muscular é excêntrica. (Aqui, nosso esquema de análise de energia não funciona muito bem ou talvez seja difícil de entender. O corpo e as pernas parecem acelerar, mas a velocidade do braço e do dardo não aumenta tanto, então existe uma perda de energia – ou talvez um armazenamento de energia elástica nos músculos do ombro – através da articulação do ombro.) Os rotadores internos do ombro são o grupo muscular ativo. Do quadro 8 até o 10, a abdução e uma rápida rotação interna dessa articulação ocorre. Do 9 ao 10, também acontece extensão. A energia cinética aumenta bastante conforme o braço e o dardo aceleram nesses quadros, de modo que a contração muscular é concêntrica. No quadro 10 e além (se mais da recuperação fosse mostrado), esses movimentos articulares continuam, mas diminuem de velocidade devido a contrações excêntricas. Os abdutores, rotadores internos e extensores do ombro são o grupo muscular ativo até o quadro 10, quando os adutores, rotadores externos e flexores tornam-se ativos excentricamente.

Em geral, o tronco encontra-se estático ou rígido do quadro 1 ao 2, de modo que seus músculos posturais normais contraem de modo isométrico. Do quadro 2 para o 3, ele roda para a direita conforme a pelve roda para a esquerda. Essa ação é causada pelo passo cruzado da perna direita e pelo impulso da perna esquerda, bem como pela ação dos músculos do tronco. A energia cinética da pelve aumenta no início, então diminui à medida que a rotação para, de maneira que a contração muscular é primeiro concêntrica e, depois, excêntrica. Os rotadores do tronco do lado direito são o grupo muscular ativo no começo, seguidos pelos do lado esquerdo. Do quadro 3 até o 6, o tronco roda para a esquerda (à medida que a pelve gira para a direita). Essa ação se deve em parte à pisada do pé direito no chão no quadro 5, mas o aumento na energia é causado pela contração muscular concêntrica que inicia o movimento. Os rotadores do tronco do lado esquerdo são o grupo muscular ativo. Do quadro 6 ao 7, extensão e hiperextensão ocorrem rapidamente junto com a rotação para a direita conforme a perna esquerda pisa no solo. Nesse instante, a situação é similar à da articulação do ombro. A força de reação grande da perna esquerda faz as costas hiperestenderem conforme a pelve roda para a esquerda, mas o resto do tronco fica para trás por um momento. Existe uma perda de energia dentro do tronco (ou talvez um armazenamento de energia elástica), portanto a contração muscular é excêntrica. Os flexores e os rotadores do tronco para a esquerda são os grupos musculares ativos. Dos quadros 7 a 10, o tronco roda com rapidez para a esquerda e flexiona. A rotação e a flexão aceleram do quadro 7 ao 9, então desaceleram do 9 ao 10. A contração muscular é, portanto, concêntrica dos quadros 7 ao 9, e excêntrica do 9 ao 10. Os flexores e os rotadores do tronco para a esquerda continuam sendo os grupos musculares ativos nos quadros 7 a 9, e os extensores do tronco e os rotadores para a direita, nos quadros 9 a 10.

O quadril direito aduz e flexiona do quadro 1 até o 4. Essas ações aumentam de velocidade do quadro 1 até o 3, e a contração muscular é concêntrica. Portanto, os adutores e flexores do quadril são os grupos musculares ativos. A adução e a flexão diminuem de velocidade do quadro 3 para o 4, e a contração muscular é excêntrica, então os abdutores do quadril são o grupo muscular ativo. O quadril direito continua a flexionar à medida que sua velocidade diminui do quadro 4 para o 5, de modo que a contração é excêntrica. Os extensores do quadril contraem excentricamente do quadro 3 ao 5. Dos quadros 4 a 6, o quadril direito abduz. A velocidade dessa ação aumenta durante esses quadros, portanto a contração muscular é concêntrica, e os abdutores do quadril são o grupo muscular ativo. Dos quadros 5 a 7, o quadril direito estende e, então, hiperestende. A contração muscular é concêntrica do quadro 5 ao 6, conforme a velocidade da extensão aumenta, e excêntrica do 6 ao 7 conforme a hiperextensão desacelera. Os extensores do quadril contraem de maneira concêntrica do quadro 5 ao 6, e então os flexores do quadril contraem excentricamente do 6 ao 7. Dos quadros 6 a 8, uma rápida rotação interna acontece no quadril direito. Essa ação aumenta e, depois, diminui de velocidade, de modo que os rotadores internos contraem de maneira concêntrica do 6 a 7; então os rotadores externos contraem excentricamente do 7 ao 8. Do quadro 7 até o 10, o quadril direito flexiona devagar. A flexão aumenta a velocidade de maneira lenta, de modo que os músculos flexores do quadril contraem concentricamente.

O quadril esquerdo aduz e estende do quadro 1 até o 3. Essas ações aumentam a energia cinética do corpo conforme o pé esquerdo sai do solo, de maneira que os adutores e os extensores do quadril contraem de modo concêntrico até o final dessa fase, quando a velocidade dessas ações diminuem e os abdutores e flexores do qua-

dril realizam uma contração excêntrica. Do quadro 3 até o 6, o quadril esquerdo flexiona, abduz e roda externamente. A velocidade dessas ações aumenta do quadro 3 até o 5, quando os flexores, abdutores e rotadores externos do quadril realizam contração concêntrica. A flexão, rotação externa e a abdução do quadril diminuem de velocidade dos quadros 5 a 6, quando os extensores, rotadores internos e abdutores contraem de modo excêntrico. Do quadro 6 até o 10, o quadril esquerdo roda internamente conforme a pelve gira para a esquerda. A velocidade dessa ação aumenta do quadro 6 ao 9 e diminui do 9 ao 10. A contração muscular é, portanto, concêntrica dos quadros 6 a 9, e os rotadores internos são o grupo muscular ativo. A contração muscular é excêntrica do quadro 9 ao 10, e os rotadores externos são o grupo muscular ativo. Dos quadros 6 a 8, o quadril esquerdo flexiona. A velocidade da flexão aumenta do quadro 6 para o 7, quando os músculos flexores do quadril realizam contração concêntrica, e diminui do 7 para o 8, quando os extensores do quadril contraem excentricamente. O quadril esquerdo estende do quadro 8 até o 10. A velocidade dessa extensão aumenta ao longo desse período devido à contração concêntrica dos extensores do quadril.

Acelerações angulares articulares significativas e impactos

A aceleração angular articular mais significativa do lançamento de dardo ocorre conforme a articulação do ombro direito roda internamente, abduz e estende do quadro 8 até o 10. Os abdutores, rotadores internos e extensores dessa articulação devem ser fortes e potentes para produzir esses movimentos articulares com grandes incrementos na velocidade, e os adutores, rotadores externos e os flexores devem ser fortes para reduzir a velocidade desses movimentos.

O impacto do pé esquerdo com o solo no quadro 7 causa tensões grandes no tronco e na extremidade inferior. A musculatura do tronco, especificamente os flexores e rotadores para a esquerda do tronco, produz grandes torques durante essa fase.

Exercícios de força e potência apropriados são indicados para todos os músculos ao redor da articulação do ombro, bem como para os flexores e rotadores do tronco.

Amplitudes de movimento articular extremas

Amplitudes de movimento articular extremas são observadas em várias instâncias no lançamento de dardo. O exemplo mais radical é a posição de rotação externa máxima do ombro direito no quadro 8. Os rotadores internos dessa articulação são alongados ao máximo nessa posição. Outros extremos nas posições articulares incluem a hiperextensão do tronco e do quadril direito no quadro 7, que alongam os flexores do tronco e do quadril. Exercícios de flexibilidade são indicados para todos esses grupos musculares.

A Tabela 14.5 apresenta a análise cinesiológica qualitativa completa do lançamento de dardo ilustrado na Figura 14.4.

Resumo

A biomecânica pode ser utilizada para aprimorar o desempenho por meio da melhora de seu treinamento. Um princípio básico do treinamento é a especificidade. A biomecânica pode melhorar esse aspecto identificando pontos específicos da técnica que precisam ser aperfeiçoados (como discutido no capítulo anterior); assimilando treinos técnicos e exercícios que imitem os aspectos próprios da técnica ou aquele exercício específico para grupos musculares particulares utilizados durante o desempenho; e determinando os músculos específicos cuja força, potência ou flexibilidade limite a execução. A maior parte deste capítulo envolveu o último item. A análise cinesiológica qualitativa de um desempenho identifica os músculos específicos que estão ativos durante um movimento.

Cinco passos estão envolvidos em uma análise cinesiológica qualitativa:

1. Divida a atividade em fases temporais.
2. Identifique as articulações envolvidas e seus movimentos.
3. Determine o tipo de contração muscular (concêntrica, excêntrica ou isométrica) e o grupo muscular predominante em cada articulação.
4. Identifique instantes nos quais ocorram acelerações angulares articulares significativas (grande aumento ou diminuição de velocidade dos movimentos articulares) e impactos.
5. Identifique quaisquer extremos nas amplitudes de movimento articular.

Os passos 1, 2, 4 e 5 são autoexplicativos e diretos. O passo 3, o coração da análise, é mais difícil. As contrações musculares são determinadas pela análise do trabalho e da energia, pois contrações musculares concêntricas produzem trabalho positivo e aumentos na energia, enquanto as excêntricas produzem trabalho negativo e decréscimos na energia. A identificação das mudanças na energia que ocorrem em cada articulação ou dentro do corpo durante um movimento, em geral, indica o tipo de contração muscular envolvido naquela articulação. Então, identificamos os grupos musculares ativos considerando o movimento articular e a contração muscular juntos. Se a contração é concêntrica, os músculos ativos são aqueles que produzem torque na mesma direção do movimento articular. Assim, se trate de uma flexão e a contração muscular é concêntrica, os músculos ativos são os flexores. Caso a contração muscular seja excêntrica, os músculos ativos são aqueles que produzem torque na direção oposta à do movimento articular. Desse modo, se temos uma flexão e a contração muscular é excêntrica, os músculos ativos são os extensores. Os músculos que estão ativos durante instantes nos quais ocorrem grandes acelerações angulares articulares ou impactos precisam ser fortes, sendo identificados como aqueles que devem receber treinamento para ganho de força e potência. Do mesmo modo, os músculos que estão alongados durante instantes de amplitudes extremas de movimento articular precisam ser flexíveis, sendo identificados como aqueles que devem receber treinamento para ganho de flexibilidade.

Tabela 14.5 Exemplo de análise cinesiológica qualitativa de um lançamento de dardo

Articulação	Quadros	Movimento articular	Contração muscular	Grupo muscular ativo	Aceleração significativa ou impacto	Amplitude de movimento extrema
Cotovelo direito	1-2	Sem movimento	Isométrica	Flexores		
	2-3	Sem movimento	Isométrica	Flexores		
	3-4	Sem movimento	Isométrica	Flexores		
	4-5	Sem movimento	Isométrica	Flexores		
	5-6	Flexão	Concêntrica	Flexores		
	6-7	Flexão	Concêntrica	Flexores		
	7-8	Flexão	Excêntrica	Extensores		
	8-9	Extensão	Concêntrica	Extensores		
	9-10	Extensão	Excêntrica	Flexores		

(continua)

Tabela 14.5 Exemplo de análise cinesiológica qualitativa de um lançamento de dardo (continuação)

Articulação	Quadros	Movimento articular	Contração muscular	Grupo muscular ativo	Aceleração significativa ou impacto	Amplitude de movimento extrema
Ombro direito	1-2	Sem movimento	Isométrica	Abdutores		
	2-3	Sem movimento	Isométrica	Abdutores		
	3-4	Sem movimento	Isométrica	Abdutores		
	4-5	Sem movimento	Isométrica	Abdutores		
	5-6	Sem movimento	Isométrica	Abdutores	Sim	
	6-7	Rotação externa	Excêntrica	Rotadores internos	Sim	
	7-8	Rotação externa	Excêntrica	Rotadores internos	Sim	Rotação externa
	8-9	Rotação interna	Concêntrica	Rotadores internos		
		Abdução	Concêntrica	Abdutores	Sim	
	9-10	Rotação interna	Concêntrica e então excêntrica	Rotadores internos e então rotadores externos	Sim	
		Abdução	Concêntrica e então excêntrica	Abdutores e então adutores		
		Extensão	Concêntrica e então excêntrica	Extensores e então flexores		
Tronco (articulações intervertebrais)	1-2	Sem movimento	Isométrica	Músculos posturais		
	2-3	Rotação para a direita	Concêntrica e então excêntrica	Rotadores para a direita e então rotadores para a esquerda		
	3-4	Rotação para a esquerda	Concêntrica	Rotadores para a esquerda		
	4-5	Rotação para a esquerda	Concêntrica	Rotadores para a esquerda		
	5-6	Rotação para a esquerda	Concêntrica	Rotadores para a esquerda		
	6-7	Rotação para a direita	Excêntrica	Rotadores para a esquerda	Impacto do solo	
		Extensão	Excêntrica	Flexores	Impacto do solo	Hiperextensão
		Hiperextensão	Excêntrica	Flexores		
	7-8	Rotação para a esquerda	Concêntrica	Rotadores para a esquerda		
		Flexão	Concêntrica	Flexores		
	8-9	Rotação para a esquerda	Concêntrica	Rotadores para a esquerda		
		Flexão	Concêntrica	Flexores		
	9-10	Rotação para a esquerda	Excêntrica	Rotadores para a direita		
		Flexão	Excêntrica	Extensores		

(continua)

Tabela 14.5 Exemplo de análise cinesiológica qualitativa de um lançamento de dardo *(continuação)*

Articulação	Quadros	Movimento articular	Contração muscular	Grupo muscular ativo	Aceleração significativa ou impacto	Amplitude de movimento extrema
Quadril direito	1-2	Flexão	Concêntrica	Flexores		
		Adução	Concêntrica	Adutores		
	2-3	Flexão	Concêntrica	Flexores		
		Adução	Concêntrica	Adutores		
	3-4	Flexão	Excêntrica	Extensores		
		Adução	Excêntrica	Abdutores		
	4-5	Flexão	Excêntrica	Extensores		
		Abdução	Concêntrica	Abdutores		
	5-6	Extensão	Concêntrica	Extensores		
		Abdução	Concêntrica	Abdutores		
	6-7	Hiperextensão	Excêntrica	Flexores		Hiperextensão
		Rotação interna	Concêntrica	Rotadores internos		
	7-8	Flexão	Concêntrica	Flexores		
		Rotação interna	Excêntrica	Rotadores externos		
	8-9	Flexão	Concêntrica	Flexores		
	9-10	Flexão	Concêntrica	Flexores		
Quadril esquerdo	1-2	Extensão	Concêntrica	Extensores		
		Adução	Concêntrica	Adutores		
	2-3	Extensão	Concêntrica e então excêntrica	Extensores e então flexores		
		Adução	Concêntrica e então excêntrica	Adutores e então abdutores		
	3-4	Flexão	Concêntrica	Flexores		
		Abdução	Concêntrica	Abdutores		
		Rotação externa	Concêntrica	Rotadores externos		
	4-5	Flexão	Concêntrica	Flexores		
		Abdução	Concêntrica	Abdutores		
		Rotação externa	Concêntrica	Rotadores externos		
	5-6	Flexão	Excêntrica	Extensores		
		Abdução	Excêntrica	Adutores		
		Rotação externa	Excêntrica	Rotadores internos		
	6-7	Flexão	Concêntrica	Flexores	Impacto do solo	
		Rotação interna	Concêntrica	Rotadores internos	Impacto do solo	
	7-8	Flexão	Excêntrica	Extensores		
		Rotação interna	Concêntrica	Rotadores internos		
	8-9	Extensão	Concêntrica	Extensores		
		Rotação interna	Concêntrica	Rotadores internos		
	9-10	Extensão	Concêntrica	Extensores		
		Rotação interna	Excêntrica	Rotadores externos		

TERMOS-CHAVE

Análise cinesiológica qualitativa (p. 337)
Treinamento físico (p. 337)
Treinamento técnico (p. 336)

QUESTÕES DE REVISÃO

1. Que outro método qualitativo ou quantitativo (além da análise cinesiológica qualitativa descrita nas páginas anteriores) existe para identificar quais grupos musculares específicos estão ativos durante um exercício ou movimento?
2. Quais grupos musculares das articulações do cotovelo e ombro são exercitados durante a flexão sobre o solo?
3. Quais grupos musculares da extremidade inferior são exercitados durante um agachamento?
4. Quais grupos musculares das articulações do quadril, joelho e tornozelo são exercitados durante a fase de aterrissagem de um salto vertical?
5. A contração dos músculos na questão anterior é concêntrica, excêntrica ou isométrica?
6. Durante a fase de recuperação de um lançamento no beisebol, quais grupos musculares estão ativos no ombro do arremesso?
7. A contração dos músculos do ombro na questão anterior é concêntrica, excêntrica ou isométrica?
8. Faça a análise cinesiológica qualitativa do exercício de barra com a pegada supinada.
9. Faça a análise cinesiológica qualitativa do exercício de polichinelo.
10. Faça a análise cinesiológica qualitativa do exercício de salto em distância.

Capítulo 15

Análise biomecânica qualitativa para entender o desenvolvimento de lesão

Steven T. McCaw, PhD, FACSM
Universidade do Estado de Illinois

Objetivos

Ao terminar de ler este capítulo, você deverá ser capaz de:

- Diferenciar entre força e pressão ou tensão
- Explicar como a tensão contínua se relaciona com a adaptação tecidual e a lesão
- Descrever o conceito de limiar de tensão
- Diferenciar entre fatores intrínsecos e extrínsecos relacionados ao desenvolvimento de lesões
- Identificar os fatores intrínsecos que predispõem um indivíduo a lesões
- Identificar os fatores extrínsecos associados com tensão alta durante o desempenho de uma habilidade
- Explicar os conceitos de treinamento cruzado e treinamento cruzado dentro de uma mesma atividade
- Sugerir intervenções para diminuir o risco de lesão durante o desempenho de uma tarefa

Você está na linha de largada, pronto para disputar uma corrida de rua de 10 km. Um amigo se aproxima e explica que não está registrado para correr porque recentemente desenvolveu uma dor incômoda na perna. Ele modificou o seu treinamento para a corrida e espera alcançar um tempo melhor. Você imagina se as mudanças no programa de treinamento podem ter levado à lesão. Este capítulo discute a base biomecânica das lesões e esboça uma abordagem estruturada para identificar fatores relacionados à prevenção desse problema.

Carreiras promissoras no esporte e nos programas de treinamento bem intencionados são, às vezes, interrompidos por causa de uma lesão. Corredores competitivos podem sofrer uma variedade de dores na extremidade inferior e na coluna lombar que interrompem o treinamento. Um lançador do beisebol pode sofrer de dor contínua no ombro e no cotovelo que restringe sua habilidade de arremessar. Para muitos que estão buscando melhorar seu nível de treinamento, uma lesão com frequência é razão suficiente para abandonar um programa de treinamento cardiovascular. Obviamente, prevenir lesões pode beneficiar atletas competitivos e recreacionais, mas essa prevenção exige compreender por que as lesões ocorrem.

Tensão mecânica e lesão

A combinação de todas as forças agindo sobre um corpo é responsável por seu movimento. Aprimorar o desempenho depende da melhora da aplicação da força ao corpo; ou seja, alterando o tamanho, a direção, a linha de força e o tempo de produção de força, uma pessoa pode aperfeiçoar seu desempenho.

As forças que agem sobre um corpo também são responsáveis pela ocorrência de lesões. Uma lesão é um dano ao tecido que inibe o desempenho. Por exemplo, uma bola de beisebol que atinge um batedor na face pode fraturar seu osso zigomático na bochecha; a inversão excessiva do tornozelo pode distender os ligamentos da face lateral dessa articulação; e distensões musculares ocorrem quando altos níveis de tensão desenvolvidos pelo músculo rompem a continuidade do tecido conectivo dentro do músculo.

Embora seja comum a interpretação simplista de que "altos níveis de força" causam lesão, um exemplo simples demonstra que outros fatores além do tamanho da força são responsáveis por isso. Considere esta oferta: por R$100 você deitaria no chão de madeira e deixaria um garoto de 10 anos descalço ficar de pé sobre seu abdome? Muitos de vocês concordariam com essa proposta (mesmo sem saber o peso dele). As forças aplicadas no seu corpo seriam o peso corporal do garoto empurrando você para baixo, a gravidade puxando você para baixo e o chão empurrando você para cima com magnitude igual ao peso do garoto somado ao seu. O contato entre o chão e as suas costas espalha a força sobre uma ampla área. As solas dos pés do garoto espalham o peso dele sobre seu abdome. Embora a experiência fosse desconfortável, por R$ 100 a maioria das pessoas se colocaria nessa situação.

Agora, você deitaria no chão de madeira e deixaria o garoto ficar de pé sobre seu abdome calçando sapatilhas de golfe? Exceto os indivíduos mais ambiciosos, poucos concordariam com essa oferta. Por quê? As forças seriam as mesmas se ignorarmos o leve aumento no peso do garoto por causa dos sapatos. A área de contato entre as costas e o chão seria similar. A única mudança é que o peso do garoto estaria concentrado sobre uma superfície menor – as travas estreitas das sapatilhas. Essa hipótese promete ser tão dolorosa que suportar o desconforto não valeria R$ 100 para a maioria das pessoas. Isso também demonstra claramente que outros fatores além da magnitude e da direção da força são responsáveis pela lesão.

O conceito de tensão mecânica fornece o ponto inicial para o entendimento de todas as lesões e esclarece o cenário descrito. Como vimos no Capítulo 9, a tensão (pressão) mecânica se refere à distribuição de uma força sobre o corpo em que ela está agindo. Graficamente, a Figura 15.1 compara a diferença na tensão sobre seu abdome se o garoto estivesse em pé, descalço, ou com os sapatos de golfe. O seu peso corporal (a força para baixo) permanece o mesmo, mas a área muda de um caso para outro. Matematicamente, tensão é definida como força/área (leia "força por área"). Uma vez que força é medida em Newtons e área medida em metros, a unidade de tensão é N/m^2, também conhecida como pascal. Você deve* estar mais familiarizado com o sistema de unidade inglês, no qual é libra por polegada ao quadrado (psi).

A tensão mecânica é imposta sobre o corpo de diferentes maneiras. A tensão compressiva ocorre quando forças opostas o comprimem. Por exemplo, quando você aterrissa de um salto, uma força compressiva é aplicada sobre sua perna pelo peso corporal que está agindo para baixo e pela força de reação do solo que está agindo para cima. Cada vértebra é exposta continuamente à tensão compressiva à medida que o peso do corpo acima dela a empurra para

---

* N. de T.: Lembre-se, a versão original deste livro foi escrita para norte-americanos. Entretanto, em alguns casos, a unidade de medida de pressão do sistema inglês é bastante usual, como quando calibramos os pneus do carro, por exemplo.

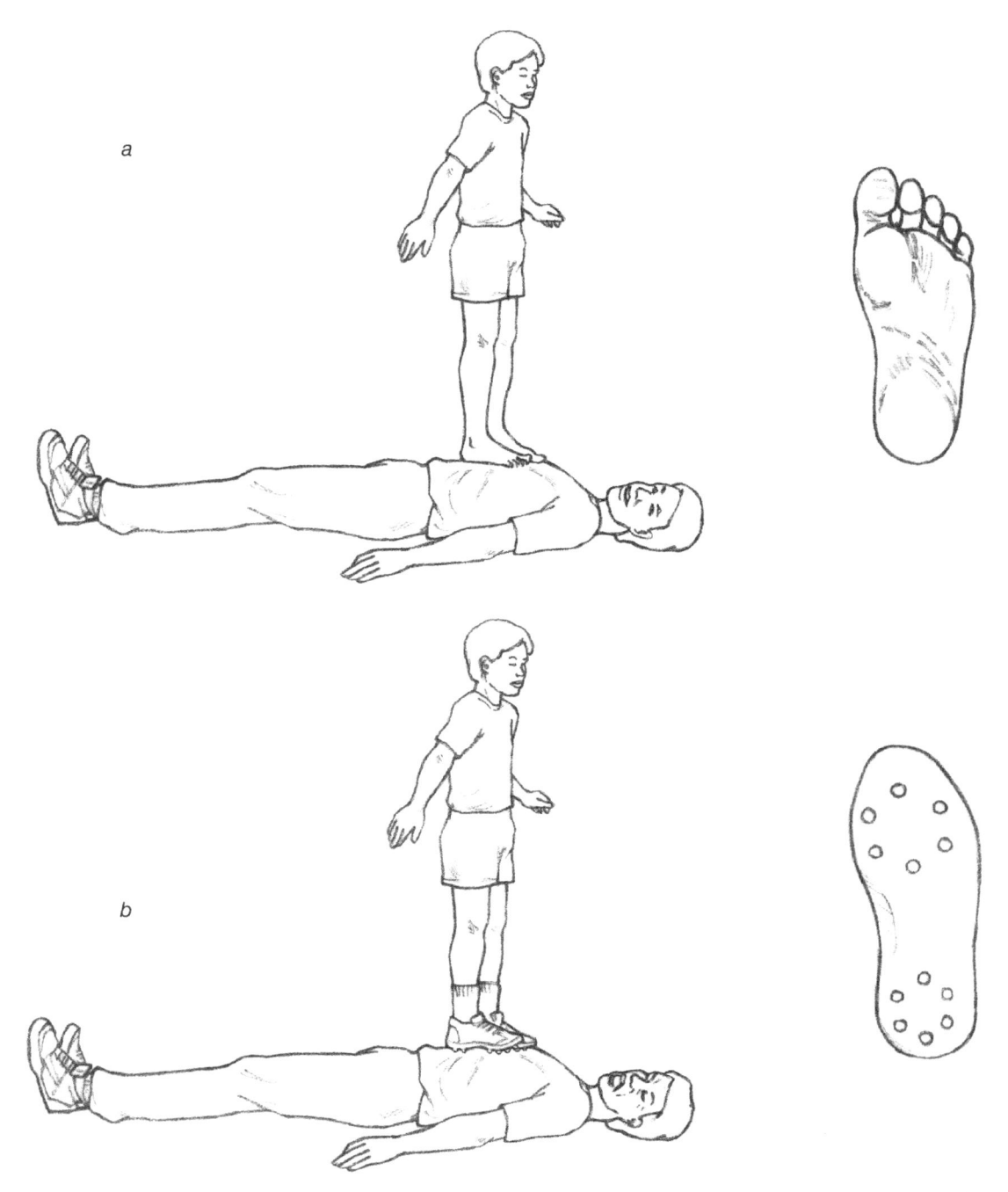

Figura 15.1 A diferença na pressão sobre seu abdome quando um garoto de 10 anos fica de pé sobre ele descalço ou com sapatilhas de golfe. O peso da criança é 356 N (aproximadamente 36 kg), e ela fica em pé com seu peso espalhado igualmente sobre os seus pés. (a) A área de superfície da sola de cada pé é de cerca de 97 cm². A pressão sob a área de contato de cada pé é calculada por $P = F/A$ = 356 N/97 cm² = 3,67 N/cm². (b) Cada sapato de golfe tem 12 travas, cada uma com área de superfície de aproximadamente 0,03 cm². A pressão sob a área de contato dos sapatos é calculada por 356 N/(12 x 0,04 cm²) = 988,89 N/cm². A pressão sob as travas de um sapato de golfe é mais ou menos 269 vezes aquela sob o pé descalço.

baixo e a vértebra de baixo a empurra para cima. Outra forma de carga compressiva vem da tensão muscular aplicada a um osso. A tração de um músculo pode ser explicada em dois componentes (Fig. 15.2). O componente rotatório age perpendicular ao osso e tende a causar rotação do segmento. Já o componente paralelo age ao longo do osso em direção à articulação que é cruzada pelo músculo. Essa força age para puxar o segmento firme contra o osso adjacente com o qual ele articula. Ela age simultaneamente com aquela que age em direção à articulação junto com o segmento adjacente, e as duas forças comprimem e estabilizam a articulação ao pressionar os segmentos um contra o outro. A força compressiva está associada com uma variedade de lesões. A condromalácia patelar, caracterizada pela deterioração da cartilagem sob a patela, é causada pelo alto componente compressivo da força do quadríceps durante o movimento do joelho. A força compressiva aplicada para baixo na coluna vertebral durante uma colisão da cabeça pode colapsar a vértebra, causando uma grave lesão da medula espinal.

A tensão de tração ocorre quando uma força puxa um corpo. As fontes de tensão de tração incluem a carga do ligamento colateral medial da articulação do joelho quando a perna é atingida na face lateral e a carga imposta na inserção de um músculo, tal como a tuberosidade tibial quando existe tração no ligamento patelar. Fraturas por avulsão, que ocorrem quando alta tensão de tração em um tendão ou ligamento rompe o osso no local de inserção, são mais prováveis quando a atividade muscular é alta ou quando uma articulação é tracionada ao extremo final de sua amplitude de movimento. Lugares comuns de fraturas por avulsão incluem o maléolo lateral quando a articulação do tornozelo é invertida de modo extremo e o epicôndilo medial quando o úmero realiza movimento de arremesso. Quando calculamos tensão de tração, a área refere-se à da secção transversa do tecido. Por exemplo, o tendão do calcâneo em um adulto típico é um tanto circular, com um diâmetro de aproximadamente 0,7 cm, ou um raio de cerca de 0,35 cm.

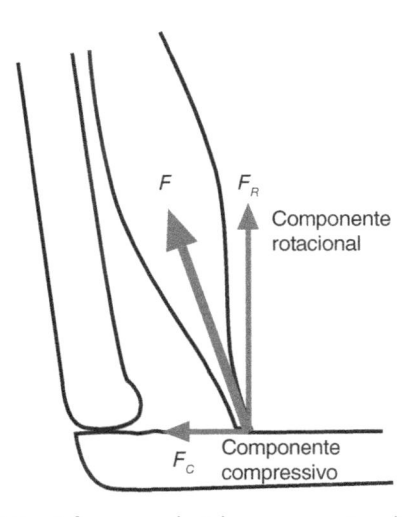

Figura 15.2 A força produzida por um músculo pode ser decomposta em dois componentes. O componente rotacional afeta a rotação do segmento, e o compressivo afeta a estabilidade articular ao alterar a força compressiva na articulação.

Utilizando a equação para a área de um círculo, $A = \pi r^2$, a área de secção transversa de um tendão é $A = \pi (0,35 \text{ cm})^2 = 0,385 \text{ cm}^2$. Se a força desenvolvida pelo grupo muscular do tríceps é 2.800 N, a tensão de tração calculada no tendão do calcâneo é $\sigma = F/A = 2.800 \text{ N}/0,385 \text{ cm}^2 = 7.273 \text{ N/cm}^2$, que costuma ser referida como 72,7 MPa (megapascal ou milhões de pascal).

A tensão de cisalhamento ocorre quando uma força tende a deslizar duas partes de um objeto transversalmente um em relação ao outro. Exemplos desse tipo de tensão no corpo humano incluem a carga nos tecidos da articulação do joelho durante o suporte do pé na corrida. A quantidade de movimento da massa do corpo acima da articulação do joelho tende a causar o deslizamento do fêmur para frente sobre o platô tibial. A cartilagem hialina dessa articulação e o menisco são sujeitos a tensão de cisalhamento, e o ligamento colateral medial e os ligamentos cruzados anterior e posterior estão sob tensão de tração. Em geral, quando um joelho "flutua", o ligamento cruzado anterior, o ligamento colateral medial e o menisco estão lesionados.

Na maioria das situações, o corpo humano é sujeito a cargas complexas – uma combinação de tensões compressiva, de tração e de cisalhamento impostas ao mesmo tempo. Por exemplo, considere as forças agindo no calcâneo (calcanhar) quando seu pé toca no solo quando você está de pé na posição anatômica. Uma força compressiva é aplicada ao calcâneo pela força de reação do solo vertical agindo para cima e seu peso corporal agindo para baixo. A tensão de tração é imposta no ponto de inserção do tendão do calcâneo e na fáscia plantar, à medida que o sóleo está agindo para manter o equilíbrio e a fáscia plantar para suportar o arco longitudinal do pé. A tensão de cisalhamento é imposta quando o calcâneo se articula com o osso navicular. A torção está presente no calcâneo em função de seu alinhamento ao longo do eixo longitudinal do pé. Assim, a carga do calcâneo é uma carga combinada, refletindo a ação combinada de várias forças aplicadas. Pense em algumas outras atividades e identifique a natureza das tensões impostas em vários tecidos.

Resposta tecidual à tensão

A maioria dos tecidos no corpo humano tem uma capacidade notável de se adaptar às tensões impostas. Em 1892, o anatomista alemão Julius Wolff sintetizou a natureza da resposta à tensão mecânica. Essa síntese, conhecida como **Lei de Wolff**, relata que um tecido se adapta ao nível de tensão imposta sobre ele, ou seja, o nível de adaptação no tecido reflete o nível da carga representativa. À medida que a tensão aumenta, um tecido ganha força por meio de hipertrofia, ou aumento de tamanho. Se a tensão mecânica é removida, o tecido perde força por meio de atrofia, ou decréscimo de tamanho. Embora as observações de Wolff sejam específicas ao osso, um estudo subsequente do corpo revelou que a lei é aplicável a outros tecidos conectivos, como ligamentos e tendões.

O estudo da anatomia oferece exemplos claros da Lei de Wolff. Nós aprendemos que as protuberâncias e os pontos de referência nos ossos são adaptações às forças compressivas, de tração, de torção e de cisalhamento, impostas pelas forças de tração dos tendões e ligamentos e pelas forças compressivas da gravidade e dos músculos. Estruturalmente, o osso se adapta aumentando a mineralização e alinhando trabéculas na direção da tensão imposta. O tecido muscular se adapta ao treinamento ou à imposição de tensões de sobrecarga aumentando a área de secção transversa com o aumento no diâmetro das fibras individuais. Do mesmo modo, o arranjo do colágeno e da elastina no tendão e no ligamento reflete a exposição à carga tensiva e é afetado pelo nível de treinamento. A exceção notável da Lei de Wolff é o tecido neural, tal como os receptores sensoriais e os axônios, os quais não se beneficiam da tensão aplicada. Apesar de o aprendizado ser caracterizado pela adaptação e proliferação de sinapses, o tecido neural, por si só, não responde ao nível de estímulo hipertrofiando ou atrofiando. Em algumas doenças ou condições de excesso de uso, um ou mais nervos podem atrofiar, mas isso, tecnicamente, é mais uma perda de mielina do que uma mudança no diâmetro do nervo.

O nível de tensão em um tecido varia com as mudanças no nível da atividade. A magnitude das amplitudes de tensão impostas varia de um nível muito baixo ou nulo a um nível muito alto. Por exemplo, a tensão compressiva no fêmur é menor quando se está deitado na cama do que durante uma dança aeróbica. A tensão de cisalhamento na cartilagem do joelho é menor quando alguém está em pé do que quando desce uma montanha de esqui. A tensão de tração na pele aumenta quando um objeto a está empurrando e alongando. Controlar o nível da tensão imposta é importante no treinamento de vários tecidos e na prevenção de lesões.

Graficamente, o nível de tensão imposta pode ser visualizado como uma **tensão contínua** (Fig. 15.3), que varia de um nível baixo (zona de subcarga patológica) para um alto (zona de sobrecarga patológica). Com um estilo de vida ativo, o nível de tensão é normalmente mantido dentro da zona de carga fisiológica, e o tecido mantém seu estado atual. Isso pode ser idealizado como um programa de manutenção em que o tecido não fica mais forte nem mais fraco. Quando a tensão é mantida na **zona de carga fisiológica**, o músculo mantém a mesma capacidade de produção de força, o conteúdo mineral ósseo permanece igual e os tendões e ligamentos mantêm sua habilidade de se opor à tensão de tração.

> Controlar o nível da tensão imposta é importante no treinamento de vários tecidos e na prevenção de lesões.

Na zona de treinamento fisiológico, impõe-se um nível de tensão acima do qual o tecido se adaptou. Uma tensão dentro dessa zona excede a tensão de escoamento do tecido e causa-lhe microdanos (dano microscópico no tecido). Quanto maior a tensão imposta, maior é a extensão desse microdano. A resposta do corpo ao microdano é

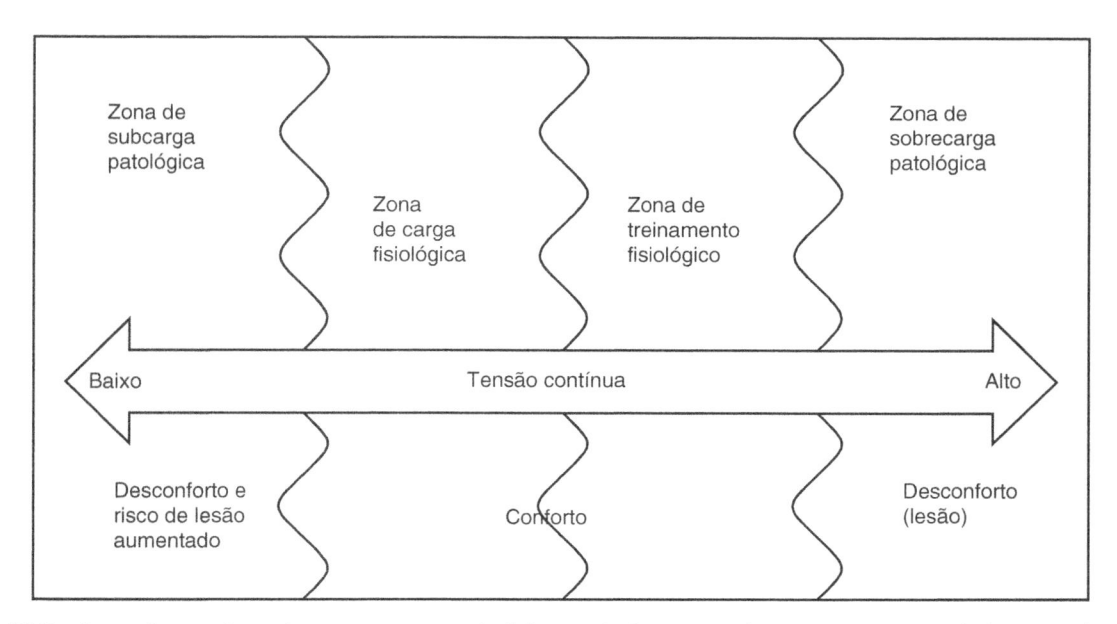

Figura 15.3 A tensão contínua demonstra que o nível de tensão imposta sobre um corpo varia de baixo a alto. Efeitos indesejáveis ocorrem quando esse nível é muito baixo ou muito alto. Um efeito do treinamento ocorre se o nível de tensão é sistematicamente elevado acima da zona de carga fisiológica ou acima do nível de tensão a que o corpo se adaptou.

iniciar o **remodelamento** ou a reconstrução do tecido. O tempo necessário para isso está relacionado com a extensão do dano: quanto maior, mais tempo. De acordo com a Lei de Wolff, a cicatrização do microdano leva a hipertrofia ou reforço do tecido. A aplicação sistemática de cargas na zona de treinamento fisiológico é a base do princípio da sobrecarga, o qual é responsável por causar as mudanças estruturais e celulares dentro de um tecido chamadas de efeito do treinamento. A carga sistemática significa que a carga imposta ao tecido excede propositadamente seu limiar de escoamento para causar microdano, mas o tempo de repouso adequado é previsto para permitir sua reconstrução antes da próxima sessão (Fig. 15.4). Em geral, o conteúdo mineral ósseo aumentará, e as fibras musculares irão hipertrofiar. A magnitude da resposta ao treinamento é, com certeza, dependente de outros fatores, incluindo genética, dieta, repouso e estado hormonal.

Na extremidade oposta da tensão contínua, estão áreas marcadas como desconforto. Essas regiões refletem os níveis de tensão que são muito baixos, abaixo da zona de carga fisiológica, e muito altos, acima da zona de treinamento fisiológico. Carregar um tecido nesses níveis leva a mudanças indesejáveis que comprometem a função tecidual.

A zona de subcarga patológica representa uma carga baixa contínua aplicada a um tecido, tal como a que ocorre durante períodos extensos de inatividade. Um estilo de vida inativo ou sedentário pode ser escolhido por opção ou pode ser imposto por um período prolongado de repouso no leito ou por imobilização com uma tala. Um nível baixo de tensão mecânica também é uma característica ruim do voo espacial, quando a falta de gravidade reduz a carga compressiva no esqueleto e a quantidade de tensão muscular necessária para movimentar os segmentos corporais e os objetos externos. Se o nível de tensão imposta não é aumentado para além da zona de sobrecarga, de acordo com a Lei de Wolff, ocorre um efeito de destreinamento. Um tecido subtensionado começa a atrofiar ou definhar. O músculo diminui em área de secção transversa, o conteúdo mineral ósseo é reduzido e os ligamentos e tendões perdem sua flexibilidade. Você pode ter observado tais mudanças teciduais quando uma tala é removida e o membro imobilizado está visivelmente atrofiado em comparação ao não lesionado. Um tecido subtensionado de modo crônico torna-se mais fraco e mais sujeito a lesão à medida que o limiar de escoamento do tecido é reduzido.

A zona de sobrecarga patológica representa o nível de carga que causa um dano substancial ao tecido. Quando uma única aplicação de um nível relativamente alto de tensão é identificada como o fator causador de lesão, esta é referida como uma **lesão traumática ou acidental**. Esse tipo de lesão ocorre durante colisões de alto impacto entre dois ou mais objetos, como outro atleta, o solo ou um obs-

Modelo para lesões por uso excessivo

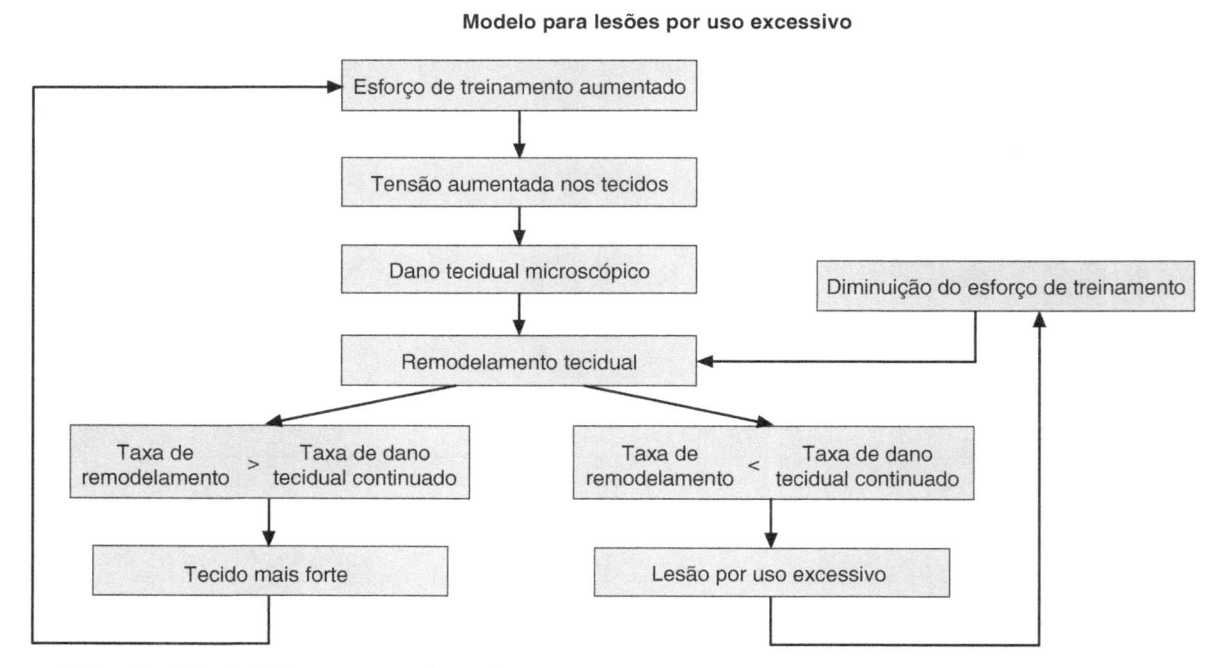

Figura 15.4 Modelo de William para o efeito de tensão repetitiva imposta ao osso. A tensão imposta causa dano tecidual microscópico e inicia o remodelamento do tecido. Se a taxa de remodelamento é maior que a de dano, o efeito de treinamento ocorre, e o tecido fica mais forte; se é mais lenta, uma lesão por uso excessivo é desenvolvida.

Reimpressa, com permissão, de K.R.Williams, 1993. Biomechanics of distance running. In: *Current issues in biomechanics*, editado por M.D. Grabiner (Champaign, IL; HUman Kinetics), 21.

táculo. Por exemplo, um golpe direcionado medialmente ao joelho pode deformar o ligamento colateral medial, ou uma queda sobre o braço estendido pode fraturar a parte distal do rádio. Um período extenso de recuperação e reabilitação é necessário para que o tecido retorne ao estado no qual a atividade possa ser retomada. Um dano tecidual também pode ser causado pela aplicação repetida de um nível de tensão que é muito baixo para causar lesão traumática, mas excede o limiar para lesão por sobrecarga. Na próxima seção, consideramos a lesão por sobrecarga de modo mais detalhado.

Mecanismo da lesão por uso excessivo

Como é evidente nos registros clínicos, nem toda lesão é causada por uma única e identificável tensão. Uma **lesão por uso excessivo** pode ocorrer após aplicações repetitivas de uma tensão menor do que a necessária para causar lesão em uma única aplicação. Por exemplo, pode-se desenvolver uma dor na parte anterior da perna devido a batidas repetidas do pé durante uma corrida de longa distância. Trabalhadores em um escritório ou em uma fábrica podem desenvolver dor crônica no ombro e na cervical devido ao trabalho prolongado em uma postura inadequada que envolva abdução dos ombros ou flexão da cervical. Nenhuma ocorrência de uma única passada de corrida ou um incidente durante o processo de trabalho pode ser identificado como a causa da dor. Em vez disso, a lesão e o desconforto associado refletem a combinação entre o número de repetições e a magnitude da tensão.

A Figura 15.5 apresenta graficamente a relação teórica entre a magnitude da tensão, o número de repetições e o desenvolvimento de uma lesão. O eixo vertical é a magnitude ou o tamanho da tensão; o horizontal é o número de repetições da tensão ou a frequência de aplicação. A linha curva representa o limiar de lesão e reflete a interação observada entre magnitude de tensão e frequência com a ocorrência da lesão. Quanto maior a magnitude da tensão imposta, menos repetições são necessárias para que uma lesão se desenvolva.

Aparentemente, o que determina se a tensão imposta causará efeito de treinamento ou lesão é a quantidade de tempo dado para que o remodelamento aconteça. O modelo de William sobre o efeito da tensão imposta (Fig. 15.4) mostra que, com repouso adequado, um efeito de treinamento segue ao dano tecidual causado quando a carga está dentro da zona de treinamento fisiológico. Entretanto, se a tensão é reimposta sem que o tempo adequado para o reparo tecidual seja fornecido, uma lesão por uso excessivo acabará se desenvolvendo. Sem um tempo adequado de recuperação, a tensão é imposta ao tecido que já está danificado, e a carga repetitiva aumenta a extensão do dano. Afinal, a dor e o desconforto do tecido tensionado repetitivamente inibem o desempenho, e uma lesão por uso excessivo é diagnosticada.

Uma vez que a lesão por uso excessivo é causada pela frequência e magnitude da carga em combinação com o tempo de repouso inadequado para o remodelamento tecidual, a eliminação da lesão por uso excessivo tem se provado bem difícil. Os sintomas de uma lesão desse tipo são, muitas vezes, a primeira indicação de que um indivíduo está em risco. Frequentemente, alguém com uma lesão por uso excessivo tenta "trabalhar com dor", desejando que ela seja temporária e que irá desaparecer por conta própria. Essa abordagem, entretanto, viola uma necessidade do tratamento, que é promover o tempo adequado sem tensão para que o dano tecidual cicatrize.

Uma vez que a pessoa está curada e pronta para retomar a atividade, a causa provável da lesão por uso excessivo deve ser eliminada para prevenir a reincidência – ou seja, a frequência de aplicação, a magnitude da tensão deve ser reduzida ou a resistência à lesão deve ser aumentada por meio de um programa de treinamento sistemático. Sem tal intervenção, é provável que a lesão ocorra novamente.

As diferenças individuais no limiar tecidual

Com base no modelo simples de lesão traçado acima, a prevenção de lesão parece ser relativamente fácil: reduzir a magnitude e a frequência da carga e promover repouso adequado para o remodelamento (o efeito do treinamento) ocorrer. Ou, no caso de lesão traumática, apenas evitar níveis de tensão além daqueles a que os tecidos podem resistir. Entretanto, a prevenção de lesão é complicada pela dificuldade em determinar o limiar de lesão e a quantidade de tempo de repouso antes de a tensão ser reimposta.

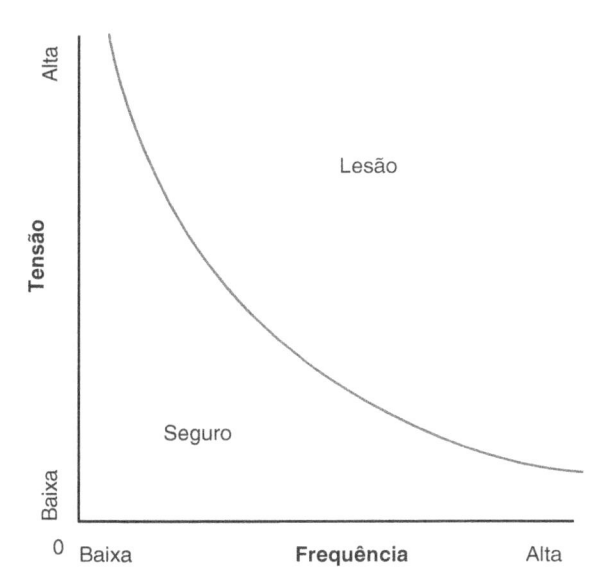

Figura 15.5 Relação entre magnitude da tensão, frequência da aplicação da tensão e lesão.

Tecidos diferentes têm diferentes limiares. Por exemplo, o limiar para o osso é mais alto que o do tendão, o qual é maior que o do ligamento, que, por sua vez, é maior que o da cartilagem. Além disso, o limiar de lesão varia dentro de cada tecido de acordo com a direção da tensão. Por exemplo, a capacidade do osso é maior para suportar compressão e menor para cisalhamento, ficando a capacidade para suportar tração em uma posição intermediária. Estabelecer um limiar de tensão que seja aplicável para todos os indivíduos é complicado porque o limiar de um tecido como o osso não é o mesmo para todos. Em vez disso, o limiar de lesão reflete as diferenças na genética, no treinamento e na adaptação tecidual. Um nível de tensão que está dentro da zona de carga fisiológica para um indivíduo pode estar na zona de sobrecarga patológica para outro. Finalmente, a taxa de recuperação, ou remodelamento tecidual, também difere entre os indivíduos. Um período de recuperação adequado para uma pessoa pode não ser apropriado para outra. As diferenças individuais no limiar do tecido e na taxa de recuperação complicam o estabelecimento de diretrizes de treinamento que terão sucesso na prevenção de todas as lesões.

Por exemplo, considere as diretrizes que foram estabelecidas para reduzir o número de lesões no cotovelo entre os lançadores. Na *Lettle League Baseball*,* uma regra limita o número de arremessos que um jogador pode executar em um jogo e o número de jogos por semana. Obviamente, a primeira parte da regra pretende limitar o número de vezes que a tensão do arremesso é imposta, e a segunda tem a intenção de assegurar que um período de repouso seja fornecido para a recuperação da tensão imposta. Embora não exista uma regra formal para arremessadores no beisebol profissional, um diretor costuma limitar a um arremessador iniciante entre 100 e 120 arremessos por jogo e tentar oferecer quatro dias de repouso entre as partidas. Infelizmente, as lesões de cotovelo ainda ocorrem tanto na *Lettle League* como no nível profissional. A diminuição no número de lesões no cotovelo na *Lettle League Baseball* desde a implementação das regras referidas sugere que, em grande parte, as diretrizes estão adequadas para a redução da taxa de lesão. As lesões observadas podem se desenvolver porque alguns jogadores executam muito mais arremessos do que o esperado durante os lances permitidos; arremessam com mais frequência a cada semana porque pais ou treinadores sabidamente violam a regra; ou podem treinar forte fora dos jogos ou das práticas formais. Contudo, os atletas que não violam as regras também desenvolvem lesões. Obviamente, as diretrizes não estão adequadas para esses jogadores, mas não é possível identificar aqueles que serão lesionados mesmo se as diretrizes forem seguidas. As diferenças individuais no limiar tecidual e o nível de tensão imposta tornam impossível o desenvolvimento de diretrizes infalíveis para a prevenção de lesões.

Fatores intrínsecos e extrínsecos que afetam a lesão

As diferenças observadas nos tipos de lesão registradas sugerem que fatores relacionados ao indivíduo e à tarefa estão associados com o desenvolvimento de lesão. As características do sujeito são conhecidas como fatores intrínsecos, enquanto as da tarefa e do ambiente onde ela é realizada são conhecidas como fatores extrínsecos. Em geral, os fatores intrínsecos refletem uma habilidade do indivíduo de suportar a carga, enquanto os extrínsecos refletem a natureza da carga que é imposta sobre ele. Exemplos de fatores intrínsecos e extrínsecos estão listados na Tabela 15.1.

Os **fatores intrínsecos** relacionados à lesão incluem antropometria; estrutura esquelética, como densidade óssea e congruência articular (alinhamento); nível de aptidão física, como força, resistência e flexibilidade muscular; e história prévia de lesão. Esses fatores estão relacionados com a habilidade do indivíduo de lidar com a tensão mecânica imposta – ou seja, a maneira como uma força imposta cria uma tensão dentro do sujeito e quão bem os tecidos se adaptam ao nível de tensão. Se você considerar a grande variedade de formas físicas entre as pessoas, fica evidente que as diferenças individuais na antropometria desempenham um papel potencialmente grande na proteção ou predisposição à lesão.

Os **fatores extrínsecos** relacionados à lesão incluem características da tarefa e do ambiente. Os aspectos relacionados à tarefa incluem a natureza da tarefa a ser realizada; a maneira como um indivíduo a realiza; os padrões de movimento envolvidos; e a frequência, a velocidade e a duração do desempenho. Os fatores do ambiente incluem o tipo de superfície em que se joga; as regras utilizadas; o nível de habilidade e o número de companheiros de time e oponentes; o tipo e a condição dos implementos; e as condições climáticas. Esses fatores afetam principalmente a magnitude e a frequência da tensão aplicada.

Por exemplo, considere como diferentes pessoas que caminham, correm, nadam, fazem um salto de dança, balançam um martelo ou arremessam uma bola. Apesar de existirem características gerais similares para esses movimentos, cada pessoa realiza uma tarefa com características individuais únicas. Para um lançador, características variáveis da tarefa incluem o tipo de arremesso, a colocação do dedo na bola, o comprimento da passada, o grau de rotação do tronco e as posições e amplitudes de movimento das articulações do braço do arremesso durante a preparação, a execução e a conclusão. Para um trabalhador de linha de montagem, as características extrínsecas incluem a postura articular assumida durante o expediente, a taxa de montagem, o número de horas na tarefa, o percentual de для-

---

* N. de T.: A *Lettle League Baseball* é uma organização de beisebol norte-americana não profissional para jovens de 4 a 18 anos.

Tabela 15.1 Fatores intrínsecos e extrínsecos relacionados ao desenvolvimento de lesão

Fatores intrínsecos	Influência
Alinhamento do esqueleto	Afeta o padrão da tensão imposta nos tecidos
Força muscular	Afeta a magnitude da carga e da absorção de choque
Resistência muscular	Afeta a magnitude da carga e da absorção de choque
Nível atual de fadiga	
Flexibilidade articular	Afeta o padrão de carga dos segmentos
Temperatura tecidual	
Alinhamento articular	Afeta a área de distribuição da força
Densidade mineral óssea	Afeta a capacidade do osso de suportar tensão
Dieta	
Níveis hormonais	
História prévia de lesão (estado da lesão)	Afeta o limiar tecidual
Padrão de ativação muscular	Afeta a magnitude da carga e o padrão da carga imposta
Massa corporal (peso corporal)	Afeta a magnitude da carga imposta
Composição corporal	
Fatores psicológicos	Afeta o limiar de dor
Motivação	
Tolerância à dor	

Fatores extrínsecos	Influência
Tarefa	
Natureza da tarefa	
Única (descontínua) *versus* repetitiva (contínua)	Afeta a magnitude da carga e a recuperação
Padrão de movimento	Afeta os tecidos carregados
Intensidade do desempenho	Afeta a magnitude da carga
Frequência do desempenho	Afeta o tempo de recuperação
Ambiente	
Superfície da atividade	
Declive	Afeta a magnitude e a direção da carga
Dureza	Afeta a magnitude da carga e o atrito
Condição do material	Afeta a magnitude da carga e o atrito
Equipamento	
Calçado	
Materiais externos da sola	Afeta a magnitude do atrito
Materiais do meio da sola	Afeta a quantidade do amortecimento
Acolchoamento	
Nível de participação	Afeta a magnitude das forças impostas
Recreacional *versus* competitivo	
Nível de habilidade dos oponentes	
Regras	Afeta a magnitude e a frequência da carga, bem como o padrão de distribuição da força

ça máxima necessário para completá-la e o uso do tempo alocado para o descanso. Obviamente, diferenças entre os indivíduos nas características de desempenho podem aumentar ou diminuir o risco de lesão durante o desempenho de uma tarefa. O risco de lesão está aumentado para trabalhadores de montagem cujos punhos devem estar em uma posição inadequada quando realizam sua função, se eles mantiverem posições inadequadas similares durante os períodos de repouso ou no tempo em que estão afastados do trabalho. Alterar a postura é o componente crítico para prevenir lesões por uso excessivo no local de trabalho.

Quando uma tarefa é realizada, os vários fatores intrínsecos e extrínsecos interagem para estabelecer o nível de risco para um indivíduo, em particular, durante um desempenho específico. A natureza dessa interação é indicada na Figura 15.6. Os fatores intrínsecos agrupados definem o valor de limiar para a tensão que pode causar uma lesão. Já os extrínsecos refletem o potencial de um dado desempenho para impor uma tensão que excede o valor de limiar determinado pelos fatores intrínsecos. Por exemplo, a força, a flexibilidade e o alinhamento anatômico da coluna vertebral representam um fator intrínseco relacionado ao risco de sofrer uma lesão na espinha durante o levantamento de um objeto. A força dos músculos abdominais e das costas afeta o suporte fornecido à coluna, bem como o tamanho da força que será imposta em razão das forças compressivas e de tração que a atividade muscular desenvolve. A flexibilidade da coluna reflete a condição tanto do anel fibroso (revestimento externo fibroso) quanto do núcleo pulposo (material interno) dos discos intervertebrais e está relacionada ao limiar de lesão. Uma pessoa com um ponto fraco nas fibras do anel fibroso, causado por defeito congênito ou carga prévia do disco, tem um risco aumentado de obter hérnia de disco quando a coluna é carregada. O alinhamento da coluna vertebral (se escoliótico, cifótico ou lordótico) afeta o padrão da distribuição de tensão sobre um disco porque o ângulo entre as vértebras adjacentes determina as cargas de tração, compressiva e de cisalhamento do disco. Os fatores extrínsecos para um dado levantamento incluem o peso e as dimensões da carga, o formato das alças disponíveis e o ângulo adotado pelo tronco durante a ação. O peso de uma carga maior impõe uma tensão maior à coluna vertebral. As dimensões da carga determinam se ela pode ser mantida próxima ao corpo, afetando a quantidade de tensão muscular necessária para realizar o levantamento. As alças afetam o potencial de a carga escorregar, o que pode ter efeito sobre a quantidade de atividade muscular necessária durante a ação. Manter a coluna "reta" ou ereta, com a coluna vertebral na posição anatômica alinhada, cria menos tensão sobre o disco intervertebral do que flexioná-la para frente, em uma posição mais horizontal do tronco. Juntos, esses fatores extrínsecos influenciam a magnitude da tensão imposta sobre os discos intervertebrais da coluna e determinam se seus limiares de tensão serão excedidos.

O risco de lesão de um indivíduo durante uma tarefa pode ser considerado uma interação entre os fatores intrínsecos que caracterizam o sujeito e os extrínsecos que caracterizam a tarefa específica e o ambiente no qual ela é realizada. Múltiplos fatores extrínsecos e intrínsecos têm sido identificados para várias tarefas. Considere o risco de correr em uma rua. A maioria das ruas pavimentadas possui uma elevação maior no meio, com uma redução gradual para os lados para melhorar a drenagem. Essa inclinação, um fator extrínseco, pode interagir com o comprimento da perna do corredor, um fator intrínseco, para criar, reduzir ou aumentar a desigualdade no comprimento das pernas (Fig. 15.7). Tal desigualdade é um fator intrínseco que aumenta o risco de lesão no quadril, no joelho e na coluna lombar porque muda o alinhamento musculoesquelético da coluna lombar, do quadril, do joelho e do tornozelo. Essa mudança altera o padrão da distribuição da tensão dentro dessas articulações. Uma desigualdade significativa no comprimento das pernas (maior que 0,5 cm) coloca um risco de degeneração prematura do quadril ou joelho e da coluna lombar devido às cargas impostas durante a caminhada ou corrida – cargas que representam menos risco se não existir desigualdade no referido comprimento. Entretanto, a inclinação da superfície de corrida interage com o tamanho das pernas do corredor para causar, diminuir ou aumentar a diferença entre os comprimentos de suas pernas. Quando possível, ao correr em uma via pavimentada ou em trilhas de caminhada, o atleta deve trocar de lado no caminho para reduzir o efeito "ambiental" da inclinação da rua sobre a desigualdade no comprimento das pernas. Se os fatores de risco extrínsecos são minimizados por correr em uma superfície que reduz a diferença nesse comprimento, no passo, nos calçados ou em uma superfície que reduz a carga através da articulação mal alinhada, o risco de lesão pode não estar aumentado.

Conceitualmente, considerar o desenvolvimento de uma lesão como a interação entre fatores intrínsecos e extrínsecos promove a base para avaliar a adequação de uma atividade para um indivíduo em particular. Isso também fornece a base para identificar os passos necessários para reduzir o risco de lesão. Uma atividade apresenta um risco se expõe um tecido a alto nível de tensão ou aplicações repetitivas de tensão ou se é realizada por um indivíduo com um limiar baixo de tensão. Uma intervenção para prevenir lesões deve ser baseada na redução da magnitude da tensão imposta sobre um tecido, reduzindo a frequência da tensão ou aumentando a habilidade do tecido de resistir a

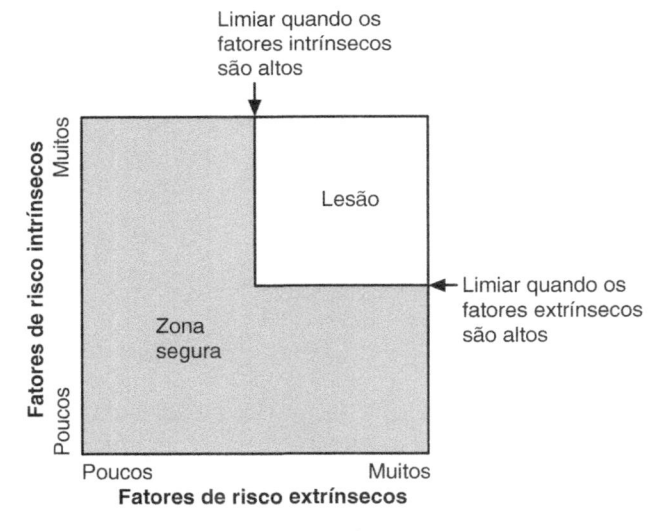

Figura 15.6 Interação entre fatores intrínsecos e extrínsecos e o desenvolvimento de lesão.
Adaptada de Messier et al. 1991.

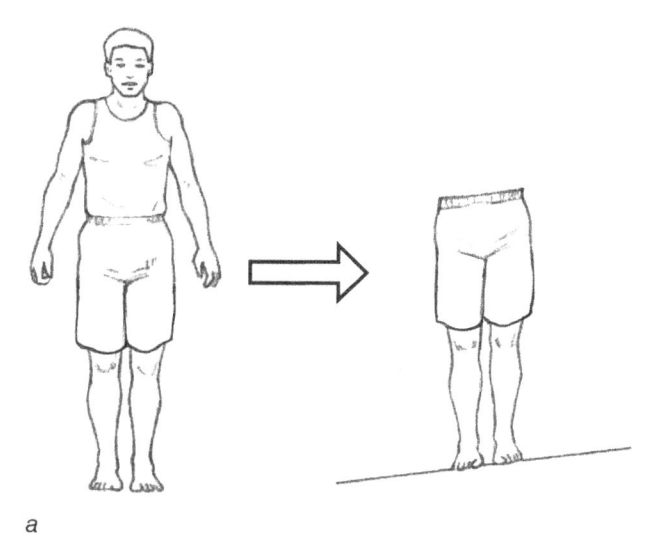

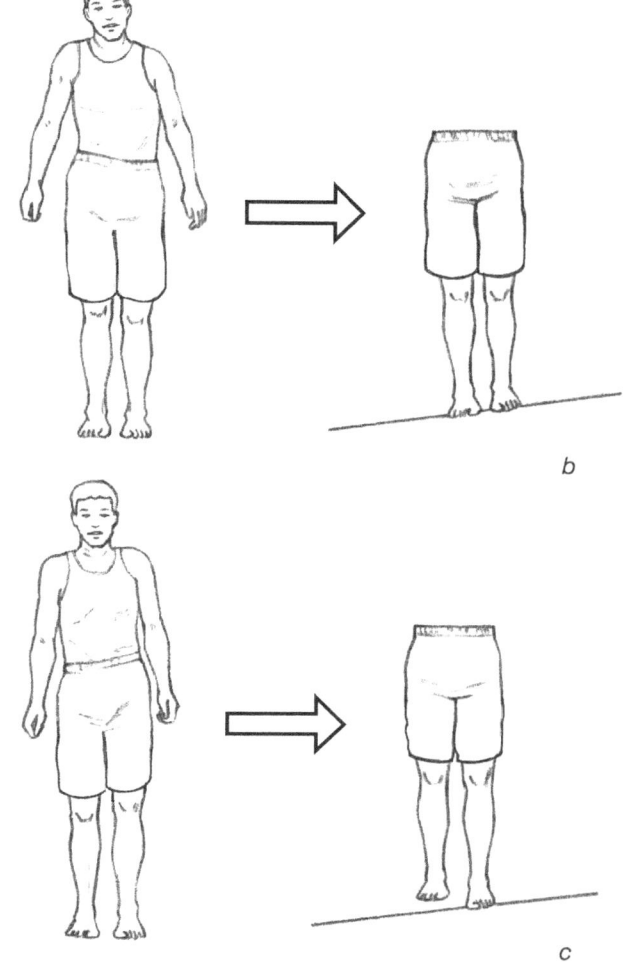

Figura 15.7 O declive de uma rua pavimentada, um fator extrínseco, interage com o comprimento da perna de um corredor, um fator intrínseco, para criar, reduzir ou aumentar a característica de desigualdade no comprimento das pernas. *(a)* O declive da rua cria uma desigualdade nesse aspecto em um corredor com comprimentos de perna iguais; *(b)* o declive reduz essa desigualdade em um corredor com uma desigualdade no comprimento das pernas; *(c)* o declive aumenta o tamanho da diferença nos comprimentos da perna em um indivíduo com pernas de comprimento desigual.

ela. Se uma intervenção particular não afeta um desses três fatores, não irá fornecer proteção contra lesões. Vejamos com mais detalhes como fatores intrínsecos e extrínsecos se relacionam ao desenvolvimento de lesão na corrida.

Análise de exemplo: lesões por uso excessivo na corrida

A corrida é um passatempo popular para milhões de entusiastas da aptidão física. Além disso, correr competitivamente é um esporte de escolha para muitos, além de ser parte integral de outros esportes. Embora um programa de corrida renda benefícios cardiovasculares consideráveis, o desenvolvimento de uma lesão por uso excessivo é relativamente comum. Dados clínicos indicam que o joelho é o local mais comum das lesões relacionadas à corrida, seguido pela perna e pelo pé.

O desenvolvimento e os padrões de uma lesão por uso excessivo na corrida são interessantes se tomados por uma perspectiva biomecânica. Dados clínicos revelam que alguns corredores se lesionam com frequência, enquanto outros apenas raramente. Um padrão unilateral do desenvolvimento da lesão é prevalente no sentido de que ela costuma ocorrer em apenas um lado do corpo, apesar da natureza cíclica da corrida. Essas observações levantam a questão se alguns indivíduos são predispostos para um risco maior de lesão. Finalmente, o tipo de programa de corrida e a taxa de lesão, bem como o efeito dos calçados e as superfícies em seu desenvolvimento, sugerem que a natureza da carga é importante para que a lesão ocorra. Padrões de lesões em corrida sugerem que o risco está muito relacionado às interações entre o indivíduo, a tarefa e o ambiente, ou fatores intrínsecos e extrínsecos.

Para entender como uma lesão por uso excessivo se desenvolve na corrida, é necessário examinar os fatores intrínsecos e extrínsecos que interagem para causá-la. Como já explicado, os fatores intrínsecos são aqueles relacionados às características do corredor, ao passo que os extrínsecos dizem respeito ao movimento da corrida e à natureza do ambiente no qual o atleta corre. Nós iremos começar com as características gerais da carga imposta durante a corrida, levando em consideração a tarefa e o ambiente. Depois, discutiremos os fatores intrínsecos relacionados com a lesão na corrida.

Padrões gerais de carga durante a corrida

Correr é uma atividade cíclica que consiste em períodos alternados de suporte em uma perna só (fase de contato) e de nenhum suporte (fase aérea ou de voo). A maioria dos corredores exibe uma frequência de 50 a 70 passadas por minuto. Em outras palavras, cada pé faz contato com o solo de 500 a 1.200 vezes por quilômetro. Mecanicamente, cada fase de contato começa com o contato para baixo do corredor e o solo. Durante a fase de contato, o movimento para baixo do atleta deve ser parado e, então, revertido para impulsioná-lo para cima e para frente em direção à próxima fase aérea. Em cada fase de contato, a extremidade inferior deve primeiro absorver energia conforme o movimento vertical para baixo do corredor é parado, suportar brevemente o corpo durante o apoio e, por fim, produzir energia à medida que o atleta é empurrado de volta no ar durante a fase propulsiva. Todas essas ações ocorrem entre os 200 a 300 ms em que o pé está em contato com o solo.

A maioria dos corredores exibe uma aterrissagem com o retropé, com o pé levemente em dorsiflexão e em inversão no toque com o solo. O contato inicial com o chão ocorre ao longo da borda lateral do calcanhar do tênis. Alguns atletas usam uma aterrissagem com o médiopé ou antepé, com o pé levemente em plantiflexão e em inversão no contato com o solo. O contato inicial com o chão ainda ocorre ao longo da borda lateral do calçado, mas mais próximo à parte da frente do pé.

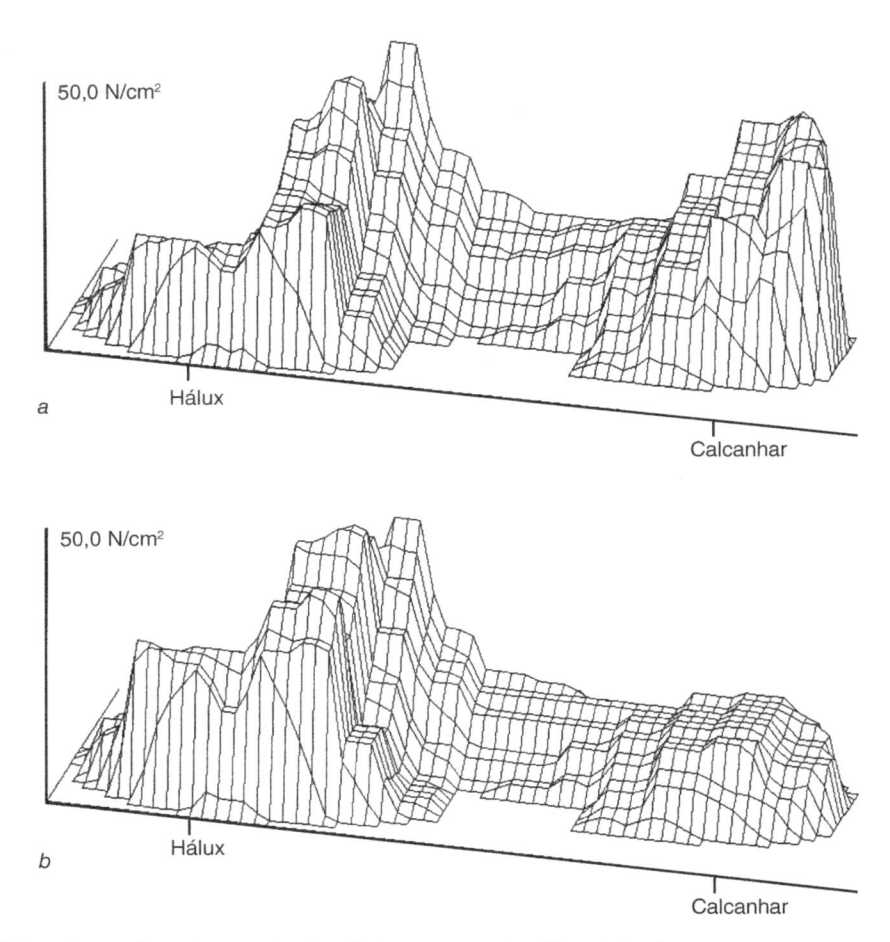

Figura 15.8 Padrões de tensão sobre a sola do pé de um corredor. O padrão de contato com o retropé é mostrado em (a), e o com o antepé é mostrado em (b). Note que ambos os corredores exibem um alto nível de tensão na parte anterior e na parte posterior do calçado.

Reimpressa, com permissão, de Tom Kernozek, *Patterns of stress over the sole of the runner's foot* (Departamento de Profissões da Saúde, Universidade de Wisonsin-La Crosse).

O padrão de distribuição da tensão na sola do pé durante a fase de contato da corrida é mostrado na Figura 15.8 para os contatos com o retropé e com o antepé. Como esperado, duas áreas principais de carga são evidentes no padrão de contato com o retropé: ambas as porções do retropé e do antepé do calçado. O retropé é carregado durante a parte inicial do contato, e o antepé durante a parte final, quando o pé está em plantiflexão para a impulsão. Para os contatos com o antepé, a região do antepé é a área principal carregada durante a fase de contato.

A maioria dos corredores utiliza um padrão de contato com o retropé, de modo que a maior parte dos calçados para corrida é desenhada para esse padrão de carga. Um calcanhar acolchoado tem a intenção de ajudar a absorver e distribuir a carga durante o contato inicial; e uma região no antepé acolchoada e flexível ajuda a absorver a carga e, ao mesmo tempo, permite ao calçado flexionar-se durante a porção final do apoio para contato com o antepé. O acolchoamento é fornecido pela combinação de materiais e pela construção do calçado.

O padrão de lesão observado para o pé segue de perto aquele da carga na sola do pé. Uma fratura por estresse da cabeça do primeiro ou do segundo metatarso é comum entre corredores. A magnitude da tensão aplicada nessa área é relativamente alta para ambos os contatos com o retropé e o antepé. Quando o número de passadas por quilômetro é considerado, é fácil de ver que o efeito acumulativo dessa carga pode levar a uma fratura por estresse nessa área do pé.

> O padrão de lesão observado para o pé segue de perto aquele da carga na sola do pé.

O Capítulo 1 introduziu o conceito de força de reação. A força de reação do solo é basicamente aquela aplicada ao corpo durante o contato com o chão. A força de reação do solo na caminhada não leva em consideração o padrão de distribuição real da força de contato com o chão sobre a sola do pé. O ponto de aplicação do vetor único que representa a força de reação do solo aplicada ao pé é chamado de centro de pressão. Compreender essa força e o centro de pressão simplifica a análise do efeito da força de contato com o solo sobre o movimento de um corredor.

A força de reação do solo começa a ser aplicada ao pé do corredor no início da fase de apoio, ou no contato inicial com o solo. A Figura 15.9 apresenta os padrões das forças de reação do solo típicas dos estilos de aterrissagem com o retropé e o antepé. A força de reação do solo consiste em três componentes: vertical (agindo para cima), anteroposterior (agindo para frente ou para trás no corpo) e médio-lateral (agindo de um lado para o outro). Medir a força de reação do solo durante a fase de apoio da corrida tem sido há muito tempo foco de pesquisa, sobretudo depois que as plataformas de força tornaram-se comercialmente disponí-

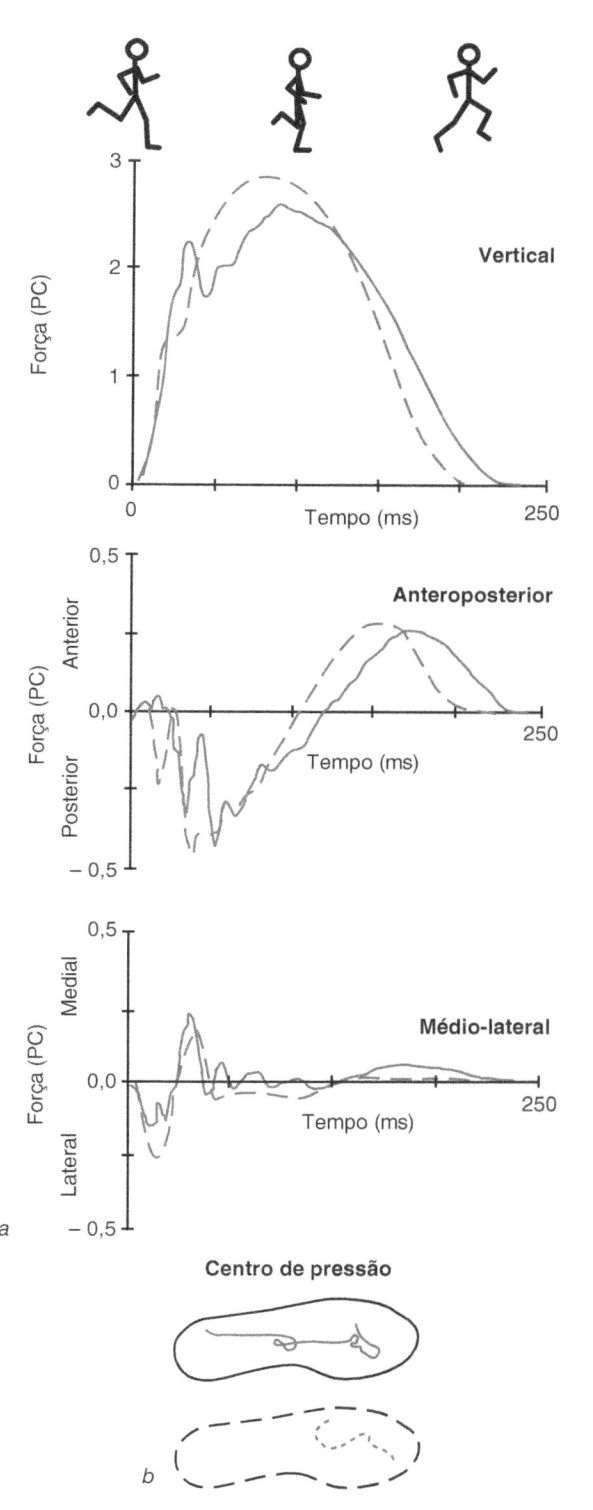

Figura 15.9 (a) Padrões típicos das componentes da força de reação do solo para um contato com o retropé (linha contínua) e com o antepé (linha tracejada) a 3,6 m/s. (b) Padrão do centro de pressão para o pé esquerdo. PC = peso corporal.

veis no final da década de 1970. Embora a magnitude das curvas individuais dependa de fatores como velocidade da corrida, peso do sujeito, calçados e materiais da superfície, o padrão geral e a relação temporal de cada curva permanecem relativamente consistentes entre os indivíduos.

A força de reação do solo vertical empurra o corredor para cima ao longo da fase de contato. Já a anteroposterior empurra primeiro para trás à medida que o corredor que se move para frente faz contato com o solo e, depois, para frente, conforme o atleta roda sobre o pé plantado no solo e empurra o chão para trás. Por fim, a força de reação do solo médio-lateral tende a empurrar lateralmente o corredor, embora esse padrão seja muito variável entre os atletas.

A força de reação do solo vertical aumenta em magnitude até aproximadamente a metade da fase de apoio, o ponto máximo de flexão do joelho. Durante esse tempo, a força de reação do solo vertical agindo para cima diminui o movimento para baixo do corredor. O valor máximo dessa força de reação aumenta de acordo com a velocidade de corrida, variando em magnitude de duas a cinco vezes o peso corporal (PC) dependendo dessa velocidade. Com 500 a 1.200 contatos por quilômetro, a carga acumulativa para a perna pode ser medida em toneladas. Durante a metade final da fase de apoio, a força de reação do solo vertical continua a agir para cima no corredor à medida que sua perna é estendida. Embora sua magnitude diminua durante a metade final da fase de apoio, a força vertical empurra o corredor para cima para a próxima fase de voo.

A aplicação da força de reação do solo representa o que é conhecido como **carga impulsiva**. Uma carga impulsiva é uma força aplicada que alcança uma magnitude relativamente alta em um curto espaço de tempo. O gráfico da força vertical para ambos os contatos, com o retropé e o antepé (Fig. 15.9), mostra que, nos primeiros 50 ms, a força alcança uma magnitude de cerca de 2,0 PC. A força é direcionada para cima no corpo e impõe tensão sobre todos os tecidos. Embora a carga impulsiva seja parcialmente absorvida pela ação excêntrica muscular à medida que passa pelo corpo, traços dela têm sido registrados no crânio. As respostas teciduais para essa carga podem ser responsáveis pelo efeito do treinamento e pelo padrão de lesão visto nos corredores.

Muita especulação tem se focado na relação entre a magnitude e o padrão das forças de reação do solo e lesão, mas as pesquisas não têm estabelecido uma relação direta. Embora a carga impulsiva típica da corrida esteja envolvida no desenvolvimento de lesões como a osteoartrite, o padrão de lesão observado em corredores, os tipos de lesão encontrados e os modelos biomecânicos desses atletas sugerem que fatores adicionais às forças de reação do solo podem desempenhar um papel na lesão por uso excessivo.

Bons calçados de corrida incluem recursos para conforto, absorção de choque e controle do retropé. O conforto é um ponto óbvio para a venda, e a absorção de choque por meio de um acolchoamento bem projetado é importante para lidar com as cargas impulsivas aplicadas durante a fase de apoio. O controle do retropé refere-se à capacidade do calçado de permitir o **movimento do retropé**, o padrão natural e sequencial de pronação e supinação durante o apoio. A pronação é a combinação de dorsiflexão, eversão e abdução. Esse movimento permite que o pé se adapte à superfície da corrida e que absorva o choque. A supinação é o movimento oposto, uma combinação de flexão plantar, inversão e adução. Esse movimento estabiliza o pé e permite que ele sirva como uma alavanca rígida durante a propulsão que ocorre na fase final do apoio.

A Figura 15.10 apresenta um gráfico de posição angular *versus* tempo de um padrão típico de movimento exibido em contatos com o retropé durante a fase de apoio da corrida. Para propósitos clínicos e de pesquisa, o movimento do retropé é medido no plano frontal como o ângulo entre o calçado e a perna. No contato, o pé é levemente supinado (medido como inversão do retropé). Seguindo o contato, o pé a princípio prona (medido como eversão), para depois alcançar uma posição máxima evertida aproximadamente na fase de apoio médio, antes de supinar até a retirada dos dedos do chão. Em geral, o pé faz uma eversão até um ângulo de 5 a 15° passando a posição neutra, ou do alinhamento reto do pé com a perna. Alguns indivíduos apresentam pronação excessiva, medida como uma movimentação superior a 18° de eversão além da posição neutra. Para alguns indivíduos, a pronação excessiva reflete a estrutura anatômica do pé, entretanto, os materiais mais macios do meio da sola, que visam promover um aumento no acolchoamento, podem, na verdade, levar o pé de alguns corredores a pronar além dos típicos 15° de eversão.

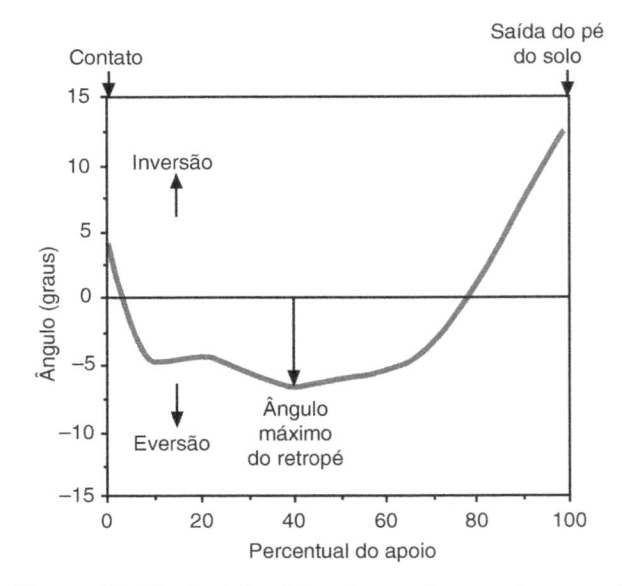

Figura 15.10 Padrão típico do movimento do retropé durante a fase de apoio da corrida.

Os componentes da força de reação do solo tendem a causar a pronação do pé durante a parte inicial da fase de apoio, mas são resistidos pela atividade excêntrica nos músculos inseridos no pé. A atividade concêntrica dos mesmos músculos é responsável principalmente pela supinação durante a fase final do apoio. A Figura 15.11 demonstra como a força de reação do solo age sobre o pé em um contato com o retropé para causar o movimento observado durante a fase inicial do apoio. Na aterrissagem com o retropé, a força de reação do solo é aplicada atrás da articulação do tornozelo, na parte lateral do pé. A força vertical empurra para cima, a médio-lateral empurra lateralmente e a anteroposterior empurra posteriormente. Todos os três componentes têm uma distância perpendicular em relação à articulação do tornozelo. O torque criado pelos componentes vertical e médio-lateral tende a levar o pé para eversão. Nos contatos com o retropé, o torque da força anteroposterior tende a levar o pé para flexão plantar. Um calçado confeccionado mais alto em função da adição de materiais para promover maior acolchoamento produz maiores distâncias perpendiculares para os componentes da força de reação do solo. O torque maior criado por esses componentes que agem com distâncias perpendiculares maiores tende a aumentar o grau de pronação e flexão plantar. Em contatos com o retropé, os músculos tibial anterior e posterior estão ativos excentricamente para prevenir que o pé sofra impactos fortes e gire para dentro muito rápido. A atividade aumentada desses músculos para resistir a maior pronação pode levar a lesões comuns reportadas em corredores, como dores nas canelas, síndrome do compartimento anterior e tendinite de Aquiles.

A pronação e a supinação também afetam a magnitude da tensão imposta na articulação do joelho, o ponto mais frequente de lesão por uso excessivo na corrida. Durante esse esporte, a articulação do joelho flexiona na parte inicial do apoio e estende na fase final. A flexão do joelho durante a corrida é controlada pelo grupo muscular do quadríceps à medida que ele está ativo excentricamente para absorver energia. A extensão do joelho é causada pelo encurtamento dos músculos do quadríceps à medida que liberam energia. A tíbia, o osso da perna que sustenta o peso, é rodada internamente ao longo do seu eixo longo durante a pronação do tornozelo e externamente quando o tornozelo supina. Essas ações são causadas por forças impostas sobre a tíbia pelo movimento do osso tálus do pé conforme roda sob a tíbia. Na sua extremidade proximal, a tíbia se articula com o fêmur na articulação do joelho. Devido à estrutura da extremidade distal do fêmur, a flexão e a extensão do joelho também levam a tíbia a rodar no seu eixo vertical. A flexão do joelho causa rotação interna da tíbia, e a extensão do joelho causa rotação externa. Em um cenário ideal, as ações articulares de pronação do tornozelo e flexão do joelho e de supinação do tornozelo e extensão do joelho deveriam ocorrer simultaneamente para evitar colocar a tíbia em torsão e tensionar a articulação do joelho. Se a articulação do tornozelo superpronar, a sincronização do movimento do tornozelo e do joelho pode ser interrompida. A extensão do joelho pode começar antes de o tornozelo alcançar a máxima pronação. A interrup-

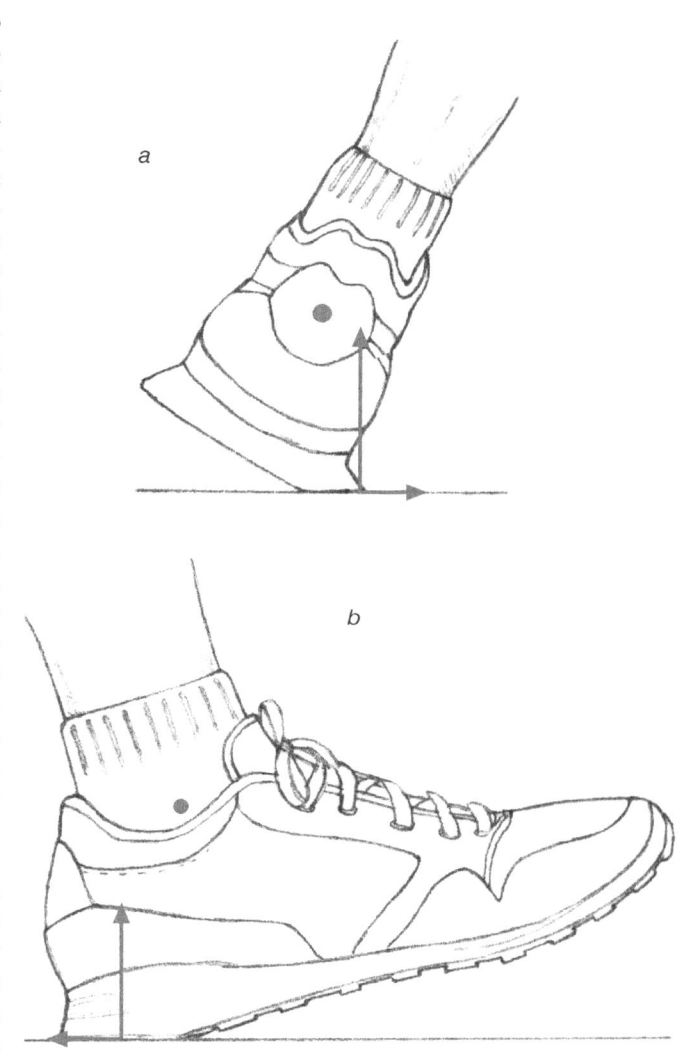

Figura 15.11 Influência da geometria da carga sobre a atividade muscular na perna durante a corrida. (a) Visão posterior do sistema pé-perna. O vetor da força de reação do solo é aplicado lateralmente ao eixo da articulação do tornozelo, enquanto a força médio-lateral é aplicada abaixo do eixo da articulação do tornozelo. Essas forças criam torques que levam o pé a pronar. A atividade muscular excêntrica no tibial anterior e em outros "eversores" do pé é necessária para controlar o movimento dele. (b) Visão lateral do sistema pé-perna. O vetor da força de reação do solo é aplicado posteriormente à articulação do tornozelo, e o vetor da força de reação do solo anteroposterior direcionado posteriormente é aplicado abaixo dessa articulação. Essas forças criam torques que levam à flexão plantar do pé. A atividade muscular excêntrica no tibial anterior e em outros "dorsiflexores" do pé é necessária para controlar a taxa de flexão plantar.

ção na sincronização da ação articular impõe uma tensão anormal na articulação do joelho e pode alterar os padrões de atividade muscular. A linha de tração do tendão patelar pode ser alterada pelo desalinhamento do fêmur e da tíbia, alterando a trajetória da patela dentro do sulco femoral. O padrão da tensão anormal resultante sobre as partes laterais e posterior da patela pode causar lesões na patela ou no fêmur, comumente referidas como dor patelofemoral.

Fatores extrínsecos

Os fatores extrínsecos são aquelas características do ambiente ou da tarefa que estão relacionadas com o potencial para lesão. Para corredores, esses aspectos incluem as condições físicas da área de corrida, como a textura da superfície e os movimentos envolvidos na corrida. Esta seção foca os fatores específicos da tarefa e do ambiente que afetam esse esporte.

Fatores relacionados à tarefa de correr

As características variáveis da tarefa de correr incluem o ritmo, a distância de cada corrida, o número de quilômetros percorridos por semana, o comprimento de passada, o movimento vertical e a posição articular e amplitude de movimento durante cada ciclo. Os fatores da tarefa afetam a magnitude da carga, o número de vezes em que é aplicada ao corpo e como este é alinhado para aceitá-la.

O ritmo da corrida, ou velocidade, influencia diretamente o tamanho das componentes da força de reação do solo. Velocidades mais rápidas estão associadas com maiores magnitudes de carga. A força de reação do solo vertical máxima, por exemplo, aumenta de mais ou menos 2 PC em uma corrida lenta para 6 PC em uma rápida. As forças mais altas associadas com velocidades maiores causam torques maiores nas articulações. A ativação muscular aumentada é necessária para controlar os movimentos articulares ocasionados pelos torques e criar as forças de reação do solo propulsivas necessárias para manter a velocidade mais rápida. Desse modo, um corredor deve aumentar o ritmo da corrida lentamente em várias sessões de treinamento para fornecer tempo para as adaptações neuromusculares ocorrerem. Um aumento muito rápido no ritmo do treinamento é um erro de treinamento bastante comum. Muitas lesões por uso excessivo são atribuídas a essa síndrome "muito rápido, muito cedo". Estabelecer um objetivo mais razoável de aumento do ritmo de treinamento em um período mais longo – ou seja, um aumento menor no ritmo em cada sessão – ajuda a evitar lesões por uso excessivo.

Um erro similar, que pode ser resumido como "muito intenso, muito cedo", envolve o aumento da distância percorrida muito rapidamente ou o aumento do número de sessões de treinamento por semana. O aumento do número de ciclos de carga necessário para um aumento na distância ou no número de sessões causa um maior microdano ao tecido. Tempo de repouso adicional é necessário para que ocorra o remodelamento após um aumento na distância. Sem um repouso adequado, a próxima sessão de treinamento impõe uma carga sobre os tecidos que não estão completamente remodelados. Em geral, 48 horas são recomendadas entre sucessivas sessões de treinamento. Estender esse período para 72 horas é um conselho prático quando uma sessão de treinamento prévia envolveu um aumento na quilometragem. Também pode ser benéfico diminuir o ritmo da sessão subsequente para reduzir a carga sobre o corpo.

A distância total percorrida em semana, uma combinação de quilômetros por sessão e número de sessões, reflete a carga total cumulativa aplicada ao corpo. Assim, ambos os erros mencionados acima – "muito rápido, muito cedo" e "muito intenso, muito cedo" – contribuem para o risco de lesão relacionado ao número total de quilômetros corridos por semana. Uma abordagem sistemática para aumentar o ritmo e a distância pode reduzir o efeito do número total de quilômetros por semana sobre o risco de lesão. À medida que se aumenta a velocidade da corrida, é sensato limitar o número de quilômetros percorridos no novo ritmo ao restringir o tempo por sessão. Do mesmo modo, um aumento na distância não deve ser acompanhado por um aumento no ritmo.

> Controlar o ritmo da corrida e a distância percorrida a cada sessão, junto com o número de sessões por semana, é uma das técnicas de prevenção de lesão mais efetivas.

Entender a interação entre esses três fatores relativos a magnitude e repetição de cargas fornece a melhor base para projetar um programa de treinamento. Essas diretrizes aplicam-se tanto a corredores interessados em alcançar um efeito de treinamento melhor como àqueles que se preparam para uma competição.

Os fatores extrínsecos, como o comprimento da passada, o movimento vertical, a posição articular e a amplitude de movimento durante cada ciclo, se relacionam mais ao estilo de corrida individual do que os fatores extrínsecos discutidos anteriormente. Esses fatores refletem uma interação entre o tamanho corporal do indivíduo e a técnica de corrida. Se mudar esses fatores é efetivo ou útil é uma questão mais controversa do que as diretrizes relacionadas ao aumento do ritmo, da distância e dos quilômetros totais por semana. As pesquisas com corredores experientes têm indicado que o atleta naturalmente escolhe o comprimento de passada mais eficiente para um dado ritmo, aquele que irá minimizar o consumo de energia. O movimento vertical do corredor e a cinemática articular observada refletem o padrão de marcha eficiente. Entretanto, uma vez que os sujeitos das pesquisas foram atletas experientes, não se sabe se o treinamento com esse comprimento de passada específico influencia o consumo de energia. Em geral, as pessoas aprendendo a correr recebem pouca instrução. A maioria das sugestões fornecidas em um programa de treinamento está relacionada com estratégias de corrida, como o posicionamento na multidão ou o movimento durante a prova. A maioria dos treinadores é relutante em sugerir mudanças no estilo de corrida para atletas experientes. O efeito de fornecer diretrizes sobre o estilo de corrida para competidores inexperientes não foi bem investigado e merece pesquisa futura.

Fatores relacionados ao ambiente de corrida

Os fatores relacionados ao risco de lesão durante a corrida incluem o material da superfície de corrida (asfalto, concreto, pisos de madeira, grama, areia), a condição da superfície (molhada, seca, gelada, de pedregulhos soltos, areia), o material dos calçados de corrida (material do solado médio, dispositivos para absorção de choque ou controle do retropé [ortóticos]), as características do desenho dos calçados (recursos especiais para absorção de choque ou controle do retropé) e temperatura (quente, amena, fria). Embora os corredores tenham relativamente pouco controle sobre a temperatura, além de considerar como ela pode afetar o ritmo e a distância ou até decidir se vão correr, eles selecionam os calçados utilizados e o terreno.

A superfície do piso onde ocorre a corrida afeta diretamente a magnitude das forças de reação do solo e a quantidade de controle do retropé. Superfícies mais duras, como asfalto ou concreto, são associadas com forças mais altas do que superfícies como grama ou areia. O típico coeficiente de restituição maior do asfalto e do concreto (Cap. 3) significa que menos força é absorvida pelo material e forças maiores são impostas sobre o corredor, mas essas superfícies firmes promovem boa tração ou aderência. Em contrapartida, o coeficiente menor de restituição típico das aparas de madeira, grama e areia resulta em forças de reação do solo menores, mas essa tendência pode significar tração reduzida. Muitas comunidades têm criado trilhas de corrida feitas de materiais mais macios para promover um ambiente mais seguro para o treinamento. Entretanto, alguns corredores, especialmente aqueles muito treinados, não praticam com regularidade nessas superfícies especificamente porque sentem que superfícies mais macias e fricção reduzida diminuem a qualidade do trabalho. Além disso, materiais mais macios permitem mais pronação do pé, levando a dor muscular aumentada na extremidade inferior em função da amplitude de movimento aumentada e da atividade muscular. Selecionar uma superfície de corrida que forneça um equilíbrio entre a magnitude da força de reação do solo e o controle do retropé é uma preferência individual.

Os calçados de corrida também são um assunto de preferência pessoal. Os calçados comercializados hoje incorporam uma variedade de recursos que os tornam mais atrativos, confortáveis e seguros. Contudo, a distinção entre os recursos nem sempre é clara. Por exemplo, um calçado muito almofadado pode ser extremamente confortável quando você está caminhando na sala da loja, dando a sensação de "estar caminhando no ar". Entretanto, os materiais e a confecção do calçado que promovem o acolchoamento podem não proporcionar o grau de controle do retropé quando as forças de reação do solo típicas da corrida são impostas ao tênis. Além disso, um calçado que promove acolchoamento e controle adequado do retropé sobre uma superfície mais dura pode ser muito macio e carecer de controle do retropé em uma superfície mais macia.

Como uma diretriz para prevenção de lesão, faz sentido correr em uma variedade de superfícies com diversos calçados para corrida. Essa é uma forma de "treinamento cruzado dentro da mesma atividade". Treinamento cruzado refere-se a um programa de treinamento que alterna no dia a dia entre uma variedade de atividades. Por exemplo, alguém treinando para melhora da condição cardiovascular pode intercalar sessões de treinamento entre corrida, ciclismo, natação e aeróbica. A ideia é que cada atividade impõe um padrão diferente de carga sobre o corpo. Alternar atividades altera o padrão de carga, evitando o efeito acumulativo de um padrão de carga consistente e reduzindo o risco de lesão. Correr em superfícies diferentes e com diferentes calçados, de certa forma, tem um efeito similar. Embora o mesmo padrão geral do movimento cíclico esteja envolvido, as pequenas diferenças na magnitude e no padrão de carga representam uma forma de treinamento cruzado dentro da mesma atividade. Ao variar as cargas de uma sessão para a outra com diferentes combinações de calçados e superfícies, você evita colocar uma carga cumulativa sobre um tecido que pode levar a uma lesão de uso excessivo.

Na prática, é uma boa ideia alterar o ritmo e a distância percorrida de acordo com a resposta de seu corpo ao calçado e à superfície. Você pode achar que mais dor se desenvolve durante ou após uma sessão de treinamento em uma superfície particular. Responda a isso mudando o ritmo e a distância da sua corrida. Uma boa regra, se uma lesão por uso excessivo se desenvolve a partir do uso de um calçado em particular ou de uma superfície específica, é mudar o ambiente. Descarte (ou devolva, se possível) um par de calçados se ele causa mais dor que o comum. Quando comprar, selecione calçados similares àqueles com os quais você foi capaz de correr sem dor. Use sua própria experiência para selecionar um modelo ou estilo específico e perceba que sua resposta a um calçado pode diferir do que é mostrado na campanha publicitária. Os calçados também se desgastam com o uso, e, conforme sua condição se deteriora, a absorção do choque ou o controle do retropé que eles oferecem diminuem. Considerações similares relacionam-se às superfícies de corrida. Se você experimentou um aumento de dor na corrida sobre uma superfície particular, mude a superfície. Algumas pessoas preferem superfícies mais macias; outras preferem aquelas mais duras. Reconhecer que calçados e superfícies interagem para criar o risco de lesão e que esse risco é específico para cada indivíduo leva a escolhas e preferências pessoais de calçados e superfícies.

Fatores intrínsecos

Os fatores intrínsecos se relacionam com as características do indivíduo que realiza uma tarefa em um dado ambiente. Pesquisadores têm tentado identificar os indivíduos para os quais a corrida é uma atividade inapropriada, acreditando que algumas pessoas possam ser predispostas à lesão por causa das características individuais que afetam o nível de tensão imposta e a resposta à tensão. Nesta seção, consideraremos um pouco dessas características.

Massa corporal

Um primeiro ponto apropriado é considerar a massa corporal. Na mecânica, a massa de um corpo representa sua inércia ou resistência à mudança no estado de movimento atual. Como já discutido anteriormente, durante a fase de apoio, o movimento para baixo do corredor no contato é diminuído e interrompido pela força de reação do solo vertical, enquanto o movimento para frente tem sua velocidade diminuída pela força de reação do solo anteroposterior.

As forças vertical e anteroposterior, portanto, agem simultaneamente para impulsionar o corredor para cima e para frente para a próxima fase de voo. No Capítulo 3, a segunda lei de Newton ($\varepsilon F = ma$) foi utilizada para explicar que, em uma dada aceleração, uma força maior é necessária para mudar o movimento de uma massa maior. Se dois corredores treinam juntos no mesmo ritmo de corrida, a segunda lei de Newton sugere que o mais pesado será exposto a forças maiores; ou seja, para promover a mesma aceleração, forças maiores devem agir sobre o atleta mais pesado quando comparado ao mais leve.

Esse é o porquê de os dados de força de reação do solo serem apresentados em múltiplos do peso corporal. Geralmente, quando se realiza uma tarefa com determinados padrões cinemáticos, o indivíduo com maior massa será exposto a maiores forças. A lei de Wolff indica que o corpo do corredor com mais massa deverá ser adaptado a maiores forças. Em geral, maior densidade óssea e maior força muscular estão associadas com uma massa corporal maior, como seria esperado de acordo com a referida lei. Apresentar a força de reação do solo em múltiplos do peso corporal é uma tentativa de escalar o tamanho da carga imposta à massa do indivíduo, a fim de considerar as adaptações assumidas à força absoluta maior. A ideia é que uma carga imposta de 2,5 PC terá um efeito similar sobre os indivíduos apesar das diferenças na magnitude absoluta da força imposta. Entretanto, como apontamos anteriormente, o limiar de tensão de vários tecidos é incerto. Ainda não está claro se é a carga absoluta ou a relativa a que mais se relaciona com a resposta tecidual.

Anatomia da extremidade inferior

A estrutura e a função da extremidade inferior têm sido sugeridas no desenvolvimento de lesões por uso excessivo em corredores. Como exemplo, nesta seção, iremos considerar como dois fatores anatômicos comuns se relacionam com a lesão por uso excessivo.

Estrutura do pé A estrutura do pé refere-se ao tipo de arco longitudinal medial, o qual corre ao longo da parte medial do pé e é criado pelo calcâneo, pelo tálus, pelo navicular, pelos três cuneiformes e pelos três metatarsos mediais. O arco é suportado pelos músculos e pela aponeurose plantar, a banda de tecido conectivo que vai do calcâneo até a cabeça do primeiro metatarso. Na corrida, ele se alonga durante as fases iniciais do contato do pé para ajudar a distribuir a carga de contato sobre os ossos do pé, encurta-se durante a fase intermediária de apoio, para ajudar a suportar o corpo, e então, alonga-se novamente para ajudar na impulsão.

Diferenças na estrutura do pé estão associadas com diferentes tipos comuns de lesão por uso excessivo. Um arco mais baixo e flexível permite a absorção de mais energia do que um mais alto e mais rígido. Como resultado, os indivíduos com arcos mais rígidos e altos, se comparados àqueles com arcos baixos e mais flexíveis, sofrem uma carga maior, a qual é passada para a tíbia e para a perna. Essa diferença na absorção de tensão é refletida em um padrão diferente de lesão por uso excessivo. Indivíduos com arcos altos são mais propensos a fraturas por estresse na tíbia e no fêmur em decorrência da absorção reduzida associada com menor movimento do pé. Já aqueles com arco baixos são mais propensos a fraturas por estresse nos metatarsos, em função da tensão aumentada imposta a esses ossos, uma vez que contribuem para uma maior absorção de carga.

As pessoas devem considerar a estrutura de seus pés ao selecionar os calçados para corrida. Os indivíduos com arcos baixos devem escolher um tênis que forneça o controle do retropé. Isso irá ajudar a prevenir a superpronação (>15°) que pode ocorrer em função de mobilidade aumentada do pé. Os indivíduos com arcos altos devem escolher um calçado que adicione recursos para absorver o choque e promover a absorção aumentada das forças impostas durante a corrida. Finalmente, a escolha do tênis deve considerar o conforto e o sucesso na prevenção de lesões por uso excessivo.

Alinhamento da articulação do joelho A articulação do joelho é aquela entre o fêmur e a tíbia. Ela é exposta a tensões altas durante a corrida por causa da força de reação do solo imposta e da tensão nos músculos que atravessam a articulação. A função dessa articulação é afetada por sua estrutura e por fatores anatômicos, como o formato dos côndilos femorais e o platô tibial, bem como a presença do menisco medial e lateral. As características individuais do alinhamento da articulação do joelho são importantes na avaliação do risco relativo de lesão durante a corrida, uma vez que afetam a magnitude e o padrão da tensão imposta aos tecidos da articulação, bem como sua contribuição na absorção de choque.

O **ângulo Q** é uma medida de alinhamento entre o fêmur e a tíbia. Para medi-lo, são desenhadas linhas representando o eixo longo da tíbia e do fêmur na frente da perna. Como mostrado na Figura 15.12, traça-se uma linha da tuberosidade tibial até o ponto médio da borda superior da patela para representar a tíbia, e outra, que vai da espinha ilíaca anterossuperior da pelve ao ponto médio da borda superior da patela para representar o fêmur. O ângulo Q é o menor ângulo entre essas duas linhas. Um ângulo Q maior do que 20° é considerado excessivo.

O alinhamento do fêmur e da tíbia é importante porque afeta o rastreamento da patela ou a trajetória que esta segue conforme desliza entre os côndilos femorais durante a flexão e extensão do joelho. Como a patela é a inserção distal dos músculos do quadríceps, um ângulo Q maior (mau alinhamento do fêmur e da tíbia) significa que ela não deslizará suavemente pelos côndilos. Isso gera tensão excessiva sobre as bordas posterior e lateral da patela, contribuindo para o desenvolvimento de dor nessa região (comumente referida como dor patelofemoral).

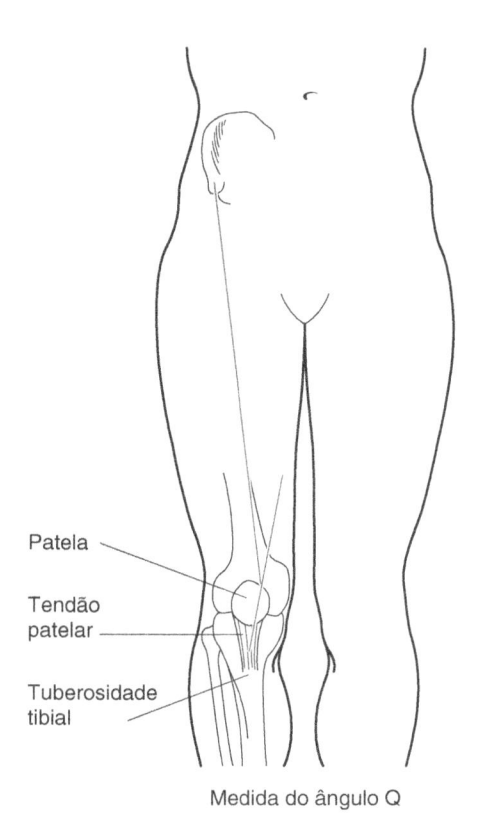

Figura 15.12 O ângulo Q mede o alinhamento entre o fêmur e a tíbia, um fator que afeta o padrão e a magnitude da tensão imposta sobre os tecidos da articulação.

Apesar da relação óbvia entre o ângulo Q e a trajetória da patela, fatores como rigidez muscular no tecido mole do joelho lateral e fraqueza do vasto medial também precisam ser considerados no que diz respeito ao desenvolvimento de dor patelofemoral. A rigidez nos tecidos moles laterais puxará a patela lateralmente mesmo que o ângulo Q esteja dentro da amplitude normal. Se o vasto medial for fraco em relação ao lateral, a tração desigual sobre a patela a fará deslizar sobre o côndilo lateral. Se um corredor relata dor patelofemoral, então o ângulo Q, a rigidez lateral e a força muscular devem ser avaliados para identificar a causa do provável erro na trajetória patelar.

Considerações psicológicas

Os fatores psicológicos relacionados à lesão por uso excessivo incluem o nível de tolerância a dor do indivíduo e sua motivação para continuar com o programa de treinamento. Ambos os aspectos estão relacionados com o início e a progressão de uma lesão. Estudos clínicos de lesão relacionada à corrida com frequência citam indivíduos que continuam a correr apesar do conselho médico de repousar e buscar tratamento. Pesquisas de corredores de maratona, competitivos e recreacionais, frequentemente listam múltiplas lesões relacionadas à corrida em um único sujeito. Lesões comuns que os indivíduos lesionados tentam "transpassar" incluem uma variedade de doenças musculoesqueléticas, como distensões, dor articular e até fraturas. Embora alguns treinadores, comentaristas esportivos e atletas acreditem que a prática continuada apesar da dor seja admirável, essa atitude engana o fato de que a dor é um sinal de que o corpo precisa de tempo para cicatrizar. Continuar a praticar com a lesão expõe o tecido lesionado à tensão quando sua habilidade de resistir já está comprometida. Como resultado, a lesão pode piorar, geralmente ao ponto em que serão necessários uma intervenção médica mais extensa e um período de repouso maior do que se tivesse sido tratada de imediato.

Continuar com a lesão requer uma adaptação no padrão de movimento, a qual é comumente conhecida como favorecimento do segmento corporal lesionado. Em termos mecânicos, um padrão de movimento modificado é utilizado para reduzir a tensão imposta no local da lesão e eliminar a causa da dor. Entretanto, as alterações no padrão de movimento necessárias para reduzir a tensão em um lugar significam que tensões maiores serão impostas em algum outro sítio. A mudança nos padrões de tensão, os quais com frequência ocorrem em um curto período de tempo se o corredor continua a correr, normalmente levam a uma lesão secundária. Por exemplo, alguns corredores reportam ao médico queixa de dor em ambos os membros, algumas vezes no mesmo lugar, outras em diferentes locais para cada perna. O atleta admite procrastinar a procura de tratamento até a dor ter se tornado insuportável ou constante. A história da lesão com frequência revela que a dor começou unilateralmente, limitada a uma só perna. O desenvolvimento da dor no outro membro resulta de padrões alterados de tensão à medida que o atleta consciente ou inconscientemente favoreceu o membro lesionado.

Um pronto atendimento da causa da dor é fundamental para prevenir uma lesão mais extensa. A intervenção conservadora, tal como o repouso, fornece tempo para que a cicatrização ocorra. É necessário, de fato imperativo, identificar a razão da lesão. Em geral, é simplesmente um problema de "muito intenso, muito cedo". Ao retornar à corrida após a lesão ter cicatrizado, o atleta deve aderir a uma abordagem sistemática de aumento de distância ou velocidade e considerar usar calçados mais apropriados ou correr em uma superfície diferente. Os indivíduos com mau alinhamento esquelético significativo podem precisar usar uma órtese para alinhar o sistema musculoesquelético adequadamente ou incorporar exercícios específicos de força e flexibilidade para corrigir o desalinhamento. Algumas pessoas podem ter que escolher uma atividade mais apropriada, que reduza a carga a um nível que não coloque tensão excessiva no tecido propenso ao dano. Esses indivíduos devem procurar o conselho de um profissional reconhecido sobre a biomecânica de atividades de treinamento cardiovascular comuns para ajudar na seleção da modalidade apropriada.

Resumo

A tensão mecânica refere-se à distribuição da força sobre o corpo no qual ela atua. O corpo responde a níveis de tensão cronicamente baixos, atrofiando-se, e a níveis altos de tensão aplicados sistematicamente, hipertrofiando-se. Entretanto, se o nível de tensão imposto for muito alto ou aplicado com muita frequência, uma lesão traumática ou por uso excessivo irá ocorrer. Prevenir uma lesão pode envolver redução tanto da magnitude como da frequência da tensão imposta ou de modificação do limiar de tensão tecidual para melhor suportar a tensão. Exemplos de tensão imposta durante a corrida demonstram que, apesar de a relação tensão-lesão ser conceitualmente simples, a prevenção de lesão durante o desempenho de uma habilidade é difícil.

Os primeiros três capítulos da Parte III forneceram diretrizes para conduzir análises biomecânicas qualitativas com ênfase específica na melhora da técnica, no treinamento e na prevenção de lesão. Apesar de esses três tipos de análise terem sido apresentados separadamente e, na verdade, serem diferentes nas suas abordagens, eles são inseparáveis em qualquer análise biomecânica qualitativa de uma atividade. As melhoras na técnica sugeridas por uma análise que vise aprimorar a técnica devem ser examinadas para assegurar que as mudanças propostas não irão impor tensão dentro de uma zona de sobrecarga patológica de tensão contínua e, portanto, levar à lesão. A melhora na técnica aumentará o risco de lesão? Uma análise biomecânica qualitativa cujo objetivo seja aprimorar o treinamento baseia-se no modelo de técnica mais efetiva sugerida por uma análise biomecânica qualitativa para melhorar a técnica. Quais parâmetros físicos devem ser treinados para permitir a produção da técnica mais eficaz? Os profissionais também devem ser capazes de identificar as estruturas anatômicas que estão em risco de lesão como resultados do desempenho de uma habilidade. Essa identificação é fruto de uma análise biomecânica qualitativa que visa entender o desenvolvimento da lesão. Os resultados desse tipo de análise devem também ser utilizados para melhorar o treinamento para fortalecer os tecidos que estão em risco de lesão. Quais tecidos devem ser fortalecidos para prevenir a lesão?

A análise biomecânica qualitativa requer um conhecimento e entendimento sólido dos princípios mecânicos. O material apresentado nas primeiras duas partes deste livro deve ter ajudado você nesse sentido. A análise biomecânica qualitativa também é uma tarefa complexa e difícil. As diretrizes gerais e os procedimentos para conduzir análises biomecânicas qualitativas foram apresentados na última parte deste livro. Essas orientações são uma tentativa de simplificar o processo de condução de uma análise biomecânica qualitativa. Na maioria das áreas da vida, aprender a fazer algo bem requer prática. Essa análise também necessita de muita prática e experiência para ser perfeita. As oportunidades para aplicar a biomecânica e conduzir análises biomecânicas qualitativas irão ocorrer todos os dias no seu futuro como profissional do movimento humano. Aproveite essas chances e utilize o seu conhecimento de biomecânica. A compensação será estudantes, atletas ou clientes mais satisfeitos, bem como um aumento na sua eficiência como professor, treinador ou outro profissional do movimento humano.

TERMOS-CHAVE

Ângulo Q (p. 375)
Carga impulsiva (p. 370)
Fatores extrínsecos (p. 364)
Fatores intrínsecos (p. 364)

Lei de Wolff (p. 360)
Lesão por uso excessivo (p. 363)
Lesão traumática ou acidental (p. 362)
Movimento do retropé (p. 370)

Remodelamento (p. 362)
Tensão contínua (p. 361)
Zona de carga fisiológica (p. 361)

QUESTÕES DE REVISÃO

1. Explique como a magnitude da tensão imposta se relaciona com a magnitude da força aplicada e da área sobre a qual a força é distribuída. Dê exemplos de intervenções que alterem a tensão mudando a magnitude da força imposta e a área sobre a qual ela é distribuída.
2. Diferencie tensão de tração, compressiva e de cisalhamento. Dê um exemplo de cada tipo de tensão imposta ao corpo humano, identificando a origem da força e o tecido carregado.
3. Desenhe a tensão contínua, identificando suas quatro regiões.
4. Explique o conceito de limiar de tensão. Relacione o conceito com o desenvolvimento de lesão traumática e por uso excessivo.
5. Diferencie os fatores intrínsecos e extrínsecos relacionados à lesão.
6. Identifique fatores intrínsecos e extrínsecos relacionados à lesão por uso excessivo nas seguintes atividades: (a) natação, (b) salto em distância, (c) arremesso e (d) uma tarefa de linha de montagem industrial.
7. Quais fatores afetam o limiar de tensão para um tecido particular? Por que algumas pessoas possuem ossos mais fortes do que outras?
8. Explique as semelhanças e diferenças entre os conceitos de treinamento cruzado dentro da mesma atividade e treinamento cruzado. Baseando sua resposta na mecânica por trás do desenvolvimento de lesões, explique por que cada modo de treinamento pode ser eficaz na redução do risco de lesão. Sugira maneiras pelas quais o conceito de treinamento cruzado dentro da mesma atividade pode ser utilizado para evitar os tipos de lesão apresentados frequentemente por nadadores.
9. Jim começa um programa de treinamento de força. Ele está satisfeito pelo seu rápido ganho inicial de força e, empolgado, adiciona mais resistência aos seus pesos. Embora a maior parte do ganho inicial de força de Jim possa estar relacionada com os aspectos neurais, ele percebe com orgulho a hipertrofia do músculo que também contribui para o seu aumento de força. Infelizmente, com mais ou menos um mês de treinamento, Jim refere uma dor intensa em suas articulações. Utilize o conceito de tensão contínua para explicar o que está acontecendo no corpo de Jim e forneça sugestões para evitar a situação em levantadores de peso iniciantes.
10. Sally comprou calçados de corrida novos e reporta que eles a fazem se sentir "mais leve e mais rápida". Ela anuncia que está pronta para "realmente se esforçar nos seus exercícios". Qual conselho você daria a Sally para ajudá-la a evitar o desenvolvimento de uma lesão por uso excessivo?
11. Em geral, pacientes hospitalizados e pós-cirúrgicos são encorajados a começar a atividade de sustentação de peso muito mais cedo do que há 25 anos. Explique por que começar a atividade de sustentação de peso é benéfico para esses pacientes.
12. Comentando sobre o padrão de lesão no beisebol, Keith Law, o gerente geral assistente do *Toronto Blue Jays*, foi citado como tendo dito: "O que está acontecendo agora, especialmente quando se trata de manter os arremessadores saudáveis, é um monte de adivinhação. Nós ainda não sabemos se é pior para um arremessador fazer 130 lançamentos em um jogo ou 100 lançamentos em 5 turnos" (Verduzzi, 2004). Relacione a citação à base conceitual para lesão apresentada neste capítulo.

PROBLEMAS

1. Durante uma armação no futebol americano, o defensor impõe uma força de 765 N sobre o atacante. Calcule a magnitude da tensão mecânica se a força for:
   a. Aplicada sobre 9 cm^2 do capacete do atacante.
   b. Sobre 100 cm^2 das ombreiras do atacante.
2. Durante um arremesso "de bola rápida", a força de tração no feixe anterior do ligamento colateral ulnar (LCU) alcança um máximo de 300 N. A tensão máxima do LCU é de 80 MPa.
   a. Se a área de secção transversa mínima do feixe anterior do LCU é 0,05 cm^2, qual é a tensão de tração máxima nesse feixe resultante de uma força de 300 N?
   b. Qual percentual da tensão máxima do ligamento essa tensão representa?

3. Durante o arremesso "de bola rápida" da questão anterior, o LCU transmite um pico de força de tração de 300 N para o epicôndilo medial do úmero. Essa força é distribuída sobre uma área de 0,06 cm² do epicôndilo. A tensão máxima do osso cortical é 110 MPa.

   a. Qual é a máxima tensão de tração no epicôndilo medial como resultado de uma força de 300 N?

   b. Qual percentual de tensão máxima do osso essa tensão representa?

Ver respostas (em inglês) no *site* www.grupoa.com.br no *link* do livro.

Capítulo 16

Tecnologia na biomecânica

Objetivos

Ao terminar de ler este capítulo, você deverá ser capaz de:

- Definir análise biomecânica quantitativa
- Discutir como a forma de medir tais variáveis pode influenciá-las
- Discutir sobre a instrumentação usada para medir as variáveis cinemáticas na biomecânica
- Discutir sobre a instrumentação usada para medir as variáveis cinéticas na biomecânica

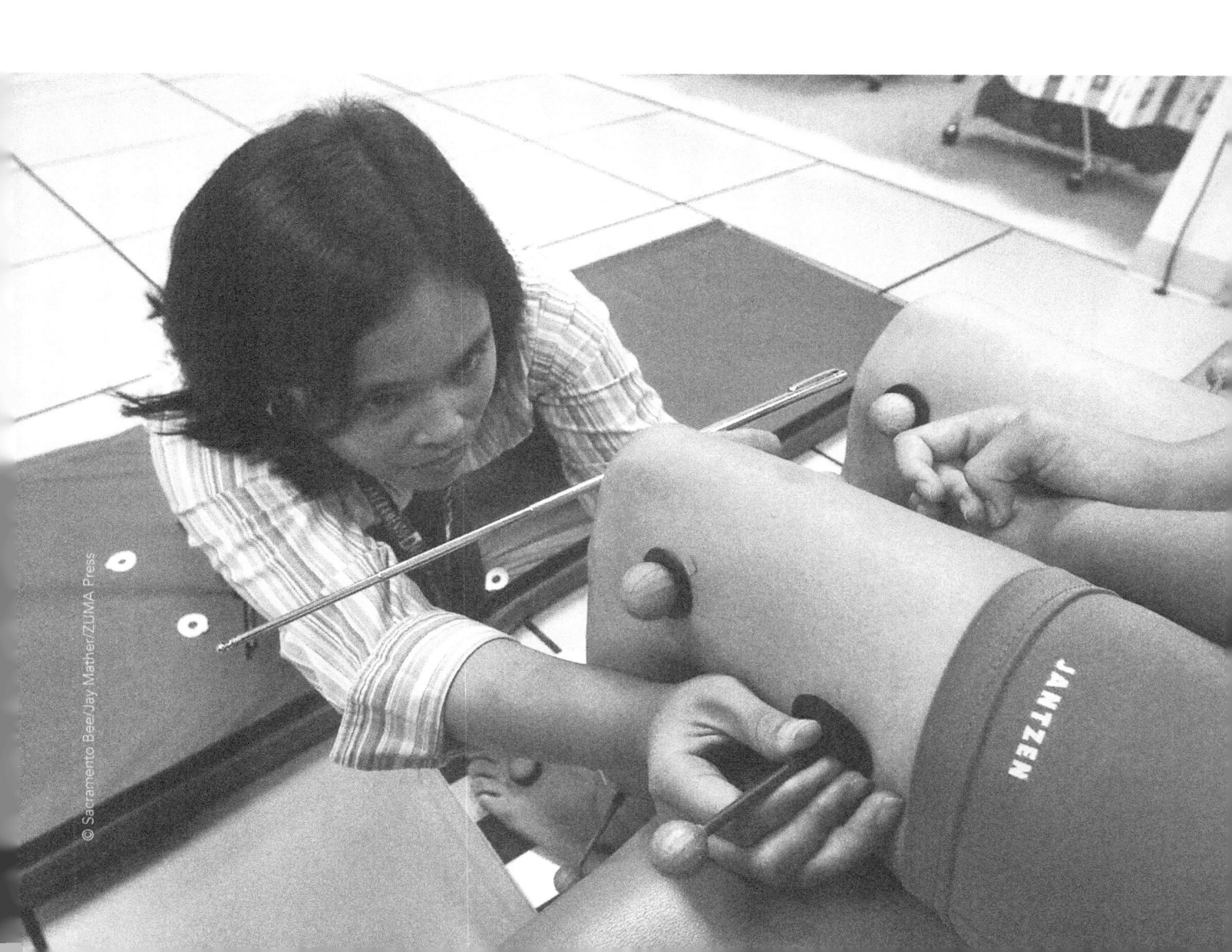

Um praticante de golfe realiza uma parte do movimento da batida de uma bola. Mas ele parece diferente: não está usando roupas de golfe normais. Pontos luminosos estão fixados em seu taco e em várias partes de seu corpo. Uma pequena caixa está presa em suas costas, e cabos saem dela e dos seus sapatos. Mais fios estão presos a dispositivos em suas pernas. O golfista está sobre algum tipo de plataforma. Luzes o iluminam. Ele não está jogando em um campo de golfe, mas em um laboratório, onde uma variedade de dispositivos grava seus movimentos, ações musculares e forças de reação sob seus pés. Que tipo de laboratório é esse? Quais tipos de dispositivos são usados para medir as variáveis biomecânicas discutidas neste livro? Nos três capítulos anteriores, aprendemos sobre análises biomecânicas qualitativas. Este capítulo trata da tecnologia usada nas análises biomecânicas quantitativas.

A análise biomecânica quantitativa do movimento humano envolve a medição do movimento humano de fato e de suas causas subjacentes. Se o movimento humano ou qualquer um de seus aspectos é quantificado ou medido (descrito com números), a análise resultante dessas medições é uma análise biomecânica quantitativa. Este capítulo apresenta uma visão geral da tecnologia usada para medir as características biomecânicas do movimento humano.

Análise biomecânica quantitativa

Professores, treinadores e terapeutas com frequência realizam análises biomecânicas qualitativas, mas é raro fazerem qualquer análise biomecânica quantitativa. Quando esta é necessária? No esporte, análises desse tipo costumam ser realizadas em atletas de elite ou de nível profissional, por causa do gasto e do tempo envolvidos. Elas podem ser feitas em uma estação ou ao longo da carreira do atleta para monitorar alterações na técnica, mudanças críticas nos parâmetros biomecânicos em função da melhora do treinamento e do progresso na reabilitação de uma lesão, bem como para fornecer dados para pesquisas sobre habilidades específicas de um esporte, entre outros exemplos. Especialistas em ergonomia podem usar essas análises para determinar as causas de lesões por *overuse* no ambiente de trabalho e desenvolver soluções. Biomecânicos da área clínica afiliados a hospitais ou outros estabelecimentos médicos podem conduzir tais análises para determinar os efeitos de várias intervenções médicas na marcha, diagnosticar doenças ou lesões musculoesqueléticas e monitorar a reabilitação, entre outros.

As análises biomecânicas quantitativas são garantidas em todos esses casos, porque as mudanças nas variáveis biomecânicas podem ser indistinguíveis sem os instrumentos específicos. Os movimentos ocorrem rápido demais para serem percebidos pelo olho humano, ou as diferenças na posição e no deslocamento são muito sutis para serem notadas. Em outros casos, a variável biomecânica medida pode ser quase imperceptível por não atletas (ou pacientes ou clientes). Como um observador, como você detecta a magnitude e os sentidos das forças de reação do solo que agem sobre um corredor? Você não pode vê-las, apenas seus efeitos. Nós precisamos de instrumentos específicos para medir essas variáveis.

Formas de medir

As análises biomecânicas quantitativas do movimento humano envolvem a medição de variáveis biomecânicas. As variáveis medidas podem ser temporais (tempo), cinemáticas (posição, deslocamento, velocidade, aceleração) ou cinéticas (força, energia, trabalho, potência). Em qualquer caso, algum tipo de instrumento é usado para medi-la. O instrumento propriamente dito e o ambiente de coleta podem afetar o desempenho do atleta, do paciente ou do cliente. Do mesmo modo, a forma de medir influencia o parâmetro que é medido. A validade dos parâmetros mensurados é, portanto, influenciada pelo processo de medição. Assim, aquelas tecnologias que minimizam os efeitos da medição sobre o executante são as mais indicadas.

> A forma de medir influencia o parâmetro que é medido.

Coleta de dados no laboratório

O ideal é que o ambiente no qual você avalia o desempenho seja cuidadosamente controlado, se possível. A maioria dos dados para as análises biomecânicas quantitativas é coletada em laboratórios de biomecânica, onde isso pode ser feito. A desvantagem é que o laboratório não é o local no qual o atleta, paciente ou cliente normalmente realiza suas atividades. Esse ambiente novo pode influenciar os movimentos que são avaliados. O laboratório deve ser configurado o mais próximo possível do ambiente no qual o movimento costuma ocorrer.

A vantagem de coletar os dados em um laboratório é o controle do ambiente. As câmeras, as luzes, a temperatura e outros aspectos são sempre os mesmos. A pessoa, dessa forma, pode ser avaliada várias vezes nas mesmas condições. Muitos dos instrumentos são posicionados de modo permanente, assim o tempo para preparar a coleta de dados é mínimo. Além disso, sensores, marcadores ou unidades de coleta de dados podem ser fixados ao sujeito.

> A vantagem de coletar os dados em um laboratório é o controle do ambiente.

A desvantagem é que o ambiente não é o mesmo da vida real, no qual o atleta, o paciente ou o cliente está acostumado a se mover. O lançamento de uma bola de beisebol no laboratório pode ser muito diferente daquele realizado em um jogo. As luzes, as câmeras e a presença de pessoas olhando e avaliando a movimentação de um paciente podem constranger e alterar o movimento. Os marcadores, os sensores ou os cabos presos na pessoa também terão algum efeito nos movimentos avaliados. Em uma coleta de dados laboratorial, é muito importante que a pessoa familiarize-se com os equipamentos e com o ambiente antes de se iniciar a coleta.

Coleta de dados no campo

Uma verdadeira competição pode ser o melhor ambiente para avaliar o desempenho de um atleta, porque é um cenário com o qual o atleta já está acostumado (Fig. 16.1). Contudo, o ambiente da competição pode não ser o melhor para o pesquisador. A maioria das tecnologias da biomecânica não é muito portátil. Para gravar forças de reação do solo, plataformas de força teriam de ser montadas no local da competição. Para registrar a atividade muscular, eletrodos teriam de ser colocados no corpo do atleta, e seus sinais precisariam ser enviados para um receptor para a gravação. Alternativamente, um dispositivo para gravar os sinais poderia ser preso ao atleta. Em competições, costumam ser coletados dados do tipo cinemático. As tecnologias para a medição de dados cinemáticos incluem dispositivos eletrônicos de cronometragem, câmeras de vídeo ou filmadoras e seus sistemas de análise computadorizados, bem como radares ou dispositivos a *laser* que medem a velocidade. A maioria desses dispositivos é pouco invasiva, ou seja, o desempenho do atleta é minimamente afetado pelo seu uso. É mais provável que os diretores de competições permiti-

Figura 16.1 Um biomecânico opera uma câmera de alta velocidade para gravar as passadas dos corredores de 400 m no Campeonato Americano de Atletismo. A coleta de dados no campo não pode afetar o desempenho dos atletas estudados.

ram que os biomecânicos usassem equipamentos não invasivos do que invasivos durante as competições.

A maior desvantagem de coletar dados biomecânicos durante uma competição é a falta de controle sobre o ambiente. O biomecânico não tem nenhum controle sobre a pessoa ou sobre os fatores que influenciam o desempenho, e as posições dos instrumentos de coleta de dados podem ser restringidas. As filmadoras ou câmeras de vídeo, bem como os radares ou dispositivos a *laser* que medem a velocidade, requerem uma visão direta do avaliado. Estes últimos exigem instalação ao longo da linha de movimento do avaliado. Árbitros, espectadores, competidores e outras pessoas podem bloquear essa visão durante os períodos de gravação dos dados. Mudanças na iluminação podem limitar o uso de filmadoras ou de câmeras de vídeo. Temperaturas severas (como muito frio, muito quente ou muito úmido) também podem limitar o uso de equipamentos. Além disso, todos esses dispositivos requerem energia elétrica. É preciso que várias baterias estejam à mão ou que haja uma fonte de energia acessível no local. O transporte de equipamentos eletrônicos caros e frágeis para a competição expõe os aparelhos a riscos como danos ou furtos. O tempo para planejar previamente e preparar o local da competição para a coleta também é grande. Além disso, também é difícil repetir as mesmas posições observadas em câmeras de uma competição para a outra. Apesar dessas desvantagens, biomecânicos do esporte coletam com regularidade dados nos Jogos Olímpicos e nos campeonatos mundiais de vários esportes.

Taxa de amostragem

A maioria dos parâmetros biomecânicos varia com o tempo. Por isso, eles devem ser medidos ao longo do movimento. Costuma-se usar um computador na coleta de dados para armazenar e processar os dados. A maioria das variáveis biomecânicas é composta de **sinais analógicos** – eles variam continuamente com o tempo. Contudo, antes de serem armazenados e processados pelo computador, os dados precisam ser convertidos para o formato digital. Os dados digitais são numéricos (para o computador, as informações são representadas na forma binária – como 1 e 0). Para que um sinal analógico seja convertido para digital, ele deve ser medido em intervalos discretos (o sinal é amostrado), e, então, o valor medido é convertido para a forma binária. O número de vezes que o sinal é amostrado é chamado de **taxa de amostragem** ou frequência de amostragem.

A taxa de amostragem de um instrumento indica a frequência com que ele adquire uma medida. Em alguns instrumentos da biomecânica, tais como a plataforma de força, essa taxa pode chegar a milhares de amostras por segundo, enquanto, em uma gravação de vídeo típica, ela costuma ser de 30 ou 60 quadros ou amostras por segundo. A taxa de amostragem da maioria das ferramentas de medida da biomecânica pode ser ajustada para se adequar ao que está sendo medido. Para movimentos considerados lentos, uma taxa de amostragem inferior a 100 amostras por segundo é adequada, mas, para aqueles que envolvem impacto ou mudanças rápidas, é necessária uma taxa maior.

Ferramentas para medir as variáveis biomecânicas

As ferramentas destinadas à medição de variáveis biomecânicas variam em sofisticação e custo, indo de simples cronômetros a plataformas de força hipersensíveis e sistemas de captura multicâmeras. As técnicas de medições se desenvolvem constantemente, conforme o progresso da tecnologia. A revisão apresentada das ferramentas aqui é apenas um breve panorama de algumas das tecnologias disponíveis para medir variáveis biomecânicas. Os instrumentos são categorizados como ferramentas para medidas cinemáticas e para medidas cinéticas.

Ferramentas para medidas cinemáticas

As variáveis cinemáticas são baseadas na posição e no tempo ou nas mudanças em cada um desses elementos. Ferramentas populares para medi-las incluem sistemas de cronometragem, dispositivos que medem a velocidade (baseados em radar ou em *laser*), acelerômetros, sistemas de sensores inerciais microeletromecânicos e aparelhos óticos de imagem (filmadoras, câmeras de vídeo, entre outros). Os sistemas de captura de movimento de todo o corpo podem usar uma ou mais dessas tecnologias para gravar e quantificar o movimento humano em duas ou três dimensões.

Dispositivos de cronometragem

O tempo é uma dimensão fundamental na mecânica, de modo que sua medição é importante. Relógios são os dispositivos mais simples para se medir o tempo. Se a duração de um evento é longa o suficiente, um simples cronômetro pode ser o dispositivo apropriado. Se mais acurácia é necessária e a duração do evento é pequena, então um dispositivo de cronometragem automático é mais adequado.

A maioria dos dispositivos de cronometragem usa relógios eletrônicos em um computador ou em outro dispositivo digital, e os interruptores eletrônicos ou mecânicos iniciam e param as contagens. Esses interruptores podem ser acionados de várias formas. Por exemplo, um tapete sensível à pressão pode ser usado para iniciar ou parar o relógio quando uma pessoa pisa sobre ele ou o deixa. Se é uma luz que aciona o dispositivo, este é considerado um cronômetro acoplado a um sensor ótico. Sensores desse tipo podem ser sensíveis a comprimentos de onda específicos ou a grandes frequências. Em qualquer caso, se o raio de luz que ilumina o sensor é interrompido por uma pessoa, um membro ou um implemento, a mudança na intensidade luminosa dispara ou interrompe o relógio.

Esses dispositivos de cronometragem automáticos, obviamente, medem o tempo, mas também podem ser usados para medir a velocidade média. Se os sensores acionados são separados por uma distância conhecida, então a velocidade média pode ser estimada. A adição de mais sensores pode proporcionar dados mais detalhados de um movimento. Por exemplo, múltiplos sensores óticos ao longo de uma pista de corrida podem fornecer informações sobre a frequência, o comprimento e a velocidade das passadas, bem como sobre o tempo de apoio e de voo.

Sistemas para medir a velocidade

Os sistemas de cronometragem são as ferramentas mais simples de medição de variáveis cinemáticas. Eles são úteis para medir a velocidade média de humanos ou de objetos, mas e quanto à velocidade instantânea? O radar móvel que policiais usam nas estradas para identificar motoristas em alta velocidade pode ser adaptado para capturar a velocidade instantânea de objetos no esporte. Ele transmite um sinal de rádio de microondas em uma frequência específica e mede a frequência dos sinais que são refletidos de volta. Um objeto parado refletirá o sinal de rádio na mesma frequência transmitida pelo radar. Se estiver se movendo, o sinal refletido terá uma mudança na sua frequência – o efeito Doppler. A velocidade do objeto é determinada por essa mudança de frequência.

Uma limitação dos radares móveis é que eles só medem a velocidade escalar (ou componentes da velocidade vetorial) que se aproximam ou se afastam diretamente do dispositivo. Eles são usados com frequência para medir a velocidade escalar de bolas lançadas no beisebol, mas também podem ser úteis no golfe, no tênis, no hóquei, no futebol, no lacrosse e em outros esportes. Seu uso para medir a velocidade do corpo de um atleta é limitado, a menos que um marcador radar-reflexivo seja usado pelo atleta.

Um dispositivo a *laser* é mais efetivo para medir a velocidade escalar de atletas, especialmente corredores. Seu uso é similar ao do radar, mas um *laser* e seu reflexo são usados para medir a velocidade. Diferentemente do radar, no qual o sinal dispersa conforme a distância aumenta, o *laser* de um dispositivo para medir a velocidade é bem focado. Dessa forma, se mais de um objeto está se movendo em direção ao aparelho, o instrumento baseado em *laser* pode medir apenas a velocidade do objeto de interesse, enquanto um radar receberá múltiplos sinais refletidos. Esses dispositivos apresentam maior acurácia para medir a velocidade de um corredor.

Sistemas óticos de imagem

Em análises biomecânicas qualitativas, diferenciamos a maioria das qualidades de um movimento usando a visão. Parece apropriado dizer que a tecnologia para gravar essas imagens visuais do desempenho é a ferramenta mais usada em nossa área. Os sistemas óticos de medida mais populares na biomecânica são as câmeras de vídeo.

As câmeras de vídeo fornecem imagens sequenciais bidimensionais do movimento em um intervalo de tempo específico que depende da velocidade da câmera. Em uma única imagem gravada, a posição do corpo e de suas partes pode ser medida relativa uma com relação à outra ou com relação a uma referência fixa no campo de visão. Se um objeto de dimensões conhecidas também é gravado no campo de visão e no plano de movimento, os dados de posição podem ser convertidos para unidades da vida real. Nas imagens subsequentes, as mudanças na posição ou os deslocamentos podem ser determinados. O tempo decorrido entre os quadros de vídeo sequenciais pode ser estabelecido a partir da taxa de amostragem da câmera. Por exemplo, o intervalo entre dois quadros adjacentes de um vídeo gravado por uma câmera que opera a 30 quadros por segundo é de 1/30 s ou 0,033 s. Dessa forma, as velocidades podem ser determinadas a partir das medidas do deslocamento e do tempo. Uma vez estimadas, as acelerações também podem ser estabelecidas a partir das medidas de velocidade e de tempo.

Uma câmera pode ser suficiente para gravar adequadamente um movimento bidimensional ou planar, uma vez que a imagem resultante também é bidimensional. Dados de coordenadas tridimensionais podem ser obtidos se o movimento for gravado por duas ou mais câmeras. Foram desenvolvidos softwares específicos para determinar as coordenadas tridimensionais a partir de dados bidimensionais de cada câmera.

Como os dados das coordenadas são extraídos das imagens? Esse processo se chama digitalização. Ele pode ser feito manual ou automaticamente, mas, em ambos os casos, um sistema computadorizado o torna mais fácil. Primeiro, devem ser identificados os pontos de interesse no indivíduo ou objeto investigado. Se possível, são colocados marcadores sobre esses pontos antes de o movimento ser gravado. No processo de digitalização manual, um único quadro da imagem aparece no monitor do computador, e você digitaliza (armazena o dado da coordenada) cada ponto de interesse, posicionando um cursor sobre a projeção de um ponto na tela. Isso é feito para cada ponto de interesse (para um modelo de corpo humano completo, isso pode exigir mais que 20 pontos) e para cada quadro do vídeo ou do filme. Além de extremamente tedioso e demorado, esse processo também é propenso a erros humanos.

O segundo método de digitalização é o automático. Existem diversos modos de se fazer isso. Em um deles, marcadores altamente reflexivos são colocados no objeto ou no sujeito (atleta, paciente, cliente), definindo os pontos de interesse. O sujeito é iluminado para que a luz dos marcadores seja capturada pelas lentes das câmeras. A imagem de vídeo resultante tem pontos luminosos na imagem do sujeito onde o marcador estava posicionado (Fig. 16.2). Um *software* específico identifica esses pontos e suas coordenadas em cada quadro do vídeo. Em alguns sistemas automáticos, os dados são processados em tempo real – você vê na tela do computador o modelo do movimento enquanto este é executado.

Outro método de digitalização automático usa marcadores ativos em vez de reflexivos passivos. Os marcadores ativos são, em geral, diodos emissores de luz (LEDs) que acendem em certa sequência e com determinada frequência. Câmeras específicas detectam sua presença, e um *software* determina suas coordenadas.

Uma desvantagem de todos os sistemas óticos de imagem é que eles dependem da linha de visão. Os membros passam um pela frente do outro e escondem os marcadores das câmeras. Sistemas de rastreamento eletromagnético superam esse obstáculo usando marcadores eletromagnéticos e dispositivos especiais que detectam sua localização. Esses sistemas não são afetados quando um ponto é escondido, uma vez que as partes do corpo podem obstruir um marcador do ponto de vista visual, mas não eletromagnético, de modo que os membros são invisíveis para tais dispositivos.

A coleta de dados usando sistemas de digitalização automática é limitada sobretudo pelo ambiente do laboratório. As câmeras, que em geral são fixas, gravam o movimento em um volume ou espaço limitado. Outra desvantagem é que os movimentos de interesse devem ser realizados com marcadores posicionados no corpo do sujeito.

Além disso, a maioria dos sistemas óticos de imagem é muito cara. Contudo, diversos programas baratos de análise de movimento (com preços abaixo de U$ 500,00) estão disponíveis e oferecem as ferramentas básicas para analisar o movimento humano em duas dimensões.

Acelerômetros

A aceleração pode ser derivada a partir dos dados de velocidade obtidos dos dispositivos medidores de velocidade com base em *laser* ou radar ou a partir dos dados obtidos pelos sistemas óticos de imagem. Contudo, o cálculo da aceleração pode apresentar erros. O cálculo da velocidade

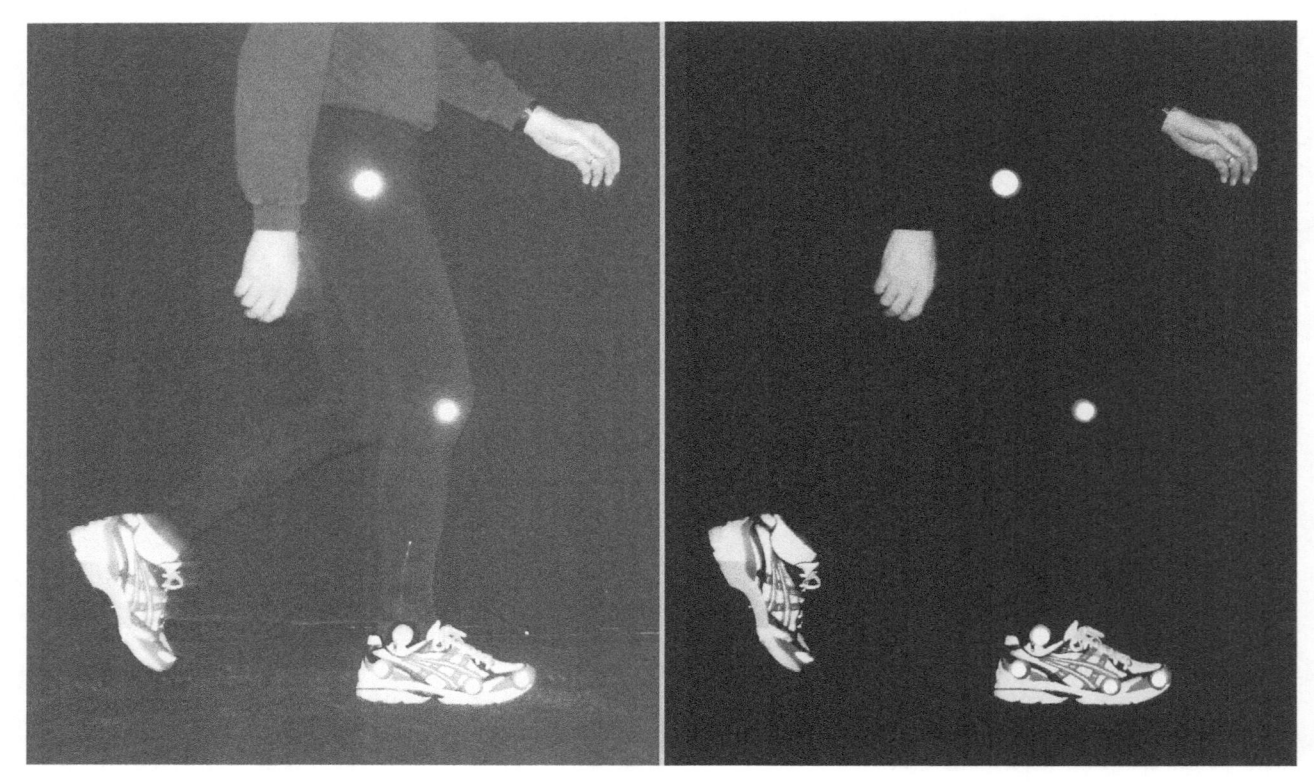

Figura 16.2 Marcadores reflexivos possibilitam que o computador e a câmera identifiquem automaticamente a localização dos pontos de interesse. A foto à esquerda mostra os marcadores no sujeito sob condições normais de luz; a da direita mostra o mesmo indivíduo com a luz e a câmera ajustadas para destacar apenas os marcadores.

envolve a derivação dos dados de posição em relação ao tempo, e o da aceleração, por sua vez, envolve a derivação da velocidade em relação ao tempo, o que conduz a uma propagação de erro. Um pequeno ruído (erro aleatório) nos dados de posição é amplificado no cálculo da velocidade e potencializado outra vez no da aceleração. Assim, os dados devem ser numericamente filtrados para eliminar esses ruídos. Além dessa limitação, a maioria dos dispositivos que medem a velocidade tem taxas de amostragem relativamente baixas (o número de dados de velocidade medido por segundo costuma ser igual ou inferior a 60). Existe algum método para medir a aceleração de modo direto para que esses problemas sejam eliminados?

O **acelerômetro** é um dispositivo que mede a aceleração diretamente. Esses aparelhos podem ser muito leves e pequenos (Fig. 16.3). Os acelerômetros mais compactos disponíveis no mercado são menores que aquele mostrado na figura, chegando a medir apenas 2 mm × 2 mm × 1 mm. Esses acelerômetros minúsculos são, em geral, componentes de sistemas microeletromecânicos (MEMS).[*] Quando fixados em um objeto, esses dispositivos medem sua aceleração no ponto em que estão presos.

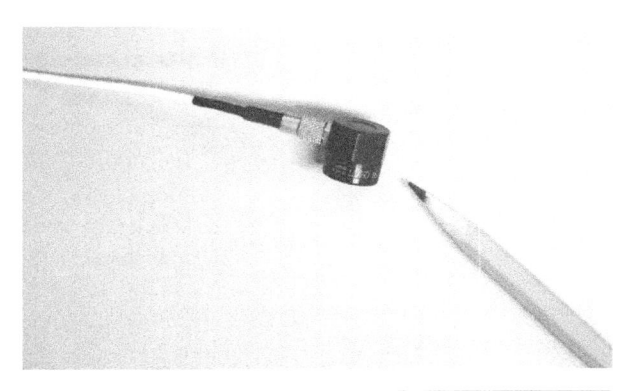

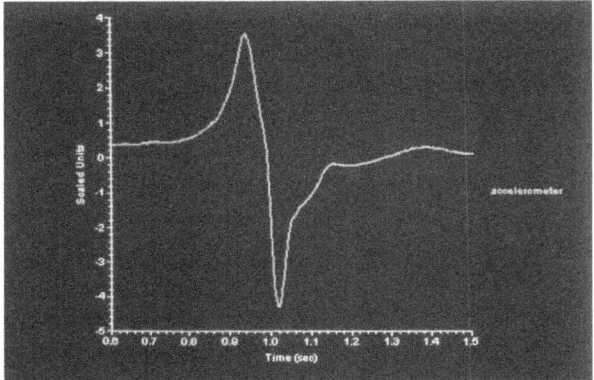

Figura 16.3 Um acelerômetro e um exemplo de seu sinal para um movimento de "arranque e pare".

Os acelerômetros medem a aceleração em uma direção específica. Se for do topo uniaxial ou unidimensional, esse aparelho mede a aceleração em uma única direção – ao longo de um eixo específico da unidade. Já um acelerômetro triaxial ou tridimensional mede três acelerações – ao longo de três eixos diferentes que formam um ângulo reto entre si. A orientação do acelerômetro determina o sentido da aceleração medida: se fixado a um membro que muda sua orientação, então essa alteração muda o sentido da aceleração medida. Os acelerômetros não podem ser fixados diretamente nas estruturas rígidas do corpo (ossos), mas na pele. Por causa dessas dificuldades, não costumam ser usados para analisar movimentos gerais do corpo inteiro.

Esses aparelhos respondem relativamente bem a altas frequências, então suas taxas de amostragem podem ser altas. Isso os torna adequados sobretudo para analisar impacto. De fato, são usados em automóveis como sensores que acionam os *air bags*. Na biomecânica, seu uso permite avaliar a capacidade de redução de impacto de equipamentos esportivos de segurança. O desempenho de capacetes de ciclistas e outros de proteção é avaliado com acelerômetros por meio da medida da aceleração de um simulador de cabeça usado em um teste de impacto. O desempenho de amortecedores materiais usados sob os equipamentos de recreação infantil é avaliado de forma similar. Os acelerômetros também podem ser adequados para medir as vibrações e seus efeitos no corpo.

Além disso, eles também são a base dos dispositivos que monitoram atividades físicas. Um acelerômetro uniaxial é o ponto de partida dos pequenos aparelhos que podem ser fixados em barras ou em um atleta para medir uma variedade de parâmetros mecânicos, incluindo a produção de potência dos desportistas. A tecnologia usada em simples pedômetros que contam as passadas consiste em apenas um acelerômetro mecânico uniaxial. Já pedômetros mais sofisticados e monitores de atividades usam acelerômetros eletrônicos uni, bi ou triaxiais para quantificar as passadas ou a atividade física do usuário.

Dispositivos de medida inerciais

Os sensores inerciais MEMS ou IMUs[**] (dispositivos de medida inerciais) usam um microacelerômetro e um giroscópio para fornecer medidas cinemáticas. Esses sensores são pequenos o bastante para serem fixados nas pessoas. Eles medem mudanças na posição com relação a uma referência ou posição inicial. Além disso, eles não necessitam de uma câmera ou de outro dispositivo para gravar os dados, mas requerem um *software* específico para a interpretação do sinal. Sistemas de análise de movimento que usam IMUs são caros se comparados aos

---

[*] N. de T.: A sigla MEMS refere-se a *microelectromechanical systems*.

[**] N. de T.: A sigla IMUs refere-se a *inertial measurement units*.

sistemas de análise de movimento baseados em vídeos bidimensionais, apesar de os IMUs serem relativamente baratos. Contudo, essa diferença no custo está diminuindo, e o uso desses dispositivos na biomecânica está se tornando cada vez mais predominante.

Você pode ter, na verdade, um acelerômetro MEMS ou um giroscópio similar ao usado nos IMUs. Acelerômetros MEMS e giroscópios são usados em vários dispositivos eletrônicos pessoais – incluindo a maioria dos *smartphones*, *tablets*, *laptops* e *netbooks* – e *videogames*, como o Nintendo Wii, para detectar a posição e os deslocamentos do aparelho no qual estão acoplados.

Sistemas de captura de movimento

Os sistemas de captura de movimento são usados para registrar em formato digital os movimentos tridimensionais do corpo inteiro. Seus componentes típicos em geral incluem seis ou mais câmeras de vídeo, um sistema de marcadores e *software* e *hardware* específicos para transformar e organizar os dados a fim de produzir a representação digital do movimento. O corpo é modelado como um sistema de segmentos rígidos conectados pelas articulações. O conjunto de marcadores consiste em dois ou mais dispositivos de marcação fixados a cada segmento do corpo para identificar sua localização e orientação nas três dimensões. Alguns sistemas usam a captura de movimento adaptada com marcadores embutidos ou com sensores inerciais; outros exigem que os marcadores sejam colocados no sujeito. Em geral, os conjuntos para o corpo inteiro consistem em mais de 50 marcadores. Os avanços recentes nos *softwares* de reconhecimento da imagem têm levado ao desenvolvimento de sistemas óticos de captura de movimento sem marcadores, os quais usam um avançado programa de reconhecimento para localizar diretamente os segmentos anatômicos e os centros articulares na imagem do vídeo.

Apesar de caros, os sistemas de captura de movimento tridimensionais podem ser usados no esporte e no exercício. Eles são preferencialmente usados em laboratórios de análise clínica da marcha e em ambientes de pesquisa. A indústria do entretenimento é a que mais usa esses sistemas. Por exemplo, o dispositivo de jogo do Kinetic para o Xbox consiste em um simples sistema de captura de movimento que não é muito caro. Ele usa múltiplos sensores óticos para detectar, capturar e interpretar os movimentos de um ou mais jogadores, os quais podem controlar o jogo com seus movimentos e gestos. Nenhum controlador externo de jogo é necessário.

Os sistemas de captura mais complexos e caros são usados para registrar o movimento de atletas e atores. Os movimentos de atletas profissionais capturados têm sido usados para aumentar o nível de realidade de muitos jogos de *videogame* e aplicativos relacionados a esportes. Os movimentos e os gestos de atores têm sido capturados por meio dessa tecnologia para modelar as ações de personagens digitais em filmes, programas de televisão, comerciais e vídeos musicais desde o final da década de 1990. Os personagens Na'vi do filme *Avatar*, de 2009, foram criados usando tal tecnologia. No Oscar de 2005, o prêmio para realização técnica foi para Julian Morris, Michael Byrch, Paul Smyth e Paul Tate pelo desenvolvimento dos sistemas de captura da Vicon; para John O. B. Greaves, Ned Phipps, Ton J. van den Bogert e William Hays pelo desenvolvimento dos sistemas de captura de movimento da Motion Analysis; e para Nels Madson, Vaughn Cato, Matthew Madden e Bill Lorton pelo desenvolvimento do sistema de captura de movimento da Giant Studios. Os sistemas da Vicon e da Motion Analysis foram originalmente desenvolvidos na década de 1980 para uso na biomecânica.

Ferramentas para medidas cinéticas

As variáveis cinéticas são baseadas na força – a causa da mudança no movimento. Na biomecânica, as ferramentas mais populares para medir essas variáveis cinéticas incluem plataformas de força, *strain gauges*, dispositivos sensíveis à pressão e eletromiografia (EMG).

Plataformas de força

As plataformas de força são os dispositivos mais populares para medir variáveis cinéticas na biomecânica. As **plataformas de força** medem as forças de reação, o ponto de aplicação e o sentido da força de reação resultante. Sua superfície é retangular e em geral do tamanho de um tapete de porta (aproximadamente 40 cm por 60 cm). Essas plataformas costumam ser usadas para medir as forças de reação do solo na marcha (Fig. 16.4). As forças medidas incluem a de contato normal (força de reação do solo vertical), a de atrito no sentido anteroposterior e a de atrito no sentido médio-lateral.

As plataformas de força são usadas em laboratórios clínicos de marcha para avaliar a efetividade de tratamentos de doenças neuromusculares ou o progresso da reabilitação de lesões musculoesqueléticas, ou seja, examinam as alterações nas forças de reação do solo após o tratamento ou quais mudanças ocorreram durante a reabilitação. Além disso, também permitem avaliar o ajuste e a função de próteses.

Essas plataformas são usadas para medir as forças de reação do solo exercidas por arremessadores de peso e de disco durante o movimento; por atletas de salto em distância, de salto triplo e de salto com vara durante a fase de impulsão; por halterofilistas durante o levantamento; por atletas de salto ornamental a partir da plataforma durante

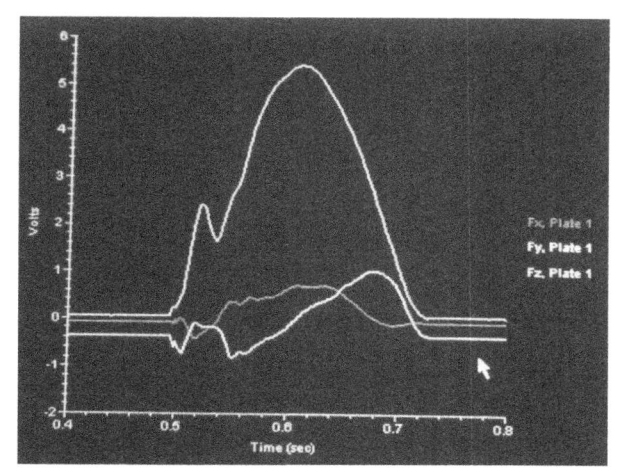

Figura 16.4 As plataformas de força costumam ser usadas para medir as forças de reação do solo. Essas figuras mostram um sujeito caminhando sobre uma plataforma de força e as forças de reação do solo produzidas durante uma passada.

seus saltos; entre outros. Os padrões revelados na história força-tempo fornecem aos treinadores e aos cientistas informações sobre diferenças técnicas que podem afetar o desempenho.

Algumas das maiores empresas de calçados usam essas plataformas em seus laboratórios de biomecânica, nos quais analistas avaliam as características de vários projetos e materiais usados, examinando as forças de reação do solo produzidas pelos sujeitos que usam tais calçados.

Transdutores de força

Transdutores de força são dispositivos usados para medir força. As plataformas de força descritas dependem de vários transdutores desse tipo em seu interior para medir a força. Outro tipo de transdutor de força é o *strain gauge*, que mede a deformação relativa – mudança no comprimento dividida pelo comprimento original. Se um *strain gauge* está fixo a um material que possui geometria e módulo de elasticidade definidos, a tensão no material pode ser calculada e, por fim, a carga externa que causa essa tensão e deformação pode ser determinada. Dessa forma, esses dispositivos são bastante úteis para medir forças.

Os transdutores de força têm sido usados em uma variedade de esportes para medir as forças aplicadas a implementos ou equipamentos. Os do tipo *strain gauges* são usados para medir as forças nas argolas e nas barras assimétricas na ginástica, bem como nos fios no martelo de arremesso, nos remos e nas largadas no luge.

O uso clínico de *strain gauges* para medir forças tem sido importante para aumentar nossa compreensão a respeito das cargas sobre os ossos, articulações, tendões e ligamentos. Esses dispositivos têm sido fixados em quadris artificiais implantados para medir as forças na articulação do quadril *in vivo*. Em animais, os transdutores de força (fivelas em formato de garfo com *strain gauges* fixados) têm sido usados para medir *in vivo* as forças no tendão.

Sensores de pressão

Os sensores de pressão são, em geral, tapetes finos com matrizes de sensores embutidos. Uma plataforma de força mede uma força de reação resultante, a qual é, na verdade, a resultante de diversas forças que atuam na superfície em contato com a plataforma. Os sensores de pressão representam melhor a natureza distribuída dessas forças por meio da quantificação da pressão (força dividida pela área) exercida em cada porção específica do tapete.

Como as plataformas de força, esses tapetes são mais usados na análise da marcha. As regiões de maior pressão sob o pé de um paciente podem ser identificadas quando ele caminha descalço sobre o tapete. As mudanças nos padrões de pressão após algum tratamento, intervenção cirúrgica ou reabilitação podem ser monitoradas.

Os tapetes de pressão podem não medir as pressões exercidas no pé quando o paciente usa um calçado, então foram desenvolvidas palmilhas que medem a pressão. Esses dispositivos encaixam-se entre a sola do calçado e a planta do pé (Fig. 16.5). As medidas de pressão obtidas são usadas por podólogos especializados e outros profissionais da saúde para projetar órteses e calçados mais eficazes. No esporte, essas palmilhas têm sido usadas no esqui para medir a pressão exercida na bota pelo pé do esquiador durante o esqui alpino.

Outra aplicação clínica que esses dispositivos permitem é a medição das pressões entre ossos nas articulações. Tapetes de pressão muito finos (ou filmes sensíveis

Figura 16.5 Palmilhas que medem pressão são ferramentas úteis para determinar a pressão na superfície plantar durante a marcha.

à pressão) têm sido usados para medir as distribuições de pressões nas articulações de cadáveres.

Eletromiografia

As forças musculares produzidas durante o movimento podem ser medidas indiretamente por meio da **eletromiografia (EMG)**. A EMG mede a atividade elétrica da musculatura contrátil via eletrodos de superfície colocados na pele sobre um músculo superficial ou via eletrodos de profundidade que são implantados dentro do músculo. Os dados de EMG indicam, no mínimo, se o músculo está contraindo ou não. Com um processamento adequado do sinal obtido, a força relativa da contração pode ser determinada. Embora exista uma clara relação entre a magnitude da força muscular e o sinal obtido, a quantificação dessa relação e a determinação da força muscular a partir dos dados de EMG ainda não são possíveis. Ainda assim, trata-se de uma ferramenta útil para aplicações clínicas e no esporte.

Simulação e modelamento computacionais

Uma última ferramenta usada pelos biomecânicos é a simulação e o modelamento computacionais. Isso, na verdade, não é uma ferramenta de medição, mas de análise. No esporte, a simulação computacional pode ser usada para predizer o resultado de um movimento com base em certos dados de entrada. Em situações clínicas, os efeitos de cirurgias ou de dispositivos protéticos podem ser avaliados antes da intervenção.

Os modelos de simulação computacionais são, em geral, baseados na matemática e usam as equações derivadas das leis do movimento de Newton. Os dados fornecidos para as simulações costumam incluir as propriedades inerciais do corpo e de seus membros (massas, comprimentos, momentos de inércia), as condições iniciais no começo da simulação (posições e velocidades do corpo e dos membros) e as histórias temporais das funções de controle, as quais podem ser as posições relativas dos membros, as forças musculares, os torques articulares resultantes, entre outros. O desfecho de uma simulação é o movimento do corpo que resultaria desses dados de entrada.

Têm sido desenvolvidas simulações de uma variedade de técnicas esportivas. A limitação desse recurso reside no fato de que cada simulação é específica a um indivíduo e a um conjunto de parâmetros de entrada. Os resultados obtidos só podem ser aplicados à pessoa à qual pertencem os dados de entrada na simulação. Apesar dessa limitação, as simulações computacionais compreendem uma forma promissora para investigar questões do tipo "o que aconteceria se". O que aconteceria se um atleta aduzisse mais seus ombros em um salto? O que aconteceria se uma ginasta mantivesse a posição grupada por um pouco mais de tempo? O que aconteceria se um atleta de salto com vara usasse um implemento mais rígido?

Resumo

As análises biomecânicas quantitativas são, em geral, limitadas avaliar o desempenho de atletas de elite ou situações clínicas. Como e onde as variáveis biomecânicas são mensuradas pode afetar o parâmetro que está sendo medido. Várias ferramentas são usadas para medir tais variáveis. Aquelas destinadas à medição de variáveis cinemáticas incluem sistemas de cronometragem, sistemas medidores de velocidade, sistemas óticos de imagem, acelerômetros e sensores inerciais MEMS. Os sistemas de captura de movimento são usados para registrar movimentos tridimensionais do corpo inteiro. Já as ferramentas destinadas à medição de variáveis cinéticas incluem plataformas de força, *strain gauges*, dispositivos sensíveis à pressão e eletromiografia (EMG). A simulação computacional é outro instrumento útil para a análise biomecânica.

TERMOS-CHAVE

Acelerômetro (p. 385)
Eletromiografia (EMG) (p. 388)
Plataformas de força (p. 386)
Sinais analógicos (p. 382)
Strain gauge (p. 387)
Taxa de amostragem (p. 382)

QUESTÕES DE REVISÃO

1. Quais são as vantagens de se coletar dados em um ambiente de laboratório?
2. Quais são as desvantagens de se coletar dados em um ambiente de laboratório?
3. Quais são as vantagens de se coletar dados no campo?
4. Quais são as desvantagens de se coletar dados no campo?
5. O que é um sinal analógico?
6. O que é um sinal digital?
7. O que é taxa de amostragem?
8. Como as informações provenientes de um vídeo da execução de um movimento podem ser usadas para calcular sua velocidade?
9. O que um acelerômetro mede?
10. Qual é a diferença entre um acelerômetro uniaxial e um triaxial?
11. O que uma plataforma de força mede?
12. Como um *strain gauge* mede força?
13. Quais são as ferramentas adequadas para medir a mecânica do impacto?
14. Que ferramenta é usada para medir a atividade elétrica dos músculos?
15. Quais são os dois dispositivos de medida inerciais que fazem parte de um IMU?

Referências e sugestões de leitura*

Abbott, A.V., and Wilson, D.G. (Eds.). (1996). *Human-powered vehicles*. Champaign, IL: Human Kinetics.

Adrian, M.J. (1980). The true meaning of biomechanics. In J.M. Cooper and B. Haven (Eds.), *Proceedings of the Biomechanics Symposium* (pp. 14-21). Indianapolis: Indiana State Board of Health.

Alexander, R.M. (1992). *The human machine*. New York: Columbia University Press.

Arend, S., and Higgins, J.R. (1976). A strategy for the classification, subjective analysis and observation of human movement. *Journal of Human Movement Studies*, 2:36-52.

Aristotle. (1912). *De motu animalium* (A.S.L. Farquharson, Trans.). In J.A. Smith and W.D. Ross (Eds.), *The works of Aristotle* (Vol. V, pp. 698-704). Oxford: Clarendon Press.

Atwater, A.E. (1980). Kinesiology/biomechanics: Perspectives and trends. *Research Quarterly for Exercise and Sport*, 51:193-218.

Bartonietz, K. & Borgtom, A. (1995). The throwing events at the World Championships in Athletics 1995, Goteborg: Techniques of the world's best athletes. Part 1: Shot put and hammer throw. *New Studies in Athletics*, 10(4):43-63.

Bennell, K.L., Malcolm, S.A., Wark, J.D., & Brukner, P.D. (1996). Models for the pathogenesis of stress fractures in athletes. *British Journal of Sports Medicine*, 30(3):200-204.

Blackwell, J.R., and Cole, K.J. (1994). Wrist kinematics differ in expert and novice tennis players performing the backhand stroke: Implications for tennis elbow. *Journal of Biomechanics*, 27(5):509-516.

Brancazio, P.J. (1984). *Sports science: Physical laws and optimum performance*. New York: Simon & Schuster.

Braun, G.L. (1941). Kinesiology: From Aristotle to the twentieth century. *Research Quarterly*, 12:163-173.

Brody, D.M. (1987). Running injuries: Prevention and management. *Clinical Symposia*, 39(3). New Jersey: Ciba-Geigy Corporation.

Brown, E.W. (1982). Visual evaluation techniques for skill analysis. *Journal of Physical Education, Recreation and Dance*, 53(1):21-26, 29.

Brown, R.M., & Councilman, J.E. (1971). The role of lift in propelling swimmers. In J.M. Cooper (Ed.), *Selected topics on biomechanics: Proceedings of the C.I.C. Symposium on Biomechanics* (pp. 179-188). Chicago: Athletic Institute.

Bunn, J. (1955). *Scientific principles of coaching*. Englewood Cliffs, NJ: Prentice-Hall.

Cavanagh, P.R. (1990). The mechanics of distance running: A historical perspective. In P.R. Cavanagh (Ed.), *Biomechanics of distance running* (pp. 1-34). Champaign, IL: Human Kinetics.

Chow, J.W., and Knudson, D.V. (2011). Use of deterministic models in sports and exercise biomechanics research. *Sports Biomechanics*, 10, 219-233.

Cureton, T.K. Jr. (1930). Mechanics and kinesiology of the crawl flutter kick. *Research Quarterly*, 1(4):93-96.

Cureton, T.K. Jr. (1939). Elementary principles and techniques of cinematographic analysis. *Research Quarterly*, 10(2):3-24.

Damask, A.C., and Damask, J.N. (1990). *Injury causation analyses: Case studies and data sources*. Charlottesville, VA: Michie Co.

Fenn, W.O. (1930). Frictional and kinetic factors in the work of sprint running. *American Journal of Physiology*, 92:583-611.

Fenn, W.O. (1931a). Work against gravity and work due to velocity changes in running. *American Journal of Physiology*, 93:433-462.

Fenn, W.O. (1931b). A cinematographic study of sprinters. *Scientific Monthly*, 32:346-354.

Frey, C. (1997). Footwear and stress fractures. *Clinics in Sports Medicine*, 16(2):249-257.

Grimston, S.K., Engsberg, J.R., Kloiber, R., and Hanley, D.A. (1991). Bone mass, external loads, and stress fractures in female runners. *International Journal of Sport Biomechanics*, 7:293-302.

Grimston, S.K., Willows, N.D., and Hanley, D.A. (1993). Mechanical loading regime and its relationship to bone mineral density in children. *Medicine and Science in Sports and Exercise*, 25(11):1203-1210.

Haapasalo, H., Sievanen, H., Kannus, P., Heinonen, A., Oja, P., and Vuori, I. (1996). Dimensions and estimated mechanical characteristics of the humerus after long-term tennis loading. *Journal of Bone and Mineral Research*, 11(6):864-872.

Hall, S.J. (2012). *Biomecânica Básica* (6ª ed.). Rio de Janeiro: Guanabara Koogan.

Hamill, J., and Knutzen, K.M. (2008). *Bases biomecânicas do movimento humano* (3ª ed). São Paulo: Manole.

Hatze, H. (1974). The meaning of the term 'biomechanics.' *Journal of Biomechanics*, 7:189-190.

Hay, J.G. (Winter 1982, No. 9). Biomechanics of sport—exploring or explaining (Part I). *International Society of Biomechanics Newsletter*, pp. 9-12.

Hay, J.G. (Spring 1983, No. 10). Biomechanics of sport— exploring or explaining (Part II). *International Society of Biomechanics Newsletter*, pp. 5-9.

Hay, J.G. (1984). The development of deterministic models for qualitative analysis. In R. Shapiro and J.R. Marett (Eds.), *Proceedings: Second National Symposium on Teaching Kinesiology and Biomechanics in Sports* (pp. 71-83). Colorado Springs, CO: NASPE.

---

* N. de T.: Até o momento da edição desta obra, diversas das sugestões de leitura apresentadas não tinham versão em português.

Hay, J.G., and Reid, J.G. (1988). *Anatomy, mechanics, and human motion* (2nd ed.). Englewood Cliffs, NJ: Prentice-Hall.

Hill, A.V. (1928). The air resistance to a runner. *Proceedings of the Royal Society, B,* 102:43-50.

International Association of Athletics Federations. (2009). Scientific Research Project: Biomechanical analysis: 12th IAAF World Championships in Athletics Berlin, 15.

23.08.2009: 100m men final: Usain Bolt. Retirado de http://berlin.iaaf.org/mm/Document/Development/Research/05/31/54/20090817073528_httppostedfile_Analysis100mMenFinal_Bolt_13666.pdf.

International Association of Athletics Federations. (2009). Scientific Research Project: Biomechanical analysis: 12th IAAF World Championships in Athletics Berlin, 15.

23.08.2009: 100 m men, Semifinal/Final. Retirado de http://berlin.iaaf.org/mm/Document/Development/Research/05/30/83/20090817081546_httppostedfile_wch09_m100_final_13529.pdf.

James, S.L., Bates, B.T., and Osternig, L.R. (1978). Injuries to runners. *American Journal of Sports Medicine,* 6(2):40-50.

Jenkins, D.B. (1991). *Hollinshead's functional anatomy of the limbs and back* (6th ed.). Philadelphia: Saunders.

Knudson, D., and Morrison, C. (2002). *Análise qualitativa do movimento humano* (1ª ed.). São Paulo: Manole.

Kreighbaum, E.F., and Smith, M.A. (Eds.). (1995). *Sports and fitness equipment design.* Champaign, IL: Human Kinetics.

Lane, F.C. (1912). One hundred and twenty-two feet a second. *Baseball Magazine,* 10(2):22-25, 104, 106, 110.

LeVeau, B.F. (1992). *Williams & Lissner's biomechanics of human motion* (3rd ed.). Philadelphia: Saunders.

Maffulli, N., and King, J.B. (1992). Effects of physical activity on some components of the skeletal system. *Sports Medicine,* 13(6):393-407.

Marey, E.J. (1972). *Movement* (E. Pritchard, Trans.). New York: Arno. (Reprint edition; original translation published 1895 by D. Appleton Co., New York.)

McCaw, S.T. (1992) Leg length inequality: Implications for running injury prevention. *Sports Medicine,* 14(2):422-429.

McClay, I., and Manal, K. (1997). Coupling parameters in runners with normal and excessive pronation. *Journal of Applied Biomechanics,* 13:109-124.

McNitt-Gray, J. (1991). Kinematics and impulse characteristics of drop landings from three heights. *International Journal of Sport Biomechanics,* 7:201-224.

McNitt-Gray, J., Yokoi, T., and Millward, C. (1993). Landing strategy adjustments made by female gymnasts in response to drop height and mat composition. *Journal of Applied Biomechanics,* 9:173-190.

McNitt-Gray, J., Yokoi, T., and Millward, C. (1994). Landing strategies used by gymnasts on different landing surfaces. *Journal of Applied Biomechanics,* 10:237-252.

McPherson, M.N. (1988). The development, implementation, and evaluation of a program designed to promote competency in skill analysis. *Dissertation Abstracts International,* 48:3071A.

Messier, S.P., Davis, S.E., Curl, W.W., Lowery, R.B., and Pack, R.J. (1991). Etiologic factors associated with patellofemoral pain in runners. *Medicine and Science in Sports and Exercise,* 23:1008-1015.

Morris, M., Jobe, F.W., and Perry J. (1989). Electromyographic analysis of elbow function in tennis players. *American Journal of Sports Medicine,* 17:241-247.

Nelson, R.C. (1970). Biomechanics of sport: An overview. In J.M. Cooper (Ed.), *Selected topics on biomechanics: Proceedings of the C.I.C. Symposium on Biomechanics* (pp. 31-37). Chicago: Athletic Institute.

Nelson, R.C. (1980). Biomechanics: Past and present. In J.M. Cooper and B. Haven (Eds.), *Proceedings of the Biomechanics Symposium* (pp. 4-13). Indianapolis: Indiana State Board of Health.

Newton, I. (2002). *Principia* (Princípios Matemáticos de Filosofia Natural – Livro I) São Paulo: Edusp – Editora da Universidade de São Paulo. (Trabalho original publicado em 1686, traduzido para o inglês por Andrew Motte em 1729).

Nigg, B.M. (Ed.). (1986). *Biomechanics of running shoes.* Champaign, IL: Human Kinetics.

Nordin, M., and Frankel, V.H. (2014). *Bases biomecânicas do sistema musculoesquelético* (4ª ed.). Rio de Janeiro: Guanabara Koogan.

Norman, R.W. (1977). An approach to teaching the mechanics of human motion at the undergraduate level. In C.J. Dillman and R.G. Sears (Eds.), *Proceedings: Kinesiology, a national conference on teaching* (pp. 113-123). Champaign, IL: University of Illinois.

Riek, S., Chapman, A.E., and Milner, T. (1999). A simulation of muscle force and internal kinematics of extensor carpi radialis brevis during backhand tennis stroke: Implications for injury. *Clinical Biomechanics,* 14:477-483.

Rodgers, M.M. (1993). Biomechanics of the foot during locomotion. In Grabiner, M.D. (Ed.), *Current issues in biomechanics* (pp. 33-52). Champaign, IL: Human Kinetics.

Scott, S.H., and Winter, D.M. (1990). Internal forces at chronic running injury sites. *Medicine and Science in Sports and Exercise,* 22(3):357-369.

Steindler, A. (1935). *Mechanics of normal and pathological locomotion in man.* Springfield, IL: Charles C Thomas.

Verducci, T. (2004, April 5). Out on the data frontier: where will the numbers game go in the future? Beyond hitting and pitching. *Sports Illustrated, 100* (14):64-65.

Viano, D.C., King, A.I., Melvin, J.W., & Weber, K. (1989). Injury biomechanics research: An essential element in the prevention of trauma. *Journal of Biomechanics,* 22(5):403-417.

Westfall, R. (1995). *A vida de Isaac Newton.* Rio de Janeiro: Nova Fronteira.

Whitt, F.R., and Wilson, D.G. (1982). *Bicycling science* (2nd ed.). Cambridge, MA: MIT Press.

Williams, K.R. (1985). Biomechanics of running. In Terjung, R.L. (Ed.), *Exercise and Sport Science Reviews,* 13: 389-441.

Williams, K.R. (1993). Biomechanics of distance running. In Grabiner, M.D. (Ed.), *Current issues in biomechanics* (pp. 3-31). Champaign, IL: Human Kinetics.

Woodburne, R.T. (1978). *Essentials of human anatomy* (6th ed.). New York: Oxford University Press.

Yamada, H. (1970). *Strength of biological materials.* Baltimore: Williams & Wilkins.

Zatsiorsky, V.M. (1978). The present and future of the biomechanics of sports. In F. Landry and W.A.R. Orban (Eds.), *Biomechanics of sports and kinanthropometry* (pp. 11-17). Miami: Symposia Specialists, Inc.

Zebas, C., and Chapman, M. (1990). *Prevention of sports injuries: A biomechanical approach.* Dubuque, IA: Eddie Bowers.

Zernicke, R.F., Garhammer, J., and Jobe, F.W. (1977). Human patellar-tendon rupture. *Journal of Bone and Joint Surgery (American),* 59-A(2):179-183.

Apêndice A

Unidades de medida e conversões

Tabela A.1 Dimensões básicas e unidades no sistema SI

Grandeza	Símbolo	Unidade SI	Unidade abreviada
Tempo	t	Segundo	s
Comprimento	l	Metro	m
Massa	m	Quilograma	kg

Tabela A.2 Grandezas derivadas e dimensões usadas na mecânica

Grandeza	Símbolo	Unidade SI	Unidade abreviada	Unidades básicas do SI
Área	A	Metro quadrado	m²	m²
Volume	V	Metro cúbico	m³	m³
Massa específica	ρ	Quilograma por metro cúbico	kg/m³	kg/m³
Velocidade	v	Metros por segundo	m/s	m/s
Aceleração	a	Metros por segundo por segundo Metros por segundo ao quadrado	m/s/s m/s²	m/s/s m/s²
Ângulo	θ	Radiano	rad	Adimensional
Velocidade angular	ω	Radianos por segundo	rad/s	1/s
Aceleração angular	α	Radianos por segundo por segundo Radianos por segundo ao quadrado	rad/s/s rad/s²	1/s/s 1/s²
Quantidade de movimento linear	L	Quilograma metros por segundo	kg·m/s	kg·m/s
Força	F	Newton	N	kg·m/s²
Peso	P	Newton	N	kg·m/s²
Impulso	$F\,\Delta t$	Newton segundo	N·s	kg·m/s
Pressão	P	Pascal	Pa	kg/m s²
Torque	T	Newton metro	Nm	kg·m²/s²
Momento de inércia	I	Quilograma metro quadrado	kg·m²	kg·m²
Quantidade de movimento angular	H	Quilograma metro quadrado por segundo	kg·m²/s	kg·m²/s
Trabalho	T	Joule	J	kg·m²/s²
Energia	E	Joule	J	kg·m²/s²
Potência	P	Watt	W	kg·m²/s³

Tabela A.3 Prefixos usados no sistema SI

Potência de base 10	Nome do prefixo	Símbolo	Nome do número	Número
10^{24}	iota	Y	1 septilhão	1 000 000 000 000 000 000 000 000
10^{21}	zeta	Z	1 sextilhão	1 000 000 000 000 000 000 000
10^{18}	exa	E	1 quintilhão	1 000 000 000 000 000 000
10^{15}	peta	P	1 quadrilhão	1 000 000 000 000 000
10^{12}	tera	T	1 trilhão	1 000 000 000 000
10^{9}	giga	G	1 bilhão	1 000 000 000
10^{6}	mega	M	1 milhão	1 000 000
10^{3}	quilo	k	1 milhar	1 000
10^{2}	hecto	h	1 centena	100
10^{1}	deca	da	1 dezena	10
10^{0}			1 unidade	1
10^{-1}	deci	d	1 décimo	0,1
10^{-2}	centi	c	1 centésimo	0,01
10^{-3}	mili	m	1 milésimo	0,001
10^{-6}	micro	μ	1 milionésimo	0,000 001
10^{-9}	nano	n	1 bilionésimo	0,000 000 001
10^{-12}	pico	p	1 trilionésimo	0,000 000 000 001
10^{-15}	fento	f	1 quadrilionésimo	0,000 000 000 000 001
10^{-18}	ato	a	1 quintilionésimo	0,000 000 000 000 000 001
10^{-21}	zepto	z	1 sextilionésimo	0,000 000 000 000 000 000 001
10^{-24}	iocto	y	1 septilionésimo	0,000 000 000 000 000 000 000 001

As Tabelas A.4 a A.12 são usadas para converter uma unidade de medida para outra, de modo que são apresentadas várias grandezas. Alguns cuidados são necessários na leitura dessas tabelas. Na coluna mais à esquerda, encontram-se as unidades que você deseja converter. A primeira linha indica a unidade que se quer obter. Primeiro, leia a coluna da esquerda e encontre a unidade que deseja converter. Agora, leia ao longo da linha da unidade que você deseja obter até encontrar a coluna da unidade que deseja converter. Multiplique este número pela medida que você tem para obter a unidade de medida listada no topo daquela coluna. Por exemplo, com base na tabela de conversão de tempo, para converter 86 minutos em horas, veja a coluna da esquerda e encontre a linha dos minutos e a leia até chegar na célula na coluna hora. O número nessa célula é 0,016667. Multiplique 86 minutos por 0,016667 horas/minuto e você obterá 1,43 horas. Os fatores de conversão destacados em negrito são conversões exatas.

Matematicamente, cada célula expressa o seguinte:

1 unidade da coluna mais à esquerda = x unidades da célula do topo da linha

Para o nosso exemplo de tempo,

1 minuto = 0,016667 horas

Lendo ao longo da coluna do minuto:

1 minuto = 60 segundos = 1 minuto = 0,016667 hora = 0,00069444 dia

Tabela A.4 Conversões de Tempo

Tempo	Segundo	Minuto	Hora	Dia
1 segundo =	**1**	0,016 667	0,000 277 78	0,000 011 574
1 minuto =	**60**	**1**	0,016 667	0,000 694 44
1 hora =	**3.600**	**60**	**1**	0,041 667
1 dia =	**86.400**	**1.440**	**24**	**1**

Tabela A.5 Conversões de comprimento

Comprimento	Polegada	Pé	Jarda	Milha	Centímetro	Metro	Quilômetro
1 polegada =	**1**	0,083 333 33	0,027 778	**0,000 015 782**	**2,54**	**0,0254**	**0,000 0254**
1 pé =	**12**	**1**	0,333 33	**0,000 189 39**	**30,48**	**0,304 8**	**0,000 304 8**
1 jarda =	**36**	**3**	**1**	**0,000 568 18**	**91,44**	**0,914 4**	**0,000 914 4**
1 milha =	**63.360**	**5.280**	**1.760**	**1**	160.934,4	1.609,344	1.609 344
1 centímetro =	0,393 70	0,032 808	0,010 094	**0,000 006 213 7**	**1**	**0,01**	**0,000 010**
1 metro =	39,3708	3,280 840	1,093 613	**0,000 621 37**	**100**	**1**	**0,001**
1 quilômetro =	39.370,8	3.280,840	1.093,613	**0,621 371**	**100.000**	**1.000**	**1**

Tabela A.6 Conversões de massa

Massa	Onça (massa)	Libra (massa)	Slug	Miligrama	Grama	Quilograma
1 onça (massa) =	**1**	**0,062 5**	0,001 942 6	**28.349,523 125**	**28,349 523 125**	**0,028 349 523 125**
1 libra (massa) =	**16**	**1**	0,031 081	**453.592,37**	**453,592 37**	**0,453 592 37**
1 slug =	514,784 79	32,174 05	**1**	14.593 903	14.593,903	14,593 903
1 miligrama =	0,000 035 273	0,000 002 204 6	0,000 000 068 521	**1**	**0,001**	**0,000 001**
1 grama =	0,035 273	0,002 204 6	0,000 685 21	**1.000**	**1**	**0,001**
1 quilograma =	35,273 96	2,204 623	0,068 521	**1.000 000**	**1.000**	**1**

Tabela A.7 Conversões de ângulo

Ângulo	Grau	Radiano	Revolução
1 grau =	1	0,017 453	0,002 777 8
1 radiano =	57,295 78	1	0,159 16
1 revolução =	**360**	6,283 19	1

Tabela A.8 Conversões de velocidade

Velocidade	Pés por segundo	Milhas por hora	Metros por segundo	Quilômetros por hora
1 pé por segundo =	1	0,681 82	**0,304 8**	1,097 28
1 milha por hora =	1,466 67	1	**0,447 04**	**1,609 34**
1 metro por segundo =	3,280 84	2,236 94	1	**3,6**
1 quilômetro por hora =	0,911 34	0,621 37	0,277 78	1

Tabela A.9 Conversões de força

Força	Libra	Newton
1 libra =	1	4,448 22
1 newton =	0,224 81	1

Tabela A.10 Conversões de trabalho ou de energia

Trabalho ou energia	Pé-libras	Joules
1 pé-libra =	1	1,355 81
1 Joule =	0,737 56	1

Tabela A.11 Conversões de pressão ou de tensão

Força	Libra por polegada ao quadrado	Pascal
1 libra por polegada ao quadrado =	1	6.894,757
1 pascal =	0,000 145 038	1

Tabela A.12 Conversões de torque

Torque	Polegada-libra	Pé-libra	Newton metro
1 polegada-libra =	1	0,083 333	0,112 98
1 pé-libra =	12	1	1,355 81
1 newton metro =	8,850 74	0,737 56	1

Apêndice B

Respostas para questões de revisão selecionadas e problemas

Este apêndice apresenta as respostas para a maioria das questões de revisão e dos problemas listados ao final de cada capítulo. Antes de ler este apêndice, você deveria fazer um esforço sincero para responder cada questão – use este texto apenas para verificar as suas respostas.

Introdução

Questões de revisão

1. Cinesiologia compreende o estudo do movimento humano. No sentido mais amplo, inclui o estudo da anatomia, da fisiologia, da psicologia, da sociologia e da mecânica do movimento humano. Biomecânica é o estudo das forças e de seus efeitos nos organismos vivos. A cinesiologia e a biomecânica são, então, duas disciplinas de estudo que têm como ponto comum o estudo da mecânica do movimento humano.
8. A melhora do desempenho e a prevenção de lesão.
9. A melhora da técnica, dos equipamentos e do treinamento.
10. Sociedade Internacional de Biomecânica, Sociedade Americana de Biomecânica, Sociedade Internacional de Biomecânica do Esporte.
11. Computadores.
13. Comprimento, tempo e massa.

Problemas

1. Multiplique sua estatura em polegadas por 0,0254 m/in
2. Divida a sua massa em libras por 2,2 lb/kg
3. 218 kg
4. 40 lb
5. 1.609 m
6. 437 jardas
7. 2,3 jardas maior ou 2,1 m maior
8. 8 ft 1/2 in
9. 220 lb
10. 42,2 km
11. 62,2 mi
12. 91,4 cm
13. 91,4 m
14. 1,25 lb
15. a. 27,0-27,4 in
    b. 0,92-0,98 lb

Capítulo 1

Questões de revisão

1. Isaac Newton.
2. A massa é uma medida de inércia linear e uma grandeza escalar. O peso é uma medida da força da gravidade que atua em um objeto. Trata-se de uma grandeza vetorial com magnitude e sentido (para baixo). As unidades do SI para massa e peso são kg e N, respectivamente.
3. No cabo de guerra, a equipe que pesa mais, geralmente, ganha. Assumindo que cada membro da equipe mais pesada pesa mais que seu oponente no time mais leve, podemos dizer que forças de contato maiores atuam na equipe mais pesada, por causa do maior peso de cada componente. Essa maior força de contato normal permite que cada membro da equipe mais pesada produza uma força de atrito maior. Se o time mais pesado conseguir manter a empunhadura na corda, maiores forças de atrito sob seus pés lhe darão uma vantagem.
4. No início dessa ação, à medida que o esquiador "cai" sobre os esquis, a força de contato normal entre os implementos e a neve é reduzida. Uma menor força de contato normal resulta em uma menor força de atrito entre os esquis e a neve, o que facilita o ato de iniciar uma curva nesse instante.
6. Empurrar o objeto para frente e para cima é melhor, uma vez que isso diminui a força de contato normal

que atua sobre ele e, assim, reduz a força de atrito. Empurrar para frente e para baixo aumenta a força de contato normal, aumentando o atrito também.

7. Pulsando o freio é melhor, porque os pneus não derrapam – o atrito estático atua entre o pneu e o pavimento. Se os pneus derrapam, o atrito dinâmico atua entre os pneus e o pavimento. O atrito dinâmico é menor que o estático.

8. A tangente do ângulo que a superfície plana faz com a horizontal no instante em que o objeto começa a deslizar é igual ao coeficiente de atrito estático. A força de contato normal é igual ao peso do objeto vezes o cosseno do ângulo. A força de atrito é igual ao peso do objeto multiplicado pelo seno do ângulo. O coeficiente de atrito é a força de atrito dividida pela força de contato normal. Isso resulta no seno do ângulo dividido por seu cosseno. A tangente de um ângulo é igual ao seno dividido pelo cosseno.

9. Sim. A soma vetorial de duas forças pode ser igual em magnitude à algébrica se essas forças forem colineares e atuarem no mesmo sentido.

10. Não. A maior magnitude de um vetor resultante de duas forças é a soma algébrica delas, e isso só é possível se ambas forem colineares e atuarem no mesmo sentido.

Problemas

1. 1.825 N
2. 4.522 N
3. 50 kg
4. 640 N
5. 444 N ou 222 N a partir dos dedos e 222 N a partir da palma da mão
6. 938 N
7. a. 0,75
   b. 0,50
8. >432 N
9. a. 1.281 N
   b. A força atua para baixo e para trás no bloco a um ângulo de 51° abaixo da horizontal
10. 1.600 N
11. 300 N ou 150 N de cada lado
12. a. 1.217 N
    b. A força atua para cima e para baixo na Daisy a um ângulo de 80,5° acima da horizontal
13. 1.000 N empurrando anterior e superiormente na patela a um ângulo de 30° acima da horizontal
14. a. 4.402 N
    b. 936 N
    c. 3.831 N
15. a. 42 N
    b. A força atua 12° ao norte do oeste
16. >62 N
17. A força resultante equivale a 244 N no sentido do declive, paralelamente aos 30° de inclinação
18. a. 7.533 N
    b. 5° para frente e para cima da horizontal

Capítulo 2

Questões de revisão

4. a. Tyler.
   b. O deslocamento foi o mesmo para ambos.
   c. Tyler.
   d. A velocidade média foi a mesma para ambos.
   e. O resultado foi um empate.

5. Em geral, quanto maior é a rapidez da bola (ou do disco), menor é o tamanho do gol. A rapidez e o tamanho do gol são inversamente proporcionais. Na verdade, a velocidade média horizontal de lançamento para o gol está mais relacionada com o inverso da área do gol. Os tempos de reação e de movimento de um goleiro são diretamente relacionados ao tamanho do gol. Os esportes que requerem menores tempos de reação e de movimento dos goleiros têm gols com áreas menores.

6. Esta questão é similar à questão 5, mas, nesta situação, quanto maior a rapidez da bola (ou da peteca), maior é a quadra. Neste caso, a velocidade média horizontal do lançamento ao oponente está mais relacionada com o comprimento da quadra.

7. Diversos fatores afetam a rapidez da bola e dos implementos listados na Tabela 2.3. Os máximos valores reportados são os de rapidez instantânea, que costuma ser medida com radares móveis. Os maiores valores são todos atingidos com o uso de um implemento que fornece uma extensão ao(s) membro(s) do atleta. Os capítulos 3, 4 e 6 incluem informações que ajudam a explicar como uma maior distância (membro mais o comprimento do implemento) pode ajudar a aumentar a rapidez linear na parte distal do implemento. Outro fator que pode afetar a rapidez das bolas e dos implementos listados na tabela é a massa desses objetos. As bolas de golfe e de *squash* são as que apresentam menor massa e têm a primeira e a terceira maior rapidez da lista.

8. A maior velocidade média horizontal ocorre durante a fase de voo de uma passada. Quando uma pessoa está correndo na sua rapidez máxima, sua velocidade horizontal média permanece quase constante de uma passada para outra. Durante a fase de voo, é como se o indivíduo fosse um projétil; assim, sua velocidade horizontal é constante. Sua velocidade horizontal no início da fase de voo e no final da de apoio precedente é a mesma do final da etapa de voo e do início da de apoio. Durante a primeira parte da fase de apoio, a velocidade horizontal diminui à medida que uma força de frenagem atua sobre o pé. Durante a segunda parte, essa velocidade aumenta conforme uma força de propulsão atua sobre o pé. A maior velocidade horizontal na fase de apoio ocorre no início e no final dessa etapa. Essa maior velocidade horizontal na fase de apoio é idêntica à velocidade média na etapa de voo. Contudo, a velocidade horizontal durante o resto da fase de apoio é menor que a velocidade máxima, assim, a velocidade média horizontal durante a etapa de apoio é menor que aquela da fase de voo.

9. Sim. O corredor deve estar acelerando, visto que precisa mudar o sentido para mover-se ao redor de uma curva.

10. Para a esquerda, em direção ao centro do círculo.

13. Atletas de salto em distância têm todo o comprimento da pista e tempo de sobra para gerar velocidade horizontal, mas apenas cerca de 0,10 s (o tempo que o pé de impulsão está na tábua de impulsão) para gerar velocidade vertical.

Problemas

1. a. 21 jardas
   b. 15 jardas
   c. 12 jardas

2. A jogada a partir dos 5 metros levará 0,50 s para atingir o gol, enquanto a jogada a partir dos 10 m levará 0,25 s. O goleiro terá mais chance de defender a primeira, porque a bola levará mais tempo para chegar ao gol

3. O rebatedor tem 0,44 s para reagir ao lançamento após o lançador ter arremessado a bola

4. A maior velocidade média foi computada no recorde mundial da prova dos 100 m rasos: 10,44 m/s

5. 12,7 m/s em um sentido de 23° a leste do norte, ou 11,7 m/s norte e 5 m/s leste

6. a. 1,83 m/s^2 no sentido da linha de chegada
   b. Zero – sua velocidade não se alterou
   c. 9,09 m/s no sentido da linha de chegada
   d. 0,33 m/s^2 no sentido da linha de partida

7. a. O disco está no gol, 0,11 m após a linha do gol
   b. Os Flyers ganham o jogo por 2 pontos

8. 5,91 m

9. a. 9,81 m/s^2 para baixo
   b. 0,41 s
   c. 2,07 m

10. a. 15 m/s para frente
    b. 4,62 m/s para baixo
    c. 30 m para frente
    d. 10,38 m para cima

11. a. 8,19 m/s
    b. 20°
    c. 7,7 m/s
    d. 5,47 m
    e. 4,17 m/s para baixo
    f. 1,40 m
    g. 0,52 m

12. a. 0,14 s
    b. 1,4 m

13. a. 2,96 m
    b. 0,94 s

14. a. 5,06 m
    b. 1,64 s
    c. 1,73 m
    d. Sim

15. a. 22,77 m/s
    b. 4,69 s

Capítulo 3

Questões de revisão

1. Sim, se estava se movendo para iniciar – mas ele não pode alterar o seu estado de movimento (acelerar). Isto é, ele não é capaz de aumentar ou diminuir a sua velocidade ou alterar o sentido do movimento, visto que é necessária uma força externa para causar uma aceleração.

2. Sim, mas somente se as forças somam zero.

3. O atrito é a força que causa a mudança na direção. Atua na sola dos seus sapatos.

4. A primeira lei do movimento de Newton é somente um caso especial da segunda lei, em que as forças externas somam zero; assim, a aceleração deve ser zero.

5. A força igual (ao seu peso), mas oposta, é aquela exercida para cima na Terra. Ela é tão pequena se comparada à massa do planeta que não tem efeito sobre ele.

6. Não. Uma mudança no sentido do movimento é uma aceleração, e uma força externa é necessária para causá-la.

7. As duas equipes estão puxando com força de mesma magnitude, mas em sentidos opostos. Visto que a velocidade é constante, a aceleração deve ser zero; assim, a força resultante que atua na corda é zero.

8. A carga parece "mais pesada" no início do levantamento, porque está sendo acelerada para cima. A velocidade está aumentando para cima. Para acelerar um objeto nessa direção, a força resultante que atua sobre ele deve ser para cima. A força resultante sobre o objeto é aquela que você exerce menos o peso dele. Para obter uma força resultante para cima, a força que você aplica para cima deve ser maior que o peso do objeto. Próximo ao final do levantamento, a carga parece "mais leve", porque é acelerada para baixo. A velocidade está diminuindo enquanto o peso continua indo para cima, e isso é uma aceleração para baixo. Para acelerar um objeto nessa direção, a força resultante sobre ele deve ser para baixo. A força resultante que atua no objeto é aquela que você exerce menos o peso dele. Para obter uma força resultante para baixo, a força que você aplica para cima deve ser menor que o peso do objeto.

9. O futebol americano é um jogo de colisões. Os atletas colidem uns com os outros para tentar evitar ou mudar o movimento do jogador adversário. Essas colisões são próximas às colisões inelásticas. Se a quantidade de movimento é conservada nessas colisões, então a maior massa do jogador mais pesado dá a ele uma vantagem. A segunda lei de Newton também poderia ser aplicada aqui. Para mudar o movimento de um jogador mais pesado, é necessária mais força.

Problemas

1. O halter será acelerado a 1,0 m/s² para cima

2. a. Uma força horizontal de 5,0 N no mesmo sentido da aceleração
   b. 9,81 N para cima

3. 146 N

4. a. 1.000 N no sentido oposto da força que Tonya exerce sobre Nancy
   b. Tonya acelerará 16,67 m/s² no sentido da força de 1.000 N que Nancy exerce sobre ela. Nancy acelerará 20 m/s² no sentido oposto
   c. 0 m/s

5. Uma força para cima um pouco maior que 147 N

6. a. 8 m/s² para trás
   b. 9,81 m/s² para baixo
   c. 200 m/s² para frente
   d. 9,81 m/s² para baixo

7. 1,00 m/s² para trás (sul)

8. 20,0 N no sentido oposto à velocidade da bola

9. 1.075 N para frente

10. a. 900 N·s
    b. 1.800 N para cima
    c. 2.781 N para cima

11. 4,64 m/s² para baixo a 30° de inclinação

12. a. 0,82
    b. 0,88

13. 0,25 m

14. 64 m/s

15. a. 2,70 m/s para cima
    b. 1,87 m de altura

Capítulo 4

Questões de revisão

1. A areia realiza trabalho negativo no atleta de salto em distância durante o impacto. Ela reduz a energia do sujeito conforme resiste ao deslocamento enquanto exerce uma força sobre ele. O deslocamento da areia reduz a força de impacto no atleta.

2. Um balanço para trás permite que o membro em determinada posição percorra um maior deslocamento durante um lançamento ou um balanceio. O maior deslocamento do membro ou do implemento durante essa ação aumenta o trabalho total realizado e, assim, a energia cinética do implemento. Mais energia cinética significa maior velocidade – um lançamento mais rápido.

3. Durante a continuação do movimento, os músculos realizam trabalho negativo no membro ou implemento que foi balançado para reduzir sua energia cinética. Quanto maior é o deslocamento do membro ou do implemento durante a continuação do movimento, menor é a força necessária para os músculos o frearem e menor é a probabilidade de lesão muscular.

4. Sim, isso é uma vantagem, visto que um lançador maior e com segmentos mais longos consegue fazer a bola percorrer um maior deslocamento durante o lançamento, realizar mais trabalho nela, causar maior aumento na energia cinética da bola e, assim, arremessá-la mais rápido.

5. O forro ou revestimento do capacete absorve a energia do impacto. Durante um choque, a cabeça realiza trabalho no forro, deformando-o – a força exercida sobre a cabeça é reduzida se a deformação é maior. Quanto mais grosso for o forro, maior será a deformação e menor a força de impacto na cabeça.

6. Não. A distância para parar é proporcional ao quadrado da velocidade. Uma velocidade duplicada quadruplica a energia cinética, mas o trabalho negativo realizado pelo atrito para reduzir essa energia é a força de atrito vezes o deslocamento. Se a força de atrito permanece a mesma, então o deslocamento deve aumentar quatro vezes para absorver a energia cinética quadruplicada.

7. A bola de tênis vai quicar na bola de basquete, com uma grande velocidade para cima, por causa da maior massa desta em relação àquela (conservação da quantidade de movimento) e por causa dos, relativamente, grandes coeficientes de restituição entre ambas.

8. O *air bag* aumenta seu deslocamento enquanto você está parando – realiza trabalho negativo em seu corpo ao longo desse maior deslocamento. Parar ao longo de um maior deslocamento exige menos força.

9. Quando você corre em areia solta, esta realiza trabalho negativo em você e absorve energia. Quando corre na pista, ela absorve menos energia de você.

10. Uma criança não precisa ter que realizar muito trabalho (ou exercer muita força) para balançar implementos leves ou arremessar (e também apanhar) bolas leves. Apanhar uma bola macia também é mais fácil, já que ela se deforma quando é agarrada, reduzindo, assim, a força de impacto que atua nas mãos da criança quando ela a apanha.

11. Os dispositivos prostéticos podem ser mais leves. Eles também podem armazenar e devolver energia (como uma mola) de maneira mais eficiente e efetiva que uma perna "viva".

12. Possíveis ações:

    Olhe se há algo no solo abaixo da janela para amortecer sua queda. Se não há e você tem tempo suficiente, procure na sala por algo que possa jogar pela janela e que amortecerá sua queda. Use isso para aumentar o seu deslocamento durante o seu impacto, consequentemente, reduzindo a força de impacto.

    Se você tiver tempo, procure por uma corda ou outros materiais na sala que lhe permitam descer. Prenda uma extremidade da corda ou de algo parecido e jogue a outra extremidade pela janela e desça.

    Se não há corda ou não há tempo para usá-la, saia pela janela e pendure-se no parapeito segurando-se com as suas mãos para reduzir a sua energia potencial o máximo possível.

    Solte-se do parapeito e empurre a parede para apontar a queda na direção de qualquer material amortecedor no solo. Mantenha seu corpo na posição vertical com os seus pés para baixo e seus braços para cima. No primeiro contato com o solo, grupe o seu corpo flexionando os joelhos, quadris e tronco e deixando seus braços irem para baixo também – tente mover-se ao longo de um deslocamento vertical o máximo possível e, então, role. Essas ações aumentarão o deslocamento (d) na equação trabalho-energia e, assim, reduzirão a força de impacto. A sua primeira preocupação deve ser reduzir as forças que atuam no seu cérebro e, assim, diminuir sua aceleração.

Problemas

1. 400 J

2. a. A bola do esporte pelota basca tem a maior energia, 494 J para uma bola de 140 g
   b. A bola de *squash* tem a menor energia cinética, somente 68 J para uma bola de 23 g ou 74 J para uma de 25 g, embora seja a terceira mais rápida entre as bolas e implementos listados na tabela

3. 1.742 J

4. a. Sim, você está realizando um trabalho mecânico positivo contra seu oponente, uma vez que a força que está exercendo e o deslocamento tem o mesmo sentido
   b. Contrações concêntricas
   c. Sim, seu oponente está realizando trabalho negativo contra você, uma vez que a força que ele está exercendo e o deslocamento têm sentidos opostos
   d. Contrações excêntricas

5. a. 89 J
   b. 89 J
   c. 156 N

6. a. 120 J
   b. Positivo
   c. 40 m/s horizontalmente no sentido da força

7. a. 120 J
   b. −120 J
   c. Negativo
   d. 1.500 N no sentido oposto ao movimento da bola

8. A bola de 5 kg que está rolando a 4 m/s tem mais energia (40 J *vs.* 27 J)

9. a. 196,2 J
   b. −208 J
   c. 3.467 N para cima

10. a. 122,5 J
    b. −125,7 J
    c. 1.934 N para cima
    d. 3.868 N para cima
    e. 764 m/s^2 para cima
    f. 78 g (muito próximo do limiar para concussão)

11. 3.924 W
12. Ginger salta com maior potência
13. 4,26 m
14. 7.416 N para cima

Capítulo 5

Questões de revisão

1. Inclinar-se para frente para pegar um objeto do chão gera uma maior distância perpendicular entre o objeto e a coluna lombar. Quando a pessoa começa a pegá-lo, essa distância perpendicular cria um grande torque sobre a articulação lombossacral, exigindo mais força dos músculos extensores posteriores e criando uma grande tensão nos discos intervertebrais na lombar. Os músculos e as estruturas da coluna lombar, assim, ficam mais suscetíveis a lesões quando essa técnica é usada para pegar objetos pesados do chão.

2. O *pullover* com os cotovelos flexionados é mais fácil, porque a distância perpendicular da barra ao redor do eixo da articulação do ombro é menor. Essa menor distância perpendicular cria um menor torque ao redor da referida articulação, de modo que o torque criado ao redor dos músculos extensores do ombro também é menor.

3. Durante esse exercício, a musculatura abdominal exerce sua maior força quando a distância perpendicular do segmento sobre o eixo do movimento é maior. Isso ocorre no início da ação, quando a flexão inicia a partir do solo, ou seja, quando você sobe a parte superior do seu corpo do solo. Quando o exercício é realizado sobre um banco inclinado, a posição de maior torque ainda ocorre no instante em que a parte superior do seu corpo está horizontalmente mais longe do eixo do movimento; contudo, à medida que a inclinação aumenta, a posição de maior distância perpendicular ocorre com o aumento da flexão do tronco.

4. Para manter sua estabilidade ao apanhar algo do chão, você deve manter sua linha de gravidade dentro da sua base de suporte – a área abaixo e entre os seus calçados. À medida que o seu tronco inclina-se para frente, o seu centro de gravidade move-se nessa mesma direção, e a linha de ação da gravidade logo se aproxima dos dedos dos seus pés. Para manter o centro de gravidade sobre a base de suporte, você, normalmente, move seus quadris e suas pernas para trás conforme se inclina para frente. Entretanto, com a parede atrás, você não pode fazer isso. Assim, à medida que se inclina para frente, o seu centro de gravidade continua se movendo nessa direção até que a linha de ação da gravidade se desloca para frente dos dedos dos seus pés e para fora da sua base de suporte, e você cai para frente.

5. Normalmente, a altura do assento de uma cadeira deve permitir que você sente em uma posição na qual seus pés fiquem apoiados sobre o chão e seus joelhos fiquem flexionados a 90°. Para levantar dessa posição, você necessita mover o seu centro de gravidade para frente sobre os seus pés. Inclinar-se para frente enquanto estende seus quadris e joelhos é bastante fácil. Usar seus braços facilitará isso ainda mais. Se o assento for baixo, levantar será mais difícil. Nesse caso, seus pés estão apoiados sobre o chão na frente do seu centro de gravidade. Levantar de uma cadeira com o assento baixo é mais difícil porque exige mover seu centro de gravidade mais para frente para posicioná-lo sobre seus pés. Você também terá que subir mais o seu centro de gravidade para levantar.

6. A trajetória de voo do centro de gravidade não é afetada pela ação de John no ar. Enquanto ele está no ar, seu centro de gravidade é um projétil, e sua trajetória é governada pelas equações de movimento de projéteis. A única força que atua sobre ele é a força da gravidade (o peso). Esta é a única força que afeta o movimento de seu centro de gravidade.

7. Afaste seus pés um pouco além da largura de seus ombros e alinhe-se com a corda; isto é, a corda deve passar acima dos seus pés. Incline-se para trás de modo que a maior parte de seu peso esteja sobre seu retropé – seu centro de gravidade deve estar sobre seu retropé. Flexione levemente os joelhos e os quadris para abaixar seu centro de gravidade e, assim, conseguirá estender e puxar a corda com rapidez quando o sinal para começar for dado. Essa posição aumenta a distância da linha de ação da gravidade até a borda frontal da base de suporte, além de diminuir a altura do centro de gravidade.

8. Uma enterrada com as duas mãos é mais difícil, porque você tem que saltar mais alto. O seu centro de gravidade deve ser mais alto para realizar essa ação, porque a distância entre suas mãos que estão para cima e seu centro de gravidade é menor do que seria se somente um ombro estivesse flexionado.

9. Sim, é possível para uma atleta de salto em altura passar o sarrafo mesmo que seu centro de gravidade não esteja acima da altura da fasquia. A atleta deve atingir uma posição de U invertido sobre o sarrafo ao atingir sua altura máxima. Nessa posição, seu centro de gravidade pode se encontrar fora do corpo – abaixo do pico do U invertido –, e o sarrafo pode estar acima desse centro, mas abaixo da parte do seu corpo que forma o pico do U invertido.

10. Maçanetas maiores aumentam a distância perpendicular e, desse modo, exigem menos força para abri-las.

Problemas

1. 15.000 N cm ou 150 Nm

2. a. 3.000 N cm ou 30 Nm
   b. 750 N

3. a. Um torque extensor de 3.000 N cm ou 30 Nm
   b. Um torque flexor de 3.000 N cm ou 30 Nm
   c. 3 cm

4. Sim. Os músculos flexores criam um torque flexor de 40 Nm, o que é suficiente para superar o torque extensor de 37,5 Nm criado pelo peso

5. a. Um torque para inclinar de 660 Nm
   b. Maior que 687 Nm
   c. 625 N

6. a. 8,9 N
   b. 445 N cm ou 0,445 Nm

7. A mão direita exerce sobre a vara uma força para baixo de 40,9 N, e a esquerda uma para cima de 65,4 N

8. 9.963 N

9. a. 294 N
   b. Um torque abdutor de 177 Nm
   c. Um torque adutor de 177 Nm
   d. 3.532 N

10. O centro de gravidade está localizado a 115 cm da extremidade esquerda (105 cm da extremidade direita ou 5 cm à esquerda do centro da barra)

Capítulo 6

Questões de revisão

1. a. As vantagens de nossos músculos apresentarem inserções próximas às articulações são a amplitude de movimento dos membros e a velocidade. Os nossos músculos inserem-se próximos às articulações, os eixos de rotação, enquanto a parte distal dos membros – a parte que usamos para arremessar, chutar ou bater – está longe desse eixo. Quando giramos um membro ao redor de uma articulação, contraindo nossos músculos, o ponto de inserção dos músculos move-se ao longo de um pequeno comprimento de arco, e a mudança do comprimento muscular é pequena. Durante o mesmo movimento, a parte distal do membro percorre um comprimento de arco maior (comprimento do arco = $\Delta\theta r$). Se a inserção dos músculos fosse longe da articulação, eles poderiam não ser capazes de alongar ou contrair o suficiente para permitir a mesma amplitude de movimento na articulação. Uma amplitude de movimento maior é, dessa forma, uma vantagem. Outra é a velocidade. As extremidades distais dos nossos membros podem ser movidas com altas velocidades lineares, devido à relação da velocidade linear com a velocidade angular e o raio. As extremidades distais dos nossos membros estão mais afastadas dos eixos articulares que os locais de inserção dos músculos; esse maior raio em comparação aos músculos significa que as extremidades distais dos nossos membros se movem mais rápido linearmente que os locais de inserção muscular ($v = \omega r$). Existe um limite para a velocidade de contração de um músculo, mas o maior comprimento dos nossos membros permite que uma contração muscular lenta produza uma alta velocidade linear do membro.

   b. A desvantagem de ter os músculos inseridos perto das articulações é que a distância perpendicular da maioria deles é relativamente pequena; como consequência, eles devem produzir forças muito grandes para gerar um torque relativamente modesto sobre uma articulação.

2. Se os dois tacos são usados com a mesma velocidade angular, o maior raio do *driver* proporcionará uma maior velocidade linear da cabeça do taco de acordo com a relação $v = \omega r$.

3. Além de ter a habilidade de realizar um maior trabalho devido ao maior deslocamento (veja a questão de revisão 4 do Capítulo 4), um indivíduo com membros mais longos tem maior raio de giro, o que implica uma maior velocidade linear na extremidade do membro de acordo com a relação $v = \omega r$.

4. O deslocamento angular da perna ao longo da passada é relacionado com a distância linear percorrida pelo pé durante essa ação (que é relacionada com o comprimento da passada), como mostrado na seguinte equação:
   Comprimento do arco = θr

5. É mais difícil correr rápido na raia 1, porque sua aceleração centrípeta é maior devido ao menor raio dessa raia em comparação à raia 8. Isso significa que você deve gerar uma maior força de atrito sob seus pés no sentido radial para causar sua aceleração centrípeta.

6. Plano sagital e eixo médio-lateral.

7. Abdução horizontal (ou extensão horizontal) no plano transverso sobre o eixo longitudinal.

8. Rotação interna, adução e extensão da articulação do ombro; extensão da articulação do cotovelo.

9. Adução no plano frontal sobre o eixo anteroposterior.

10. No exercício de barra feito com a pegada fechada, a extensão e a flexão do ombro ocorrem no plano sagi-

tal sobre o eixo médio-lateral. No exercício de barra feito com a pegada aberta, a adução e a abdução dessa articulação ocorrem no plano frontal sobre o eixo anteroposterior.

11. Extensão.

Problemas

1. 96° ou 1,68 rad de flexão
2. 3,75 rev/s; ou 1.350°/s; ou 23,6 rad/s
3. 0,25 s
4. 20 rad/s² no sentido do seu giro
5. 20 in
6. a. 100 rad/s²
   b. 40 m/s
7. a. 25,1 m/s tangente à trajetória circular do martelo
   b. 526,3 m/s² em direção ao eixo de rotação
8. a. A velocidade angular de 120 rad/s do braço gera na bola uma velocidade linear de 42 m/s ou 93% da velocidade linear dela
   b. 5.040 m/s² no sentido do eixo de rotação interna do ombro
   c. 731 N no sentido do eixo de rotação interna do ombro
9. 100 m
10. 1.500 cm/s ou 15 m/s
11. a. Sim, em uma velocidade angular média de 12 rad/s, o bastão girará ao longo de um deslocamento angular de 1,65 rad para atingir a posição de rebatida acima da base quando a bola atingir a base
    b. 37,5 m/s

Capítulo 7

Questões de revisão

1. a. Catherine.
   b. Catherine, Anna, Bryn, Donna.
   c. Catherine.
   d. Donna.
2. Flexionar mais o joelho da perna em recuperação é uma técnica mais efetiva, uma vez que reduz o momento de inércia da perna sobre o eixo médio-lateral do quadril, aumentando, assim, a velocidade.
3. a. Salto 1.
   b. Salto 3.
   c. Salto 1.
   d. Salto 3.
4. As menores estaturas dos ginastas lhes dão menores momentos de inércia – uma vantagem em giros, mortais e saltos acrobáticos.
5. Suas pernas giram no sentido angular oposto.
6. Deve girar seus braços no sentido horário, o mesmo da queda.
7. A força de atrito médio-lateral que atua sob os pés do corredor para levá-lo a uma mudança no sentido também provoca um torque, o qual tende a incliná-lo para longe do centro da curva. A inclinação permite que a força de contato normal produza um torque no sentido oposto e equilibre os torques criados pela força de atrito.
8. Uma pista com inclinação permite que algum componente da força de contato normal do corredor crie uma mudança no sentido necessário para ele se mover na curva; assim, o atleta não precisa contar somente com a força de atrito para causar uma mudança no sentido.
9. A ginasta deveria balançar os seus braços no mesmo sentido angular da sua queda (horário, se vista de frente) – o seu ombro esquerdo deve aduzir, e o direito, abduzir mais.
10. Durante a fase descendente do giro gigante, o objetivo é gerar uma quantidade de movimento angular suficiente para levar o ginasta em direção à fase ascendente. O torque que causa o aumento na quantidade de movimento angular é criado pela força de reação da barra e pela distância perpendicular dessa força sobre o centro de gravidade do atleta. A maximização da distância entre a barra e o centro de gravidade aumenta a distância perpendicular. Durante a fase ascendente, a força de reação da barra gera um torque que atua no sentido oposto ao do giro, de modo que o ginasta deve minimizar esse torque. Isso é feito diminuindo levemente a distância entre a barra e o centro de gravidade, reduzindo a distância perpendicular desse torque. Essa leve diminuição também reduz o momento de inércia do ginasta sobre a barra, que é o eixo de rotação.
11. A adução dos seus ombros durante a manobra reduz o momento de inércia sobre o eixo (de giro) longitudinal. Isso aumentará sua velocidade de giro, uma vez que está no ar e a quantidade de movimento angular é conservada. A abdução dos ombros, imediatamente antes de pousar, aumenta o momento de inércia sobre o eixo (de giro) longitudinal. Isso irá desacelerar o seu ritmo de rotação e melhorará suas chances de não cair quando pousar.

Problemas

1. a. 18,1 kg·cm² ou 0,0018 kg·m²
   b. 140,0 kg·cm² ou 0,014 kg·m²

2. 5 cm

3. 3.150 kg·cm² ou 0,3150 kg·m²

4. 0,30 kg·m²

5. a. 8,0 kg·m²
   b. 2,5 rad/s
   c. 2,0 kg·m²
   d. 10,0 rad/s

6. 5 rad/s

7. 694 rad/s ou 110,5 rev/s

8. 39,3 Nm

9. 13,2 Nm

10. a. 200 Nm
    b. 22,7 rad/s

Capítulo 8

Questões de revisão

1. Seus centros de empuxo e de gravidade não estão alinhados. O primeiro está acima do segundo. Isso cria um torque sobre o seu eixo médio-lateral, suas pernas começam a afundar e seu corpo gira em direção a uma posição vertical.

2. Arrasto de forma.

3. A posição pronada gera a menor quantidade de força de arrasto. Contudo, a União Internacional de Ciclismo, o órgão internacional do ciclismo, tem regras que restringem a geometria e as dimensões de uma bicicleta, impedindo que ciclistas de estrada usem bicicletas que permitam essa posição.

4. À medida que o tamanho (volume) dos objetos aumenta, a razão entre a área de superfície e a massa diminui (maiores objetos têm menores áreas de superfície em relação a suas massas). Em um inseto, essa razão é muito maior que em um humano. O efeito da resistência do ar no inseto é, dessa forma, muito maior também, já que a força de arrasto que atua sobre ele é maior em relação a sua massa (devido à maior área de superfície relativa), e o efeito da força de arrasto é maior por causa da menor massa do inseto.

5. Por meio da indução de áreas de turbulência ao redor da bola.

6. Por meio da indução do efeito Magnus.

7. Em uma jogada, o jogador de tênis bate forte na bola para transmitir-lhe uma rápida velocidade horizontal. Contudo, a bola deve ter velocidade vertical suficiente para passar a rede. A combinação da alta velocidade horizontal e da velocidade vertical necessária para cruzar a rede produz uma trajetória que levaria a bola para além da linha de saque e para fora dos limites se não houvesse a resistência do ar. Um *topspin* induz o efeito Magnus, que faz a bola desviar para baixo da trajetória que seguiria se não houvesse a resistência do ar e, assim, atingir a quadra.

8. No golfe, o *backspin* é dado à bola para induzir o efeito Magnus, que faz a bola desviar da trajetória que ela seguiria se não houvesse a resistência do ar. Essa força de sustentação adicional faz a bola voar por mais tempo e, então, percorrer uma maior distância.

9. A resistência do ar tem mais efeito na prova de 500 m da patinação de velocidade devido às maiores velocidades atingidas nesse evento.

10. A resistência do ar pode proporcionar uma força de sustentação no disco, prolongando, assim, seu voo. O componente vertical da velocidade inicial poderia ser reduzido por causa disso. Dessa forma, o ângulo de projeção ótimo seria menor do que se a resistência do ar não tivesse efeito.

11. Do maior para o menor: *frisbee*, bola de praia, bola de espuma, bola de tênis, bola de beisebol, disco, bola de basquetebol e peso do atletismo.

12. A vela atua como uma asa e maximiza a força de sustentação, enquanto minimiza a força de arrasto devido ao vento. A quilha do barco também proporciona uma força de sustentação que o impede de ser empurrado para os lados. O somatório dessas forças, junto com as forças de arrasto da água e do vento, é a força resultante, que pode ter um componente no sentido do vento e, assim, proporcionar ao barco um componente de aceleração nesse mesmo sentido.

13. Para reduzir a força de arrasto total; depilar-se faz a superfície (pele) do nadador ficar mais lisa e reduz o arrasto de superfície.

14. Para reduzir a força de arrasto total; a forma do capacete aumenta o arrasto de superfície, visto que a área de superfície é maior, mas a forma do capacete diminui o arrasto de forma. A redução no arrasto de forma é maior que o aumento do arrasto de superfície, de modo que a força de arrasto total é diminuída.

15. A esteira reduz a força de arrasto no ciclista que está atrás. Após o primeiro competidor, há uma esteira de ar turbulento que cria uma região de menor pressão. A força de arrasto que atua sobre o ciclista que está seguindo o primeiro, movendo-se nessa região de menor pressão, é menor.

16. Quando um barco permanece parado, a única força que atua sobre ele para cima é a de empuxo, que é igual ao peso da água deslocada. Se o barco está parado, a força de empuxo é igual, em magnitude, ao seu peso mais o de seu conteúdo. Quando a embarcação está se movendo, duas forças para cima atuam sobre ela – a de empuxo e a de sustentação. Se não apresenta aceleração nem para cima nem para baixo, a soma

dessas duas forças é igual ao peso do barco e do seu conteúdo. A força de empuxo é, nesse caso, menor que o peso do barco e do seu conteúdo, então, menos água é deslocada pela embarcação, e esta move-se mais alto na água.

Problemas

1. a. Não
   b. Sim
2. 36%
3. 3 m/s para o norte
4. 12,5 m/s
5. 33 N
6. 12 N
7. Amy
8. 24 N

Capítulo 9

Questões de revisão

1. O lado lateral do seu joelho sofre compressão, enquanto o medial sofre tração.
2. A tensão de cisalhamento será maior nas superfícies externas do osso.
3. a. As duas hastes têm a mesma força sob uma carga de tração uniaxial.
   b. As duas hastes têm a mesma força sob uma carga de compressão uniaxial.
   c. A haste B tem maior força sob uma carga de torção.
   d. A haste B tem maior força sob uma carga de flexão.
4. Tendão.
5. Osso.
6. Ligamento.
7. Osso.
8. Osso vivo.
9. a. O osso é mais forte para resistir a tensão de compressão.
   b. O osso é mais fraco para resistir a tensão de cisalhamento.
10. Tensão de escoamento – tensão no limite elástico de uma curva tensão-deformação.

    Tensão máxima – máxima tensão que um material é capaz de suportar.

    Tensão de ruptura – tensão atingida um pouco antes de um material falhar.

    Deformação de ruptura – deformação atingida um pouco antes de um material falhar.

    Módulo elástico – inclinação da curva tensão-deformação na região elástica.

    Tenacidade – energia que um material pode absorver antes de falhar; a área sob a curva tensão-deformação.

Problemas

1. 0,001 cm/cm ou 0,1%
2. 200 N/mm^2; ou 20.000 N/cm^2; ou 200.000.000 Pa; ou 200 MPa
3. 0,005 cm/cm ou 0,5%
4. a. 48,0 MPa (48 $\times$ 10^6 Pa)
   b. 2,08 cm
5. O tendão irá alongar 0,6 cm, isto é, atinge um comprimento de 10,6 cm
6. 10 GPa
7. 6.283 N
8. O ligamento cruzado anterior é mecanicamente mais resistente

Capítulo 10

Questões de revisão

1. Suporte, movimento e proteção.
2. Armazenamento de minerais e hematopoiese (produção de células vermelhas).
3. a. Osso longo.
   b. Osso irregular.
   c. Osso curto.
   d. Osso longo.
   e. Osso sesamoide.
4. O componente mineral.
5. Puberdade.
6. Plana, dobradiça, pivô, elipsoidal, sela, bola e soquete.
10. Bola e soquete.
11. O líquido sinovial lubrifica a articulação sinovial, nutre a cartilagem articular, limpa a cavidade articular e absorve um pouco de impacto.
12. A membrana sinovial e a cartilagem articular mantêm o líquido sinovial na cavidade articular.

13. A cartilagem articular melhora o ajuste osso com osso, aumenta a estabilidade articular, reduz a pressão de rolamento, reduz o atrito e absorve um pouco de impacto.
14. A estabilidade de uma articulação sinovial é afetada pela cápsula articular e pelos ligamentos que cruzam a articulação, pelos músculos e tendões que cruzam a articulação, pelo grau de ajuste entre as superfícies articulares e pelo gradiente de pressão negativo entre a atmosfera e a cavidade articular.
15. As articulações dos membros inferiores são, geralmente, mais estáveis, visto que suportam o corpo.

Capítulo 11

Questões de revisão

1. Movimento e manutenção da postura, produção de calor, proteção e alteração de pressão.
2. O sarcômero.
3. O sarcolema é a membrana celular de uma fibra muscular.
4. O desenvolvimento de força entre os filamentos de actina e de miosina é transferido para as linhas Z dentro de um sarcômero. A linha Z transmite a força para os sarcômeros adjacentes. As forças combinadas dos sarcômeros que constituem uma única fibra muscular são, então, transmitidas para o endomísio, depois para o endomísio das células adjacentes e, por fim, para o perimísio e epimísio do músculo inteiro. A força neste último é, assim, transferida para o tendão do músculo.
5. A ação concêntrica ocorre durante a fase em que a bola é solta, enquanto a excêntrica acontece na continuação do movimento.
6. A ação excêntrica ocorre durante a fase de descida (ou fase preparatória) e é seguida pela ação concêntrica durante a subida ou fase propulsiva, enquanto o indivíduo está sobre o solo.
7. Bíceps braquial e braquial.
8. Reto femoral, pectíneo, iliopsoas, tensor da fáscia lata e sartório.
9. Pronador redondo e pronador quadrado.
10. Músculos com arranjos de fibras longitudinais, geralmente, têm maiores amplitudes de movimento, enquanto aqueles com arranjos de fibras penadas costumam ser mais fortes que os com arranjos de fibras longitudinais de tamanhos semelhantes.
11. A contração excêntrica máxima é mais forte.
12. Uma contração excêntrica mais lenta é mais forte.
13. Seus músculos extensores do quadril produzem maiores forças durante a aterrisagem, porque a contração deles é excêntrica durante essa fase.
14. Seus músculos do ombro produzem maiores forças no arremesso de peso, porque a velocidade de contração é menor durante essa atividade do que no arremesso no beisebol.
15. À medida que o ângulo articular muda, o comprimento do músculo que cruza a articulação muda. Essa mudança no comprimento afeta a força contrátil máxima desse músculo. Conforme o ângulo articular muda, a distância perpendicular do músculo que cruza a articulação também se altera. O torque gerado pelo músculo sobre uma articulação é a força muscular vezes a distância perpendicular. Ambas as variáveis, força muscular e distância perpendicular, são afetadas pelas mudanças no ângulo articular.
16. A vantagem é a amplitude de movimento e a velocidade – o músculo não precisa se encurtar muito ou muito rápido para gerar grandes movimento e velocidade de movimento do membro. A desvantagem é que a capacidade do músculo em gerar torque é comprometida pela pequena distância perpendicular sobre a articulação.

Capítulo 12

Questões de revisão

1. Sistema nervoso periférico.
2. Para longe do corpo celular.
3. O sistema nervoso central pode aumentar a tensão ativa em um músculo recrutando mais unidades motoras ou aumentando a taxa de estímulo.
4. Fusos musculares.
5. Órgão tendinoso de Golgi.
6. Fusos musculares.
7. Órgão tendinoso de Golgi.
9. Reflexo de estiramento.
10. Reflexo do tendão.
11. Flexionando o pescoço e virando a cabeça para o lado oposto do braço que está realizando o exercício.
12. Pressão.
13. O alongamento dinâmico de um músculo estimula seus fusos musculares e gera o reflexo de alongamento, que faz o músculo que você está tentando alongar se contrair. Isso diminui a eficácia do alongamento. A contração isométrica máxima de um músculo antes de alongá-lo estimula o órgão tendinoso de Golgi e inibe sua contração. Isso aumenta o alongamento, uma vez que o músculo está mais relaxado quando você o alonga.

Capítulo 13

Questões de revisão

1. Propor um modelo, examinar como a habilidade é realizada, testar ou avaliar o desempenho e educar/corrigir o atleta ou aluno.

2. Uma análise biomecânica quantitativa envolve a medida de parâmetros de desempenho e representa os parâmetros numericamente; em uma análise biomecânica qualitativa, os parâmetros são observados e descritos de modo subjetivo.

3. a. O tempo para acabar.
   b. O passe da bola para um colega sem a interferência do adversário. Isso é afetado pela velocidade e pela precisão do passe. A situação específica do jogo pode também impor restrições.
   c. A situação de jogo determinará o critério do desempenho. Em todas as situações, contudo, chutar a bola com rapidez e ângulo suficientemente altos, para evitar que o chute seja bloqueado, é importante. Em algumas situações, o critério de desempenho é chutar a bola para fora dos limites o mais próximo possível da linha do gol da equipe adversária. Em outras, o critério é chutá-la tão longe quanto possível em direção ao gol da equipe adversária e com tempo de voo suficiente para garantir uma adequada cobertura.
   d. Medir a distância do lançamento: a distância horizontal entre o limite interno do anel de lançamento e a primeira marca feita pelo disco no setor de lançamento.
   e. O critério de desempenho na rebatida no beisebol depende da situação de jogo. Pode ser bater a bola sobre a cerca e conseguir circular todas as bases. Pode ser rebatê-la para avançar uma ou mais bases. Também pode ser apenas ter o rebatedor na base.
   f. Ganhar pontos dos árbitros, geralmente, saltando mais alto e mantendo a figura mais limpa durante o salto e a aterrissagem.
   g. Marcar gols; a velocidade e a precisão da jogada são submetas.
   h. Girar a tora para que caia na posição de meio-dia – com o topo próximo ao lançador, a base longe, e a tora alinhada diretamente para o lançador.

4. a. Lados direito ou esquerdo da pista, para uma vista sagital da impulsão, da fase de voo e da aterrissagem do salto.
   b. Na frente ou atrás do atleta, para uma vista frontal.
   c. Lados direito ou esquerdo do nadador, para uma vista sagital.
   d. Atrás, para ver o voo da bola em direção ao gol, ou no lado, para uma vista sagital do atleta que chutou.
   e. No lado (perpendicular à trajetória da flecha), para uma vista frontal do arqueiro.
   f. Nos lados direito ou esquerdo da pessoa, para uma vista sagital.
   g. Superior à pessoa, olhando ao longo do eixo longitudinal, para uma vista do plano transverso.

5. Qualquer erro que coloca em perigo o atleta ou o expõe a um risco aumentado de lesões deve ser corrigido primeiro. Os erros devem ser, então, agrupados e classificados em ordem decrescente de importância para o desempenho, dos primeiros até os últimos em termos de sua ocorrência durante a execução e, por fim, do mais fácil ao mais difícil em termos de tempo e esforço necessários para corrigi-los. Erros que aparecem primeiro em cada categoria devem receber atenção primeiramente. Circunstâncias especiais também podem afetar quais falhas necessitam ser corrigidas.

Capítulo 14

Questões de revisão

1. Palpação dos músculos superficiais durante a atividade; identificação de dor muscular após uma atividade; EMG; análise de dinâmica inversa.
2. Extensores do cotovelo e flexores horizontais do ombro.
3. Extensores do quadril, extensores do joelho, flexores plantares.
4. Extensores do quadril, extensores do joelho, flexores plantares.
5. Excêntrica.
6. Rotadores externos, flexores e abdutores horizontais do ombro.
7. Excêntrica.

Capítulo 15

Questões de revisão

1. Tensão é definida como força/área. A tensão pode ser reduzida por meio da diminuição da magnitude da força aplicada ou por meio do aumento da área sobre a qual essa força é distribuída. O uso de material mais macio para fazer um implemento como um bastão ou um taco de hóquei reduz a magnitude da força imposta no contato devido à deformação desse material. O forro ou revestimento rígido de um capacete de proteção moderno tem um sistema de suspensão que fica

sobre a cabeça. No contato, o revestimento rígido e o sistema de suspensão distribuem a força pela superfície da cabeça, reduzindo a tensão em um único ponto.

2. Tensão por tração ocorre quando as forças que atuam sobre um tecido tendem a separar a ligação entre suas moléculas.

Tensão por compressão ocorre quando as forças que atuam sobre o tecido tendem a empurrar suas moléculas, comprimindo-as.

Tensão de cisalhamento ocorre quando as forças que atuam sobre o tecido tendem a deslizar suas moléculas adjacentes uma sobre as outras.

3. As quatro regiões de tensão contínua de menor a maior tensão são: zona de subcarga patológica, zona de carga fisiológica, zona de treinamento fisiológico e zona de sobrecarga patológica.

4. O limiar de tensão refere-se ao nível de tensão que excede aquele a que o tecido está adaptado. Cargas acima desse limiar causam microdanos e estimulam o processo de remodelamento, o que faz o tecido ficar mais forte ou hipertrofie. Contudo, se uma carga acima do limiar de tensão é imposta antes de o tecido ter tido tempo para se remodelar, o efeito cumulativo da tensão sobre o tecido que não é restaurado torna-se uma lesão por uso excessivo. Já uma lesão traumática ocorre quando um único nível de força muito superior ao limiar de tensão é aplicado, causando danos ao tecido e prejudicando o desempenho.

5. Os fatores intrínsecos relacionados à lesão são aspectos especificamente relacionados ao indivíduo. Os fatores extrínsecos relacionados à lesão são aspectos externos ao indivíduo (fora do corpo) e, em geral, são relacionados à tarefa ou ao ambiente.

7. Alguns dos fatores que afetam o limiar de lesão e, consequentemente, fazem o limiar de lesão ser diferente entre as pessoas são: genética, treinamento e adaptação do tecido (a taxa de remodelamento e de recuperação do tecido).

8. O treinamento cruzado e o treinamento cruzado dentro da atividade têm a intenção de alterar o padrão e a magnitude da tensão imposta ao corpo. O primeiro refere-se à realização de duas diferentes atividades, como caminhada e natação; o segundo refere-se à realização da mesma tarefa com leves modificações, como caminhar em uma pista e em uma trilha com gravetos pelo caminho. Ambos podem ter sucesso na prevenção de lesão, porque uma mudança no padrão de movimento impõe diferentes níveis de tensão nos tecidos do corpo, reduzindo o efeito cumulativo que pode levar a dano por excesso de uso.

11. A participação em atividades de sustentação de peso mantém os músculos e os ossos, garantindo que cargas mecânicas sejam impostas ao corpo (mantendo o nível de tensão na zona de carga fisiológica). Em contrapartida, um período longo de cama ou de imobilização representa uma diminuição no nível de carga mecânica (zona de subcarga fisiológica), o que leva a uma atrofia dos tecidos.

Problemas

1. a. 850.000 Pa
   b. 76.500 Pa

2. a. 60 MPa
   b. 75%

3. a. 50 MPa
   b. 45%

Capítulo 16

Questões de revisão

1. A maior vantagem de coletar dados em um laboratório é o controle do ambiente.

2. A desvantagem de coletar dados em um laboratório é que o ambiente não é aquele em que a pessoa costuma se mover. O laboratório e a instrumentação podem afetar o desempenho do indivíduo. Os dados coletados podem não representar com acurácia a mecânica do movimento da pessoa no mundo real.

3. A principal vantagem de coletar dados no campo é que a pessoa está se movendo no seu ambiente natural. Os dados coletados serão uma representação mais acurada da mecânica de seus movimentos no mundo real.

4. A maior desvantagem de coletar dados no campo é a falta de controle do ambiente – temperatura, luz, outras pessoas, entre outros fatores. Além disso, pode ser difícil realizar certas avaliações, visto que os instrumentos de medida podem não ser portáteis ou adequados para uso no campo.

5. Um sinal analógico é uma variável contínua que descreve uma característica física.

6. Um sinal digital descreve uma característica física medida em intervalos de tempo discretos e representada numericamente.

7. Taxa de amostragem refere-se à frequência na qual o sinal é medido ou amostrado.

8. Se a execução foi gravada com uma câmera de vídeo estacionária e perpendicular ao plano de movimento e se um objeto de comprimento conhecido (um objeto de referência) foi posicionado no plano de movimento e registrado, então a posição de um corpo em um qua-

dro do vídeo pode ser determinada usando-se como referência algum ponto nas imagens ou na tela do monitor. Com o uso de um comprimento conhecido do objeto de referência, sua posição pode ser transformada em unidades métricas. O mesmo processo pode ser usado para determinar sua localização real em outro quadro do vídeo. O deslocamento do objeto pode ser, então, estimado a partir desses dados de posição. Se a taxa de quadros da câmera de vídeo usada na gravação for conhecida, o número de quadros do objeto na sua posição inicial para a sua posição final pode ser usado para estimar o tempo (tempo = número de quadros/taxa de quadros). Dividindo-se o deslocamento pelo tempo, temos a velocidade média do objeto.
9. Aceleração.
10. Um acelerômetro uniaxial mede apenas a aceleração ao longo de um de seus eixos, enquanto um triaxial mede as acelerações ao longo de seus três eixos ortogonais.
11. Forças de reação.
12. Um *straing gauge* mede a deformação de um material conhecido com uma geometria conhecida. Usando o módulo elástico do material e a medida da deformação, a tensão é calculada. Para estimar a força, usa-se essa tensão medida e a área de secção transversa do material a que o *strain gauge* está fixado.
13. Plataformas de força e acelerômetros.
14. Eletromiografia (EMG).
15. Um acelerômetro triaxial e um giroscópio.

Recursos da web

As seguintes páginas da internet de organizações profissionais da biomecânica podem ajudar você a aprender mais sobre os eventos e pesquisas nessa área.

Sociedade Americana de Biomecânica
www.asbweb.org

Sociedade de Biomecânica Australiana e da Nova Zelândia
www.anzsb.asn.au

Sociedade Canadense de Biomecânica
www.health.uottawa.ca/biomech/csb

Sociedade Europeia de Biomecânica
www.esbiomech.org

Sociedade de Análise de Marcha e Movimento Clínico
www.gcmas.org

Sociedade Internacional de Biomecânica
http://isbweb.org

Sociedade Internacional de Biomecânica do Esporte
www.isbs.org

Sociedade Brasileira de Biomecânica
http://citrus.uspnet.usp.br/biomecan/sbb/normas.php

Informações sobre biomecânica e materiais didáticos para treinadores
http://coachesinfo.com/index.php

Glossário

abdução – A partir da posição anatômica, a ação articular que ocorre ao redor do eixo AP de uma articulação e causa movimentos do membro em um plano frontal com a maior amplitude de movimento; o oposto de adução; quando refere-se à cintura escapular, o movimento da escápula para longe da linha média do corpo.

abdução horizontal – A partir da posição de flexão do quadril ou do ombro, a ação articular do ombro ou do quadril que causa movimento do braço ou da coxa no plano transverso ao redor do eixo longitudinal, de tal modo que o braço ou a perna se afastam da linha média do corpo; o oposto de adução horizontal; extensão horizontal.

aceleração – Taxa de mudança da velocidade; expressa como unidades de comprimento por unidade de tempo ao quadrado, ou metros por segundo por segundo (m/s^2) no SI; uma grandeza vetorial.

aceleração angular – Taxa de mudança da velocidade angular; medida em unidades de deslocamento angular pelo tempo ao quadrado, sendo expressa como radianos por segundo por segundo, graus por segundo por segundo ou revoluções por segundo por segundo; uma grandeza vetorial.

aceleração centrípeta – Aceleração linear de um ponto em um objeto em rotação, medida no sentido perpendicular à trajetória circular do objeto (ao longo de uma linha que passa pelo eixo de rotação ou ao longo de uma linha radial); medida em unidades de comprimento dividido por unidades de tempo ao quadrado, sendo expressa como metros por segundo por segundo no SI; uma grandeza vetorial.

aceleração devido à gravidade – Veja *aceleração gravitacional*.

aceleração gravitacional – Taxa de mudança da velocidade causada pela força da gravidade; aproximadamente 9,81 m/s^2 para baixo; também referida como aceleração devido à gravidade; é com frequência abreviada como g.

aceleração instantânea – Taxa de mudança da velocidade medida em um instante de tempo em vez de em um intervalo de tempo; expressa como unidades de comprimento por unidade de tempo ao quadrado ou como metros por segundo por segundo no SI; uma grandeza vetorial.

aceleração média – Mudança na velocidade dividida pelo tempo gasto para que ocorresse; expressa como unidades de comprimento por unidade de tempo ao quadrado ou como metros por segundo por segundo no SI; uma grandeza vetorial.

aceleração tangencial – Aceleração linear de um ponto de um objeto em rotação medida na tangente da trajetória circular do objeto; medida em unidades de comprimento por unidades de tempo ao quadrado, sendo expressa como metros por segundo por segundo no SI; uma grandeza vetorial.

aceleração uniforme – Taxa constate de mudança de velocidade; aceleração constante, que não muda.

acelerômetro – Dispositivo que mede diretamente a aceleração.

adução – Ação articular que ocorre ao redor do eixo AP de uma articulação e causa movimento do membro em um plano frontal em direção à posição anatômica; o oposto de abdução; quando refere-se ao movimento da cintura escapular, o movimento da escápula em direção à linha média do corpo.

adução horizontal – A partir da posição de quadril ou ombro abduzido, a ação articular do ombro ou do quadril que causa movimento do braço ou da perna no plano transverso ao redor do eixo longitudinal, de tal modo que o braço ou a coxa se movem em direção à linha média do corpo; o oposto de abdução horizontal; flexão horizontal.

agonista – Função de um músculo, cujo torque auxilia na ação referida; motor primário; o oposto de antagonista.

análise biomecânica qualitativa – Análise biomecânica na qual as características mecânicas não são quantificadas, mas observadas e avaliadas subjetivamente.

análise biomecânica quantitativa – Análise biomecânica na qual as características mecânicas são medidas e quantificadas.

análise cinesiológica qualitativa – Análise na qual a atividade muscular predominante e os grupos musculares ativos durante cada fase de um movimento são identificados.

ângulo Q – O menor dos dois ângulos formados pela intersecção do eixo longitudinal da tíbia e do eixo longitudinal do fêmur projetada no plano frontal; uma medida do alinhamento entre o fêmur e a tíbia.

anisotrópico – Propriedade exibida por materiais que são dependentes da direção da carga; isto é, um material anisotrópico pode ter maiores tensão de escoamento e módulo de elasticidade quando puxado em uma direção específica.

antagonista – Função de um músculo, cujo torque se opõe à ação referida ou ao músculo referido; o oposto de agonista.

aponeurose – Uma fina camada de tendão que conecta um músculo grande a uma linha de inserção no osso.

arrasto de forma – Força de arrasto que atua em um objeto dentro de um fluido e causada pelas forças de impacto das moléculas do fluido com o objeto; também referida como arrasto de pressão.

arrasto de superfície – Força de arrasto que atua sobre um objeto imerso em um fluido e causada pelo atrito entre este e a superfície do corpo; também referido como arrasto de fricção ou arrasto viscoso.

articulação – Local em que dois ossos se articulam ou se encontram e se conectam um com o outro.

articulação cartilaginosa – Articulação na qual a cartilagem fibrosa ou epifisária une os ossos, geralmente permitindo pequenos movimentos; exemplos incluem a sínfise púbica ou as placas epifisárias nos ossos longos imaturos.

articulação fibrosa – Articulação na qual o tecido conectivo fibroso une os ossos, geralmente de maneira rígida; suturas e sindesmoses são tipos de articulações fibrosas.

articulação sinovial – Articulação altamente móvel caracterizada por uma cavidade articular preenchida pelo líquido sinovial contido dentro da membrana sinovial que reveste uma cápsula articular.

atrito – Componente de uma força de contato que atua paralela a superfícies em contato; a magnitude do atrito é o produto entre o coeficiente de atrito e a força de contato normal (o componente da força de contato que atua perpendicularmente à superfície de contato).

atrito dinâmico – Força de atrito que se desenvolve entre duas superfícies em contato que se movem ou deslizam uma em relação à outra; atrito de deslizamento; atrito cinético.

atrito estático – Força de atrito que se desenvolve entre duas superfícies em contato que não estão se movendo uma em relação à outra.

atrito limite – Pico do atrito estático que pode ser produzido entre duas superfícies para uma dada força de contato normal; o atrito máximo imediatamente antes de duas superfícies começarem a deslizar.

base de suporte – Área abaixo e entre os pontos de contato de um objeto com o solo.

binário de forças – Torque causado por um par de forças com sentidos opostos ao redor de um eixo; expressa como unidades de força vezes unidades de comprimento ou como newton metros no SI; uma grandeza vetorial.

biomecânica – O estudo das forças e de seus efeitos nos sistemas vivos.

biomecânica do esporte e do exercício – O estudo das forças e de seus efeitos no ser humano praticando exercício e esporte.

cápsula articular – Membrana de tecidos conectivos ligamentares ao redor de uma articulação sinovial e inserida nos ossos em ambos os lados da articulação.

carga combinada – Combinação de forças que produzem compressão axial, tensão axial e cargas de flexão, de torção e de cisalhamento ou qualquer combinação destas em um objeto.

carga de flexão – Combinação de forças que geram tração na superfície de um objeto, compressão na superfície oposta e tensão de cisalhamento no objeto até que este torne-se uma viga; como resultado de uma carga de flexão, um objeto se deforma, assumindo uma forma curvada.

carga de torção – Carga que faz um objeto se torcer devido a um torque; torques nos sentidos opostos que atuam em cada extremidade e ao redor do eixo longitudinal de um objeto produzem tensão de cisalhamento no plano de análise, que se torna maior com o aumento da distância a partir do eixo longitudinal; como resultado de uma carga de torção, o objeto se deformará, torcendo-se.

cartilagem articular – Cartilagem hialina que reveste as superfícies articulares dos ossos em uma articulação sinovial.

cartilagem elástica – Cartilagem com mais elastina que cartilagem fibrosa; encontrada nas orelhas, na epiglote e em parte da laringe; também referida como fibrocartilagem amarela.

cartilagem epifisária – Cartilagem que separa a diáfise das epífises dos ossos longos; responsável pelo crescimento longitudinal dos ossos longos antes de ossificarem, geralmente durante ou pouco depois da puberdade; também referida como placa epifisária, disco epifisário ou placa de crescimento.

cartilagem fibrosa – Cartilagem com fibras de colágeno mais densas que a cartilagem hialina; discos intervertebrais e articulares, tais como os meniscos, são exemplos de cartilagem fibrosa; também referida como fibrocartilagem ou fibrocartilagem branca.

cartilagem hialina – Cartilagem brilhante, branca e lisa que forma a cartilagem articular que cobre as superfícies articulares dos ossos nas articulações sinoviais.

centro de gravidade – Ponto imaginário no qual a força resultante da gravidade atua em um objeto; o ponto no qual pode-se assumir que o peso inteiro do corpo esteja concentrado; o ponto sobre o qual os torques criados pelos pesos das várias partes do corpo se equilibram; o ponto de equilíbrio do corpo.

centro de pressão – Ponto teórico de aplicação de uma força dinâmica de um fluido em um objeto.

cinemática – O ramo da dinâmica que trata da descrição do movimento.

cinesiologia – O estudo do movimento humano.

cinética – Ramo da dinâmica que trata das forças que causam ou tendem a causar movimento.

circundução – Flexão combinada com abdução e, então, adução, ou extensão e hiperextensão combinada com abdução e, então, adução; a trajetória de um membro realizando circundução tem o formato de um cone, e a extremidade distal do membro desenha um círculo.

cisalhamento – Força ou tensão que atua de modo paralelo ao plano de análise ou perpendicular ao eixo longitudinal do objeto; a tensão de cisalhamento tende a deslizar as moléculas umas pelas outras e enviesar o objeto.

coeficiente de restituição – Razão entre a velocidade de separação e a velocidade de aproximação entre dois objetos que colidem; abreviado como *e*.

compressão – Estado que um objeto assume como resultado de forças produzidas por tensão de compressão que o comprimem; tensão por compressão é aquela que tende a empurrar as moléculas umas com relação às outras e achatar o objeto.

contração concêntrica – Atividade muscular que ocorre quando o músculo desenvolve tensão e seus pontos de inserção se aproximam; atividade muscular que ocorre quando o músculo realiza trabalho positivo; também referida como ação concêntrica ou como atividade concêntrica.

contração excêntrica – Atividade muscular que ocorre quando um músculo desenvolve tensão e seus pontos de inserção se afastam; atividade muscular que ocorre quando o músculo realiza trabalho negativo; também referida como ação excêntrica ou atividade excêntrica.

contração isométrica – Atividade muscular que ocorre quando um músculo desenvolve tensão e suas inserções não se movem umas com relação às outras; atividade muscular que ocorre quando um músculo desenvolve tensão e realiza zero trabalho; também referida como ação isométrica ou atividade isométrica.

corpúsculo de Pacini – Receptor sensorial para pressão.

deformação de ruptura – Deformação na qual um material rompe-se ou falha.

densidade – Massa específica de um objeto dividida pela massa específica da água.

depressão – Movimento inferior da escápula no plano frontal; o oposto de elevação.

deslocamento – Mudança na localização de um ponto expressa por meio do comprimento, da direção e do sentido de um vetor da posição inicial à final; expressa como unidades de comprimento ou como metros no SI.

deslocamento angular – Mudança da posição angular absoluta em uma direção de rotação com o sentido de mudança indicado; o ângulo de um segmento de linha entre suas posições inicial e final com o sentido de rotação marcado; medido como unidades de posição angular, sendo expresso como radianos, graus ou revoluções.

deslocamento resultante – Mudança na localização de um ponto expressa como o comprimento e a direção de um vetor da posição inicial à final.

desvio radial – Ação articular que ocorre ao redor do eixo AP do punho e causa um movimento da mão no plano frontal em direção do polegar; o oposto de desvio ulnar; também referido como abdução ou flexão radial.

desvio ulnar – A partir da posição anatômica, a ação articular que ocorre ao redor do eixo AP da articulação do punho e faz a mão se movimentar no plano frontal em direção ao dedo mínimo; o oposto de desvio radial; também referido como adução ou flexão ulnar.

diáfise – Parte central de um osso longo, o qual é separado das suas extremidades ou epífises pela cartilagem epifisária antes da ossificação da cartilagem epifisária.

diagrama de corpo livre – Ferramenta para analisar forças e torques; desenho do objeto de análise em que todas as forças externas que atuam sobre ele são representadas como flechas que mostram seus pontos de aplicação, direção e sentido.

dinâmica – Ramo da mecânica dos corpos rígidos que trata do movimento acelerado dos objetos.

distância percorrida – Comprimento da trajetória descrita por um objeto ao mover-se de uma posição inicial para uma posição final; expressa como unidades de comprimento ou como metros no SI.

distância perpendicular – Distância perpendicular entre a linha de ação de uma força e o eixo ao redor do qual o torque está sendo medido; determinada pela medida da menor distância entre uma reta desenhada ao longo da linha de ação da força e outra paralela à primeira, mas passando no eixo sobre o qual o torque está sendo medido; braço de momento ou braço de alavanca.

dorsiflexão – A partir da posição anatômica, a ação articular do tornozelo que ocorre sobre o eixo transverso e faz o pé mover-se no plano sagital de modo que se desloca para frente e para cima em direção à perna; o oposto de flexão plantar.

efeito Magnus – Desvio de um objeto da sua trajetória de voo normal devido à resistência do ar e do giro do objeto.

eixo anteroposterior – Qualquer uma das linhas imaginárias que vai de anterior para posterior e perpendicular aos planos frontais; abreviado como eixo AP; eixo sagital; eixo sagital-transverso.

eixo AP – Veja *eixo anteroposterior*.

eixo longitudinal – Qualquer linha imaginária que vai de superior a inferior e perpendicular ao plano transverso; eixo vertical; eixo frontal-sagital; eixo de torção.

eixo médio-lateral – Qualquer linha imaginária que vai da esquerda para a direita e perpendicular ao plano sagital; eixo horizontal; eixo frontal; eixo transverso; eixo frontal-transverso.

eixo principal – Eixos sobre os quais se tem o maior e o menor momento de inércia de um objeto; eixo perpendicular aos dois eixos principais previamente definidos.

elástico – Capacidade de retornar de uma forma deformada às dimensões originais quando a tensão que causa a deformação é removida.

eletromiografia (EMG) – Método para avaliar a atividade elétrica muscular por meio de eletrodos colocados sobre a pele ou implantados dentro do músculo.

elevação – Movimento superior da escápula no plano frontal; o oposto de depressão.

endolinfa – Fluido espesso que preenche o ouvido interno.

endomísio – Tecido conectivo que reveste ou envelopa uma fibra muscular.

energia – Capacidade de realizar trabalho; expressa como unidades de força vezes unidades de comprimento ou como *joules* no SI; uma grandeza escalar.

energia cinética – Energia devido ao movimento de um objeto; metade da massa multiplicada pelo quadrado da velocidade do objeto; expressa em *joules* no SI; uma grandeza escalar.

energia de deformação – Energia devido à deformação de um objeto; por alongamento ou por compressão, é igual à metade da rigidez constante do material multiplicada pelo quadrado da mudança no comprimento do objeto; expressa como unidades de força vezes unidades de comprimento ou como joules no SI; uma grandeza escalar.

energia potencial – Energia armazenada por um objeto em função de sua posição vertical ou de sua deformação; expressa como unidades de força vezes unidades de comprimento ou como *joules* no SI; uma grandeza escalar.

energia potencial gravitacional – Energia devido à posição vertical de um objeto; peso multiplicado pela altura acima de alguma referência ou massa multiplicada pela aceleração devido à gravidade vezes a altura acima de alguma referência; expressa como unidades de força vezes unidades de comprimento ou como *joules* no SI; uma grandeza escalar.

epífise – Parte de um osso longo que é separada da diáfise do osso longo pela cartilagem epifisária antes da ossificação desta.

epimísio – Tecido conectivo que reveste ou envelopa um músculo inteiro.

equilíbrio estático – Estado ou condição de um objeto quando este não está se movendo e a força e o torque resultantes sobre ele são iguais a zero.

esqueleto apendicular – A parte do esqueleto composta por ossos apendiculares, incluindo aqueles da cintura escapular (escápula e clavícula) e da cintura pélvica (ílio, ísquio e púbis) com exceção do sacro.

esqueleto axial – A parte do esqueleto composta pelos ossos da coluna vertebral, costelas e ossos do crânio.

estabilidade – Resistência de um objeto a ser derrubado; a probabilidade de um objeto retornar para a sua posição original após ter sido deslocado.

estabilizador – Músculo cujo torque evita movimento de uma articulação.

estática – Ramo da mecânica dos corpos rígidos que trata da mecânica dos objetos em repouso ou em movimento com velocidade constante.

eversão – A partir da posição anatômica, a ação articular que ocorre ao redor do eixo AP do tornozelo quando o lado lateral da planta do pé é levantado; o oposto de inversão.

extensão – Ação articular que ocorre ao redor do eixo transverso de uma junta e causa um movimento do membro no plano sagital de volta à posição anatômica; o oposto de flexão.

exteroceptor – Receptor sensorial que é sensível a estímulos de fontes externas ao corpo.

fascículo – Feixes de fibras musculares.

fatores extrínsecos – Fatores relacionados a lesão e características de tarefas e do ambiente; incluem a natureza da ação realizada, sua intensidade e sua frequência, bem como a superfície onde é realizada, o equipamento e o nível de participação.

fatores intrínsecos – Fatores relacionados à lesão e à habilidade do indivíduo em lidar com alguma tensão mecânica imposta; incluem características antropométricas, alinhamento do corpo, aptidão e histórica prévia de lesões.

fibra muscular – Uma única célula muscular.

fibra muscular tipo I – Fibra muscular com pequeno diâmetro caracterizada pelo metabolismo aeróbio, pelo desenvolvimento lento da tensão máxima, pela menor tensão máxima e pela maior duração de desenvolvimento de tensão (resistência); primeira a ser recrutada; também referida como fibra de contração lenta oxidativa.

fibra muscular tipo IIA – Fibra muscular com diâmetro grande caracterizada pelo metabolismo aeróbio e anaeróbio, pelo desenvolvimento rápido da tensão máxima, pela maior tensão máxima e pela duração longa de desenvolvimento de tensão (resistência); segunda a ser recrutada; também referida como fibra de contração rápida oxidativa-glicolítica.

fibra muscular tipo IIB – Fibra muscular com o maior diâmetro caracterizada pelo metabolismo anaeróbio, pelo desenvolvimento mais rápido da tensão máxima, pela maior tensão máxima e pela duração menor de desenvolvimento de tensão (baixa resistência); a última a ser recrutada; também referida como fibra de contração rápida glicolítica.

flexão – A partir da posição anatômica, a ação articular que ocorre ao redor do eixo médio-lateral de uma articulação e causa um movimento do membro no plano sagital para além da posição anatômica ao longo da maior amplitude de movimento; o oposto de extensão.

flexão lateral – Movimento do tronco ou do pescoço para a esquerda ou para a direita no plano frontal ao redor do eixo AP.

flexão plantar – Ação articular do tornozelo que ocorre ao redor do eixo médio-lateral e faz o pé se mover no plano sagital para baixo, afastando-se da perna.

fluência – Comportamento de um material caracterizado pelo contínuo aumento na deformação sob uma tensão constante.

fluxo laminar – Movimento das moléculas do fluido que faz suas camadas adjacentes fluírem de modo paralelo umas com relação às outras e seguirem a forma de um objeto imerso em um fluido.

fluxo turbulento – Movimento das moléculas de um fluido que faz suas camadas adjacentes não seguirem paralelas umas em relação às outras e se separarem da superfície do objeto imerso nele.

força – Algo que puxa ou empurra; expressa como unidades de massa multiplicadas por unidades de comprimento divididas por unidades de tempo ao quadrado, ou como newton no SI; uma grandeza vetorial.

força cêntrica – Força cuja linha de ação passa pelo centro de gravidade de um objeto.

força centrípeta – Força externa que atua em direção ao eixo de rotação de um objeto que se move em trajetória circular.

força compressiva – Força compressora cujos pontos de aplicação e direção tendem a encurtar ou achatar um objeto ao longo da dimensão que coincide com sua linha de ação.

força de arrasto – Componente da força dinâmica do fluido que atua sobre um objeto no sentido oposto ao de seu movimento relativo.

força de contato – Força que resulta do toque entre dois objetos.

força de empuxo – Força para cima que um fluido exerce sobre um objeto e que é igual ao peso do fluido deslocado pelo objeto.

força de reação – Força de contato externa que resulta do toque entre dois objetos.

força de sustentação – Componente da força dinâmica resultante de um fluido que atua em um objeto na direção perpendicular ao movimento relativo deste.

força dinâmica do fluido – A resultante das forças de arrasto e de sustentação que atuam sobre um objeto; o resultado das pressões exercidas nas superfícies do objeto.

força excêntrica – Força cuja linha de ação não passa pelo centro de gravidade de um objeto.

força externa – Força que atua sobre um objeto como resultado da sua interação com o ambiente a seu redor.

força impulsiva – Força aplicada que atinge magnitude relativamente alta em um tempo pequeno.

força interna – Força que atua dentro do objeto ou do sistema cujo movimento está sendo investigado; forças entre as moléculas de um objeto que o mantêm unido.

força líquida – Soma vetorial de todas as forças externas que atuam em um objeto; a resultante de todas as forças externas que atuam sobre um corpo.

força resultante – Soma vetorial de duas ou mais forças; a força que resulta da adição vetorial de duas ou mais forças.

forças colineares – Duas ou mais forças que têm a mesma linha de ação (mas não necessariamente o mesmo sentido ao longo da linha comum de ação).

forças concorrentes – Duas ou mais forças cujas linhas de ação interceptam um único ponto.

forças de tensão – Forças cujos sentido e ponto de aplicação tendem a alongar ou estender um objeto ao longo da dimensão que coincide com a linha de ação da força.

fuso muscular – Proprioceptor sensível ao aumento no comprimento muscular.

hiperextensão – Ação articular que ocorre ao redor do eixo médio-lateral e é uma continuação da extensão que passa a posição anatômica.

impulso – Força média multiplicada pela duração de sua aplicação; causador e, portanto, igual à mudança de quantidade de movimento linear; medido em unidades de força vezes unidades de tempo, sendo expresso como newton-segundos no SI; uma grandeza vetorial.

impulso angular – Torque médio multiplicado pela duração de aplicação do torque; causador e, portanto, igual à mudança na quantidade de movimento angular; medido em unidades de torque vezes unidades de tempo, sendo expresso como newton-metro-segundos no SI; uma grandeza vetorial.

inércia – Propriedade de um objeto de resistir a mudanças no seu movimento.

inércia angular – Veja *inércia rotacional*.

inércia rotacional – Propriedade de um objeto em resistir a mudanças em seu movimento angular; também referida como inércia angular.

interneurônio – Célula nervosa que transmite impulsos entre neurônios; também referido como neurônio conector.

interoceptor – Receptor sensorial sensível a estímulos de fontes de dentro do corpo.

inversão – A partir da posição anatômica, a ação articular que ocorre ao redor do eixo AP do tornozelo quando o lado medial da planta do pé é levantado; o oposto de eversão.

isotrópico – Propriedades apresentadas por materiais que são as mesmas em todas as direções.

joule – Unidade do SI para trabalho e energia; igual a um newton-metro. 1 J = 1 Nm.

lei de Wolff – Tecidos se adaptam ao nível de tensão imposta; o nível de adaptação no tecido reflete o nível de carga típica.

lesão por *overuse* – Lesão causada por aplicações repetidas de uma tensão menor que a necessária para causar dano em uma única aplicação; também conhecida como lesão por esforço repetitivo, lesão por trauma cumulativo ou distúrbio osteomuscular relacionado ao trabalho.

lesão por trauma – Lesão causada por uma única aplicação de um nível de tensão relativamente alto; uma lesão acidental.

limite de proporcionalidade – Veja *limite elástico*.

limite elástico – Ponto na curva tensão-deformação além do qual a deformação plástica ocorrerá; também referido como limite proporcional.

massa – Medida de inércia; a quantidade de matéria em um objeto.

massa específica – Massa de um objeto dividida pelo seu volume; medida como unidades de massa dividida por unidades de comprimento cúbico, sendo expressa como quilogramas por metro cúbico no SI.

mecânica – O estudo das forças e de seus efeitos nos objetos.

mecânica dos corpos rígidos – Ramo da mecânica que trata dos efeitos das forças sobre objetos assumidos como perfeitamente rígidos.

membrana sinovial – Membrana fina que reveste o interior da cápsula articular; produz líquido sinovial.

módulo de elasticidade – Razão entre tensão e deformação; inclinação da região elástica da curva tensão-deformação para um material; também referido como módulo de Young.

módulo de Young – Veja *módulo de elasticidade*.

módulo elástico – Veja *módulo de elasticidade*.

momento de força – Efeito de giro criado por uma força sobre um eixo; força multiplicada pela distância perpendicular; expresso como unidades de força vezes unidades de comprimento ou como newton metros no SI; torque; uma grandeza vetorial.

momento de inércia – Medida da inércia angular; soma entre o produto da massa de cada parte de um corpo e o quadrado da distância de cada parte a partir do centro de gravidade do objeto; massa vezes raio de giro ao quadrado; medido em unidades de massa vezes unidades de comprimento ao quadrado, sendo expresso como quilograma-metros quadrados no SI; uma grandeza escalar.

movimento angular – Mudança de posição que ocorre quando todos os pontos de um corpo ou objeto se movem em uma trajetória circular sobre um mesmo eixo fixo; também referido como movimento rotacional ou rotação.

movimento do retropé – Padrão sequencial natural de pronação e de supinação durante a fase de apoio da corrida; medido com objetivos clínicos e de pesquisa no plano frontal como o ângulo entre o pé e a perna.

movimento geral – Mudança na posição que resulta de uma combinação de movimentos linear e angular.

movimento linear – Mudança de posição que ocorre quando todos os pontos de um objeto percorrem a mesma distância no mesmo sentido e no mesmo tempo; também referido como translação.

neurônio motor – Célula nervosa que transmite impulsos do sistema nervoso central; também referido como neurônio eferente.

neurônio sensorial – Célula nervosa que transmite impulsos sensoriais para o sistema nervoso central; também referido como neurônio aferente.

neutralizador – Função de um músculo cujo torque cancela ou elimina o efeito indesejado do torque produzido por outro músculo de uma dada articulação para permitir somente o movimento desejado.

órgão tendinoso de Golgi – Proprioceptor sensível ao aumento da tensão muscular.

osso compacto – Veja *osso cortical*.

osso cortical – Tecido ósseo sólido e denso encontrado na camada mais externa dos ossos; também referido como osso compacto.

osso esponjoso – Tecido ósseo poroso e menos denso encontrado na parte mais interna do osso cortical, próximo às extremidades dos ossos longos; também referido como osso trabecular.

osso sesamoide – Osso completamente revestido por tecidos conectivos, como tendão ou ligamento; por exemplo, a patela.

osso trabecular – Veja *osso esponjoso*.

perimísio – Tecido conectivo que reveste ou envelopa um feixe de fibras musculares (fascículo).

peso – Medida da força da gravidade que atua sobre um objeto; massa multiplicada pela aceleração devido à gravidade; expresso como newtons no SI.

plano cardinal – Plano que passa pelo ponto médio ou centro de gravidade do corpo.

plano frontal – Plano imaginário que vai de lado a lado e de cima a baixo, dividindo o corpo em partes anterior e posterior; plano coronal; plano lateral.

plano sagital – Plano imaginário que vai do anterior ao posterior e do superior ao inferior, dividindo o corpo em partes direita e esquerda; plano anteroposterior.

plano transverso – Plano imaginário que vai de lado a lado e de anterior para posterior, dividindo o corpo nas partes superior e inferior; plano horizontal.

plástico – Capacidade de permanecer deformado quando a tensão que causa a deformação é removida.

plataforma de força – Dispositivo utilizado para medir variáveis cinéticas, em geral as forças de reação do solo e o ponto de aplicação e o sentido da força de reação resultante.

posição – Local de determinado ponto em um espaço relativo a um ponto fixo.

posição anatômica – A posição assumida pelo corpo quando se está de pé, olhando para frente, com os pés alinhados, paralelos e voltados para frente; braços e mãos caindo dos ombros em linha reta nos lados do tronco; dedos estendidos e palmas voltadas para frente.

posição angular – Orientação de uma linha com relação a outra linha ou plano; expressa em graus ou radianos.

posição angular absoluta – Orientação de uma linha com relação a outra linha ou plano fixo com relação à Terra; expressa em graus ou radianos.

posição angular relativa – Orientação de uma linha com relação a outra linha ou plano que pode não ser fixo; expressa em graus ou em radianos.

potência – Taxa de trabalho realizado; trabalho realizado dividido pelo tempo; medida em unidades de trabalho dividido por unidades de tempo, sendo expressa como *watts* no SI; uma grandeza escalar.

pressão – Força externa dividida pela área na qual atua; medida em unidades de força dividida por unidades de comprimento ao quadrado ou expressa como newtons por metro quadrado no SI.

princípio de Bernoulli – Pressão lateral em um fluido em movimento que diminui conforme sua velocidade aumenta.

projétil – Objeto que não sofre ação de forças externas além da força da gravidade.

pronação – A partir da posição anatômica, a ação da articulação rádio-ulnar que ocorre ao redor do eixo longitudinal do antebraço e faz a palma da mão virar em direção ao corpo; o oposto de supinação.

proprioceptor – Interoceptor que monitora o estado do sistema musculoesquelético, incluindo a posição articular, mudança na posição articular, comprimento muscular, mudança no comprimento muscular e tensão muscular.

quantidade de movimento angular – Momento de inércia multiplicado pela velocidade angular; medida em unidades de massa vezes unidades de velocidade, sendo expressa como quilograma-metros quadrados por segundo no SI; uma grandeza vetorial.

quantidade de movimento linear – Massa de um objeto vezes a velocidade linear do objeto; medida em unidades de massa vezes unidades de comprimento dividido por unidades de tempo, sendo expressa em quilograma-metros por segundo no SI; uma grande vetorial.

radiano – Razão entre o comprimento de arco que a extremidade de uma linha radial percorre e o comprimento da linha radial quando esta gira em torno do eixo; comprimento do arco dividido pelo raio; 1 rad equivale a aproximadamente a 57,3°.

raio de giração – Distância de um eixo de rotação até o ponto onde a massa de um objeto teria de estar concentrada para criar o mesmo momento de inércia do objeto inteiro ao redor daquele eixo; medido em unidades de comprimento, sendo expresso como metros no SI; uma grandeza escalar.

razão de Poisson – Razão entre as deformações nas direções transversal e axial para um objeto que é submetido a uma tensão axialmente.

reflexo tônico cervical – Reflexo rudimentar associado com a posição do pescoço e que afeta os músculos da extremidade superior.

remodelamento – Reconstrução do tecido, ou a recuperação dos microdanos causados por uma tensão imposta; a recuperação do tecido conduz à hipertrofia ou ao fortalecimento do tecido.

rotação externa – Ações articulares do ombro ou do quadril que ocorrem ao redor do eixo longitudinal dessas articulações e causam movimentos do membro no plano transverso, de modo que os joelhos ou as palmas das mãos viram para fora; o oposto de rotação interna; rotação lateral; rotação para fora.

rotação inferior – Rotação da escápula no plano frontal que faz sua borda medial mover-se superiormente e a articulação do ombro mover-se inferiormente; o oposto de rotação superior.

rotação interna – A partir da posição anatômica, ações articulares do ombro e do quadril que ocorrem ao redor do eixo longitudinal, causando movimentos dos membros no plano transverso de modo que o joelho vira para dentro e as palmas das mãos viram em direção ao corpo; o oposto de rotação externa; também referida como rotação medial ou rotação para dentro.

rotação superior – Rotação da escápula no plano frontal que faz a borda medial mover-se inferiormente, e a articulação do ombro, superiormente; o oposto de rotação inferior.

sarcolema – Membrana que reveste uma fibra muscular.

sarcômero – Unidade contrátil fundamental do músculo, encontrada entre duas linhas Z adjacentes em uma miofibrila.

sinal analógico – Sinal que representa uma medida contínua de um que varia no tempo, diferentemente do digital, que mede um sinal que varia no tempo em intervalos discretos.

sinergia – Ação combinada de dois ou mais músculos que cruzam a mesma articulação para gerar um resultado desejado.

sistema de coordenadas cartesiano – Sistema para localizar a posição de um ponto em duas (ou três) dimensões; duas (ou três) coordenadas representam os deslocamentos a partir de um ponto fixo ou da origem em direções específicas, que formam um ângulo reto entre si.

sistema nervoso autônomo – Parte do sistema nervoso relacionada a sensações e ações inconscientes; também referida como sistema nervoso involuntário.

sistema nervoso central – Todo o tecido nervoso que está dentro do crânio e da coluna vertebral; o encéfalo e a medula espinal.

sistema nervoso periférico – Todo tecido nervoso que se encontra fora da caixa craniana e da coluna vertebral.

sistema nervoso somático – Parte do sistema nervoso envolvido com as sensações e ações conscientes; também referido como sistema nervoso voluntário.

strain gauge – Tipo de transdutor de força usado para medir deformação (mudança no comprimento dividida pelo comprimento original).

supinação – Ação da articulação rádio-ulnar que ocorre ao redor do eixo longitudinal do antebraço e causa um movimento do membro no plano transverso, retornando o antebraço e a mão para a posição anatômica após a pronação ou movendo-os para além da posição anatômica; o oposto de pronação.

taxa de amostragem – Frequência ou intervalo no qual um sinal analógico é medido com o intuito de se convertê-lo para um sinal digital.

tenacidade – Habilidade de um material absorver energia antes de falhar.

tendão (*stress*) – Corda ou lâmina de tecido conectivo que insere os músculos nos ossos.

tensão (*tension*) – Força interna dividida pela área de secção transversa da superfície sobre a qual a força interna atua; medida em unidades de força dividida por unidades de comprimento ao quadrado; expressa como newtons por metro quadrado ou pascais no SI.

tensão – Força por unidade de área que ocorre em um plano de análise como resultado de uma força ou carga que tende a romper as moléculas que ligam um objeto naquele plano.

tensão contínua – Representação gráfica do nível de tensão imposta, incluindo as zonas em ambos níveis patologicamente altos e baixos e níveis fisiológicos.

tensão de escoamento – Tensão acima da qual a deformação plástica ocorrerá.

tensão de ruptura – Tensão na qual um material rompe-se ou falha.

tensão máxima – Máxima tensão que um material pode suportar.

torque – Efeito de giro criado por uma força sobre um eixo; força vezes distância perpendicular; expresso como unidades de força vezes unidades de comprimento ou como newton metros no SI; momento de força; uma grandeza vetorial.

trabalho – Produto da força exercida em um objeto e do deslocamento deste no ponto de aplicação da força ao longo de sua linha de ação; expresso como unidades de força vezes unidades de comprimento ou como joules no SI; uma grandeza escalar.

tração – Estado de um objeto como resultado de forças que o puxam e produzem tração; tração é uma tensão axial que tende a romper as moléculas e alongar o objeto.

translação curvilínea – Movimento linear que ocorre quando um objeto mantém sua orientação durante um movimento de modo que todos seus pontos percorrem a mesma distância no mesmo sentido e no mesmo tempo, mas não em linhas retas; também referida como movimento curvilíneo.

translação retilínea – Movimento linear que ocorre quando um objeto mantém sua orientação durante o movimento, de forma que todos os pontos do objeto percorrem a mesma distância, no mesmo sentido, no mesmo tempo, em linhas retas; também referida como movimento retilíneo.

treinamento físico – Treinamento para alterar as limitações de desempenho devido à condição física do indivíduo; envolve a melhora das capacidades físicas, incluindo a força muscular, a flexibilidade e a resistência.

treinamento técnico – Treinamento para a melhora da técnica; pode envolver a realização da técnica tal como ela é ou de exercícios que reproduzem aspectos específicos da técnica.

unidade motora – Um único neurônio motor e todas as fibras musculares que ele inerva; a unidade fundamental do sistema neuromuscular.

velocidade angular – Taxa de deslocamento angular com o sentido da rotação indicado; medida em unidades de deslocamento angular dividido por unidades de tempo, sendo expressa como radianos por segundo, graus por segundo ou revoluções por segundo; uma grandeza vetorial.

velocidade angular instantânea – Taxa de mudança do deslocamento angular medida em um instante de tempo em vez de em um intervalo de tempo, com o sentido da rotação indicado; medida em unidades de deslocamento angular dividido por unidades de tempo, sendo expressa como radianos por segundo, graus por segundo ou revoluções por segundo; uma grandeza vetorial.

velocidade angular média – Deslocamento angular dividido pelo tempo gasto para que ocorresse com o sentido da rotação indicado; medida em unidades de deslocamento angular por unidades de tempo, sendo expressa como radianos por segundo, graus por segundo ou revoluções por segundo; uma grandeza vetorial.

velocidade escalar – Veja *velocidade escalar instantânea*.

velocidade escalar instantânea – Taxa de distância percorrida medida em um instante de tempo em vez de em um intervalo de tempo; expressa como unidades de comprimento por unidade de tempo ou como metros por segundo no SI; uma grandeza escalar; o velocímetro de um carro mede a velocidade escalar instantânea.

velocidade escalar média – Distância percorrida dividida pelo tempo gasto para completar a ação; expressa como unidades de comprimento por unidade de tempo ou como metros por segundo no SI; uma grandeza escalar.

velocidade vetorial – Veja *velocidade vetorial instantânea*.

velocidade vetorial instantânea – Taxa de deslocamento medida em um instante de tempo em vez de em um intervalo de tempo; expressa como unidades de comprimento por unidade de tempo ou como metros por segundo no SI; uma grandeza vetorial.

velocidade vetorial média – Deslocamento dividido pelo tempo gasto para que ocorresse; expressa como unidades de comprimento por unidade de tempo ou como metros por segundo no SI; uma grandeza vetorial.

vetor – Representação matemática de qualquer grandeza que é definida por seus tamanho ou magnitude (um número), sentido e direção (sua orientação); grandezas vetoriais podem ser representadas graficamente por setas, cujo comprimento representa a magnitude do vetor e cujas haste e ponta indicam a orientação representada pela direção e pelo sentido do vetor.

viscosidade – Medida da resistência de um fluido a forças de cisalhamento; medida de atrito interno entre as camadas de moléculas de um fluido.

watt – Unidade de medida do SI para potência; igual a 1 J/s.

zona de carga fisiológica – Nível de tensão imposta na qual o tecido mantém seu estado normal; um músculo mantém sua capacidade de gerar força, o conteúdo mineral ósseo permanece o mesmo e os tendões e ligamentos mantêm sua habilidade de suportar as tensões.

Índice

Nota: As letras em itálico *f* e *t*, que seguem os números das páginas, referem-se a figuras e tabelas, respectivamente.

A

abdução
   definição de 180-182
   e ação muscular concêntrica 278-279
   horizontal 183-185, 184*f*
abdução horizontal 183-185, 184*f*
abdução transversa 183-185, 184*f*
aceleração. *Veja também* aceleração angular
   angular 172-174, 173*f*-175*f*
   centrípeta 173-174, 173*f*, 174*f*
   convenções de sinais 66-67, 67*f*
   das forças dinâmicas do fluido 229, 229*f*
   definição de 66
   instantânea 66
   linear 63-67, 67*f*
   média 66, 100-102
   medida da 385-386, 385-386*f*
   no movimento de um projétil 68-70, 73-74, 96-97
   segunda lei do movimento de Newton e 96-106, 97*f*
   sentido 67, 67*f*
   sentido do movimento 67, 67*f*
   tangencial 172, 173*f*
   unidades de 14-15, 394*t*
   uniforme 68
aceleração angular
   centrípeta 173-174, 173*f*, 174*f*
   das articulações em um chute no futebol americano 344-346, 345-346*t*
   das articulações em um lançamento de dardo 352-353, 353-355*t*
   das articulações na corrida de velocidade 348-351, 349*t*
   das articulações no supino 340-341, 340-341*t*
   definição de 172
   tangencial 172, 173*f*
   unidades de 172
aceleração centrípeta 173-174, 173*f*, 174*f*
aceleração devido à gravidade (g) 22
aceleração gravitacional (g) 22
aceleração instantânea 66
aceleração média 66, 100-102
aceleração negativa 66-67, 67*f*
aceleração radial 173-174, 173*f*, 174*f*
aceleração tangencial 172, 173*f*
aceleração uniforme 68
acelerômetros 385-386, 385-386*f*
ações musculares
   contrações concêntricas 278, 279*f*, 289-290, 290*f*, 339-340

contrações excêntricas 279, 279-280*f*, 339-340
contrações isométricas 114-115, 279-280, 289-290, 290*f*, 339-340
em um chute no futebol americano 342-345, 342-343*f*
em um lançamento de dardo 348-350*f*, 351-353, 353-355*t*
em um salto vertical 341-342, 341-342*f*, 342*t*
estrutura muscular e 276-277, 276*f*
funções musculares nas 279-281
identificando o tipo de contração 338-341, 340-341*t*
mecânica da contração 280-281, 282*f*
na análise cinesiológica qualitativa 337-341, 340-341*t*
na corrida de velocidade 346-351, 347*f*, 349*t*
tensão ativa *vs.* passiva nas 285-286, 288*f*
adição algébrica *versus* adição vetorial 27, 28
adição de forças. *Veja* força líquida
adução
   ação muscular concêntrica e 278-279
   definição de 180-182
   horizontal 183-185, 184*f*
adução horizontal 183-185, 184*f*
aerofólios, princípio de Bernoulli e 226-227, 227-228*f*
alongamento, tensão e 239-240, 285-286, 288*f*
amazonas, equipamentos de segurança para 122
amplitude de movimento
   extrema, em um chute no futebol americano 345-346, 345-346*t*
   extrema, em um lançamento de dardo 352-353, 353-355*t*
   extrema, na corrida de velocidade 348-351, 349*t*
   extrema, no supino 340-341, 340-341*t*
   flexibilidade articular e 269-270, 269-270*f*
   nos músculos mono *vs.* multiarticulares 286-289, 289*f*
análise biomecânica. *Veja* análise biomecânica qualitativa
análise biomecânica de um lançamento de uma "bola rápida" 322-323, 320*f*-322*f*
análise biomecânica qualitativa. *Veja também* exemplos de análise biomecânica qualitativa
   análise cinesiológica qualitativa na 337-341, 340-341*t*
   avaliação de desempenho 316-317

conhecimento da habilidade e das restrições na 308-310, 309-310*f*
definição de 308
descrição da técnica ideal na 317-319
determinação da técnica mais efetiva 311-313
fatores intrínsecos e extrínsecos nas lesões 364-367, 365*t*, 366*f*, 367*f*
instruindo o executante 317-319
limiar do tecido para lesões 363-366, 366*f*
mecanismo de lesão por excesso de uso 362-363*f*, 363-364, 363-364*f*
observando o desempenho na 313-317, 313-316*f*
propósito da habilidade na 309-311, 311*f*, 312
quantitativa *vs.* 308
repetição 318-319
resposta tecidual à tensão 360-364, 361-363*f*
resumo dos passos na 308-309
tensão mecânica e lesão 358-361, 359*f*-361*f*
treinamento físico e 337-338
treinamento técnico e 336-337
análise biomecânica quantitativa. *Veja também* tecnologia na biomecânica
   coleta de dados 380-382, 380-381*f*
   definição de 308-309
   medidas cinemáticas 386-388, 387-388*f*, 388*f*
   medidas cinéticas 386-388, 387-388*f*
   simulação e modelamento 388
   uso da 380
análise cinesiológica 337-341, 340-341*t*. *Veja também* análise cinesiológica qualitativa
análise cinesiológica qualitativa
   acelerações angulares articulares significativas e impactos na 340-341
   contrações musculares e grupos musculares ativos na 338-341
   de um chute no futebol americano 342-346, 342-343*f*, 345-346*t*
   de um lançamento de dardo 348-353, 348-350*f*, 353-355*t*
   em um salto vertical 341-342, 341-342*f*, 342*t*
   fases temporais na 338-339
   gravação de dados na 340-341
   movimentos articulares na 338-341
   na corrida de velocidade 346-351, 347*f*, 349*t*
   passo na 337-341, 340-341*t*
   supino com pegada aberta 339-341, 340-341*t*

Índice

análise cinesiológica quantitativa 337-338
análise de dinâmica inversa 337-338
análise do golpe de *forehand* 322-328, 324*f*-329*f*
ângulo Q 374-376, 375-376*f*
ângulos
   de lançamento 78, 79
     definição de 164, 164*f*
     unidades de 164-165, 164-165*f*
antebraço 261-262, 262-263*f*
aponeuroses 276
arco cosseno 32
arco longitudinal medial (pé) 374-375
arco seno 32
arco tangente 32-33
área de superfície, atrito e 24-25, 25*f*
arqueiros, momento de inércia nos 197, 197*f*
Arquimedes 215-216
arrasto de forma 218-224, 220-222*f*
arrasto de pressão (de forma) 218-224, 220-222*f*
arrasto de superfície 218-221, 218-220*f*
arrasto viscoso 218-221, 218-220*f*
arremesso de peso
   ângulo e altura de lançamento 78, 78*f*
   forças que atuam no 29, 21*f*, 22-23
   relação trabalho-energia no 119-121, 120-121*f*
articulação do cotovelo
   movimentos da 180-181, 180-181*f*
   no lançamento de dardo 348-353, 348-350*f*, 353-354*t*
   no supino 340-341, 340-341*t*
articulação do joelho
   ângulo Q e lesões na 374-376, 375-376*f*
   deslocamento da 268-269, 268-269*f*
   em um chute no futebol americano 342-346, 342-343*f*, 345-346*t*
   em um salto vertical 341-342, 342*t*
   lesões da 268-269, 268-269*f*, 360-361, 371-372, 375-376
   na corrida de velocidade 346-351, 347*f*, 349*t*
   pronação e supinação e 371-372
articulação do ombro
   análise cinesiológica da, no supino 351-352, 340-341*t*
   classificação da 264-266*f*
   em um lançamento de dardo 348-353, 348-350*f*, 353-354*t*
   em um salto vertical 342, 342*t*
   movimentos da 180-185, 184*f*
   na corrida de velocidade 346-351, 347*f*, 349*t*
articulação do punho, movimentos da 181-183, 182-183*f*
articulação do quadril
   classificação 264-266*f*, 266-267
   em um salto vertical 342, 342*t*
   estabilidade da 268-269
   movimento da 180-185, 184*f*
   na corrida de velocidade 346-351, 347*f*, 349*t*
articulação do tornozelo
   em um chute no futebol americano 342-346, 342-343*f*, 345-346*t*
   em um salto vertical 341-342, 342*t*

movimentos da 180-181, 181-182*f*
   na corrida de velocidade 346-351, 347*f*, 349*t*
articulação rádioulnar 183-185, 184*f*, 264-266
articulações
   amplitudes extremas de movimento nas 340-341, 340-341*t*, 345-346, 345-346*t*, 352-353, 353-355*t*
   classificação das 264-267, 264-267*f*
   definição de 262-263
   deslocamentos 241-242, 267-269, 268-269*f*, 301-302
   eixo de movimento anteroposterior 180-185, 182-183*f*, 185*t*
   eixo de movimento longitudinal 183-185, 184*f*, 185*t*
   eixo de movimento transverso 179-181, 180-181*f*
   em um chute no futebol americano 342-346, 342-343*f*, 345-346*t*
   em um lançamento de dardo 348-353, 348-350*f*, 353-355*t*
   estabilidade das articulações sinoviais 267-270, 268-270*f*
   estrutura das articulações sinoviais 266-268, 266-268*f*
   flexibilidade das articulações sinoviais 267-270, 269-270*f*
   funções das 262-263
   na análise cinesiológica qualitativa 338-341, 340-341*t*
   na corrida de velocidade 346-351, 347*f*, 349*t*
   proprioceptores e 299-300
   resumo das ações 185*t*
articulações anfiartrodiais 264, 264-266*f*
articulações artrodiais 264-266, 266-267*f*
articulações cartilaginosas 264, 264-266*f*
articulações condiloidais 266-267, 266-267*f*
articulações condiloides 264-267, 264-267*f*
articulações deslizantes 264-266, 266-267*f*
articulações diartrodiais 264-266, 264-266*f*
articulações do tipo gínglimo (dobradiça) 264-266, 266-267*f*, 267-268
articulações do tipo pivô 264-266, 266-267*f*
articulações elipsoidais 264-267, 266-267*f*
articulações em bola e soquete 266-267, 266-267*f*
articulações em dobradiça 264-266, 266-267*f*, 267-268
articulações em espiral 264-266, 266-267*f*
articulações em sela 266-267, 266-267*f*
articulações enartrodiais 266-267, 266-267*f*
articulações esferoidais 266-267, 266-267*f*
articulações fibrosas 264, 264-266*f*
articulações irregulares 264-266, 266-267*f*
articulações ovoides 264-267, 266-267*f*
articulações planas 264-266, 266-267*f*
articulações selares 266-267, 266-267*f*
articulações sinartrodiais 264, 264-266*f*
articulações sinoviais
   estabilidade das 267-270, 268-270*f*
   estrutura das 266-268, 267-268*f*
   tipos de 264-267, 264-267*f*
articulações trocoides 264-266, 266-267*f*

Associação de Golfe dos Estados Unidos (USGA) 95-96
Associação Internacional das Federações de Atletismo (IAAF) 3-4, 4-5*f*, 5-8, 228-229
atrito
   coeficiente de 25-26
   objetos em contato e 25-26
   seco *vs.*
atrito cinético (dinâmico) 23, 25
atrito de Coulomb 23-25. *Veja também* atrito
atrito de deslizamento (dinâmico) 23, 25
atrito dinâmico 23, 25
atrito em meio fluido 23
atrito estático 23, 25
atrito limite 23
atrito seco 23-25. *Veja também* atrito

B

backspin 227-228*f*, 228-229, 322-323, 328-329*f*
banda A 274-275, 274-275*f*
banda H 274-275, 274-275*f*
banda I 274-275, 274-275*f*
banda M 274-275, 274-275*f*
banda Z 274-275, 274-275*f*
barra, carga axial na 236-238*f*
barra basca 3-4
base de sustentação 149, 151, 152*f*, 154*f*
beisebol
   análise biomecânica de um lançamento de "uma bola rápida" 318-323, 320*f*-322*f*
   análise cinesiológica do lançamento 338-339
   coeficiente de restituição nas bolas de beisebol 96
   inércia angular dos bastões 193
   rapidez no 63-66, 65*t*
   repouso para lançadores 364-365
   técnica para apanhar 103-104, 120-121, 155, 155*f*
   velocidade angular dos bastões 171
Bernoulli, Daniel 225-226
bíceps braquial
   torque e 133-136, 133-135*f*
   velocidade linear e angular e 171-172
binário de forças 130-131
biomecânica 2-3. *Veja também* biomecânica do esporte
bola de raquetebol, coeficiente de restituição da 96
bolas de golfe
   coeficiente de restituição 95-96
   rugosidade da superfície 223-224, 223-224*f*
bolas de tênis, coeficiente de restituição das 96
bolhas, cargas de cisalhamento e 241-242
Brown, Ronald 3-4
bursas 276-277

C

cabeça, osso longo 261-262, 262-263*f*
calçados
   amortecimento nos 369, 369*f*, 370-371
   atrito e 25-26

Índice

"guelras" nos 224-225, 224-225f
palmilhas que medem pressão 387-388, 388f
redução de lesões e 9-10, 373-374
selecionando 373-374
treinamento cruzado 373-374
calendário gregoriano 86
caminhada, centro de gravidade e 154
campo da biomecânica do esporte
dimensões e unidades de medida no 13-15, 394t, 395t
história do 9-12
melhora do desempenho no 2-9
melhora do treinamento no 7-9, 7-9f
melhora dos equipamentos no 5-8, 7-8f
prevenção de lesão e reabilitação no 8-10
ramos do 12-14, 12f
revistas do 2-3, 11-12
capacetes 122
cápsula articular 266-267, 267-268f, 268-269, 268-269f
carga axial 236-240, 237-238f
carga de torsão 244-245, 245-246f, 360-361
carga impulsiva 370-371
cargas, mecânicas
combinadas 245-247, 246-247f
complexas 360-361
compressivas 358-361, 359f
curvas carga-deformação 248-249, 249-250f
de flexão 241-245, 242-244f
durante a corrida 368-372, 368-372f
impulsivas 370-371
magnitudes das, e lesões 372-373
propriedades mecânicas do tecido conectivo com 252-253
resposta do tecido a 360-364, 361-363f
taxas de carga nos ossos 253-254, 253f
torsão 244-245, 245-246f, 360-361
cargas combinadas 245-247, 246-247f
cargas compressivas 358-361, 359f
cargas de flexão 241-245, 242-244f
cartilagem
epifisária 261-263, 264f
fibrocartilagem 276, 277f
mobilidade articular e 270
na formação óssea 261-263, 264f
nas articulações sinoviais 267-268, 267-268f
propriedades mecânicas da 254-255, 255f, 255f
cartilagem articular. *Veja* cartilagem (articular) hialina
cartilagem elástica 254
cartilagem epifisária 261-263, 264f
cartilagem hialina (articular)
funções da 254-255, 254f
mobilidade articular e 270
nas articulações sinoviais 267-268, 267-268f
nos ossos longos 261-262f
cavalos de potência 123-124
centro de gravidade
definição de 39, 241-244
desempenho e 146-149, 148f
determinação matemática do 142-145, 143f

do corpo humano 145-146, 145f, 146f
estabilidade e 149-154, 150f, 151f-154f
forças cêntricas e excêntricas e 130-131, 130-131f
linha de ação da gravidade 154, 154f
movimento humano e 154-156, 155f
no salto 147-149, 148f, 341-342
planos cardinais e 176, 176f
centro de massa 141, 143-144, 193
centro de pressão 228-229, 228-229f
centro de volume 215-217
ciclistas
escolha da marcha 123-124
esteira 224-225
cinemática. *Veja também* cinemática angular; cinemática linear
definição de 13-14, 13-14f, 52
ferramentas para medir 381-387, 383-386f
cinemática angular
aceleração angular 172-174, 173f-175f
convenções de sinais 166-167, 166f
deslocamento angular 164-167, 166f
movimentos articulares 179-185, 180-184f, 185t
movimentos dos membros 174-180, 175f-180f
posição angular 164-165, 164-165f
relação deslocamento angular e deslocamento linear 167-169, 167f, 168f
relação velocidade angular e velocidade linear 169-172, 170f, 172f
velocidade angular 169-172, 170f, 172f
cinemática linear
aceleração 63-67, 67f
aceleração uniforme 68
combinação de movimento horizontal e vertical de um projétil 74, 74f, 75f, 76t
deslocamento 57-61, 58f
distância percorrida 57, 60-61
movimento de um projétil no esporte 75-79, 78f
movimento horizontal de um projétil 71-74, 73f
movimento vertical de um projétil 68-71, 70f, 72, 79
posição na 54-55, 56f, 57f
rapidez 60-62, 61-62t, 63-66, 65t
velocidade 60-66
cinesiologia 9-12. *Veja também* biomecânica do esporte
cinética. *Veja também* cinética angular; cinética linear
definição de 13-14, 13-14f, 86
dinâmica *vs.* 86
medidas 386-388, 387-388f
cinética angular
comparação de grandezas lineares e angulares 207t
inércia angular 192-199
primeira lei do movimento de Newton e 201-204, 201-204f
quantidade de movimento angular 198-202, 200-201f

relação impulso-quantidade de movimento 205-206
segunda lei do movimento de Newton e 204-206
terceira lei do movimento de Newton e 205-207
cinética linear
coeficiente de restituição 94-96, 94-95f
conservação da quantidade de movimento 88-96, 91-95f
energia 114-117
impulso e quantidade de movimento 100-106
lei da gravitação universal de Newton 106-107
nas colisões elásticas 89-94, 91-94f
nas colisões inelásticas 93-95
potência 121-125, 125f
primeira lei do movimento de Newton 86-88, 86-87f
relação trabalho-energia 116-123, 120-121f
segunda lei do movimento de Newton 96-106, 97f, 100f
terceira lei do movimento de Newton 105-107
trabalho 112-115, 113f
circundução 183-185, 184f
cisalhamento 240-242, 240-241f
coeficiente de arrasto 218-221
coeficiente de atrito 25-26
coeficiente de restituição 94-96, 94-95f, 373-374
colágeno
na cartilagem hialina 254
nos tendões e ligamentos 255-257, 255f
propriedades mecânicas do 252
coleta de dados 380-382, 380-381f. *Veja também* tecnologia na biomecânica
coleta de dados no campo 380-382, 380-381f
colisões elásticas
colisão de frente com dois objetos em movimento 91-94
colisão de frente com um objeto parado 89-93
conservação da quantidade de movimento nas 89-94, 91-94f
de objetos que se movem na mesma direção 93-94
colisões inelásticas 93-95
coluna 261-262, 262-263f
competidor de atletismo de força 42-44, 42-44f
componentes do treinamento físico 337-338
comportamento elástico 248-250, 249-250f, 250
comportamento plástico 250
composição de forças. *Veja também* força líquida
comprimento
conversões de unidades 395t
importância do 13-14
medidas de 14-15
comprimento de arco, deslocamento angular e 167-168
comprimento de passada 372-373

computadores
　　na coleta e na análise de dados 11-12
　　simulação e modelamento por 388
côndilo 261-262, 262-263*f*
condromalácia patelar 360-361
conservação da quantidade de movimento
　　coeficiente de restituição 94-96, 94-95*f*
　　da quantidade de movimento linear 88-90
　　de dois ou mais objetos 89-90
　　impulso e quantidade de movimento 100-106
　　nas colisões elásticas 89-94, 91-94*f*
　　nas colisões inelásticas 93-95
conservação da quantidade de movimento angular 202-204
conservação de energia cinética 90-91
conservação de energia mecânica 120-123
contrações concêntricas
　　definição de 278-279, 279*f*
　　determinação das 339-340
　　velocidade de contração e 289-290, 290*f*
contrações excêntricas 279, 279-280*f*, 289-290, 290*f*
contrações isométricas
　　definição de 279-280
　　força a partir de 289-290, 290*f*
　　no supino 339-340
　　trabalho zero a partir de 114-115, 339-340
contramovimento 325-326
conversões, unidade 395*t*, 396*t*
corpo humano
　　centro de gravidade do 145-146, 145*f*, 146*f*
　　eixos principais do 195, 196*f*
　　flutuação do 215-217, 216-217*f*
　　gravidade, estabilidade e movimento do 154-156, 155*f*
　　quantidade de movimento angular 200-204, 200-204*f*
corpúsculos de Pacini 299-300, 302-303
corredores
　　aceleração vertical de 99, 99*f*
　　análise biomecânica da corrida de velocidade 328-332, 330*f*-332*f*
　　análise cinesiológica da corrida de velocidade 346-351, 347*f*, 349*t*
　　comprimento de passada 329-331
　　desigualdade no comprimento das pernas e lesão em 366, 367*f*
　　estabilidade em 156
　　fatores extrínsecos nas lesões 372-374
　　fatores fisiológicos nas lesões 375-376
　　força centrípeta nas raias 174*f*
　　forças em 34
　　fraturas por estresse em 369
　　inércia angular em 195, 196*f*
　　lesões por excesso de uso em 367-376, 368-372*f*, 375-376*f*
　　massa corporal dos 373-375
　　padrões de carga em 368-372, 368-372*f*
　　pontos de partida escalonados para 168
　　produção de potência por 125
　　quantidade de movimento angular em 200-202
　　redução de lesões em 9-10
　　ritmo de treinamento 372-373
　　superfície de corrida para 373-374
　　tempo de voo dos 329-330, 330*f*
corrida com barreiras, quantidade de movimento angular na 203-204, 203-204*f*
corrida de velocidade. *Veja também* corredores
　　análise biomecânica da 328-332, 330*f*-332*f*
　　análise cinesiológica qualitativa da 346-351, 347*f*, 349*t*
cosseno 32
cotovelo de tenista (epicondilite lateral) 9-10
Counsilman, James "Doc" 3-4
cronômetro acoplado a um sensor ótico 382-383
Cureton, Thomas 11-12

D

dados digitais 381-382
deformação
　　absoluta *vs.* relativa 247-248
　　deformação linear e 246-249
　　deformação por cisalhamento e 248-249, 248-249*f*
　　tensão e 239-240
deformação. *Veja também* relação tensão-deformação
　　absoluta *vs.* relativa 247-248
　　cisalhamento 248-249, 248-249*f*
　　comportamento elástico 248-250, 249-250*f*, 250
　　comportamento plástico 250
　　definição de 246-247
　　linear 246-249
　　medida da 387-388
　　razão de Poisson na 248-249
　　resistência do material e falha mecânica 250-252, 251*f*, 252*f*
deformação de ruptura
　　definição de 251, 251*f*
　　dos músculos *vs.* tendões ou ligamentos 256-257
deformação linear 246-249
deformação por cisalhamento 248-249, 248-249*f*
deformação relativa 247-248
dendritos 296-297, 296-297*f*
densidade 215-216
Descartes, René 54-55, 88
design dos trajes de natação 5-8, 7-8*f*
desigualdade no comprimento das pernas, lesão e 366, 367*f*
deslocamento
　　angular e linear 164-169, 166*f*, 168*f*
　　componentes do 59
　　definição de 57, 58*f*
　　determinação do deslocamento resultante 59-61
　　localização muscular e 169
　　no corpo humano 167-169, 167*f*, 168*f*
　　no trabalho 112
deslocamento angular
　　deslocamento linear e 168-169, 168*f*
　　medida do 164-167, 166*f*
　　no corpo humano 167-168, 167*f*
deslocamento por cisalhamento 267-268, 268-269*f*
deslocamento por tração 267-268, 268-269*f*
deslocamento resultante 57-61, 58*f*
deslocamentos
　　cargas de cisalhamento e 241-242
　　estabilidade articular e 267-269, 268-269*f*
　　músculos e tendões e 268-269, 268-269*f*
　　reflexo de alongamento e 301-302
desvio radial 182-183, 182-183*f*
desvio ulnar 181-183, 182-183*f*
diáfises 261-263, 264*f*
diagramas de corpo livre
　　no equilíbrio estático 40*f*-44*f*
　　primeira lei de Newton e 86-88, 86-87*f*
　　segunda lei de Newton e 97*f*
　　usos dos 29*f*, 39
digitalização de dados óticos 382-384
dinâmica 13-14, 13-14*f*, 86
dispositivos a *laser* que medem a velocidade 368-372, 368-372*f*
dispositivos de medida inerciais (IMUs) 385-387
dispositivos de treinamento de força, torque e 135-137, 135-137*f*
dispositivos eletrônicos de cronometragem 381-383
distância do centro de gravidade na saída 331-332, 331-332*f*
distância percorrida 57, 60-61
distância perpendicular
　　estabilidade e 151, 152*f*, 154*f*
　　exemplos de 131-135*f*
　　na definição de torque 131-132, 131-132*f*
　　na determinação do centro de massa 143-144
　　na flexão do cotovelo 134-136, 133-135*f*
　　nas cargas de torção 244-245
dor patelofemoral 371-372, 375-376
dores nas canelas 371-372
dorsiflexão 180-181, 181-182*f*
duração do estímulo, força muscular e 291

E

efeito do treinamento 362-363, 362-363*f*, 363-364
efeito Magnus 227-229, 227-228*f*, 322-323
eixo anteroposterior (AP)
　　localização do 176, 176*f*
　　movimentos articulares ao redor 180-185, 182-183*f*, 185*t*
eixo de rotação
　　inércia angular e 192*f*, 194-197, 195*f*, 196*f*
　　no corpo humano 195, 196*f*
　　principal 195, 195*f*, 196*f*
　　regra do polegar da mão direita e 166, 166*f*, 172
　　torque e 131-132, 131-132*f*
eixo de torção. *Veja* eixo transverso
eixo de torção 176, 176*f*
eixo frontal. *Veja* eixo transverso
eixo frontal-sagital 176, 176*f*
eixo frontal-transverso 176-180, 176*f*, 177-178*t*, 178-179*f*

eixo lateral (transverso) 176-180, 176f, 177-178t, 178-179f
eixo longitudinal
  localização do 176, 176f
  movimentos ao redor 183-185, 184f, 185t
eixo médio-lateral. *Veja* eixo transverso
eixo sagital. *Veja* eixo anteroposterior (AP)
eixo sagital-transverso. *Veja* eixo anteroposterior (AP)
eixo transverso
  identificando 176-180, 176f, 177-178t, 178-179f
  movimentos articulares ao redor 179-181, 180-181f, 183-185, 184f, 185t
eixo vertical 176, 176f
eixos, anatômicos 176, 176f
eixos de movimento 177-180, 177-178f, 177-178t, 178-179f, 179-180t
eixos excêntricos, momento de inércia ao redor 194
eixos principais 195, 195f, 196f
elastina 252
eletromiografia (EMG), análise cinesiológica pela 337-338, 387-388
elevação 183-185
endolinfa 301-303
endomísio 274, 276, 276f
energia
  cinética 90-91, 114-116, 121-123
  conservação de energia cinética 90-91
  conservação de energia mecânica 120-123
  de deformação 116-117
  definição de 114-115
  mecânica 114-117, 338-340
  potencial 115-117, 121-123, 151-154, 152f-154f
  princípio trabalho-energia 116-123, 120-121f
energia cinética 90-91, 114-116, 121-123
energia mecânica
  conservação da 120-123
  energia cinética 90-91, 114-116, 121-123
  energia potencial 115-117, 121-123, 151-154, 152f-154f
  na análise cinesiológia qualitativa 338-340
energia potencial
  definição de 115-116
  energia devido à deformação 116-117
  estabilidade e 151-154, 152f-154f
  na conservação da energia mecânica 121-123
energia potencial e 151-154, 152f-154f
energia potencial elástica 116-117
energia potencial gravitacional 115-117
envelhecimento, tecido conectivo e 252-253
epicondilite lateral 9-10
epicôndilo 261-262, 262-263f
epífises 261-263, 264f
epimísio 276, 276f
equilíbrio 301-303
equilíbrio estático
  análise estática 39-44, 40f-44f
  definição de 37

diagrama de corpo livre 29f, 39, 40f-44f
estimativa da força muscular e 140
primeira lei do movimento de Newton e 86-87
torque líquido e 137-140, 137-139f
uso da análise 39
equilibristas de corda bamba 206-207
equipamento. *Veja também* calçados
  de segurança 120-122
  exemplos de melhoras 5-8, 7-8f
  redução de lesões e 9-10, 122
  regras em relação a 308-310, 309-310f
  regras para limitar melhoras 5-8
  roupas 218-221, 218-220f, 223-224
equipamentos de segurança 120-122
Erasquin, Felix 3-4
erros 316-319
escápula, movimentos ao redor 183-185
especificidade, princípio da 336-337
esqueleto apendicular 260, 260f
esqueleto axial 260, 260f
esqui
  análise biomecânica no 8-9
  inércia angular no 197
  melhora da técnica no 5-7
esquiadores *cross-country*
  análise biomecânica dos 8-9
  melhora da técnica nos 5-7
estabilidade
  definição de 149
  fatores que afetam 149-151, 149f-152f
  movimento humano e 151-154, 152f-154f
estática 13-14, 13-14f
esteira 224-225
eversão
  cargas durante a corrida e 370-372, 370-372f
  definição de 182-185, 182-183f
exemplos de análise biomecânica qualitativa
  da corrida de velocidade 328-332, 330f-332f, 346-351, 347f, 349t
  de lesões por excesso de uso na corrida 367-376, 368-372f, 375-376f
  de um golpe de *forehand* 322-328, 324f-329f
  de um lançamento de "uma bola rápida" 318-323, 320f-322f
  de um lançamento de dardo 348-353, 348-350f, 353-355t
  de um salto vertical 341-342, 341-342f, 342t
  em um chute no futebol americano 342-346, 342-343f, 345-346t
  supino com pegada aberta 339-341, 340-341t
exercício de flexão de cotovelo, torque no 135-136, 135-136f
exercícios de alongamento 256-257
extensão
  definição de 180-181, 180-182f
  na ação muscular concêntrica 278-279
  supino com pegada aberta 340-341t
extensão horizontal 183-185, 184f
exteroceptores 299-300, 302-304, 303-304f

F
faceta 261-262, 262-263f
fadiga, força muscular e 291
falha, material 250-252, 251f, 252f
falha do material 250-252, 251f, 252f
fascículos 276, 276f
fases temporais, na análise cinesiológica 338-339
fatores extrínsecos nas lesões 364-367, 365t, 366f, 367f, 372-374
fatores fisiológicos, nas lesões 375-376
fatores intrínsecos nas lesões 364-367, 365t, 366f, 367f
fechamento da placa epifisária 262-263, 264f
fêmur
  cargas combinadas 245-247, 246-247f
  cargas de flexão 243-245, 244-245f
Fenn, Wallace 11-12
fibra muscular tipo I 291-293
fibra muscular tipo IIA 291-293
fibra muscular tipo IIB 291-293
fibras musculares
  desenvolvimento de tensão e tipo de 291-293
  em série ou em paralelo 282-283, 283f, 284f
  estrutura das 274-276, 274-275f
  razão para neurônios motores 297-298, 297-298f
fibrocartilagem (cartilagem fibrosa) 254, 276, 277f
figuras na patinação
  análise técnica das 8-9, 8-9f
  propósito de um salto triplo 309-310
filamentos de actina
  nas contrações musculares 280-281
  nos músculos esqueléticos 274-276, 274-276f
  tensão ativa e 285-286, 288f
filamentos de miosina
  na contração muscular 280-281
  na microestrutura muscular 274-276, 274-276f
  tensão ativa e 285-286, 288f
flexão 180-181, 180-182f, 278-279, 340-341t
flexão de braços ao solo, tensão de compressão na 240-241, 240-241f
flexão lateral 182-183f, 183-185
flexão plantar 180-181, 181-182f
flexibilidade das articulações 267-270, 269-270f, 345-346
fluência 254, 254f, 256-257
fluido
  área de superfície e 24-25, 25f
  dinâmica 23, 25
  estática 23
  força de contato normal e 23-24, 23f, 24f
  limite 23
  no esporte e no movimento humano 25-26
  segunda lei do movimento de Newton e 98-99
fluxo laminar 220-224, 220-221f, 223-224f
fluxo turbulento 220-224, 220-221f, 223-224f
força cêntrica 130-131, 130-131f
força centrípeta 173-174, 173f, 174f

força da contração muscular
  área de secção transversa e 282-285, 283*f*-287*f*
  componentes rotacionais vs. compressivos 360-361, 360-361*f*
  comprimento muscular e 285-288, 287*f*-289*f*
  duração do estímulo e 291
  fadiga e 291
  número de unidades motoras e 298-299
  potência muscular e 292-293, 292-293*f*
  pré-alongamento e 290-291, 291*f*
  sistema nervoso e 298-299, 298-299*f*
  taxa de estimulação e 298-299, 298-299*f*
  tipo de fibra e 291-293
  torque e 292-293
  velocidade de contração e 289-290, 290*f*
força de arrasto
  arrasto de forma 220-224, 220-222*f*
  arrasto de superfície 218-221, 218-220*f*
  definição de 217-220, 219*f*
  estratégias para aumentar 224-225, 224-225*f*
  estratégias para reduzir 223-225, 223-224*f*
força de contato normal 23-24, 23*f*, 24*f*, 25
força de empuxo
  definição de 214
  densidade, massa específica e 215-216
  empuxo no corpo humano 215-217, 216-217*f*
  pressão e 214-216, 214-215*f*
força de reação
  na corrida 331-332, 331-332*f*, 369-371, 369*f*
  primeira lei de Newton e 86-88, 86-87*f*
  terceira lei de Newton e 105-106
força de sustentação
  definição de 219*f*, 224-226, 225-226*f*
  efeito Magnus 227-229, 227-228*f*, 322-323
  exemplos de 226-227*f*
  na natação 3-4
  no lançamento de dardo ou de disco 78, 79
  princípio de Bernoulli 225-227, 227-228*f*
força excêntrica 130-131, 130-131*f*
força horizontal 149, 151, 151*f*-153*f*
força líquida
  a partir da técnica gráfica 33-36, 34*f*-36*f*
  a partir da técnica trigonométrica 31-34, 31*f*-33*f*, 36-37, 37*f*
  a partir de forças colineares 25-28, 39-40, 40*f*
  a partir de forças concorrentes 28-31, 29*f*-31*f*
  definição de 25-26
  no equilíbrio estático 39
  primeira lei do movimento de Newton e 86-87
força resultante
  de forças colineares 27-28, 39-40, 40*f*
  de forças concorrentes 29-31, 29*f*-31*f*
  definição de 25-26
  no equilíbrio estático 39-44, 40*f*-44*f*
  resolução trigonométrica de forças e 31-33, 31*f*-33*f*, 34, 36-37, 37*f*

forças. *Veja também* força líquida
  adição de 25-33
  arrasto 217-225, 218-225*f*
  atrito 23-26, 23*f*
  cêntricas 130-131, 130-131*f*
  centrípetas 173-174, 173*f*, 174*f*
  colineares 25-28, 39-40, 40*f*
  como grandezas vetoriais 20
  componentes das 34, 36, 43-44, 44*f*
  compressivas 21, 358-361, 359*f*-361*f*
  concorrentes 28-31, 29*f*-31*f*
  convenções de sinais para 28, 30-31
  de contato 22-23
  de não contato 21-22
  de sustentação 224-229, 225-228*f*
  de tração 21
  definição de 20-21
  diagramas de corpo livre 29*f*
  empuxo 214-217, 214-217*f*
  equilíbrio estático 37-44
  excêntricas 130-131, 130-131*f*
  externas 21-23
  impulso e 101-102
  internas 21, 22*f*
  lesões e 358-361, 359*f*-361*f*
  pares de 21
  peso 14-15, 22, 28
  técnica trigonométrica para determinação da força resultante 31-33, 31*f*-33*f*, 34
  tensão e 358-359, 359*f*
  torques e 130-132, 131-132*f*
  unidades de 20, 22
forças colineares
  adição vetorial de 25-28
  definição de 25-26
  equilíbrio estático e 39-40, 40*f*
forças compressivas
  definição de 21
  lesões e 360-361, 360-361*f*
forças concorrentes
  adição vetorial de 28-31, 29*f*-31*f*
  definição de 28
forças de contato 22-23
forças de impacto 122
forças de não contato 21-22
forças de tração 21
forças dinâmicas do fluido
  centro de pressão 228-229, 228-229*f*
  definição de 216-218
  efeitos das 228-229, 229*f*
  força de arrasto 217-225, 219*f*-225*f*
  força de sustentação 224-229, 225-228*f*
  princípio de Bernoulli 225-227, 227-228*f*
  velocidade relativa e 216-218, 217-218*f*, 219*f*, 224-225
forças empurrando (forças compressivas) 21, 360-361, 360-361*f*
forças externas 21-23
forças internas 21, 22*f*
forças puxando 21
Fosbury, Dick 4-6
Fosbury Flop 4-6, 6*f*
fossa 261-262, 262-263*f*
fotos de desempenhos 318-319, 337-339

fóvea 261-262, 262-263*f*
fraturas
  por avulsão 360-361
  por estresse 369
funções trigonométricas inversas 32-33
fuso muscular 299-302
futebol americano
  análise cinesiológica qualitativa de um chute 342-346, 342-343*f*, 345-346*t*
  propósito de um bloqueio 309-310

G

ginastas
  análise das deficiências técnicas 7-8
  colchão de aterrissagem para 120-121
  lesões por overuse 9-10
  melhora da técnica 3-4
  relação impulso angular-quantidade de movimento e 205-206
  técnicas de aterrissagem para 104-105
glossário de termos 413-420
golfe
  eixo de rotação para tacos 171, 172*f*
  momentos de inércia e 198-199, 198-200*f*
gordura, massa específica 215-216
gordura corporal, massa específica da 215-216
gravidade, força da
  aceleração da 22
  definição de 22
  lei da gravitação universal de Newton 106-107
  resposta do tecido para baixa gravidade 362-363

H

habilidades abertas 322-325, 327-328
habilidades fechadas 329-331
half nelson 132-133, 133-135*f*
Held, Bud e Dick 5-7
Hill, Archibald V. 11-12
hiperextensão 180-181, 180-182*f*, 342
história da biomecânica do esporte 9-12
hormônios, desenvolvimento dos ossos e 262-263
hormônios sexuais, ossos e 262-263
Huygens, Christian 88

I

IAAF (Associação Internacional das Federações de Atletismo) 3-4, 4-5*f*, 5-8, 228-229
impulso angular 205-206
impulso, definição de 101-102
impulso neural 296-297, 297-298*f*, 298-299
IMUs (dispositivos de medida inerciais) 385-387
incisura, no osso longo 261-262, 262-263*f*
inclinação da rua, lesões e 366, 367*f*
inclinação de uma linha 68-69
inércia. *Veja também* inércia angular; primeira lei do movimento de Newton
  angular 192-199, 201-204
  conservação da quantidade de movimento e 88-96, 91-95*f*

massa e 12-15
no esporte 86-88, 86-87f
inércia angular
  ao redor de um eixo excêntrico 194
  definição de 192-193
  velocidade linear e 198-199, 198-200f
inércia rotacional. *Veja* inércia angular
inibição recíproca 301-302
interneurônios 296-297, 301-302
interoceptores 299-300
inversão
  cargas durante a corrida e 370-372, 370-372f
  definição de 182-185, 182-183f

J
Johnson, Walter 11-12
Joule (J) 112
Joule, James Prescott 112
Journal of Applied Biomechanics 11-12
Journal of Biomechanics 11-12

K
Koch, Bill 5-7

L
Laboratório de Pesquisa do Esporte da Nike 9-10
lançamento
  análise biomecânica do 318-323, 320f-322f
  análise cinesiológica qualitativa do 338-339
  repouso e 364-365
lançamento de dardo
  análise cinesiológica do 348-353, 348-350f, 353-355t
  centro de pressão e 228-229, 228-229f
  design do dardo e 5-7, 228-229, 228-229f
  melhora da técnica 3-4, 4-5f
lançamento de disco
  relação impulso-quantidade de movimento e 205-206
  relação trabalho-energia no 117-119
  trabalho no 113, 113f
lançamento de martelo, aceleração centrípeta e 174
Le Mouvement (Marey) 11-12
lei da ação-reação. *Veja* terceira lei do movimento de Newton
lei da aceleração. *Veja* segunda lei do movimento de Newton
lei da gravitação universal 106-107
lei da gravitação universal de Newton 106-107
lei da inércia. *Veja* primeira lei do movimento de Newton
lei de Wolff 360-362
lesão nas costas 366
lesão traumática 362-363
lesões
  ângulo Q e 374-376, 375-376f
  condromalácia patelar 360-361
  cotovelo de tenista 9-10
  design de equipamentos para reduzir 9-10

deslocamentos 241-242, 267-269, 268-269f, 301-302
dores nas canelas 371-372
epicondilite lateral 9-10
estrutura do pé e 374-375
exercício 375-376
fatores fisiológicos nas 375-376-376
fatores intrínsecos e extrínsecos nas 364-367, 365t, 366f, 367f
fraturas por avulsão 360-361
fraturas por estresse 369
limiar do tecido para 363-366, 366f
massa corporal e 373-375
pico da força de impacto e 122
por excesso de uso, em corredores 367-376, 368-372f, 375-376f
por excesso de uso 362-363f, 363-364, 363-364f
por levantamento 366
resposta do tecido à tensão 360-364, 361-363f
ritmo de treinamento e 372-373
técnicas para reduzir 9-10
tensão mecânica e 358-361, 359f-361f
traumáticas 362-363
treinamento cruzado e 373-374
lesões por excesso de uso
  fatores anatômicos nas 374-376, 375-376f
  fatores fisiológicos nas 375-376
  massa corporal e 373-375
  mecanismo das 362-363f, 363-364, 363-364f
  nos corredores 367-376, 368-372f, 375-376f
  padrões de carga na corrida e 368-372, 368-372f
  ritmo de treinamento e 372-373
  superfície de corrida e 372-374
lesões secundárias 375-376
levantamento de peso
  no equilíbrio estático 40-43, 41f-43f
  primeira lei de Newton e 86-88, 86-87f
  produção de potência por um 125, 125f
  relação trabalho-energia no 116-118
  trabalho realizado pelo 113-115, 113f
libras 20
ligamento colateral medial 268-269, 268-269f
ligamentos
  adaptação à tensão nos 361-362
  amplitude de movimento e 270
  estabilidade articular e 268-269, 268-269f
  propriedades mecânicas dos 255-257, 255f-257f
limite elástico 250
limite proporcional 250
linha, nos ossos 261-262, 262-263f
linha de ação (dos músculos) 277
linha de ação da gravidade 154, 154f
linha radial 172
líquido sinovial 267-268, 267-268f
lutadores
  estabilidade e 154-155, 155f
  torque usado por 132-133, 133-135f
LZR Racer da Speedo 5-8, 7-8f

M
Magnus, Gustav 227-228
máquina extensora 135-137, 137f
máquinas de levantamento de peso 135-137, 135-137f
máquinas tipo Náutilus 137
marcadores reflexivos nos dados digitalizados 382-384, 383-384f
Marey, Etienne Jules 11-12
massa
  atrito e 23-24
  centro de 141, 143-144, 193
  corpo, e lesões 373-375
  forças dinâmicas do fluido e 228-229, 229f
  inércia angular e 193
  inércia e 14-15, 193
  peso e 22
  unidades de 15, 394t, 395t
massa corporal, lesões em corredores e 373-375
massa específica
  definição de 215-216
  do corpo humano 215-217, 216-217f
  forças dinâmicas do fluido e 216-218, 217-218f
materiais anisotrópicos 252, 253f
materiais elásticos 249-250
materiais isotrópicos 252
mecânica. *Veja também* deformação; tensão; mecânica
  deformação 246-249
  dimensões e unidades de medida na 13-15, 394t, 395t
  do sistema musculoesquelético 252-257, 253f-257f
  ramos da 12-14, 12f-14f
  relação tensão-deformação 116-117, 248-251, 249-252f, 256-257
  tensão 236-247
mecânica dos corpos deformáveis 12, 12f
mecânica dos corpos rígidos 12-14, 12f-14f
mecânica dos fluidos. *Veja também* forças dinâmicas do fluido
  centro de pressão 228-229, 228-229f
  definição de 216-218
  densidade e massa específica 215-216
  efeitos das forças dinâmicas do fluido 228-229, 229f
  força de arrasto 217-225, 219f-225f
  força de empuxo 214-217, 214-217f
  força de sustentação 224-229, 225-228f
  força dinâmica do fluido 216-229
  princípio de Bernoulli 225-227, 227-228f
  velocidade relativa e 216-218, 217-219f, 224-225
mecânica quântica 12, 12f
mecânica relativista 12, 12f
medidas. *Veja* coleta de dados; tecnologia na biomecânica; unidades de medida
medula, osso 260-261
medula amarela 260-261
melhora do desempenho. *Veja também* análise cinesiológica qualitativa; análise biomecânica qualitativa; técnica
  avaliação de erros 317
  centro de gravidade e 146-149, 148f

como meta da biomecânica 2-4
estabilidade e 149-154, 150f-154f
identificação de erros 316-317
melhora da técnica 3-7, 4-6f
melhora dos equipamentos e do treinamento e 5-9, 7-9f
membrana sinovial 266-268, 267-268f
metros 14-15
miofibrilas
  em série ou em paralelo 282-283, 283f, 284f
  na microestrutura muscular 274-276, 274-275f
Modelo de William para o efeito de tensão repetitiva 362-363, 362-363f, 363-364
módulo de elasticidade 249-250
módulo de Young 249-250
módulo elástico
  da cartilagem 255
  definição de 249-250
  deformação e 250
  do osso 253
momento de força. *Veja* torque
momento de inércia
  ao redor de eixos diferentes 195, 195f, 196f
  ao redor de eixos excêntricos 194
  definição de 193, 207t
  no corpo humano 195-197, 196f, 197f
  velocidade linear e 198-199, 198-200f
motivação, lesões e 375-376
movimento, definição de 52
movimento. *Veja também* cinemática angular; cinética angular; cinemática linear; cinética linear
  centro de gravidade e 147
  linear 52-53, 130-131
  primeira lei de Newton 86-96, 201-204, 201-204f
  segunda lei de Newton 96-106, 97f, 204-206
  terceira lei de Newton 105-107, 205-207
movimento de um projétil
  aceleração uniforme 68
  combinação de movimento horizontal e vertical 74-75, 74f, 75f, 76t
  conservação de energia mecânica no 121-123
  guia de solução para 76t
  horizontal 71-74, 73f, 79, 86-87
  no esporte 75-79, 78f
  objetos que caíram 70
  pico de altura 77
  primeira lei do movimento de Newton e 86-87
  segunda lei do movimento de Newton e 96-97
  simetria no 70-71
  tempo de voo 77, 79
  vertical 68-71, 70f, 72, 79
movimento geral 52-53
movimento linear. *Veja também* cinemática linear
  definição de 52
  força cêntrica e 130-131, 130-131f
  translação retilínea *vs.* curvilínea 52-53

movimentos do pescoço 183-185, 184f
músculo (esquelético) estriado 274
músculo cardíaco 274
músculo estabilizador 280-281
músculo liso (visceral) 274
músculos. *Veja também* ações musculares; força da contração muscular
  adaptação à tensão 361-362
  amplitude de movimento e 269-270, 269-270f
  estabilidade articular e 268-269, 268-269f
  estimativa das forças usando equações de equilíbrio 140
  estrutura do músculo esquelético 274-277, 274-278f
  forças internas a partir dos 21
  formas dos 277, 278f
  funções dos 274
  linha de ação 277
  massa específica dos 215-216
  na análise cinesiológica qualitativa 338-341, 340-341f
  perto das articulações 169
  potência e 123-124
  propriedades mecânicas dos 256-257, 256-257f
  proprioceptores nos 299-302
  tendões e 276-277, 277f
  terceira lei de Newton e 206-207
  tipos de ações musculares 278-280, 279f-280f
  tipos de tecido muscular 274
  torque a partir dos 132-136, 133-135f
  trabalho realizado pelos 195, 278-279
músculos agonistas 180-281
músculos antagonistas 280-281
músculos bipenados 277, 278f
músculos de suporte 280-281
músculos em tiras 277, 278f
músculos esqueléticos
  ação dos 277-280, 279f-280f
  estrutura dos 274-277, 274-278f
músculos fixadores 280-281
músculos fusiformes 277, 278f
músculos isquiotibiais
  flexão de quadril e 269-270, 269-270f
  relação força-comprimento 287-288, 289f
músculos longitudinais
  definição de 277, 278f
  força muscular e 284-285, 286f, 287f
músculos neutralizadores 280-281
músculos penados
  estrutura dos 277, 278f
  força muscular e 284-285, 285f-287f
músculos unipenados 277, 278f

N

natação
  design dos trajes 5-8, 7-8f
  melhora da técnica 3-4, 4-5f
  redução de arrasto na 223-224
National Strength and Conditioning Association 338-339
nervos parassimpáticos 296

nervos simpáticos 296
neurônios, tipos de 296-297, 296-297f
neurônios aferentes 296-297, 296-297f
neurônios conectores (interneurônios) 296-297, 301-302
neurônios eferentes 296-297, 296-297f, 297-298, 297-298f
neurônios motores 296-298, 296-298f
neurônios sensoriais 296-297, 296-297f
Newton, Isaac 86
newton metros (Nm) 131-132
newtons (N) 20, 22

O

O'Brien, Parry 119-120
objetos hidro ou aerodinâmicos 220-221, 222f, 223-225
observação
  com visão e outros sentidos 316-317
  de atletas de elite 311
órgão tendinoso de Golgi 301-302
origem, localização da 54-55
ossificação 261-263, 264f
osso compacto, propriedades mecânicas do 253, 253f
osso cortical, propriedades mecânicas do 253, 253f
osso esponjoso 253
osso trabecular 253
ossos. *Veja também* sistema esquelético
  anatomia e classificação dos 260-262, 261-262f
  cargas combinados nos
  cargas de flexão nos 245-247, 246-247f
  cargas de torsão nos 244-245, 245-246f
  crescimento e desenvolvimento dos 261-263, 262-264f
  longos 260-263, 261-264f
  massa específica dos 215-216
  propriedades mecânicas dos 253-254, 253f
  resposta à tensão 361-362
  taxa de aplicação de carga nos 253-254, 253f
  tendões e 276-277, 277f
  tensão nos 236-240, 237-238f, 243-245
ossos curtos 260-261
ossos longos 260-263, 261-264f
ossos planos 260-261
ossos sesamoides 260-261
osteoartrite, carga impulsiva e 370-371
otólitos 302-303
ouvido interno, equilíbrio e 301-303

P

padrão do contato com o retropé 368-372, 368-372f
padrão para um contato com o antepé 368-372, 368-371f
parábola, no movimento de um projétil 74-75, 75f
pascal (Pa) 236
Pascal, Blaise 236

patinação
    análise técnica na 8-9, 8-9f
    design dos patins e 7-8
    propósito de um salto triplo 309-310
patinação de velocidade, *design* dos patins e 7-8
patinação no gelo. *Veja* patinadores
pé
    cargas de flexão 244-245, 244-245f
    estrutura e lesões 374-375
    padrões de tensão, em corredores 368-372, 368-372f
perimísio 276, 276f
pescoço, nos ossos 261-262, 262-263f
peso
    cálculo do 22
    definição de 14-15
    lei da gravitação universal de Newton e 106-107
pico de altura, no movimento de um projétil 77
plano anteroposterior (sagital) 175-180, 176f, 177-178t, 178-179f, 185t
plano cardinal 176, 176f
plano coronal (frontal) 175-176, 176f, 177-180, 177-178t, 178-179f, 185t
plano frontal 175-176, 176f, 177-180, 177-178t, 178-179f, 185t
plano horizontal (transverso) 175-180, 176f, 177-178t, 178-179f, 185t
plano lateral (frontal) 175-176, 176f, 177-180, 177-178t, 178-179f, 185t
plano mediano 176
plano médio-sagital ou mediano 176
plano sagital 175-180, 176f, 177-178t, 178-179f, 185t
plano sagital cardinal 176
plano transverso (horizontal) 175-180, 176f, 177-178t, 178-179f, 185t
planos, anatômicos
    diagonal 179-180, 179-180f, 183-185
    identificação 177-180, 177-178f, 177-178t, 178-180f
    tipos de 175-176, 176f
planos diagonais 179-180, 179-180f, 183-185
plataformas de força 337-338, 386-387
Poisson, S.D. 248-249
posição
    angular 164-165, 164-165f
    definição de 54-55
    descrição 54-55, 56f, 57f
    no movimento de um projétil 69
posição anatômica 175, 176f
posição angular 164-165, 164-165f
posição angular absoluta 164-165
posição angular relativa 164
posição de conclusão (do lançador) 320-322, 321-322f
postura
    base de sustentação na 149, 150f
    no esporte 154-156, 155f
potência
    definição de 123-124
    músculos e 123-124, 292-293, 292-293f
    no esporte 123-125, 125f

potenciais de ação 296-297, 297-298f, 298-299
potenciais limiares 298-299
pré-alongamento, força da contração muscular e 290-291, 291f, 301-302
prefixos, unidades do SI 394t
pressão
    centro de 228-229, 228-229f
    compressiva 21, 358-361, 359f-361f
    definição de 215-216
    estabilidade articular e 268-270
    força de empuxo e 214-216, 214-215f
    medidas de 387-388, 388f
    tensão mecânica e 358-361, 359f
pressão da água 214-216, 214-215f
primeira lei do movimento. *Veja* primeira lei do movimento de Newton
primeira lei do movimento de Newton
    afirmação 86-87
    conservação da quantidade de movimento e 88-96, 91-95f
    interpretação angular da 201-204, 201-204f
    no esporte 86-88, 86-87f
Principia (Newton) 86
princípio da especificidade 336-337
princípio de Arquimedes 215-216
princípio de Bernoulli 225-227, 227-228f
processo (ósseo) 261-262, 262-263f
processo do olécrano 277
projétil, definição de 68
pronação
    durante a corrida 370-372, 370-372f
    no antebraço 183-185, 184f, 264-266
proprioceptores
    definição de 299-300
    reflexos proprioceptivos e 299-303, 302-304f
puxadores, torque e 132-133, 134f

Q

quadríceps 270
quantidade de movimento. *Veja também* conservação da quantidade de movimento
    angular 198-202, 200-201f
    linear 88-90
    usando o impulso para aumentar 101-103
    usando o impulso para diminuir 103-106
quantidade de movimento angular
    conservação da 202-204
    de um corpo não rígido 204-205
    de um corpo rígido 199-200
    definição de 198-200
    do corpo humano 200-204, 200-204f
    primeira lei do movimento de Newton e 201-204, 201-204f
    relação impulso-quantidade de movimento 205-206
    segunda lei do movimento de Newton e 204-206
quantidade de movimento linear 88-90. *Veja também* conservação da quantidade de movimento
quilogramas 15, 22

R

radar móvel 382-383
radiano (rad) 164-165, 164-165f, 167-168, 167f
raio de giração 193, 202-203
rapidez
    de um ponto em um objeto em rotação 170, 170f
    definição de 60-61
    importância da 63-66, 65t
    instantânea 62
    média 60-62, 61-62t, 382-383
rapidez instantânea 62
rapidez média 60-62, 61-62t, 382-383
rastreamento patelar, ângulo Q e 374-376, 375-376f
razão de Poisson 248-249
reflexo de alongamento 299-302
reflexo de retirada 302-304, 303-304f
reflexo do impulso extensor 302-303
reflexo do tendão 301-303
reflexo flexor (de retirada) 302-304, 303-304f
reflexo tônico cervical 302-303, 303-304f
reflexos
    de alongamento 299-302
    de endireitamento 302-303, 302-303f
    do impulso extensor 302-303
    flexor (retirada) 302-304, 303-304f
    receptores e 299-304
    tônicos cervicais 302-303, 303-304f
reflexos de dor 302-304, 303-304f
regra do polegar da mão direita 166, 166f, 172
regras de competição 309-310
relação impulso-quantidade de movimento
    afirmação 100-102
    análogo angular da 205-206
    usando o impulso para aumentar a quantidade de movimento 101-103, 119
    usando o impulso para diminuir a quantidade de movimento 103-106
relação tensão-deformação
    comportamento elástico 248-250, 249-250f, 250
    comportamento plástico 250
    energia potencial elástica e 116-117
    para músculos 256-257, 256-257f
    para tendões 256-257, 256-257f
    resistência do material e falha mecânica 250-252, 251f, 252f
relação trabalho-energia
    conservação de energia mecânica 120-123
    exemplos de 116-121, 120-121f
    realizando trabalho para aumentar a energia 119-121, 120-121f
    realizando trabalho para diminuir a energia 120-121
relaxamento de tensões 254, 254f, 255f, 256-257
remodelamento 361-363, 362-363f, 372-373
resistência do ar, rotação e 323-325
resistência do material 250-252, 251f, 252f
resolução da força
    em componentes horizontal e vertical 43-44, 44f

gráfica 33-36, 34f, 35-36f
trigonométrica 36-37, 37f
resposta a um abalo 280-281, 282f, 291-293, 298-299, 298-299f
resposta tetânica 280-281, 282f, 298-299, 298-299f
restituição, coeficiente de 94-96, 94-95f, 373-374
restrições do corpo 317
"ricochete" 94-96, 94-95f
rigidez
dos músculos 256-257
energia potencial elástica e 116-117
rising fastball 322-323
rotação
articulações em pivô e 264-266
de bastões, raquetes e tacos 194
força excêntrica e 130-131, 130-131f
interna e externa 183-185, 184f, 278-279
para cima e para baixo 183-185
rapidez linear média de um ponto em 170, 170f
sentido da 166, 166f
torque e 131-132, 131-132f
rotação, em bolas 227-229, 227-228f, 323-325, 327-328, 328-329f
rotação inferior 183-185
rotação superior 183-185
roupas, arrasto de superfície e 218-221, 218-220f, 223-224
ruptura, a partir de uma tração 239-240

S

salto. *Veja também* salto em altura
análise cinesiológica de um salto vertical 341-342, 341-342f, 342t
centro de gravidade em outros saltos 147-149, 148f, 341-342
centro de gravidade no salto em altura 145-146, 146f
colchão de aterrissagem para 120-121
equipamentos de segurança para 120-121
melhora da técnica no 4-7, 6f
técnica mais efetiva para o salto em altura 311-313
salto com vara
centro de gravidade no 146, 146f
colchão de aterrissagem para 120-121
conservação de energia mecânica no 121-123
deficiências técnicas no 8-9
inércia angular no 195-197, 197f
torque no 140-141, 140f, 141f
salto em altura
centro de gravidade 145-146, 146f
colchão de aterrissagem para 120-121
determinação da técnica mais efetiva 311-313
melhora da técnica 4-7, 6f
salto ornamental ou mergulho
centro de gravidade no 146f
inércia angular no 195, 196f

propósito do 309-310
raio de giração no 202-203
salto triplo 309-310
salto vertical, análise cinesiológica qualitativa do 341-342, 341-342f, 342t
sarcolema 274
sarcômeros
mecanismos contráteis e 280-281
na microestrutura muscular 274-276, 274-275f
organização dos 282-283, 283f, 284f
velocidade de contração e 289, 290f
Scientific Principles of Coaching (Bunn) 11-12
segunda lei do movimento. *Veja* segunda lei do movimento de Newton
segunda lei do movimento de Newton
afirmação 96
exemplo do elevador 97-98, 97f
no esporte 98-100
no movimento de um projétil 96-97
quantidade de movimento angular e 204-206
relação impulso-quantidade de movimento e 100-106
segundos 14-15
seno 32
sensores de pressão 387-388, 388f
sentido anti-horário 164-166, 166f
sentido horário 164-166, 166f
sinais analógicos 381-382
síndrome do compartimento anterior 371-372
sinergia, na função muscular 280-281
sínfise púbica 264, 264-266f
sistema anatômico para descrição dos movimentos dos membros
ações articulares 179-185, 180-183f
eixos anatômicos 176, 176f
planos anatômicos 175-176, 176f
planos e eixos de movimento 177-180, 177-178f, 177-178t, 178-180f
posição anatômica 176, 176f
sistema de coordenadas cartesiano 54-55, 56f, 57f
sistema de jogo do Kinect para o Xbox 386-387
sistema esquelético. *Veja também* ossos; articulações
articulações 262-270, 264-270f
axial *vs.* apendicular 260, 260f
funções do 260-261, 260-261t
músculos esqueléticos 274-277, 274-277f
ossos 260-263, 261-263f, 264f
sistema musculoesquelético, propriedades mecânicas do 252-257, 253f-257f. *Veja também* músculos; sistema esquelético
sistema nervoso
classificação do 296
exteroceptores e reflexos exteroceptivos 299-300, 302-304, 303-304f
força da contração muscular e 298-299, 298-299f
impulso neural 296-297, 297-298f, 298-299
lei de Wolff e 361-362
neurônios no 296-297, 296-297f

proprioceptores e reflexos proprioceptivos 299-303, 302-304f
unidades motoras no 296-300, 297-299f
sistema nervoso autônomo 296
sistema nervoso central 296
sistema nervoso periférico 296
sistema nervoso somático 296
sistema vestibular 301-303
sistemas de captura de movimento 386-387
sistemas microeletromecânicos (MEMS) 385-387
sistemas óticos de imagem 382-384, 383-384f
Sociedade Internacional de Biomecânica 11-12
Sport Biomechanics 11-12
Steindler, Arthur 11-12
strain gauges 387-388
supinação
da articulação rádio-ulnar 264-266
descrição 183-185, 184f
lesões e 370-372, 370-372f
supino
análise cinesiológica qualitativa do 338-341, 340-341t
velocidade de contração no 289-290, 290f
suturas no crânio 264-266f
Système International d'Unites (unidades do SI) 14-15. *Veja também* unidades de medida

T

tangente 32
tapetes de pressão 387-388
taxa de amostragem 381-382
tecido conectivo
colágeno e elastina no 252
como anisotrópico 252
envelhecimento e atividade e 252-253
tensão de falha para 256-257
técnica
avaliação da 316-317
características da mais efetiva 311-313
como meta da biomecânica 3-7, 4-6f
do *forehand* no tênis 322-328, 324f-329f
do lançamento de "bola rápida" 318-323, 320f-322f
ideal 308-313
instrução sobre 317-319
na corrida de velocidade 328-332, 330f-332f
observação da 313-317, 313-316f
passos para uma análise biomecânica qualitativa da 308-319, 313-316f
redução de lesão e 9-10
técnica de aterrissagem
padrão para um contato com o retropé 368-372, 368-372f
relação impulso-quantidade de movimento e 103-105
técnica de lançamento
de uma "bola rápida" 318-323
relação impulso-quantidade de movimento e 101-103
relação trabalho-energia e 119-120

técnica gráfica
  da resolução da força 33-36, 34f-36f
  do deslocamento resultante 59
técnica ideal
  descrição 308-313
  para a corrida de velocidade 328-331, 330f
  para um golpe de *forehand* no tênis 322-325, 324f
  para um lançamento rápido no beisebol 318-319, 320f
técnica para apanhar
  centro de gravidade e 155, 155f
  princípio trabalho-energia e 120-121
  relação impulso-quantidade de movimento e 103-104
técnica trigonométrica
  do deslocamento resultante 59
  do triângulo de força usando a técnica gráfica 36-37, 37f
  resolução das forças vertical e horizontal pela 31-33, 31f-33f, 34
tecnologia na biomecânica
  acelerômetros 385-386, 385-386f
  coleta de dados 380-382, 380-381f
  dispositivos eletrônicos de cronometragem 381-383
  plataformas de força 337-338, 386-387, 387-388f
  sensores de pressão 387-388, 388f
  simulação e modelamento 388
  sistemas de captura de movimento 386-387
  sistemas óticos de imagem 382-384, 383-384f
  sistemas que medem a velocidade 382-383
  transdutores de força 386-388
  unidades de medida inerciais 385-387
tempo
  conversões de unidades 395t
  medida do 14-15, 381-383
tempo de voo, de corredores 329-330, 330f
tempo de voo 77, 79
tempos parciais 61-62
tenacidade 251f, 252f
tendão do calcâneo 358, 371-372
tendinite de calcâneo 371-372
tendões
  adaptação à tensão 361-362
  comportamento anisotrópico dos 253
  estrutura muscular e 276-277, 276f, 277f
  órgão tendinoso de Golgi 301-303
  propriedades mecânicas dos 255-257, 255f-257f
  tendinite de Aquiles 371-372
tênis
  análise de um golpe de forehand 322-328, 324f-329f
  comprimento da raquete e empunhadura no 324-327, 326-327f
  orientação da raquete 326-328, 327-328f
  prevenção de lesão no 9-10
  propósito do saque no 309-311
  rotação da bola 227-229, 227-228f, 323-325, 327-328, 328-329f

tensão, mecânica. *Veja também* relação tensão-deformação
  cargas mecânicas 241-247, 241-242f, 242-247f
  cisalhamento 240-242, 240-242f, 360-361
  compressão 239-241, 239-242f, 358-359
  definição de 236-237, 236-237f, 358
  desenvolvimento dos ossos e 262-263
  lesões e 358-361, 359f-361f
  lesões por excesso de uso e 362-364, 363-364f
  limiar de 363-365
  na corrida 368-372, 368-372f
  resposta do tecido à 360-364, 361-363f
  tensão contínua 361-363, 361-363f
  tração 236-240, 237-238f, 241-242f, 360-361
  unidades de 236
tensão. *Veja também* tensão, mecânica
  análise da 236-240, 237-238f
  ativa *vs.* passiva 285-286, 288f
  definição de 21
  duração do estímulo e 291
  fadiga e 291
  tipo de fibra muscular e 291-293
  velocidade de contração e 289-290, 290f
tensão axial 236-237
tensão contínua 361-363, 361-363f
tensão de cisalhamento 240-242, 240-242f, 360-361
tensão de escoamento 251, 251f
tensão de ruptura
tensão longitudinal 236-237. *Veja também* tensão
tensão máxima 251, 251f
tensão mecânica. *Veja* tensão, mecânica
tensão normal 236-237. *Veja também* tensão
tensão por compressão
  a partir de cargas de flexão 241-244, 242-244f, 244-245
  lesões e 358-359, 359f
  nos ossos 245-246
  revisão da 239-241, 239-240f
teorema de Pitágoras 31
terceira lei do movimento. *Veja* terceira lei do movimento de Newton
terceira lei do movimento de Newton
  afirmação 105-107
  força de arrasto e 218-220
  força de sustentação e 225-226, 295f
  interpretação angular da 205-207
tesouras, forças de cisalhamento nas 240-242
teste de sentar e alcançar 147
The Baseball Magazine 11-12
tolerância a dor, lesões e 375-376
torque. *Veja também* centro de gravidade
  centro de gravidade e 141-145
  convenções de sinais 131-132
  definição de 130
  definição matemática do 130-132, 131-132f
  dispositivos de treinamento de força e 135-137, 135-137f

  distância perpendicular no 131-133, 131-134f, 133-135, 133-135f
  estimativa da força muscular usando equações de equilíbrio 140
  exemplos do uso do 131-133, 132-134f
  força da contração muscular e 292-293
  líquido 137-140, 137-139f
  muscular 132-136, 133-135f
  no esporte 132-133
  primeira lei do movimento de Newton e 201-204, 201-204f
  segunda lei do movimento de Newton e 204-206
  unidades de 131-132
torque líquido
  equilíbrio estático e 137-140, 137-139f
  estimativa da força muscular usando equações de equilíbrio 140
  exemplos de esportes 140-141, 140f, 141f
torque no sentido anti-horário 151, 153f
trabalhadores de linha de montagem, lesões nos 364-365
trabalho. *Veja também* relação trabalho-energia
  definição de 112
  estabilidade e 151
  negativo 114-115
  no esporte 113-115, 113f
  pelos músculos 114-115, 278, 338-341
  potência e 123-125
  unidades de 112
trabalho negativo 114-115
trabalho positivo 114-115
tração
  a partir de cargas de flexão 241-245, 242-244f
  análise da 236-240, 237-238f
  lesões e 360-361
  nos ossos 243-245
transdutores de força 386-388
translação 130-131, 130-131f. *Veja também* movimento linear
translação curvilínea 52-53
translação retilínea 52-53
treinadores, uso da biomecânica pelos 3-4, 9-10
treinamento
  análise cinesiológica qualitativa e 337-341, 340-341t
  análise da corrida de velocidade para 346-351, 347f, 349t
  análise da deficiência técnica 7-9
  análise de um chute no futebol americano para 342-343f, 345-346t
  análise de um lançamento de dardo para 348-353, 348-350f, 353-355t
  análise de um salto vertical para 341-342, 341-342f, 342t
  físico 337-338
  lesões e ritmo de 372-373
  princípio da especificidade 336-337
  técnico 336-337

zona de treinamento fisiológico 361-363, 361-362*f*
treinamento cruzado 373-374
treinamento de peso, recrutamento de unidades motoras no 298-299
treinamento técnico 336-337
triângulo, retângulo
   força resultante a partir 31-33, 31*f*, 32*f*
   partes de 33
   resolução das forças em 33-36, 34*f*-36*f*
   similar 31-32, 32*f*
   soma dos ângulos do 33
triângulo de força 33-38
tríceps braquial 277, 279
trocanter 261-262, 262-263*f*
tronco (articulações intervertebrais)
   em um lançamento de dardo 348-353, 348-350*f*, 354-355*t*
   movimentos do 183-185, 184*f*
"truque da superbola mortal" 92
tubérculo 261-262, 262-263*f*
tuberosidade 261-262, 262-263*f*

U

úmero
   tensão de compressão 239-240, 239-240*f*
   tração 236-240, 237-238*f*
unidades de medida
   conversões de 395*t*, 396*t*
   de aceleração 66
   de aceleração angular 172
   de ângulos 164-165, 164-165*f*
   de comprimento 14-15
   de energia cinética 115-116
   de força 20, 22
   de massa 15, 394*t*, 395*t*
   de potência 123-124
   de rapidez 60-61
   de tempo 14-15
   de tensão 236
   de torque 131-132
   de trabalho 112
   de velocidade 14-15, 62, 394*t*
   de velocidade angular 169
   prefixos para 394*t*
unidades do SI 14-15. *Veja também* unidades de medida
unidades motoras 296-300, 297-299*f*

V

velocidade
   absoluta 217-218
   angular 169-172, 170*f*, 172*f*
   componentes da 62-63
   da contração muscular 289-290, 290*f*
   definição de 60-61
   importância da 63-66, 65*t*
   instantânea 63-66, 68-69, 169
   média 63-63
   momento de inércia e 198-199, 198-200*f*
   na força dinâmica do fluido 216-218, 217-218*f*
   no movimento de um projétil 68-69
   relação angular e linear 169-172, 170*f*, 172*f*
   relativa 216-218, 217-219*f*, 224-225
   unidades de 14-15, 62, 394*t*
velocidade angular
   definição de 169
   no esporte 171-172, 172*f*
   relação com velocidade linear 169-172, 170*f*, 172*f*
   unidades de 169
velocidade angular instantânea 169
velocidade angular média 169
velocidade de contração 289-290, 290*f*
velocidade relativa, forças dinâmica do fluido e 216-218, 217-219*f*, 224-226
vetores. *Veja também* força líquida
   aceleração como 55
   adição de forças colineares 25-28
   adição de forças concorrentes 28-31, 29*f*-31*f*
   convensões de sinais para 28
   definição de 20
   deslocamento como 57-61, 58*f*
   força resultante a partir 25-26
   forças como 20, 25-26
   quantidade de movimento angular e 199-200
   quantidade de movimento e 89-90
   técnica trigonométrica com 31-34, 31*f*-33*f*, 36-37, 37*f*
   velocidade angular e 169
   velocidade como 62-66
vídeos ou filmes do desempenho
   dados analógicos digitalizados de 337-338, 382-383
   dados cinemáticos de 337-338, 382-383
   informação da fase temporal a partir de 338-339
   para mostrar para o executor 318-319
vigas de aço, cargas de flexão e 242-245, 243-244*f*
volume, centro de 215-217
voo espacial, resposta do tecido para 362-363

W

watt (W) 123-124
Watt, James 123-124
Wolff, Julius 360-361

Z

zona de carga fisiológica 361-362, 361-362*f*

Referência rápida de equações

FÓRMULAS MATEMÁTICAS

Teorema de Pitágoras

$A^2 + B^2 = C^2$ (1.5)

Funções trigonométricas

$\operatorname{sen} \theta = \dfrac{\text{cateto oposto}}{\text{hipotenusa}}$ (1.6)

$\cos \theta = \dfrac{\text{cateto adjacente}}{\text{hipotenusa}}$ (1.7)

$\tan \theta = \dfrac{\text{cateto oposto}}{\text{adjacente}}$ (1.8)

$\theta = \text{arco seno} \left(\dfrac{\text{cateto oposto}}{\text{hipotenusa}} \right)$ (1.9)

$\theta = \text{arco cosseno} \left(\dfrac{\text{cateto adjacente}}{\text{hipotenusa}} \right)$ (1.10)

$\theta = \text{arco tangente} \left(\dfrac{\text{cateto oposto}}{\text{cateto adjacente}} \right)$ (1.11)

CINEMÁTICA LINEAR

Rapidez média

$\bar{s} = \dfrac{\ell}{\Delta t}$ (2.5)

Velocidade média

$\bar{v} = \dfrac{d}{\Delta t}$ (2.6)

Aceleração média

$\bar{a} = \dfrac{v_f - v_i}{\Delta t}$ (2.9)

EQUAÇÕES DE PROJÉTEIS

Movimento vertical (y)

Posição vertical:

$y_f = y_i + v_i \Delta t + \dfrac{1}{2} g (\Delta t)^2$ (2.14)

$y_f = \dfrac{1}{2} g (\Delta t)^2$ (2.16)

Velocidade vertical:

$v_f = v_i + g \Delta t$ (2.11)

$v^2 = v_i^2 + 2g\Delta y$ (2.15)

$v_{pico} = 0$ (2.19)

$v_f = g \Delta t$ (2.17)

$v^2 = 2g \Delta y$ (2.18)

Aceleração vertical:

$a = g = -9{,}81 \text{ m/s}^2$ (2.10)

Movimento horizontal (x)

Posição horizontal:

$x = v \Delta t$ (2.26)

Velocidade horizontal:

$v = v_f = v_i = \text{constante}$ (2.22)

Aceleração horizontal:

$a = 0$ (2.23)

Outras equações que regem o movimento de projéteis

Tempo de voo:

$\Delta t_{subida} = \Delta t_{descida}$ se as posições de y inicial e final são iguais (2.20)

$\Delta t_{voo} = 2\Delta t_{subida}$ se as posições de y inicial e final são iguais (2.21)

Equação parabólica:

$y_f = y_i + v_{y_i} \left(\dfrac{x}{v_x} \right) + \dfrac{1}{2} g \left(\dfrac{x}{v_x} \right)^2$ (2.27)

CINÉTICA LINEAR

Peso

$P = mg$ (1.2)

Fricção estática e dinâmica

$F_E = \mu_E N$ (1.3)

$F_D = \mu_D N$ (1.4)

Equilíbrio estático

$\Sigma F = 0$ (1.12)

$\Sigma F_x = 0$ (1.13)

$\Sigma F_y = 0$ (1.14)

1ª lei de Newton: lei da inércia

$v = \text{constante}$ se $\Sigma F = 0$ (3.1a)

ou

$\Sigma F = 0$ se $v = \text{constante}$ (3.1b)

Movimento linear

$L = mv$ (3.6)

Conservação do momento

$L = \text{constante}$ se $\Sigma F = 0$ (3.7)

$L_x = \text{constante}$ se $\Sigma F_x = 0$ (3.8)

$L_y = \text{constante}$ se $\Sigma F_y = 0$ (3.9)

$L_i = \Sigma(mu) = m_1 u_1 + m_2 u_2 + m_3 u_3$
$+ \ldots = m_1 v_1 + m_2 v_2 + m_3 v_3$
$+ \ldots = \Sigma(mv) = L_f = \text{constante}$
if $\Sigma F = 0$ (3.11)

Colisão perfeitamente elástica de dois objetos

$v_1 = \dfrac{2 m_2 u_2 + (m_1 - m_2) u_1}{m_1 + m_2}$ (3.17)

Colisão perfeitamente inelástica entre os dois objetos

$m_1 u_1 + m_2 u_2 = (m_1 + m_2) v$ (3.19)

Coeficiente de restituição

$e = \left| \dfrac{v_1 - v_2}{u_1 - u_2} \right| = \left| \dfrac{v_2 - v_1}{u_1 - u_2} \right|$ (3.20)

2ª lei de Newton: lei da aceleração

$\Sigma F = ma$ (3.22)

$\Sigma F_x = ma_x$ (3.23)

$\Sigma F_y = ma_y$ (3.24)

Impulso – quantidade de movimento

$\Sigma \bar{F} \Delta t = m(v_f - v_i)$ (3.29)

Lei da Gravitação Universal: força gravitacional

$F = G \left(\dfrac{m_1 m_2}{r^2} \right)$ (3.30)

TRABALHO, POTÊNCIA E ENERGIA

Trabalho

$U = \bar{F}(d)$ (4.2)

Energia cinética

$E_C = \dfrac{1}{2} m v^2$ (4.4)

Energia potencial gravitacional

$E_G = Ph$ (4.5)

Energia de deformação

$E_E = \dfrac{1}{2} k \Delta x^2$ (4.7)

Princípio trabalho-energia

$W = \Delta E$ (4.8)

Potência

$P = \dfrac{U}{\Delta t}$ (4.12)

$P = \bar{F} \bar{v}$ (4.13)

CINEMÁTICA ANGULAR

Posição angular medida em radianos

$\theta = \dfrac{\text{comprimento do arco}}{r} = \dfrac{\ell}{r}$ (6.1)

Deslocamento angular e comprimento do arco

$\ell = \Delta \theta r$ (6.4)

Velocidade angular média

$\bar{\omega} = \dfrac{\Delta \theta}{\Delta t} = \dfrac{\theta_f - \theta_i}{\Delta t}$ (6.6)

Velocidade angular e velocidade linear
$$v_T = \omega r \qquad (6.8)$$

Aceleração angular média
$$\bar{\alpha} = \frac{\Delta \omega}{\Delta t} = \frac{\omega_f - \omega_i}{\Delta t} \qquad (6.9)$$

Aceleração tangencial
$$a_T = \alpha r \qquad (6.10)$$

Aceleração centrípeta
$$a_r = \frac{v_T^2}{r} \qquad (6.11)$$

$$a_r = \omega^2 r \qquad (6.12)$$

CINÉTICA ANGULAR

Torque
$$T = F \times r \qquad (5.1)$$

Equilíbrio estático
$$\Sigma T = 0 \qquad (5.2)$$

Centro de gravidade
$$\Sigma T = \Sigma(P \times r) = (\Sigma P) \times r_{cg} \qquad (5.3)$$

Momento de inércia
$$I_a = \Sigma m_i r_i^2 \qquad (7.1)$$

$$I_a = m k_a^2 \qquad (7.2)$$

Momento de inércia: teorema dos eixos paralelos
$$I_b = I_{cg} + mr^2 \qquad (7.3)$$

Momento angular
$$H_a = I_a \omega_a \qquad (7.4)$$

Momento angular do corpo humano
$$H_a = \Sigma(I_i \omega_i + m_i r^2_{i/cg} \omega_{i/cg}) \qquad (7.5)$$

Conservação do corpo angular
$$H_i = I_i \omega_i = I_f \omega_f = H_f \qquad (7.7)$$

Versão angular da 2ª lei de Newton
$$\Sigma T_a = I_a \alpha_a \qquad (7.9)$$

$$\Sigma \bar{T}_a = \frac{\Delta H_a}{\Delta t} = \frac{(H_f - H_i)}{\Delta t} \qquad (7.10)$$

Impulso angular-quantidade
$$\Sigma \bar{T}_a \Delta t = (H_f - H_i)_a \qquad (7.11)$$

MECÂNICA DOS FLUIDOS

Pressão
$$P = \frac{F}{A}$$

Densidade
$$\rho = \frac{m}{V} \qquad (8.3)$$

Força de arrasto
$$F_A = \frac{1}{2} C_A \rho A v^2 \qquad (8.5)$$

Força de sustentação
$$F_S = \frac{1}{2} C_S \rho A v^2 \qquad (8.6)$$

MECÂNICA DOS MATERIAIS

Estresse
$$\sigma = \frac{F}{A} \qquad (9.1)$$

Tensão de cisalhamento
$$\tau = \frac{F}{A} \qquad (9.2)$$

Deformação
$$\varepsilon = \frac{\ell - \ell_o}{\ell_o} \qquad (9.4)$$

Módulo de elasticidade
$$E = \frac{\Delta \sigma}{\Delta \varepsilon} \qquad (9.5)$$

Abreviações para variáveis e legendas usadas nas equações

Variáveis
a = aceleração instantânea
$\bar{a}$ = aceleração média
A = área
C_A = coeficiente de arrasto
C_S = coeficiente de sustentação
d = deslocamento
e = coeficiente de restituição
E = energia
E = módulo elástico ou módulo de Young
F = força
$\bar{F}$ = força média
F_D = força de atrito dinâmico
F_E = força de atrito estático
ΣF = força líquida = soma das forças
g = aceleração devido à gravidade
G = constante gravitacional
h = altura
H = quantidade de movimento angular
I_a = momento de inércia
k_a = raio de rotação
k = rigidez ou constante de deformação do material
KE = energia cinética
ℓ = distância percorrida ou comprimento
L = quantidade de movimento linear

m = massa
P = potência
P = pressão
P = força
EG = energia potencial gravitacional
r = raio
r = distância perpendicular (ou braço de alavanca)
R = força de contato normal
s = rapidez linear instantânea
$\bar{s}$ = rapidez escalar linear média
t = tempo
T = torque
u = velocidade pré-impacto
W = trabalho realizado
v = velocidade linear instantânea
v = velocidades pós-impacto
$\bar{v}$ = velocidade linear média
V = volume
P = peso
x = posição horizontal
y = posição vertical
α = aceleração angular instantânea
$\bar{\alpha}$ = aceleração angular média
Δ = mudar para... = final − inicial
ε = tensão (deformação linear relativa)

μ = coeficiente de atrito
ρ = densidade
σ = tensão
Σ = soma de...
τ = tensão de cisalhamento
θ = posição angular (medida angular em radianos)
ω = velocidade angular instantânea
$\bar{\omega}$ = velocidade angular média

Legendas
a = eixo
b = eixo
d = dinâmico
cg = centro de gravidade
A = arrasto (também representa a área de referência)
f = final ou posição final
i = inicial ou posição inicial
i = um número de partes
L = levantamento
o = original ou não deformado
r = radial
e = estático
T = tangencial
x = horizontal
y = vertical